Andreas Bortfeldt, Jörg Homberger, Herbert Kopfer,
Giselher Pankratz, Reinhard Strangmeier (Eds.)

Intelligent Decision Support
Intelligente Entscheidungsunterstützung

GABLER EDITION WISSENSCHAFT

Andreas Bortfeldt, Jörg Homberger, Herbert Kopfer,
Giselher Pankratz, Reinhard Strangmeier (Eds.)

Intelligent Decision Support

Current Challenges and Approaches

Intelligente Entscheidungsunterstützung

Aktuelle Herausforderungen
und Lösungsansätze

Festschrift for/für Hermann Gehring

GABLER EDITION WISSENSCHAFT

Bibliographic information published by Die Deutsche Nationalbibliothek
Die Deutsche Nationalbibliothek lists this publication in the Deutsche Nationalbibliografie;
detailed bibliographic data is available in the Internet at <http://dnb.d-nb.de>.

1st Edition 2008

All rights reserved
© Betriebswirtschaftlicher Verlag Dr. Th. Gabler I GWV Fachverlage GmbH, Wiesbaden 2008

Editorial Office: Claudia Jeske

Gabler-Verlag is a company of Springer Science+Business Media.
www.gabler.de

Cover design: Regine Zimmer, Dipl.-Designerin, Frankfurt/Main
Printed on acid-free paper

ISBN 978-3-8349-0930-5

Preface

For several decades research on intelligent techniques for decision-making has represented a particular challenge, originally taken up using modest hardware equipment, which we today would consider to be extremely weak. From earliest times onwards research which was concerned with the theory and practical concerns of decisions was advanced simultaneously in the fields of information technology, mathematics, operations research and business studies. The decision-oriented research streams within these disciplines only grew together as the years passed. Cross-discipline work from the field of business information technology, which served as a 'melting pot', especially contributed to this development. For more than three decades Hermann Gehring has worked in this field, both as a scientist and as a teacher, in order to advance, research and develop methods for the solution of problem situations which require intelligent techniques to support decision-making. He was particularly open as an interdisciplinary researcher towards modern methods which merged from various fields, actively working on the trend towards hybrid approaches for techniques in decision-making. On the methodical level Hermann Gehring was one of the first to see the potential of parallel processing and, long before the technological conditions were fulfilled, propagated its use for the solution of business decision problems. Two areas of application important for the scientific work of Hermann Gehring should be mentioned in particular. These are cutting and packing problems and transport planning. More than 30 years ago he was already working on optimisation questions in these fields and has up to now continously produced scientific contributions to questions arising in these areas. However, he has also made major research contributions to the themes of all the other chapters in the festschrift.

The problem situations on which advanced decision-making techniques were investigated and tested originate from many different fields of application. Relatively early, many seminal solution approaches were developed for cutting and packing problems, for transportation problems, for optimisation questions in production, and for planning tasks in financing and marketing. It is, therefore, not surprising that much of Herman Gehring's research work is to be found in exactly these areas. It is a pleasure for the editors that in a festschrift dedicated to him each of these particularly important fields of application and methods has been given a separate chapter. The further chapters in the festschrift deal with basic questions of optimisation, process optimisation, management and decision-making support in organisations, together with the macroeconomic perspectives of decision-making support. It is pleasing that the relation of the content of these fundamental chapters to the research foci of Hermann Gehring is as close as that of the application-oriented chapters.

The festschrift has been produced by (former) assistant researchers of Hermann Gehring. Each of them has contributed some content which shows his closeness to Hermann Gehring in a particular manner. In addition, renowned German and international scientists who are close to the person and the scientific work of Hermann Gehring were asked if they would write a contribution for the festschrift on the subject of 'intelligent decision-making support'. The contributions which arrived were subjected to a blind review and all contributions which were positively assessed in the process have been included in the festschrift. It is particularly pleasing that an interdisciplinary work with well-grounded, high quality essays could be assembled.

The editors would like to thank all those persons, without whose support and collaboration the festschrift would not have been possible. Particular gratitude is owed to the authors who have provided a great scientific breadth and depth by their contributions. The editors are very grateful to Markus Bremshey, of the Hagener Institut für Managementstudien e.V., who completed out a major part of the editorial production of the book. We would very much like to thank several employees of the Chair for Information Systems at the FernUniversität in Hagen. Silvia Vecera and Bernd Strauß always provided a sturdy organisational and technical infrastructure. Tobias Buer provided the editors with valuable assistance in important phases of the enterprise. Our gratitude for editorial work also goes to Thomas Möllenberg und Asita Tabari. Finally, we would like to thank Gabler Verlag for publishing the festschrift in their catalogue.

Hagen, Stuttgart, Bremen, May 2008
Andreas Bortfeldt
Jörg Homberger
Herbert Kopfer
Giselher Pankratz
Reinhard Strangmeier

Vorwort

Seit mehreren Jahrzehnten stellt die Erforschung intelligenter Techniken zur Entscheidungsunterstützung eine besondere Herausforderung dar, die anfangs noch mit bescheidenen, aus heutiger Sicht äußerst leistungsschwachen Hardwaremitteln angenommen wurde. Seit frühester Zeit wurde die Forschung, die sich mit der Theorie und den praktischen Belangen von Entscheidungen beschäftigt, parallel in der Informatik, der Mathematik, dem Operations Research und der Betriebswirtschaft vorangetrieben. Die entscheidungsorientierten Forschungsstränge dieser Disziplinen sind erst im Laufe der Jahre zusammengewachsen. Hierzu haben insbesondere übergreifende Arbeiten aus dem Bereich der Wirtschaftsinformatik, die als „melting pot" gedient hat, beigetragen. Hermann Gehring hat in der Wirtschaftsinformatik als Wissenschaftler und Lehrer über drei Jahrzehnte hinweg Methoden zur Lösung von Problemstellungen, die intelligente Techniken der Entscheidungsunterstützung erfordern, gefördert, vorangetrieben, erforscht und entwickelt. Dabei war er als interdisziplinärer Forscher vor allem gegenüber neuartigen Methoden, die aus unterschiedlichen Bereichen zusammenströmten, besonders aufgeschlossen und hat seinerseits den Trend zu hybriden Ansätzen für Techniken der Entscheidungsfindung aktiv mitgestaltet. Auf der methodischen Ebene war Hermann Gehring einer der Ersten, der das Potenzial der Parallelverarbeitung gesehen und – lange, bevor die technologischen Voraussetzungen erfüllt waren – seine Nutzung für die Lösung betriebswirtschaftlicher Entscheidungsprobleme propagiert hat. Zwei bedeutsame Anwendungsfelder der wissenschaftlichen Arbeiten von Hermann Gehring sollen besonders erwähnt werden. Dies sind die Zuschnitt- und Packprobleme und die Transportplanung. Schon vor mehr als 30 Jahren hat er über Optimierungsfragen aus diesen Bereichen gearbeitet und hat permanent bis heute wissenschaftliche Beiträge zu Fragestellungen aus diesen Bereichen geliefert. Doch auch zu den Themen aller anderen Kapitel der Festschrift hat er wesentliche Forschungsbeiträge geleistet.

Die Problemstellungen, an denen fortgeschrittene Entscheidungstechniken erforscht und erprobt wurden, stammen aus vielen unterschiedlichen Anwendungsbereichen. Schon frühzeitig wurden besonders viele wegweisende Lösungsansätze für Zuschnitt- und Packprobleme, für Transportprobleme, für Optimierungsfragen der Produktion sowie für Planungsaufgaben in Finanzierung und Marketing entwickelt. So ist es nicht verwunderlich, dass viele Forschungsarbeiten von Hermann Gehring eben diesen Bereichen zuzuordnen sind. Es passt sehr gut zu einer Festschrift, die ihm gewidmet ist, dass jedem dieser, auch aus methodischer Sicht, besonders bedeutsamen Applikationsbereiche ein gesondertes Kapitel gewidmet ist. Die weiteren Kapitel der Festschrift beschäftigen sich mit Grundfragen der Optimierung, Prozessoptimierung, Management- und Entscheidungsunterstützung in Organisationen sowie mit gesamtwirtschaftlichen Perspektiven der Entscheidungsunterstützung. Es ist erfreulich, dass der Bezug der Inhalte dieser grundlegenden Kapitel zu den Forschungsschwerpunkten von Hermann Gehring eben so eng ist wie der der anwendungsorientierten Kapitel.

Die vorliegende Festschrift wird von (ehemaligen) Mitarbeitern von Hermann Gehring herausgegeben. Jeder der Mitarbeiter hat für den Band Inhalte beigetragen, die ihn in besonderer Weise mit Hermann Gehring verbinden. Darüber hinaus wurden namhafte deutsche und internationale Wissenschaftler, die eine Nähe zur Person und zu den wissenschaftlichen Arbeiten von Hermann Gehring haben, angefragt, ob sie einen Beitrag zum Thema „Intelligente Entscheidungsunterstützung" schreiben und für die Festschrift beisteuern. Die eingegangenen Beiträge wurden einer blinden Begutachtung unterzogen und alle in dem Begutachtungsprozess positiv beurteilten Beiträge konnten in die Festschrift aufgenommen werden. Es ist besonders erfreulich, dass dabei ein interdisziplinäres Werk mit fachlich fundierten, qualitativ hochwertigen Aufsätzen zusammengestellt werden konnte.

Der Dank der Herausgeber gilt allen Personen, ohne deren Unterstützung und Mitwirkung die Festschrift nicht hätte entstehen können. Besonderer Dank gilt den Autorinnen und Autoren, die mit ihren Beiträgen für eine große wissenschaftliche Breite und Tiefe gesorgt haben. Zu großem Dank sind die Herausgeber Markus Bremshey vom Hagener Institut für Managementstudien e.V. verpflichtet, der einen überragenden Anteil an der redaktionellen Fertigstellung des Buches hat. Sehr herzlich bedanken möchten wir uns bei mehreren Mitarbeitern des Lehrstuhls für Wirtschaftsinformatik der FernUniversität in Hagen. Silvia Vecera und Bernd Strauß haben stets für eine belastbare organisatorische und technische Infrastruktur gesorgt. Tobias Buer hat den Herausgebern in wichtigen Phasen des Unternehmens wertvolle Hilfe geleistet. Unser Dank für redaktionelle Arbeiten gebührt ebenso Thomas Möllenberg und Asita Tabari. Abschließend möchten wir dem Gabler Verlag für die Publikation der Festschrift in seinem Verlagsprogramm danken.

Hagen, Stuttgart, Bremen im Mai 2008

Andreas Bortfeldt
Jörg Homberger
Herbert Kopfer
Giselher Pankratz
Reinhard Strangmeier

Index of Contents
Inhaltsverzeichnis

Decision Support in Production
Entscheidungsunterstützung in der Produktion

Decision Support in Finance and Marketing
Entscheidungsunterstützung in Finanzierung und Marketing

Theoretical Issues of Optimization
Grundfragen der Optimierung

Business Process Optimization
Prozessoptimierung

Management Support and Decision Support in Organizations
Management- und Entscheidungsunterstützung in Organisationen

Macroeconomic Aspects of Decision Support
Gesamtwirtschaftliche Perspektive der Entscheidungsunterstützung

Index of Authors
Autorenverzeichnis

Decision Support for Cutting and Packing Problems

Entscheidungsunterstützung für Zuschnitt- und
Packprobleme

Gomory Cuts from a Position-Indexed Formulation of 1D Stock Cutting

Gleb Belov[1], Guntram Scheithauer[1], Cláudio Alves[2] and José M. Valério de Carvalho[2]

[1]Technische Universität Dresden, Germany
gleb.belov@tu-dresden.de, guntram.scheithauer@tu-dresden.de
[2]Universidade do Minho, Braga, Portugal
claudio@dps.uminho.pt, vc@dps.uminho.pt

Abstract. Most integer programming problems can be formulated in several ways. Some formulations are better suited for solution by exact methods, because they have either (i) a strong LP relaxation, (ii) few symmetries in the solution space, or both. However, solving one formulation, we can often branch and/or add cutting planes which are implicitly based on variables of other formulations, working in fact on intersection of several polytopes. Traditional examples of this approach can be found in, e.g., (capacitated) routing and network planning where decomposed models operate with paths or trees, and thus need to be solved by column generation, but original models operate on separate edges. We consider such a 'capacity-extended formulation', the so-called arc-flow model, of the 1D cutting stock problem. Its variables are known to induce effective branching constraints leading to small and stable branch&bound trees. In this work we explore Chvátal-Gomory cuts on its variables. The results are positive only for small instances. Moreover, we compare the results to the cuts constructed on the variables of the direct model. The latter are more involved but also more effective.

Keywords: Integer programming, cutting, cutting planes, column generation

1 Introduction

Consider the one-dimensional cutting stock problem (CSP): given material pieces of length L and product lengths $l_1 \geq l_2 \geq ... \geq l_m$, each demanded b_i times, $i = 1,...,m$, find a packing of all products using the minimal number of stock pieces.

1.1 The Gilmore-Gomory and Arc-Flow Formulations

Its classical formulation is that of Gilmore and Gomory [1]: let a cutting pattern $a \in \mathbb{Z}_+^m$ denote the products obtained from a certain stock piece. Given a matrix $(a_{ij}) = A \in \mathbb{Z}^{m \times n}$ of all feasible cutting patterns, denote by $\lambda \in \mathbb{Z}_+^n$ their frequencies. The model GG is:

$$\min\left\{\sum_j \lambda_j : A\lambda = b, \lambda \in \mathbb{Z}_+^n\right\} \qquad \text{(GG)}$$

To solve the LP relaxation we have to perform column generation due to a huge number of feasible patterns. This LP relaxation is very strong: the largest known LP-IP gap is 6/5 [2]. It has only m constraints. We can restrict the LP solution to use only *proper* patterns, i.e., with $a_{ij} \leq b_i, \forall i, j$.

Valério de Carvalho ([3], [4], [5]) described the so-called arc-flow formulation. For each product type $i = 1, ..., m$ and for each capacity $p = 0, ..., L - l_i$ define flow variables $x_{p,p+l_i}$ meaning how often item i occurs in physical position p in a pattern. Also, define waste flow $x_p \in \mathbb{Z}_+$ for $p = 1, ..., L - 1$ meaning how much waste starts at position p. Let $x(\delta^+(p)) = \sum_i x_{p,p+l_i} + x_p$ denote the sum of the flow variables that outflow of position p and $x(\delta^-(p)) = \sum_i x_{p-l_i,p}$ denote the sum of the flow variables that inflow into position p. Let $\delta(p) = \delta^+(p) + \delta^-(p)$. The model AFF is:

$$\min x(\delta(0))$$

s.t.
$$\sum_p x_{p,p+l_i} = b_i \qquad i = 1, ..., m \qquad \text{(AFFa)}$$
$$x(\delta^-(p)) - x(\delta^+(p)) = 0 \qquad p = 1, ..., L-1 \qquad \text{(AFFb)}$$
$$x_{p,p+l_i} \in \mathbb{Z}_+, \qquad 0 \leq p \leq L - l_i, \quad i = 1, ..., m,$$
$$x_p \in \mathbb{Z}_+, \qquad 0 < p < L,$$

where (AFFa) are product demand and (AFFb) are flow conservation constraints. This model is more 'combined' but almost as strong in terms of LP relaxation. It has $m + L - 1$ constraints and $O(mL)$ variables. The pseudo-polynomial number of constraints is not convenient for numerical solution. Moreover, the LP relaxation is not proper, i.e., when decomposing a flow into paths, the patterns representing these paths may be non-proper. Let us rewrite the model AFF as

$$\min \{x(\delta(0)) : A'x = b \text{ (AFFa)}, A''x = 0 \text{ (AFFb)}, x \in \mathbb{Z}_+^\eta\} \qquad \text{(AFF)}$$

with $A' \in B^{m \times \eta}, A'' \in \mathbb{Z}^{(L-1) \times \eta}$, and $\eta = O(mL)$.

1.2   Relation of the Two Formulations

Given a feasible λ, the corresponding flow x can be computed by an affine transformation $x = T\lambda$ with $T \in B^{\eta \times n}$. This transformation is unique assuming that the items of a pattern are left-justified and sorted, e.g., non-increasingly. Then pattern a_j translates into the following x variables: the jth column of T has element 1 in the position corresponding to $x_{p,p+l_i}$ iff pattern a_j has item i in position p, i.e.,

$$((T)._j)_{i,p} = 1 \text{ iff } a_{ij} > 0 \text{ and } (p - \sum_{k<i} a_{kj}l_k)/l_i \in \{0, ..., a_{ij} - 1\}. \qquad (1)$$

Furthermore, the jth column of T has element 1 in the position corresponding to x_p iff pattern a_j has total length $p < L$.

Lemma 1. *The affine transformation* T *satisfies* $A'T = A$ *and* $A''T = 0$.

1.3 Branching Schemes and Cutting Planes

The Gilmore-Gomory model can be solved by a branch-and-bound algorithm. Then, column generation (pricing) has to be done in every node. Such an algorithm is then called *branch-and-price*. The case of direct branching on the λ variables was considered, e.g., in ([6], [7]). Inducing a branching constraint of the form $\lambda_j \leq U$ means that the variable j should not be generated again. Thus, the pricing subproblem gets more complicated: we need to look for a kth-best solution of the knapsack problem.

Other variants of branch-and-price employ different branching rules which aim at reducing the complexity of pricing when branching constraints are added, cf. Vance [8], Vanderbeck [9], Valério de Carvalho ([3], [4]). In the latest variant of branch-and-price, Alves and Valério de Carvalho [5] still compute the LP relaxation of the Gilmore-Gomory model in every node. But their branching constraints are based on the x variables. Having a constraint, say, $x_{p,p+l_i} \leq 5$, they consider it in the λ model in the form $e_{p,p+l_i}T\lambda \leq 5$, where $e_{p,p+l_i}$ is the unit vector with element 1 in the position corresponding to $x_{p,p+l_i}$. This branching scheme has the advantage that the pricing problem becomes a shortest-path problem which is simple to solve (the so-called *robustness* [10]). Belov, Letchford and Uchoa [10] compared the pricing schemes on x and λ variables; branching on x produced smaller branching trees whose size had almost no dependence on algorithm parameters.

There were several efforts to apply cutting planes on the λ variables. Vanderbeck [9] used integer rounding cuts based on a single row of the original constraints, see also [5]. Such simple cuts were preferred because they do not destroy the structure of the pricing problem. Scheithauer et al [11] and Belov and Scheithauer ([12], [7]) used Gomory fractional and mixed-integer cuts to strengthen the relaxation. The non-linear dependence of cut coefficients on the elements of each column make the pricing problem rather difficult: the objective function of the knapsack becomes non-linear. However, we can always find a violated cut for a fractional point. These cuts proved effective for instances with large LP-IP gap. Vanderbeck [9] and Belov et al. [10] considered the so-called capacity cuts. Only heuristic separation of a restricted subset of these cuts could be practically applied.

In the present work we investigate Gomory fractional cuts on AFF variables and compare them to the same cuts on GG variables. Our reason to choose this kind of cuts is the ease of finding violated cuts. Given a fractional x variable of a basic LP solution, we can systematically construct a violated cut. Another property of these cuts is, like that of the branching constraints on the x variables, that the pricing problem remains tractable, see Section 3.3. Below, in Section 2, we introduce a general framework for Chvátal-Gomory cuts on implicit variables. In Section 3 we investigate them specially for CSP, including their representation and construction. Section 4 gives numerical evidence.

2   Chvátal-Gomory Cuts on Implicit Variables

Here we describe in general terms our approach to construct Gomory fractional cuts on implicit variables. Consider a general problem which can be modeled in two ways:

$$\min\{c\lambda : A\lambda = b, \lambda \in \mathbb{Z}_+^n\} \quad \text{with } (A,b) \in \mathbb{Z}^{m,n} \times \mathbb{Z}^m \tag{M1}$$

$$\min\{hx : Cx = d, x \in \mathbb{Z}_+^\eta\} \quad \text{with } (C,d) \in \mathbb{Z}^{\mu,\eta} \times \mathbb{Z}^\mu \tag{M2}$$

Suppose the formulation (M1) is better suited for numerical solution by branch-and-cut, e.g., it has fewer constraints, but (M2) is better structured and we can construct strong branching rules and/or cuts there. Suppose the solutions of (M1) can be affinely transformed to those of (M2): there exists $T \in \mathbb{Z}^{\eta \times n}$ such that, given a feasible solution $\bar{\lambda}$ of (M1), $\bar{x} = T\bar{\lambda}$ is feasible in (M2), i.e.,

$$\{A\bar{\lambda} = b\} \Rightarrow \{CT\bar{\lambda} = d\}.$$

Moreover, T is an integral matrix and $\bar{x}$ is integral if $\bar{\lambda}$ is integral. That means, we can branch and/or construct cuts on x and they can be transformed into valid cuts or branching constraints on λ. For example, every valid inequality $\pi x \leq \pi_0$ can be used in (M1) in the form $\pi T \lambda \leq \pi_0$.

We can try to construct Gomory fractional cuts on x variables as follows. Given a fractional solution λ^* of the LP relaxation of (M1), suppose $x^* = T\lambda^*$ is fractional. Let C^* contain the columns of C corresponding to the positive elements of x^*. If x^* is a basic solution in the LP relaxation of (M2) (C^* has full rank), then Gomory fractional cuts can be constructed in a usual way. But in general x^* may be non-basic. Nevertheless, we can try to find a violated Chvátal-Gomory cut [13] as follows: find $u \in \mathbb{R}^\mu$ such that

$$uC^* = e_k, \tag{2}$$

where e_k is the kth unit vector and the kth positive component of x^* has value ζ which is fractional. Then we have

$$uCx^* = ud = \zeta$$

and the Chvátal-Gomory cut

$$\lfloor uC \rfloor x \leq \lfloor ud \rfloor \tag{3}$$

is violated by x^*. The problem is that (2) may be unsolvable if C^* is not of full rank. In this case we may try to find a basic solution $x^{*\prime}$ which is 'near' to x^* and use its columns in (2). However, then the resulting cuts would cut off $x^{*\prime}$ and not necessarily x^*.

Note that any solution u of (2) is a feasible dual solution of

$$\min\{x_k : C^*x = d, \ x \in \mathbb{R}^{\eta^*}\}, \tag{4}$$

where η^* is the number of columns in C^* and x is not sign-restricted. Sometimes we can use problem structure to solve (2) efficiently, see below.

Suppose we find some u satisfying (2). The corresponding cut can possibly be strengthened following the way proposed in [14]: multiply each component of u by $\lfloor(1-\varepsilon)\rfloor/\{\zeta\}$, where $\{\ \}$ takes the fractional part. Note that $\{\zeta\}$ is the degree of violation of the unmodified cut, which now grows accordingly. To improve numerical properties (avoid too large absolute values of coefficients in cuts of higher rank), we may set some components of u to negative values. For example, the following rule can be chosen: those components u_i which were negative before modifications, are set to $\{u_i\} - 1$. All other components are set to their fractional parts $\{u_i\}$, cf. [7].

2.1   Representation of Cuts

After adding one cut (3), we resolve the LP and might want to iterate by adding further cuts. The first-rank cut (3) is an inequality and it must have a positive multiplier in a linear combination for (3) to be valid. However, this can lead to very large coefficients in cuts of higher ranks [12]. Thus, we follow the way of [7] and turn (3) into an equation by introducing a slack variable s_1:

$$\pi^1 x + s_1 = \pi_0^1 \qquad\qquad s_1 \geq 0. \tag{5}$$

Now, a cut added in iteration r is

$$\pi^r x + \tilde{\pi}^r s = \pi_0^r \tag{6}$$

with slack variables $s = (s_1, ..., s_r) \in \mathbb{R}_+^r$, where the coefficients are

$$\pi_\iota^r = \left\lfloor \sum_{i=1}^{\mu} u_i^r C_{\iota i} + \sum_{k=1}^{r-1} u_{\mu+k}^r \pi_\iota^k \right\rfloor, \quad \iota = 1, ..., \eta \tag{7a}$$

$$\tilde{\pi}_k^r = \left\lfloor \sum_{t=k}^{r-1} u_{\mu+t}^r \tilde{\pi}_k^t \right\rfloor, \quad k = 1, ..., r-1 \ \text{ and } \ \tilde{\pi}_r^r = 1 \tag{7b}$$

$$\pi_0^r = \left\lfloor \sum_{i=1}^{\mu} u_i^r d_i + \sum_{k=1}^{r-1} u_{\mu+k}^r \pi_0^k \right\rfloor \tag{7c}$$

Expressed in λ variables, the rth cut is

$$\pi^r T \lambda + \tilde{\pi}^r s = \sum_{j=1}^{n} \pi^r T_j \lambda_j + \tilde{\pi}^r s = \pi_0^r \tag{8}$$

3   Application to 1D Stock Cutting

Applying notation (M2) to the arc-flow model gives $C = \begin{pmatrix} A' \\ A'' \end{pmatrix}$ and $d = \begin{pmatrix} b \\ 0 \end{pmatrix}$.

Suppose we solve the LP relaxation of (GG) and obtain λ^* non-integer. If $x^* = T\lambda^* \in \mathbb{Z}^\eta$, we are done, because x^* can be decomposed into integer-flow paths. Otherwise, before we branch, we can decide to add some cutting planes. We can try to find a violated Chvátal-Gomory cut $\lfloor uC \rfloor x \le \lfloor ud \rfloor$ with $u \in \mathbb{R}^{m+L-1}$. The following theorem states that this can be done directly as a Gomory fractional cut if the pre-image λ^* of x^* is unique:

Theorem 1. *Given a basic solution λ^* of the LP relaxation of GG, let $x^* = T\lambda^*$. Let λ^* be the unique pre-image of x^*. Then x^* is part of a basic solution in the LP relaxation of AFF, i.e., the constraint columns for positive components of x^* are linearly independent.*

Proof. Suppose we have a linear combination $A'\alpha = \mathbf{0}$, $A''\alpha = \mathbf{0}$ with $\alpha \ne \mathbf{0}$ and $\alpha_e \ne 0$ only if $x_e^* > 0$, $e = 1,...,\eta$. The condition $A''\alpha = \mathbf{0}$ means that α satisfies the flow conservation constraints. By the flow decomposition property, we can decompose α into paths, i.e., there exists a $\lambda \in \mathbb{R}^n$ with $\alpha = T\lambda$. According to assumption, these paths can only be the ones corresponding to the patterns $\{j : \lambda_j^* > 0\}$, i.e., $\lambda_j \ne 0$ only if $\lambda^* > 0$. Now, $\mathbf{0} = A'\alpha = A'T\lambda = A\lambda$. The columns $\{(A_j) : \lambda_j \ne 0\}$ were assumed linearly independent. Thus, $\lambda = \mathbf{0}$ which means $\alpha = \mathbf{0}$.

If λ^* is not unique for x^*, then x^* is in general non-basic, e.g., in the following instance: $(L = 4, \ l = (2,1), \ b = (2,4))$.

3.1   Representation of Cuts

Let us agree that the columns of C corresponding to the variables $x_{p,p+l_i}$ have the form

$$\begin{cases} e_i - e_{m+p} + e_{m+p+l_i}, & p = 1,...,L-l_i-1 \\ e_i + e_{m+l_i}, & p = 0 \\ e_i - e_{m+L-l_i}, & p = L-l_i, \end{cases}$$

and the columns corresponding to the waste variables x_p are

$$-e_{m+p}, \qquad p = 1,...,L-1.$$

The first cut $\pi^1 x + s_1 = \pi_0^1$ (3) is defined by

$$\pi_{p,p+l_i}^1 = \lfloor u_i^1 - u_{m+p}^1 \operatorname{sgn}(p) + u_{m+p+l_i}^1 \operatorname{sgn}(L - l_i - p) \rfloor, \qquad \forall i, p,$$
$$\pi_p^1 = \lfloor -u_{m+p}^1 \rfloor, \qquad 0 < p < L,$$

and $\pi_0^1 = \left| \sum_{i=1}^{m} u_i^1 b_i \right|$,

where $\operatorname{sgn}(x) \in \{0, \pm 1\}$ is the sign function. Setting $\mu = m + L - 1$, a cut $\pi^r x + \tilde{\pi}^r s = \pi_0^r$ (6) added in iteration r is defined by

$$\pi_{p,p+l_i}^1 = \left| u_i^r - u_{m+p}^r \operatorname{sgn}(p) + u_{m+p+l_i}^r \operatorname{sgn}(L - l_i - p) + \sum_{k=1}^{r-1} u_{\mu+k}^r \pi_{p,p+l_i}^k \right|,$$

$$\pi_p^r = \left| -u_{m+p}^r + \sum_{k=1}^{r-1} u_{\mu+k}^r \pi_p^k \right|, \qquad\qquad 0 < p < L,$$

$$\pi_0^r = \left| \sum_{i=1}^{m} u_i^r b_i + \sum_{k=1}^{r-1} u_{\mu+k}^r \pi_0^k \right|,$$

and $\tilde{\pi}_k^r$ as in (7b).

3.2   Finding Violated Chvátal-Gomory Cuts

In this section we use the structure of the model AFF to find combinations of constraints which lead to violated cuts.

Suppose r cuts are added. Then the LP relaxation of the GG model is

$$\min \left\{ \bar{c}\bar{\lambda} : \bar{A}\bar{\lambda} = \bar{b}, \bar{\lambda} \geq 0 \right\} \qquad\qquad \text{(GG-LP)}$$

with $\bar{c} = \sum_{k=1}^{n} e_k$, $\bar{A} = \begin{pmatrix} A \mid 0 \\ \pi T \mid \tilde{\pi} \end{pmatrix}$, $\bar{\lambda} = \begin{pmatrix} \lambda \\ s \end{pmatrix}$, $\bar{b} = \begin{pmatrix} b \\ \pi_0 \end{pmatrix}$.

The LP relaxation of the model AFF is

$$\min \left\{ x(\delta(0)) : \bar{C}\bar{x} = \bar{d}, \bar{x} \geq 0 \right\} \qquad\qquad \text{(AFF-LP)}$$

with $\bar{C} = \begin{pmatrix} C \mid 0 \\ \pi \mid \tilde{\pi} \end{pmatrix}$, $\bar{x} = \begin{pmatrix} x \\ s \end{pmatrix}$, $\bar{d} = \begin{pmatrix} d \\ \pi_0 \end{pmatrix}$.

Solving (GG-LP), suppose we obtain $\bar{\lambda}^*$ non-integer. Setting

$$\bar{T} = \begin{pmatrix} T \mid \mathbf{0} \\ 0 \mid I \end{pmatrix} \in \mathbb{Z}_+^{\eta+r, n+r},$$

we obtain an optimal solution $\bar{x}^* = \bar{T}\bar{\lambda}^*$ of (AFF-LP). Suppose it is non-integer as well. Let $\bar{x}^{**}$ contain all positive components of $\bar{x}^*$ and $\bar{C}^*$ the corresponding columns of $\bar{C}$. To find a violated Chvátal-Gomory cut, we look for u^k satisfying

$$u^k \overline{C}^* = e_K \tag{9}$$

for those non-integer $\overline{x}_k^{**}$ which are not a slack variable, compare (2).

Let $\overline{T}^*$ contain the rows of $\overline{T}$ corresponding to $\overline{x}^{**}$. Let $\overline{T}_B^*$ contain all columns of $\overline{T}^*$ corresponding to the basic components of λ^*. Then (9) implies

$$u^k \overline{C}^* \overline{T}_B^* = e_k \overline{T}_B^* . \tag{10}$$

Lemma 2.

$$\overline{C}^* \overline{T}_B^* = \left(\begin{array}{c} (A \mid \mathbf{0})_B \\ \hline 0 \\ \hline (\pi T \mid \tilde{\pi})_B \end{array} \right), \text{ where } \left(\begin{array}{c} (A \mid \mathbf{0})_B \\ \hline (\pi T \mid \tilde{\pi})_B \end{array} \right) = \overline{A}_B \text{ is the basic part of } \overline{A} .$$

Proof.

$$\overline{C}^* \overline{T}_B^* = \left(\begin{array}{c} (A' \mid \mathbf{0})^* \\ (A'' \mid \mathbf{0})^* \\ \hline (\pi \mid \tilde{\pi})^* \end{array} \right) \overline{T}_B^* = \left(\begin{array}{c} (A \mid \mathbf{0})_B \\ \hline 0 \\ \hline (\pi T \mid \tilde{\pi})_B \end{array} \right), \text{ because } A' T = A \text{ and } A'' T = \mathbf{0}.$$

Thus,

$$u^k \overline{C}^* \overline{T}_B^* = u^k \left(\begin{array}{c} (A \mid \mathbf{0})_B \\ \hline 0 \\ \hline (\pi T \mid \tilde{\pi})_B \end{array} \right) \text{ and with (10) we get}$$

$$e_k \overline{T}_B^* = u^k \left(\begin{array}{c} (A \mid \mathbf{0})_B \\ \hline 0 \\ \hline (\pi T \mid \tilde{\pi})_B \end{array} \right) . \tag{11}$$

Let us distinguish parts of u^k corresponding to the demand constraints, flow constraints, and cuts as follows:

$$u^k = (u' \mid u'' \mid u''') \tag{12}$$

with $u' = (u_1^k ... u_m^k)$, $u'' = (u_{m+1}^k ... u_\mu^k)$, $u''' = (u_{\mu+1}^k ... u_{\mu+r}^k)$. Multiplying (11) from the right by the basis inverse $\overline{A}_B^{-1}$, we obtain the components u' and u''' of u^k corresponding to the demand constraints and to the cuts:

$$(u' \mid u''') = e_k \overline{T}_B^* \overline{A}_B^{-1}, \tag{13}$$

i.e., $(u' \mid u''')$ is the sum of the lines of $\bar{A}_B^{-1}$ corresponding to the components of λ^* which contribute to $\bar{x}_k^{**}$.

Using complementary slackness, we obtain the following by-product of this result:

Lemma 3. *Given an optimal dual solution* y^{GG} *of (GG-LP), there exists an optimal dual solution* y *of (AFF-LP) with* $(y' \mid y''') = y^{GG}$.

Using (9), we can try to determine the remaining components u'' as follows:

Lemma 4. *If (9) is solvable,* u'' *satisfies*

$$u_{m+l_i}^k = h_{0,l_i} - u_i^k - \sum_{t=1}^{r} \pi_{0,l_i}^t u_{\mu+t}^k \qquad \forall i : \bar{x}_{0,l_i}^* > 0$$

$$u_{m+p+l_i}^k = h_{p,p+l_i} + u_{m+p}^k - u_i^k - \sum_{t=1}^{r} \pi_{p,p+l_i}^t u_{\mu+t}^k$$

$$\forall i, p : \bar{x}_{p,p+l_i}^* > 0, p > 0, p + l_i < L,$$

$$0 = h_p + u_{m+p}^k - \sum_{t=1}^{r} \pi_p^t u_{\mu+t}^k \qquad \forall p : \bar{x}_p^* > 0, 0 < p < L,$$

where $h_{p,p+l_i} = 1$ *if* $\bar{x}_k^{**}$ *is* $\bar{x}_{p,p+l_i}^*$ *and* $h_{p,p+l_i} = 0$ *otherwise;* $h_p = 1$ *if* $\bar{x}_k^{**}$ *is* $\bar{x}_p^*$ *and* $h_p = 0$ *otherwise, for all* i, p.

However, the vector u^k does not always exist, as in the following

Example. Consider again the instance $(L = 4, l = (2,1))$. Suppose $A_B = \begin{pmatrix} 2 & 0 \\ 0 & 4 \end{pmatrix}$

then

$$C^* = \begin{pmatrix} 1 & 1 & & & & \\ & & 1 & 1 & 1 & 1 \\ & & 1 & -1 & & \\ 1 & -1 & & 1 & -1 & \\ & & & & 1 & -1 \end{pmatrix}$$

The problem (AFF-LP) is solvable and we can easily construct dual multipliers for the objective function $\min x(\delta(0)) = \min(x_1 + x_3)$: they are $y^{AFF} = (\frac{1}{2}, \frac{1}{4}, \frac{3}{4}, \frac{1}{2}, \frac{1}{4})$. However, the primal constraints are underdetermined and dual constraints are overdetermined. Using (13), we obtain the following vectors u^k for variables $k = 1, ..., 6$:

$$(u^k)' = (\tfrac{1}{2} \, 0), \quad k = 1, 2,$$
$$(u^k)' = (0 \, \tfrac{1}{4}), \quad k = 3, ..., 6.$$

But trying to compute the components $(u^k)''$, we obtain contradictions. There are no dual solutions for $\min x_k$, $k = 1, ..., 6$. .

3.3 Column Generation

Pricing out new patterns when some AFF variables are constrained is well-studied, cf. [5]. The pricing problem is a shortest-path problem. With cuts on AFF variables, this is the same problem, where each cut modifies the weight of the involved arcs by its dual value.

With r cuts (8) added to the LP relaxation of (GG), let the dual multipliers be $(y_1, \ldots, y_m, y_{m+1}, \ldots, y_{m+r})$. The reduced cost of pattern $a = a_j$, $j = 1, \ldots, n$, is

$$1 - \sum_{i=1}^{n} y_i a_i - \sum_{k=1}^{r} y_{m+k} \pi^k T_j \tag{14}$$

Thus, the pricing problem is a shortest path problem with a separable objective function:

$$\max \sum c_{p,p+l_i} x_{p,p+l_i} + \sum c_p x_p$$

s.t.
$$\sum_p x_{p,p+l_i} \leq b_i \qquad i = 1, \ldots, m \tag{15a}$$
$$x(\delta^-(p)) - x(\delta^+(p)) = 0 \qquad p = 1, \ldots, L-1 \tag{15b}$$
$$x(\delta^+(0)) = 1 \tag{15c}$$
$$x_{p,p+l_i} \in \{0,1\} \qquad \forall i, p,$$
$$x_p \in \{0,1\} \qquad 0 < p < L,$$

with the arc costs

$$c_{p,p+l_i} = y_i + \sum_{k=1}^{r} y_{m+k} \pi^k_{p,p+l_i} \tag{16a}$$

$$c_p = \sum_{k=1}^{r} y_{m+k} \pi^k_p . \tag{16b}$$

4   Numerical Experiments

We implemented the method in C++ under Microsoft Visual Studio 2005. For solving the LP relaxation we embedded the COIN-LP Solver 1.5.0 [15]. In each iteration we added one cut. It was constructed as follows. All fractional variables were sorted according to non-increasing values of the degree of violation of a strengthened Gomory cut on that variable, see Section 2. Then we tried to construct exact Gomory cuts, i.e., we tried to solve (2) exactly. If it was not possible for any of the variables, we tried to solve just some of the equations in (2) avoiding contradictions. If we found a violated cut in this way, we proceeded.

Allowing some components of u to be negative (see Section 2) improved numerical properties but not always led to better performance. Moreover, in this case we had to introduce 'infeasibility slacks' for the cuts because the current restricted master (i.e., the λ-model on the currently known set of patterns) can be infeasible with the new cuts.

At first we considered a modified Fieldhouse instance, cf. [2]: $(m = 3, L = 30, l = (15, 10, 6), b = (3, 5, 9))$. It is a so-called divisible-case instance. The first LP solution is $diag(2, 3, 5)$ with value $4.9\overline{6}$ and the first cut is constructed on the AFF variable $x_{0,15}$. It rises the bound to $5.0\overline{5}$ which is enough to prove the optimality of a solution with value 6 if we had one. Adding two further cuts, on $x_{10,20}$ and on $x_{15,30}$, gives an integer solution with value 6. In each iteration, the maximally violated cut could be properly found, i.e., (2) was exactly solvable and we could construct a Gomory fractional cut.

However, on larger instances the method was not very successful. We considered several difficult instances available at http://math.tu-dresden.de/~capad. These instances, like the Fieldhouse one, have the so-called *non-IRUP* property [2], i.e., the LP-IP gap is at least 1 and we need to strengthen the LP bound to prove optimality. The first instance from HART1CSP.dat has 26 item types. The initial LP value is 9.93395. With 654 cuts, it is still only 9.94413 (the value 9.94412 was obtained already with 29 cuts). Taking only non-negative components in u, after 70 iterations the cut coefficients became too big and caused numerical problems.

The instance gau3 has 50 item types and the initial LP value 1065. Taking only non-negative components in u, with 138 cuts the LP value could be increased to 1065.03. Allowing negative components, the LP value could be increased to 1065.05 with 786 cuts.

In the file 53NIRUPs.dat containing 53 non-IRUP instances we could show the non-IRUP property for instances with up to 40 item types.

For comparison, the Gomory cuts on the λ variables described in [7] are much more effective. We just ran that algorithm without branching and cut manipulations on the same instances. On the first instance from HART1CSP.dat, just 30 cuts are enough to lift the LP value to 10. On gau3, only 3 cuts are needed to lift it to 1065.05.

In [7] we tried to carefully select strong cuts to keep the LP 'pure'. This helped much: for example, the first instance from HART1CSP.dat was solved in 22 iterations then. It would be interesting to implement this also for AFF cuts. This could, e.g., relax the problem to construct them exactly. But at the time it does not seem purposeful.

5   Conclusions

The arc-flow model has been the source of an effective and robust branching scheme. Based on this fact, we expected the integer rounding cuts on AFF variables to be effective as well. This appeared not to be the case up to now. The impact of these cuts is much weaker than that of the Gomory fractional cuts on the direct variables.

Moreover, we can cite similar results with cuts based on variables of other position- and sequence-indexed models, namely 'capacitated vehicle routing'-like models of 1D stock cutting [10]. For research purposes, we would provide the source code of the implementation on request.

Acknowledgements

We are grateful to the anonymous referees for their proposals to improve the presentation quality.

References

1. Gilmore, P.C., Gomory, R.E.: A linear programming approach to the cutting-stock problem. Operations Research 9 (1961) 849-859
2. Rietz, J.: Investigations of MIRUP for vector packing problems. PhD thesis, Institute of Numerical Mathematics and Optimization, Freiberg University (2003)
3. Valério de Carvalho, J.M.: Exact solution of cutting-stock problems using column generation and branch-and-bound. International Transactions in Operations Research 5 (1998) 35-44
4. Valério de Carvalho, J.M.: Exact solution of bin-packing problems using column generation and branch-and-bound. Annals of Operation Research 86 (1999) 629-659
5. Alves, C., Valério de Carvalho, J.M.: A stabilized branch-and-price-and-cut algorithm for the multiple length cutting stock problem. Computers and Operations Research 35(4) (2008) 1315-1328
6. Degraeve, Z., Peeters, M.: Optimal integer solutions to industrial cutting-stock problems: Part 2, benchmark results. INFORMS Journal on Computing 15(1) (2003) 58-81
7. Belov, G., Scheithauer, G.: A branch-and-cut-and-price algorithm for one-dimensional stock cutting and two-dimensional two-stage cutting. European Journal of Operational Research 171(1) (2006) 85-106
8. Vance, P.: Branch-and-price algorithms for the one-dimensional cutting stock problem. Comput. Opt. Appl. 9(3) (1998) 212-228
9. Vanderbeck, F.: On Dantzig-Wolfe decomposition in integer programming and ways to perform branching in a branch-and-price algorithm. Operations Research 48(1) (2000) 111-128
10. Belov, G., Letchford, A., Uchoa, E.: A node-flow model for 1D stock cutting: Robust branch-cut-and-price. Technical report, Universidade Federal Fluminense (2005)
11. Scheithauer, G., Terno, J., Müller, A., Belov, G.: Solving one-dimensional cutting stock problems exactly with a cutting plane algorithm. Journal of the Operational Research Society 52 (2001) 1390-1401
12. Belov, G., Scheithauer, G.: A cutting plane algorithm for the one-dimensional cutting stock problem with multiple stock lengths. European Journal of Operational Research 141(2) (2002) 274-294
13. Nemhauser, G.L., Wolsey, L.A.: Integer and Combinatorial Optimization. John Wiley and Sons, New York (1988)
14. Letchford, A.N., Lodi, A.: Strengthening Chvátal-Gomory cuts and Gomory fractional cuts. Operations Research Letters 30(2) (2002) 74-82
15. Forrest, J., de la Nuez, D., Lougee-Heimer, R.: CLP user guide. Technical report, IBM Research (2004)

Fekete and Schepers' Graph-based Algorithm for the Two-Dimensional Orthogonal Packing Problem Revisited

Eduarda Pinto Ferreira[1] and José Fernando Oliveira[2,3]

[1] ISEP – Instituto Superior de Engenharia do Porto, Portugal
eduadapf@gmail.com
[2] FEUP – Faculdade de Engenharia da Universidade do Porto, Portugal
jfo@fe.up.pt
[3] INESC Porto – Instituto de Engenharia de Sistemas e Computadores do Porto, Portugal

Abstract. In this paper Fekete and Schepers' exact algorithm for the non-guillotinable two-dimensional orthogonal packing problem is discussed. A modification to this algorithm is also proposed. The Fekete and Schepers' algorithm relies on a graph representation of packing patterns to assess if there is a feasible packing for a problem. Yet, the algorithm's projection graphs construction mechanism sometimes degenerates and while it correctly assesses the existence of a feasible packing pattern, the resulting projection graphs are not equal to the graphs of the packing class to which the packing pattern belongs [1] [2]. The presented algorithm overcomes this problem by introducing an extra condition to avoid the aforementioned degeneration. This modification was tested over instances of previously published literature.

Keywords: interval graphs, packing.

1 Introduction

The problem of cutting a rectangle into smaller rectangular pieces of given sizes is known as the two-dimensional packing problem. It arises in many industries where materials are cut, but it also occurs in less obvious contexts such as machine scheduling or optimisation of the layout of advertisements in newspapers. According to Wäscher's et al typology [3] this is a SKP problem, as the small items with fixed orientation are processed one by one, without taking into account eventual replications. In this paper we will deal with the associated decision problem of knowing if a given set of rectangles fit into the finite size container: the 2D-OPP.

We start by presenting the concept of *visibility graph* and how it can be used to characterize a packing. For a set of graphs to represent a feasible packing (all the rectangles fit in the container and do not overlap each other), some conditions must be met, as described in section 2. Graph-based algorithms for generating a packing are presented in section 3, starting with a brief description of the original Fekete and Schepers' algorithm [1]. The presented algorithm is based on the Fekete and Schepers' algorithm but introduces a supplementary condition that leads to packings for which the minimal interval representations are exactly the ones of the graphs of the corresponding packing class, avoiding what can be seen as a degenerate packing (see Fekete et al [1]). Finally we present some computational results.

2   *Visibility graphs* of a packing

Let us consider the two-dimensional packing depicted in Fig. 1 as an example. The packing projections in the two coordinated axes are the basis of the graph-based approach to the packing characterization. Each of these projections can be seen as a set of linearly ordered intervals (on each of the axes).

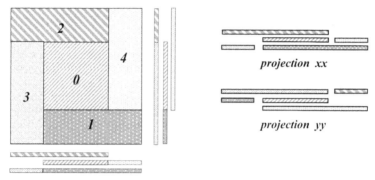

Fig. 1.   Example of a packing and its projections.

Definition 1. Intersection graph [4] Let F be a family of nonempty sets. The **intersection graph** of F is obtained by representing each set in F by a vertex and connecting two vertices by an edge if and only if their corresponding sets intersect.

Definition 2. Interval graph [4] An undirected graph G is called an interval graph if its vertices can be put into one-to-one correspondence with a set of intervals f of a linearly ordered set (like the real line) in a way that two vertices are connected by an edge of G if and only if their corresponding intervals have nonempty intersection. We call f an **interval representation** for G.

Definition 3. Minimal interval representation Given an interval graph many interval representations of this graph are possible. The interval representations where the lengths of the intervals are given by the lengths of the projections of the rectangles, with x_i- dimensions as small as possible, are called **minimal interval representations.**

Another way to represent these projections is through an intersection graph [4], as depicted in Fig 2. We say that two rectangles are adjacent in one direction, G_i, if and only if their projections, x_i, on the corresponding axis overlap. By definition, G_i is an interval graph. Given their meaning in this particular problem, we use the term *visibility graphs* instead of intersections graphs.

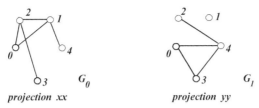

Fig. 2.   *Visibility graphs* of the packing represented in Fig. 1.

A set of rectangles, $0,1,...,n$, is said to be x_i- feasible if these rectangles can be lined up along the x_i- axis without exceeding the x_i- width of the container [1].

2.1   Feasibility of a packing

Having stated that the *visibility graphs* of a packing are interval graphs, let us consider the reverse: which are the conditions a set of two graphs must meet to represent a feasible packing?

As demonstrated by Fekete et al. [1] a set of boxes V can be packed into a container, if and only if graphs $G_i = (V, E_i), i = 1,2,...,d,$ have the following properties:

P1: the graphs $G_i = (V, E_i), i=1,2,...,d,$ are interval graphs

P2: each stable set S of G_i is x_i-feasible (1)

P3: $\bigcap\limits_{i=1}^{d} E_i = \emptyset$

Defining the rectangle's dimensions as $w(j) = (w_0(j), w_1(j))$ and the container's dimensions as $w(C) = (w_0(C), w_1(C))$, let us consider the 2D-OPP (two-dimensional orthogonal packing problem) $P = (V, w)$, defined by $V = \{0,1,2,3,4\}$,

$$w(0) = (4,3), \quad w(1) = (5,1), \quad w(2) = (5,1),$$
$$w(3) = (1,4), \quad w(4) = (1,4), \quad w(C) = (6,5)$$
(2)

For the solution of this 2-dimensional packing example, let us consider graphs G_0 and G_1 as the projections of the rectangles onto the two coordinate axes.

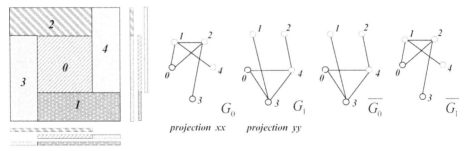

Fig. 3.   Example of a packing and the *visibility graphs* G_0 and G_1, and their complement graphs $\overline{G_0}$ and $\overline{G_1}$.

Each of these projections, in Fig. 3, induces a *visibility graph*, G_0 and G_1, respectively. Graphs G_0 and G_1 satisfy properties P1, P2 and P3, so this example represents a feasible packing pattern. Let us briefly verify the satisfaction of each property in this example.

Property P1: As depicted in Fig. 4, it is possible to represent each of the graphs G_0 and G_1, as a linearly ordered set, so they are interval graphs [4]. On the other hand, an interval graph is an undirected graph that has no chordless 4-cycle and its complement is a comparability graph, by Theorem 1 [5]. The second condition is certainly the most straightforward way to verify property P1.

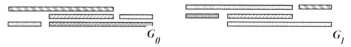

$$G_0 \qquad\qquad\qquad\qquad G_1$$

Fig. 4. G_0 and G_1 minimal interval representations.

Theorem 1. Gilmore and Hoffman [5] Let G be an undirected graph. The following statements are equivalent:
1. G is an interval graph;
2. G contains no chordless 4 cycle and its complement, $\overline{G}$, is a comparability graph;
3. The maximal cliques of G can be linearly ordered so that for every vertex x of G, the maximal cliques containing x occur consecutively.

Property P2: As shown in Definition 4, each stable set S of G_i is x_i-feasible, as we can see in Fig. 5.

Definition 4. Stable set [4] A stable set of an undirected graph is a subset X of vertices in which no two are adjacent.

Stable sets of graph G_0
$$S_1 = \{2,4\}, \quad w_0(2) + w_0(4) = 5 + 1 \le 6$$
$$S_2 = \{0,3,4\}, \quad w_0(0) + w_0(3) + w_0(4) = 4 + 1 + 1 \le 6$$
$$S_3 = \{1,3\}, \quad w_0(1) + w_0(3) = 5 + 1 \le 6$$

Stable sets of graph G_1
$$S_1 = \{2,3\}, \quad w_1(2) + w_1(3) = 1 + 4 \le 5$$
$$S_2 = \{0,1,2\}, \quad w_1(0) + w_1(1) + w_1(2) = 3 + 1 + 1 \le 5$$
$$S_3 = \{1,4\}, \quad w_1(1) + w_1(4) = 1 + 4 \le 5$$

Fig. 5.   Stable sets of G_0 and G_1.

Property P3: This property is satisfied because there are no common edges in both graphs.

2.2   Examples of properties violation

To further illustrate the relevance of each property, we will next present some examples of graphs that fail to satisfy each of the properties.

Property P1: Fig. 6 presents one unfeasible packing pattern where property P1 fails. By the theorem of Gilmore and Hoffman this graph is not an interval graph because there is a C_4; therefore it does not satisfy property P1. Node 2 sees nodes 0, 1 and 3; node 4 sees the nodes 0 and 1. Node 0 sees nodes 2 and 4, but this is only feasible if node 0 sees node 1, as we can see in Fig. 6.

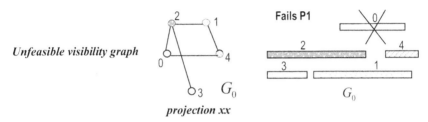

projection xx

Fig. 6.   Example in which P1 fails.

Property P2: A stable set S of G_i. is x_i-unfeasible. Fig. 7 depicts a graph whose maximal clique, in complement graph $\overline{G_1}$, exceeds the dimension of the container. As we can see, the maximal clique in complement graph is the clique {0, 2, 3} and its weight is 8, which is greater than 5.
Properties P2 fails, so this is an unfeasible packing pattern.

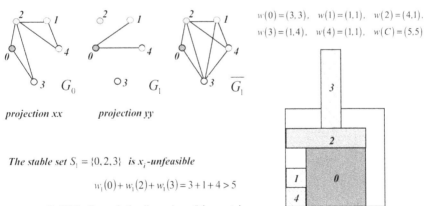

projection xx   *projection yy*

The stable set $S_1 = \{0,2,3\}$ is x_i-unfeasible

$$w_1(0) + w_1(2) + w_1(3) = 3 + 1 + 4 > 5$$

Fail P2 - Exceeds the dimension of the container

Fig. 7.   Example in which P2 fails.

Property P3: Now we have another graph that represents an unfeasible packing pattern because rectangle number 2 overlaps both rectangles 3 and 0. We can see in Fig. 8 that the edges (0, 2) and (2, 3) exist in both graphs, thus violating property P3.

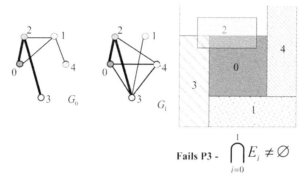

Fails P3 - $\bigcap\limits_{i=0}^{1} E_i \neq \varnothing$

Fig. 8.   Example in which P3 fails.

2.3   Correspondence between *visibility graphs* and packing patterns

According to Fekete and Schepers, a set of boxes V can be packed into a container if there is a set of graphs that meet the three properties [1]. Nevertheless, the objective of solving a problem is to obtain the actual packing. This would be easier if the minimal interval representations of the resulting *visibility graphs* are x_i-feasible, as there would not be the need to further process the graphs in order to extract a packing pattern. This is illustrated in the following example of a packing problem with five rectangles and a container with both width and height of 9 units. As a solution for this 2-dimensional packing problem, let us consider the *visibility graphs* G_0 and G_1, depicted in Fig. 9. The family of patterns that can be directly built from the graphs as such, i.e. without adding or removing edges (without applying Fekete and Schepers' construction algorithm), does not represent a feasible packing pattern. Nevertheless, a feasible pattern can be obtained by just removing the edge (0, 1) from G_0. In spite of this, G_0 and G_1 satisfy the three properties introduced by Fekete and Schepers, as is explained in the next paragraphs.

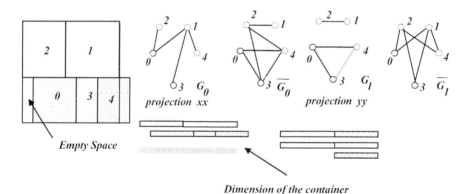

Fig. 9.   Example of a packing, its *visibility graphs*, and their minimal interval representations.

Property P1: As depicted in Fig 9, it is possible to represent each of the graphs G_0 and G_1 in a linearly ordered set, so they are interval graphs.

Property P2: Each stable set S of G_i is x_i-feasible as we can see in Fig. 10.

Stable sets of graph G_0 :

$S_0 = \{1,2\},$

$\qquad w_0(1) + w_0(2) = 5 + 4 \le 9$

$S_1 = \{2,3,4\},$

$\qquad w_0(2) + w_0(3) + w_0(4) = 4 + 2 + 3 \le 9$

$S_2 = \{0,3,4\},$

$\qquad w_0(0) + w_0(3) + w_0(4) = 4 + 2 + 3 \le 9$

Stable sets of graph G_1:

$S_0 = \{0,2\}, \quad w_1(0) + w_1(2) = 4 + 5 \le 9$

$S_1 = \{0,1\}, \quad w_1(0) + w_1(1) = 4 + 5 \le 9$

$S_2 = \{1,4\}, \quad w_1(1) + w_1(4) = 5 + 4 \le 9$

$S_3 = \{1,3\}, \quad w_1(1) + w_1(3) = 5 + 4 \le 9$

$S_4 = \{2,3\}, \quad w_1(2) + w_1(3) = 5 + 4 \le 9$

$S_5 = \{2,4\}, \quad w_1(2) + w_1(4) = 5 + 4 \le 9$

Fig. 10. Stable sets of G_i.

Property P3: This property is satisfied because there are no common edges in both graphs.

Properties P1, P2 and P3 indeed allow us to verify that a pair of *visibility graphs* represents a packing, but they obviously fail to define constraints on the packing dimensions. It is then possible to overcome this shortcome without applying Fekete and Schepers' construction algorithm? Why does this happen?

The only property that places any constraints on the dimensions of the packing is P2, limiting the size of each stable set of the graphs to fit in the container. Nevertheless, one must not forget that a *visibility graph* represents only the overlapping projections of the rectangles on one given direction. In an actual packing, the graphs may induce empty space between some rectangles in the container (which is not directly represented in the graphs) and therefore the computed size of the stable set is only lower bound for the size of the actual stable set. Fig. 9 depicts the xx projection of the packing presented, where P2 is satisfied and yet the overall packing dimension exceeds that of the container.

In order to overcome this problem, we introduced property P4 and state that the set of graphs must meet the four properties.

P4: G_i minimal interval representation is x_i-feasible.   (3)

Note that if $\mathfrak{I}_i$ is the minimal interval representation, $w(\mathfrak{I}_i)$ the width of the minimal interval representation of $\mathfrak{I}_i$ and $w_i(C)$ the dimension of the container in x_i direction, then if a packing pattern fits into the container, the equation $w(\mathfrak{I}_i) \le w_i(C)$ is satisfied and therefore G_i minimal interval representation is x_i-feasible.

Property P4: Once the properties P1, P2, P3 are satisfied, in the example depicted in Fig. 9, one must also guarantee that the packing pattern graphs do not exceed the container's dimensions. This is exactly the purpose of property P4. It requires the generation of the minimal interval representation of both graphs to compute their dimensions so as to compare them with the container's dimensions. The packing presented in Fig. 9 obviously fails property P4.

In the following pseudo-code description the algorithm that builds the minimal interval representations is presented. This algorithm is based on a coordinate system with integer values, but it can be easily extended to tackle real values.

```
Algorithm Gi_IntervalRepresentation
   w_i <- 0        ` leftmost position
   w_f <- 0        ` rightmost position
   IR <- Ø         ` interval representation
   For each connected component of Gi
      {C} <- Compute every maximal clique in the component
      While {C} ≠ Ø
         If IR = Ø then
            Cmc <- the clique in {C} with more nodes
            For each node of Cmc
               x_i <- 0       ` leftmost position of node i
               y_i <- 1       ` rightmost position of node i
            Next node
         Else
            Cmc <- the clique in {C} with more nodes
                   in common with the already inserted cliques
            For each node of Cmc already present in IR
               If y_i = w_f then
                  y_i = w_f + 2
               Else
                  x_i = w_i - 2
               End If
            Next node
            If w_f changed then      ` update IR limits
               w_f = w_f + 2
            Else
               w_i = w_i - 2
            End If
            For each node of Cmc not present in IR
               If w_f changed then      ` insert right
                  y_i = w_f
                  x_i = w_f - 1
               Else                      ` insert left
                  x_i = w_i
                  y_i = w_i + 1
               End If
            Next node
         End If
         {C} <- {C} - Cmc
      Loop
   Next component
   Return WidthIR(IR)
End
```

```
Algorithm WidthIR (IR)
  initialize x₁ of the leftmost rectangles to 0
  CP <- 0      ' current position, starting at left
  For each position p of IR
    For each rectangle edge e of p
      If e is a left edge then
        x₁ <- CP + 1
      Else
        y₁ <- x₁ + width(i)
      End If
      If y₁ >= CP then
        CP <- y₁
      Else               ' adjustment needed
        x₁ <- CP - width(i)
        CP <- x₁
        backtrack to position p of x₁ on IR
      End IF
    Next
  Next
  Return CP
End
```

3   Tree Search Packing Algorithm

3.1   Fekete and Schepers OPP (orthogonal packing problem) algorithm

Fekete et al. presented a graph-based tree search exact algorithm [1] for obtaining solutions of OPP problems. In order to improve the efficiency of the search, graph theory is used to reduce the search scope to a small set of feasible combinations. Through several iterations, the search scope is further reduced by the detection of "dead-ends" (unfeasible solutions) until either a solution is found or the complete search scope is analysed. In the last case, the existence of any feasible solution can be completely ruled out. The three properties are used to validate a packing solution.

A backtracking mechanism is used to find a feasible solution. In order to reduce the search scope, obviously impossible edges of the graphs (sum of the dimensions of two rectangles greater than the container's) are used to define a stable set from where the search is started.

For each node of the binary search tree, the properties are tested. New edges are added to or removed from the graphs in an attempt to fulfil the set of conditions. When these conditions are met, a new edge (an edge not yet included nor excluded) is chosen to become the next node of the current search. This node will have two sub-trees, one including that particular edge of the graph and another excluding it. If a depth-first approach is used, one of these sub-trees will be immediately processed. Otherwise, in a breadth-first approach, previously unprocessed nodes/sub-trees will be studied first [1].

As this algorithm is quite complex, we will present a small step by step example to better illustrate its application. Fig. 11 to Fig. 16 illustrate the application of Fekete and Scheper's algorithm to a packing problem of five rectangles.

Let the OPP-2 $P=(V,w)$ be defined by

$$V=\{0,1,2,3,4\}$$

$w(0)=(4,4),\quad w(1)=(5,5),\quad w(2)=(4,5),$
$w(3)=(2,4),\quad w(4)=(3,4),\quad w(Container)=(9,9)$

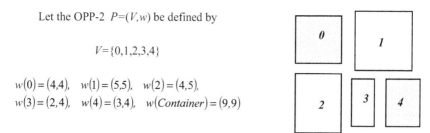

Fig. 11. Data example of a packing.

The first step is to compute, for each direction, the rectangle pairs whose combined dimensions exceed the dimension of the container, i.e. the edges (b,c) where $w_i(b)+w_i(c)>w_i(C)$. In this example, only the edge $(1,2)$ in the yy projection meets this criterion, as illustrated in Fig. 12a. In the xx projection there is no edge with a weight greater than 9. Thus edge $(1,2)$ is inserted in the yy projection and property P3 is checked. If the graphs G_i verify this property, then we proceed by adding new edges forcing the graphs to fulfil property P1 and P2.

The graphs fulfil P1, i.e. they are both interval graphs. To make sure that P2 is satisfied, i.e. the *Maximal weight clique of* $\overline{G_0}>9$, we will add to G_0 one of the edges of the max weight clique of its complement graph:
$\{(0,1),(0,2),(0,3),(0,4),(1,2),(1,3),(1,4),(2,3),(2,4),(3,4)\}$. Let us choose the edge $(0,1)$, as illustrated in Fig. 12b.

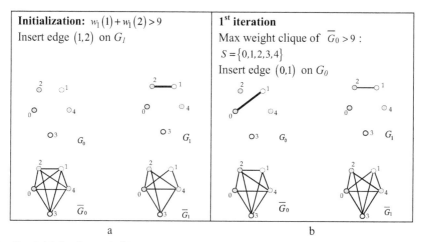

a   b

Fig. 12. Initialization and 1st iteration.

As both P1 and P3 are satisfied, P2 (*Max weight clique of* $\overline{G_0}>9$) is again used to expand the graph. The set of available edges of the max weight clique of its complement graph $\{(0,2),(0,3),(0,4),(1,2)(1,3),(1,4),(2,3),(2,4),(3,4)\}$ and we choose $(1,3)$, as depicted in Fig. 13a. The same approach is used in iteration 3 and 4, Fig. 13 and Fig. 14a.

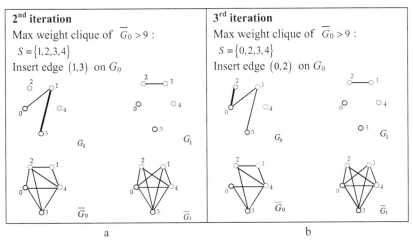

2nd iteration

Max weight clique of $\overline{G}_0 > 9$:

$S = \{1,2,3,4\}$

Insert edge $(1,3)$ on G_0

3rd iteration

Max weight clique of $\overline{G}_0 > 9$:

$S = \{0,2,3,4\}$

Insert edge $(0,2)$ on G_0

a   b

Fig. 13. 2nd and 3rd iterations.

In the 5th iteration, Fig. 14b, graph G_0 satisfies the 3 properties, so we will move our attention to graph G_1, which also satisfies both properties P1 and P3. The next step is then to force G_1 to satisfy P2, i.e. *Max weight clique of* $\overline{G}_1 > 9$.

So we pick an edge from the max weight clique of its complement graph $\{(0,1),(0,3),(0,4),(1,3),(1,4),(3,4)\}$, which will be the edge $(0,3)$.

In the next two iterations, Fig. 15, there is more than one set of cliques of equal weight that satisfy *Max weight clique of* $\overline{G}_1 > 9$. We choose one.

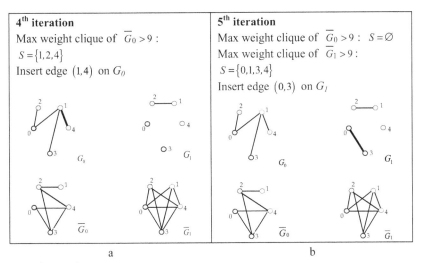

4th iteration

Max weight clique of $\overline{G}_0 > 9$:

$S = \{1,2,4\}$

Insert edge $(1,4)$ on G_0

5th iteration

Max weight clique of $\overline{G}_0 > 9$: $S = \varnothing$

Max weight clique of $\overline{G}_1 > 9$:

$S = \{0,1,3,4\}$

Insert edge $(0,3)$ on G_1

a   b

Fig. 14. 4th and 5th iterations.

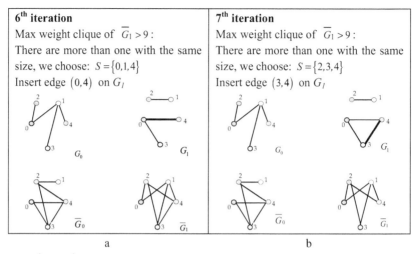

6th iteration	7th iteration
Max weight clique of $\overline{G}_1 > 9$:	Max weight clique of $\overline{G}_1 > 9$:
There are more than one with the same size, we choose: $S = \{0,1,4\}$	There are more than one with the same size, we choose: $S = \{2,3,4\}$
Insert edge $(0,4)$ on G_1	Insert edge $(3,4)$ on G_1

a   b

Fig. 15. 6th and 7th iterations.

In this example, after the 7th iteration, there is not any maximal weighted clique greater then 9 in complement graph $\overline{G}_0$ (xx-projection), thus satisfying P2. Neither is there one in the yy-projection in complement graph $\overline{G}_1$. Therefore, each stable set S of G_i is x_i-feasible. These graphs are interval graphs, as one can see, because the complement of each graph is a comparability graph and they contain no chordless 4-cycle. As no nodes overlap, property P3 is also satisfied.

So, graphs G_0 and G_1 in Fig. 16b both satisfy properties P1, P2 and P3.

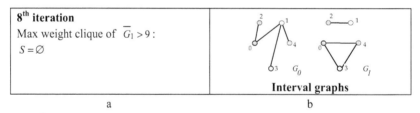

8th iteration	
Max weight clique of $\overline{G}_1 > 9$:	
$S = \varnothing$	Interval graphs

a   b

Fig. 16. 8th iteration and interval graphs.

Therefore, the final two graphs, shown on Fig.16, should define a feasible packing pattern for the stated problem.

If only packings are allowed for which the overlap of the projection intervals are exactly as in the graphs of the packing class, then there is no packing that fits in the container. In this particular example this results from the fact that rectangle 1 "sees" rectangles 0, 3 and 4 in graph G_0. Thus, although these graphs satisfy properties P1, P2 and P3 and, using Fekete and Schepers' construction algorithm a feasible packing is generated, their minimal interval representations are not equal to the ones of the packing class's graphs. It should be noticed that this effect does not occurs in gapless packings.

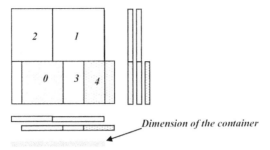

Fig. 17. Packing pattern and x_i-projections.

3.2 Modified Fekete and Schepers algorithm

In order to use the search algorithm to obtain a packing pattern directly, even for packings with gaps among the rectangles or between the rectangles and the container, a modified version of Fekete and Schepers' algorithm was implemented, using property P4. In order to limit the additional computational effort we only check property P4 when the other three properties are satisfied. This may seem to be somewhat inefficient, postponing the detection of some unfeasible solutions to a "later" phase. Nevertheless, one must not forget that adding or removing an edge from a graph may change the packing layout to a great extent; thus, rejecting an "incomplete solution" of a packing because it exceeds the container size would be unacceptable. In fact, the size of the "initial solution" for the packing problem, which contains just a few edges, greatly exceeds the size of the container. This fact hinders the use of property P4 to correct an unfeasible partial solution, as there is no straightforward way to identify an edge (or even a small set of edges) responsible for the solution to fail P4. Thus P4 should only be used to verify if a complete solution is feasible.

Now we illustrate step by step the previous example, but this time we will use the four properties.

Resuming the process where the Fekete and Schepers' algorithm stopped, in the 8th iteration shown in Fig. 18, properties P1, P2 and P3 are satisfied, but P4 fails because the interval representation of G_1 exceeds the dimension of the container.

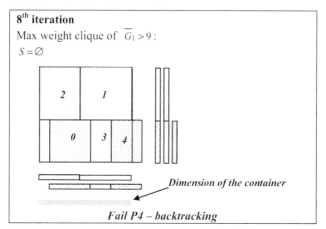

Fig. 18. 8th iteration.

As P4 fails, backtracking is needed, removing the edge $(3,4)$ from G_1, as depicted in Fig 19a. G_1 still satisfies properties P1 and P3, so we force it again to satisfy P2. Only this time we will chose another edge. This leads us to backtrack successively to iteration 4, removing edge $(1,4)$ and setting it as "impossible". We then choose another edge, e.g. $(2,4)$, and start again.

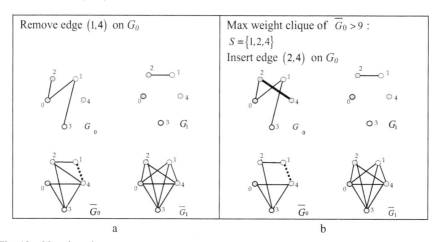

Fig. 19. Next iterations.

Max weight clique of $\overline{G_0} > 9$:	Max weight clique of $\overline{G_1} > 9$:
$S = \varnothing$	There are more than one with the same
Max weight clique of $\overline{G_1} > 9$:	size, we choose: $S = \{0,1,4\}$
$S = \{0,1,3,4\}$	Insert edge $(0,4)$ on G_1
Insert edge $(0,3)$ on G_1	

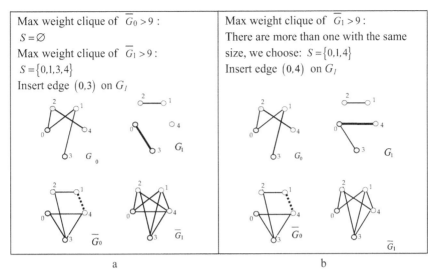

a	b

Fig. 20. Next iterations.

Graphs G_0 and G_1 in Fig. 21b both satisfy P1, P2, P3 and P4, thus defining a feasible packing pattern.

Max weight clique of $\overline{G_1} > 9$:	Max weight clique of $\overline{G_0} > 9$:
There are more than one with the same	$S = \varnothing$
size, we choose: $S = \{2,3,4\}$	Max weight clique of $\overline{G_1} > 9$:
Insert edge $(3,4)$ on G_1	$S = \varnothing$

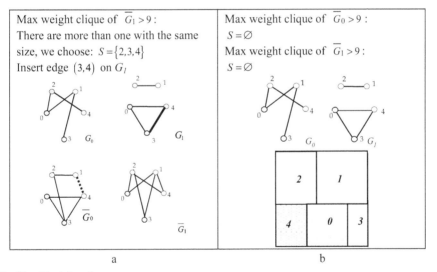

a	b

Fig. 21. Next iterations.

4   Computational results

Next, we present a set of computational results in order to illustrate the merits and shortcomings of these algorithms, as well as to analyse the impact of the introduction of property P4. These tests were all run on the same machine, a 3 GHz Pentium 4 (Prescott) with 2 GB RAM and running the MS Windows XP SP2 operating system. The algorithms were implemented in Java and they share a core set of classes. It is therefore possible to directly compare the results of the two algorithms.

4.1   Results for Benchmark Instances from Literature

The benchmark instances, used in these experiments, can be found in the articles by Beasley [6] and Hopper [7]. We ran the algorithms for each of the twelve Beasley's instances, beasley1 through beasley12, and also for the N1a Hopper's instance.

Tab. 1.   Nodes and running times (in ms).

1	2	3	4		5	
Problems	Cont. size	# boxes	F&S		F&S with P4	
			Nodes	Time	Nodes	Time
Beasley 1	(10,10)	5	0	32	0	32
Beasley 2	(10,10)	5	0	32	0	32
Beasley 3	(10,10)	7	44*	93	68	109
Beasley 4	(15,10)	6	0	47	0	47
Beasley 5	(15,10)	6	0	47	0	47
Beasley 6	(15,10)	7	12	63	12	63
Beasley 7	(20,20)	8	10	62	10	62
Beasley 8	(20,20)	8	69*	125	95	188
Beasley 9	(20,20)	11	42360*	7687	185966	56860
Beasley 10	(30,30)	6	0	31	0	31
Beasley 11	(30,30)	9	94	125	94	125
Beasley 12	(30,30)	9	369*	219	549	265
Hopper N1a	(200,200)	10	62	125	62	125
		11	86*	157	39197	16469
		12	147*	203	786891	440984
		13	6075	3219	6075	3219

* - In these instances F&S algorithm generated degenerate packings.

Table 1 shows our results for the Beasley's and Hopper's instances. The first column lists the names of the instances; the second shows the size of the container, followed by the number of total number of boxes used. The fourth column shows the number of nodes in search tree and the runtime on a PC (in ms) for the Fekete and Schepers' algorithm. The fifth column shows the Fekete and Schepers' algorithm with application of P4 property.

As expected, the results are equal for the two algorithms, with the exception of instances Beasley 3, Beasley 8, Beasley 9, Beasley 12, Hopper Na1. In fact, property P4 fails for these instances, therefore the solution takes longer to be reached.

5   Conclusion

In this paper we have presented a graph-based algorithm to solve two dimensional orthogonal packing problems, the Fekete and Schepers' algorithm. This algorithm uses a set of conditions/properties and a tree search mechanism to build a pair of graphs that allows us to establish the existence of a feasible packing pattern. Nevertheless, it was clearly demonstrated that the set of graphs may not define, without adding or removing edges, the desired packing pattern. Thus, the conditions used in the algorithm had to be reviewed, resulting in the introduction of an additional property, which allows to clearly define a relation between the pair of graphs and a packing pattern. We have also presented computational results for both algorithms.

The results are quite similar for the two algorithms, with the exception of instances that fail P4, which take longer. Nevertheless, the overhead of applying property P4 does not seem to be meaningful, thus leading us to conclude that it is worthwhile to apply P4, as there is no need to use complementary algorithms to extract a feasible pattern from the set of graphs.

References

1. Fekete, S. P., Schepers , J., Van der Veen ,J.: An exact algorithm for higher-dimensional orthogonal packing problem . Operations Research, Vol. 55. No. 3. (2007) 569-587
2. Fekete, S. P., Schepers, J.: On More dimensional packing I: Modeling. Technical Report, Report No. 97.288,
    http://www.zaik.uni--koeln.de/~paper/preprints.html?author=FeketeSandorP
3. Wäscher ,G., Haußner, H., Schumann, H.: An improved typology of cutting and packing problems. European Journal of Operational Research, Vol. 183. (2007) 1109–1130
4. Golumbic, M. C.: Algorithmic Graph Theory and Perfect Graphs. Academic Press (1980)
5. Gilmore, P. C., Hoffman, A. J.: A characterization of Comparability graphs and of interval graphs. Canadian Journal of Mathematics, Vol. 16. (1964) 539-548
6. Beasley, J.E.: OR-Library: Distributing test problems by electronic mail. Journal of the Operations Research Society, 41 (1990) 1069–1072.
7. Hopper, 2D Rectangular Strip Packing Problems (T and N), http://www.fe.up.pt/~esicup/

Lineare Optimierung für ein Zuschnittproblem in der holzverarbeitenden Industrie – Ein Anwendungsbericht

Sören Koch, Sebastian König und Gerhard Wäscher

Otto-von-Guericke-Universität Magdeburg
Universitätsplatz 2, 39106 Magdeburg
soeren.koch@ww.uni-magdeburg.de, sebastiankoenig@gmx.de,
gerhard.waescher@ww.uni-magdeburg.de

Abstract: In this paper the authors present a case study from the wood-processing industry. It focuses on a cutting process in which material from stock is cut down in order to provide the items required by the customers in the desired qualities, sizes and quantities. In particular, two aspects make this cutting process special. Firstly, the cutting process is strongly interdependent with a preceding handling process, which, consequently, cannot be planned independently. Secondly, if the trim loss is of a certain minimum size, it can be returned into stock and used as input to subsequent cutting processes. In order to reduce the cost of the cutting process, a decision support tool has been developed which incorporates a linear programming model as a central feature. The model is described in detail, and experience from the application of the tool is reported.

Keywords: One-dimensional cutting, linear programming, wood-processing industry.

1   Einführung

Die Planung industrieller Zuschnittprozesse stellt ein klassisches Anwendungsfeld des Operations Research dar. Publikationen, die sich wissenschaftlich mit der Zuschnittplanung auseinander setzen (vgl. [4]), bzw. in denen über erfolgreiche Anwendungen berichtet wird (vgl. [3], [5], [8], [9]), finden sich bereits in den fünfziger Jahren des letzten Jahrhunderts. Man sollte deshalb meinen, Zuschnittprozesse gehörten zu den am besten untersuchten Produktionsprozessen schlechthin. Nichtsdestoweniger scheint die Anzahl der jährlichen Publikationen auf diesem Gebiet eher zu- als abzunehmen. Das liegt u.a. daran, dass die betreffenden Prozesse nach wie vor ein hohes Rationalisierungspotential aufweisen.

Zuschnittprobleme in der Praxis zeichnen sich oft durch sehr spezielle Gegebenheiten aus, für die keine Standardmodelle und -lösungsverfahren zur Verfügung stehen. Diese sind vielmehr erst in geeigneter Weise zu modifizieren oder sogar völlig neu zu entwickeln. Eine solche Anwendung aus der holzverarbeitenden Industrie wird im Folgenden vorgestellt. Das betreffende Zuschnittproblem weist dabei zwei Besonderheiten auf. Zum einen ist der Zuschnittprozess eng mit vorhergehenden Lager-

bzw. Transportprozessen verknüpft, die nicht sinnvoll aus der Planung ausgeklammert werden können. Zum anderen bildet der anfallende Verschnitt nicht automatisch Abfall, vielmehr können größere Verschnittstücke als Reststücke gelagert und zur Befriedigung von Kundenaufträgen in nachfolgenden Planungen als Einsatzmaterial erneut verplant werden.

Die Arbeit gliedert sich dementsprechend wie folgt: Im nachfolgenden Kapitel 2 wird zunächst das betreffende Unternehmen sowie die betrachtete Problemstellung vorgestellt. In Kapitel 3 erfolgt eine Analyse der Problemstellung vor allem im Hinblick auf die entscheidungsrelevanten Kosten und die Frage, inwieweit sich diese Kosten ermitteln lassen. In Kapitel 4 wird der Lösungsansatz sowie das hierfür entwickelte, zentrale Optimierungsmodell vorgestellt. Kapitel 5 enthält Informationen über die Implementierung des Lösungsansatzes. In Kapitel 6 wird dann kurz über Erfahrungen mit dem praktischen Einsatz des Entscheidungsunterstützungssystems berichtet sowie ein Ausblick auf geplante, zukünftige Weiterentwicklungen gegeben.

2   Problemstellung

Die Nordlam GmbH ist ein international tätiges, holzverarbeitendes Unternehmen, das am Standort Magdeburg Brettschichtholz in verschiedenen Größen und Qualitäten herstellt. Das sind sog. Leimbinder, die durch Verleimung von Holzlamellen erzeugt werden. Sie finden vor allem in Industriebauten (Lagerhallen, Fabrikgebäuden), zunehmend aber auch im privaten Hausbau Verwendung.

Ein eingehender Kundenauftrag wird zunächst dahingehend analysiert, ob ein Fertigungsauftrag ausgelöst werden muss oder ob er unmittelbar aus Warenbeständen erfüllt werden kann, die in einem Fertigwarenlager vorhanden sind. Tendenziell werden größere Aufträge eher direkt aus der Fertigung, kleinere Aufträge durch Zuschnitt von Leimbindern aus dem Lager befriedigt. Dieser zweite Fall bildet den Gegenstand der vorliegenden Arbeit.

Die Planung des Zuschnitts erfolgt produktgruppenbezogen und beginnt mit der Ermittlung, welche im Lager vorhandenen Leimbinder sich überhaupt zur Auftragserfüllung eignen. Dabei definiert sich eine Produktgruppe über Kriterien wie Breite, Höhe und Qualität (Industriequalität, Sichtqualität). Grundsätzlich stehen zwei Typen von Einsatzmaterial zur Verfügung, nämlich zum einen *Standardmaterial*, das eine Länge von 24 Metern aufweist und als sog. Überproduktion aus der Fertigung stammt, und zum anderen Reststücke, die als – hinreichend langer – Verschnitt in früheren Zuschnittprozessen angefallen sind. Anschließend wird der eigentliche Schnittplan festgelegt, der angibt, welche von den grundsätzlich geeigneten Leimbindern tatsächlich verwendet und wie sie zerlegt werden sollen.

Die für den Zuschnitt zu verwendenden Leimbinder werden nun nicht einzeln, sondern – gemeinsam mit Bindern anderer Qualitäten und Abmessungen – in Kassetten gelagert. Diese Kassetten müssen vom Lager zur Zuschnittabteilung und – nach Entnahme der benötigten Binder – zurück zum Lager transportiert werden, wo sie wieder einzulagern sind. Es kommt dabei häufig vor, dass die zur Befriedigung eines bestimmten Auftrags benötigten Leimbinder aus vielen verschiedenen Kassetten zu entnehmen sind.

Der Zuschnittprozess selbst kann als eindimensional (vgl. [2], [12]) charakterisiert werden. Die Einsatzmaterialien werden lediglich in einer Abmessungsdimension („Länge") zurecht geschnitten, um daraus die zur Auftragsbefriedigung benötigten Kundenmaße zu erzeugen. Dabei anfallende Materialstücke, die keine Kundenmaße repräsentieren, werden als *Verschnitt* bezeichnet. „Hinreichend langer" Verschnitt kann wieder eingelagert und in späteren Zuschnittprozessen erneut als Einsatzmaterial (dann als *Reststücke* bezeichnet) verwendet werden. Daraus erklärt sich, dass die im Fertigwarenlager vorhandenen Leimbinder sehr viele verschiedene Längen aufweisen. Verschnittstücke, die zu kurz für eine weitere Verwendung sind, stellen *Abfall* dar.

Die Geschäftsleitung der Nordlam GmbH sah die aktuelle Planung und Durchführung der Zuschnittprozesse als unzureichend an. Insbesondere wurden hohe Kosten der Planung und hohe Abfallkosten bemängelt. Bisher erfolgte die Planung des Zuschnitts weitgehend manuell. Für jeden Arbeitstag legte ein Mitarbeiter („der Planer") – mit einem zeitlichen Vorlauf von etwa drei Tagen – fest, welche Kundenaufträge an dem betreffenden Tag produziert, welche Materialien eingesetzt und welche Schnittpläne angewendet werden sollten. Er benötigte hierfür nahezu einen vollständigen Arbeitstag. Der in den Zuschnittprozessen erzeugte Abfall lag bei etwa fünf Prozent des Materialverbrauchs, während vergleichbare Wettbewerber mit lediglich zwei Prozent Abfall auskamen. Dabei entspricht ein Prozent Abfall einem Materialwert von etwa 45.000 Euro pro Jahr. In einer Studie, mit denen die Verfasser betraut wurden, sollte deshalb ein Entscheidungsunterstützungssystem für die Zuschnittplanung entwickelt und dessen Auswirkungen auf die Kosten untersucht werden.

3   Problemanalyse

3.1   Ziele der Zuschnittplanung

Grundsätzlich wird angestrebt, alle Kundenaufträge exakt zu erfüllen und die zugehörigen, mit der Entscheidung über die Schnittpläne im Zusammenhang stehenden Kosten zu minimieren.

Zu den so definierten entscheidungsrelevanten Kosten des Zuschnitts gehören zunächst die *Kosten des Materialverbrauchs*. Ein Verbrauch entsteht in dem Umfang, wie Kundenmaße und Abfall entstehen. Die Kosten des Materialverbrauchs für die Kundenmaße bilden eine Konstante, da die Kundenbedarfe exakt zu erfüllen sind. Insofern betreffen die entscheidungsrelevanten Materialverbrauchskosten ausschließlich den als Abfall einzustufenden Verschnitt. Diese Kosten können als proportional zur Abfallmenge angesehen werden. Die Höhe der Kosten pro Längeneinheit des Einsatzmaterials sind bekannt.

Allerdings machen die Abfallkosten nur einen Teil der entscheidungsrelevanten Kosten aus. Zu diesen gehören ebenfalls *Transport-* und *Handlingkosten*, die durch das Herausziehen der benötigten Kassetten aus den jeweiligen Lagerfächern, den Transport vom Lager zum Zuschnittbereich und zurück sowie die erneute Einlagerung verursacht werden (im Folgenden unter dem Begriff „Handlingkosten" zusammen gefasst). Diese Kosten können als proportional zu der Anzahl der zur Befriedigung

eines Auftrags benötigten Kassetten angenommen werden. Die auf eine Kassetten-
bewegung entfallenden Kosten sind bekannt.

In Bezug auf die Reststücke, die in das Lager zurückgehen, entstehen Handlingkosten, aber auch zusätzliche *Lagerkosten*. Letztere beinhalten vor allem kalkulato-
rische Zinsen auf das im Lagerbestand gebundene Kapital. Sie können als proportional zur Lagermenge der betreffenden Materialqualität und zur Lagerdauer angenommen werden. Letztere kann aber nicht angegeben werden, da sie davon abhängt, ob
und wann in der Zukunft ein geeigneter Kundenauftrag eingeht, der die Verwendung
des betreffenden Reststücks nahe legt. Deshalb wird – als Hilfsziel – grundsätzlich
eine Minimierung der in den neu gebildeten Reststücken gebundenen Materialmenge
angestrebt.

3.2   Zielbeziehungen

Da es wegen der mangelnden Quantifizierbarkeit der Lagerkosten nicht möglich ist,
alle relevanten Kostenbestandteile in einer einzigen Zielfunktion zu erfassen, stellt
sich die Frage, wie sich eine Minimierung der Summe aus Handling- und Materialverbrauchskosten auf die Reststückbildung und ggf. auf andere damit im Zusammenhang stehende Kosteneinflussgrößen auswirkt. Dabei sind vor allem die Auswirkungen auf den Einsatz von Standardmaterial zu beachten.

Geringe Abfallmengen (und damit geringe Materialverbrauchskosten) lassen sich
tendenziell dadurch erzielen, dass Schnittmuster mit Abfall durch solche ersetzt werden, die eine Reststückbildung vorsehen. Dies befördert eher den Einsatz von langem
Standardmaterial als den von kürzeren Reststücken aus früheren Zuschnittprozessen.
Niedrige Handlingkosten lassen sich durch wenige Kassettenbewegungen erreichen.
Dadurch wird ebenfalls der Einsatz von Standardmaterialien bevorzugt, von denen
sich – im Gegensatz zu Reststücken aus früheren Zuschnittprozessen – häufig mehrere in einer Kassette befinden.

Weder der Einsatz von Standardmaterial noch die Bildung neuer Reststücke ist
aber sonderlich wünschenswert. Durch den vermehrten Einsatz von Standardmaterial
findet ein Abbau der betreffenden Lagerbestände statt, wodurch tendenziell die Möglichkeiten zu einer guten Materialausnutzung in der Zukunft beeinträchtigt werden.
Reststücke verursachen zusätzliche, aber unbestimmte Lagerkosten, wobei nicht einmal klar ist, ob tatsächlich später eine gute Materialausnutzung garantiert ist.

Als Konsequenz für das zu entwickelnde Entscheidungsunterstützungssystem ergab sich daraus, dass eine Steuerung in Bezug auf den Einsatz von Standardmaterial
und die Bildung von Reststücken möglich sein muss.

3.3   Problemtyp

Das Einsatzmaterial besteht aus Stücken, die viele voneinander verschiedene Längen
besitzen. Lediglich das Standardmaterial weist identische Längen (24 m) auf. Von
diesem sollen aber – aus den geschilderten Gründen – nur geringe Mengen eingesetzt
werden. Auch in Bezug auf die Kundenaufträge lassen sich vergleichsweise geringe
Nachfragehäufigkeiten für die einzelnen Kundenmaße feststellen. Die konkreten Aus-

prägungen des geschilderten Zuschnittproblems sind dementsprechend gemäß der von Wäscher, Haußner und Schumann [12] vorgeschlagenen Typologie von Zuschnitt- und Packproblemen als „Residual Bin-Packing Problems" (RBPP) bzw. als „Residual Cutting Stock Problems" (RCSP) zu charakterisieren. In Bezug auf diese Problemtypen liegt aber insofern eine Erweiterung vor, wie der vorgelagerte Transport- bzw. Handlingprozess sowie die Bildung von (neuen) Reststücken bei der Planung des Schnittplans mit zu berücksichtigen sind. Vergleichbare Problemstellungen der Zuschnittplanung mit (wieder) verwendbaren Reststücken wurden bereits von Cherri, Arenales und Yanasse [1], Gradisar und Trkman [7], Gradisar, Resinovic und Kljajic [6], Trkman und Gradisar [11] und Scheithauer [10] behandelt. Allerdings ist den Verfassern dieser Arbeit bislang keine Veröffentlichung bekannt, in der Transport- und Handlingprozesse der hier geschilderten Art explizit in die Zuschnittplanung einbezogen werden.

4   Modell und Lösungsansatz

4.1   Grundlegender Aufbau

Für die dargestellte Problemstellung wurde ein Lösungsansatz auf der Grundlage eines linearen Optimierungsmodells entwickelt und implementiert. Dieser Lösungsansatz enthält zwei Komponenten, die den Eingriff des Planers bzw. dessen Entscheidung erfordern. Zum einen obliegt es ihm festzulegen, was in Bezug auf eine bestimmte Produktgruppe maximal als Abfall zugelassen werden soll. Die Festlegung hängt vor allem davon ab, was über einen absehbaren Zeitraum als kleinste Auftragslänge auftreten wird. Alle kürzeren Verschnittlängen sind grundsätzlich Abfall. Der Planer hat typischerweise eine konkrete Vorstellung davon, wie diese maximale Abfalllänge aussieht. Eingehende Aufträge mit kürzeren Auftragslängen bzw. das Ausbleiben von Aufträgen mit kurzen Längen über einen längeren Zeitraum verändern diese Vorstellung.

Entsprechendes gilt in Bezug auf die Reststücklängen. Grundsätzlich werden nur solche Längen als Reststücke zugelassen, von denen erwartet wird, dass sie sich in Zukunft „gut verwenden" lassen. Das führt zunächst zu einer Untergrenze für die zulässige Reststücklänge. Zusätzlich wird eine Obergrenze für die zulässigen Reststücklängen definiert. Diese ist notwendig, um in jedem Fall auszuschließen, dass von langen Einsatzstücken bzw. von Standardlängen nur kurze Stücke abgeschnitten werden.

Aus diesen Angaben über die zulässigen Verschnitt- und Reststücklängen sowie den zugehörigen Auftrags- und Einsatzmaterialdaten wird das im folgenden Abschnitt 4.2 dargestellte lineare Optimierungssystem generiert. Zu beachten ist, dass das Optimierungssystem wiederholt für unterschiedliche Vorgaben zum Einsatz von Standardmaterial gelöst wird. Dabei wird die Anzahl der maximal einsetzbaren Standardmaterialstücke von einer oberen Schranke her sukzessiv bis auf Null abgesenkt. Die zugehörigen Schnittpläne erhält der Planer mit entsprechenden Angaben über die jeweiligen Ausprägungen der Zielgrößen zur Auswahl vorgelegt.

4.2   Modell

4.2.1   Indexmengen, Konstanten, Parameter, Variablen

Indexmengen

I :   Indexmenge der Auftragsstücktypen ($I = \{1, 2,..., m\}$);

J :   Indexmenge der Einsatzmaterialtypen, bestehend aus dem Standardmaterial-
typ (j = 0) und den Lagermaterialtypen (j = 1, 2,..., n),
d.h. $J = \{0, 1, 2,..., n\}$.

Alle betrachteten Einsatzmaterialtypen sind qualitätsmäßig zur Erfüllung
eines bestimmten Auftrags geeignet, und unterscheiden sich lediglich nach
ihren jeweiligen Längen. Sie treten üblicherweise in verschiedenen Kassetten auf.

K :   Indexmenge der Kassettennummern;

$P(j)$: Indexmenge aller zulässigen Schnittmuster, die auf den Einsatzmaterialtyp
j (j $\in$ J) angewendet werden können.

Konstanten

a_{ijp} :   Häufigkeit, mit der der Auftragsstücktyp i (i $\in$ I) im Schnittmuster
p (p $\in$ $P(j)$) für den Einsatzmaterialtyp j (j $\in$ J) enthalten ist;

c^{hand} : Handlingkosten pro Kassette;

c^{abf} : Abfallkosten pro Längeneinheit des Einsatzmaterials;

c_{jp}^{abf} :   Abfallkosten, die von dem auf den Einsatzmaterialtyp j (j $\in$ J) angewendeten Schnittmuster p (p $\in$ $P(j)$) verursacht werden,

$$
c_{jp}^{abf} = \begin{cases} c^{abf} \cdot \left(L_j - \sum_{i \in I} l_i a_{ijp} \right), & \text{wenn Schnittmuster p ein zulässiges Abfall-} \\ & \text{stück (vgl. (1)) enthält,} \\ 0, & \text{sonst;} \end{cases}
$$

d_i :   Bedarf an bzw. (Kunden-) Nachfrage nach Auftragsstücktyp i (i $\in$ I);

l_i :   Länge des Auftragsstücktyps i (i $\in$ I);

s_{jk} :   Vorrat an Einsatzmaterialtyp j (j $\in$ J), der in Kassette k (k $\in$ K) vorhanden
ist;

t_{jp} :   Länge des Verschnitts, wenn das Schnittmuster p (p $\in$ $P(j)$) auf den
Einsatzmaterialtyp j (j $\in$ J) angewendet wird; Länge des Einsatzmaterialtyps j, die – bei Anwendung des Schnittmusters p – nicht von Auftragsstücktypen bedeckt ist;

L_j :   Länge des Einsatzmaterialtyps j (j $\in$ J);

M_k :   hinreichend große, auf die Kassette k bezogene Zahl (kann gleich der
Anzahl der Objekte in Kassette k (k $\in$ K) gesetzt werden).

Variablen

w_{jpk} : Häufigkeit, mit der Schnittmuster p (p $\in$ $P(j)$) auf Einsatzmaterialtyp
j (j $\in$ J) aus der Kassette k (k $\in$ K) angewendet wird;

x_{jp}: Häufigkeit, mit der Schnittmuster p $(p \in P(j))$ auf den Einsatzmaterialtyp j $(j \in J)$ angewendet wird;

y_k: Variable, die anzeigt, ob ein Einsatzmaterialstück aus Kassette k $(k \in K)$ benötigt wird,

$$y_k = \begin{cases} 1, & \text{wenn mind. ein Einsatzmaterialstück aus Kassette k benötigt wird,} \\ 0, & \text{sonst;} \end{cases}$$

z_k: Anzahl der Einsatzmaterialstücke, die aus der Kassette k $(k \in K)$ insgesamt benötigt werden.

Parameter

ALMAX: Obergrenze für die Länge des Verschnitts, der in einem Schnittmuster noch als Abfall akzeptiert wird (maximale Abfalllänge);

RLMIN: Untergrenze für die Länge des Verschnitts, der in einem Schnittmuster als Reststück akzeptiert wird (minimale Reststücklänge);

RLMAX: Obergrenze für die Länge des Verschnitts, der in einem Schnittmuster als Reststück akzeptiert wird (maximale Reststücklänge);

SNMAX: maximale Anzahl von Standardmaterialstücken, die in der Lösung akzeptiert werden.

Zur Vermeidung von Reststücklängen, die später sehr schlecht weiter zu verwenden sind, muss RLMIN dabei nicht zwingend mit ALMAX zusammenfallen.

4.2.2   Schnittmuster

Ein Schnittmuster p $(p \in P(j))$ für den Einsatzmaterialtyp j $(j \in J)$ ist ein Vektor

$$a_{jp} := (a_{1jp}, a_{2jp}, \ldots, a_{mjp}),$$

der die folgenden Bedingungen erfüllt:

$$\sum_{i \in I} l_i a_{ijp} + t_{jp} = L_j, \qquad\qquad j \in J, p \in P(j);$$

$$\sum_{i \in I} a_{ijp} \geq 1, \qquad\qquad j \in J, p \in P(j);$$

$$a_{ijp} \geq 0 \text{ und ganzzahlig,} \qquad\qquad i \in I, j \in J, p \in P(j);$$

$$t_{jp} \geq 0, \qquad\qquad j \in J, p \in P(j).$$

Ein Schnittmuster heiße *zulässig*, wenn eine der folgenden Bedingungen erfüllt ist:
- die Auftragsstücke nutzen die Länge L_j des Einsatzmaterialtyps vollständig aus, d.h.

$$t_{jp} = 0 \Leftrightarrow \sum_{i \in I} l_i a_{ijp} = L_j,$$

- der Verschnitt ist klein genug, um noch als Abfall akzeptiert zu werden, d.h.

$$0 < t_{jp} = L_j - \sum_{i \in I} l_i a_{ijp} \leq ALMAX, \tag{1}$$

- der Verschnitt ist von einer Länge, die als akzeptabel für ein Reststück angesehen wird:

$$RLMIN \leq t_{jp} = L_j - \sum_{i \in I} l_i a_{ijp} \leq RLMAX. $$

4.2.3   Optimierungssystem

Unter Verwendung der so definierten Symbole lässt sich das folgende Optimierungsproblem formulieren:

$$\min \sum_{j \in J} \sum_{p \in P(j)} c_{jp}^{abf} \cdot x_{jp} + \sum_{k \in K} c^{hand} \cdot y_k \tag{2}$$

$$\sum_{j \in J} \left(\sum_{p \in P(j)} a_{ijp} \cdot x_{jp} \right) = d_i, \qquad i \in I; \tag{3}$$

$$x_{jp} - \sum_{k \in K} w_{jpk} = 0, \qquad j \in J, p \in P(j); \tag{4}$$

$$\sum_{p \in P(j)} w_{jpk} \leq s_{jk}, \qquad j \in J, k \in K; \tag{5}$$

$$\sum_{p \in P(0)} x_{0p} \leq SNMAX; \tag{6}$$

$$\sum_{j \in J} \sum_{p \in P(j)} w_{jpk} - z_k = 0, \qquad k \in K; \tag{7}$$

$$-M_k \cdot y_k + z_k \leq 0, \qquad k \in K; \tag{8}$$

$$x_{jp} \geq 0 \text{ und ganzzahlig}, \qquad j \in J, p \in P(j); \tag{9}$$

$$y_k \in \{0,1\}, \qquad k \in K; \tag{10}$$

$$w_{jpk} \geq 0 \text{ und ganzzahlig}, \qquad j \in J, p \in P(j), k \in K; \tag{11}$$

$$z_k \geq 0 \text{ und ganzzahlig}, \qquad k \in K; \tag{12}$$

In der Zielfunktion (2) werden die entscheidungsrelevanten Abfall- und Handlingkosten erfasst. Die Restriktionen des Typs (3) sind als Bedarfsrestriktionen zu charakterisieren. Sie gewährleisten, dass eine Lösung generiert wird, die sämtliche Kundenbedarfe erfüllt. Durch (4) ist für jedes Schnittmuster eine Bilanzgleichung gegeben, mit welcher der Zusammenhang hergestellt wird zwischen der Häufigkeit, mit der ein Schnittmuster insgesamt angewendet wird und wie oft es in Bezug auf die entsprechenden Einsatzmaterialien in den einzelnen Kassetten eingesetzt wird. Restriktionen vom Typ (5) repräsentieren Vorratsrestriktionen. Sie drücken die Beschränktheit der

Verfügbarkeit der Einsatzmaterialtypen in den einzelnen Kassetten aus. (6) ist eine Restriktion, die den Einsatz der Standardmaterialstücke steuern soll. Die maximal zulässige Anzahl von Standardeinsatzmaterialstücken SNMAX ist dabei als ein Parameter anzusehen, der mit SNMAX $=\sum_{k \in K} s_{0k}$ initialisiert und dann sukzessive auf Null abgesenkt wird. Die Restriktionen vom Typ (7) dienen der Berechnung der Anzahl von Einsatzmaterialstücken, die aus den einzelnen Kassetten jeweils benötigt werden. Ist diese Anzahl größer als Null, so werden aufgrund von (8) und den Binärbedingungen (10) Handlingkosten in die Berechnung des Zielwerts der betreffenden Lösung einbezogen.

5   Implementierung

Der skizzierte Lösungsansatz wurde als eigenständige Anwendung auf PC-Basis unter Windows realisiert. Die für die Optimierung benötigten Daten werden zu Beginn der Planung direkt aus der Datenbank des Unternehmens eingelesen. Hierzu gehören der Kundenbedarf, der Lagerbestand sowie die zugehörigen Kassettennummern. Tab. 1 zeigt einen typischen Datensatzsatz für eine ausgewählte Produktgruppe aus dem Monat Oktober 2007.

Tab. 1.   Datensatz der Produktgruppe „140 x 240 Sichtqualität".

Kundenbedarf	Lagerbestand	Kassettennr.
1 x 3330 mm	1 x 3644 mm	961
2 x 9200 mm	1 x 4036 mm	246
1 x 9600 mm	1 x 4468 mm	206
2 x 10100 mm	2 x 4500 mm	986
1 x 11250 mm	1 x 4536 mm	961
3 x 12600 mm	1 x 5120 mm	246
	1 x 5344 mm	595
	2 x 6000 mm	246
	1 x 9652 mm	986
	1 x 10052 mm	986
	1 x 10284 mm	206
	1 x 13744 mm	206
	1 x 15032 mm	206
	1 x 15444 mm	33
	1 x 21060 mm	986
	1 x 24060 mm	206
	1 x 24060 mm	961
	1 x 24060 mm	986
	7 x 24060 mm	33

Zusätzlich zu den angegebenen Grunddaten kann der Planer – sofern er das für erforderlich hält – für jede Produktgruppe weitere spezifische Parameter festlegen. Dies sind zum einen die jeweiligen Kosten pro Längeneinheit des Abfalls und zum anderen die zulässigen Verschnittintervalle. Hierfür sind in dem implementierten Entscheidungsunterstützungssystem Eingabefenster vorgesehen, in denen er die entsprechenden Eintragungen vornehmen kann. Abb. 1 (Angaben dort ebenfalls in mm) zeigt beispielhaft die Eingabemaske für die zulässigen Reststücklängen. Ausgewiesen wird darin, dass ein Verschnitt von 4 m bis 20 m zur Reststückbildung erlaubt ist. Voreingestellt ist außerdem, dass eine Verschnittlänge von weniger als 2 m Abfall darstellt. Insofern sind Verschnittlängen zwischen 2 m und 4 m und von mehr als 20 m ausgeschlossen.

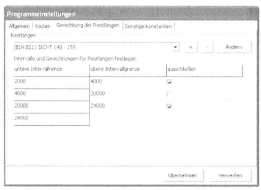

Abb. 1. Vorgaben für die zulässigen Verschnittintervalle.

Aus den produktgruppenbezogenen Daten wird durch ein selbstgeschriebenes Programm das zugehörige konkrete Optimierungsmodell ((2) – (12)) automatisch generiert. Die Durchführung der Optimierungsrechnungen erfolgt unter Einsatz von kommerzieller LP-Software. Als Ergebnis erhält der Planer eine Übersicht über die Lösungen (Schnittpläne) angezeigt (s. Abb. 2), die für die verschiedenen Vorgaben für die Anzahl maximal einsetzbarer Standardmaterialstücke berechnet wurden. Die Angaben über die jeweilige Summe aus Abfall- und Handlingkosten einerseits und über die neu gebildete Reststückmenge (Gesamtlänge aller neu gebildeten Reststücke in mm) andererseits machen den bereichsweisen „Trade-off" zwischen diesen beiden Zielgrößen deutlich. Darüber hinaus werden für jede Lösung weitere für den Planer bedeutsame, den jeweiligen Schnittplan charakterisierende Angaben aufgeführt. Dazu gehören die betreffende gesamte Abfallmenge (in mm), die Anzahl der erforderlichen Kassettenbewegungen und die Anzahl der eingesetzten Leimbinder (Einsatzmaterialstücke).

Variante	Kosten [€]	Summe des Abfalls [mm]	Summe der Restlängen [mm]	Anzahl der Kassettenbewegungen [Stk.]	Anzahl eingesetzter Binder [Stk.]
1	18,35	700	5244	1	3
2	19,35	200	9680	2	4
3	20,91	376	9080	2	5
4	30,45	220	18760	3	6
5	43,54	1362	9110	4	6
6	65,72	4192	4924	3	7

Abb. 2. Übersicht über die berechneten Lösungen.

Aus den so dargestellten Lösungen hat der Planer eine zur Realisierung auszuwählen. Bei Bedarf kann er sich auch die jeweiligen, zu den einzelnen Lösungen gehörenden Schnittpläne detailliert ansehen. Abb. 3 zeigt einen solchen Schnittplan mit der expliziten Aufstellung von Abfall- und Handlingkosten. Für Vergleichszwecke wird dem Planer jeweils auch der prozentuale Abfallanteil angegeben.

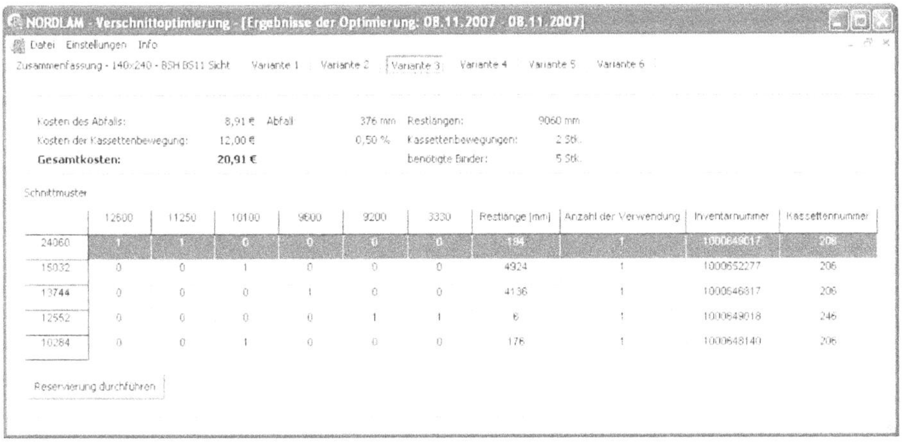

NORDLAM - Verschnittoptimierung - [Ergebnisse der Optimierung: 08.11.2007 - 08.11.2007]

Datei   Einstellungen   Info

Zusammenfassung - 140/240 - BSH BS11 Sicht   Variante 1   Variante 2   Variante 3   Variante 4   Variante 5   Variante 6

Kosten des Abfalls:	8,91 €	Abfall	376 mm	Restlängen:	9060 mm
Kosten der Kassettenbewegung:	12,00 €		0,50 %	Kassettenbewegungen:	2 Stk.
Gesamtkosten:	**20,91 €**			benötigte Binder:	5 Stk.

Schnittmuster

	12600	11250	10100	9600	9200	3330	Restlänge [mm]	Anzahl der Verwendung	Inventarnummer	Kassettennummer
24060	1	1	0	0	0	0	184	1	1000649017	208
15032	0	0	1	0	0	0	4924	1	1000652277	206
13744	0	0	0	1	0	0	4136	1	1000646317	206
12552	0	0	0	0	1	1	8	1	1000649018	246
10284	0	0	1	0	0	0	176	1	1000648140	206

Reservierung durchführen

Abb. 3. Schnittplan in Detaildarstellung.

Über den Button „Reservierung durchführen" kann der Planer den Schnittplan endgültig auswählen. Die entsprechenden Leimbinder werden dadurch im ERP- System dem zugehörigen Kundenauftrag fest zugeordnet und die Schnittpläne werden an die Mitarbeiter der Zuschnittabteilung übermittelt.

6   Erfahrungen im praktischen Einsatz und Ausblick

Das beschriebene Entscheidungsunterstützungssystem befindet sich seit Kurzem im Testbetrieb. Die Akzeptanz durch den Planer ist gegenwärtig schon hoch, was u.a. darauf zurück geführt werden kann, dass ihm das System schon in der Erprobungsphase immer wieder Schnittpläne bereit stellt, die er gegenüber seinen eigenen, manuell (aber mit großer Praxiserfahrung) ermittelten Lösungen als überlegen erkennt. Außerdem erfolgt die Bereitstellung der Lösungsvorschläge durch das Entscheidungsunterstützungssystem ohne Zeitverzögerung in Echtzeit. Tab. 2 belegt das anhand eines Ausschnitts aus dem Auftragsbestand eines bestimmten Arbeitstages. Die Datensätze sind zunächst der Anzahl der bereitzustellenden Auftragsstücke und nach der Anzahl der im Lager vorhandenen, potentiellen Einsatzmaterialstücke charakterisiert. Zur Beschreibung der Größe des jeweiligen Optimierungsmodells ((2)-(12)) ist außerdem die betreffende Schnittmusteranzahl aufgeführt. Schließlich ist die Rechenzeit angegeben, die zur Bereitstellung der Lösungsübersicht gem. Abb. 2 benötigt wurde. Sie umfasst sowohl die Zeiten zur Modellgenerierung als auch die Zeiten zur Ausführung der Optimierungsrechnungen für alle relevanten Werte des Parameters SNMAX. Alle Berechnungen wurden auf einem Arbeitsplatzrechner mit Intel P4

Mobile Prozessor (3,2 GHz) durchgeführt. Es wird deutlich, dass selbst für die größeren Probleminstanzen keine signifikanten Wartezeiten bis zur Bereitstellung der Lösungsvorschläge entstehen.

Tab. 2. Auftragsbestand.

Produktgruppe	Anzahl nach-gefragter Binder (Auftragsstücke)	Anzahl der im Lager vorhandenen Binder (Einsatzmaterialstücke)	Anzahl Schnittmuster	Rechenzeit Optimierung [sec.]
80 x 200	10	83	28	8,54
80 x 220	6	30	59	3,71
100 x 120	11	65	34	9,09
120 x 120	3	22	289	4,82
120 x 320	6	29	112	2,71
140 x 200	10	35	36	3,36
140 x 240	7	30	153	2,96
160 x 240	11	29	48	4,97
160 x 280	5	26	55	1,26
200 x 240	5	32	113	3,43
200 x 400	5	33	36	1,44
200 x 520	4	25	66	1,59

Auch aus betriebswirtschaftlicher Sicht sind die Erfahrungen bisher außerordentlich positiv. Schon mit der Vorabversion des Entscheidungsunterstützungssystems konnte der Materialabfall um einen Prozentpunkt gesenkt werden. Die Zeit, die der Planer zur Erstellung der täglichen Schnittpläne benötigt, wird sich nach vollständiger Implementierung von acht auf ca. vier Stunden reduzieren.

Es soll aber auch nicht verschwiegen werden, dass ein Datensatz aufgetreten ist, für den das Modell nicht generiert werden konnte, da es zu viele Schnittmuster enthielt. Das Vorkommen solcher „pathologischer" Datensätze ist den auf dem Gebiet der Zuschnittplanung tätigen Wissenschaftlern und Praktikern grundsätzlich bekannt. Allerdings wurde dieser Aspekt im Hinblick auf die hier analysierte Anwendung bzw. die vorgefundenen Datenstrukturen zunächst als nicht besonders relevant angesehen. Tatsächlich ist innerhalb von sechs Monaten kein weiterer Datensatz dieser Art vorgekommen. Nichtsdestoweniger wird hier aber doch eine Schwachstelle des Systems deutlich. Gegenwärtig ist noch vorgesehen, dass der Planer in einem solchen Fall zur manuellen Planung zurückkehrt. In Zukunft soll dann ein Spaltengenerierungsverfahren entwickelt werden, das auf eine explizite Generierung sämtlicher Schnittmuster verzichtet.

Literaturverzeichnis

1. Cherri, A.; Arenales, M.; Yanasse, H.: The Unidimensional Cutting Stock Problem with Usable Leftover – A Heuristic Approach. Working Paper No. 90, Serie Computacao (2007), Universidade de Sao Paulo.
2. Dyckhoff, H.: A Typology of Cutting and Packing Problems. In: European Journal of Operations Research 44 (1990), 145-159.

3. Eilon, S.: Optimizing the Shearing of Steel Bars. In: Journal of Mechanical Engineering Science 2 (1960), 129-142.
4. Eisemann, K.: The Trim Problem. In: Management Science 3 (1957), 279-284.
5. Förstner, K.: Zur Lösung von Entscheidungsaufgaben bei der Papierherstellung. In: Zeitschrift für Betriebswirtschaftslehre 29 (1959). 693-703, 756-765.
6. Gradisar, M.; Resinovic, G.; Kljajic, M.:A Hybrid Approach for Optimization of One-Dimensional Cutting. In: European Journal of Operations Research 119 (1999), 719-728.
7. Gradisar, M.; Trkman, P.: A Combined Approach to the Solution to the General One-Dimensional Cutting Stock Problem. In: Computers & Operations Research 32 (2005), 1793-1807.
8. Paull, A. E.: Linear Programming: A Key to Optimum Newsprint Production. In: Pulp and Paper Magazine of Canada 57 (1956), 146-150.
9. Paull, A. E.; Walter, J. R.: The Trim Problem: An Application of Linear Programming to the Manufacture of Newsprint Paper (Abstract). In: Econometrica 23 (1955), 336.
10. Scheithauer, G.: A Note on Handling Residual Lengths. In: Optimization 22 (1991), 461-466.
11. Trkman, P.; Gradisar, M.: One-Dimensional Cutting Stock Optimization in Consecutive Time Periods. In: European Journal of Operations Research 179 (2007), 291-301.
12. Wäscher, G.; Haußner, H.; Schumann, H.: An Improved Typology of Cutting and Packing Problems. In: European Journal of Operational Research 183 (2007), 1109-1130.

Packing Identical Spheres
into a Rectangular Parallelepiped

Yuriy Stoyan and Georgiy Yaskov

A.M. Pidgorny Institute for Mechanical Engineering Problems,
2/10 Pozharsky St., 61046 Kharkov, Ukraine
stoyan@ipmach.kharkov.ua, yaskov@ipmach.kharkov.ua

Abstract. The paper deals with the optimization problem of packing identical spheres into a rectangular parallelepiped of minimal height. A mathematical model of the problem is constructed and its peculiarities are considered. On the ground of the peculiarities a solution strategy is offered. The strategy includes a special search tree construction, a modification of the Zoutendijk method of feasible directions to calculate local minima, and a modification of the decremental neighborhood method to search for an approximation to the global minimum. Numerical examples and performance analysis of solutions are given.

Keywords: Packing, sphere, parallelepiped, optimization, modeling.

1 Introduction

Packing problems concerning the packing of 3D objects arise in various branches of industry such as powder metallurgy, laser 3D cutting, arranging and loading containers for aviation, cosmic flights, sea shipment, railroad transportation, cutting different natural and artificial crystals, layout of computers, buildings, ships, plants, etc.

3D packing problems are of importance in different branches of human activity, e.g., in CAD, medicine (radiosurgical treatment planning) [23] and [24], the filtration problem [1], granular medium modeling [8], [12], [13] and [14] and packing catalysts in chemistry.

Packing solid spheres into a parallelepiped is of special value in research of 3D packing problems due to simplicity of description of interactions between spheres. Furthermore, some algorithms and methods developed to solve the problems can be extended to 3D packing of other geometric objects.

T.C. Hales [6] has proved the Kepler conjecture that the packing density of identical spheres cannot exceed $\pi/\sqrt{18} \approx 0.74$.

The problem of unequal sphere packing in a 3D polytope is analyzed in [20] as a non-convex optimization problem with quadratic constraints and a linear objective function. Algorithms which improved the existing branch-and-bound algorithm for the general non-convex quadratic program are proposed.

G.E. Mueller [13] for packing identical spheres in a cylinder used the sequential addition technique which is based on the dimensionless packing parameter. The identical sphere packing in high Euclidean dimensions by means of their random sequential addition is considered in [21].

We note that the technique is the optimization algorithm by groups of variables [15], i.e., as a matter of fact, it is one of greedy algorithms [7].

Paper [3] is of special interest. Authors take in a wide range of circular and spherical packing problems. An original mathematical model of the problems is constructed. Local optimal solutions are calculated. The best local optimal solution is taken as an approximation to a global solution of the problem. A huge number of numerical examples are calculated. Results obtained are of high quality.

Paper [19] deals with packing of different radii spheres into a parallelepiped of minimal height. A modification of the decremental neighborhood method (DNS) in combination with local optimization based on the reduced gradient method, the Newton method and the active set strategy have been used. However, the modification of DNS does not allow to generate various starting points (only one starting point can be formed). In this paper we construct a special search tree. The tree enables us to obtain starting points of the feasible region to find different local minima of the identical sphere packing problem. In addition, the local optimization algorithm based on the Zoutendijk feasible direction method [25] and the active set strategy are developed to search for local minima. The decremental neighborhood method to search for an approximation to the global minimum is adopted to the problem under consideration.

The contents are as follows. In Section 2, a mathematical model of the problem is constructed and its peculiarities are investigated. The solution method is offered in Section 3. In Subsection 3.1, a special search tree is constructed. A modification of the decremental neighborhood search method is considered in Subsection 3.2 and a modification of the Zoutendijk method to calculate a local minimum in Subsection 3.3. Numerical examples and some conclusions are given in Section 4.

2   Mathematical model

Let there be spheres $S_i \subset R^3$, $i \in I = \{1, 2, ..., n\}$, to be congruent to the sphere

$$S = \{(x, y, z) \in R^3 : x^2 + y^2 + z^2 - r^2 \leq 0\}$$

and a rectangular parallelepiped (cuboid)

$$P = \{(x, y, z) \in R^3 : 0 \leq x \leq a, 0 \leq y \leq b, 0 \leq z \leq h\}$$

where R^3 is the Euclidean 3D arithmetic space. Length a and width b of P are constant, while height h is a variable.

The translation of sphere S_i by vector $v_i = (x_i, y_i, z_i)$ is denoted by $S_i(v_i)$, $i \in I$. Translation vector v_i is also called the placement parameter vector of S_i.

Problem. Find a placement parameter vector $v = (v_1, v_2, ..., v_n) \in R^{3n}$ so that all spheres $S_i(v_i)$ are contained completely within parallelepiped P without mutual intersections and height h of P attains a minimal value.

Thus, $u = (v, h) \in R^m$ where $m = 3n + 1$, is a vector of all variables of the problem.

According to the typology introduced in [22], problem (1-2) can be classified as three-dimensional spherical ODP (Open Dimension Problem): cuboid.

A mathematical model of the identical sphere packing problem is represented as follows.

$$F(u^*) = \min F(u), \text{ s.t. } u \in G \tag{1}$$

where

$$G = \{u \in R^m : \varphi_k(w_k) \geq 0, k = 1,2,...,\theta = 6n + \frac{n(n-1)}{2}\} \tag{2}$$

$$\varphi_k(w_k) = \begin{cases} x_i - r, \ i = 1,2,...,n \quad \text{if } k = 1,2,...,n, \\ y_i - r, \ i = 1,2,...,n \quad \text{if } k = n+1,n+2,...,2n, \\ z_i - r, \ i = 1,2,...,n \quad \text{if } k = 2n+1,2n+2,...,3n, \\ a - x_i - r, \ i = 1,2,...,n \quad \text{if } k = 3n+1,3n+2,...,4n, \\ b - y_i - r, \ i = 1,2,...,n \quad \text{if } k = 4n+1,4n+2,...,5n, \\ h - z_i - r, \ i = 1,2,...,n \quad \text{if } k = 5n+1,5n+2,...,6n, \\ (x_i - x_j)^2 + (y_i - y_j)^2 + (z_i - z_j)^2 - 4r^2, \ i < j = 1,2,...,n \\ \qquad\qquad\qquad\qquad \text{if } k = 6n+1,6n+2,...,6n+\frac{n(n-1)}{2}, \end{cases}$$

$$u = (v_1, v_2,..., v_n, h) \in R^m, \ m = 3n+1, \ F(u) = h,$$

$$w_k \in \{x_i, y_i, z_i, (v_i, v_j), \ i \neq j, \ i,j \in \{1,2,...,n\}\}.$$

Note that the inequalities (2) give the containment of the spheres within parallelepiped P and ensure non-overlapping of spheres.

We point out some characteristics of problem (1-2).

(i) $F(u)$ is linear, restrictions are linear and non-linear.

(ii) The frontier of G is formed by $6n$ linear and $\frac{n(n-1)}{2}$ surfaces of the second order.

(iii) G is in general disconnected, i. e.

$$G = \bigcup_{l=1}^{\eta} G_l, \ G_i \cap G_j = \varnothing, \ i \neq j,$$

This can occur if

$$(a - 2r)^2 + (b - 2r)^2 < 4r^2. \tag{3}$$

Indeed, let inequality (3) be fulfilled and two points $u_a, u_b \in G$ correspond to packings of spheres shown in Fig. 1a and 1b. In this case, there is no possibility to move from point u_a to point u_b without either going out of parallelepiped P or overlapping S_i and S_j (Fig. 1c), i.e. G is represented as

$$G = G_1 \cup G_2, \ G_1 \cap G_2 = \varnothing, \ u_a \in G_1, \ u_b \in G_2.$$

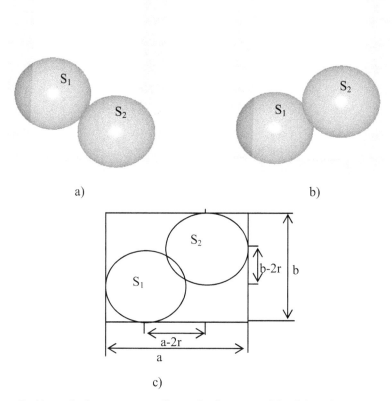

a)   b)

c)

Fig 1.   Packings of spheres corresponding to the disconnected feasible region.

(iv) Each connected component of G is multiply connected. Indeed, each inequality $\left(x_i - x_j\right)^2 + \left(y_i - y_j\right)^2 + \left(z_i - z_j\right)^2 - \left(r_i + r_j\right)^2 \geq 0$ specifies a 2-connected set in space R^m. So, G is at least $n(n-1)/2$-connected [4] and [5].

(v) The problem is multi-extremal in general and NP-hard [11].

Definition 1. A point $u \in G$ is said to be an extreme point of G if for any neighborhood $N(u) \in R^m$ there exists a hyperplane $H \subset R^m$ such that $G \cap N(u) \cap H = \{u\}$.

Any extreme point $u \in G$ is specified by a system of $m = 3n + 1$ equations of type $\varphi_k(w_k) = 0$. An example of an extreme point A for $m = 3$ is shown in Fig. 2.

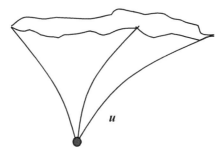

Fig. 2.   An extreme point u of feasible region G.

Definition 2. Point $u^* \in G$ is a strong local minimum [9] if there exists an ε -neighborhood $N(u^*,\varepsilon)$ such that $F(u^*) < F(u)$ for any $u \in N(u^*,\varepsilon)\cap G$, $u \neq u^*$ (Fig. 3a). Point $u^* \in G$ is a weak local minimum [9] if there exists an ε -neighborhood $N(u^*,\varepsilon)$ such that $F(u^*) \leq F(u)$ for any $u \in N(u^*,\varepsilon)\cap G$ and u^* is not a strong local one (Fig. 3b and 3c).

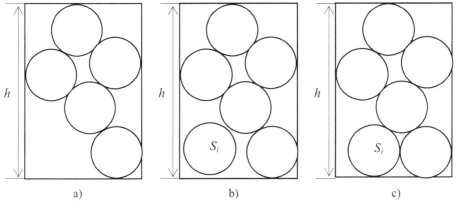

a)   b)   c)

Fig. 3.   An illustration of strict and weak local minima.

(vi) To any local minimum u^* (strong or weak) (Fig. 3b), there always corresponds at least one extreme point $\tilde{u}^* \in G$ such that $F(\tilde{u}^*) = F(u^*)$ (Fig. 3c), i.e. to the extreme point there corresponds a packing in which the spheres touch at least three other spheres (Fig. 4a), or two spheres and a facet of P (Fig. 4b), or a sphere and two facets of P (Fig. 4c), or three facets of P (Fig. 4d).

a)   b)   c)   d)

Fig 4.   Fragments of packings corresponding to extreme points.

3   Solution method

To solve the problem under consideration, a truncated version of the branch-and-bound algorithm ([16] and [18]) can be used. In these works, terminal nodes of the search tree are all possible systems of $m = 3n + 1$ equations that may be constructed on the ground of inequality system (2). Solutions of the consistent (i.e. solvable) systems define extreme points of G including all local minima. The tree realizes an exhaustive search of all extreme points. However, among the systems corresponding to terminal nodes there is a huge number of inconsistent systems. Furthermore, the pruning rules available do not allow to decrease considerably the number of nodes and, consequently, the number of systems to be solved. In most cases, these systems are solved by numerical methods. Moreover, in order to solve the systems, starting points have to be given. As a rule, however, we do not know how to select the starting point. Sometimes, insignificant variation of coordinates of the starting point may yield different solutions of the same equation system. So, we consider a part of the search tree and find an approximation to the global minimum. To this end, the following solution strategy is proposed.

1. Construct a special search tree whose terminal nodes are equation systems that specify uniquely extreme points in space R^m, and are solved explicitly. The points have to ensure obtaining different local minima.
2. With each terminal node of the tree, we associate some numerical sequence consisting of n numbers. The sequences form some discrete set, on which the Euclidean metric is introduced. (See Subsection 3.2).
3. Implement a modification of the decremental neighborhood search method (in what follows DNS) [15], [17] and [19] on the discrete set for a non-exhaustive search of extreme points.
4. Take the extreme points as starting points and realize a search for local minima.
5. The best local minimum u^* obtained is an approximation to the global minimum.

3.1   Construction of the search tree

Our key objective is to construct a search subtree of the tree considered in [16] and [18] so that the following conditions are satisfied:

1. The terminal nodes of the subtree have to correspond to non-linear equation systems that are solved explicitly, i.e. without applying any iterative procedures.
2. System solutions, being extreme points of G, have to be found in attraction zones of different local minima, i.e. the extreme points (starting points) are formed so that a descent to the same local minimum is a rare event.

The tree consists of n levels. Root t^0 of the tree is space R^m.

Nodes t_i^1, $i = 1, 2, ..., \tau_1$ ($\tau_1 = 4$) of the first level of the tree are τ_1 consistent systems of linear equations

$$\psi_1^1(v_1) = \begin{cases} x_1 - r = 0 \\ y_1 - r = 0 \\ z_1 - r = 0, \end{cases} \qquad \psi_2^1(v_1) = \begin{cases} a - x_1 - r = 0 \\ y_1 - r = 0 \\ z_1 - r = 0, \end{cases}$$

$$\psi_3^1(v_1) = \begin{cases} x_1 - r = 0 \\ b - y_1 - r = 0 \\ z_1 - r = 0, \end{cases} \qquad \psi_4^1(v_1) = \begin{cases} a - x_1 - r = 0 \\ b - y_1 - r = 0 \\ z_1 - r = 0, \end{cases}$$

each of which contains three variables $v_1 = (x_1, y_1, z_1)$. This means that each of the systems has the solution $v_1^i = (x_1^i, y_1^i, z_1^i)$, $i = 1, 2, 3, 4$, respectively. Evidently, v_1^i, $i = 1, 2, 3, 4$, define the possible locations of sphere S_1 into one of four bottom angles of P (Fig. 5). Thus, the dimension of the initial space R^m is reduced by three and we now consider the problem in space R^{m-3}.

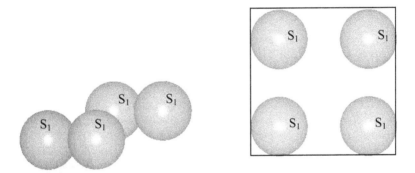

Fig. 5.   Packings corresponding to the first level of the tree.

The nodes of the second level are systems formed as follows.

To the first three equations of each node of the first level there are added three equations depending either on the placement parameters $v_2 = (x_2, y_2, z_2)$ only, or $v_1 = (x_1, y_1, z_1)$ and $v_2 = (x_2, y_2, z_2)$ simultaneously. Thus, the systems of the second level have the form:

$$\begin{cases} \psi_i^1(v_1) = 0 \\ \psi_j^2(v_1, v_2) = 0 \end{cases}, \quad i = 1, 2, \dots, \tau_1, \ j = 1, 2, \dots, \tau_2, \tag{4}$$

where

$$\psi_1^2(v_2) = \begin{cases} x_2 - r = 0 \\ y_2 - r = 0 \\ z_2 - r = 0, \end{cases} \quad \psi_2^2(v_2) = \begin{cases} a - x_2 - r = 0 \\ y_2 - r = 0 \\ z_2 - r = 0, \end{cases} \quad \psi_3^2(v_2) = \begin{cases} x_2 - r = 0 \\ b - y_2 - r = 0 \\ z_2 - r = 0, \end{cases}$$

$$\psi_4^2(v_2) = \begin{cases} a - x_2 - r = 0 \\ b - y_2 - r = 0 \\ z_2 - r = 0, \end{cases} \quad \psi_5^2(v_1, v_2) = \begin{cases} x_2 - r = 0 \\ y_2 - r = 0 \\ \gamma_{12}(v_1, v_2) = 0, \end{cases} \quad \psi_6^2(v_1, v_2) = \begin{cases} \gamma_{12}(v_1, v_2) = 0 \\ y_2 - r = 0 \\ z_2 - r = 0, \end{cases}$$

$$\psi_7^2(v_1, v_2) = \begin{cases} x_2 - r = 0 \\ \gamma_{12}(v_1, v_2) = 0 \\ z_2 - r = 0, \end{cases} \quad \psi_8^2(v_1, v_2) = \begin{cases} a - x_2 - r = 0 \\ \gamma_{12}(v_1, v_2) = 0 \\ z_2 - r = 0, \end{cases}$$

$$\psi_9^2(v_1, v_2) = \begin{cases} a - x_2 - r = 0 \\ y_2 - r = 0 \\ \gamma_{12}(v_1, v_2) = 0, \end{cases} \quad \psi_{10}^2(v_1, v_2) = \begin{cases} \gamma_{12}(v_1, v_2) = 0 \\ b - y_2 - r = 0 \\ z_2 - r = 0, \end{cases}$$

$$\psi_{11}^2(v_1, v_2) = \begin{cases} x_2 - r = 0 \\ b - y_2 - r = 0 \\ \gamma_{12}(v_1, v_2) = 0, \end{cases} \quad \psi_{12}^2(v_1, v_2) = \begin{cases} a - x_2 - r = 0 \\ b - y_2 - r = 0 \\ \gamma_{12}(v_1, v_2) = 0, \end{cases}$$

$$\gamma_{12}(v_1, v_2) = (x_1 - x_2)^2 + (y_1 - y_2)^2 + (z_1 - z_2)^2 - 4r^2.$$

The equations are selected so that they form consistent linear systems ($\psi_j^2(v_2) = 0$, $j = 1, 2, 3, 4$) and mixed systems ($\psi_j^2(v_1, v_2) = 0$, $j = 5, 6, ..., \tau_2$; $\tau_2 = 12$) consisting of one non-linear and two linear independent equations. A part of the mixed systems may turn out inconsistent, and solutions v_2^q, $q = 1, 2, ..., \delta_2$, $\delta_2 < \tau_2$ of some systems may form vectors $u^q = (v_1, v_2^q, ..., v_m)$, $q = 1, 2, ..., \delta_2$, that do not belong to G. For example, if v_1 is the solution of system $\psi_1^1(v_1) = 0$, then system $\psi_8^2(v_1, v_2) = 0$ is inconsistent provided that $a > 4r$. Solution v_2^1 of system $\psi_1^2(v_2) = 0$ is such that $u^1 = (v_1, v_2^1, ..., v_m) \notin G$ because spheres S_1 and S_2 are intersected.

Each of systems $\psi_j^2(v_2) = 0$, $j = 1, 2, 3, 4$ has one solution and each of systems $\psi_j^2(v_1, v_2) = 0$, $j = 5, 6, ..., 12$ may have two feasible solutions. In the case we choose a solution with minimal z_2. The solutions of these systems define 12 possible locations of sphere S_2 into P shown in Fig. 6 (sphere S_1 is dark and sphere S_2 is light). Whence, the number of nodes of the second level is $\eta_2 = \tau_1 \tau_2 = 4 \cdot 12 = 48$. Consequently, the last three equations of each system of kind (4) define uniquely the possible location of sphere S_2 with respect to sphere S_1 and P. This implies that, to each second level node, there correspond at most 48 different locations of spheres S_1 and S_2. The systems of the second level decrease the dimension of space R^{m-3} by three, and we now consider the problem in space R^{m-6}.

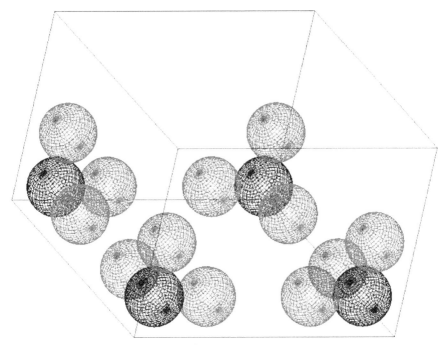

Fig. 6.   Possible locations of the second sphere.

Systems (4) are subdivided into four groups depending on node number $i \in \{1,2,3,4\}$ of the first level. The nodes of the second level are enumerated as follows: t_{ij}^2, $i = 1,2,...,\tau_1$, $j = 1,2,...,\tau_2$. Thus, the first three equations are identical within each system of the same group.

The nodes of the third level are formed as follows. To the first six equations of each node of the second level there are added three equations depending either on the placement parameters $v_3 = (x_3, y_3, z_3)$ only, or $v_1 = (x_1, y_1, z_1)$ and $v_3 = (x_3, y_3, z_3)$ simultaneously, or $v_2 = (x_2, y_2, z_2)$ and $v_3 = (x_3, y_3, z_3)$ simultaneously, or $v_1 = (x_1, y_1, z_1)$, $v_2 = (x_2, y_2, z_2)$ and $v_3 = (x_3, y_3, z_3)$ simultaneously. Thus, the systems of the third level have the form:

$$\left| \begin{array}{l} \psi_i^1(v_1) = 0 \\ \psi_j^2(v_1, v_2) = 0 \\ \psi_k^3(v_1, v_2, v_3) = 0 \end{array} \right. , \qquad i = 1,2,...,\tau_1, \;\; j = 1,2,...,\tau_2, \;\; k = 1,2,...,\tau_3, \tag{5}$$

$$\psi_1^3(v_3) = \left| \begin{array}{l} x_3 - r = 0 \\ y_3 - r = 0 \\ z_3 - r = 0, \end{array} \right. \quad \psi_2^3(v_3) = \left| \begin{array}{l} a - x_3 - r = 0 \\ y_3 - r = 0 \\ z_3 - r = 0,..., \end{array} \right. \quad \psi_4^3(v_3) = \left| \begin{array}{l} a - x_3 - r = 0 \\ b - y_3 - r = 0 \\ z_3 - r = 0, \end{array} \right.$$

$$\psi_6^3(v_1, v_3) = \left| \begin{array}{l} x_3 - r = 0 \\ \gamma_{13}(v_1, v_3) = 0 \\ z_3 - r = 0, \end{array} \right. \quad \psi_7^3(v_1, v_3) = \left| \begin{array}{l} x_3 - r = 0 \\ y_3 - r = 0 \\ \gamma_{13}(v_1, v_3) = 0, \end{array} \right.$$

$$\psi_8^3(v_1, v_3) = \begin{vmatrix} a - x_3 - r = 0 \\ \gamma_{13}(v_1, v_3) = 0 \\ z_3 - r = 0, \dots, \end{vmatrix} \quad \psi_{11}^3(v_2, v_3) = \begin{cases} a - x_3 - r = 0 \\ y_3 - r = 0 \\ \gamma_{23}(v_2, v_3) = 0, \dots, \end{cases}$$

$$\psi_{19}^3(v_2, v_3) = \begin{vmatrix} x_3 - r = 0 \\ b - y_3 - r = 0 \\ \gamma_{23}(v_2, v_3) = 0, \end{vmatrix} \quad \psi_{20}^3(v_2, v_3) = \begin{cases} a - x_3 - r = 0 \\ b - y_3 - r = 0 \\ \gamma_{23}(v_2, v_3) = 0, \end{cases}$$

$$\psi_{21}^3(v_1, v_2, v_3) = \begin{cases} a - x_3 - r = 0 \\ \gamma_{13}(v_1, v_3) = 0 \\ \gamma_{23}(v_2, v_3) = 0, \dots, \end{cases} \quad \psi_{25}^3(v_1, v_2, v_3) = \begin{vmatrix} \gamma_{13}(v_1, v_3) = 0 \\ b - y_3 - r = 0 \\ \gamma_{23}(v_2, v_3) = 0, \end{vmatrix}$$

$$\gamma_{l3}(v_l, v_3) = (x_l - x_3)^2 + (y_l - y_3)^2 + (z_l - z_3)^2 - 4r^2, \ \ l = 1, 2.$$

The equations are selected so that they form consistent linear systems ($\psi_k^3(v_3) = 0$, $k = 1, 2, 3, 4$), mixed systems ($\psi_k^3(v_l, v_3) = 0$, $k = 5, 6, \dots, 20$, $l = 1, 2$) consisting of one non-linear and two linear independent equations and mixed systems ($\psi_k^3(v_1, v_2, v_3) = 0$, $k = 21, 22, \dots, \tau_3$; $\tau_3 = 25$) consisting of two non-linear and one linear equations. Whence, the number of such systems is $\tau_3 = 4 + 8C_2^1 + 5C_2^2 = 25$ where 4 is the number of bottom vertices, 8 is the number of edges, 5 is the number of facets of P and $C_n^k = n!/(k!(n-k)!)$. A number of nodes of the third level is $\eta_3 = \tau_1 \tau_2 \tau_3 = 4 \cdot 12 \cdot 25 = 1\ 200$. Thus, the last three equations of each system of (5) define possible locations of S_3 with respect to S_1, S_2, and P. This implies that to each third level node there correspond at most η_3 locations of spheres S_1, S_2 and S_3 into P. The systems of the third level enable us to decrease the dimension of space R^{m-6} by three, and to consider the problem in space R^{m-9}, and so on. It should be noted that solutions of some systems may turn out inconsistent and solutions v_3^q, $q = 1, 2, \dots, \delta_2$, of some systems may form vectors $u^q = (v_1, v_2, v_3^q \dots, v_{3n}, h)$, $q = 1, 2, \dots, \delta_3$, $\delta_3 < \tau_3$ that do not belong to G.

Systems (5) are subdivided into η_2 groups depending on node numbers i and j ($i \in \{1, 2, \dots, \tau_1\}$ and $j \in \{1, 2, \dots, \tau_2\}$) of the previous levels and the nodes of the third level are enumerated as follows: t_{ijk}^3, $i = 1, 2, \dots, \tau_1$, $j = 1, 2, \dots, \tau_2$, $k = 1, 2, \dots, \tau_3$. Thus, the first six equations are identical within each system of the same group, and so on.

To the first $3n - 3$ equations of each node of the next to the last level there are added three equations depending either on the placement parameters $v_n = (x_n, y_n, z_n)$ only, or $v_i = (x_i, y_i, z_i)$, $i = 1, 2, \dots, n-1$ and $v_n = (x_n, y_n, z_n)$ simultaneously, or $v_i = (x_i, y_i, z_i)$, $v_j = (x_j, y_j, z_j)$, $i < j = 2, 3, \dots, n-1$ and $v_n = (x_n, y_n, z_n)$ simultaneously, or $v_i = (x_i, y_i, z_i)$, $v_j = (x_j, y_j, z_j)$ and $v_k = (x_k, y_k, z_k)$ simultaneously, $i < j < k = 3, 4, \dots, n-2$. The equations form consistent linear systems, mixed systems consisting of one non-linear and two linear independent equations, mixed systems consisting of two non-linear, and one linear equation and systems consisting of three non-linear equations. In addition, the solutions of some systems may not belong to G, and a part of the non-linear systems may be inconsistent. Thus, the systems of the last level have the form:

$$
\begin{cases} \psi_1^1(v_1) = 0 \\ \psi_1^2(v_1, v_2) = 0 \\ \cdots\cdots\cdots\cdots \\ \psi_1^n(v_1, v_2,..., v_n) = 0 \end{cases}
\begin{cases} \psi_2^1(v_1) = 0 \\ \psi_2^2(v_1, v_2) = 0 \\ \cdots\cdots\cdots\cdots \\ \psi_2^n(v_1, v_2,..., v_n) = 0 \end{cases}
,\quad,...,\quad
\begin{cases} \psi_4^1(v_1) = 0 \\ \psi_{12}^2(v_1, v_2) = 0 \\ \cdots\cdots\cdots\cdots \\ \psi_\eta^n(v_1, v_2,..., v_n) = 0, \end{cases}
\tag{6}
$$

where

$$
\psi_1^n(v_n) = \begin{cases} x_n - r = 0 \\ y_n - r = 0 \\ z_n - r = 0, \end{cases},...,\quad
\psi_5^n(v_1, v_n) = \begin{cases} \gamma_{1n}(v_1, v_n) = 0 \\ y_3 - r = 0 \\ z_3 - r = 0, \end{cases},...,
$$

$$
\psi_k^n(v_k, v_n) = \begin{cases} \gamma_{kn}(v_k, v_n) = 0 \\ y_n - r = 0 \\ z_n - r = 0, \end{cases},...,\quad
\psi_l^n(v_t, v_a, v_n) = \begin{cases} \gamma_{tn}(v_t, v_n) = 0 \\ \gamma_{an}(v_a, v_n) = 0, \\ z_n - r = 0, \end{cases},...,
$$

$$
\psi_\theta^n(v_t, v_a, v_b, v_n) = \begin{cases} \gamma_{tn}(v_t, v_n) = 0 \\ \gamma_{an}(v_a, v_n) = 0 \\ \gamma_{bn}(v_b, v_n) = 0, \end{cases},...,\quad
\psi_\eta^n(v_{n-3}, v_{n-2}, v_{n-1}, v_n) = \begin{cases} \gamma_{n-3,n}(v_{n-3}, v_n) = 0 \\ \gamma_{n-2,n}(v_{n-2}, v_n) = 0 \\ \gamma_{n-1,n}(v_{n-1}, v_n) = 0, \end{cases}
$$

$$
\gamma_{ij}(v_i, v_j) = (x_i - x_j)^2 + (y_i - y_j)^2 + (z_i - z_j)^2 - 4r^2,\ i < j = 1, 2,..., n.
$$

It is easily seen that the number of last level nodes (systems) is $\tau_n = 4 + 8C_{n-1}^1 + 5C_{n-1}^2 + C_{n-1}^3$, and the number of all nodes of the tree is $\eta = \prod_{i=1}^n \tau_i$.

Systems (6) are subdivided into η_{n-1} groups depending on node numbers $i, j,..., t$ ($i \in \{1, 2,..., \tau_1\}$, $j \in \{1, 2,..., \tau_2\}$,..., $t \in \{1, 2,..., \tau_{n-1}\}$) of the previous levels and nodes of the last level are enumerated as follows: $t_{ijk...t}^n$, $i \in \{1, 2,..., \tau_1\}$, $j \in \{1, 2,..., \tau_2\}$, $k \in \{1, 2,..., \tau_k\}$,..., $t \in \{1, 2,..., \tau_n\}$. Thus, first $3n - 3$ equations are identical within each system of the same group.

Solutions $u^{ijk...t} = \left(u_1^{ijk...t}, u_2^{ijk...t},..., u_n^{ijk...t}\right)$ where $u_m^{ijk...t} = \left(x_m^{ijk...t}, y_m^{ijk...t}, z_m^{ijk...t}\right)$, $i \in \{1, 2,..., \tau_1\}$, $j \in \{1, 2,..., \tau_2\}$, $k \in \{1, 2,..., \tau_k\}$,..., $t \in \{1, 2,..., \tau_n\}$ of the systems of kind (6) define uniquely the possible locations of all spheres S_p, $p = 1, 2,..., n$, into P. This implies that to each node of the last level there correspond η different locations of S_1, S_2,..., S_n into P taking into account the symmetry of sphere packings.

Since the equations containing variable h do not take part in the construction of the tree, the corresponding values of h are defined as follows:

$$
h^{ijk...t} = \max\left\{z_1^{ijk...t}, z_2^{ijk...t},..., z_n^{ijk...t}\right\} + r,
$$
$$
i \in \{1, 2,..., \tau_1\},\ j \in \{1, 2,..., \tau_2\},...,\ t \in \{1, 2,..., \tau_n\}.
$$

It is important to note that the equations of each level are chosen so that the systems formed are solved explicitly. Solutions of the systems are taken as starting points to find local minima. If some of the systems have solutions $u \notin G$, then they are excluded. After that, the closest node of the same level, which corresponds to a consistent system, is chosen and branching is continued.

Remark 1. When constructing equation systems in accordance with the tree, actually we realize a step-by-step sphere packing into the parallelepiped without any optimization (in contrast, for example, to one of greedy algorithms). So, nodes closer to the tree root have more influence on dispersion of starting points in G. This means that equation systems corresponding to nodes of higher levels have a more influence on locations of starting points in G.

3.2   Decremental neighborhood search method

With each terminal node $t^n_{ijk...t}$ we associate a sequence of n different numbers

$$\pi_{ijk...t} = \left(d^1_i, d^2_j, ..., d^n_t\right), \; i \in \{1,2,...,\tau_1\}, \; j \in \{1,2,...,\tau_2\}, ..., \; t \in \{1,2,...,\tau_n\}.$$

Thus, the sequences form some discrete set Π consisting of η elements. Since to each equation system of the last level there corresponds a unique extreme point being a starting one, then actually each numerical sequence $\pi_{ijk...t}$ corresponds to the starting point. We now consider a way of calculating numbers $d^1_i, d^2_j, ..., d^n_t$ in accordance with Remark 1. Number $1/((\tau_p - 1)p)$ corresponds to each level $p = 1,2,...,n$, of the tree. Then, with all nodes $t^k_{ijk...t}$, $i \in \{1,2,...,\tau_1\}$, $j \in \{1,2,...,\tau_2\}$, ..., $p \in \{1,2,...,\tau_p\}$ of the p-th level, we associate numbers $q^p_j = j/((\tau_p - 1)p)$, $j = 1,2,...,\tau_p$. For the sake of convenience, we change sequences $\pi_{ijk...t} = \left(d^1_i, d^2_j, ..., d^n_t\right)$, $i \in \{1,2,...,\tau_1\}$, $j \in \{1,2,...,\tau_2\}, ..., \; t \in \{1,2,...,\tau_n\}$ by $\pi^q = (d^q_1, d^q_2, ..., d^q_n)$, $q = 1,2,...,\eta$. Hence, with each sequence π^q we associate the q-th branch of the search tree. In so doing, a value of each component d^q_l indicates uniquely equation systems of the l-th level of the search tree.

Example.
Let $n = 5$.
Then

$$\pi_{ijkst} = \left(d^1_i, d^2_j, d^3_k, d^4_s, d^5_t\right), \; i \in \{1,2,...,\tau_1\}, \; j \in \{1,2,...,\tau_2\}, \; k \in \{1,2,...,\tau_3\},$$
$$s \in \{1,2,...,\tau_4\}, \; t \in \{1,2,...,\tau_5\}.$$

Thus,

$$d^1_i \in \left\{\tfrac{i}{3}, \; i = 1,2,3,4\right\}, \; d^2_j \in \left\{\tfrac{j}{22}, \; j = 1,2,3,...,12\right\}, \; d^3_k \in \left\{\tfrac{k}{72}, \; k = 1,2,...,25\right\},$$

$$d^4_s \in \left\{\tfrac{s}{(\tau_4-1)4}, \; s = 1,2,..,\tau_4\right\}, \; d^5_t \in \left\{\tfrac{t}{(\tau_5-1)5}, \; t = 1,2,..,\tau_5\right\}.$$

Consequently, for example, to sequence $\pi^\phi = (\tfrac{2}{3}, \tfrac{3}{22}, \tfrac{1}{72}, \tfrac{2}{(\tau_4-1)4}, \tfrac{5}{(\tau_5-1)5})$ there corresponds the equation system

$$\begin{cases} \psi_2^1(v_1) = 0 \\ \psi_3^2(v_2) = 0 \\ \psi_1^3(v_3) = 0 \\ \psi_2^4(v_4) = 0 \\ \psi_5^5(v_5) = 0. \end{cases}$$

We introduce on set Π the Euclidean metric

$$\rho(\pi^q, \pi^s) = \sqrt{\sum_{l=1}^{n}(d_l^q - d_l^s)^2}.$$

This allows to define the diameter $\alpha = \max \rho(\pi^q, \pi^s)$, s.t. $\pi^q, \pi^s \in \Pi$, and minimal distance β between the points of Π.

It is easily seen, that

$$\alpha = \sqrt{\sum_{l=1}^{n}\left(\frac{1}{l(\tau_l-1)} - \frac{\tau_l}{l(\tau_l-1)}\right)^2} = \sqrt{1 + \frac{1}{4} + \ldots + \frac{1}{n^2}}$$

and

$$\beta = \min \rho(\pi^q, \pi^s) = \rho(\pi^q*, \pi^s *), \text{ s.t. } \pi^q, \pi^s \in \Pi.$$

It follows from the construction of Π that $\beta = 1/n$ and points $\pi^q *$ and $\pi^s *$ correspond to two neighboring terminal nodes.

To find an approximation of the global minimum of the problem under consideration, a modification of the DNS is used ([15], [17] and [19]).

We consider the procedure of forming samples and choosing promising neighborhoods.

First, a set $\Pi_1 \subset \Pi$ with λ elements ($50 \leq \lambda \leq 100$ was defined empirically) is chosen randomly of set Π. Each component d_l^q of point $\pi^q = (d_1^q, d_2^q, \ldots, d_n^q)$ is formed randomly of discrete set

$$\left\{\frac{1}{(\tau_k-1)k}, \frac{2}{(\tau_k-1)k}, \ldots, \frac{\tau_k}{(\tau_k-1)k}\right\}, k = 1, 2, \ldots, n.$$

For any $\pi^q \in \Pi_1$ an extreme point of G is computed according to the branch which corresponds to sequence π^q. If to some d_l^q there corresponds an inconsistent system or a point does not belong to G, then instead of d_l^q the closest node is chosen that ensures a feasible solution. Thus, we obtain a set $U_1 \subset G$ of extreme points $u^{1\xi}$ $\xi = 1, 2, \ldots, \lambda$, that are generated by set Π_1. After that, taking extreme points of set U_1 as starting points, appropriate set U_1^* consisting of λ local minima is found. Then we select three points $u^{*1\xi_1}, u^{*1\xi_2}, u^{*1\xi_3} \in U_1^*$ such that $F(u^{*1\xi_1}) < F(u^{*1\xi_2}) < F(u^{*1\xi_3}) \leq F(u^{*1\xi})$, $\xi = 1, 2, \ldots, \lambda$. To these local minima there correspond starting points $u^{1\xi_1}, u^{1\xi_2}, u^{1\xi_3}$. To points $u^{1\xi_1}, u^{1\xi_2}, u^{1\xi_3}$ there correspond points $\pi^{1\xi_1}, \pi^{1\xi_2}, \pi^{1\xi_3} \in \Pi_1$ in turn. Whence, to points $u^{*1\xi_1}, u^{*1\xi_2}, u^{*1\xi_3} \in U_1^*$, there correspond points $\pi^{1\xi_1}, \pi^{1\xi_2}, \pi^{1\xi_3} \in \Pi_1$. which are taken as centers of neighborhoods:

$$N_j(\pi^{\xi_j}) = \{\pi \in \Pi : \rho(\pi^{\xi_j}, \pi) = \|\pi^{\xi_j} - \pi\| \leq \alpha\mu\}, \; j = 1, 2, 3,$$

where $0 < \mu < 1$ is suitable chosen (see below).

Then, samples $\Pi_{2j} \subset N_j \lvert \pi^{2\xi_j} \rvert \subset \Pi$ with λ points are chosen in the same manner as above, and appropriate sets $U_{1j} \subset G$ of extreme points $u^{2j\xi}$ and sets $U_{1j}^* \subset G$ consisting of λ local minima, $j = 1, 2, 3$, $\xi = 1, 2, ..., \lambda$, are constructed. From each sample of Π_{2j} points $\pi^{2j\xi_1}, \pi^{2j\xi_2}, \pi^{2j\xi_3} \in \Pi_{2j}$, $j = 1, 2, 3$, corresponding to local minima $u^{*2\xi_1}, u^{*2\xi_2}, u^{*2\xi_3}$ such that $F\lvert u^{*2j\xi_1} \rvert < F\lvert u^{*2j\xi_2} \rvert < F\lvert u^{*2j\xi_3} \rvert \leq F\lvert u^{*2j\xi} \rvert$, $j = 1, 2, 3$, $\xi = 1, 2, ..., \lambda$, are extracted.

Since a promising criterion is the probability of obtaining better objective function values, it is evident that the criterion depends both on mathematical expectation m_{2j} and dispersion σ_{2j} of a random sample of Π_{2j}. For example, for different neighborhoods with equal mathematical expectations and with normal, logarithmically normal or Weibul-Gnidenko probability distributions, a better value of F will be obtained for a neighborhood with a larger dispersion [15], [17]. In this investigation, the criterion is a quantity $\chi_{2j} = m_{2j} - \tau\sigma_{2j}$, where parameter $\tau = 1.5$ is defined empirically.

The next neighborhood centers are chosen as follows:

1. π^{21} is a point that corresponds to starting point u^{21} from which the best local minimum u^{2*} among all local minima is obtained.
2. $\pi^{22} \in \{\pi^{2j\xi_1}, \pi^{2j\xi_2}, \pi^{2j\xi_3}\}$ is a point that corresponds to the center of the sample having $\chi_2 = \min\{\chi_{21}, \chi_{22}, \chi_{23}\}$.
3. π^{23} is a point that corresponds to a starting point from which the best local minimum among all local minima of the sample with factor χ_2 is obtained.

Points π^{2j}, $j = 1, 2, 3$, define the next promising neighborhoods

$$N_j\left(\pi^{2j}\right) = \left\{\pi \in \Pi : \rho\left(\pi^{2j}, \pi\right) \leq \alpha\mu^2\right\}, \ j = 1, 2, 3,$$

and so on.

If a current local minimum u^* is obtained such that $F(u^*) < F(u^{t*})$, then radius $\alpha\mu^t$ of neighborhoods on the next iterations is multiplied by $1/\mu$.

Since due to a large number of inconsistent systems of low levels of the search tree when forming samples in neighborhoods of little radii, the probability of repetitions of identical starting points increases dramatically, then the solution process is repeated until either the radius of neighborhoods becomes less than β or the number of identical points in a neighborhood becomes greater than 20. The best local minimum obtained is an approximation of the global minimum.

The value of parameter μ influences the convergence of the process. A too small value of μ yields a bad solution. Computational experience has shown that $\mu \in [0.9, 0.95]$ is most suitable to take into account both the runtime and the quality of solutions.

If computational capacities do not allow to search for local minima for each starting point, the following modification of the DNS is offered. The solution process is the same as above but searching for the local minima is realized only for two extreme points $u^{1\xi j}, u^{2\xi j} \in U_{\xi j}$, $\xi = 1, 2, 3$, $j = 1, 2, ...$, such that $F\lvert u^{1\xi j} \rvert < F\lvert u^{2\xi j} \rvert$ and $F\lvert u^{1\xi j} \rvert = \min F(u)$, s. t. $u \in U_{\xi j}$; $F\lvert u^{2\xi j} \rvert = \min F(u)$, s. t. $u \in U_{\xi j} \setminus \{u^{1\xi j}\}$ for each new neighborhood.

The best local minimum is taken as some approximation of the global minimum.

3.3 Searching for local minima

To search for local minima, a modification of the Zoutendijk method [25] of feasible directions is used.

Let extreme point $u^0 \in G$ be taken as a starting point. The point is specified by some active inequality system

$$\{\varphi_i(w_i^0) = 0, \ i \in I,$$

where I is a set of indices of active inequalities of system (2).

The steepest descent vector $\xi = (\xi_1 \xi_2, ..., \xi_m) \in R^m$ is a solution of the following linear programming problem:

$$\max \omega \tag{7}$$

s.t.

$$\begin{cases} (-\nabla F(u^0), \xi) \geq \omega \\ (\nabla \varphi_i(w_i^0), \xi) \geq 0, \ i \in I \\ |\xi_j| \leq 1, \ j = 1, 2, ..., m, \end{cases} \tag{8}$$

where ∇F is the gradient of F, (X, Y) is the scalar product of X and Y.

Then, a new point $u^1 = u^0 + p\xi^1$, where $p > 0$, ξ^1 is the solution of problem (7-8), is calculated. In the solution process p decreases by bisection until at least one of the inequalities φ_i, $i \notin I$, becomes active.

Set I is updated at point u^1. New vectors ξ^2 and u^2 are calculated and so on until the process results in a stationary point u^s of problem (1-2). An example of the iterative process is shown in Fig. 7.

In order to verify whether u^s is a local minimum or a saddle point and to find a motion vector $\xi = (\xi_1 \xi_2, ..., \xi_m) \in R^m$ from the saddle point the following auxiliary problem is solved:

$$\max \sum_{i \in I} (\nabla \varphi_i(u^s), \xi)$$

s.t.

$$\begin{cases} (-\nabla F(u^s), \xi) \geq 0 \\ (\nabla \varphi_i(u^s), \xi) \geq 0, \ i \in I, \\ |\xi_j| \leq 1, \ j = 1, 2, ..., m. \end{cases}$$

If $\xi \neq 0$, then having taken point $u^{s+1} = u^s + p\xi$, problem (7-8) is solved.

4   Numerical examples

All computations are done on Pentium III. Linear programming problems are calculated by means of HOPDM package (version 2.13) [10]. Our computational experiments show that the best results are obtained if $50 \leq \lambda \leq 100$ and $\mu = 0.9$. Numerical examples for n from 10 to 150, and $r = 1$ are solved. The solution process of each problem is terminated if one of the following criteria is fulfilled: $\alpha\mu^t < 0.001$ or $c > 20$ where c is the number of identical points in a sample.

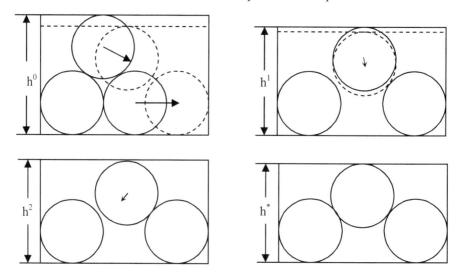

Fig. 7.   Illustration of the local optimization process.

Example 1. The number of spheres is 10, and the sizes of P are $a = 5.1$ and $b = 5.9$. Searching for the local minima is realized for each starting point in each sample.

The height at the best local minimum obtained is $h^* = 3.4722$ and the packing density d is $d = 4r^3n/(3abh) = 0.4009$. The appropriate translation vector v^* is given in Table 1. The total runtime takes 2 hours 3 minutes.

The percentage of improvement of the proposed approach over the simple random search when utilizing the same runtime is 0.02 %.

Table 1. Results for Example 1.

i	x_i	y_i	z_i	i	x_i	y_i	z_i
1	1	2.255	1	6	4.1	1	2.4721
2	1.4075	4.9	1.0002	7	2.7186	3.3894	1
3	2.7525	4.7429	2.4722	8	1	3.6088	2.4722
4	2.8038	1.3911	1	9	4.0988	4.9	1
5	1.5076	1	2.4722	10	4.1	3.0618	2.4526

Example 2. The example considers 20 spheres, $a = 6.1$ and $b = 7.9$. Searching for the local minima are realized for each extreme points of each sample.

The height at the best local minimum obtained is $h^* = 3.5738$ and $d = 0.4864$. The appropriate vector v^* is given in Table 2. The total runtime takes 8 hours 50 minutes.

The percentage of improvement of the proposed approach against simple random search when utilizing the same runtime is 1 %.

Table 2. Results for Example 2.

i	x_i	y_i	z_i	i	x_i	y_i	z_i
1	4.7091	1.0005	1	11	1	1.0064	2.5695
2	2.2396	1	1	12	3.8591	6.8979	2.5695
3	1	2.5695	1.0001	13	2.6235	5.3253	2.5737
4	5.0984	3.7402	1.004	14	2.6148	6.8991	1.001
5	3.4738	1.0095	2.5738	15	3.8588	3.7497	2.5738
6	3.4737	2.5739	1.0025	16	1.3757	6.8991	2.5709
7	5.0991	6.8796	1	17	1.0002	5.7186	1.0006
8	3.8588	5.3105	1.0008	18	1	4.1572	2.5738
9	5.0948	5.324	2.5738	19	2.2341	4.1434	1
10	5.0991	2.1772	2.5695	20	2.2342	2.5802	2.5738

Example 3. The number of spheres is 30, $a = 6.1$ and $b = 7.9$. Searching for the local minima is realized for two extreme points of each random sample.
   The height at the best local minimum obtained is $h^* = 5.2251$ and $d = 0.4991$. The appropriate translation vector v^* is given in Table 3. The total runtime takes 1 hour 11 minutes.

Example 4. The number of spheres is 40, $a = 6.1$ and $b = 7.9$. Searching for the local minima is realized for two extreme points of each random sample.
   The height at the best local minimum is $h^* = 6.7819$ and $d = 0.5127$. The total runtime 3 hours 49 minutes.

Example 5. The number of spheres is 50, $a = 6.1$ and $b = 7.9$. Searching for the local minima is realized for two extreme points of each random sample.
   The height at the best local minimum $u^* = (h^*, v^*)$ is $h^* = 8.2759$ and $d = 0.5252$. The packing is shown in Fig. 8.
   The total runtime takes 7 hours 40 minutes.

Table 3. Results for Example 3.

i	x_i	y_i	z_i	i	x_i	y_i	z_i
1	4.0313	6.9	2.6126	16	5.1	2.6925	1
2	2.0322	1	1	17	5.1	1.5094	2.6126
3	1	1.578	2.6126	18	2.022	4.5412	1
4	3.0322	1.6322	2.6126	19	1	2.7611	4.2251
5	5.1	6.3925	1	20	2.0322	1	4.2251
6	5.1	5.2094	2.6126	21	4.1225	3.3589	2.6126
7	3.0721	2.8145	1	22	3.0721	2.8146	4.2251
8	2.0214	3.3582	2.6126	23	5.1	6.3925	4.2251
9	1	2.7611	1	24	1	5.1372	2.6126
10	4.1232	4.542	1	25	2.0219	4.5412	4.2251
11	4.0322	1	1	26	4.1232	4.542	4.2251
12	1	6.3203	1	27	2.0313	6.9	2.6126
13	3.0313	6.2678	1	28	1	6.3203	4.2251
14	3.0724	5.0855	2.6126	29	3.0313	6.2678	4.2251
15	4.0322	1	4.2251	30	5.1	2.6925	4.2251

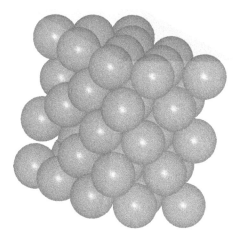

Fig. 8.   Packing of 50 spheres corresponding to the best local minimum.

Example 6. The number of spheres is 100, $a = 7.1$ and $b = 9.9$. Searching for the local minima is realized for two extreme points of each random sample. The height at the best local minimum $u^* = (h^*, v^*)$ is $h^* = 11.0545$ and $d = 0.5391$. The total runtime 15 hours 29 minutes.

Example 7. The number of spheres is 150, $a = 7.1$ and $b = 9.9$. Searching for the local minima is realized for two extreme points of each random sample. The height at the best local minimum $u^* = (h^*, v^*)$ is $h^* = 16.2638$ and $d = 0.5496$. The total runtime takes 29 hours 37 minutes.

Table 4 compares results obtained by our approach and the greedy algorithm offered in [15]. Here, n is the number of spheres, d is packing density for our approach and d_g is that for the greedy algorithm. Moreover, we compare our results and some ones from [3] concerning sphere packing into a three-dimensional strip of fixed length 9.5 and fixed width 9.5. The comparison is presented in Table 5. Here, n is the number of spheres, h_b is height obtained in [3] and h is height of the strip for our approach.

Table 4. Comparison of packing densities.

n	d_g	d
10	0.2162	0.4009
20	0.3658	0.4864
30	0.4228	0.4991
40	0.4433	0.5127
50	0.4564	0.5252
100	0.4758	0.5391
150	0.4910	0.5496

Table 5. Comparison of packing heights.

n	h_b	h
50	4.6361	4.6159
60	5.3118	5.1910
70	5.9680	5.9684
80	6.9618	6.7865
90	7.4688	7.2915
100	8.5044	8.3820

5   Conclusions

The dependence of the runtime t on number n of spheres, provided that local minima are calculated at each extreme point, is shown by the continuous curve in Fig. 9. The dependence of runtime t on number n of spheres, provided that only two local minima are determined in each sample, is depicted by dotted curve in Fig. 9.

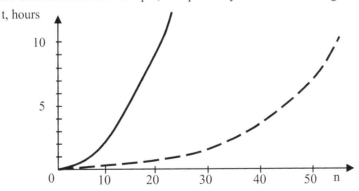

Fig. 9. Dependence of runtime on number of spheres.

As seen, the time to construct starting points increases significantly slower than the time of calculation of local minima.

It is impossible to avoid obtaining identical starting points entirely, and starting points to be in the attraction zone of the same local minimum.

The local minimum search time t_l and the starting point search time t_e depending on number n of spheres are shown in Fig. 10 and Fig. 11, respectively.

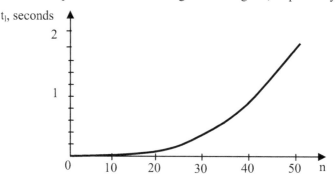

Fig. 10.   Dependence of local minimum search time on number of spheres.

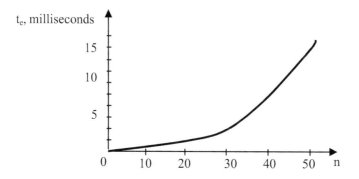

Fig. 11.   Dependence of the extreme point search time on number of spheres.

The search tree (see Section 4) does not allow to construct starting points that envelope attraction zones of all local minima of problem (1-2). So, the approach can not ensure a proven global optimum. However, the approach significantly expands the variety of starting points that enable us to find local minima, at which the objective has different values.

The calculation of proved local minima can also be applied in combination with other heuristics or metaheuristic approaches.

References

1. Bernal, J., King, S.: Simulating of simple liquids. Physics of simple liquids, Statistical Theory, Moscow, Mir (1999). (In Russian)
2. Betke, U. et al: Finite and infinite packings. J. für reine und angewandte Mathematik, Walter de Gruyter, Berlin, New York 453, 165-191 (1994)

3. Birgin, E.G.; Sobral, F.N.C. Minimizing the object dimensions in circle and sphere packing problems. Computers and Operations Research 35, 2357-2375 (2007)
4. Crowell, R.H., Fox, R.H.: Knot Theory. Blaisdell Publishing Company, New York, Toronto, London (1963)
5. Fomenko, A. T., Fuchs, D. B., Gutenmacher, V. L.: Homotopic topology. Translated from the Russian by K. Mályusz, Akadémiai Kiadó (Publishing House of the Hungarian Academy of Sciences), Budapest (1986)
6. Hales, T.C.: A Proof of the Kepler Conjecture. Ann. Math. 162, 1, 065-1185 (2005)
7. Huang, W.Q., Li, Y., Akeb, H. and Li, C.M.: Greedy algorithms for packing unequal circles into a rectangular container. Journal of the Operational Research Society, 1-10 (2004)
8. Gan, M. et al.: Predicting packing characteristics of particles of arbitrary shapes. KONA 22, 82-92 (2004)
9. Gill, P.E., Murray, W., Wright, M.H.: Practical Optimization. Academic Press, London (1981)
10. Gondzio, J.: HOPDM (version 2.12) - A Fast LP Solver Based on a Primal-Dual Interior Point Method. European Journal of Operational Research 85(1), 221-225 (1995)
11. Lenstra, J.K., Rinnooy Kan, A.H.G.: Complexity of packing, covering, and partitioning problems. In: Schrijver A (ed), Packing and Covering in Combinatorics, Mathematisch Centrum, Amsterdam, 275-291 (1979)
12. Lomine, F., Oger, L.: Transport of small particles through a 3D packing of spheres: experimental and numerical approaches. J. Stat. Mech. P07019 (2006)
13. Mueller, G.E.: Numerically packing spheres in cylinders. Powder Technology 159, 105-110 (2006)
14. Poturaev, V.N., Stoyan, Yu.G. et al.: On modeling of granular medium by computational methods, physical technical problems of minerals development. Moscow, Nauka 2, 3-8 (2006). (In Russian)
15. Stoyan, Yu,G.: Mathematical methods for geometric design. T.M.R. Ellis and O.J. Semenkoc (Eds.), Advances in CAD/CAM, Proceedings of PROLAMAT 82, Leningrad, Amsterdam, 67-86 (1983)
16. Stoyan, Yu.G. et al.: Adaptation of branch and bound method to solve problem of rectangle optimal placement taking into account minimal and maximal admissible distances. Preprint 384, Institute for Problems in Machinery of National Ukrainian Academy of Sciences, Kharkov (1995). (In Russian)
17. Stoyan, Yu.G., Sokolovskiy, V.Z.: Solving of some multiextremal problems by means of the decremental neighborhood method. Kiev, Naukova Dumka (1980). (In Russian)
18. Stoyan, Yu.G., Yaskov, G.N.: Mathematical model and solution method of optimization problem of placement of rectangles and circles taking into account special constraints. Int. Trans. Opl Res 5(1) 45-57 (1998)
19. Stoyan, Y. et al.: Packing of various radii solid spheres into a parallelepiped. Central European Journal of Operations Research 11(4), 389-407 (2003)
20. Sutou, A., Dai, Y.: Global optimization approach to unequal sphere packing problems in 3D. Journal of Optimization Theory and Applications 114(3), 671-694 (2002)
21. Torquato, S.: Random sequential addition of hard spheres in high Euclidean dimensions. Physical Review, E74, 061308 (2006)
22. Wäscher, G., Haussner, H. and Schumann, H.: An improved typology of cutting and packing problems, European Journal of Operational Research 183(3), 1109-1130 (2007).
23. Wang, J.: Packing of unequal spheres and automated radiosurgical treatment planning. Journal of Combinatorial Optimization 3, 453-463 (1999)
24. Wu, Q.J., Bourland, J.D.: Morphology-guided radiosurgery treatment planning and optimization for multiple isocenters. Medical Physics 26, 2151-2160 (1992)
25. Zoutendijk, G.: Nonlinear programming, computational methods. Integer and Nonlinear Programming, Ed. J. Abadie, Amsterdam, North Holland Publishing Co. (1970)

Linear and Non-linear Models for Staged Two-Dimensional Guillotine Cutting Problems

Horacio Hideki Yanasse[1], Reinaldo Morabito[2] and Marcos Nereu Arenales[3]

[1]Laboratório Associado de Computação e Matemática Aplicada,
Instituto Nacional de Pesquisas Espaciais,
horacio@lac.inpe.br
[2]Departamento de Engenharia de Produção,
Universidade Federal de São Carlos, Brazil
morabito@ufscar.br
[3]Departamento de Matemática Aplicada e Estatística,
Universidade de São Paulo, São Carlos, SP, Brazil
arenales@icmc.sc.usp.br

Abstract. In this chapter we review linear and non-linear formulations for the staged cutting problems of generating: (i) 1-, 2- and 3-group 2-dimensional guillotine cutting patterns, (ii) 2-stage 2-dimensional guillotine cutting patterns inspired by 1-group models. These problems appear in the cutting processes of, for example, furniture, hardboard and stone industries. Models for these problems are useful for research and development of more effective solution methods, exploring special features and particular structures, model decomposition, model relaxations, etc., and for the performance evaluation of heuristic methods. The models are compared regarding the model size and some computational results are reported.

Keywords: Staged two-dimensional guillotine cutting, linear and non-linear models, 1-, 2- and 3-group cutting patterns, 2-stage cutting pattern.

1 Introduction

Cutting and packing problems appear in a great variety of classes and practical situations and generally they are difficult to solve exactly (e.g. Dowsland and Dowsland [9]; Dyckhoff and Finke [10]; Lodi et al. [26]; Waescher et al. [43]). Some examples include the cutting of stock rolls or wood boards to produce a set of ordered items in the paper or furniture industry (e.g., Gilmore and Gomory [18]; Farley [14]; Beasley [2]; Christofides and Hadjiconstantinou [7]) and the packing of rectangular boxes of different sizes in shipping containers or trucks (e.g., George and Robinson [17]; Gehring et al. [16]; Bischoff and Ratcliff [3]; Bortfeldt and Gehring [5]). Many studies dealing with these problems can be found in the literature, as shown in different surveys and special issues, such as in Dyckhoff and Waescher [12], Sweeney and Paternoster [37], Lirov [25], Martello [28] and [29], Bischoff and Waescher [4], Mukhacheva [33], Dyckhoff et al. [11], Arenales et al. [1], Wang and Waescher [44], Hifi [21], Oliveira and Waescher [31] and ESICUP [13].

In this chapter we review mathematical programming formulations for the particular cutting problems of generating: (i) 1-, 2- and 3-group 2-dimensional guillotine cutting patterns, (ii) 2-stage 2-dimensional guillotine cutting patterns inspired by 1-group models. According to Waescher et al. [43]'s typology, these problems can be categorized as staged and grouped 2-dimensional guillotine, rectangular, single large object placement problems (SLOPP), and they appear in the cutting processes of, for example, furniture, hardboard and stone industries. Models for these problems are useful for research and development of more effective solution methods, exploring special features and particular structures, model decomposition, model relaxations, etc. These models are also helpful for the performance evaluation of heuristic methods, since they allow (at least for problems of moderate size) an estimation of the optimality gap of heuristic solutions.

Consider a rectangular plate $L{\times}W$ (i.e., length and width respectively) to be cut into rectangular pieces $l_i{\times}w_i$, $i = 1, ..., m$. Without loss of generality, we assume that L, W, l_i, w_i are non-negative integers. In many cutting processes the cutting equipment is able to produce only orthogonal guillotine cuts on the plates. A cut is considered orthogonal if it is parallel to one of the plate sides and it is considered guillotine if, when applied to a rectangle, it produces two new rectangles. Gilmore and Gomory [18] presented an effective method to deal with this problem when the cutting pattern is obtained by guillotine cuts in at most two stages and there are no lower or upper limits on the number of type-i pieces in the pattern. In the first stage, parallel guillotine cuts are made on the plate to produce a set of strips. In the second stage, these strips are cut, one by one, with guillotine cuts orthogonal to the first stage cuts (Fig. 1). If there is no need for additional horizontal trimming (i.e., all pieces have the same width in each strip), the 2-stage guillotine cutting pattern is called *exact* (Fig. 1a), otherwise, it is called *non-exact* (Fig. 1b) and can be viewed as a particular 3-stage guillotine cutting pattern.

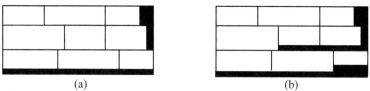

(a)   (b)

Fig. 1.   2-stage cutting patterns: (a) exact case, (b) non-exact case.

In case there are limits b_i on the maximum number of pieces of type i in the pattern (where $b_i < \lfloor LW / l_i w_i \rfloor$), the cutting problem is called *constrained* (and the method of Gilmore and Gomory does not always provide a feasible solution); otherwise, it is *unconstrained*.

Due to the particular characteristics of certain cutting machines, special classes of 2-stage patterns requiring shorter processing times appear in the furniture, hardboard and stone industries, such as the 1-group guillotine patterns, as analysed by Morabito and Arenales [31], Scheithauer [36], Yanasse and Katsurayama [39] and [40] and Yanasse and Morabito [41]. In these cutting patterns the second stage cuts are performed simultaneously on the strips resulting from the first stage. This implies that the second stage cuts can be produced together with the first stage cuts, without moving the strips and, in this way, save processing time. The 1-group cutting patterns can be non-homogeneous (a pattern is *homogeneous* if it contains only pieces of the same type), and exact and non-exact depending on the need for additional trimming, as illustrated in Fig. 2 (note in the exact cutting patterns that there is no need for additional trimming, since all pieces have the same width in each horizontal strip and all pieces have the same length in each vertical strip).

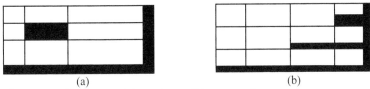

(a)   (b)

Fig. 2.   1-group cutting pattern: (a) exact case, (b) non-exact case.

A p-group pattern is a guillotine pattern composed of p 1-group patterns. Examples of p-group patterns with $p = 2$ and 3 are depicted in Fig. 3. The pattern in Fig. 3a is called *exact 2-group* and the ones in Figures 3b and 3c are *exact 3-group*.

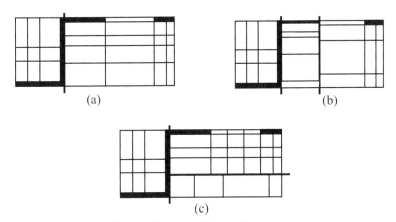

(a)   (b)

(c)

Fig. 3.   (a) exact 2-group, (b) exact 3i-group, (c) exact 3t-group.

Note in Fig. 3a that a vertical cut on the plate separates the pattern into two 1-group patterns. Another way of obtaining a 2-group pattern would be by a horizontal cut on the plate, separating the pattern into two 1-group patterns. Three-group patterns can be obtained in different ways, for example, by two vertical cuts on the plate separating the pattern into three 1-group patterns (Fig. 3b), here namely 3i-group because of type-I cuts, or by a vertical cut and then a horizontal cut on the plate, separating the pattern into three 1-group patterns, here namely 3t-group because of the type-T cut (see the bold lines in Fig. 3c).

The present chapter presents integer linear and non-linear models to generate p-group cutting patterns, for $p = 1$, 2 and 3. It is worth mentioning that exact algorithms for such problems in the literature are scarce. The p-group models can be used in the traditional column generation procedures, or combined with repeated exhausted reduction heuristics (Hinxman [23]), to solve cutting stock problems.

Due to similar reasons, mathematical programming formulations for the general constrained 2-stage guillotine cutting pattern is of interest. As mentioned, the unconstrained case is an easier problem to solve by means of the two-phase method of Gilmore and Gomory [18]. In the first phase, one dimensional cutting patterns are determined for different strips, say ($L \times w_i$), solving unconstrained one-dimensional knapsack problems. Then, the second phase decides how many times each strip should be used along the width W, solving one more one-dimensional knapsack problem. Approaches based on two phases are common in the literature, as, for example, in Riehme et al. [35], Hifi [20], Morabito and Garcia [32], Hifi and Roucairol [22], Vianna et al. [38], Lodi and Monaci [27] and Yanasse and Katsurayama [39]. Other studies dealing with staged patterns can be found in Gilmore and Gomory [18], Beasley [2], Christofides and Hadjiconstantinou [7], Morabito and Arenales [30] and Fayard et al. [15].

This chapter is organized as follows: in sections 2, 3 and 4 we study, respectively, models for 1-group, 2-group and 3-group guillotine cutting problems, and in section 5 we study models for 2-stage guillotine cutting problems. Finally, in section 6 we present concluding remarks and discuss perspectives for future research.

2   Models for 1-Group Cutting Patterns

Without loss of generality, we assume that the orientation of the pieces is fixed, that is, the pieces cannot rotate. In the models presented in this chapter, if the orientation of the pieces is not fixed, it is sufficient to add more pieces corresponding to the original ones rotated, and adjust some of the constraints. Consider the following parameters:

l_{min}, w_{min} minimum length and minimum width, respectively, of the pieces

l_{max}, w_{max} maximum length and maximum width, respectively, of the pieces

v_i, b_i value (e.g., area $l_i \times w_i$) and demand (i.e. upper bound on the number of pieces) of type i

2.1   Non-linear 1-Group Model

We present initially an integer non-linear model for the non-exact case, as in Yanasse and Morabito [41]. The exact case follows trivially. Let:

J, K number of different lengths l_i and widths w_i, respectively.

$v_{ijk} = \begin{cases} v_i, & \text{if } l_i \leq l_j \text{ and } w_i \leq w_k \\ 0, & \text{otherwise.} \end{cases}$

Variables:

λ_j number of times length l_j is cut along L

μ_k number of times width w_k is cut along W

a_{ijk} number of rectangles l_j x w_k containing a piece of type i (i.e., number of type i pieces contained in all rectangles l_j x w_k)

$$\max \quad \sum_{i=1}^{m}\sum_{j=1}^{J}\sum_{k=1}^{K} v_{ijk} a_{ijk} \tag{1}$$

$$\sum_{j=1}^{J} l_j \lambda_j \leq L \tag{2}$$

$$\sum_{k=1}^{K} w_k \mu_k \leq W \tag{3}$$

$$\sum_{i=1}^{m} a_{ijk} \leq \lambda_j \mu_k, \quad \text{for all } j, k \tag{4}$$

$$\sum_{j=1}^{J}\sum_{k=1}^{K} a_{ijk} \leq b_i, \quad \text{for all } i \tag{5}$$

with $\lambda_j, \mu_k, a_{ijk} \geq 0$, integer, $i = 1, ..., m$; $j = 1, ..., J$; $k = 1, ..., K$. (6)

Note that $\lambda_j \mu_k$ corresponds to the number of rectangles l_j x w_k in the pattern. The objective function (1) maximises the total value of the pieces cut in the pattern, constraints (2) and (3) ensure that the piece lengths and widths do not exceed the plate length and width, respectively, constraints (4) limit the variables a_{ijk} to $\lambda_j \mu_k$, constraints (5) refer to the availability of the pieces and constraints (6) refer to the non-negativity and integrality of the variables.

Model (1) - (6) can be adapted to deal with the exact case by simply redefining v_{ijk} as:

$$v_{ijk} = \begin{array}{ll} v_i, & \text{if } l_i = l_j \text{ and } w_i = w_k \text{ for any } i = 1, ..., m \\ 0, & \text{otherwise.} \end{array}$$

In this case, if two piece types i_1 and i_2 have the same size $(l_{i_1}, w_{i_1}) = (l_{i_2}, w_{i_2}) = (l_j, w_k)$ and the same value $v_{i_1} = v_{i_2} = v_{jk}$ (e.g., the area of rectangle l_j x w_k), we can also reduce the number of model variables by defining $a_{jk} = \sum_{i=1}^{m} a_{ijk}$, the number of rectangles l_j x w_k containing a piece l_j x w_k (i.e., the number of pieces l_j x w_k). Model (1)-(6) reduces to:

$$\max \quad \sum_{j=1}^{J}\sum_{k=1}^{K} v_{jk} a_{jk} \tag{7}$$

$$\sum_{j=1}^{J} l_j \lambda_j \leq L \tag{8}$$

$$\sum_{k=1}^{K} w_k \mu_k \leq W \tag{9}$$

$$a_{jk} \leq \lambda_j \mu_k, \quad \text{for all } j, k \tag{10}$$

$$a_{jk} \leq b_i \quad \text{if } l_i = l_j, w_i = w_k \text{ for any } i = 1, ..., m; \quad \text{for all } j, k \tag{11}$$

with λ_j, μ_k, $a_{jk} \geq 0$, integer, $j = 1, ..., J$; $k = 1, ..., K$.   (12)

If the problem is unconstrained, we can eliminate constraints (10) and (11) of model (7) - (12), and replace the variables a_{jk} by $\lambda_j \mu_k$, that is, we obtain the integer quadratic model in Morabito and Arenales [31]:

$$\max \ \sum_{j=1}^{J} \sum_{k=1}^{K} v_{jk} \lambda_j \mu_k \qquad (13)$$

$$\sum_{j=1}^{J} l_j \lambda_j \leq L \qquad (14)$$

$$\sum_{k=1}^{K} w_k \mu_k \leq W \qquad (15)$$

with λ_j, $\mu_k \geq 0$, integer, $j = 1, ..., J$; $k = 1, ..., K$.   (16)

To adapt this model for the non-exact case, it is enough to redefine:

$$v_{jk} = \max_{i=1,...,m} \{ v_i \mid l_i \leq l_j, w_i \leq w_k \}$$

2.2 Linear 1-Group Model 1

Let

$$\lambda_j = \sum_{s=1}^{s_j} 2^{s-1} \beta_{js} \ , \ \text{where } \beta_{js} \in \{0,1\} \text{ and } s_j \text{ is so that :}$$

$$2^{s_j-1} \leq \lfloor L/l_j \rfloor < 2^{s_j} \ ,$$

that is, s_j is an upper bound on the number of bits required for a binary representation of λ_j (the same could be done choosing μ_k instead of λ_j). Consider, for instance, the non-linear constraint (4) of model (1)-(6). It can be rewritten as:

$$\sum_{i=1}^{m} a_{ijk} \leq \sum_{s=1}^{s_j} 2^{s-1} \beta_{js} \mu_k \ , \ \ \text{for all } j, k$$

which can be replaced by the following set of linear constraints:

$$\sum_{i=1}^{m} a_{ijk} \leq \sum_{s=1}^{s_j} 2^{s-1} f_{jks} \ , \ \ \text{for all } j, k$$

$$f_{jks} \leq \mu_k \ , \ \ \text{for all } j, k, s$$

$$f_{jks} \geq \mu_k - M(1 - \beta_{js}) \ , \ \ \text{for all } j, k, s$$

$$f_{jks} \leq M \beta_{js} \ , \ \ \text{for all } j, k, s$$

$$\beta_{js} \in \{0,1\} \ , \ \ \text{for all } j, s$$

where M is a sufficiently large number (e.g.., $\lfloor W/w_{min} \rfloor$). Note that if $\beta_{js} = 1$ then $f_{jks} = \mu_k$, on the other hand, if $\beta_{js} = 0$ then $f_{jks} = 0$. So, with the previous transformation, presented in Harjunkoski et al. [19], all nonlinear models of Section 2.1 can be linearized. The linearized model is referred to here as 1-group model 1.

It is worth mentioning that other possible 0-1 transformations for the variables λ_j could be considered. For instance, the transformation suggested in Johnston and Sadinlija [24] is of interest in case there are specific values of λ_j that are ruled out a priori and the number of values λ_j is assumed to be small. This is so because the transformation is pseudopolynomial, hence, the number of 0-1 variables grows faster than the transformation we presented previously.

2.3   Linear 1-Group Model 2

Another integer linear model for the non-exact 1-group problem, here called 1-group model 2, can be stated as follows (Scheithauer [36]):

P, Q maximum number of strips from left to right and from bottom to top, respectively, in the pattern ($P = \lfloor L/l_{min} \rfloor$, $Q = \lfloor W/w_{min} \rfloor$)

Variables:

L_j length of the j-th strip (left to right) in the pattern ($j = 1, ..., P$)

W_k width of the k-th strip (bottom to top) in the pattern ($k = 1, ..., Q$)

x_{ijk} = 1, if a type i piece is placed in rectangle L_j x W_k
         0, otherwise.

1-group model 2:

$$\max \; \sum_{i=1}^{m} \sum_{j=1}^{P} \sum_{k=1}^{Q} v_i x_{ijk} \tag{17}$$

$$\sum_{j=1}^{P} L_j \leq L \tag{18}$$

$$\sum_{k=1}^{Q} W_k \leq W \tag{19}$$

$$\sum_{i=1}^{m} x_{ijk} \leq 1, \quad \text{for all } j, k \tag{20}$$

$$\sum_{i=1}^{m} l_i x_{ijk} \leq L_j, \quad \text{for all } j, k \tag{21}$$

$$\sum_{i=1}^{m} w_i x_{ijk} \leq W_k, \quad \text{for all } j, k \tag{22}$$

$$\sum_{j=1}^{P} \sum_{k=1}^{Q} x_{ijk} \leq b_i, \quad \text{for all } i \tag{23}$$

$$L_j \geq L_{j+1}, \quad \text{for all } j \tag{24}$$

$$W_k \geq W_{k+1}, \quad \text{for all } k \tag{25}$$

with $x_{ijk} \in \{0,1\}$, L_j, $W_k \geq 0$, $i = 1, ..., m$; $j = 1, ..., P$; $k = 1, ..., Q$.   (26)

The objective function (17) maximises the total value of the pieces cut in the pattern. Constraints (18) and (19) guarantee that the lengths and widths of the strips arranged in the pattern do not exceed the plate length and width, respectively. Constraints (20) impose that at most one piece is placed in each rectangle $L_j \times W_k$. Constraints (21) and (22) guarantee that the piece lengths and widths in each rectangle $L_j \times W_k$, do not exceed the rectangle length and width, respectively. Constraints (23) refer to the availability of pieces and constraints (26) refer to the non-negativity and integrality of the variables. Note that constraints (24) and (25) are included to eliminate symmetries (and reduce the solution space). Note also in (26) that the variables L_j and W_k need not to be integer.

For the exact case, the following constraints should be added to the model:

$$L_j \leq \sum_{i=1}^{m} l_i x_{ijk} + M(1 - \sum_{i=1}^{m} x_{ijk}), \quad \text{for all } j, k \tag{27}$$

$$W_k \leq \sum_{i=1}^{m} w_i x_{ijk} + M(1 - \sum_{i=1}^{m} x_{ijk}), \quad \text{for all } j, k \tag{28}$$

where M is a sufficiently large number (e.g., $M = \max\{l_{max}, w_{max}\}$).

3   Models for 2-Group Cutting Patterns

3.1   Linear 2-Group Model

Let us consider the 2-group case in Figure 3a where a vertical cut, say on L_1, $0 \leq L_1 < L$, divides the plate (L, W) into two subplates (L_1, W) and $(L - L_1, W)$. The following linear model presented in Yanasse and Morabito [42] considers L_1 as a variable and imposes that the cutting patterns in these sub plates are limited to 1-group. It can be viewed as a combination of two 1-group models, one for each sub plate h ($h = 1$ for sub plate (L_1, W) and $h = 2$ for sub plate $(L_2 = L - L_1, W)$), in order to generate a 2-group pattern. Let:

Variables

μ_{kh} number of times width w_k is cut along W in sub plate h

a_{ijkh} number of rectangles $l_j \times w_k$ containing a piece of type i in sub plate h (i.e., number of type i pieces contained in all rectangles $l_j \times w_k$ of sub plate h)

L_h length of sub plate h

Model 2-group (vertical):

$$\max \quad \sum_{h=1}^{2} \sum_{i=1}^{m} \sum_{j=1}^{J} \sum_{k=1}^{K} v_{ijk} a_{ijkh} \tag{29}$$

$$\sum_{j=1}^{J} l_j \sum_{s=1}^{s_j} 2^{s-1} \beta_{jsh} \leq L_h, \quad \text{for all } h \tag{30}$$

$$\sum_{k=1}^{K} w_k \mu_{kh} \leq W, \text{ for all } h \tag{31}$$

$$\sum_{i=1}^{m} a_{ijkh} \leq \sum_{s=1}^{s_j} 2^{s-1} f_{jksh}, \text{ for all } j, k, h \tag{32}$$

$$f_{jksh} \leq \mu_{kh}, \text{ for all } j, k, s, h \tag{33}$$

$$f_{jksh} \geq \mu_{kh} - M(1 - \beta_{jsh}), \text{ for all } j, k, s, h \tag{34}$$

$$f_{jksh} \leq M\beta_{jsh}, \text{ for all } j, k, s, h \tag{35}$$

$$\sum_{h=1}^{2} \sum_{j=1}^{J} \sum_{k=1}^{K} a_{ijkh} \leq b_i, \text{ for all } i \tag{36}$$

$$0 \leq L_1 \leq L/2 \tag{37}$$

with $\beta_{jsh} \in \{0,1\}$, μ_{kh}, $a_{ijkh} \geq 0$, integer, $f_{jksh} \geq 0$, $i = 1, ..., m; j = 1, ..., J$;
$k = 1, ..., K,$ $s = 1, ..., s_j, h = 1, 2.$ $\qquad$ (38)

The objective function (29) maximises the total value of the pieces cut in the pattern. The term L_1/L can be subtracted from the objective function in order to avoid ties between 1-group and 2-group alternative optimal patterns, once assuming, without loss of generality, that v_i, $i = 1, ..., m$, are positive integer values. The term L_1/L is in the interval [0, 1] and therefore, in case of a tie, it forces the model to choose a 1-group pattern (with $L_1 = 0$) rather than a 2-group pattern (with $L_1 > 0$). Constraints (30)-(36) correspond to constraints (2)-(5) linearized for each subplate h (note in (30) that L_h must be replaced by $L - L_1$ when $h = 2$). Constraint (37) imposes that L_1 is less than or equal to $L/2$, by symmetry. As in model 1-group, the exact case is trivially obtained from the model 2-group by redefining v_{ijk} as:

$v_{ijk} = v_i$, if $l_i = l_j$ and $w_i = w_k$ for any $i = 1, ..., m$
$\qquad$ 0, otherwise.

(or redefining v_{ijk} and a_{ijk} by v_{jk} and a_{jk}, respectively, to reduce the number of variables, as discussed in Section 2.1).

The vertical 2-group model (29)-(38) can be easily rewritten to deal with the case where a horizontal cut (instead of a vertical cut), say on W_1, $0 \leq W_1 < W$, divides the plate (L, W) into two sub plates (L, W_1) and (L, W_1), resulting in the horizontal 2-group model. Alternatively, this case can be solved by the vertical 2-group model by simply redefining a plate of size (W, L) and piece types of sizes (w_i, l_i), $i = 1,..., m$.

Observe that, in a similar way, we could propose non-linear models for the 2-group patterns by combining two 1-group models (1) – (6), one for each one of the sub plates.

4   Models for 3-Group Cutting Patterns

4.1   Linear 3i-Group Model

Let us consider initially the 3i-group case in Figure 3b where two vertical cuts, say on L_1 and $L_1 + L_2$, $0 \le L_1 \le L_2 < L$, divide the plate (L, W) into three sub plates (L_1, W), (L_2, W) and $(L - L_1 - L_2, W)$. Similar to the 2-group model, the next model considers L_1 and L_2 as variables and impose that the cutting patterns in these sub plates are limited to 1-group. It can be viewed as a combination of three 1-group models, one for each sub plate h ($h = 1$ for sub plate (L_1, W), $h = 2$ for sub plate (L_2, W) and $h = 3$ for sub plate $(L_3 = L - L_1 - L_2, W)$), in order to generate a 3i-group pattern (Yanasse and Morabito [42]). Let:

Variables

μ_{kh} number of times width w_k is cut along W in sub plate h

a_{ijkh} number of rectangles l_j x w_k containing a piece of type i in sub plate h
           (i.e., number of type i pieces contained in all rectangles l_j x w_k of sub plate h)

L_h length of sub plate h

Model 3i-group (vertical):

$$\max \quad \sum_{h=1}^{3} \sum_{i=1}^{m} \sum_{j=1}^{J} \sum_{k=1}^{K} v_{ijk} a_{ijkh} \tag{39}$$

$$\sum_{j=1}^{J} l_j \sum_{s=1}^{s_j} 2^{s-1} \beta_{jsh} \le L_h, \quad \text{for all } h \tag{40}$$

$$\sum_{k=1}^{K} w_k \mu_{kh} \le W, \quad \text{for all } h \tag{41}$$

$$\sum_{i=1}^{m} a_{ijkh} \le \sum_{s=1}^{s_j} 2^{s-1} f_{jksh}, \quad \text{for all } j, k, h \tag{42}$$

$$f_{jksh} \le \mu_{kh}, \quad \text{for all } j, k, s, h \tag{43}$$

$$f_{jksh} \ge \mu_{kh} - M(1 - \beta_{jsh}), \quad \text{for all } j, k, s, h \tag{44}$$

$$f_{jksh} \le M\beta_{jsh}, \quad \text{for all } j, k, s, h \tag{45}$$

$$\sum_{h=1}^{3} \sum_{j=1}^{J} \sum_{k=1}^{K} a_{ijkh} \le b_i, \quad \text{for all } i \tag{46}$$

$$0 \le L_1 \le L_2 \tag{47}$$

$$L_2 \le L - L_1 - L_2 \tag{48}$$

with $\beta_{jsh} \in \{0,1\}$, $\mu_{kh}, a_{ijkh} \ge 0$, integer, $f_{jksh} \ge 0$, $i = 1, ..., m$; $j = 1, ..., J$;
$k = 1, ..., K$, $s = 1, ..., s_j$, $h = 1, 2, 3$. $\qquad (49)$

Note in constraint (40) that L_h must be replaced by $L - L_1 - L_2$ when $h = 3$. Constraints (47)-(48) impose that L_1 is less than or equal to L_2, and that L_2 is less than or equal to $L - L_1 - L_2$, by symmetry. Similar to the 2-group model, the term $L_1 / L + (L_1 + L_2) / L$ can be subtracted from the objective function (39) to avoid ties between the 1-group, 2-group and 3i-group alternative optimal patterns. Note that this term is in the interval $[0, 1]$ since $2L_1 + L_2 \leq L$ because of (47)-(48), and therefore, in case of a tie, it forces the model to choose 1-group and 2-group patterns (with $L_1 = 0$ and/or $L_2 = 0$) rather than a 3i-group pattern (with $L_1 > 0$ and $L_2 > 0$). As in the 1-group and 2-group models, the exact case follows trivially from the 3i-group model by redefining v_{ijk} as:

$$v_{ijk} = v_i, \quad \text{if } l_i = l_j \text{ and } w_i = w_k \text{ for any } i = 1, ..., m$$
$$0, \quad \text{otherwise.}$$

(or redefining v_{ijk} and a_{ijk} by v_{jk} and a_{jk}, respectively, to reduce the number of variables, as discussed in Section 2.1).

Similar to the 2-group model, the vertical 3i-group model (39)-(49) can be easily rewritten to deal with the case where two horizontal cuts (instead of two vertical cuts) divide the plate into three sub plates, resulting in the horizontal 3i-group model. This case can also be dealt with using the vertical 3i-group model and simply considering a plate of size (W, L) and piece types of sizes (w_i, l_i), $i = 1, ..., m$.

4.2   Linear 3t-Group Model

Now let us consider the 3t-group case in Figure 3c where a vertical cut, say on L_1, $0 \leq L_1 < L$, divides the plate (L, W) into two sub plates (L_1, W) and $(L - L_1, W)$, and then a horizontal cut, say on W_2, $0 \leq W_2 < W$, divides the plate $(L - L_1, W)$ into two sub plates $(L - L_1, W_2)$, $(L - L_1, W - W_2)$. Similar to the 3i-group model, the model below considers L_1 and W_2 as variables and imposes that the cutting patterns in these sub plates are limited to 1-group. It can be viewed as a combination of three 1-group models, one for each sub plate h ($h = 1$ for sub plate $(L_1, W_1 = W)$, $h = 2$ for sub plate $(L_2 = L - L_1, W_2)$ and $h = 3$ for sub plate $(L_3 = L - L_1, W_3 = W - W_2)$), in order to generate a 3t-group pattern. Let:

Variables

μ_{kh} number of times width w_k is cut along W in sub plate h

a_{ijkh} number of rectangles l_j x w_k containing a piece of type i in sub plate h
(i.e., number of type i pieces contained in all rectangles l_j x w_k of sub plate h)

L_h, W_h length and width of sub plate h

Model 3t-group (vertical):

$$\max \quad \sum_{h=1}^{3} \sum_{i=1}^{m} \sum_{j=1}^{J} \sum_{k=1}^{K} v_{ijk} a_{ijkh} \tag{50}$$

$$\sum_{j=1}^{J} l_j \sum_{s=1}^{s_j} 2^{s-1} \beta_{jsh} \le L_h, \quad \text{for all } h \tag{51}$$

$$\sum_{k=1}^{K} w_k \mu_{kh} \le W_h, \quad \text{for all } h \tag{52}$$

$$\sum_{i=1}^{m} a_{ijkh} \le \sum_{s=1}^{s_j} 2^{s-1} f_{jksh}, \quad \text{for all } j, k, h \tag{53}$$

$$f_{jksh} \le \mu_{kh}, \quad \text{for all } j, k, s, h \tag{54}$$

$$f_{jksh} \ge \mu_{kh} - M(1 - \beta_{jsh}), \quad \text{for all } j, k, s, h \tag{55}$$

$$f_{jksh} \le M\beta_{jsh}, \quad \text{for all } j, k, s, h \tag{56}$$

$$\sum_{h=1}^{3} \sum_{j=1}^{J} \sum_{k=1}^{K} a_{ijkh} \le b_i, \quad \text{for all } i \tag{57}$$

$$0 \le W_2 \le W/2 \tag{58}$$

with $\beta_{jsh} \in \{0,1\}$, $\mu_{kh}, a_{ijkh} \ge 0$, integer, $f_{jksh} \ge 0$, $i = 1, ..., m$; $j = 1, ..., J$; $k = 1, ..., K$, $s = 1, ..., s_j$, $h = 1, 2, 3$. \hfill (59)

Similar to the 2-group and 3i-group models, the term $(L_1 + W_2)/(L + W)$ can be subtracted from the objective function (50) to avoid ties between 1-group, 2-group and 3t-group alternative optimal patterns; note that this term is in the interval [0, 1] and therefore, in case of a tie, it forces the model to choose 1-group and 2-group patterns (with $L_1 = 0$ and/or $W_2 = 0$) rather than a 3t-group pattern (with $L_1 > 0$ and $W_2 > 0$). Note in constraints (51) and (52) that L_h and W_h must be replaced by the appropriate expressions when $h = 2$ or 3. Constraint (58) imposes that W_2 is less than or equal to $W/2$, by symmetry. As in the 3i-group model, the exact case follows trivially from the 3t-group model by redefining v_{ijk} as:

$$v_{ijk} = v_i, \quad \text{if } l_i = l_j \text{ and } w_i = w_k \text{ for any } i = 1, ..., m$$
$$0, \quad \text{otherwise.}$$

(or redefining v_{ijk} and a_{ijk} by v_{jk} and a_{jk}, respectively, to reduce the number of variables, as discussed in Section 2.1). The horizontal 3t-group case can be dealt with in the same way as the horizontal 3i-group case.

Observe again that, in a similar way, we could propose non-linear models for the 3-group patterns by combining three 1-group models (1) – (6), one for each one of the sub plates.

5   Models for 2-Stage Cutting Patterns

We next present 2-stage cutting models inspired by 1-group cutting models. Without loss of generality, the following models assume that the cuts of the first stage are horizontal (i.e., parallel to the plate length) and the orientation of the pieces is fixed, that is, the pieces cannot rotate. Also, as we have considered before, the number of items for each type is limited.

5.1 Non-linear 2-Stage Model

An integer non-linear 2-stage formulation for the non-exact and exact case can be stated as follows (Vianna et al. [38]):

K number of different widths w_j.

P_k maximum number of patterns of strip L x w_k ($\leq \lfloor W / w_k \rfloor$) $I_k = \{i \mid w_i \leq w_k\}$

Variables:

λ_{kp}^i number of times piece type i is cut in the p-th pattern of strip L x w_k

μ_{kp} number of times the p-th pattern of strip L x w_k is cut along W

$$\max \quad \sum_{k=1}^{K} \sum_{p=1}^{P_k} \sum_{i \in I_k} v_i \lambda_{kp}^i \mu_{kp} \tag{60}$$

$$\sum_{i \in I_k} l_i \lambda_{kp}^i \leq L, \quad \text{for } k=1,...,K, \; p \in P_k \tag{61}$$

$$\sum_{k=1}^{K} w_k \sum_{p=1}^{P_k} \mu_{kp} \leq W \tag{62}$$

$$\sum_{k=1}^{K} \sum_{p=1}^{P_k} \lambda_{kp}^i \mu_{kp} \leq b_i, \quad \text{for } i = 1, ..., m \tag{63}$$

with λ_{kp}^i, $\mu_{kp} \geq 0$, integer, $i = 1, ..., m$; $k = 1, ..., K$; $p = 1, ..., P_k$. (64)

The objective function (60) maximises the total value of the pieces cut in the pattern, constraints (61) impose that the total length of the pieces arranged in the strips do not exceed the plate length, constraint (62) imposes that the total width of the pieces arranged in the plate do not exceed the plate width, constraints (63) take into account the availability of the pieces and constraints (64) refer to the non-negativity and integrality of the variables. Note that in the absence of constraints (63), the model above corresponds to the unconstrained 2-stage case, which can be decomposed into several one-dimensional knapsack sub problems according to the two-phase method of Gilmore and Gomory [18], as discussed in section 1.

5.2 Linear 2-Stage Model 1:

In order to simplify the linearization of model (60)–(64), we rewrite the model by defining the number of type i pieces cut in the pattern as:

$$a_i = \sum_{k=1}^{K} \sum_{p=1}^{P_k} \delta_k^i \lambda_{kp}^i \mu_{kp}, \qquad \text{where } \delta_k^i = \begin{cases} 1, & \text{if } i \in I_k \\ 0, & \text{otherwise.} \end{cases}$$

Analogous to the linearization procedure we have used in section 2, Model (60)-(64) can be linearized in the following way. Let

$$\mu_{kp} = \sum_{s=1}^{s_k} 2^{s-1} \beta_{kps} , \text{ where } \beta_{kps} \in \{0,1\} \text{ and } s_k \text{ is so that:}$$

$$2^{s_k-1} \leq \lfloor W / w_k \rfloor < 2^{s_k} ,$$

that is, s_k is an upper bound on the maximum number of bits required for a binary representation of μ_{kp} (the same could be done by choosing λ_{kp}^i instead of μ_{kp}). Using the previous definition of a_i, the non-linear constraint (63) can be rewritten as:

$$a_i = \sum_{k=1}^{K} \sum_{p=1}^{P_k} \delta_k^i \sum_{s=1}^{s_k} 2^{s-1} f_{kps}^i , \text{ for } i = 1, ..., m$$

$$f_{kps}^i \leq \lambda_{kp}^i , \text{ for } k = 1, ..., K, \, p \in P_k, \, i \in I_k, \, s = 1, ..., s_k$$

$$f_{kps}^i \geq \lambda_{kp}^i - M(1 - \beta_{kps}), \text{ for } k = 1, ..., K, \, p \in P_k, \, i \in I_k, \, s = 1, ..., s_k$$

$$f_{kps}^i \leq M \beta_{kps}, \text{ for } k = 1, ..., K, \, p \in P_k, \, i \in I_k, \, s = 1, ..., s_k$$

$$\beta_{kps} \in \{0,1\}, \text{ for } k = 1, ..., K, \, p \in P_k, \, s = 1, ..., s_k$$

where M is a sufficiently large number (e.g., $\lfloor L/l_{min} \rfloor$). Note that if $\beta_{kps} = 1$ then $f_{kps}^i = \lambda_{kp}^i$, and if $\beta_{kps} = 0$ then $f_{kps}^i = 0$. Model (60) – (64) can be rewritten as:

2-stage model 1:

$$\max \sum_{i=1}^{m} v_i a_i$$

$$\sum_{i \in I_k} l_i \lambda_{kp}^i \leq L , \text{ for } k = 1, ..., K, \, p \in P_k$$

$$\sum_{k=1}^{K} w_k \sum_{p=1}^{P_k} \sum_{s=1}^{s_k} 2^{s-1} \beta_{kps} \leq W$$

$$a_i = \sum_{k=1}^{K} \sum_{p=1}^{P_k} \delta_k^i \sum_{s=1}^{s_k} 2^{s-1} f_{kps}^i , \text{ for } i = 1, ..., m$$

$$f_{kps}^i \leq \lambda_{kp}^i , \text{ for } k = 1, ..., K, \, p \in P_k, \, i \in I_k, \, s = 1, ..., s_k$$

$$f_{kps}^i \geq \lambda_{kp}^i - M(1 - \beta_{kps}), \text{ for } k = 1, ..., K, \, p \in P_k, \, i \in I_k, \, s = 1, ..., s_k$$

$$f_{kps}^i \leq M \beta_{kps}, \text{ for } k = 1, ..., K, \, p \in P_k, \, i \in I_k, \, s = 1, ..., s_k$$

$$a_i \leq b_i, \text{ for } i = 1, ..., m$$

with $\beta_{kps} \in \{0,1\}$, $\lambda_{kp}^i \geq 0$, integer, $f_{kps}^i \geq 0$, $i = 1, ..., m$; $k = 1, ..., K$; $p = 1, ..., P_k$, $s = 1, ..., s_k$.

The exact case can be treated simply by redefining $I_k = \{i \mid w_i = w_k\}$.

5.3 Linear 2-Stage Model 2

The 1-group model 2 presented in section 2.3 can be extended to deal with the non-exact 2-stage problem by redefining variables x_{ijk}, which now indicate if a type i piece is placed in the j-th position of strip k (instead of rectangle $L_j \times W_k$ as before).

2-stage model 2 (horizontal)

$$\max \quad \sum_{i=1}^{m}\sum_{j=1}^{P}\sum_{k=1}^{Q} v_i x_{ijk} \tag{65}$$

$$\sum_{k=1}^{Q} W_k \leq W \tag{66}$$

$$\sum_{i=1}^{m} x_{ijk} \leq 1, \quad \text{for all } j, k \tag{67}$$

$$\sum_{i=1}^{m}\sum_{j=1}^{P} l_i x_{ijk} \leq L, \quad \text{for all } k \tag{68}$$

$$\sum_{i=1}^{m} w_i x_{ijk} \leq W_k, \quad \text{for all } j, k \tag{69}$$

$$\sum_{j=1}^{J}\sum_{k=1}^{Q} x_{ijk} \leq b_i, \quad \text{for all } i \tag{70}$$

$$W_k \geq W_{k+1}, \quad \text{for all } k \tag{71}$$

with $x_{ijk} \in \{0,1\}$, $W_k \geq 0$, $i = 1, ..., m; j = 1, ..., P; k = 1, ..., Q$. (72)

In order to adapt the 2-stage model 2 to the exact case, constraints (27)-(28) should be included in the model, similarly to what was done to the 1-group model 2 (i.e., (17)–(26)). Similar to the horizontal 2-stage model 2, we can formulate a vertical 2-stage model where the cuts of the first stage are vertical (instead of horizontal).

5.4 Linear 2-Stage Model 3

Another integer linear 2-stage model can be proposed by redefining the variables $x_{ik} = \sum_{j=1}^{P} x_{ijk}$, the number of type i pieces in strip k in the 2-stage model 2, and introducing the variables y_{ik} indicating if a type i piece is placed in strip k.

Variables:

W_k width of the k-th strip (bottom to top) in pattern ($k = 1, ..., Q$)
x_{ik} number of type i pieces in strip k
y_{ik} = 1 if there is at least one piece of type i placed in strip k

2-stage model 3 (horizontal):

$$\max \quad \sum_{i=1}^{m}\sum_{k=1}^{Q} v_i x_{ik} \tag{73}$$

$$\sum_{i=1}^{m} l_i x_{ik} \leq L, \quad \text{for all } k \tag{74}$$

$$w_i y_{ik} \leq W_k, \quad \text{for all } i, k \tag{75}$$

$$\sum_{k=1}^{Q} W_k \leq W \tag{76}$$

$$\sum_{k=1}^{Q} x_{ik} \leq b_i, \quad \text{for all } i \tag{77}$$

$$x_{ik} \leq M y_{ik}, \quad \text{for all } i, k \tag{78}$$

$$y_{ik} \leq x_{ik}, \quad \text{for all } i, k \tag{79}$$

$$W_k \geq W_{k+1}, \quad \text{for all } k \tag{80}$$

$$\text{with } x_{ik} \geq 0, \text{ integer}, y_{ik} \in \{0,1\}, W_k \geq 0, i = 1, ..., m; k = 1, ..., Q. \tag{81}$$

where M is a sufficiently large number (e.g., $M = \lfloor L / l_{\min} \rfloor$). The description of these constraints is similar to the ones of the 2-stage model 2.

In order to adapt the 2-stage model 3 to the exact case, constrains (75) should be replaced by:

$$W_k \leq w_i y_{ik} + M(1 - y_{ik}), \quad \text{for all } i, k \tag{82}$$

$$w_i y_{ik} \leq W_k + M(1 - y_{ik}), \quad \text{for all } i, k \tag{83}$$

where M is a sufficiently large number (e.g., $M = W$), since, as already mentioned before, constraints (82)-(83) are needed only when there is at least one piece of type i placed in strip k.

It is worth noting that for the cases where the orientation of the pieces is not fixed, after adding more pieces corresponding to the original ones rotated to in the model, we need to adjust only the constraints on the limitation on the number of pieces. In this modification, the sum of the original plus the rotated pieces is limited.

There are other 2-stage models presented in the literature. For instance, Lodi and Monaci [27] presented two other interesting integer linear models for the 2-stage case, based on the restriction of packing (cutting) the pieces into shelves (i.e., rows forming levels). A shelf is a slice of the plate with length L and width coincident with the width of the widest piece cut off from it. Their observation is that each feasible solution of (such two-dimensional packing) with trimming is composed of shelves, and, vice-versa, each item packed into a shelf can be cut off in at most two stages (plus trimming). However these models' formulations cannot be extended (at least in a straightforward manner) to the 1-group case, since there are difficulties in enforcing the constraint that the second stage cuts should all be in the same positions, for all the strips.

6   Concluding Remarks

In order to compare these models, the number of variables and constraints of the linear 1-group models 1 and 2, 2-group model and 2-stage models 1, 2 and 3 are presented in Table 1. So, depending on the instance being solved, a particular model may present a smaller number of variables or a smaller number of constraints (or both) than the other models. The execution times to get a solution may have some positive correlation with the number of variables and constraints when dealing with integer programming problems, but this is not always true.

Table 1. Comparison of the number of variables and constraints of the models.

Model	Number of variables	Number of constraints
1-group model 1	$mJK + (K{+}1) \sum_{j=1}^{J} \left\lceil 1 + \log\lfloor L/l_j \rfloor \right\rceil + K$	$2 + JK + 3K \sum_{j=1}^{J} \left\lceil 1 + \log\lfloor L/l_j \rfloor \right\rceil + m$
1-group model 2	$P + Q + mPQ$	$2 + 5PQ + P + Q + m$
2-group model	$2mJK + (K{+}1) \sum_{j=1}^{J} \left\lceil 1 + \log\lfloor L/l_j \rfloor \right\rceil + 2K + 1$	$5 + 2JK + 6K \sum_{j=1}^{J} \left\lceil 1 + \log\lfloor L/l_j \rfloor \right\rceil + m$
2-stage model 1	$m + K\sum_{k=1}^{K} P_k + (m{+}1)K + \sum_{k=1}^{K}(\lceil 1 + \log P_k \rceil)P_k$	$2m + \sum_{k=1}^{K} P_k + 3m \sum_{k=1}^{K}(\lceil 1 + \log P_k \rceil)P_k$
2-stage model 2	$Q + mPQ$	$1 + 2PQ + 2Q + m$
2-stage model 3	$2mQ + Q$	$1 + 2Q + 3mQ + m$

A limited number of computational experiments was performed to evaluate the effectiveness of the previous models (Yanasse and Morabito [41] and [42]), using the well-known commercial software modelling language GAMS and the mixed integer linear programming solver CPLEX - version 7 (Brooke et al. [6]). The results of solving a number of examples randomly generated and actual examples derived from a furniture company were compared. These results showed that the 1-, 2-, 3-group models presented are effective to solve problems of small and moderate sizes, and the computational efforts to solve the models are very different. Using GAMS/CPLEX 1-group model 1 had a superior performance to 1-group model 2 for the exact case. Instances up to 100 piece types were solved to optimality in less than 180 seconds in a microcomputer Pentium IV with 2.8 Ghz, 512 Mb RAM. For the non-exact case, the performance of 1-group model 2 seems to become better than that of 1-group model 1 as the number of piece types increases, but instances with 20 piece types already take more than 180 seconds to be solved to optimality.

Also for the exact case, all 2-group and 3-group models solved the randomly generated examples with 10 and 20 piece types within a time limit of 600 seconds. For instances with 20 piece types, the average execution times varied from 1 to 133 seconds, depending on the type of pattern (1-group, 2-group or 3 group) generated. The

2-group models also solved all examples with 50 piece types, while the 3i-group model solved only 60% of the instances, and the 3t-group model was unable to solve any instance within the established time limit.

For the 2-stage models, the execution times of 2-stage model 1, for most instances, are larger than those for 2-stage models 2 and 3. The superior performance of the 2-stage model 3, compared to the 2-stage models 1 and 2 was observed solving the non-exact case of 10 instances randomly generated with 5 item types and also some instances from the literature. Using the 2-stage model 3, all instances were solved to optimality in less than 180 seconds. On the other hand, the 2-stage models 1 and 2 find but do not prove optimality or do not even find an optimal solution to many of the instances within the established time limit.

To the best of our knowledge, there are no exact algorithms for the constrained exact and non-exact 2-group and 3-group pattern generation problems in the literature. Also we are unaware of exact algorithms for the non-exact 1-group pattern generation problem. For the exact 1-group pattern generation problem, we have the enumeration algorithms proposed in Yanasse and Katsurayama [39] and [40]. The performance of these enumeration algorithms are competitive with the one observed using the 1-group model 1 and the CPLEX solver version 7. We have noted that the execution times for solving integer programming problems have been going down for every new release of CPLEX. Therefore, it is likely that a superior performance of the 1-group model will be observed shortly.

It is important to observe that the exact 1-group case is of major interest in high production practical settings like in the furniture and hardboard industries (Morabito and Arenales [31]). The constrained exact 1-group case is also of particular interest in the stone industry (Scheithauer [36]). In practice, the non-exact pattern is less attractive as (than) the exact pattern for it requires trimmings that are machine expensive. The non-exact 1-group patterns compete with the two-staged patterns if cut in the same machine. However, we have observed wood production settings where the trimmings of the non-exact patterns are made in another (less expensive) saw machine, making it more attractive to be used in a cutting plan.

Although the 2-stage model 3 had good performance compared with the other models, it seems to be outperformed by Lodi and Monaci's [27] models. Comparing both models it seems that the 2-stage model 3 may be competitive or present better performance for certain classes of instances. This is an open issue that needs to be investigated.

An interesting line of research is the study of effective upper and lower bounds, branching strategies and problem-specific valid inequalities, in order to reduce the computer runtimes required to solve the models. It is worth noting that the present approaches can be easily applied to deal with simpler cases of p-group patterns where in each group the patterns are constrained to be homogeneous. Similarly, the approaches can be extended to cope with simpler n-stage patterns with particular configurations, for instance, the T-shaped 3-stage pattern recently studied in Cui [8].

Acknowledgments. This research was partially supported by CNPq and FAPESP.

References

1. Arenales, M., Morabito, R., Yanasse, H. (eds.): Special issue: Cutting and packing problems. Pesquisa Operacional 19(2) (1999) 107-299.
2. Beasley, J.: Algorithms for unconstrained two-dimensional guillotine cutting. Journal of the Operational Research Society 36 (1985), 297-306.
3. Bischoff, E., Ratcliff, M.: Issues in the development of approaches to container loading, Omega 23 (1995) 377-390.
4. Bischoff, E., Waescher, G. (eds.): Special issue: Cutting and packing. European Journal of Operational Research 84(3) (1995).
5. Bortfeldt, A., Gehring, H.: A hybrid genetic algorithm for the container loading problem. European Journal of Operational Research 131 (2001) 143-161.
6. Brooke, A., Kendrick, D., Meeraus, A., Rosenthal, R.E.: GAMS: A user's guide, Release 2.25. The Scientific Press (1992).
7. Christofides, N., Hadjiconstantinou, E.: An exact algorithm for orthogonal 2-D cutting problems using guillotine cuts. European Journal of Operational Research 83 (1995) 21-38.
8. Cui, Y.: An exact algorithm for generating homogeneous T-shape cutting patterns. Computers & Operations Research 32 (2005) 143-152.
9. Dowsland, K., Dowsland, W.: Packing problems. European Journal of Operational Research 56 (1992) 2-14.
10. Dyckhoff, H., Finke, U.: Cutting and packing in production and distribution: Typology and bibliography. Springer-Verlag Co, Heidelberg (1992).
11. Dyckhoff, H., Scheithauer, G., Terno, J.: Cutting and packing. In M. Amico, F. Maffioli, F., S. Martello (eds.), Annotated bibliographies in combinatorial optimisation. John Wiley & Sons, New York, NY (1997) 393-414.
12. Dyckhoff, H., Waescher, G. (eds.): Special issue: Cutting and packing. European Journal of Operational Research 44(2) (1990).
13. ESICUP - *Euro Special Interest Group on Cutting and Packing*. Available in: http://www.apdio.pt/esicup/ (accessed in 2007).
14. Farley, A.: Practical adaptations of the Gilmore-Gomory approach to cutting stock problems. OR Spectrum 10 (1983) 113-123.
15. Fayard, D., Hifi, M., Zissimopoulos, V.: A general efficient approach for large-scale two-dimensional cutting stock problems. Journal of the Operational Research Society 49 (12) (1998), 1270-1280.
16. Gehring, H.; Menschner, K.; Meyer, M.: A computer based heuristic for packing pooled shipment containers. European Journal of Operational Research 44 (1990), 277-288.
17. George, J.A.; Robinson, D.F.: A heuristic for packing boxes into a container. Computers & Operations Research 7 (1980) 147-156.
18. Gilmore, P., Gomory, R.: Multistage cutting stock problems of two and more dimensions. Operations Research 14 (1965) 94-120.
19. Harjunkoski I.; Pörn R., Westerlund T.; Skifvars, H.: Different strategies for solving bilinear integer non-linear programming problems with convex transformations. Computers & Chemical Engineering 21 (1997) 487-492.
20. Hifi, M.: The DH/KD algorithm: A hybrid approach for unconstrained two-dimensional cutting problems. European Journal of Operational Research 97(1) (1997) 41-52.
21. Hifi, M. (ed): Special issue on cutting and packing. Studia Informatica Universalis, 2 (2002) 1-161.
22. Hifi, M., Roucairol, C.: Approximate and exact algorithms for constrained (un)weighted two-dimensional two-staged cutting stock problems. Journal of Combinatorial Optimization 5 (2001) 465-494.
23. Hinxman, A.: The trim-loss and assortment problems: A survey. European Journal of Operational Research 5 (1980) 8-18.

24. Johnston, R.E., Sadinlija, E.: A new model for complete solutions to one-dimensional cutting stock problems. European Journal of Operational Research 153 (2004) 176-183.
25. Lirov, Y. (ed): Special issue: Cutting stock: Geometric resource allocation, Mathematical and Computer Modelling, 16(1) (1992).
26. Lodi, A., Martello, S., Monaci, M.: Two-dimensional packing problems: a survey. European Journal of Operational Research 141 (2002) 241-252.
27. Lodi, A., Monaci, M.: Integer programming models for 2-staged two-dimensional knapsack problems. Mathematical Programming 94 (2003) 257-278.
28. Martello, S. (ed): Special issue: Knapsack, packing and cutting, Part I: One-dimensional knapsack problems. *INFOR*, 32(3) (1994a).
29. Martello, S. (ed): Special issue: Knapsack, packing and cutting, Part II: Multidimensional knapsack and cutting stock problems. *INFOR*, 32(4) (1994b).
30. Morabito, R., Arenales, M.: Staged and constrained two-dimensional guillotine cutting problems: An and/or-graph approach, European Journal of Operational Research 94 (1996) 548-560.
31. Morabito, R., Arenales, M.: Optimizing the cutting of stock plates in a furniture company, International Journal of Production Research 38(12) (2000) 2725-2742.
32. Morabito, R., Garcia, V.: The cutting stock problem in a hardboard industry: A case study. Computers & Operations Research 25(6) (1998) 469-485.
33. Mukhacheva, E. A. (ed): Decision making under conditions of uncertainty: cutting – packing problems. The International Scientific Collection, Ufa, Russia (1997).
34. Oliveira, J. F.; Waescher, G.: Special Issue on Cutting and Packing. European Journal of Operational Research 183 (2007).
35. Riehme, J., Scheithauer, G., Terno, J.: The solution of two-stage guillotine cutting stock problems having extremely varying order demands. European Journal of Operational Research 91(1996) 543-552.
36. Scheithauer, G.: On a two-dimensional guillotine cutting problem. Presented at *IFORS 2002*, Edinburgh, UK (2002).
37. Sweeney, P., Paternoster, E.: Cutting and packing problems: A categorised, application oriented research bibliography. Journal of the Operational Research Society 43 (1992) 691-706.
38. Vianna, A. C., Arenales, M., Gramani, M. C.: Two-stage and constrained two-dimensional guillotine cutting problems. Working Paper, Universidade de São Paulo, Brazil (2003).
39. Yanasse, H.H., Katsurayama, D.M.: Checkerboard patterns: proposals for its generation. International Transactions in Operational Research 12 (2005) 21-45.
40. Yanasse, H.H., Katsurayama., D.M. An enumeration scheme to generate constrained exact checkerboard patterns. Computers & Operations Research, 35: 2114-2128, 2008.
41. Yanasse, H. H., Morabito, R.: Linear models for one-group two-dimensional guillotine cutting problems, International Journal of Production Research, 44(17) (2006) 3471-3491.
42. Yanasse, H. H., Morabito, R.: A note on linear models for two-group and three-group two-dimensional guillotine cutting problems, International Journal of Production Research, doi: 10/1080/00207540601011543 (2007).
43. Waescher, G.; Haussner, H.; Schumann, H.: An improved typology of cutting and packing problems. European Journal of Operational Research 183 (2007) 1109-1130.
44. Wang, P., Waescher, G. (eds.): Special issue on cutting and packing problems. European Journal of Operational Research 141 (2002), 239-469.

Decision Support in Transportation
Entscheidungsunterstützung im Transport

Packing first, Routing second – eine Heuristik für das Vehicle Routing and Loading Problem

Andreas Bortfeldt[1] und Jörg Homberger[2]

[1]FernUniversität in Hagen, Fakultät für Wirtschaftswissenschaft,
Lehrstuhl für Wirtschaftsinformatik
Profilstr. 8, 58084 Hagen
andreas.bortfeldt@fernuni-hagen.de
[2]Hochschule für Technik Stuttgart, Schloßstr. 26, 70174 Stuttgart
joerg.homberger@hft-stuttgart.de

Abstract: The Vehicle Routing and Loading Problem (VRLP) results by combining vehicle routing, possibly with time windows, and three-dimensional loading with additional packing constraints frequently occurring in freight transportation. Different formulations of the VRLP are considered and the issue is discussed under which circumstances routing and packing should be tackled as a combined task. A two-stage heuristic is presented following a „packing first, routing second" approach. High quality results are achieved in short computation times for the 46 VRLP instances recently introduced by A. Moura and J. F. Oliveira.

Keywords: Vehicle Routing, Three-dimensional Loading, Bin Packing, Vehicle Routing and Loading Problem, Heuristic.

1 Einleitung

Das Packen von Gütern und ihre Auslieferung an Kunden an verschiedenen Standorten sind zwei Operationen der Distributions-Logistik, die für Unternehmen in Produktion und Handel von vitaler Bedeutung sind. Ihre effektive Planung und Durchführung beeinflussen einerseits in erheblichem Maße die in einem Unternehmen anfallenden Kosten. Die Qualität der Pack- und Transportprozesse ist andererseits mitentscheidend dafür, ob sich das Unternehmen in ausreichendem Maße an den Bedürfnissen seiner Kunden orientiert. Grundlegende Anforderungen sind hierbei unter anderem, dass Güter rechtzeitig, ohne Beschädigung und in den bestellten Mengen bei den Kunden eintreffen und dass das Entladen der Güter einfach und zeitsparend vor sich gehen kann ([27]). Wer heute erfolgreich am Markt agiert, tut dies eingebunden in Logistik-Netzwerke, wobei Kriterien wie Termin- und Mengentreue elementare Voraussetzungen für „Netzwerkfähigkeit" sind ([11]).

Pack- und Transportprozesse in Unternehmen können eine hohe Interdependenz aufweisen. In diesem Fall kommt es vom Standpunkt des Unternehmens natürlich darauf an, dass beide Operationen zusammen genommen in hoher Qualität und effizient durchgeführt werden. Was nutzt etwa ein gut gefüllter LKW-Laderaum, wenn dort Güter weit voneinander entfernter Kunden verpackt sind, deren gemeinsame Belieferung auf einer Tour unwirtschaftlich oder aufgrund von Zeitfenstern gar nicht möglich ist. In der einschlägigen Literatur wurden Probleme der Stauplanung und der Tourenplanung bis vor kurzem als gänzlich disparate Aufgaben behandelt. Um den erwähnten Interdependenzen Rechnung zu tragen, befasst sich der vorliegende Beitrag mit dem Vehicle Routing and Loading Problem (VRLP), das sich durch Kombination des Vehicle Routing Problem (VRP) mit einem dreidimensionalen Packpro-blem für quaderförmige Stücke ergibt.

Drei Anliegen werden verfolgt: Erstens werden verschiedene Formulierungen des VRLP verglichen und die Frage nach einer angemessenen Problemformulierung erörtert. Zweitens wird untersucht, unter welchen Umständen Tourenplanung und Stauplanung kombiniert durchgeführt werden sollten und wann eine einfachere Modellierung von Pack- und Transportaufgaben als VRP aus praktischer Sicht hinreichend ist. Schließlich wird eine Heuristik zur Lösung des VRLP vorgestellt, die nach vorliegenden Testergebnissen für die Benchmark-Instanzen von Moura und Oliveira [27] in der Lage ist, in relativ kurzer Rechenzeit hochwertige Lösungen zu erzeugen.

Der folgende Abschnitt ist der Formulierung des VRLP gewidmet und gibt einen Literaturüberblick. Abschnitt 3 beschreibt das heuristische Verfahren, während Abschnitt 4 über einen numerischen Test berichtet. Abschnitt 5 fasst den Beitrag zusammen und gibt einen Ausblick auf weitere Untersuchungen zum VRLP.

2   Problemformulierung und Literaturüberblick

2.1 Vorgeschlagene Problemformulierung

Das Vehicle Routing and Loading Problem wird hier wie folgt definiert:

- *Gegeben* sei ein Fuhrpark aus beliebig vielen Fahrzeugen mit einem identischen Laderaum der Länge L, der Breite W und der Höhe H.
- Sei weiterhin $V = \{0,1,...,n\}$ eine Menge von $n+1$ Knoten, die mit einem Depot (Knoten 0) sowie n Kunden (Knoten $1,...,n$) korrespondieren. E sei eine Menge ungerichteter Kanten (i,j), die sämtliche Knotenpaare verbinden und $G = (V,E)$ der resultierende Graph. Jeder Kante (i,j) bzw. dem zugehörigen Knotenpaar sei eine (richtungsneutrale) Entfernung c_{ij} ($c_{ij} > 0$) zugewiesen ($0 \leq i < j \leq$ n).
- Jeder Kunde i ($i = 1,...,n$) ist mit einer Menge von m_i quaderförmigen Packstücken (kurz Kisten) I_{ik} ($k = 1,...,m_i$) zu beliefern, die sich ursprünglich im Depot befinden. Die Kiste I_{ik} habe die Länge l_{ik} die Breite w_{ik}, die Höhe h_{ik} und das Volumen s_{ik} ($i = 1,...,n, k = 1,...,m_i$).
- Der Laderaum jedes Fahrzeugs sei in den ersten Oktanten eines kartesischen Koordinatensystems derart eingebettet, dass die Länge, die Breite und die Höhe des Laderaums parallel zur x-, y- bzw. z-Achse liegen. Die Platzierung einer Kiste I_{ik} in einem Laderaum wird durch die Koordinaten x_{ik}, y_{ik} und z_{ik} der dem Koordinatenursprung nächstgelegenen Ecke der Kiste angegeben; zusätzlich gibt ein geeignet definierter Orientierungsindex o_{ik} an, welche von maximal sechs möglichen räumlichen Orientierungen gewählt wurde ($i = 1,...,n$, $k = 1,...,m_i$). Ein Packplan P für einen Laderaum umfasst eine oder mehrere Platzierungen und gilt als zulässig, wenn folgende drei Bedingungen erfüllt sind: (FP1)

Jede platzierte Kiste liegt vollständig in ihrem Laderaum, durchstößt also keine seiner Seitenflächen. (FP2) Je zwei platzierte Kisten überlappen nicht. (FP3) Jede Seitenfläche einer platzierten Kiste liegt parallel zu einer Seitenfläche des Laderaums. In Abb. 1 wird ein Laderaum mit platzierten Kisten gezeigt.

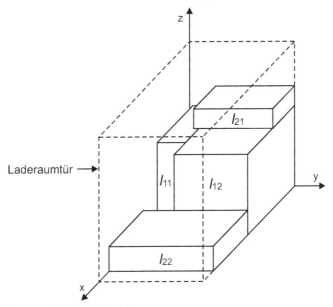

Abb. 1. Laderaum mit platzierten Kisten.

- Eine zulässige Route R ist eine Sequenz aus drei oder mehr Knoten, die mit dem Depot beginnt und endet und dazwischen lauter verschiedene Kunden enthält. Eine Lösung des VRLP ist eine Menge von v geordneten Paaren (R_l, P_l), wobei R_l eine Route und P_l ein Packplan ist ($l = 1,...,v$). Um zulässig zu sein, muss eine VRLP-Lösung folgende drei Bedingungen erfüllen: (F1) Alle Routen R_l bzw. Packpläne P_l sind zulässig ($l = 1,...,v$). (F2) Jeder Kunde i kommt in genau einer Route R_l vor ($i = 1,...,n$). (F3) Der Packplan P_l zu einer Route R_l enthält für jeden in R_l vorkommenden Kunden i und jede seiner Kisten I_{ik} ($k = 1,...,m_i$) genau eine Platzierung und keine weiteren Platzierungen ($l = 1,...,v$).
- *Gesucht* ist unter allen zulässigen Lösungen einer VRLP-Instanz eine solche, die mit erster Priorität die Anzahl der Touren (bzw. Routen) und mit zweiter Priorität die insgesamt (auf allen Routen) zurückgelegte Entfernung minimiert. Alternativ kann auch die Minimierung der Entfernung die höhere und die Minimierung der Tourenanzahl die geringere Priorität besitzen. Beide Zielgrößen lassen sich in einer lexikografischen Zielfunktion f mit passender Reihenfolge der Komponenten zusammenfassen, z.B. f = (Tourenanzahl, Gesamtentfernung). Gefordert werden kann auch die Minimierung nur einer der Zielgrößen.

Die bisher formulierte Aufgabe wird nachfolgend als Basisversion des VRLP bezeichnet. In Abb. 2 wird eine einfache VRLP-Instanz gezeigt, wobei auch die Routen einer möglichen Lösung eingetragen sind.

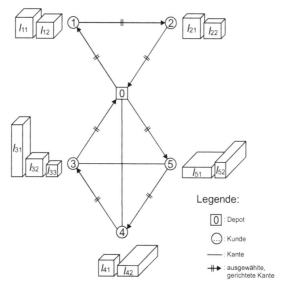

Abb. 2. VRLP-Instanz mit Routen einer Lösung.

Zusätzlich zu der Basisversion können eine oder mehrere der folgenden Restriktionen in das VRLP einbezogen werden.

(C1) Zeitfenster-Restriktion. Es wird vorausgesetzt, dass sich jedes Fahrzeug mit der konstanten Geschwindigkeit (1 Längeneinheit / 1 Zeiteinheit) bewegt. Jedem Kunden i ist ein Belieferungszeitfenster $[a_i, b_i]$ ($b_i > a_i$) sowie eine Servicezeit s_i ($s_i \geq 0$) zugeordnet ($i = 1,...,n$). Um das Zeitfenster des Kunden i einzuhalten, muss ein Fahrzeug spätestens zur Zeit b_i bei diesem eintreffen. Erreicht das Fahrzeug den Kunden i vor dem Zeitpunkt a_i, so muss es bis a_i mit der Belieferung warten; eine Verletzung des Zeitfensters liegt jedoch nicht vor. Ferner existiert für das Depot ein Zeitfenster $[a_0, b_0]$, welches die gesamte Fahrzeit bzw. Entfernung einer Tour begrenzt.

(C2) Entladefolge-Restriktion. Wird der Kunde i ($i = 1,...,n$) besucht, so müssen alle Kisten I_{ik} ($k = 1,...,m_i$) des Kunden durch Bewegungen ausschließlich in der Längsrichtung des Laderaumes entladen werden können. Bei einer Bewegung in positiver Längsrichtung (vgl. Abb. 1) darf also keine der Kisten I_{ik} auf eine Kiste eines anderen Kunden stoßen. Diese Restriktion wird auch LIFO-Restriktion oder LIFO-Politik genannt.

(C3) Gewichts-Restriktion. Jede Kiste I_{ik} besitzt ein positives Gewicht d_{ik} ($i = 1,..,n$, $k = 1,...,m_i$) und das Gewicht aller in einem Laderaum platzierten Kisten darf eine für alle Fahrzeuge identische Obergrenze D des Ladungsgewichts nicht überschreiten.

(C4) Orientierungs-Restriktion. Für gewisse Kisten werden bis zu fünf der maximal sechs möglichen räumlichen Orientierungen verboten. Häufig werden ein oder zwei Kistenmaße als Höhenmaß ausgeschlossen, während horizontale 90°-Drehungen erlaubt sind (Höhen-Restriktion). Ist für alle Kisten das Höhenmaß eindeutig vorgegeben, so spricht man auch von der This-way-up-Restriktion.

(C5) Unterstützungs-Restriktion. Für jede nicht auf dem Boden eines Laderaumes platzierte Kiste wird gefordert, dass ein gewisser Prozentsatz a ihrer Grundfläche durch weitere Kisten unterstützt wird. Seien b und c die horizontal gelegenen Maße einer Kiste oberhalb des Bodens, so muss ein Teil ihrer Grundfläche der Größe $a*b*c$ auf weiteren Kisten ruhen.

(C6) Überstaubarkeits-Restriktion. Jede Kiste I_{ik} erhält ein Zerbrechlichkeits-Flag f_{ik} ($i = 1,..,n$, $k = 1,...,m_i$). Auf der Deckfläche einer zerbrechlichen Kiste ($f_{ik} = 1$) dürfen nur weitere zerbrechliche Kisten ruhen, während auf der Deckfläche einer nicht zerbrechlichen Kiste ($f_{ik} = 0$) zerbrechliche wie auch nicht zerbrechliche Kisten liegen dürfen.

Natürlich kann auch eine zweidimensionale VRLP-Variante, d.h. das VRLP mit zweidimensionalen Stücken und Laderäumen, betrachtet werden, wobei dann gewisse Restriktionen entfallen und andere anzupassen sind.

2.2 Die „Eltern" des VRLP

Offensichtlich stammt das VRLP von dem VRP bzw. bei vorliegender Zeitfenster-Restriktion (C1) von dem Vehicle Routing Problem with Time Windows (VRPTW) ab. Wird nämlich vernachlässigt, dass Kisten und Laderäume dreidimensional sind und stattdessen nur eine eindimensionale Volumen-Restriktion oder die Gewichts-Restriktion (C3) betrachtet, so hat man das VRLP auf das einfache VRP (mit Kapazitätsbeschränkung) bzw. bei Bestehen von Zeitfenstern auf das VRPTW reduziert.

Wesentlich für die Einordnung des im VRLP enthaltenen dreidimensionalen (3D) Packproblems ist die Tatsache, dass alle Kisten aller Kunden auszuliefern sind. Benutzt man die neue Typologie der Cutting- und Packing-Probleme (C&P) von Wäscher et al. [39], so liegt jedenfalls kein Packproblem mit Output-Maximierung vor – der Output steht gewissermaßen fest. Unterstellt man die erste Variante der Zielfunktion des VRLP, also f = (Tourenanzahl, Gesamtentfernung), so handelt es sich offensichtlich um ein Bin Packing Problem (BPP) mit nur einem Containertyp. In der Typologie von Wäscher et al. spricht man bei schwach heterogener Kistenmenge von einem Single Stock-Size Cutting Stock Problem und bei stark heterogener Kistenmenge von einem Single Bin-Size Bin Packing Problem. Nimmt man die alternative Zielfunktions-Variante, also f = (Gesamtentfernung, Tourenanzahl), so kann man in einem weiteren Sinne ebenfalls von Input-Minimierung sprechen – die Menge aller Kisten soll (vorrangig) so verpackt werden, dass die zur Auslieferung benötigte Entfernung minimiert wird. Dagegen kommt das Container Loading Problem (CLP) als „Eltern-Problem" des VRLP eher nicht in Betracht, weil es meist als Problem der Output-Maximierung (z.B. verstauter Wert) verstanden wird. Allerdings legt diese strukturell-analytische Betrachtung keineswegs fest, welches 3D-Packproblem in einem gegebenen VRLP-Verfahren unmittelbar zu lösen ist. Dies hängt, wie später noch deutlich wird, von dem gewählten Verfahrensansatz ab.

Für eine umfassende Darstellung des Forschungsgebiets der Tourenplanung sei auf das Werk von Toth und Vigo [37] verwiesen. Das VRP und das VRPTW sind bekanntlich NP-hart. Obwohl bei der exakten Berechnung des VRP bzw. VRPTW in jüngerer Vergangenheit wichtige Fortschritte erzielt wurden (vgl. z.B. Fukasawa et al. [15]), bleiben metaheuristische Verfahren zur Lösung großer Probleminstanzen mit hunderten von Kunden unverzichtbar. Jüngere Überblicksdarstellungen zu metaheuristischen Verfahren für das VRP stammen von Cordeau und Laporte [9] sowie Cordeau et al. [10]. Einige besonders erfolgreiche und einflussreiche metaheuristische VRP-Verfahren wurden vorgeschlagen von Taillard [35], Rochat und Taillard [32], Toth und Vigo [38], Prince [31] sowie Mester und Bräysy [25]. Einige besonders leistungsfähige und an großen Instanzen erprobte metaheuristische Verfahren für das VRPTW wurden von Homberger und Gehring [20], Bräysy et al. [8], Bent und Van Hentenryck [1], Bouthillier und Crainic [7], Mester und Bräysy [24] sowie Pisinger und Ropke [30] vorgestellt. Exzellente Ergebnisse erzielte kürzlich Sträter [34], der zugleich ausführlich über die aktuelle VRPTW-Forschung berichtet.

Wie erwähnt sind im Kontext der Entwicklung von Lösungsverfahren für das VRLP verschiedene 3D-Packprobleme relevant. Neben dem Bin Packing Problem gehören hierzu auch das CLP (oder 3D-Knapsack Problem) sowie das Strip Packing Problem (SPP), die sämtlich NP-hart sind (siehe hierzu z.B. Pisinger [29] sowie Martello et al. [23]). Bei dem 3D-SPP geht es bekanntlich darum, eine gegebene Menge von Kisten in einem Container mit minimaler Länge (bei gegebenem Querschnitt) zu verladen. Auch für die als besonders „sperrig" geltenden 3D-Packprobleme wurden in jüngerer Vergangenheit hauptsächlich metaheuristische Lösungsverfahren vorgeschlagen, während exakte Verfahren für größere Instanzen kaum in Betracht kommen. Eine umfangreiche Bibliographie von jüngeren Forschungsarbeiten zu C&P-Problemen enthält die Arbeit von Wäscher et al. [39]; eine ältere C&P-Bibliographie wurde von Dyckhoff et al. [12] erstellt. Verfahren für das 3D-BPP wurden u.a. vorgeschlagen von Terno et al. [36], Martello et al. [23] sowie Faroe et al. [14]. Leistungsfähige metaheuristische Algorithmen für das CLP, die teils auch einige der oben eingeführten Packrestriktionen beachten, entwickelten Bortfeldt und Gehring [5], Eley [13], Pisinger [29], Mack et al. [22], Bischoff [3], Moura und Oliveira [26] sowie kürzlich Parreño et al. [18]. Metaheuristische Lösungsverfahren für das 3D-SPP stammen von Bortfeldt und Gehring [4] und von Bortfeldt und Mack [6].

2.3 Literatur zum VRLP

Zum VRLP gibt es erst ganz wenige Beiträge. Für das zweidimensionale VRLP ohne Zeitfenster-Restriktion wird von Iori et al. [21] ein exakter Branch-and-Cut-Algorithmus vorgestellt, während Gendreau et al. [17] für dieselbe Problemstellung ein metaheuristisches Lösungsverfahren präsentieren. Gendreau et al. [18] sowie Moura und Oliveira [27] sind die ersten, die das dreidimensionale VRLP formulieren, Lösungsverfahren vorschlagen sowie Benchmarkinstanzen einführen. Die in den beiden Beiträgen behandelten VRLP-Varianten werden in Tab. 1 gegenübergestellt und zugleich mit der hier gegebenen Formulierung konfrontiert.

Ein Vergleich beider Problemvarianten lässt Differenzen bezüglich der Zielfunktion und einiger Restriktionen erkennen: Gendreau et al. [18] minimieren nur die Gesamtentfernung, beachten keine Zeitfenster, berücksichtigen aber alle oben definierten Packrestriktionen. Dagegen betrachten Moura und Oliveira [27] ein aus dem

VRPTW abgeleitetes VRLP mit entsprechender Zielfunktion, berücksichtigen jedoch weder die Gewichts- noch die Überstapelungs-Restriktion. Andererseits beachten sie als zusätzliches Stabilitäts-Kriterium die seitliche Kistenunterstützung. Diese ist definiert als Prozentsatz der Kisten, die auf wenigstens drei Seiten Kontakt mit anderen Kisten bzw. den Seitenflächen des Laderaums besitzen, und sollte möglichst hoch ausfallen, um horizontale Bewegungen der Fracht zu vermeiden. Die seitliche Kistenunterstützung wird jedoch in Packverfahren der Literatur meist nur als weiche Restriktion oder als reine Protokollgröße berücksichtigt, welche keinen Einfluss auf den Suchverlauf nimmt.

Tab. 1. Varianten des 3D-VRLP im Vergleich.

3D-VRLP-Komponente (s. Abschnitt 2.1)	Gendreau et al. [18]	Moura und Oliveira [27]
Basisversion	wie definiert	wie definiert
Zielfunktion	Gesamtentfernung	1. Tourenanzahl, 2. Gesamtentfernung
(C1) Zeitfenster-Restriktion	nein	ja
(C2) Entladefolge-Restriktion	ja	ja
(C3) Gewichts-Restriktion	ja	nein
(C4) Orientierungs-Restriktion	This-way-up-Restriktion	Höhen-Restriktion
(C5) Unterstützungs-Restriktion	ja	ja (a = 100%)
(C6) Überstapelungs-Restriktion	ja	nein
Weitere Restriktionen	nein	seitlicher Kistensupport

Die Problemvarianten Gendreau et al. [18] sowie Moura und Oliveira [27] lassen sich unter die hier vorgeschlagene, allgemeinere Formulierung des VRLP subsumieren. Diese zielt ferner darauf ab, den (Basisversion genannten) Problemkern des VRLP deutlich hervortreten zu lassen und ihn zu diesem Zweck von zusätzlichen, häufig wechselnden Restriktionen abzugrenzen. Mit den Zielfunktionsvarianten wird u. a. berücksichtigt, dass bei dem VRLP die Minimierung der Tourenanzahl auch bei fehlenden Zeitfenstern eine nichttriviale Aufgabe ist, anders als bei dem gewöhnlichen VRP mit Kapazitätsbeschränkung.

Gendreau et al. [18] schlagen einen zweistufigen Tabu Search-Algorithmus (TSA) vor. Mit dem inneren TSA wird jeweils ein 3D-Strip Packing Problem zur Beladung eines Fahrzeugs gemäß einer gegebenen Kundensequenz berechnet. Der äußere TSA dient unmittelbar der Routenbestimmung, wobei für jede getestete Routenmodifikation bzw. pro Zug, definiert durch die Verschiebung eines Kunden in eine andere Route, der innere TSA erneut aufgerufen wird.

Die beiden von Moura und Oliveira [27] vorgeschlagenen Heuristiken folgen unterschiedlichen Ansätzen. Bei dem ersten Verfahren vom GRASP-Typ werden bei der Erzeugung jeder Lösung in einem Zuge Routen geplant und Fahrzeuge beladen. Mit dem zweiten Verfahren werden pro Lösung zunächst alle Routen mit einem integrierten VRPTW-Verfahren bestimmt und erst danach alle Fahrzeuge beladen. Zum Packen der Kisten wird jeweils eine CLP-Instanz mit einem GRASP-Packverfahren berechnet.

2.4   Wann sollte eine VRLP-Modellierung gewählt werden?

In Tourenplanungsproblemen besitzen Fahrzeuge eine Ladungskapazität, die als maximales Frachtvolumen interpretierbar ist. Aus der Eindimensionalität der Kapazität ergibt sich, dass ein Tourenplan im Sinne der Kapazitäts-Restriktion zulässig und zugleich nicht realisierbar sein kann. Es kommt vor, dass das Volumen einer Gütermenge das Laderaumvolumen nicht überschreitet, während sich die Güter nicht vollständig im Laderaum packen lassen. So kann man z.B. in einem Würfel mit der Kantenlänge 3m nicht zwei Würfel der Kantenlänge 2m packen, obwohl deren Volumen zusammen weniger als 60% des Volumens des großen Würfels beträgt.

Hieraus lässt sich die Folgerung ziehen, dass bei dem Stückgutversand *im Allgemeinen* eine Tourenplanung von einer Stauplanung begleitet werden sollte, um die Umsetzbarkeit von Tourenplänen garantieren zu können. Anders gesagt sollte im Allgemeinen das VRLP als Modellproblem verwendet werden.

Nichtsdestoweniger ist in verschiedenen Situationen eine Modellierung des Praxisproblems als VRP bzw. VRPTW ohne Stauplanung völlig hinreichend. Zwei von Haessler [19] beschriebene Beispiele seien als Beleg herangezogen. In einem Fall geht es um den Transport extrem schwerer Güter, nämlich von Flurförderzeugen, in Containern. Die Gewichts-Restriktion dominiert gegenüber der Volumen-Restriktion: lassen sich mehrere Güter gewichtsmäßig in einem Container stauen, so nehmen sie aufgrund ihrer hohen Dichte relativ wenig Raum ein und lassen sich auch gemeinsam in dem Containervolumen packen. Das Packproblem ist daher im Wesentlichen eindimensional und bei einer Tourenplanung wäre das VRP (oder VRPTW) das geeignete Modell. Im zweiten Beispiel handelt es sich um den Transport von leichteren Automobilteilen in LKWs unter Verwendung von Frachtträgern, die die volle Fahrzeugbreite sowie -höhe und verschiedene Anteile der Fahrzeuglänge beanspruchen. Zwar ist hier die Volumen-Restriktion dominierend, jedoch ist das Praxisproblem offenbar wieder eindimensional und kann bei geforderter Tourenplanung als VRP gelöst werden. Wie die Beispiele zeigen, ist das „richtige" Modellproblem jeweils unter Beachtung der konkreten Umstände zu wählen und das VRP sowie das VRPTW behalten ihre Bedeutung als praxisrelevante Optimierungsprobleme.

3   Die zweistufige Heuristik

3.1   Verfahrensansatz

In beiden beschriebenen Heuristiken für das 3D-VRLP werden – bezogen auf den gesamten Suchverlauf – die Routenbildung und das Packen der Laderäume miteinander verzahnt. Um Problemlösungen zu generieren, werden daher Laderäume in sehr großer Zahl versuchsweise und jeweils komplett neu gepackt. Kann man vielleicht das Packen von Kisten und das Bilden von Routen vollständig *voneinander trennen*, um den Packaufwand strukturell zu reduzieren und so ein hoffentlich effizientes heuristisches Verfahren zu erhalten, das zugleich Lösungen hoher Qualität erzeugt?

Betrachtet sei der folgende zweistufige Verfahrensansatz:

1. In der *ersten* Verfahrensstufe („Packing") werden die Kisten aller Kunden separat in je einem Segment eines Laderaumes verpackt. Hier zu wird für jeden Kunden *i* gesondert das 3D-Strip Packing Problem gelöst, welches durch die Breite W, die Höhe H des Laderaumes sowie die Kisten I_{ik} ($k = 1,...,m_i$) des jeweiligen Kunden vollständig definiert ist. Die berechneten minimalen Ladelängen $ll(i)$ sowie die kundenbezogenen Kistenanordnungen $P(i)$, genannt Einzelanordnungen, werden aufbewahrt ($i = 1,...,n$).

2. In der *zweiten* Verfahrensstufe („Routing") wird die aus der VRLP-Instanz abgeleitete VRP- bzw. VRPTW-Instanz gelöst, wobei v Routen berechnet werden. Den Platz der inhärenten Kapazitäts-Restriktion nimmt die sogenannte Ladelängenbedingung ein. Diese besagt, dass ausschliesslich solche Routen R zulässig sind, für welche die Summe der Ladelängen $ll(i)$ der in der Route enthaltenen Kunden $i \in R$ die Laderaumlänge L nicht überschreitet:

$$\sum_{i \in R} ll(i) \le L \tag{1}$$

3. Nach beiden Stufen wird abschliessend zu jeder der v zuvor berechneten Routen R_l ein Packplan P_l bestimmt, indem die abgelegten Einzelanordnungen $P(i)$ aller in der Route vorkommenden Kunden in einem Laderaum hintereinander platziert werden ($l = 1,...,v$). Die Reihenfolge der Anordnungen $P(i)$ wird invers zur Reihenfolge der Kunden in der Route R_l gewählt. Die danach komplette VRLP-Lösung wird ausgegeben.

In Stufe 1 ist bei der Lösung der 3D-SPP-Instanzen zu gewährleisten, dass ggf. geforderte Packrestriktionen (C4) bis (C6) eingehalten werden. In Stufe 2 ist ggf. die Zeitfenster-Restriktion (C1) und die Gewichts-Restriktion (C3) zu beachten, während abschließend durch die angegebene Wahl der Reihenfolge der Einzelanordnungen für alle Fahrzeuge die LIFO-Restriktion (C2) gewährleistet wird. Ist eine Gewichts-Restriktion (C3) gefordert, so stellt diese neben der Ladelängenbedingung eine zweite, ebenfalls eindimensionale Kapazitäts-Restriktion des integrierten VRP(TW) dar. Die Einhaltung der eindimensionalen Ladelängenbedingung bei der Lösung des Tourenplanungsproblems sichert, dass auch die am Ende erzeugten 3D-Packpläne für die Fahrzeuge die Längenbeschränkung des Laderaumes einhalten.

Wie üblich wird vorausgesetzt, dass die pro Kunde benötigte Kapazität (Volumen, Gewicht) die Fahrzeugkapazität nicht überschreitet. Sollte diese Bedingung für einzelne Kunden nicht erfüllt sein, so kann Abhilfe geschaffen werden, indem für diese Kunden Pendeltouren eingerichtet und die zugehörigen Kistenmengen aus der Probleminstanz „ausgeklammert" werden.

Der Verfahrensansatz führt, kurz gesagt, die Lösung einer VRLP-Instanz auf die unabhängige Lösung von n 3D-SPP-Instanzen sowie einer VRP(TW)-Instanz zurück. Er ist daher *generisch*: Zur Lösung der beiden Teilprobleme 3D-SPP und VRP(TW) können beliebige Verfahren für diese Aufgaben in die VRLP-Heuristik integriert werden, wenn sie nur die angegebenen Restriktionen berücksichtigen.

3.2   Integrierte Teilverfahren

Zur Lösung des 3D-SPP wird der Bortfeldt und Gehring in [4] beschriebene TSA für schwach heterogene Kistenmengen integriert, während zur Lösung des VRP(TW) die in Homberger und Gehring [20] dargestellte Heuristik dient.

Das 3D-SPP-Verfahren führt die Lösung einer Probleminstanz auf die unabhängige Lösung einer Folge von 3D-CLP-Instanzen mit sinkenden Containerlängen zurück. Jede einzelne Lösung einer CLP-Instanz wird mittels eines TSA generiert, indem jeweils in gewisser Reihenfolge leere quaderförmige Packräume innerhalb des Containers mit elementaren Anordnungen aus einem oder zwei benachbarten Anordnungsquadern gefüllt werden (vgl. Abb. 3). Ein Anordnungsquader besteht aus mehreren identischen Kisten mit gleicher räumlicher Orientierung. Eine Lösung in kodierter Form legt fest, welche unter vielen möglichen elementaren Anordnungen für den ersten, zweiten usw. zu füllenden Packraum zu verwenden ist und die Nachbarschaftssuche des TSA findet in dem Raum der kodierten Lösungen statt.

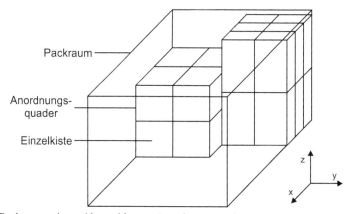

Abb. 3.   Packraum mit zwei benachbarten Anordnungsquadern.

Das integrierte VRPTW-Verfahren ist eine 2-Phasen-Metaheuristik, die in der ersten Phase mittels einer Evolutionsstrategie die Fahrzeugzahl und in der zweiten Phase mittels eines TSA die Gesamtentfernung minimiert. Im Rahmen der (μ,λ)-Evolutionsstrategie der ersten Phase werden Nachkommen mittels bekannter Operatoren zur Tourmodifikation (Or-opt, 2-opt* und Single-Interchange) erzeugt. Von besonderer Bedeutung für die erfolgreiche Tourenreduzierung ist die vier Kriterien bündelnde lexikografische Bewertungsfunktion, mit der die Suche in Richtung der Auflösung der kleinsten Tour (mit minimaler Kundenzahl) orientiert wird. Eine weitere wichtige Komponente ist eine spezielle Heuristik zur Entfernung von Kunden aus der kleinsten Tour. Das zufallsbasierte TSA der zweiten Phase benutzt zur Erzeugung von Nachbarlösungen ebenfalls die oben genannten drei Operatoren. In der Tabuliste werden Verbindungen zwischen Knoten (inklusive Depot) gespeichert und eine Lösung ist nur dann nicht tabu, wenn sich keine ihrer Knotenverbindungen in der Tabuliste befindet. Die in der ersten Phase erreichte Fahrzeugzahl wird bei der Entfernungsminimierung nicht wieder preisgegeben.

3.3 Anwendungsbereich der VRLP-Heuristik und Kunden-Kombinationen

Die hier eingeführte Heuristik ist nicht für alle VRLP-Instanzen gleichermaßen geeignet. Voraussetzung für ihre erfolgreiche Anwendung ist vielmehr, dass es sich bei den Kunden zumindest überwiegend um sogenannte Segmentkunden handelt. Unter einem Segmentkunden wird ein Kunde mit einer Menge von Kisten verstanden, die sich in einem Laderaum-Segment ($l \times W \times H$, $l < L$) verlustarm anordnen lassen. Genauer kann z. B. vereinbart werden, dass ein Kunde als Segmentkunde gilt, wenn das integrierte 3D-SPP-Verfahren eine Volumenauslastung von mindestens 80% erreicht.

Mehrere Ursachen können dazu führen, dass ein Kunde kein Segmentkunde ist:

1. Das Volumen der Kistenmenge des Kunden kann zu gering sein, um eine hohe Volumenauslastung nur mit seinen Kisten zu erzielen.
2. Die Proportionen zwischen den Kistenmaßen und den Laderaummaßen W und H können auch bei relativ großem Volumen der Kistenmenge so ungünstig sein, dass hohe Verluste an den Seitenflächen des Laderaumes nicht zu vermeiden sind. Dies passiert typischerweise dann, wenn zu einem Kunden nur sehr wenige Kistentypen, etwa nur ein einziger, gehören.
3. Große Volumenverluste können auch dann auftreten, wenn zu einem Kunden zwar Kisten mehrerer Typen gehören, jedoch die Kisten im Verhältnis zum Laderaum relativ groß sind.

Ein deutlicher Abfall der Volumenauslastung bei einem Teil der Einzelanordnungen wird sich negativ auf die Minimierung der Routenanzahl und der Gesamtentfernung auswirken. Um dem entgegen zu steuern, soll das Prinzip des separaten Packens der Kisten verschiedener Kunden in gewissem Maße „aufgeweicht" werden. Lässt man für kleinere Gruppen von Kunden mit schwacher Volumenauslastung ihrer Einzelanordnungen das gemeinsame Packen ihrer Kisten in einer Anordnung zu, so kann eventuell eine deutlich höhere Volumenauslastung erreicht werden, weil die genannten Faktoren teilweise entfallen. Dieser Ansatz wird mittels sogenannter Kundenkombinationen umgesetzt.

Eine Kundenkombination ist durch eine Teilroute ($i_1,...,i_p$) aus $p \geq 2$ Kunden (ohne Depot) sowie eine Kistenanordnung gegeben. Diese wird durch das integrierte 3D-SPP-Verfahren für die Laderaummaße W, H und die Menge der Kisten aller Kunden der Teilroute erzeugt und als Kollektivanordnung bezeichnet. Sei l ihre Länge, so ist die Ersparnis der Kundenkombination durch die Differenz aus der Summe der Ladelängen $ll(i)$ aller relevanten Kunden $i \in \{i_1,...,i_p\}$ und der Länge l definiert.

Die Auswirkung von Einzelanordnungen mit schwacher Volumenauslastung lässt sich wie folgt verstehen: angenommen, man hätte einen zweiten Satz von Einzelanordnungen mit im Mittel höherer Auslastung bzw. mit einer geringeren mittleren Ladelänge, dann gäbe es in beiden Phasen der Suche mit dem integrierten VRPTW-Verfahren offenbar eine größere Menge zulässiger Touren und daher auch einen größeren Suchraum zulässiger Lösungen. An diese Tatsache knüpft die Anwendung von Kundenkombinationen an. Durch ihren Einsatz sollen möglichst viele Touren noch zulässig und daher realisierbar werden, die bei alleiniger Verwendung von Einzelanordnungen die Ladelängenbedingung verletzen, also unanwendbar bleiben würden.

Kundenkombinationen (CC) werden wie folgt angewendet (vgl. Algorithmus 1):

- Für jede von dem VRPTW-Verfahren erzeugte Tour ist die Ladelängenbedingung zu prüfen, die sich auf die Einzelanordnungen bezieht. Ist die Bedingung erfüllt, braucht man keine Kundenkombinationen und es kommen in der Tour ausschließlich Einzelanordnungen vor.
- Ist die Ladelängenbedingung jedoch verletzt, so fällt die als Längendefekt bezeichnete Differenz aus der Summe der Ladelängen $ll(i)$, $i = 1,...,n$, und der Laderaumlänge L positiv aus. Nun wird für eine oder mehrere disjunkte Teilrouten $(i_1,...,i_p)$ aus $p \geq 2$ Kunden jeweils mittels des 3D-SPP-Verfahrens die zu einer Kundenkombination führende Kollektivanordnung für alle Kisten der Kunden der Teilroute erzeugt. Bei einer gewissen positiven Ersparnis ersetzt die Kollektivanordnung jeweils die Einzelanordnungen der zur Kundenkombination gehörigen Kunden. Ist die insgesamt, durch alle ausgewählten Kundenkombinationen erzielte Ersparnis größer als der Längendefekt, so ist die Tour zulässig geworden. (Natürlich müssen dann bei der Umsetzung der Tour in einen 3D-Packplan zur Fahrzeugbeladung die Kollektivanordnungen der Kundenkombinationen verwendet werden.) Andernfalls ist die Tour auch durch Kundenkombinationen nicht zulässig geworden und daher zu verwerfen.
- Für die Teilroute einer Kundenkombination sind nur Kunden zugelassen, für welche die Auslastungen der Einzelanordnungen einen gewissen Grenzwert $qUlimit$ nicht überschreiten. Man beachte, dass bei der Kombination von Kunden mit relativ schlechten Einzelanordnungen eine höhere Chance auf eine nennenswerte Ersparnis bestehen sollte. Gibt der Parameter qUb einen gewissen Prozentsatz der Einzelanordnungen mit den schlechtesten Auslastungen an, so ergibt sich der Wert $qUlimit$ als die maximale Volumenauslastung der $qUb*n$ Einzelanordnungen mit den schlechtesten Auslastungen. Ist etwa die Kundenzahl $n = 50$ und $qUb = 10\%$, so erhält man $qUlimit$ als Auslastung der fünftschlechtesten Einzelanordnung.
- Ausgehend von einem Kunden i beinhaltet eine Kundenkombination mindestens noch den Nachfolgerkunden in der Tour, bezeichnet durch $i+$. Erfüllt i oder $i+$ nicht die zuvor genannte Auslastungsbedingung, so gibt es keine Kundenkombination beginnend mit i. Andernfalls wird eine Kollektivanordnung für i und $i+$ erzeugt. Die Kundenkombination wird evtl. noch durch weitere Nachfolger in der Tour ergänzt, wobei jeweils eine Kollektivanordnung für die erweiterte Teilroute erstellt wird. Die Erzeugung einer Kundenkombination ab Kunde i bricht ab, wenn eine der folgende Bedingungen erfüllt ist: (i) ein Nachfolgerkunde hält die Auslastungsbedingung nicht ein; (ii) die Kollektivanordnung besitzt eine Volumenauslastung größer als $qUlimit$; (iii) die Teilroute erreicht die durch den Parameter $maxlCC$ vorgegebene maximale Länge. Die Auslastungsbedingung für die Kollektivanordnung berücksichtigt, dass eine recht geringe Auslastung kaum zu einer nennenswerten Ersparnis führt.
- Eine mit dem Kunden i beginnende Kundenkombination wird nur dann für die Tour akzeptiert, wenn ihre Ersparnis einen Grenzwert $minSav$ überschreitet; $minSav$ ergibt sich als Produkt aus dem Parameter der minimalen prozentualen Ersparnis $qminSav$ und der Summe der Längen der Einzelanordnungen aller Kunden der Kundenkombination.

Algorithmus 1. Prozedur pruefeLadelaengen.

```
pruefeLadelaengen(in: tour, out: tourOk, CCbenutzt)
tourOk := true; // Tour ist ok
CCbenutzt := ∅; // keine benutzten CC
laengendefekt := Summe Segmentlaengen aller Tourkunden - L;
i := erster Kunde in tour;

// Kundenkombinationen (CC) bilden solange
// Laengendefekt positiv und Tourende nicht erreicht
while laengendefekt > 0 and i != 0 do
    // Fall 1: es sind keine CC zu bilden
    if qV(i) > qUlimit or i+ = 0 or qV(i+) > qUlimit then
        i := i+;
    // Fall 2: mindestens eine CC kann gebildet werden
    else  rsequ := (i, i+); // Teilroute ab i
          do
            cc := CC(rsequ); // stelle CC bereit
            il := letzter Kunde in rsequ;
            // Abbruchbedingung für CC-Erweiterung
            if il ist letzter Kunde in tour or
               qV(cc) > qUlimit or
               qV(il+) > qUlimit or
               Laenge(rsequ) >= maxlCC then
               break;
            endif;
            haenge naechsten Tourkunden il+ an rsequ an;
          while(true);

          // letzte Kundenkombination cc ggf. realisieren
          if ersparnis(cc) > minSav then
             CCbenutzt := CCbenutzt ∪ {cc}
             laengendefekt := laengendefekt - ersparnis(cc);
             // naechster zu verarbeitender Tourkunde ist ggf.
             // erster Kunde von tour nach rsequ
             i := il+;
          // wurde cc nicht akzeptiert, wird Verarbeitung
          // bei dem Nachfolger von i fortgesetzt
          else i := i+;
          endif;
    endif; // Fall 2
endwhile;

// abschliessend auswerten ob Tour ok oder nicht
if laengendefekt > 0 then tourOk = false; endif;
end.
```

- Anfangs wird versucht, eine Kundenkombination beginnend mit dem ersten Tourkunden zu erzeugen. Wurde keine mit dem Kunden i beginnende Kundenkombination erzeugt bzw. akzeptiert, so wird anschließend versucht, eine Kundenkombination für die Tour beginnend mit dem Nachfolger $i+$ von i zu erzeugen. Wurde eine Kundenkombination cc ab i erzeugt und akzeptiert, so beginnt die nächste Kundenkombination ggf. mit dem Nachfolger des letzten Kunden in cc. Die Erzeugung von Kundenkombinationen endet, wenn die Zulässigkeit der Tour gesichert oder das Tourende erreicht wurde (ist Kunde i letzter Tourkunde, so wird $i+ = 0$ gesetzt).

- Die für die Tour akzeptierten Kundenkombinationen werden mit der Tour gespeichert, wenn (erst) durch sie die Zulässigkeit gesichert wurde, um sie ggf. später für die Erstellung eines 3D-Packplans zu nutzen. Darüber hinaus werden alle jemals erzeugten Kundenkombinationen in einem separaten Speicher abgelegt und bei Bedarf zugänglich gemacht. Jede Kollektivanordnung wird daher nur einmalig erzeugt.
- Ergänzend sei bemerkt, dass nicht versucht wird, durch Kundenkombinationen eine zulässige Tour zu erhalten, wenn der Längendefekt das Produkt aus dem Parameter *qlExcess* und der Laderaumlänge L überschreitet. Hierdurch soll überflüssiger Suchaufwand vermieden werden.
- Im Sinne einer Diversifizierung wird bei Verwendung von Kundenkombinationen die gesamte Suche in drei Phasen gegliedert. In den beiden ersten Phasen wird eine Touren- sowie eine Entfernungsminimierung jeweils ohne Kundenkombinationen durchgeführt. Ausgehend von der nach der zweiten Phase besten Lösung wird dann in Phase 3 nochmals eine Entfernungsminimierung, aber diesmal unter Verwendung von Kundenkombinationen, vorgenommen. Die beschriebene Verfahrensgliederung hat sich in Vortests bewährt.

Durch die Verwendung von Kundenkombinationen wird die ursprünglich strikte Abfolge „packing first, routing second" aufgegeben. Bei einer geeigneten Parametrisierung kann jedoch der zusätzliche Packaufwand beschränkt und die Effizienz des Originalansatzes im Wesentlichen erhalten werden.

Durch Kundenkombinationen ändert sich auch die Struktur erzeugter Lösungen. So gibt es nun auch Teilanordnungen aus Kisten verschiedener Kunden. Die Wahl eines relativ kleinen Parameters *maxICC* trägt dazu bei, dass der „entladefreundliche" Charakter von Packplänen in hohem Maße beibehalten wird. Dies sollte bei Werten von *maxICC* ≤ 3 auch dann noch gelten, wenn – wie hier geschehen – für die Kollektivanordnungen die Entladefolge-Restriktion (C2) im Interesse einer höheren Streckenersparnis vernachlässigt wird.

4   Verfahrenstest

Die 2-Stufen-Heuristik, genannt P1R2 („packing first, routing second"), wurde in C++ implementiert. Nachfolgend werden zunächst Benchmarkinstanzen für das VRLP beschrieben und ausgewählt, dann die Testergebnisse präsentiert und analysiert.

4.1   Benchmarkinstanzen für das VRLP

Moura und Oliveira [27] haben 46 Benchmarkinstanzen für das VRLP eingeführt, die der von ihnen untersuchten VRLP-Variante entsprechen (vgl. Tab. 1). Die Instanzen werden, was das integrierte Tourenplanungsproblem angeht, aus den VRPTW-Instanzen von Solomon [33] abgeleitet. Die Menge der Kistentypen aller Kunden wurden jeweils der ersten Instanz des CLP-Testfalls BR2 von Bischoff und Ratcliff [2] entnommen. In allen Instanzen beträgt die Kundenzahl 25 und die Kistenmengen der

Instanzen sind durchweg schwach heterogen. Die Instanzen gliedern sich in die beiden Klassen I1 und I2 und zugleich in die beiden Gruppen GI und GII:

- Die Instanzen der Klasse I1 leiten sich aus den 12 Solomon-Instanzen der Gruppe R1 ab. Die Kunden liegen gleichverteilt in der Ebene. Charakteristisch für diese Klasse sind enge Depotzeitfenster. Lösungen besitzen daher eine größere Zahl von Touren mit jeweils nur wenigen Kunden.
- Die Instanzen der Klasse I2 leiten sich aus den 11 Solomon-Instanzen der Gruppe R2 ab. Die Kunden liegen wiederum gleichverteilt in der Ebene. Charakteristisch für diese Klasse sind weite Depotzeitfenster. Lösungen besitzen daher eine geringere Zahl von Touren mit jeweils vielen Kunden.
- Die Instanzen der Gruppe GI besitzen Kunden mit durchschnittlich 42 Kisten und die Gesamtanzahl von Kisten pro Instanz beträgt 1050.
- Die Instanzen der Gruppe GII besitzen Kunden mit durchschnittlich 62 Kisten und die Gesamtanzahl von Kisten pro Instanz beträgt 1550.

Durch systematische Kombination ergeben sich die Untergruppen GI-I1, GI-I2, GII-I1 und GII-I2 mit insgesamt 46 Instanzen, die auf der ESICUP-Webseite verfügbar sind (www.apdio.pt/esicup).

Gendreau et al. [18] schlagen 32 VRLP-Instanzen vor, die der von ihnen betrachteten VRLP-Variante ohne Zeitfenster entsprechen (siehe Tab. 1). 27 Instanzen leiten sich von bekannten VRP-Instanzen der Literatur ab und sind erhältlich unter www.or.deis.unibo.it/research.html. Die übrigen 5 Instanzen stammen von einem italienischen Möbelproduzenten. Die Kundenzahlen aller Instanzen bewegen sich zwischen 15 und 100. Im vorliegenden Kontext ist wesentlich, dass bei den 27 Literatur-Instanzen im Mittel nur 2 Kisten, bei den Praxis-Instanzen etwa 4 Kisten auf einen Kunden entfallen. Weiterhin kommen Kisten vor, die recht groß im Verhältnis zum Laderaum eines Fahrzeugs sind. Ferner werden bei den 27 Instanzen mit dem Verfahren von Gendreau et al. im Durchschnitt meist weniger als 8 Kisten in einem Fahrzeug verladen. Aus der Charakterisierung der Kistenmengen ergibt sich ohne weiteres, dass die Heuristik P1R2, die die Kisten verschiedener Kunden vorrangig in getrennten Laderaum-Segmenten packt, für diese Instanzen weniger geeignet ist.

So soll die Heuristik P1R2 anhand der Instanzen von Moura und Oliveira getestet werden, während auf einen Test der Instanzen von Gendreau et al. verzichtet wird.

4.2 Numerische Ergebnisse

Die Heuristik wurde auf einem Pentium-PC mit einer Taktfrequenz von 2.4 GHz getestet. Für die integrierten Teilverfahren für das 3D-SPP bzw. VRPTW wurde die ursprüngliche Parametrisierung (siehe [4], [20]) bis auf die Zeitschranken für den gesamten Test der VRLP-Heuristik beibehalten. Für die ersten beiden Phasen der dreiphasigen Suche wird ein Zeitlimit von 180 Sekunden festgelegt. Für die letzte Phase der Entfernungsminimierung unter Verwendung von Kundenkombinationen wird ein Zeitlimit von nochmals 360 Sekunden nur für das VRPTW-Verfahren definiert, während der Zeitaufwand für die Erstellung der Kollektivanordnungen nicht beschränkt wird. Folgende Parameterwerte werden für die letzte Phase benutzt (vgl. Abschnitt 3.3): Prozentsatz der Kunden mit schlechtesten Auslastungen $qUb = 65\%$, minimale prozentuale Ersparnis einer Kundenkombination $qminSav = 10\%$, maximale prozentuale Überschreitung der Ladelänge *qlExcess* = 10% und maximale Länge einer Kundenkombination *maxlCC* = 3.

In den folgenden Tabellen werden für die vier Instanzgruppen GI-I1, GI-I2, GII-I1 und GII-I2 einerseits die besten Ergebnisse der Verfahren von Moura und Oliveira [27], zum anderen die Ergebnisse von P1R2 für die zweiphasige Suche (ohne Kundenkombinationen) sowie für die dreiphasige Suche (mit Kundenkombinationen) dargestellt. Pro Verfahren und Instanz werden die Fahrzeugzahl (*nv*) und die Gesamtentfernung (*ttd*) angegeben.

Tab. 2.   Ergebnisse für die Instanzgruppe GI-I1.

Instanz	Moura und Oliveira		P1R2, 2 Phasen		P1R2, 3 Phasen	
	nv	ttd	nv	ttd	nv	ttd
GI-I1-01	9	762.59	8	625.03	8	625.03
GI-I1-02	8	675.24	7	587.08	7	587.08
GI-I1-03	6	1250.86	5	501.73	5	501.73
GI-I1-04	6	605.72	4	557.50	4	557.50
GI-I1-05	9	1398.47	6	550.83	6	550.83
GI-I1-06	7	757.08	5	549.13	5	549.13
GI-I1-07	6	1108.67	5	474.80	5	474.80
GI-I1-08	5	397.19	4	602.70	4	576.52
GI-I1-09	6	1050.70	5	517.29	5	517.29
GI-I1-10	6	578.36	5	474.68	5	474.68
GI-I1-11	6	1128.55	5	495.42	5	495.42
GI-I1-12	5	980.97	4	557.90	4	557.90

Tab. 3.   Ergebnisse für die Instanzgruppe GI-I2.

Instanz	Moura und Oliveira		P1R2, 2 Phasen		P1R2, 3 Phasen	
	nv	ttd	nv	ttd	nv	ttd
GI-I2-01	5	2668.55	4	781.34	4	658.96
GI-I2-02	5	2555.26	4	663.85	4	561.11
GI-I2-03	5	2526.11	4	508.65	4	508.65
GI-I2-04	5	1953.67	4	441.65	4	440.44
GI-I2-05	5	635.96	4	558.47	4	529.95
GI-I2-06	5	2394.25	4	565.28	4	522.48
GI-I2-07	5	2187.27	4	475.30	4	470.82
GI-I2-08	4	472.35	4	465.29	4	433.30
GI-I2-09	5	674.01	4	479.32	4	442.30
GI-I2-10	5	753.04	4	578.13	4	578.13
GI-I2-11	5	2049.39	4	499.67	4	467.11

Tab. 4.   Ergebnisse für die Instanzgruppe GII-I1.

Instanz	Moura und Oliveira		P1R2, 2 Phasen		P1R2, 3 Phasen	
	nv	ttd	nv	ttd	nv	ttd
GII-I1-01	9	823.04	8	654.62	8	654.62
GII-I1-02	9	1622.59	7	592.14	7	592.14
GII-I1-03	7	1451.39	6	548.49	6	548.49
GII-I1-04	7	1221.44	6	546.24	6	540.43
GII-I1-05	10	1532.44	6	693.22	6	693.22
GII-I1-06	8	1576.10	6	627.53	6	627.53
GII-I1-07	7	1378.36	6	555.01	6	555.01
GII-I1-08	7	1187.52	6	547.68	6	540.73
GII-I1-09	6	625.91	6	709.61	6	709.61
GII-I1-10	7	1235.62	6	624.24	6	570.38
GII-I1-11	7	1293.95	6	540.03	6	540.03
GII-I1-12	7	1069.11	6	540.82	6	539.84

Tab. 5.   Ergebnisse für die Instanzgruppe GII-I2.

Instanz	Moura und Oliveira		P1R2, 2 Phasen		P1R2, 3 Phasen	
	nv	ttd	nv	ttd	nv	ttd
GII-I2-01	7	3740.55	6	591.35	6	591.35
GII-I2-02	7	3496.39	6	560.88	6	560.88
GII-I2-03	7	3134.62	6	536.05	6	525.99
GII-I2-04	6	3814.29	6	516.35	6	516.35
GII-I2-05	7	627.66	6	550.29	6	550.29
GII-I2-06	7	3115.18	6	562.60	6	560.64
GII-I2-07	7	2740.03	6	518.11	6	506.16
GII-I2-08	7	2212.02	6	528.96	6	528.96
GII-I2-09	7	2962.35	6	546.62	6	515.08
GII-I2-10	7	3512.25	6	599.93	6	599.93
GII-I2-11	6	2631.39	6	502.14	6	501.26

Die folgende Tabelle fasst die Ergebnisse für alle 46 Instanzen zusammen. Angegeben werden pro Instanz-Gruppe bzw. über alle 46 Instanzen jeweils die *Summe* der Fahrzeugzahlen und die *gemittelte* Gesamtentfernung. Für P1R2 werden die mittleren Rechenzeiten in 2.4GHz-Sekunden über alle 46 Instanzen mitgeteilt; für die Verfahren von Moura und Oliveira liegen die Rechenzeiten durchschnittlich unterhalb einer Minute auf einem Pentium PC mit einer Frequenz von 440MHz.

Tab. 6.   Ergebnisse für die 46 Instanzen von Moura und Oliveira im Überblick.

Instanz-Gruppe	Moura und Oliveira		P1R2, 2 Phasen		P1R2, 3 Phasen	
	nv	ttd	nv	ttd	nv	ttd
GI-I1	79	891.2	63	541.2	63	539.9
GI-I2	54	1715.4	44	501.4	44	467.8
GII-I1	91	1251.5	75	598.3	75	592.7
GII-I2	75	2907.9	66	501.1	66	496.4
total	299	1664.5	248	558.8	248	546.7
mittlere CPU-Zeit (s)	–		224.1		648.8	

Eine Analyse der Testergebnisse führt zu folgenden Aussagen:

- Die Heuristik P1R2 erreicht bereits ohne Anwendung von Kundenkombinationen erheblich bessere Ergebnisse als alle Vergleichsverfahren von Moura und Oliveira. Bei der Fahrzeuganzahl beträgt die Einsparung summiert über die 46 Instanzen 51 Fahrzeuge; dies entspricht einer Einsparung von 17%. Die mittlere Gesamtentfernung der von P1R2 erzeugten Tourenpläne liegt etwa bei 33% der besten Gesamtentfernung der Vergleichsprogramme. Die Verbesserungen hängen kaum von der Instanzgruppe ab bzw. entfallen mehr oder weniger gleichmäßig auf alle vier Instanzgruppen.

- Auch unabhängig von einem Vergleich lässt sich feststellen, dass qualitativ hochwertige Lösungen bzgl. der Fahrzeuganzahlen erzielt werden. Legt man den einfachen lower Bound $lb0 = \lceil$ Volumen aller Kisten / Laderaumvolumen $\rceil$ zugrunde, dann ergibt sich die minimale Fahrzeuganzahl über alle 46 Instanzen zu 230, wobei mindestens je 4 Fahrzeuge für die Instanzen der Gruppe GI und mindestens je 6 für die Instanzen der Gruppe GII benötigt werden. Die tatsächliche Fahrzeuganzahl von 248 überschreitet diesen Wert nur um 7.83% und in 35 von 46 Instanzen wird die optimale Fahrzeuganzahl erreicht.

- Die mittlere Rechenzeit liegt unterhalb von 4 Minuten und fällt damit recht gering aus. Zwar besitzen die Instanzen nur 25 Kunden, doch sind bei den GI-Instanzen immerhin über 1000, bei den GII-Instanzen über 1500 Kisten zu packen. Von Vorteil für die Rechenzeit ist das häufige Erreichen des Bounds der Fahrzeuganzahl, wonach die erste Suchphase vorzeitig abgebrochen wird.

- Die Verwendung von Kundenkombinationen bei einer 3-Phasen-Suche mit P1R2 führt nur zu einer mäßigen Steigerung der Lösungsgüte. Fahrzeuge werden nicht mehr eingespart. Die mittlere prozentuale Einsparung der Gesamtentfernung gegenüber der 2-Phasen-Suche beträgt 2.1%. Immerhin wird bei 19 Instanzen eine Streckenersparnis erzielt und in einigen Fällen ist diese nicht unerheblich; so wird für 9 Instanzen eine Einsparung von mehr als 5% erreicht.

- Bei der Beurteilung dieser Ergebnisse sollte beachtet werden, dass die Instanzen bzgl. der Kundenanzahl recht klein sind, auch ohne Kundenkombinationen meist optimale Fahrzeuganzahlen berechnet werden und dass die Volumenauslastungen der Einzelanordnungen fast ausnahmslos zwischen 70% und 95% des Segmentvolumens liegen. Folglich wird durch Kollektivanordnungen meist keine bedeutende Einsparung der Ladelängen erreicht. Die Anzahl von realisierten Kundenkombinationen in Verfahrenslösungen liegt im Durchschnitt bei 1.4 und die festgestellte Maximalzahl beträgt 6. In aller Regel handelt es sich um Kombinationen aus zwei Kunden, Kundenkombinationen aus 3 Kunden kommen kaum vor. Dies besagt, dass die negative Auswirkung von Kundenkombinationen auf das Entladen aufgrund der Vernachlässigung der Entladefolge-Restriktion in Kollektivanordnungen eher gering ausfällt.

- Insgesamt erweisen sich Kundenkombinationen als nützliche Ergänzung: mit akzeptablem Rechenaufwand erhält der menschliche Entscheider im Bedarfsfall eine zusätzliche Verfahrenslösung (die Lösung der 2-Phasen-Suche wird ja auch geliefert) und kann abwägen, ob eine eventuelle Streckeneinsparung einen gewissen Zusatzaufwand beim Entladen rechtfertigt.

5   Zusammenfassung

Der vorliegende Beitrag setzt die Untersuchungen des dreidimensionalen Vehicle Routing and Loading Problems (VRLP) von Gendreau et al. [18] bzw. Moura und Oliveira [27] fort. Er schlägt erstens eine allgemeinere Formulierung des VRLP vor, welche die vorherigen Varianten subsumiert und den Problemkern des VRLP deutlich hervorheben möchte. Zweitens wird erörtert, unter welchen Bedingungen eine Modellierung einer praktischen Tourenplanungsaufgabe als VRLP ratsam ist. Drittens stellt der Beitrag eine Heuristik vor, die für Situationen geeignet ist, bei denen sich die Kisten (d.h. quaderförmigen Packstücke) der verschiedenen Kunden mit relativ hoher Auslastung in separaten Einzelanordnungen bzw. Laderaumsegmenten packen lassen.

Das Verfahren führt die Stauplanung und die Routenplanung in getrennten Phasen durch und wird deshalb P1R2 wie „packing first, routing second" genannt. Zur Durchführung dieser Planungen werden ein 3D-SPP-Verfahren aus Bortfeldt und Gehring [4] sowie das VRPTW-Verfahren von Homberger und Gehring [20] eingesetzt. Doch ist der P1R2-Ansatz generisch und kann ebenso andere Verfahren für die Teilprobleme integrieren. Das ergänzende Konzept der Kundenkombinationen soll Qualitätsverlusten entgegen wirken, die aus schwachen Einzelanordnungen für einige Kunden resultieren können. In Kollektivanordnungen für die Kisten solcher Kunden wird die Entladefolge-Restriktion vernachlässigt.

Bei einem numerischen Test anhand von 46 Benchmarkinstanzen erreicht die Heuristik P1R2 bereits ohne Kundenkombinationen erheblich bessere Resultate in Bezug auf Fahrzeuganzahl wie Gesamtentfernung als die Vergleichsverfahren von Moura und Oliveira. Obwohl pro Instanz 1000 bis 1500 Kisten zu packen sind, genügen Rechenzeiten von 3 bis 4 Minuten. Angemerkt sei, dass die Rechenzeiten der Vergleichsverfahren von Moura und Oliveira noch deutlich geringer ausfallen. Mittels Kundenkombinationen konnte noch eine gewisse Streckeneinsparung allerdings auf Kosten einer deutlich höheren Rechenzeit erzielt werden.

Weitere Untersuchungen zum VRLP sind geplant. Zunächst sollen wesentlich größere Benchmarkinstanzen mit bis zu 1000 Kunden und tausenden von Kisten definiert und berechnet werden. Dies wird zu noch verlässlicheren Aussagen zur Effektivität und Effizienz von P1R2 führen. So sollte z.B. eine bessere Bewertung des Konzepts der Kundenkombinationen möglich sein, welches noch um eine Variante der Einhaltung der Entladefolge-Restriktion auch in Kollektivanordnungen zu erweitern ist. Schließlich soll ein Tandem-Verfahren entworfen werden, das P1R2 in Situationen ersetzt, in denen getrennte Einzelanordnungen für die Kunden ineffektiv sind.

Literaturverzeichnis

1. Bent, R.; Van Hentenryck, P.: A two-stage hybrid local search for the vehicle routing problem with time windows. In: Transportation Science 38(2004), 515–530.
2. Bischoff, E.E.; Ratcliff, M.S.W: Issues in the Development of Approaches to Container Loading. In: Omega 23(1995), 377–390.
3. Bischoff, E.E.: Three dimensional packing of items with limited load bearing strength. In: European Journal of Operational Research, 168(2004), 952–966.

4. Bortfeldt, A.; Gehring, H.: Two metaheuristics for strip packing problems. In: Despotis, D.K.; Zopounidis, C. (Hrsg.): Proceedings of the Fifth International Conference of the Decision Sciences Institute, Athens, 1999, Vol. 2, 1153–1156.
5. Bortfeldt, A.; Gehring, H.: A Hybrid Genetic Algorithm for the Container Loading Problem. European Journal of Operational Research, 131(2001), 143–161.
6. Bortfeldt, A; Mack, D.: A Heuristic for the Three-Dimensional Strip Packing Problem. In: European Journal of Operational Research, 187(2007), 1267–1279.
7. Bouthillier, A. Le; Crainic, T.G.: A cooperative parallel meta-heuristic for the vehicle routing problem with time windows. In: Computers & Operations Research 32 (2005), 1685–1708.
8. Bräysy, O.; Hasle, G.; Dullaert, W.: A multi-start local search algorithm for the vehicle routing problem with time windows. In: European Journal of Operational Research 159(2004), 586–605.
9. Cordeau, J.-F.; Laporte, G.: Tabu search heuristics for the vehicle routing problem. In: Rego, C; Alidaee, B. (Hrsg.): Metaheuristic Optimization via Memory and Evolution: Tabu Search and Scatter Search. Kluwer, Boston, 2004, 145–163.
10. Cordeau, J.-F.; Gendreau, M; Hertz, A.; Laporte, G.; Sormany, J.-S.: New heuristics for the vehicle routing problem. In: Langevin, A.; Riopel, D. (Hrsg.): Logistics Systems: Design and Optimization. Springer, New York, 2005, 279–297.
11. Dangelmeier, W.; Brockmann, K.; Hamady, M.O., Holtkamp, R.; Langemann, T.: OOPUS-PSCM – Ein Werkzeug zum Produktions- und Supply-Chain-Management. In: Kopfer, H.; Bierwirth, Chr. (Hrsg.): Logistik Management, Intelligente I+K Technologien. Springer, Berlin. 1999, 245–256.
12. Dyckhoff, H.; Scheithauer, G.; Terno, J.: Cutting and Packing. In: Dell'Amico, M.; Maffioli, F.; Martello, S. (Hrsg.): Annotated Bibliographies in Combinatorial Optimization, John Wiley & Sons Ltd., Chichester, 1997, 393–412.
13. Eley, M.: Solving Container Loading Problems by Block Arrangements. In: European Journal of Operational Research, 141(2002), 393–409.
14. Faroe, O.; Pisinger, D.; Zachariasen, M.: Guided Local Search for the Three-Dimensional Bin Packing Problem. In: INFORMS Journal on Computing 15(2003), 272–281.
15. Fukasawa, R.; Longo, H.; Lysgaard, J.; Poggi de Aragão, M.; Reis, M.; Uchoa, E.; Werneck, R. F.: Robust branch-and-cut-and-price for the capacitated vehicle routing problem. In: Mathematical Programming Series A, 106(2006), 491–511.
16. Gehring, H.; Bortfeldt, A.: A Parallel Genetic Algorithm for Solving the Container Loading Problem. In: International Transactions in Operational Research, 9(2002), 497–511.
17. Gendreau, M; Iori, M.; Laporte, G.; Martello, S.: A tabu search approach to vehicle routing problems with two-dimensional loading constraints. In: Networks, 51(2008), 4–18.
18. Gendreau, M; Iori, M; Laporte, G.; Martello, S.: A Tabu Search Algorithm for a Routing and Container Loading Problem. Transportation Science, 40(2006), 342–350.
19. Haessler, R. W.: Cost Minimisation of Multiple-vehicle Shipments. In: International Journal of Physical Distribution & Logistics Management, 21(1991), 37–41.
20. Homberger, J.; Gehring, H.: A two-phase hybrid metaheuristic for the vehicle routing problem with time windows. European Journal of Operational Research, 162 (2005), 220–238.
21. Iori, M.; Salazar Gonzalez, J.J.; Vigo, D.: An exact approach for the symmetric capacitated vehicle routing problem with two dimensional loading constraints. Research report, OR/03/04, DEIS, University of Bologna, Italy, 2003.
22. Mack, D.; Bortfeldt, A.; Gehring, H.: A parallel hybrid local search algorithm for the container loading problem. In: International Transactions in Operational Research, 11(2004), 511–533.
23. Martello, S.; Pisinger, D.; Vigo, D.: The three-dimensional bin packing problem. In: Operations Research, 48(2000), 256–267.

24. Mester, D.; Bräysy, O.: Active Guided Evolution Strategies for the Large Scale Vehicle Routing Problem with Time Windows. In: Computers & Operations Research 32 (2005), 1593–1614.
25. Mester, D.; Bräysy, O.: Active-guided evolution strategies for large-scale capacitated vehicle routing problems, In: Computers and Operations Research, 34(2007), 2964–2975.
26. Moura, A.; Oliveira, J. F.: A GRASP approach to the Container Loading Problem. In: IEEE Intelligent Systems - Special issue on Metaheuristic Methods in Transportation and Logistics. 20(2005), 50–57.
27. Moura, A.; Oliveira, J.F.: An integrated approach to Vehicle Routing and Container Loading Problems. In: Operations Research Spectrum, 2008, im Druck.
28. Parreño, F.; Alvarez-Valdes, R.; Oliveira, J.F.; Tamarit, J.M.: A maximal-space algorithm for the container loading problem. In: INFORMS Journal on Computing, 2007, im Druck.
29. Pisinger, D.: Heuristics for the Container Loading Problem. European Journal of Operational Research, 141(2002), 143–153.
30. Pisinger, D.; Ropke, S.: A general heuristic for vehicle routing problems. In: Computers and Operations Research, 34(2007), 2403–2435.
31. Prince, Chr.: A simple and effective evolutionary algorithm for the vehicle routing problem. In: Computers & Operations Research, 31(2004), 1985–2002.
32. Rochat, Y.; Taillard, É. D.: Probabilistic Diversification and Intensification in Local Search for Vehicle Routing. In: Journal of Heuristics 1(1995), 147–167.
33. Solomon, M. M.: Algorithms for the vehicle routing and scheduling problem with time windows constraints, In: Operations Research 35(1987), 254–265.
34. Sträter, M.: Hybride Metaheuristiken zur Lösung des Standardproblems der Tourenplanung mit Zeitfensterrestriktionen (Diss. FernUniversität Hagen). Logos, Berlin, 2007.
35. Taillard, É. D.: Parallel Iterative Search Methods for Vehicle Routing Problems. In: Networks 23(1993), 661673.
36. Terno, J.; Scheithauer, G. ; Sommerweiß, U.; Rieme, J.: An efficient approach for the multi-pallet loading problem. European Journal of Operational Research, 123(2000), 372–381.
37. Toth, P.;Vigo, D.: The Vehicle Routing Problem. SIAM Monographs on Discrete Mathematics and Applications. Philadelphia, PA, 2002.
38. Toth, P.;Vigo, D.: The granular tabu search and its application to the Vehicle Routing Problem. In: INFORMS Journal on Computing, 15(2003), 333–346.
39. Wäscher, G.; Haussner, H.; Schumann, H.: An Improved Typology of Cutting and Packing Problems. European Journal of Operational Research, 183(2007), 1109–1130.

Ein Pareto-Optimierungsverfahren für ein mehrkriterielles Gewinnerermittlungsproblem in einer kombinatorischen Transportausschreibung

Tobias Buer und Giselher Pankratz

FernUniversität in Hagen, Fakultät für Wirtschaftswissenschaft,
Lehrstuhl für Wirtschaftsinformatik
Profilstr. 8, 58084 Hagen
tobias.buer@fernuni-hagen.de, giselher.pankratz@fernuni-hagen.de

Abstract. This paper extends the NP-hard Winner Determination Problem of Combinatorial Reverse Auctions in a scenario based on the procurement of transportation services. In addition to the common goal of minimizing the total cost of all selected bids, a second objective aims at maximizing the expected carrier performance in the transportation network. Without any a priori preference information a GRASP-based algorithm uses the notion of Pareto dominance to take care of both objectives simultaneously. Variants of this procedure are evaluated by means of 810 generated test instances. Those procedures which consider both objectives during construction stage but only one objective in the local search stage offer the best performance in terms of solution quality, robustness and computing time.

Keywords: multi-objective WDP, transportation procurement auction, carrier performance, Pareto optimization, GRASP.

1 Ausgangssituation

Verlader, wie z.B. Industrie- und Handelsunternehmen, nutzen häufig Rahmenverträge, um ihre Transportaufträge an Speditionen zu vergeben.

Ein Transportauftrag beinhaltet dabei den (gegebenenfalls wiederholten) Transport einer Menge von Gütern von einem Abhol- zu einem Liefer-Ort, z.B. die wöchentliche Belieferung einer Filiale mit Produkten aus einem Zentrallager für die Dauer von zwölf Monaten. In einem Rahmenvertrag vereinbart der Verlader mit dem Spediteur, welche Transportaufträge dieser übernehmen und in welcher Service-Qualität und zu welchen Kosten sie ausgeführt werden sollen.

Das Verfahren zur Ausschreibung solcher Transportaufträge ist in der Regel zweistufig und besteht aus einer Qualifikations- und einer Allokationsphase [3, S. 542]. In der *Qualifikationsphase* wählt der Verlader diejenigen Speditionen und Frachtführer aus, die Transportleistungen auf einem von ihm geforderten, *minimalen* Leistungsniveau erbringen können. In der Praxis häufig eingesetzte Gütekriterien sind z.B. ein für die zu transportierenden Gütern angemessener Fuhrpark, solide Finanzkennzahlen, geeignete IT-Systeme für einen reibungslosen Datenaustausch oder die zuverlässige Einhaltung von Lieferterminen ([3], [4]).

Speditionen, welche sich in der Qualifikationsphase behaupten konnten, werden zur Teilnahme an der eigentlichen Ausschreibung im Rahmen der *Allokationsphase* zugelassen. In dieser Phase geben die qualifizierten Transporteure für die ausgeschriebenen Transportaufträge konkrete Angebote ab. Anschließend trifft der Verlader aus der Menge der eingegangenen Gebote eine Auswahlentscheidung nach zuvor festgelegten Kriterien. Zu diesen zählen neben Kostenaspekten eine Reihe weiterer Kriterien. So können z.B. qualitative Gesichtspunkte – trotz Vorauswahl in der Qualifikationsphase – auch in der Allokationsphase von Bedeutung sein, da die verbleibenden Speditionen zwar das geforderte Mindest-Leistungsniveau erfüllen, darüber hinaus aber durchaus noch Unterschiede hinsichtlich der Eignung zur Durchführung bestimmter Aufträge aufweisen. Variierende auftragsbezogene Anforderungen können sich z.B. aufgrund der unterschiedlichen Beschaffenheit des Transportguts (z.B. zerbrechliche, hochwertige oder gefährliche Güter vs. diesbezüglich unkritische Güter), unterschiedlich strikter Liefeterminsetzungen oder der unterschiedlichen strategischen Bedeutung der jeweiligen Abnehmer ergeben. Zur Minimierung des gesamten Beförderungsrisikos erscheint es daher sinnvoll, insbesondere für wichtige Aufträge ein möglichst hohes Leistungsniveau der ausführenden Speditionen anzustreben.

Die Abwicklung von Transportausschreibungen erfolgt – zumindest bei großen Verladern – häufig elektronisch, d.h. unterstützt durch (internetbasierte) Informations- und Kommunikationssysteme (vgl. z.B. [7], [1]). Die Unterstützung erstreckt sich dabei meist auf die Veröffentlichung der Ausschreibung und der Ausschreibungsbedingungen, die strukturierte Erfassung der interessierten Spediteure und ihrer ausschreibungsrelevanten Merkmale in der Qualifikationsphase sowie die Einholung der Gebote während der Allokationsphase. Zur Unterstützung der in beiden Phasen zu treffenden Auswahlentscheidungen bieten entsprechende Systeme z.B. eine übersichtliche (grafische oder tabellarische) Aufbereitung der erhobenen Unternehmens- bzw. Gebotsinformationen. Eine darüber hinausgehende Unterstützung dieser Entscheidungen, z.B. in Form automatisch generierter Entscheidungsvorschläge, gehört demgegenüber noch nicht zum Standard-Funktionsumfang entsprechender Systeme. Dies ist zu wesentlichen Teilen auf die Komplexität der Entscheidungssituation des Verladers in beiden Phasen zurückzuführen.

Der vorliegende Beitrag stößt in diese Lücke. Dabei konzentriert er sich auf Möglichkeiten zur Unterstützung der Auswahlentscheidung des Verladers in der Allokationsphase. Es wird ein Verfahren vorgestellt, welches dem Verlader auf Basis der während der Allokationsphase eingegangenen Gebote konkrete Vorschläge zur Lösung des Problems der Zuschlagserteilung unterbreitet. Dem Verfahren liegt eine im Vergleich zu bisherigen Arbeiten deutlich erweiterte Problemstellung zu Grunde, welche eine bessere Berücksichtigung wichtiger Merkmale der Entscheidungssituation erlaubt.

Der Beitrag ist wie folgt gegliedert: Im folgenden Abschnitt 2 werden zunächst die Problemmerkmale erläutert, welche in besonderem Maße zur Komplexität der betrachteten Entscheidungssituation beitragen und daher von einem Verfahren zur Entscheidungsunterstützung in diesem Bereich zu berücksichtigen sind. Abschnitt 3 diskutiert anschließend wichtige Vorarbeiten und identifiziert – vor dem Hintergrund der zuvor beschriebenen Anforderungen – die Fokussierung auf die Minimierung der Kosten im Entscheidungsproblem der Allokationsphase als Schwachstelle. In Abschnitt 4 wird die betrachtete Problemstellung abgegrenzt und formal als multikriterielles Set-Covering-Problem definiert. Abschnitt 5 stellt ein auf GRASP basierendes Pareto-Optimierungsverfahren zur Lösung des beschriebenen Problems vor. Die Ergebnisse eines Verfahrenstests mit generierten Probleminstanzen werden in Abschnitt 6 präsentiert und diskutiert. Abschließend skizziert Abschnitt 7 geplante Erweiterungen.

2   Besonderheiten der Zuschlagserteilung in Transportausschreibungen

Wesentliche Grundlage für die im weiteren Verlauf angestellten Überlegungen sind zwei Besonderheiten der Entscheidungssituation in der Allokationsphase, nämlich

- die Existenz bewertungsbezogener Interdependenzen zwischen Transportaufträgen und
- der multikriterielle Charakter der Zuschlagsentscheidung.

Beide Aspekte werden nachfolgend näher erläutert.

Transportaufträge weisen in aller Regel aus Sicht der Bieter *bewertungsbezogene Interdependenzen* auf. So können die Kosten der Übernahme eines Auftrags für einen Bieter entscheidend davon abhängen, für welche anderen Aufträge er außerdem den Zuschlag erhält. Dabei lassen sich komplementäre und substitutionale Wechselwirkungen unterscheiden: Bestehen bezüglich der Kosten komplementäre Beziehungen zwischen zwei Aufträgen, z.B. wenn sich ein Transportauftrag ohne nennenswerte Umwege mit einem anderen Auftrag zu einer gut ausgelasteten Route kombinieren lässt, sind die Kosten der gemeinsamen Durchführung beider Aufträge geringer als die Summe der Kosten, die sich für jeden der Aufträge bei isolierter Ausführung ergeben (Kosten-Subadditivität). Liegen dagegen die Kosten der gemeinsamen Durchführung über der Summe der Kosten bei isolierter Bewertung (Kosten-Superadditivität), z.B. wenn ein Bieter jedes einzelne zweier disjunkter Auftragsbündel übernehmen kann, für die Übernahme beider jedoch Investitionen in zusätzliche Transportkapazitäten leisten müsste, so spricht man von einer substitutionalen Beziehung zwischen den Aufträgen (vgl. [11], [14]).

Es wurde bereits angedeutet, dass bei der Zuschlagserteilung in der Praxis nicht nur Kostengesichtspunkte, sondern darüber hinaus eine Reihe weiterer Kriterien die Entscheidung des Verladers beeinflussen. Es handelt sich somit um eine grundsätzlich *multikriterielle Entscheidungssituation*. Zwar lassen sich einige dieser Kriterien in vertretbarer Annäherung an die Praxis als Nebenbedingungen formulieren, wie z.B. die Anforderung, dass die Aufträge auf eine Mindestzahl von Speditionen zu verteilen sind, um eine zu starke Abhängigkeit von einzelnen Lieferanten zu vermeiden. Andere Kriterien jedoch sind explizit als Minimierungs- oder Maximierungsziele zu berücksichtigen, um praktische Anforderungen adäquat wiederzuspiegeln. Hierunter fällt neben dem grundlegenden Ziel der Gesamtkostenminimierung das bereits genannte Ziel, ein insgesamt möglichst hohes Leistungsniveau der Auftragsausführung zu erreichen und damit das gesamte Beförderungsrisiko zu minimieren. Da häufig ein ausgeprägter Zusammenhang zwischen dem Leistungsniveau einer Spedition und der Höhe der Frachtraten zu beobachten ist, besteht zwischen beiden Zielen – Kostenminimierung und Risikominimierung – offensichtlich ein Zielkonflikt. Es kann für einen Verlader daher durchaus sinnvoll sein, unter Inkaufnahme höherer Frachtraten wichtige Aufträge durch besonders zuverlässige Speditionen befördern zu lassen, während umgekehrt die Vergabe von Aufträgen mit geringeren Anforderungen an solche Speditionen zweckmäßig erscheint, die zu günstigen Konditionen ein geringeres, aber noch angemessenes Leistungsniveau bieten.

3   Diskussion bisheriger Ansätze

Herkömmliche Ausschreibungsformen, bei denen auf jeden ausgeschriebenen Transportauftrag nur jeweils separat geboten werden kann, gestatten es den Bietern nicht, bewertungsbezogene Interdependenzen zwischen den Aufträgen in ihren Geboten adäquat zum Ausdruck zu bringen. Zur Berücksichtigung des ersten genannten Problemaspekts wird in der Literatur daher die Verwendung so genannter kombinatorischer Ausschreibungen (auch als umgekehrte kombinatorische Auktionen bezeichnet) empfohlen [20], welche die Abgabe von Geboten über beliebige Zusammenstellungen der insgesamt zur Vergabe anstehenden Aufträge erlauben (Bündelgebote). Aufgrund der komplexen zeitlich-räumlichen Interdependenzen zwischen Transportaufträgen gilt die Transportdomäne als ein klassisches Anwendungsgebiet kombinatorischer Ausschreibungen ([2], [9], [10], [11], [14], [18]).

Im Vergleich zu einfachen Ausschreibungen gestaltet sich die Zuschlagserteilung in kombinatorischen Ausschreibungen allerdings erheblich schwieriger. Die Aufgabe der ausschreibenden Instanz besteht darin, aus den Bündelgeboten der Teilnehmer eine mit Blick auf die vorgegebene Zielsetzung möglichst günstige Allokation aller Aufträge zu ermitteln. Dieses Problem, das in der Literatur als das Problem der Gewinnerermittlung (*Winner Determination Problem*, WDP) bezeichnet wird, ist ein NP-schweres, kombinatorisches Optimierungsproblem [19, S. 70f].

In der Literatur findet sich bislang nur eine recht überschaubare Anzahl von Arbeiten, welche sich dem WDP im Kontext der Beschaffung von Transportleistungen widmen ([2], [3], [4], [7], [12], [21]). Dessen ungeachtet wurden kombinatorische Ausschreibungen in der jüngeren Vergangenheit bereits mit Erfolg in der Verladerpraxis eingesetzt. So wird in [3, S. 543] über kombinatorische Ausschreibungen namhafter US-Unternehmen zwischen 1997 und 2001 berichtet, mit denen Transportleistungen im Wert von durchschnittlich 175 Millionen US-Dollar vergeben wurden.

Allerdings berücksichtigt keiner der bisher veröffentlichen Ansätze den zweiten Aspekt, nämlich die mehrkriterielle Entscheidungssituation in der Allokationsphase. Stattdessen erfolgt die Auswahl der Gewinner-Gebote in allen Fällen ausschließlich unter dem Ziel der Gesamtkostenminimierung. Eine Berücksichtigung weiterer, vor allem qualitativer Kriterien wird nicht unterstützt. Diesbezüglich gehen alle existierenden Ansätze implizit von der Annahme eines einheitlich hohen Leistungsniveaus aller Speditionen nach Abschluss der Qualifikationsphase aus, welches sie in die Lage versetzt, jeden Auftrag in der jeweils geforderten Qualität auszuführen. Diese Annahme ist dann sinnvoll, wenn das Anforderungsniveau der ausgeschriebenen Aufträge homogen ist. Sind die Anforderungen an die Transportaufträge jedoch heterogen erscheint es notwendig, neben dem Kostenkriterium das Leistungsniveau der Auftragsausführung als weiteres Zielkriterium explizit in die Problemstellung aufzunehmen.

4   Ein Zwei-Ziel-WDP für kombinatorische Transportausschreibungen (2-TPA-WDP)

Das zu untersuchende Problem wird im Folgenden als „*Two-Objective Transportation Procurement Auction Winner Determination Problem*" *(2-TPA-WDP)* bezeichnet. Einer Klassifikationen von Teich et al. [22, S. 4] folgend, lässt sich das 2-TPA-WDP als Gewinnermittlungsproblem einer mehrattributiven, umgekehrten kombinatorischen Auktion für den Mehrgüterfall einordnen. Eine Lösung des 2-TPA-WDP gibt an, welche der Gebote den Zuschlag in der Ausschreibung erhalten (Gewinnergebote). Neben dem Ziel der Gesamtkostenminimierung wird in einer zweiten Zielfunktion explizit das Ziel der Maximierung des gesamten Leistungsniveaus der Transportausführung berücksichtigt.

Als *Problemdaten* sind gegeben:

- Eine Menge von Transportaufträgen T sowie zu jedem Transportauftrag $t \in T$ ein (mindestens ordinaler) Wichtigkeitswert w_t, welcher das Anforderungsniveau des Auftrags aus Sicht des Verladers angibt.
- Eine Menge von an der Ausschreibung teilnehmenden Speditionen S sowie zu jeder Spedition $s \in S$ ein (mindestens ordinaler) Reputationswert r_s. Der Reputationswert bringt das erwartete Leistungsniveau einer Spedition zum Ausdruck.
- Eine Menge von Bündelgeboten B. Ein Gebot $b \in B$ ist definiert als das 3-Tupel $b := (s, \tau, c)$ und besagt, dass Spedition s anbietet, die Auftragsmenge $\tau \subseteq T$ zum Preis von c auszuführen.

Das 2-TPA-WDP wird formal wie folgt definiert:

$$\min \ f_1 = \sum_{b \in B} c_b x_b \tag{1}$$

$$\max \ f_2 = \sum_{t \in T} w_t r_t^{\max} \quad \text{mit} \quad r_t^{\max} := \max\{r_{S_b} \mid x_b = 1 \wedge t \in \tau_b\} \tag{2}$$

$$s.t. \quad \sum_{b \in B \mid t \in \tau_b} x_b \geq 1 \qquad \forall t \in T \tag{3}$$

$$x_b \in \{0,1\} \qquad \forall b \in B \tag{4}$$

Als binäre *Entscheidungsvariablen* werden x_b, $b \in B$ eingeführt (4): x_b ist 1, wenn b den Zuschlag erhält (Gewinnergebot), andernfalls 0. Die Menge der Gewinnergebote wird durch X bezeichnet. Die Zielfunktion (1) minimiert die *Gesamtkosten* der Transportaufträge, die sich aus der Summe der Bietpreise aller ausgewählten Gebote ergeben. Die Zielfunktion (2) maximiert das *Leistungsniveau* der Auftragsausführung. Als Maß für die Zielerreichung wird hier die Summe der mit dem auftragsbezogenen Wichtigkeitswert gewichteten Reputationswerte der ausführenden Speditionen herangezogen.

Die Nebenbedingung (3) stellt sicher, dass jeder ausgeschriebene Transportauftrag in mindestens einem der Gewinnergebote enthalten ist. Anhand der Nebenbedingung (3) ist das hier präsentierte Modell leicht als Set-Covering-Formulierung („$\geq$") zu identifizieren. Damit unterscheidet es sich von den bisher in der Literatur veröffentlichten WDP-Formulierungen für Transportausschreibungen, welche durchweg auf einer Set-Partitioning-Formulierung („$=$") basieren. Den Hauptgrund für die Wahl der Covering-Formulierung liefert die Tatsache, dass der Gebotsraum exponentiell mit der Zahl der ausgeschriebenen Aufträge anwächst. Daher ist bei realistischer Betrachtungsweise kaum davon auszugehen, dass selbst bei einer moderaten Zahl ausgeschriebener Aufträge alle Speditionen zu jedem der theoretisch möglichen Teilbündel Gebote abgeben werden. Unter der Partitioning-Bedingung, welche die Zusammensetzung einer Lösung ausschließlich aus disjunkten Geboten fordert, könnte dieser Umstand je nach Gebotslage leicht dazu führen, dass keine zulässige Lösung gefunden werden kann, welche die gesamte Auftragsmenge abdeckt. Zwar kann dieses Problem umgangen werden, indem man die Bieter dazu zwingt, Einzelgebote auf jeden Auftrag abzugeben. Dies dürfte allerdings nicht immer im Interesse der Bieter liegen. Unter der Covering-Bedingung existiert dagegen immer eine zulässige Lösung, sofern jeder Auftrag in mindestens einem Gebot enthalten ist. Jedoch gestaltet sich die Suche nach einer optimalen Lösung i.d.R. schwieriger, da es erheblich mehr zulässige Lösungen gibt.

Da im Covering-Fall überlappende Gewinnergebote zulässig sind, kann es vorkommen, dass einzelne Aufträge mehrfach – auch an unterschiedliche Bieter – „vergeben" werden. Ein solcher Konflikt wird vom Verlader aufgelöst, indem er einen der betroffenen Bieter auswählt und diesem den Auftrag zuweist. Da unabhängig von dieser Entscheidung an alle Gewinner der volle Gebotspreis zu entrichten ist, bleibt dies ohne Folgen für das Kostenziel (1) – vorausgesetzt, die Bieter müssen nicht für Nachteile entschädigt werden, die ihnen aus dem Verzicht auf die Übernahme eines Auftrags entstehen. Für das betrachtete Szenario einer Transportausschreibung kann letztere Annahme („free disposal", [19, S. 69]) ohne weiteres als gültig angesehen werden. Hinsichtlich des Qualitätsziels (2) ist die Zuweisung eines mehrfach allokierten Auftrags zu einer bestimmten Spedition jedoch nicht neutral. Es wird hier daher angenommen, dass unter den betroffenen Speditionen immer diejenige mit der Auftragsausführung betraut wird, welche das höchste erwartete Leistungsniveau, d.h. den höchsten Reputationswert, besitzt. Diese Annahme kommt in der Definition von r_t^{max} zum Ausdruck.

Zwischen beiden Zielfunktionen (1) und (2) besteht ein Zielkonflikt. Er beruht auf dem bereits erwähnten Zusammenhang zwischen Leistungsniveau und Beförderungskosten (s. Abschnitt 2). Dieser Zielkonflikt wird hier nicht aufgelöst (z.B. durch eine explizite Gewichtung der beiden Zielfunktionen), da das hierzu erforderliche Wissen über die Präferenzen der Entscheider in der Praxis nur schwer zu ermitteln ist. Ziel ist es vielmehr, im Sinne eines Pareto-Optimierungsansatzes alle nicht-dominierten Lösungen zu finden. Die Auswahl der aus Sicht des Verladers besten Lösung aus der Menge der gefundenen nicht-dominierten Lösungen ist nicht Gegenstand dieses Beitrags. Der folgende Abschnitt stellt ein Pareto-Lösungsverfahren für das 2-TPA-WDP vor.

5   Ein Pareto-Optimierungsverfahren für das 2-TPA-WDP

Zunächst werden einige im Kontext von Pareto-Optimierungsverfahren wichtige Begriffe eingeführt (vgl. z.B. [23, S. 174ff]). Aus Gründen der besseren Darstellung wird dazu – ohne Beschränkung der Allgemeinheit – das 2-TPA-WDP im Folgenden als reines (Vektor-)Minimierungsproblem betrachtet. Dies lässt sich ohne Weiteres bewerkstelligen, indem Zielfunktion (2) z.B. durch Negation der rechten Seite in eine Minimierungsaufgabe transformiert wird.

Definition. Der zulässige Lösungsraum eines Mehrziel-Minimierungsproblems mit n Zielen sei ξ. Eine Lösung $X_1 \in \xi$ *dominiert* eine Lösung $X_2 \in \xi$ (geschrieben als $X_1 \prec X_2$) genau dann, wenn

$$\forall i \in \{1,...,n\}: \quad f_i(X_1) \le f_i(X_2) \quad \wedge \quad \exists j \in \{1,...,n\}: \quad f_j(X_1) < f_j(X_2). \quad (5)$$

Gilt dagegen nur $\forall i \in \{1,...,n\}: f_i(X_1) \le f_i(X_2)$, wird X_2 *schwach dominiert* von X_1 ($X_1 \preceq X_2$). Eine Lösung X heißt bezüglich einer Menge $\xi' \subseteq \xi$ *nicht dominiert*, wenn X von keiner Lösung dieser Menge dominiert wird: $\nexists X' \in \xi': X' \prec X$. Eine Lösung heißt *pareto-optimal*, wenn sie von keiner Lösung aus ξ dominiert wird. Die Menge aller pareto-optimalen Lösungen heißt *pareto-optimale Lösungsmenge*; die zu dieser Menge korrespondierenden Zielfunktionswerte heißen *Pareto-Front*.

Das hier vorgestellte Lösungsverfahren folgt der Idee von GRASP (Greedy Randomized Adaptive Search Procedure) [8]. GRASP hat sich zur Lösung kombinatorischer Optimierungsprobleme bewährt [15, S. 243]. Grundgedanke des Verfahrens ist die wiederholte Anwendung einer lokalen Suche auf jeweils unterschiedliche Startlösungen (Restart-Heuristik). Das Verfahren startet solange erneut, bis ein Abbruchkriterium (hier: Erreichen einer maximalen Zahl von Neustarts $nStart$) erfüllt ist. Damit die lokale Suche in möglichst unterschiedliche Regionen des Lösungsraumes vorstößt, konstruiert GRASP die Startlösungen nicht deterministisch, sondern stochastisch. Da im vorliegenden Fall zwei Zielfunktionen simultan optimiert werden, ist das Ergebnis von GRASP nicht eine einzelne (die beste aufgefundene) Lösung, sondern die Menge der über alle Iterationen aufgefundenen, nicht-dominierten Lösungen ξ^*. Algorithmus 1 gibt einen Verfahrensüberblick.

Algorithmus 1.   Grobdarstellung des Lösungsverfahrens in Pseudocode-Notation.

```
paretoOptimierer( in: Parameter nStart, rclSize, iMax, jMax
                 out: Menge nicht-dominierter Lösungen ξ*)
1       ξ*←{};
2       for i←1 to nStart do
3               X_temp←konstruiereLösung(Parameter);
4               ξ*_lokal←sucheLokal(X_temp, Parameter);
5               ξ*←n_dom(ξ* ∪ ξ*_lokal);
6       endfor
end
```

Die Funktion n_dom in Zeile 5 gibt aus einer gegebenen Menge von Lösungen alle nicht-dominierten Lösungen zurück. Auf weitere Details des *Algorithmus 1* gehen die folgenden Abschnitte ein: Abschnitt 5.1 stellt die Konstruktionsheuristik (Zeile 3) vor. Abschnitt 5.2 beschreibt das Vorgehen bei der lokalen Suche (Zeile 4). Sowohl die Konstruktionsheuristik als auch die lokale Suche greifen bei der Auswahl des nächsten einzufügenden Gebots auf ein Bewertungskriterium zurück, für das drei alternative Varianten zur Verfügung stehen. Diese werden in Abschnitt 5.3 detailliert erläutert.

5.1 Die Konstruktionsheuristik

Die Konstruktionsheuristik (vgl. Algorithmus 2) erzeugt eine erste, zulässige Lösung wie folgt: Solange keine zulässige Lösung gefunden wurde (Zeile 2), erweitert sie die Lösung in jedem Schritt um je ein freies Gebot (Zeile 8). Dazu wird zunächst jedes freie Gebot mit der noch zu konkretisierenden Funktion $g(b,X)$ bewertet (Zeile 4 und 5). Ein wichtiges Prinzip von GRASP besteht in der randomisierten Erzeugung von Ausgangslösungen. Daher wird anschließend nicht das bestbewertete Gebot ausgewählt, um die Lösung zu erweitern. Stattdessen werden die *rclSize* besten Gebote in der sogenannten *Restricted Candidate List* (*RCL*) gespeichert, aus welcher schließlich zufällig ein Gebot ausgewählt und der Lösung hinzugefügt wird.

Algorithmus 2.   Konstruktionsphase in Pseudocode-Notation.

```
konstruiereLösung( in: Parameter rclSize
                    out: zulässige Lösung X)
1       X←{};
2       while X unzulässig do
3              RCL←{};
4              for jedes b∈B\X do
5                 bewerte b mit g(b,X);
6              endfor
7              speichere die rclSize besten b∈B\X in RCL
8              wähle zufällig ein b∈RCL und setze X←X∪b
9       endwhile
end
```

5.2 Die lokale Suche

Die hier verwendete lokale Suche (vgl. Algorithmus 3) besteht aus zwei Komponenten. Neben der Suche im engeren Sinne gibt es eine Steuerungskomponente, die im Verlauf der Suche die Ausgangslösung X_A wechselt. Initiale Ausgangslösung ist die zuvor konstruierte Lösung.

Die lokale Suche im engeren Sinne (Zeilen 5 bis 9) entfernt zunächst 20% der Bündelgebote aus X_A, mit der Folge, dass die Lösung X_A mit hoher Wahrscheinlichkeit unzulässig wird. Ausgehend von dieser Rumpf-Lösung baut ein Greedy-Verfahren anschließend eine neue Lösung X auf (Zeilen 6 bis 9). Analog zur Konstruktionsphase wird jedes Gebot mit $g(b,X)$ bewertet, jedoch wird jetzt – im Unterschied zur randomisierten Auswahl mit Hilfe der RCL in der Konstruktionsheuristik – immer das beste Gebot $\underline{b}$ gewählt (Zeile 7). Diese Auswahl ist deterministisch, falls es nur ein bestes Gebot gibt. Dagegen erfolgt die Auswahl zufällig, wenn mehrere Gebote identisch gut bewertet werden oder wenn ein Vergleich der Gebote nicht möglich ist. Wird eine zulässige Lösung X gefunden, endet die lokale Suche i.e.S.

Algorithmus 3.   Nachbarschaftssuche in Pseudocode-Notation.

```
sucheLokal( in: Ausgangslösung X, Parameter iMax, jMax
            out: Menge nicht-dominierter Lösungen ξ*_lokal)
 1   ξ*_lokal←{X};    i←0;
 2   while i < iMax ∧ ∃X_A ∈ ξ*_lokal | X_A nicht untersucht do
 3      i←i+1;    j←0;
 4      while j < jMax do
 5         X←entferne zufällig 20% der Bündel in X_A;
 6         while X unzulässig do
 7            b∈{b∈B\X: g(b,X)≺g(b',X)  ∀b'∈B\X};
 8            X←X ∪ b ;
 9         endwhile
10         if X≺X_A then
11            j←0;    X_A←X;
12         else
13            j←j+1;    ξ*_lokal←n_dom(ξ*_lokal∪X);
14         endif
15      endwhile
16   endwhile
end
```

Es folgt eine Dominanz-Prüfung in Zeile 10, von deren Ergebnis der weitere Verlauf der Suche abhängt. Findet die lokale Suche i.e.S. keine bessere Lösung, gilt also $X \nprec X_A$, dann wird j um eins erhöht und X_A wird erneut als Ausgangspunkt für die Suche herangezogen (Zeile 13). Demnach zählt j die Fehlversuche, eine die Ausgangslösung dominierende Lösung zu finden. Weiterhin wird in Zeile 13 X in ξ^*_{lokal} gespeichert, sofern X eine nicht-dominierte Lösung ist. X ist damit auch ein potentieller neuer Ausgangspunkt der lokalen Suche (vgl. auch Zeile 2). Wird dagegen eine neue, dominierende Lösung $X \prec X_A$ gefunden, dann wird der Zähler für die Fehlversuche zurückgesetzt ($j\leftarrow 0$) und die Suche mit X als neuer Ausgangslösung fortgesetzt.

Mit Hilfe der Variablen i und j wird die lokale Suche gesteuert. Nach $jMax$ erfolglosen Versuchen, eine die Ausgangslösung X_A dominierende Lösung zu finden, wird die Ausgangslösung gewechselt. In Zeile 2 wird dazu eine beliebige, nicht-dominierte, aber noch nicht untersuchte Lösung aus ξ^*_{lokal} gewählt. Dieser Wechsel der Ausgangslösung wird höchstens $iMax$-mal durchgeführt.

Abb. 1 veranschaulicht die Suche nach einer dominanten Lösung. Die Ausgangslösung der lokalen Suche (Lösung X_1) bleibt solange unverändert, bis entweder innerhalb von höchstens $jMax$ Versuchen eine dominierende Lösung als neue Ausgangslösung gefunden (z.B. Lösung X_2 und X_3) oder – sofern dies nicht gelingt – eine andere, lokal nicht-dominierte Lösung als neuer Ausgangspunkt für die lokale Suche
verwendet wird (Wechsel von Lösung X_3 zu Lösung X_4).

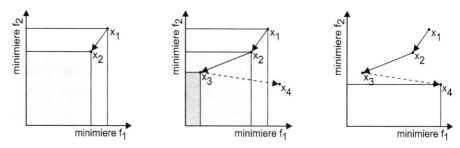

X₁ Konstruierte Lösung;   X₂, X₃ Dominante Lösungen;   X₄ nicht-dominierte Lösung zu X₁

Abb. 1. Funktionsweise der Nachbarschaftssuche.

5.3   Drei Kriterien zur Bewertung von Bündelgeboten

Dieser Abschnitt stellt drei konkrete Varianten der Bewertungsfunktion $g(b,X)$,
$b \in B \backslash X$ vor: die erste Variante bewertet ein Bündelgebot aus Kostensicht, die zweite
Variante hinsichtlich seines Beitrages zur Verbesserung der gewichteten Reputation,
schließlich berücksichtigt die dritte Variante beide Kriterien simultan.

Die *erste* Bewertungsfunktion $g^c(b,X)$, kurz g^c, betrachtet das Verhältnis der Kosten c_b eines Gebotes b zur Anzahl der in diesem Gebot enthaltenen, *neuen* Transportaufträge (6). Ein Gebot wird umso besser bewertet, je kleiner dieses Verhältnis ist.

$$g^c(b,X) := \frac{c_b}{\left|\tau_b \backslash \tau(X)\right|} \quad \textit{für} \quad \left|\tau_b \backslash \tau(X)\right| > 0, \textit{ sonst } g^c(b,X) := \infty . \qquad (6)$$

Ein Transportauftrag gilt als neu, wenn er durch die bisherige (Teil-)Lösung noch
nicht abgedeckt ist. Dabei bezeichnet $\tau(X) = \{t \mid t \in \tau_b \wedge b \in X\}$ die Menge aller
von der bisherigen (Teil-)Lösung X bereits abgedeckten Transportaufträge. Abb. 2
gibt ein Beispiel: Die Bündelgebote b_1 und b_2 sind Teil der bisherigen Lösung und
enthalten die Aufträge $\tau(b_1) = \{t_1, t_4\}$ und $\tau(b_2) = \{t_2, t_4\}$. Das zu prüfende Gebot b_3
enthält zwei Aufträge t_2 und t_3, jedoch gilt wegen $t_2 \in \tau(X)$ und $t_3 \notin \tau(X)$ nur
Auftrag t_3 als *neu*. Im Nenner von $g^c(b_3, \{b_1, b_2\})$ stünde also eine 1.

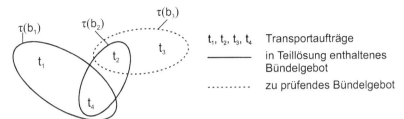

Abb. 2. Bündelgebot b_3 enthält zwei Aufträge t_2 und t_3, nur t_3 gilt als neuer Auftrag.

Die *zweite* Bewertungsfunktion $g^r(b,X)$, kurz g^r, bewertet ein Bündel hinsichtlich seiner Fähigkeit, das gewichtete Leistungsniveau f_2 zu verbessern.

$$g^r(b, X) := \left[\left|f_2(X)\right| - \left|f_2(X \cup \{b\})\right|\right] \frac{1}{\sum\limits_{b' \in X \cup \{b\}} |\tau_{b'}|} \, . \tag{7}$$

Für g^r gilt analog zu g^c, dass kleinere Werte zu einer besseren Bewertung führen. Unabhängig von der Formulierung von f_2 als Minimierungs- oder Maximierungsaufgabe ist in Formel (7) der Term in eckigen Klammern immer negativ oder null, da jedes zusätzliche Gebot den Zielfunktionswert von f_2 nur verbessern oder unverändert lassen kann (vgl. die Definition von r_t^{max} in Abschnitt 4). Dagegen ist der Wert des Bruchs immer positiv; er wird aber umso kleiner, je stärker die Auftragsmengen der in der erweiterten Lösung *überlappen*. Da die Zielfunktion f_2 ihr Optimum trivialerweise insbesondere auch dann erreicht, wenn alle Gebote gewinnen, dieses aber im Hinblick auf f_1 schlechte Ergebnisse erwarten lässt, wird die Überlappungsquote zur Korrektur herangezogen.

Die *dritte* Bewertungsfunktion $g^{(c,r)}(b,X)$, kurz $g^{(c,r)}$, bewertet ein Bündelgebot mit den beiden Kriterien g^c und g^r simultan, wobei die Werte nicht zu einer einzigen Kenngröße aggregiert werden, sondern als 2-Tupel vorliegen. Mit $g^{(c,r)}$ bewertete Gebote können also, analog zu Lösungen, einander dominieren (vgl. Definition Abschnitt 5); entsprechend existiert aber auch eine Menge nicht-dominierter Gebote. Sowohl für g^c als auch für g^r gelten kleinere Werte als besser.

$$g^{(c,r)}(b, X) := \left(g^c(b,X), \, g^r(b,X) \right). \tag{8}$$

Die Konfiguration eines konkreten Lösungsverfahrens erfordert die Wahl je einer Bewertungsfunktion für die Konstruktions- sowie die lokale Suchphase. Demnach ergeben sich die in Tab. 1 aufgeführten neun Varianten A1, ..., A9 des Lösungsverfahrens. Die nur zu Vergleichszwecken eingeführten, degenerierten Varianten A11 bis A12 (kursiv dargestellt) verzichten auf eine lokale Suche.

Tab. 1. Verfahrensvarianten durch phasenspezifische Kombination der Bewertungs-Kriterien.

	Lokale Suche			
Konstruktion	g^c	g^r	$g^{(c,r)}$	ohne
g^c	A1	A2	A3	*A10*
g^r	A4	A5	A6	*A11*
$g^{(c,r)}$	A7	A8	A9	*A12*

6   Evaluierung der Lösungsverfahren

Abschnitt 6.1 beschreibt knapp Kriterien zur Beurteilung der Lösungsqualität von Pareto-Optimierungsverfahren. Anschließend erläutert Abschnitt 6.2, wie die verwendeten Testinstanzen erzeugt wurden. Die Ergebnisse des Tests diskutiert Abschnitt 6.3.

6.1   Kriterien zur Bewertung der Lösungsqualität von Pareto-Optimierungsverfahren

Die Bewertung der Lösungsqualität eines Pareto-Optimierungsverfahrens orientiert sich meist an zwei Kriterien [16, S. 179]: Die *Nähe zur Pareto-Front* misst den Abstand der Zielfunktionswerte gefundener Lösungen von der Pareto-Front. Je kleiner dieser Abstand, desto besser die Lösungsqualität. Ein zweites häufig verwendetes Kriterium zur Qualitätsbeurteilung ist die *Vielfalt* der gefundenen Lösungen. Einerseits ist mit Vielfalt eine möglichst weite Ausdehnung in Richtung aller Dimensionen des Zielfunktionsraumes gemeint. Andererseits bedeutet Vielfalt aber auch, dass die Lösungen möglichst gleichmäßig im Zielfunktionsraum streuen sollen. Zur Verdeutlichung von Abstand und Vielfalt zeigt das linke Koordinatensystem in Abb. 3 eine idealtypische Lösungsmenge. Die Lösungen liegen sämtlich auf der Pareto-Front und sind zudem auch noch gleichmäßig entlang der ganzen Front verteilt. Dagegen mangelt es den Lösungen von Algorithmus 1 im rechten Teil der Abb. 3 an einer gleichmäßigen Verteilung im Zielfunktionsraum. Im Vergleich dazu streuen die von Algorithmus 2 gefundenen Lösungen gut, liegen aber in einem größeren Abstand zur Pareto-Front. Eine Einführung in Metriken zur Operationalisierung dieser Zielkriterien gibt z.B. [6].

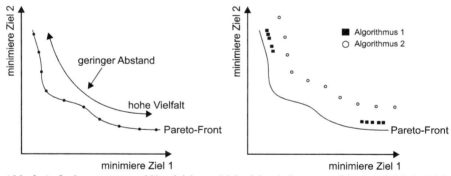

Abb. 3. Anforderungen an und Vergleich von Mehrzieloptimierungsverfahren, vgl. [6, S. 322f].

Als zentraler Indikator für die Evaluierung der entwickelten Verfahrensvarianten in Abschnitt 6.3 dient hier das *Hypervolumen* HV(ξ') einer gefundenen Lösungsmenge ξ' [24, S. 260f]. Im Gegensatz zu anderen Metriken misst das Hypervolumen die beiden genannten Kriterien – Nähe zur Pareto-Front und Vielfalt – simultan.

Das Hypervolumen einer Lösungsmenge ist definiert als das von ihr im Zielfunktionsraum *dominierte* Volumen. Dabei wird der Zielfunktionsraum durch Vorgabe eines Referenzpunkts beschränkt. Der Referenzpunkt ist prinzipiell frei wählbar, er muss allerdings von allen gefundenen Lösungen mindestens schwach dominiert werden. Das Hypervolumen wird in Abb. 4 durch die graue Fläche veranschaulicht und lässt sich im zweidimensionalen Fall wie folgt definieren: Seien (x_r, y_r) die Koordinaten des Referenzpunktes. Die Lösungsmenge sei $P_i = (x_i, y_i)$, i=1,...,p mit $x_1 < x_2 < ... < x_p \leq x_r$ und $y_r \geq y_1 > y_2 > ... > y_p$. Dann gilt für das Hypervolumen:

$$HV(\xi') = \sum_{i=1}^{p} (x_r - x_i)(y_{i-1} - y_i) \quad \text{mit } y_0 \equiv y_r. \tag{9}$$

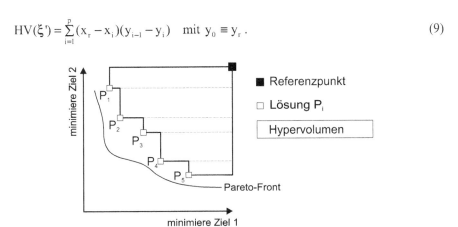

Abb. 4.   Das Hypervolumen (graue Fläche) einer Lösungsmenge als Qualitätsindikator für ein Verfahren.

Sofern sich der (euklidische) Abstand einer der in Abb. 4 skizzierten Lösungen zur Pareto-Front verringert – ein Punkt P_i verschiebt sich also nach links unten – nimmt die graue Fläche zu. Diese vergrößert sich ebenfalls, wenn eine neue nicht-dominierte Lösung zusätzlich berücksichtigt wird, d.h. wenn die Vielfalt der Lösungsmenge steigt. Offensichtlich wächst das Hypervolumen also sowohl mit zunehmender Vielfalt der gefundenen Lösungen, als auch mit abnehmendem Abstand der Lösungsmenge zur Pareto-Front. Beim Vergleich verschiedener Algorithmen anhand des Hypervolumen-Indikators gilt in Bezug auf eine bestimmte Probleminstanz daher derjenige Algorithmus als überlegen (hinsichtlich der Lösungsqualität), welcher die Lösungsmenge mit dem größten Hypervolumen findet.

6.2   Erzeugung von Testinstanzen

Für das in Kapitel 4 eingeführte 2-TPA-WDP sind in der Literatur nach Kenntnisstand der Autoren keine Testinstanzen verfügbar. Daher müssen für den Test eigene Instanzen erzeugt werden. Die hier generierten Probleminstanzen variieren hinsichtlich der Zahl der Gebote (250, 500, 1000), der ausgeschriebenen Aufträge (100, 200, 400) und der Zahl der Bieter (25, 50, 100). Durch Kombination der genannten Merkmalsausprägungen ergeben sich 27 Problemklassen, welche in etwa das Merkmalsspektrum mittelgroßer Transportausschreibungen abdecken, wie sie in der Praxis derzeit am häufigsten vorkommen [2, S. 543]. Für jede der Problemklassen wurden je

30 Testinstanzen erzeugt, insgesamt stehen also 810 Probleminstanzen für den Test bereit[1].

Zur Erzeugung der Probleminstanzen wurde der Instanzengenerator CATS verwendet, den Leyton-Brown et al. für Gewinnerermittlungsprobleme in kombinatorischen Auktionen entwickelt haben [10]. CATS beinhaltet spezielle Verfahren, welche auf eine aus Bietersicht plausible Zusammenstellung und Bepreisung von Bündelgeboten abzielen. Speziell für Ausschreibungen von Transportaufträgen legt CATS der Gebotserzeugung einen gewichteten Graph zu Grunde, welcher als Transportnetz interpretiert werden kann. Die Zusammenstellung und die Preise der Bündelgebote basieren auf der Berechnung kürzester Wege innerhalb des Transportgraphen. CATS erscheint daher für die Erzeugung von Instanzen für das 2-TPA-WDP besonders geeignet.

In der ursprünglichen Form besteht eine von CATS erzeugte Probleminstanz aus einer Menge von nicht-dominierten Bündelgeboten. Jedes Gebot wird durch Angabe eines Gebotspreises und der enthaltenen Aufträge beschrieben, die Zuordnung zu einem bestimmten Bieter fehlt jedoch. Aus diesem Grund müssen die mit CATS erstellten Instanzen für das 2-TPA-WDP um bieterspezifische Charakteristika erweitert werden. Außerdem ist zusätzlich für jeden Auftrag der auftragsspezifische Wichtigkeitswert zu ergänzen, der das Anforderungsniveau des Auftrags widerspiegelt.

Bei der Generierung der Probleminstanzen für das 2-TPA-WDP wurde wie folgt vorgegangen: Im ersten Schritt wurden Rohversionen der Instanzen mittels CATS (Version 2.1) erzeugt. Dazu wurden die drei CATS-Parameter *d*, *goods* und *bids* wie folgt festgelegt: Der Parameter *d*, welcher die Art der Gebotsbildung näher spezifiziert, wurde auf den Wert *paths* gesetzt. Dadurch wird CATS dazu veranlasst, Bündelgebote unter Berücksichtigung eines Transportgraphen zu erzeugen. Die Werte der beiden anderen Parameter *goods* und *bids* werden entsprechend der jeweiligen Problemklasse eingestellt, also auf die zugehörige Zahl der zu vergebenden Transportaufträge (*goods={100, 200, 400}*) bzw. der abgegebenen Bündelgebote (*bids={250, 500, 1000}*). Die Zahl der Aufträge je Bündel lässt sich in CATS nicht frei parametrisieren. Schließlich wurde das Flag *int_prices* aktiviert, was zu ganzzahligen Gebotspreisen führt. Eine detaillierte Beschreibung der Gebotserzeugung mit CATS findet sich bei Leyton-Brown et al. [13, S. 69f].

Um die so mit CATS erstellten Instanzen für das 2-TPA-WDP anwenden zu können, werden im zweiten Schritt drei Erweiterungen vorgenommen:

1. Jedem Auftrag wird zufällig ein Wichtigkeitswert zugewiesen. Die Differenzierung erfolgt in drei Stufen (unwichtige, normale und wichtige Aufträge). Entsprechend wird jedem Auftrag zufällig ein ganzzahliger Wert zwischen 1 und 3 zugeordnet, wobei 3 für die höchste Anforderungsstufe steht.

2. Jedem Bieter wird zufällig ein ganzzahliger Reputationswert zwischen 1 und 5 zugeordnet; 1 steht für das geringste, gerade noch akzeptable Leistungsniveau einer Spedition.

3. Jedem Bündelgebot wird ein Bieter zufällig zugeordnet. Es wird darauf geachtet, dass jeder Bieter mindestens ein Bündelgebot abgibt.

---

[1]   Download unter http://www.fernuni-hagen.de/WINF/ über den Menüpunkt „Download".

Die Wertebereiche der Wichtigkeits- und Reputationswerte sind willkürlich gewählt. Der Differenzierungsgrad ist relativ grob. Da in der Praxis eine solche grobe
Bewertung von Sachverhalten z.B. mit Hilfe der ABC-Analyse oder mit Schulnoten
beliebt ist, erscheint der in den Testinstanzen gewählte Differenzierungsgrad angemessen.

Die so erzeugten Testinstanzen bilden die Grundlage für die Evaluierung des Verfahrens. Die Ergebnisse des Tests diskutiert der folgende Abschnitt 6.3.

6.3   Ergebnisse und Diskussion

Die Algorithmen wurden in Java (SDK 1.5) implementiert, als Testrechner kamen
zwei handelsübliche Personalcomputer (Pentium IV, 3400 MHz, Dual Core, 2048 MB
Arbeitsspeicher) zum Einsatz. Da die Lösungsverfahren je nur einen CPU-Kern nutzen, wurden auf jedem Rechner zwei Testläufe parallel gestartet. Bevor in Abschnitt
6.3.2 die Konstruktionsheuristik und in Abschnitt 6.3.3 das Gesamtverfahren getestet
werden, wird zunächst in Abschnitt 6.3.1 der für die Beurteilung der Lösungsqualität
verwendete Performanceindikator erläutert.

6.3.1   Konkretisierung der hypervolumenbasierten Bewertung der Lösungsqualität

Die Qualität der von einem Algorithmus für eine Testinstanz gefundenen Lösungen
wird mit Hilfe des in Abschnitt 6.1 vorgestellten Hypervolumen-Indikators gemessen.
Um die Lösungsqualität von Algorithmen zu vergleichen, kommt das im Folgenden
beschriebene Verfahren zum Einsatz.

Zunächst wird der Referenzpunkt zur Berechnung des Hypervolumens bestimmt.
Hierzu werden alle zu vergleichenden Algorithmen $a \in A$ genau einmal auf die betrachtete Testinstanz angewendet. Die von den Verfahren ermittelten Lösungsmengen
ξ_a vereinigt man und erhält so die Lösungsmenge ξ_V. Als Referenzpunkt zur Berech-
nung des Hypervolumens wird der Punkt mit den Koordinaten $(\max\{f_1(x)|x \in \xi_V\},$
$\max\{f_2(x)|x \in \xi_V\})$ festgelegt. Auf diese Weise ist sichergestellt, dass der Referenzpunkt von allen Lösungen in ξ_V mindestens schwach dominiert wird.

Durch Entfernen aller dominierten Lösungen aus ξ_V erhält man für die auf eine
Testinstanz angewendeten Algorithmen die Referenzlösungsmenge ξ_R:

$$\xi_R = \text{n\_dom}(\xi_V) \quad mit \; \xi_V = \bigcup_{a \in A} \xi_a \; . \tag{9}$$

Der Begriff Referenzhypervolumen bezeichnet das Hypervolumen der Referenzlösungsmenge $HV(\xi_R)$ (vgl. linker Teil der Abb. 5).

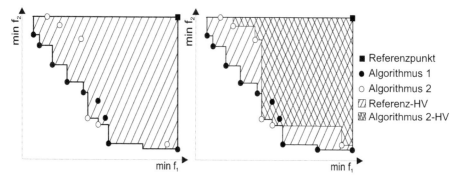

Abb. 5. Die Referenzlösungsmenge der Algorithmen 1 und 2 samt Referenzpunkt.
Veranschaulichung von Q_a mit a=2, d.h. dem Anteil des von Algorithmus 2
erreichten Hypervolumens am Referenzhypervolumen $HV(\xi_R)$.

Der Qualitätsindikator Q_a für eine durch Algorithmus a gefundene Lösungsmenge
ξ_a wird wie folgt definiert:

$$Q_a = HV(\xi_a) / HV(\xi_R), \quad a \in A.\tag{10}$$

Q_a drückt also aus, welchen Anteil am Referenzhypervolumen der Algorithmus a
für die jeweilige Testinstanz erreicht (vgl. rechter Teil der Abb. 5). Je größer dieser
Anteil, desto besser ist das Verfahren.

6.3.2   Leistungsvergleich der Konstruktionsalgorithmen

Zunächst soll das Leistungsvermögen der in Abschnitt 5.1 dargestellten Konstruktionsheuristik ermittelt werden. Da der Schwerpunkt der Evaluierung auf dem Leis-
tungsvergleich des Gesamtverfahrens liegt (Abschnitt 6.3.3), wird dieser Test nur mit
einer Auswahl der verfügbaren Probleminstanzen durchgeführt.

Dazu wird die Konstruktionsheuristik in das GRASP-Verfahren eingebunden, wie
aus Algorithmus 1 ersichtlich. Auf die lokale Suche wird jedoch verzichtet. Der getestete Konstruktionsalgorithmus ergibt sich also durch zwei Modifikationen an Algorithmus 1: Zum einen entfällt die Zeile 4 vollständig, zum anderen ist in Zeile 5 die
Variable ξ^*_{lokal} durch die Variable X_{temp} zu ersetzen. Durch Variation des Bewertungs-
kritierums $g(b,X)$ entstehen auf diese Weise die in Tab. 1 in der letzten Spalte ausge-
wiesenen, degenerierten Verfahrensvarianten A10 bis A12.

Getestet wurden diese Varianten der Konstruktionsheuristik mit den ersten 5 Probleminstanzen jeder Problemklasse (insgesamt 135 Instanzen). Die Restricted Candidate List hat in diesen Experimenten eine konstante Größe von zehn ($rclSize$=10).
Tab. 2 fasst die Ergebnisse des Tests für 25, 50 und 100 Neustarts ($nStart$={25, 50,
100}) zusammen.

Zur Erläuterung der Daten in Tab. 2 sei exemplarisch der Eintrag in der Zeile für
$nStart$=50 und der Spalte für μ unter der Variante Q_{A11} herausgegriffen. Der dort
eingetragene Wert 10 besagt, dass der Konstruktionsalgorithmus, welcher Bündelgebote mit dem Operator g^r bewertet, bei fünfzig Neustarts im Mittel über alle 135 Instanzen einen Anteil von 10 Prozent am jeweiligen Referenzhypervolumen $HV(\xi_R)$

erreicht. Die Ermittlung des Referenzhypervolumens folgt dabei für jede Instanz dem in Abschnitt 6.3.1 geschildertem Vorgehen. Der Wert 260 in der rechts benachbarten Zelle besagt, dass die zugehörige mittlere relative Standardabweichung 260 Prozent beträgt. Zu beachten ist, dass ein zeilenweiser Vergleich in Tab. 2 wegen der variablen Referenzpunkte zur Bestimmung des Hypervolumens nur eingeschränkt aussagekräftig ist.

Tab. 2. Mittelwert und relative Standardabweichung der mit den Konstruktionsalgorithmen A10, A11 und A12 erzielten Lösungsqualität bei Variation des Parameters $nStart$.

| $nStart$ | Q_{A10} | | Q_{A11} | | Q_{A12} | |
	μ	σ/μ	μ	σ/μ	μ	σ/μ
25	26	46	11	236	97	4
50	29	41	10	260	97	4
100	31	42	12	217	97	3

Insgesamt scheint die relative Performance der Konstruktionsalgorithmen weitgehend unempfindlich gegenüber der Zahl der Neustarts zu sein, nur die Konstruktion mit dem Operator g^c profitiert im Vergleich zu den anderen Operatoren nennenswert.

Die Ergebnisse wurden auf Instanzen-Basis mit dem Friedmann-Test geprüft. Der Friedmann-Test [5] verwirft die Nullhypothese „Alle drei Konstruktionsalgorithmen schwanken um den gleichen Erwartungswert von Q" auf dem Signifikanzniveau $\alpha=0,01$. Die unterschiedliche Lösungsqualität scheint also strukturelle Ursachen zu haben.

Offenbar ist im vorliegenden Fall die kombinierte Berücksichtigung beider Zieldimensionen zur Konstruktion von Lösungen ein wichtiger Erfolgsfaktor. Das Verfahren A12, welches den Bewertungsoperator $g^{(c,r)}$ verwendet und somit beide Ziele simultan berücksichtigt, erreicht stets die beste Lösungsqualität. Die relative Standardabweichung ist mit Werten um vier Prozent sehr gering, demnach kann das Verfahren auch als robust bezeichnet werden.

6.3.3 Gesamtverfahren

Für den Test der Varianten des Gesamtverfahrens wird jeder der neun Algorithmen (A1-A9) auf jede der 810 Probleminstanzen genau einmal angewendet. Da jede Problemklasse durch dreißig Instanzen vertreten ist, sollte der Einfluss nicht-repräsentativer Besonderheiten in den stochastisch erzeugten Testinstanzen so weit abgeschwächt sein, dass hinreichend genaue Aussagen über das Abschneiden eines Verfahrens in einer Problemklasse möglich sind.

Alle neun Verfahren wurden wie folgt parametrisiert: $nStart$=50, $rclSize$=10, $iMax$=10, $jMax$=5 (vgl. Algorithmus 3). Die lokale Suche wählt also nach fünf erfolglosen Verbesserungsversuchen ($jMax$) eine andere Ausgangslösung. Die Ausgangslösung wird maximal zehnmal gewechselt ($iMax$).

Nach Abschluss der Tests stellte sich heraus, dass die Variation der Bieterzahl keinen nennenswerten Einfluss auf die Lösungsqualität der Verfahren besitzt. Diese Beobachtung lässt sich vor allem damit erklären, dass die Größe des Lösungsraums im Wesentlichen durch die Anzahl der abgegebenen Gebote $|B|$ und die Anzahl der ausgeschriebenen Transportaufträge bestimmt wird und die Lösungen gleichzeitig keinen bieterbezogenen Zulässigkeitsbeschränkungen unterliegen (vgl. Abschnitt 4). Aus diesem Grund wurden die 27 Problemklassen zu neun Problemgruppen aggregiert, die sich nur noch anhand der Bündelgebote (B) und der Transportaufträge (T) unterscheiden. Jede dieser Problemgruppen enthält folglich neunzig Instanzen, je dreißig mit 25, 50 und 100 Bietern. Die Abb. 6 stellt die Ergebnisse für die neun Problemgruppen dar.

Aus den Resultaten lassen sich die folgenden Aussagen ableiten:

- Die Qualität der neun Verfahren ist strukturell verschieden und schwankt nicht zufällig um übereinstimmende Mittelwerte, dies ergab der rangbasierte Friedmann-Test auf einem Signifikanzniveau von $\alpha = 0{,}01$. Auch der paarweise Vergleich der Algorithmen bestätigt den strukturellen Unterschied weitestgehend, lediglich für A1 und A4 konnte die Nullhypothese nicht abgelehnt werden.

- Zwei Gruppen von Verfahren sind erkennbar, die sich hinsichtlich der Lösungsgüte Q deutlich unterscheiden. Die erste Gruppe (A2, A3, A7, A8, A9) liefert durchweg gute Ergebnisse. Auffällig ist, dass keines dieser Verfahren in der Konstruktionsphase das Bewertungskriterium g^r verwendet. Die zweite Gruppe (A1, A4, A5, A6) erreicht nur in der Problemgruppe (B1000/T100) konkurrenzfähige Ergebnisse.

- Die Verfahren A1, A2 und A3 verwenden zur Konstruktion von Lösungen den Bewertungsoperator g^c. Zwei dieser Verfahren, nämlich A2 und A3, liefern konkurrenzfähige Ergebnisse (vgl. Abb. 6a). Im Vergleich mit diesen schneidet das Verfahren A1 deutlich schlechter ab. A1 verwendet sowohl zur Konstruktion, als auch innerhalb der lokalen Suche das Bewertungskriterium g^c. Die Fokussierung nur auf das Kostenkriterium scheint daher keine sinnvolle Variante zu sein.

- Die Verfahren A4, A5 und A6, welche Lösungen mit Hilfe von gr konstruieren, erzielen überwiegend schlechte Ergebnisse (vgl. Abb. 6b). Auffälligerweise werden die Ergebnisse jedoch besser, je mehr Bündelgebote eine Instanz enthält. So sind die Ergebnisse für die Problemgruppe (B1000/T100) durchaus konkurrenzfähig. Die Lösungsqualität sinkt hingegen mit zunehmender Zahl von Transportaufträgen. Analog zu Verfahren A1 konzentriert sich das Verfahren A5 auf nur eine Zieldimension, in diesem Fall das Leistungsniveau. Anders als bei A1 ergeben sich für A5 aus dieser einseitigen Fokussierung offenbar keine negativen Konsequenzen (im Vergleich mit A4 und A6). Im Gegenteil, A5 schneidet in sieben der neun Problemgruppen besser als die mit unterschiedlichen Operatoren arbeitenden Verfahren ab.

- Die Verfahren A7, A8 und A9 generieren in allen Problemgruppen stets die besten Ergebnisse (vgl. Abb. 6c, $\mu(Q_{A8})=95\%$, $\mu(Q_{A7})=94\%, \mu(Q_{A9})=93\%$). Dabei ist die Lösungsqualität offensichtlich weitgehend unabhängig von dem in der lokalen Suche eingesetzten Bewertungskriterium. Alle drei Verfahren verwenden in der Konstruktionsphase das kombinierte Kriterium $g^{(c,r)}$. Damit bestätigt sich der Eindruck, der sich bezüglich dieses Kriteriums bereits in Abschnitt 6.3.2 abzeichnete.

a) Konstruktion mit g^c

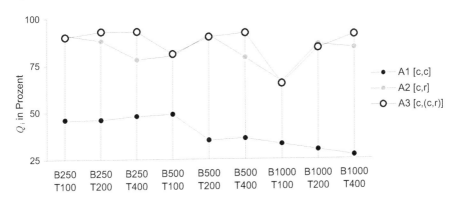

b) Konstruktion mit g^r

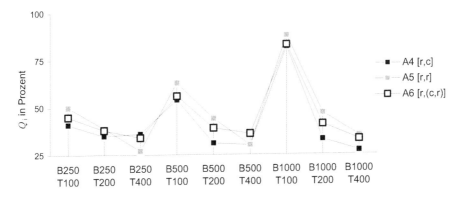

c) Konstruktion mit $g^{(c,r)}$

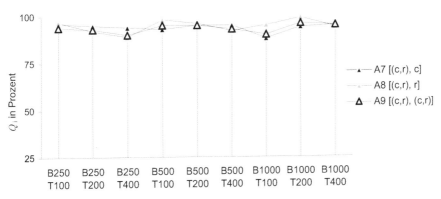

Abb. 6. Prozent-Anteil am Referenz-Hypervolumen der neun Lösungsverfahren A1 bis A9, gruppiert nach der verwendeten Konstruktionsheuristik.

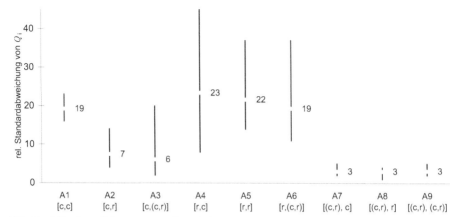

Abb. 7. Mittel- und Extremwerte der relativen Standardabweichungen jedes Verfahrens für die neun Problemgruppen.

Abb. 7 ermöglicht Aussagen über die Robustheit der Verfahren. Für jede der neun Problemgruppen wurde die relative Standardabweichung $\sigma(\mu(Q_i))/\mu(Q_i)$ berechnet. Die Extremwerte dieser neun Werte werden durch eine schwarze Linie verbunden; der Mittelwert unterbricht diese Linie. Je geringer der Mittelwert und je kürzer die schwarze Linie, desto robuster ist das Verfahren. Erneut gehören A7, A8 und A9 zu den besten Verfahren.

Schließlich verdeutlicht Abb. 8 den Zusammenhang zwischen Zeitaufwand und Lösungsqualität der Verfahren. Die Werte auf der Ordinate sind in absteigender Reihenfolge angeordnet, so dass die Punkte links unten als besser gelten. Die Menge der nicht-dominierten Verfahren bilden A1, A4, A5, A2, A7 und A8. Klar dominiert werden interessanterweise die Verfahren A6, A9, und A3, die jeweils den Operator $g^{(c,r)}$ für die lokale Suche einsetzen. Das schnellste Verfahren A1 benötigt nur 6 Sekunden, A7 benötigt 73 Sekunden und A8 rechnet 120 Sekunden.

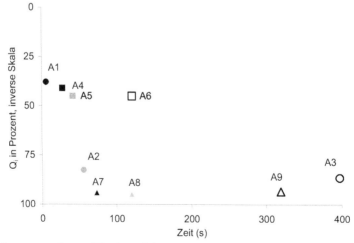

Abb. 8. Lösungsqualität und Rechenzeit bei 50 Neustarts des Verfahrens.

Die aus der Analyse der Testergebnisse gewonnenen Erkenntnisse lassen sich zu folgenden Schlussfolgerungen zusammenfassen:

1. Für die Konstruktion von Ausgangslösungen erweist es sich als günstig, beide Zieldimensionen simultan zu betrachten. Dies wirkt sich einerseits positiv auf die Stabilität des Verfahrens aus und führt andererseits zu einer angemessenen Verteilung der Lösungen im Lösungsraum. Dies zeigt sich insbesondere im Vergleich der Ergebnisse von Verfahren A12 ($g^{(c,r)}$) mit denen von A10 (g^c) und A11 (g^r) (vgl. Tab. 2), sowie der Ergebnisse von A7-A9 mit denen von A1-A6 (vgl. Abb. 6)

2. Eine auf so konstruierten Ausgangslösungen basierende lokale Suche sollte sich ausschließlich auf die Verbesserung einer einzigen Zieldimension konzentrieren. Dies führt bei hoher Lösungsqualität zu einem geringerem Rechenaufwand (vergleiche A7 und A8 mit A9 in Abb. 7).

7   Zusammenfassung und Ausblick

Diese Arbeit präsentierte ein mehrkriterielles WDP für kombinatorische Transportausschreibungen. Die in der Literatur übliche Fokussierung auf das Ziel der Kostenminimierung innerhalb der Allokationsphase wurde dabei um ein zweites Zielkriterium ergänzt, nämlich um die Maximierung des gewichteten Leistungsniveaus der Auftragsausführung. Dabei wurde dem Umstand Rechnung getragen, dass an die ausgeschriebenen Transportaufträge in der Regel unterschiedliche Anforderungen zu stellen sind und dass Speditionen diese häufig unterschiedlich gut erfüllen können. Wegen der zwei simultan zu optimierenden Zielfunktionen und des transportwirtschaftlichen Kontextes des Problems wurde die Bezeichnung *„Two-Objective Transportation Procurement Auction Winner Determination Problem"* (2-TPA-WDP) gewählt. Für das 2-TPA-WDP wurde ein auf GRASP basierendes Pareto-Optimierungsverfahren vorgestellt, das drei Kriterien zur Bewertung von Bündelgeboten nutzt. Mit diesen Kriterien wurden neun Varianten des Verfahrens konfiguriert. Diese wurden abschließend anhand von 810 generierten Probleminstanzen getestet. Als am günstigsten, sowohl hinsichtlich der Lösungsqualität, der Stabilität, als auch der Laufzeit, erwiesen sich diejenigen Verfahren, die zunächst zur Konstruktion von Lösungen beide Zieldimensionen heranziehen, sich aber in der anschließenden lokalen Suche auf nur noch ein Ziel konzentrieren.

Zukünftiger Forschungsbedarf besteht hinsichtlich folgender Fragestellungen: Zum einen bietet es sich an, das 2-TPA-WDP um eine differenziertere Abbildung sowohl der auftragsbezogenen Anforderungen als auch des speditionsindividuellen Leistungsniveaus in Form zusätzlicher Zielfunktionen zu erweitern. Darüber hinaus werden Testinstanzen benötigt, welche die dem 2-TPA-WDP zu Grunde liegenden Modellannahmen besser abbilden, als der ursprünglich für monokriterielle WDP entwickelte Instanzengenerator CATS, z.B. durch eine verbesserte Modellierung der Zusammenhänge zwischen dem Leistungsniveau einer Spedition und den sich daraus ergebenden Einflüssen auf die Gebotspreise. Schließlich bietet auch das Lösungsverfahren selbst Spielraum für mögliche Verbesserungen, z.B. durch die Entwicklung und Evaluierung alternativer Konstruktions- und Suchtechniken.

Literaturverzeichnis

1. Brockmann, I.: Systeme zur Unterstützung der auktionsbasierten Beschaffung von Transportdienstleistungen – ein Marktüberblick. Diplomarbeit am Lehrstuhl Wirtschaftsinformatik, FernUniversität in Hagen, 2007.

2. Cantillon, E.; Pesendorfer, M.: Auctioning Bus Routes: The London Experience. In: Cramton, P.; Shoaham, Y.; Steinberg, R. (Hrsg.): Combinatorial Auctions. MIT Press, Cambridge et al. 2006, 574-591.

3. Caplice, C.; Sheffi, Y.: Combinatorial Auctions for Truckload Transportation. In: Cramton, P.; Shoaham, Y.; Steinberg, R. (Hrsg.): Combinatorial Auctions. MIT Press, Cambridge et al. 2006, 539-571.

4. Caplice, C.; Sheffi, Y.: Optimization-based Procurement for Transportation Services. In: Journal of Business Logistics 2 (2003), 109-128.

5. Conover, W.J.: Practical Nonparametric Statistics, 2. Auflage, Wiley-Verlag, New York 1980.

6. Deb, K.: Multi-Objective Optimization using Evolutionary Algorithms. Wiley-Verlag, New York et al. 2001.

7. Elmaghraby, W.; Keskinocak, P.: Combinatorial Auctions in Procurement. In: Harrison, T.; Lee, H.; Neale, J. (Hrsg.): The Practice of Supply Chain Management: Where Theory and Application Converge. Springer, New York 2004, 245-258.

8. Feo, T.A.; Resende, M.G.C.: Greedy Randomized Adaptive Search Procedures. In: Journal of Global Optimization 2 (1995), 109-133.

9. Fischer, K.; Müller, J.P; Pischel, M.; Schier, D.: A Model for Cooperative Transportation Scheduling. In: Lesser, V. (Hrsg.): Proceedings of the First International Conference on Multiagent Systems (ICMAS'95), MIT Press, 1995, S. 109-116.

10. Gomber, P.; Schmidt, C.; Weinhardt, C.: Elektronische Märkte für die dezentrale Transportplanung, In: Wirtschaftsinformatik 39 (1997), 137-145.

11. Kopfer, H.; Pankratz, G.: Das Groupage-Problem kooperierender Verkehrsträger. In: Kall, P.; Lüthi, H.-J. (Hrsg.): Operations Research Proceedings 1998, Springer Verlag, Berlin u.a. 1999, 453-462.

12. Ledyard, J.; Olson, M.; Porter, D.; Swanson, J.A.; Torma, D.P.: The first use of a Combined Value Auction for Transportation Services. In: Interfaces 5 (2002), 4-12.

13. Leyton-Brown, K.; Pearson, M.; Shoham, Y.: Towards a Universal Test Suite for Combinatorial Auction Algorithms. In: Proceedings of the 2nd ACM Conference on Electronic Commerce, Minneapolis, Minnesota, USA, 2000, 66-76.

14. Pankratz, G.: Analyse kombinatorischer Auktionen für ein Multi-Agentensystem zur Lösung des Groupage-Problems kooperierender Speditionen. In: Inderfurth, K.; Schwödiauer, G.; Domschke, W.; Juhnke, F.; Kleinschmidt, P.; Wäscher, G. (Hrsg.): Operations Research Proceedings 1999, Springer-Verlag, Berlin u.a. 2000, 443-448.

17. Resende, M. G. C.; Ribeiro, C.C.: Greedy Randomized Adaptive Search Procedures. In: Glover, F.; Kochenberger, G. (Hrsg.): Handbook in Metaheuristics. Kluwer, Norwell, MA 2002, 219-249.

18. Sandholm, T.: An Implementation of the Contract Net Protocol Based on Marginal Cost Calculations. In: Proceedings of the 11th National Conference on Artificial Intelligence (AAAI-93), Washington D.C., 1993, 256-263.

19. Sandholm, T.; Suri, S.; Gilpin, A.; Levine, D.: Winner Determination in Combinatorial Auction Generalizations. In: The First International Joint Conference on Autonomous Agents & Multiagent Systems (AAMAS 2002), Bologna 2002.

20. Sheffi, Y.: Combinatorial Auctions in the Procurement of Transportation Services. In: Interfaces 4 (2004), 245-252.

21. Song, J.; Regan A.C.: Combinatorial Auctions for Transportation Service Procurement: The Carrier Perspective. In: Transportation Research Record, Journal of the Transportation Research Board 1833 (2004), 40-46.
22. Teich, E.; Wallenius, H.; Wallenius, J.; Koppius, O.R.: Emerging multiple issue e-auctions. In: European Journal of Operational Research 159 (2004), 1-16.
23. Zitzler, E.; Thiele, L.; Deb, K.: Comparison of Multiobjective Evolutionary Algorithms: Empirical Results. In: Evolutionary Computation 2 (2000), 173-195.
24. Zitzler, E.; Thiele, L.: Multiobjective Evolutionary Algorithms: A Comparative Case Study and the Strength Pareto Approach. In: IEEE Transactions on Evolutionary Computation 3 (1999), 257-271.

DV-Unterstützung zur wertorientierten Transportgestaltung im intermodalen Güterverkehr

Gerald Jäschke[1], Philipp Gallus[2], Ralf Elbert[2] und Matthias Hemmje[1]

[1]FernUniversität in Hagen, Fakultät für Mathematik und Informatik,
Lehrgebiet Multimedia und Internetanwendungen
Universitätsstr. 1, 58084 Hagen
gerald.jaeschke@fernuni-hagen.de, matthias.hemmje@fernuni-hagen.de
[2]Technische Universität Darmstadt, 64289 Darmstadt
gallus@bwl.tu-darmstadt.de, elbert_ralf@bwl.tu-darmstadt.de

Abstract. The form of transportation of goods interferes with the company value. It is a significant lever for the increase of shareholder value. The value-based map out of goods transportation requires a methodology that permits managers in charge to substantiate the correlation between the transportation design, the value drivers, and the company value. However, in the first place, most companies lack a methodology by which, for example, the advantages of alternative transportation modes could be demonstrated. Secondly, information systems are missing, which assist in assessing the multitude of aspects of transportation design and their complex valuation relationships in no time. This article presents a software-based methodology for the assessment of transportation alternatives.

Keywords: Value-based management, decision support, visualization, logistics, intermodal transport of goods.

1 Einleitung

Dem Güterverkehr in Deutschland wird für die Zukunft ein starkes Wachstum prognostiziert, wodurch auch die Nachfrage nach Verkehrsleistungen erheblich zunehmen wird. Aufgrund einer mangelnden Transparenz der weniger dominanten Transportalternativen zur Wertsteigerung der Unternehmen, insbesondere des kombinierten Straßen-/Schienengüterverkehrs (KV), erfährt aber die Straßenverkehrsinfrastruktur eine übermäßige Belastung. In Wirtschaft und Politik ist daher unbestritten, dass Verkehr von der Straße auf die Schiene verlagert werden muss, um den sonst drohenden Verkehrsinfarkt abzuwenden. Das hier vorgestellte Konzept zur wertorientierten Transportgestaltung basiert auf der empirisch gestützten Annahme, dass ein Verkehrsverlagerungspotential in der unternehmerischen Praxis nur dann besteht, wenn dadurch der Unternehmenswert der beteiligten Akteure gesteigert wird, oder in anderen Worten ausgedrückt: Der KV muss sich für alle Beteiligten rechnen! Die mit dem Unternehmenswert verbundene zukunfts-, risiko- und marktorientierte Wirkung des KV ist jedoch für die Akteure häufig nicht transparent. Existierende Einzellösungen decken nur einen Teil des Problemfeldes ab, es fehlt ein umfassender und in der Unternehmenspraxis realisierbarer Ansatz.

Ziel dieses Beitrages ist es, ein flexibles DV-Werkzeug zur Identifikation, Berechnung und Kommunikation wertsteigernder Verkehrsverlagerungspotentiale vorzustellen. Im Ergebnis soll die Software den Akteuren im Transport (Verlader, Terminalbetreiber, Spediteure, Eisenbahnverkehrsunternehmen, Infrastruktur-Anbieter, etc.) die Ermittlung der Verkehrsverlagerungspotentiale nach finanziellen (z.B. Shareholder Value, Return on Investment), technologischen (z.B. Lieferzeit, Lieferzuverlässigkeit, Lieferungsbeschaffenheit, Lieferflexibilität), sozialen (z.B. Mitarbeiterzufriedenheit, Transportrisiko) und ökologischen (z.B. Lärm, CO_2-Emissionen) Kriterien erlauben.

Kapitel 2 behandelt eine Methodik zur wertorientierten Transportgestaltung am Beispiel des KV. Dazu folgen zunächst eine kurze Darstellung der Herausforderung bzw. der Komplexität im KV (Kapitel 2.1) und die Beschreibung eines Grundmusters zur Lösung der Gestaltungsaufgabe (Kapitel 2.2). Darauf aufbauend wird das dem DV-Werkzeug zugrunde liegende Konzept vorgestellt (Kapitel 2.3). In Kapitel 3 erfolgt die Beschreibung des DV-Werkzeuges zur wertorientierten Transportgestaltung mit Schwerpunkt auf der Visualisierung zur Entscheidungsunterstützung (Kapitel 3.3). In Kapitel 4 wird auf erste Erfahrungen und Ergebnisse aus der Anwendung in der Praxis eingegangen. Der Beitrag schließt in Kapitel 5 mit einer kritischen Würdigung der Forschungsergebnisse und skizziert weiteren Forschungsbedarf.

2   Methodik zur wertorientierten Transportgestaltung im KV

2.1   Die Komplexität im KV

Das stetig zunehmende Güterverkehrsaufkommen und die politisch forcierte Verkehrsverlagerung von der Straße auf die Schiene zwingt Logistikunternehmen zur (Um-)Gestaltung ihrer Gütertransporte. Effiziente intermodale Güterverkehre sind eine wesentliche Voraussetzung für die Wettbewerbsfähigkeit von Unternehmen im globalen Wettbewerb. Daher ist es erforderlich, mit intelligenten Lösungen die Systemvorteile der einzelnen Verkehrsträger voll auszuspielen und alternative Gütertransportmodi wertorientiert zu gestalten. Insbesondere der KV wird als eine Möglichkeit gesehen, die Vorteile der Straße mit denen der Schiene zu verbinden. Im Rahmen der Verkehrspolitik gibt es zahlreiche privatwirtschaftliche Aktionen und öffentlich geförderte Programme zur Verbesserung des KV auf nationaler und internationaler Ebene. Beispielhaft können Programme wie Marco Polo, PACT oder N-PACT angeführt werden. Allerdings fehlt es dem KV weiterhin an der notwendigen Wettbewerbsfähigkeit [1]. Auch konnten die von der Wirtschaft und Politik formulierten Erwartungen – explizit z.B. im Weißbuch „Die europäische Verkehrspolitik bis 2010: Weichenstellungen für die Zukunft" der Europäischen Kommission aufgeführt [10] – bisher nur ansatzweise erfüllt werden. Es stellt sich daher die Frage, warum eine Verkehrsverlagerung beispielsweise von der Straße auf die Schiene trotz vielfältiger Aktivitäten und Förderprogramme so schwer fällt.

Die Bemühungen um eine Verkehrsverlagerung in der unternehmerischen Praxis scheitern all zu oft an der im KV herrschenden Komplexität. Diese besteht nicht nur in der anspruchsvollen technischen Abwicklung des KV, beispielsweise beim Terminalumschlag oder der Interoperabilität von Zugsteuerungen und -sicherungen, Bahnstromsystemen und Fahrzeugen bei grenzüberschreitenden Verkehren. Die Organisation des KV weist aufgrund der unterschiedlichen Akteure in der Transportkette eine hohe Komplexität auf. Die am KV beteiligten Akteure wie Verlader, logistische Dienstleister und Spediteure, KV-Operateure, Terminalbetreiber, Eisenbahnverkehrsunternehmen, Infrastrukturbetreiber und auch der Staat haben rollenspezifische Vorstellungen darüber, was der KV leisten muss – kurz: sie verfolgen ihre eigenen Zielsetzungen. Gemäß ihrer jeweiligen Ziele verfolgen die Akteure mit dem Transport unterschiedliche Interessen und stoßen dabei auf spezifische Probleme des KV. Die Komplexität besteht nun darin, dass es nicht ausreicht, die Probleme eines Akteurs zu lösen. Damit der KV und nicht allein der LKW zum Einsatz kommt, muss im Zusammenspiel mehrerer Akteure kollektiv eine KV-Lösung erarbeitet werden. Beispielsweise muss der Spediteur sicherstellen, dass der vom Verlader geforderte Lieferservice eingehalten wird, wobei er auf Terminalzeiten und die Fahrpläne von KV-Operateuren angewiesen ist. Die KV-Operateure optimieren ihren Fahrplan entsprechend der zur Verfügung stehenden Trassen und den Ressourcen der Eisenbahnverkehrsunternehmen. Dieses einfache Beispiel illustriert die vielfältigen und vielschichtigen Probleme, die im KV gelöst werden müssen – vom Transportpreis ist hier noch gar nicht Rede.

Im Dienste der Verkehrsverlagerung von der Straße auf die Schiene sind zahlreiche Lösungen erarbeitet worden [18]. Dabei ist jedoch festzustellen, dass ein Großteil dieser viel versprechenden Ansätze nur Insel-Lösungen sind, d.h. ein bestimmtes Problem eines Akteurs lösen. Bei den anderen Akteuren wirft diese Lösung dagegen unter Umständen neue Folgeprobleme auf, die einer Verkehrsverlagerung entgegenstehen. Die Ursache für diese „Problem-Lösung-Problem"-Zusammenhänge ist darin zu sehen, dass zu wenig Transparenz über die organisationalen Zusammenhänge im KV besteht. Dieser Problematik wird im folgenden Konzept zur wertorientierten Transportgestaltung im intermodalen Güterverkehr Rechnung getragen.

2.2   Lösung der Gestaltungsaufgabe im KV

Ein gemeinsames Grundmuster zur Lösung der Verkehrsverlagerungsaufgabe lässt sich durch drei Problemfelder – Identifikation, Bewertung und Kommunikation – die in Abb. 1 dargestellt sind, beschreiben.

Erst die ganzheitliche Lösung der Verlagerungsaufgabe als „Schnittmenge" der Problemfelder ermöglicht einen systematischen und auf alle am KV beteiligten Akteure übertragbaren Ansatz für die Nutzung von wertsteigernden Verkehrsverlagerungspotentialen.

Zur Steigerung der Wettbewerbsfähigkeit des KV bedarf es für die unternehmerische Praxis eines integrierten Konzeptes und entsprechender Instrumente zur simultanen Identifikation, Berechnung und Kommunikation wertsteigernder Verkehrsverlagerungspotentiale. Die Untersuchung zur EDV-Unterstützung im KV brachte zutage, dass bislang nur Insel-Lösungen existieren, die eine derartige systematische, auf die Sichtweise aller beteiligten Akteure übertragbare Bewertung von Transportalternativen nicht unterstützen. Grundsätzlich haben sich vier Kategorien von DV-Systemen mit Bedeutung für die Logistik herausgebildet [11]. Warehouse-Management-Systeme (WMS), Enterprise-Resource-Planning-Systeme (ERP) und Transport-Management-Systeme (TMS) dienen vielfach nur der operativen Abwicklung einzelner Prozesse und leisten somit in diesen Fällen keine Hilfestellung bei der strategischen Entscheidungsfindung. Traditionelle ERP-Systeme liefern oft nur interne Planvorgaben und beziehen externe Partner nicht in ihre Berechnungen ein. Auch bieten ERP-Systeme nur begrenzt Möglichkeiten zur Optimierung, insbesondere in Hinblick auf die Erstellung, Analyse und Bewertung unterschiedlicher Szenarien [7]. Supply-Chain-Management-Systeme (SCM) hingegen sind oft als Entscheidungsunterstützungssysteme konzipiert, sie bieten Komponenten für genau diese Aufgaben an. Im Rahmen der Komponenten zur Distributionsplanung können verschiedene Szenarien z.B. zur Nutzung unterschiedlicher Distributionskanäle oder zum Einsatz unterschiedlicher Transportmittel erstellt, analysiert und gegeneinander abgewogen werden [7].[1]

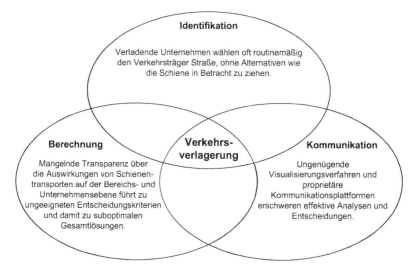

Abb. 1. Problemfelder der Verkehrsverlagerung.

Während SCM-Systeme die Transportmittelwahl als Optimierungsproblem bestehender Strukturen betrachten, trägt das Spin-Tool [19] den Kosten notwendiger operativer Anpassungen und Veränderungen im Unternehmen Rechnung. Als eigenständiges Werkzeug eignet sich Spin damit zur Identifikation und Berechnung einer Umstellung auf den KV. Eine wertorientierte Betrachtung leistet hingegen keines der Systeme. Ökologie ist in DV-Werkzeugen lediglich vereinzelt ein Kriterium in der

---

[1]   Das Modul „Transportation Modelling and Analysis" von i2 Technologies leistet eine taktische und strategische Entscheidungsunterstützung. „my SAP-SCM" von SAP bietet innerhalb der Transportplanung die Möglichkeit einer Optimierung des Liefermodus, der Verteilung auf Transportmittel und Frachtführer und der Routenplanung. Beiden dieser bedeutenden SCM-Repräsentanten ist die Beschränkung auf Kosten- und Servicekriterien gemein.

Entscheidung über Transportalternativen, jedoch zumeist exklusiv unter Vernachlässigung anderer relevanter Kriterien.[2]

Die strategische Entscheidungsunterstützung stellt gegenüber der operativen Ebene eine bislang nahezu unbesetzte Nische dar, welcher aber zukünftig eine große Bedeutung beigemessen wird. Aufgrund der weit reichenden Bedeutung bedürfen strategische Entscheidungen einer methodischen Herbeiführung und Begründung.

2.3 Methodik zur wertorientierten Transportgestaltung

Im Zentrum der entwickelten Methodik zur wertorientierten Transportgestaltung steht die Frage, inwiefern Verkehrsverlagerungspotentiale wertsteigernd im Unternehmen genutzt werden können. Dazu müssen zunächst (finanzielle, technologische, soziale und ökologische) Werte formuliert werden, die für das Unternehmen im Allgemeinen und für die Gestaltung von Transportvorgängen im Besonderen relevant sind. Anschließend werden die für die vorliegende Transportsituation zulässigen Transportalternativen identifiziert, entscheidungsrelevante Informationen im Unternehmen systematisch in eine Struktur gefügt sowie alle entscheidungsrelevanten dynamischen Umweltentwicklungen mittels Trendprognosen erfasst. Solche Trends können Entwicklungen auf der (politischen, gesellschaftlichen, ökonomischen, etc.) Makroebene sein [13]. Diese beeinflussen die Akteure am Markt und werden anhand geeigneter Indikatoren auf der Mikroebene im betrachteten Unternehmen gemessen. Die Trends wirken über die Indikatoren auf eine Reihe unternehmensspezifischer Kennzahlen, die so genannten Werttreiber [4]. Diese Werttreiber werden durch mathematische und sachlogische Beziehungen zu Hierarchien zusammengefasst, wobei nicht nur finanzielle, sondern auch technologische, ökologische oder soziale Werttreiberhierarchien entstehen mit jeweils eigenen Spitzenwerttreibern.

Die Formeln der Unternehmenswertrechnung[3] stellen die Basis der hier vorgestellten Methodik dar. Unter Unternehmenswertrechnung wird im Rahmen der wertorientierten Unternehmensführung das Rechenschema zur Ermittlung des Unternehmenswertes, aber auch des Wertes von Unternehmensteilen, Strategien, Investitionen und Maßnahmen verstanden.[4] In einer systematischen Betrachtung lassen sich die (Verknüpfungs-)Regeln der Formeln der Unternehmenswertrechnung in folgende Komponenten aufteilen: *finanzielle Werttreiberhierarchien* zur Prognose von *Free Cash Flows* mittels *Trends (Prognosemethoden)*, Bestimmung des *Diskontierungszinssatzes* nach dem *Capital Asset Pricing Model* (CAPM) und Berechnung des fundamentalen Eigenkapitalwertes nach der *Barwertmethode*. Mit der Verwendung der Free Cash Flows nach der Discounted-Cash-Flow-Methode als Rückflussvariante werden die in

---

[2] Stellvertretend seien hier die Systeme „ecoTransit" der Stinnes Freight Logistics und „ecomap" der Schenker Logistics genannt.

[3] Zum Begriff der Unternehmenswertrechnung vgl. [15].

[4] Dabei dient die Unternehmenswertrechnung zum einen der Unternehmensleitung zur Operationalisierung der Steigerung des fundamentalen Eigenkapitalwertes als oberste finanzwirtschaftliche Zielsetzung und zur Ableitung von Instrumenten im Rahmen der wertorientierten Unternehmensführung. Zum anderen wird sie auch von unternehmensexternen Kapitalmarktteilnehmern zur Analyse des fundamentalen Unternehmenswertes angewendet.

der Barwertmethode berechneten Netto-Rückflüsse an die Eigenkapitalgeber auch als *Discounted Cash Flows* bezeichnet. Die Akteure orientieren sich bei ihren Handlungen an diesen Discounted Cash Flows, die, wie in Abb. 2 systematisch dargestellt, aus der Verknüpfung der Formeln der Unternehmenswertrechnung hervorgehen. In der Abbildung sind dabei in der finanziellen Dimension F die Wahrscheinlichkeitsverteilungen p der erwarteten Renditen des Unternehmens r im Vergleich zu den erwarteten Renditen des Marktportfolios r_m eingetragen, aus denen der Diskontierungszinssatz nach dem CAPM bestimmt wird.

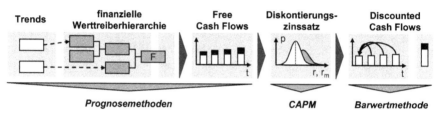

Abb. 2. Systematische Verknüpfung der Formeln der Unternehmenswertrechnung.

Diese (Verknüpfungs-)Regeln in den ausgewählten Methoden gilt es auf die technologische, ökologische und soziale Werttreiberhierarchie zu übertragen. Für eine Übertragung der Barwertmethode und des CAPM auf die nicht-finanziellen Dimensionen, wird der Begriff „Cash Flow (CF)" aus der finanziellen Dimension verallgemeinert und dafür der Begriff „Value Flow (VF)" eingeführt.[5]

Zur Berücksichtigung der Zukunftsorientierung sind die Value Flows mittels Werttreiberhierarchien zu prognostizieren und auf den Betrachtungszeitpunkt zu diskontieren. Die Ausgestaltung der Werttreiberhierarchien in den einzelnen Dimensionen ist abhängig vom organisationalen Kontext und den Zielsetzungen des Unternehmens. In den Werttreiberhierarchien ergeben sich die rechentechnischen Verknüpfungen von Werttreibern aus den zu Grunde liegenden betriebswirtschaftlichen Sachverhalten. Für die sachlogischen Verknüpfungen ist die Präferenzstruktur der relevanten Akteure im Unternehmen zu ermitteln.[6] Mit den rechentechnischen und sachlogischen Verknüpfungen von Werttreibern sind die Werttreiberhierarchien vollständig beschrieben. Zur Prognose der zukünftigen Entwicklung der Value Flows als Spitzenwerttreiber in den jeweiligen Werttreiberhierarchien werden unternehmensexterne Einflüsse identifiziert, von denen für den betrachteten organisationalen Kontext eine maßgebliche Wirkung erwartet wird. Für diese zukunftsorientierte Betrachtung eignet sich die *Szenario-Methode* ([5], [9], [17]). Damit können die zukünftigen Entwicklungen im Unternehmensumfeld als unternehmensexterne Trends, d.h. als Entwicklung einer Größe über die Zeit, betrachtet werden. Diese unterliegen auf Grund ihres

---

[5]   In Anlehnung an den Cash Flow ist unter einem Value Flow der in einer Periode erwirtschaftete Wertüberschuss eines Unternehmens oder einer Berichtseinheit in der jeweiligen Dimension zu verstehen.

[6]   Zur Erfassung der Präferenzen von intendierten Handlungsfolgen kann der Analytical Hierarchy Process (AHP) angewendet werden. Damit kann die Präferenzstruktur eines Akteurs durch den paarweisen Vergleich von Werttreibern berechnet werden. Siehe dazu in erster Linie die Arbeit von [16]. Des Weiteren siehe auch [6], [8].

zukunftsorientierten Charakters Unsicherheiten, weshalb die Trendentwicklung meist als Trendkorridor mit einer oberen und unteren Grenze angegeben wird, innerhalb dessen eine bestimmte Wahrscheinlichkeitsverteilung angenommen werden kann. Für die Prognose der Spitzenwerttreiber in den Werttreiberhierarchien sind die innerhalb der Trendkorridore möglichen Trendverläufe zu berücksichtigen. Dazu wird die in der Literatur empfohlene Monte-Carlo-Simulation angewendet [3]. Diese Simulation mit Zufallszahlen ist besonders gut geeignet, da gleichzeitig mehrere Trends mit unterschiedlichen Wahrscheinlichkeitsverteilungen auf die zu prognostizierenden Werttreiber in den Werttreiberhierarchien wirken können. Aus einer genügend großen Anzahl von Simulationsläufen lassen sich die spezifischen Wahrscheinlichkeitsparameter der Spitzenwerttreiber in den Werttreiberhierarchien – der Erwartungswert und die Standardabweichung – für die einzelnen Perioden im Prognosezeitraum bestimmen. In Abb. 3 ist die Monte-Carlo-Simulation zur Prognose der Value Flows als Spitzenwerttreiber in den Werttreiberhierarchien grafisch dargestellt.

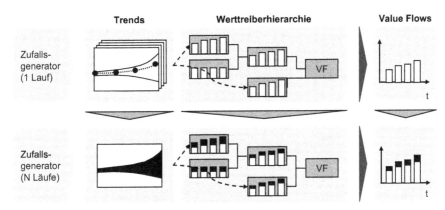

Abb. 3.   Berechnung der Value Flows nach der Monte-Carlo-Simulation.

In der nachfolgenden Tab. 1 sind die Formeln der Unternehmenswertrechnung – der Discounted Cash Flow nach der Barwertmethode, die geforderte Rendite nach dem CAPM und die Risikofaktoren – in ihrer Basisform, in einer verallgemeinerten Verwendung als Value Flow sowie in einer daraus abgeleiteten Vereinfachung für die Verwendung im DV-Werkzeug dargestellt.

Für die Übertragung der Formeln der Unternehmenswertrechnung auf die nichtfinanziellen Dimensionen des Konzepts zur wertorientierten Transportgestaltung der Handlungsalternativen j werden die Rechengrößen – die geforderte Rendite r, die erwartete Marktrendite r_m, der risikofreie Zinssatz r_f und der Risikofaktor β – um den Index der Dimension d ergänzt und die Rückflüsse durch entsprechende Value Flows $VF_{d;t}$ bzw. Discounted Value Flows DVF_d ersetzt [4].

Tab. 1. Basisformeln der Unternehmenswertrechung und deren Verallgemeinerung und Vereinfachung für die Verwendung im DV-Werkzeug.

Basisformel der Unternehmenswertrechnung	Verallgemeinerung	Vereinfachung für Verwendung im DV-Werkzeug
$DCF_d = \sum_{t=0}^{T} \dfrac{CF_{d;t}}{(1+r_d)^t} + \dfrac{CF_T}{(1+r_d)^T}$	$DVF_d = \sum_{t=0}^{T} \dfrac{VF_{d;t}}{(1+r_d)^t} + \dfrac{VF_T}{(1+r_d)^T}$	$DVF_{j;d} = \sum_{t=0}^{T} \dfrac{VF_{j;d;t}}{(1+r_{j;d})^t}$
$E(r_j) = r_f + \beta_j \big(E(r_m) - r_f\big)$	$r_d = r_{f;d} + \beta_d \cdot \big(E(r_{m;d}) - r_{f;d}\big)$	$r_{j;d} = r_{f;d} + \beta_{j;d} \cdot \big(E(r_{m;d}) - r_{f;d}\big)$
$\beta_j = \dfrac{Cov(r_j, r_m)}{Var(r_m)}$	$\beta_d = \dfrac{Cov(r_d, r_{m;d})}{Var(r_{m;d})}$	$\beta_d = \dfrac{Cov(VF_{j;d}, VF_{m;d})}{Var(VF_{m;d})}$

Die Systematisierung der Verknüpfungsregeln der Formeln der Unternehmenswertrechnung ist für alle Dimensionen in der folgenden Abb. 4 zusammengefasst.

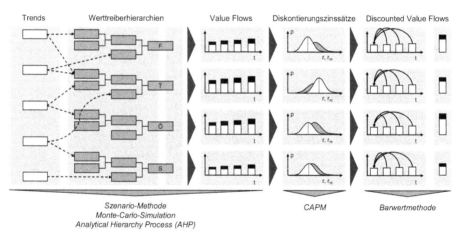

Abb. 4. Systematische Verknüpfung der Formeln der Unternehmenswertrechnung für die finanzielle, technische, ökologische und soziale Dimension.

Unterschiedliche strategische Handlungsalternativen (z.B. bei der Verkehrsträgerwahl) implizieren unterschiedliche Auswirkungen der Trends. Die vorgestellte Methodik und ihre Implementierung in einem DV-Werkzeug bietet eine Möglichkeit zur Evaluation von strategischen Handlungsalternativen und kann sowohl deren Beiträge zur Wertsteigerung als auch ihre Risikoentwicklung simulieren. Der Logistikmanager kann mit den Spitzenwertreibern in diskontierter Form Aussagen über die zukünftige Wert- und Risikoentwicklung auf Logistik- und Unternehmensebene treffen. Das heißt, im Ergebnis erhalten die verantwortlichen Entscheidungsträger eine Informationsbasis zur wert- und risikoorientierten Transportgestaltung.

Zusammengefasst zeichnet sich das zugrunde liegende Konzept zur wertorientierten Transportgestaltung durch folgende Leistungsmerkmale aus: Das Konzept

- berücksichtigt unternehmensspezifische Besonderheiten und Rahmenbedingungen;
- ist auf unterschiedliche Entscheidungssituationen im Unternehmen anwendbar;
- trägt der Dynamik im Unternehmen und im Unternehmensumfeld Rechnung;
- verdeutlicht dem Entscheidungsträger die Auswirkungen von Entscheidungsalternativen in einer Entscheidungssituation auf den Shareholder Value sowie auf technologische, ökologische und soziale Ziele;
- gibt dem operativen Management eine Hilfestellung bei der Auswahl der unternehmensspezifisch wertmaximierenden Entscheidungsalternative;
- fördert durch die aktive Einbeziehung des operativen Managements dessen Eigenverantwortung für die Wertsteigerung des Unternehmens;
- ermöglicht eine Dokumentation und nachvollziehbare Begründung von getroffenen Entscheidungen.

3   DV-Unterstützung zur wertorientierten Transportgestaltung

Das DV-Werkzeug als technische Umsetzung realisiert die Methodik zur wertorientierten Transportgestaltung vollständig und unterstützt Logistikmanager in der systematischen Bewertung unterschiedlicher Transportalternativen. Die verwirklichte methodische Erfassung und Auswertung von Entscheidungssituationen ermöglicht die Beherrschung der damit verbundenen Komplexität und Dynamik. Die betriebliche Praxis, die Wahl der einzusetzenden Transportalternative eher standardisiert und erfahrungsbasiert zu treffen, kann damit überwunden werden.

Ebenso wie die zu Grunde liegende Methodik ist das DV-Werkzeug auf unterschiedliche logistische Entscheidungssituationen in Unternehmen anwendbar und nicht auf die Transportgestaltung im KV festgelegt. Strategisch kann das System konsequenterweise langfristig als universelles Werkzeug zur wertorientierten Betrachtung und Entscheidungsfindung von Handlungsalternativen positioniert und weiter entwickelt werden.

3.1   Einzelarbeitsplatzsystem zur wertorientierten Transportgestaltung

Die empirische Untersuchung zur EDV-Unterstützung im KV (s. Kapitel 2.2) zeigte auf, dass das Angebot von DV-Systemen in der operativen Distribution vielfältig und breit gefächert ist. Insbesondere ist kein Marktführer in diesem Segment erkennbar. Erschwerend kommt hinzu, dass ein hoher Anteil von Unternehmen Eigenentwicklungen einsetzen. Folgerichtig ist das DV-Werkzeug zur wertorientierten Analyse als eigenständige Anwendung ausgerichtet und ohne Drittsysteme lauffähig. Insbesondere ist das DV-Werkzeug keine Erweiterung aufbauend auf Drittsystemen. Diese Konzeption trägt seiner Ausrichtung als eigenständiges Werkzeug zur wertorientierten Betrachtung und Entscheidungsfindung in der Transportgestaltung Rechnung. Eine Abhängigkeit von Drittsystemen schränkte das Anwendungsfeld ein.

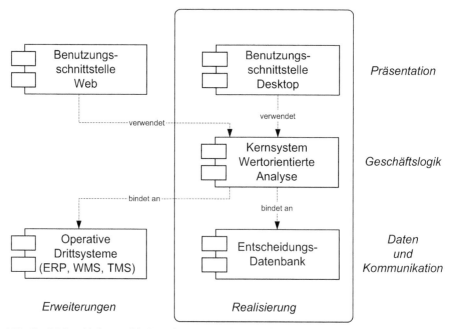

Abb. 5. Mehrschichtenarchitektur des DV-Werkzeuges bestehend aus Präsentations-,
Geschäftslogik- sowie Daten- und Kommunikationsschicht und Zuordnung wesentlicher Komponenten der Software. Gegenüberstellung realisierter Komponenten
(rechts) und mögliche Erweiterungen (links).

Die gesamte Entwicklung des DV-Werkzeuges erfolgte von Grund auf neu. Als
Technologien wurden Java als Betriebssystem übergreifende Plattform, relationale
Datenbanken als in der Industrie bewährte Datenspeicherung sowie Eclipse[7] als native
und dennoch portable graphische Benutzungsschnittstelle (GUI) gewählt.

Das DV-Werkzeug folgt in seiner Architektur, dargestellt in Abb. 5, der klassischen Gliederung in die drei Schichten Präsentation, Geschäftslogik und Datenzugriff.
Die Präsentationsschicht ist als oberste Schicht zuständig für die Gestaltung der Benutzungsschnittstelle. Dies umfasst sowohl das visuelle Erscheinungsbild als auch die
Führung des Benutzers durch die Anwendungsabläufe. Die Methodik zur wertorien-
tieren Transportgestaltung wird in der eigenständigen Geschäftslogik-Schicht implementiert. Die Daten- und Kommunikationsschicht erlaubt den übergeordneten Schichten den Zugriff auf Geschäfts- und Anwendungsdaten in zugrunde liegende Datenquellen oder Drittsystemen. Die strikte Trennung der Zuständigkeiten zwischen den
Schichten erlaubt die flexible Anpassung an unterschiedliche Konfigurationen.

---

[7]   Die Eclipse-Plattform ist als Grundlage nahezu beliebiger Anwendungen geeignet. Ihre
Workbench getaufte Benutzungsschnittstelle baut eine reichhaltige und vertraute Arbeits-
umgebung auf. Auf Eclipse basierende Anwendungen integrieren sich als Plug-in in die
Plattform und erweitern die Workbench um eigene Elemente. Für eine ausführliche Dokumentation siehe http://www.eclipse.org.

Die vorliegende Realisierung des DV-Werkzeuges umfasst das Kernsystem zur wertorientierten Analyse, eine Datenbank zur dauerhaften Speicherung von Entscheidungssituationen sowie eine Benutzungsschnittstelle für einen Einzelarbeitsplatz.

Die empirische Untersuchung ergab, dass ein nennenswerter Anteil entscheidungsrelevanter operativer Daten sowohl für Straße, Schiene als auch KV bei den Unternehmen elektronisch vorliegt. Für eine häufigere und einfachere Anwendung wird es in zukünftigen Ausbaustufen zweckmäßig sein, auch externe DV-Systeme der operativen Disposition (ERP, WMS und TMS) anzubinden, um unternehmensspezifische Kennzahlen, die so genannten Werttreiber, für die wertorientierte Betrachtung bereitzustellen. Umgekehrt berichtete das DV-Werkzeug getroffene Entscheidungen unmittelbar weiter. Durch die Integration in die Geschäftsprozesse würden Resultate der wertorientierten Betrachtung unmittelbar im operativen Geschäft umgesetzt.

3.2 Arbeitsweise mit dem DV-Werkzeug

In der Arbeit mit dem DV-Werkzeug gliedert sich die wertorientierte Betrachtung von Transportgestaltungsalternativen in die drei wesentlichen Schritte Modellierung entscheidungsrelevanter Abhängigkeiten, Ausdifferenzierung der Handlungsalternativen sowie Simulation, Auswertung und Dokumentation, siehe Abb. 6.

Abb. 6. Vorgehensweise in der Arbeit mit dem DV-Werkzeug.

Benutzer genießen bei der Modellierung entscheidungsrelevanter Abhängigkeiten und der Ausdifferenzierung der Handlungsalternativen weitestgehende Freiheit in ihrer Vorgehensweise. Eine Gültigkeitsprüfung validiert die Modellierung auf Vollständigkeit und Korrektheit und weist gezielt auf Gültigkeitsverletzungen hin.

Der Monte-Carlo-Simulation liegen Pseudo-Zufallszahlenreihen zu Grunde. Durch die Wahl identischer Startwerte ist die Reproduktion von Simulationsläufen möglich. Multiple Simulationsläufe in Verbindung mit der manuellen Variation von Trendprognosen erlauben grundsätzlich die Durchführung von Sensitivitätsanalysen.

Sämtliche Annahmen der Simulation als auch relevante Zwischenergebnisse stehen für eine weiterführende Auswertung bereit und schaffen notwendige Transparenz. Die visuelle Aufbereitung wesentlicher Ausgangsgrößen sowie Auswertungsergebnisse mittels eigens entwickelter Diagrammtechniken gibt dem Entscheidungsträger eine Hilfestellung bei der Auswahl der unternehmensspezifisch wertmaximierenden Entscheidungsalternative. Ein Bericht im HTML-Format ermöglicht die Dokumentation und nachvollziehbare Begründung von getroffenen Entscheidungen.

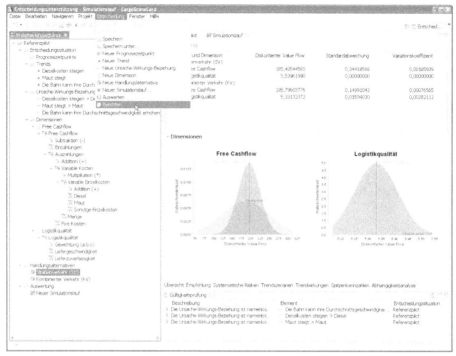

Abb. 7. Benutzungsoberfläche des DV-Werkzeugs.

Die Elemente der graphischen, objekt-orientierten Benutzungsschnittstelle, siehe Abb. 7, sind zu weiten Teilen direkt-manipulativ und bieten Benutzern kontextabhängig nahezu wahlfreien Zugriff auf die Funktionalität des DV-Werkzeugs. Die Anzeige der Entscheidungsstruktur, in Abb. 7 links, gibt einen vollständigen Überblick auf den Arbeitsstand und wird ergänzt um den Arbeitsbereich, in Abb. 7 rechts, für Eingabeformulare sowie Ergebnisanzeigen.

3.3 Visualisierung zur Entscheidungsunterstützung

Der Ansatz aus Szenario-Methode in Verbindung mit Monte-Carlo-Simulation führt im Ergebnis zu einer Informationsbasis zur wert- und risikoorientierten Transportgestaltung. Eine in erster Linie textuell-tabellarische Darstellung dokumentiert korrekt und nahezu vollständig sämtliche Annahmen und Ergebnisse einschließlich Zwischenergebnisse der Auswertung. Sie ist jedoch nur bedingt für weiter gehende, anwendungsrelevante Auswertungsmöglichkeiten geeignet. Mit Techniken der Visualisierung unterstützt das DV-Werkzeug Logistikmanager darin, relevante Informationen aus diesem umfangreichen und komplex strukturierten Simulationsdatenbestand zu bergen.

Informationsvisualisierung wird gemeinhin definiert als die Verwendung Computer-gestützter, interaktiver, visueller Repräsentationen von abstrakten Daten um deren Wahrnehmung zu erleichtern [2]. Sie kann Menschen wesentlich darin unterstützen, den Umfang von Datenbeständen zu erfassen, deren Beschaffenheit zu verstehen und darin enthaltene relevante Information zu erkennen.

Im Bereich der Entscheidungsunterstützung hat Informationsvisualisierung das Potenzial, korrekte Entscheidungen bei einer gleichzeitig verbesserten Effizienz in der Entscheidungsfindung zu fördern. Ziel des Einsatzes von Visualisierungen zur Entscheidungsunterstützung ist die Steigerung der Entscheidungsqualität, welche sich durch eine informationelle Absicherung der Entscheidung sowie eine Anhebung des Rationalitätsniveaus auszeichnet [12], [14]. Zu diesem Zweck strebt die Visualisierung mit dem ihr eigenen Ansatz der graphischen Darstellung die Vergrößerung der durch den Entscheidungsträger wahrgenommenen und einbezogenen Informationsmenge als auch der innerhalb dieser Informationsmenge herrschenden Beziehungen an.

Die wertorientierte Transportgestaltung stellt nachfolgende funktionale Anforderungen an die Auswertung der Informationsbasis:

- **Erkennen der Auswirkung von Handlungsalternativen auf Unternehmensziele.** Die Methodik simuliert anhand einer großen Anzahl von Szenarien die Auswirkung von Handlungsalternativen in der Entscheidungssituation. Der Logistikmanager kann mit den Spitzenwerttreibern in diskontierter Form Aussagen über die zukünftige Wert- und Risikoentwicklung auf Logistik- und Unternehmensebene treffen. Für die bewusste Gewichtung der teils widersprüchlichen Ziele durch den Entscheidungsträger ist eine Gegenüberstellung dieser entscheidungsrelevanten Auswertungsergebnisse nach Dimensionen erforderlich.
- **Rückbezug auf zugrunde liegende Szenarien.** Die Endergebnisse geben mit den diskontierten Spitzenkennzahlen eine bewusst abstrahierende Bewertung der Entscheidungssituation wider. Entscheidungsträger haben das Bedürfnis, die Auswertung einsehen und nachvollziehen zu können, sie verlangen nach Transparenz. Unmittelbar verlangt wird der Zusammenhang zwischen der Bewertung von Dimensionen und den zugrunde liegenden Szenarien. Weiterhin gefragt wird nach einem Überblick über die Entwicklung der Spitzenkennzahlen über sämtliche simulierten Szenarien hinweg.
- **Erkennen von Mustern in Trendabhängigkeiten.** Die Aussagekraft isolierter, einzelner Szenarien ist gering. Die Abhängigkeiten zwischen Trendverläufen und der Bewertung von Handlungsalternativen sind zu vielschichtig. Entscheidungsträger haben jedoch das Bedürfnis nachzuvollziehen, in welcher Kombination von Trendentwicklungen und welchen Wertebereichen von Trendentwicklungen einzelne Handlungsalternativen eindeutig zu bevorzugen oder aber zu vermeiden sind.
- **Erkennen von Ausschlusskriterien.** Ausschlusskriterien schließen Handlungsalternativen vollständig aus. Entscheidungsträger müssen das Auftreten von Ausschlusskriterien zweifelsfrei erkennen und deren Ursachen, vor allem anhand der Trends, nachvollziehen können.

Eine Sammlung spezialisierter, sich einander ergänzender Diagramme deckt dieses Anforderungsspektrum des Logistikmanagers in der wertorientierten Transportgestaltung ab.

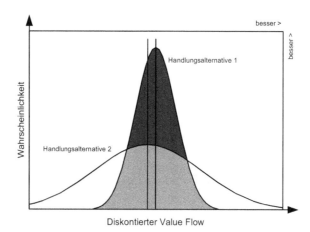

Abb. 8. Darstellung von Erwartungswert sowie Wahrscheinlichkeit respektive Unsicherheit zweier Handlungsalternativen (dunkelgrau und hellgrau) in einer Dimension.

Die erste Darstellungstechnik, siehe Abb. 8, stellt die Handlungsalternativen mit ihrer Auswirkung auf ein einzelnes Unternehmensziel gegenüber. Jeder Kurvenzug repräsentiert eine Handlungsalternative, zur besseren Unterscheidung farblich voneinander abgesetzt (hier Dunkelgrau und Hellgrau). Die Lage des Scheitelpunktes jeder Glockenkurve bestimmt sich anhand des Erwartungswertes und ihre Breite anhand der Standardabweichung des diskontierten Value Flows. Dazu umgekehrt korrespondiert der vertikale Kurvenausschlag als Wahrscheinlichkeit des Eintretens der berechneten Werte.

Diese Darstellungstechnik vermittelt die Beiträge von Handlungsalternativen auf die Unternehmensentwicklung. Innerhalb einer Dimension erlaubt die Gegenüberstellung dem Logistikmanager durch direkten Vergleich das Erkennen der besseren Entscheidung anhand der Kriterien Wertsteigerung und Risikoentwicklung. Je schmaler (bzw. höher) die Kurve, desto geringer das Risiko der Handlungsalternative und desto zielgerichteter kann der Logistikmanager planen. Die Bewertung richtet sich nach der Definition der Dimension. Folglich, je weiter links (respektive rechts) der Scheitelpunkt einer Kurve liegt, desto günstiger ist die Handlungsalternative für die Unternehmenswertentwicklung in dieser Dimension. In dem Darstellungsbeispiel ist die Handlungsalternative 1 in beiderlei Hinsicht zu empfehlen. Um dem Entscheidungsträger ein Abwägen zwischen den Unternehmenszielen zu gestatten empfiehlt sich die gleichzeitige Anzeige je eines Diagramms für jede Dimension der Entscheidungssituation.

Die zweite Darstellungstechnik, siehe Abb. 9, bietet einen Überblick über die simulierten Szenarien anhand der Spitzenkennzahlen. Jede Zelle im Raster repräsentiert eine Einzelempfehlung für eine Handlungsalternative in einem Szenario zu einem Prognosezeitpunkt. Die Empfehlung ist der Farbgebung der Zelle zu entnehmen.

Jede Handlungsalternative wird durch eine Farbe repräsentiert (hier Dunkelgrau und Hellgrau).Die Zelle wird gemäß der bestbewerteten Handlungsalternative eingefärbt. Kann keine eindeutige Empfehlung zugunsten einer Handlungsalternative ausgesprochen werden, so wird die Zelle neutral (hier die Hintergrundfarbe Weiß) ge-

färbt. Die Simulationsergebnisse sind vertikal anhand ihrer fortlaufenden Szenario-
nummer und horizontal anhand des Prognosezeitpunktes angeordnet.

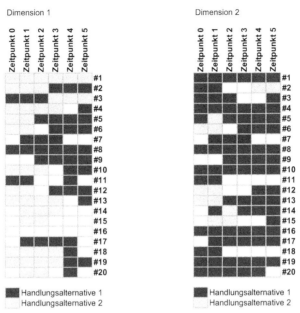

Abb. 9. Darstellung der vorteilhaftesten Transportalternative pro Betrachtungsdimension in
Abhängigkeit von Szenario (senkrechte Achse) und Zeitpunkt (horizontale Achse).

Die Interpretation dieser Darstellungstechnik vermag über die Dimensionsweise
Empfehlung hinaus gehende Informationen aus der Simulation zu offenbaren. Erstes
Kriterium ist die Homogenität der Darstellung. Überwiegt eine Farbe, so ist die damit
verbundene Handlungsalternative in der Mehrzahl der simulierten Szenarien und Pro-
gnosezeitpunkte zu bevorzugen. Zeigt sich ein Fleckenteppich wie im Darstellungsbeispiel in Dimension 1, so fällt eine Empfehlung wenig eindeutig aus. Insbesondere
bei großen neutralen Bereichen. Farbliche Einsprengsel wie in Dimension 2 des Beispiels zu sehen deuten auf Ausnahmefälle hin, in denen die zu Grunde liegende
Trendkonstellation ein Kippen der Bewertung bewirkt. Während die Szenarien unabhängig voneinander sind, lässt die horizontale Anordnung gegebenenfalls Beobach-
tungen über die zeitliche Entwicklung zu, wie in der Dimension 2 des Darstellungs-
beispiels der Fall. Hier erweist sich langfristig nahezu ausnahmslos die Handlungsalternative 1 als die bessere Wahl.

Eine Variante dieser Darstellungstechnik, siehe Abb. 10, führt das Auftreten von
Ausschlusskriterien vor Augen. Hierzu wird in den Zellen nicht ausschließlich die
Spitzenkennzahl sondern eine potenziell kritische Kennzahl wiedergegeben.

Bei gleich bleibender Anordnung bestimmt sich die Farbgebung dann daran, ob ein
inakzeptabler Wert aufgetreten ist (Farbe der Handlungsalternative) oder nicht (neu-
trale Farbe/Hintergrundfarbe).

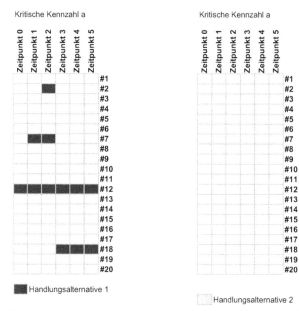

Abb. 10. Darstellung des Eintretens von Ausschlusskriterien in einer ausgewählten kritischen Kennzahl, aufgeschlüsselt nach Handlungsalternative sowie in Abhängigkeit von Szenario (senkrechte Achse) und Zeitpunkt (horizontale Achse).

Zunächst lässt diese Darstellungstechnik den Logistikmanager das Auftreten von Ausschlusskriterien erkennen. Darüber hinaus sind diese Ereignisse Szenarien und Prognosezeitpunkten zugeordnet, welches einen Ansatzpunkt für die Ursachenforschung anhand der ausgehenden Trendausprägung bietet.

Die dritte Darstellungstechnik, siehe Abb. 11, leistet die Gegenüberstellung von Simulationsszenarien. Sämtliche Trends können, unabhängig von ihrer Maßeinheit und ihrem Wertebereich, einheitlich anhand ihrer Ausprägung innerhalb des Trendkorridors als Faktor im Bereich 0 und 1 normalisiert werden, vgl. auch Abb. 3. Bei der Darstellungstechnik werden sämtliche Trends auf parallelen Achsen aufgetragen mit Wertebereich 0 bis 1. Die horizontale Achse ist ohne Bedeutung. Ein Szenario ist eine Kombination von Trendszenarien. Jedes Szenario wird durch einen Linienzug repräsentiert, welcher die Ausprägungswerte sämtlicher Trends miteinander verbindet. Die Farbe des Linienzuges repräsentiert wie zuvor die bestbewertete Handlungsalternative des Szenarios anhand einer Farbkodierung.

Aufgrund der zufälligen Annahme der Trendausprägungen ist eine mehr oder minder gleichmäßige Abdeckung des Diagrammbereiches zu erwarten. Ergeben sich anhand der puren Vielzahl der dargestellten Trendszenarien und der Ähnlichkeit in einer Teilmenge farbige Flächen, so kann dies ein Indiz sein für Muster in Abhängigkeiten zwischen Trendwerten sowie Entscheidungsempfehlung. So ist in dem Darstellungsbeispiel die Handlungsalternative 1 (Dunkelgrau) stets besser bewertet, wenn sich sämtliche Trends im oberen Drittel ihres Entwicklungskorridors bewegen. Dem entgegen dominiert Handlungsalternative 2 (Hellgrau), wenn Trend 1 sich unterdurchschnittlich und Trend 2 leicht überdurchschnittlich entwickeln.

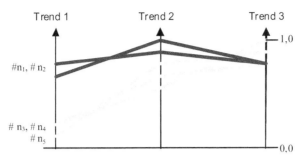

Abb. 11. Gegenüberstellung von Szenarien als Kombination angenommener Trendwerte (parallele senkrechte Achsen) und der am vorteilhaftesten Transportalternative.

Die Kombination und interaktive Verknüpfung der vorgenannten Darstellungen und ihrer Varianten kann Transparenz schaffen und der Rationalisierung dienen. In dieser Verbindung erlauben die Übersichtsdarstellungen, s. Abb. 9 und 10, die Auswahl von Szenarien von Interesse. Die Detaildarstellungstechnik, s. Abb. 11, beschränkt sich auf die Anzeige genau dieser Teilmenge ausgewählter Szenarien.

Dieser Verbund multipler Sichten gestattet dem Entscheidungsträger die visuelle Analyse des aus der Simulation stammenden Informationsbestandes. Grundsätzlich leistet sie den Rückbezug von Bewertungen und Empfehlungen auf die zugrunde liegenden Trendkonstellationen. Die gezielte Auswahl von Szenarien anhand relevanter Kriterien – insbesondere von Ausschlusskriterien, Mustern in der Handlungsalternativenempfehlung – erlaubt die Gegenüberstellung sämtlicher zugehöriger Trendszenarien und das Erkennen eventuell vorhandener Muster in der Abhängigkeit.

Zusätzliche Eingabeelemente außerhalb der Diagramme, z.B. Schieberegler, können darüber hinaus Wertebereiche einschränken und die Anzeige filtern.

4   Erste Ergebnisse aus einer Praxisanwendung

Die für die Softwareerstellung notwendige Anwendungsorientierung wurde durch die enge Zusammenarbeit mit Partnern aus der unternehmerischen Praxis (Kombiverkehr-Anbieter, Logistikdienstleister) gewährleistet. Im Rahmen einer Pilotierung bei einem assoziierten Partner erfolgte die Implementierung der generischen Version der Software zur DV-gestützten Transportgestaltung einer bestimmten Transportrelation. Diese wurde in einer finanziellen, ökologischen und technologischen Dimension betrachtet. Dazu wurde wie folgt vorgegangen:

1. Erfassung der Entscheidungssituation (Spitzenkennzahlen, Werttreiber, Trends und Ursache-Wirkungbeziehungen) im Unternehmen;
2. Diskussion von wichtigen Trends im KV;
3. Detaillierte Ausgestaltung der Werttreiberhierarchie;
4. Erfassung im DV-Werkzeug;
5. Durchführung der Simulation mittels Monte-Carlo-Simulation;
6. Bewertung und Diskussion der Simulationsergebnisse.

Für den Anwendungsfall wurde bei dem Pilotunternehmen eine Relation zwischen Frankfurt und Hamburg gewählt, die von den Entscheidern für den KV als eher ungeeignet eingeschätzt wurde. Die Gesamtstrecke im KV ist geringfügig größer. Bezüglich des Datengerüstes wurde eine Reihe von Annahmen getroffen:

- Die Trendkorridore sind konservativ gewählt worden, können aber problemlos verschärft werden;
- Der Kosten für den Terminalumschlag sind in allen Perioden fix;
- Die wesentliche kritische Annahme ist der Preis pro km. Im Straßengüterverkehr entspricht dieser in 2005 der Fahrzeugkostenrechnung, beim reinen Einsatz im KV beträgt der Aufschlag fast 100%;
- In der technologischen Dimension sind hauptsächlich die beiden Stellgrößen Pünktlichkeit und relative Geschwindigkeitsverbesserung für das Berechnungsergebnis verantwortlich;
- Die Häufigkeit des Transportes bleibt unberücksichtigt. Die Annahme setzt einen Transport pro Periode an;
- Nur indirekt berücksichtigt ist die Machbarkeit: Die Strecke wurde derart gewählt, dass ein KV-Einsatz grundsätzlich möglich erscheint. Weitergehende Verschiebungen im Betrieb des Logistikdienstleisters müssen zusätzlich berücksichtigt werden.

Entgegen den Erwartungen des Logistikdienstleisters kam die Software zu dem Ergebnis, dass eine Verkehrsverlagerung wertsteigernd, d.h. zu empfehlen ist. So ist der KV auf der betrachteten Relation nicht nur günstiger, sondern auch umweltfreundlicher. Mit anderen Worten: der KV ist in der finanziellen und ökologischen Dimension risikoärmer. Lediglich in der technologischen Dimension schneidet der KV im Hinblick auf die Pünktlichkeit schlechter ab als die Alternative Straße. Das Pilotunternehmen nahm dieses überraschende Ergebnis zum Anlass, um in Verhandlungsgespräche für eine Verlagerung zu treten. Damit war auch der politisch gewollte Nutzen der Software in einem ersten Anwendungsfall bestätigt. Das Praxisbeispiel zeigt, dass mittels des DV-Werkzeugs die in Kapitel genannten Problemkreise – Identifikation, Berechnung und Kommunikation – wertsteigernder Transportalternativen gelöst werden können.

5   Kritische Würdigung und weiterer Forschungsbedarf

Transportentscheidungen werden in Bezug auf den Einsatz des Verkehrsträgers heute immer noch häufig routinemäßig zu Gunsten des Straßenverkehrs getroffen. Daher wachsen sowohl das Güterverkehrsaufkommen als auch die -leistung auf der Straße relativ zur Schiene ständig weiter, mit der Folge einer übermäßigen Belastung der Straßenverkehrsinfrastruktur. Dies geschieht trotz vorhandener Kapazitäten auf der Schiene. In vielen Logistikunternehmen fehlt eine systematische Entscheidungsunterstützung, durch die intermodale Gütertransporte wertorientiert gestaltet werden können. Mit dem vorliegenden Beitrag wurde ein integriertes Konzept zur Identifikation, Berechnung und Kommunikation wertsteigernder Verkehrsverlagerungspotentiale vorgestellt, welche durch das DV-Werkzeug praktisch einsetzbar ist. Die Anwendung fördert die Nutzung des intermodalen Gütertransports durch Erhöhung der Transparenz und liefert somit einen entscheidenden Beitrag zur Nachhaltigkeit des Güterverkehrs.

Aufgrund der Komplexität der Anforderungen der potenziellen unterschiedlichen Anwender einer solchen Software, ist ein verstärkter Aufwand in Bezug auf die Anforderung der Zielgruppen und deren Berücksichtigung im DV-Werkzeug notwendig. Dies umfasst zum einen die Weiterführung und Detaillierung der Anforderungsanalyse in den potenziellen Teilmärkten auf Mikro- (Verlader, Terminalbetreiber, Spediteure, Eisenbahnverkehrsunternehmen, Softwareunternehmen, etc.) und Makroebene (Verkehrspolitik, Infrastruktur-Anbieter, etc.). Zum anderen sind die bei dieser Analyse erzielten Ergebnisse als Erweiterung und Anpassung des bestehenden generischen DV-Werkzeuges in dessen Entwicklung aufzunehmen. Als weiterer Forschungsbedarf werden daher die genauen Anforderungen der Kunden in den verschiedenen Marktsegmenten (Funktionsumfang, Zahlungsbereitschaft, Endanwender im Unternehmen) und die Bedingungen für eine erfolgreiche Kommerzialisierung des DV-Werkzeuges gesehen. Hierdurch sind auch wertvolle Hinweise für die Vorbereitung der Kommerzialisierung des DV-Werkzeuges, d.h. die Entwicklung eines tragfähigen Geschäftsmodells (u.a. Produktvarianten, Märkte und Marktpotenziale, Marketingstrategie, Multiplikatoren, etc.) zu erwarten. Das Geschäftsmodell bestimmt im Wesentlichen die Ausgestaltung des DV-Werkzeuges.

Danksagung. Die hier vorgestellte Methodik und das DV-Werkzeug wurden im Rahmen des durch das Ministerium für Wirtschaft und Technologie (BMWi) geförderten Projektes „CargoScoreCard" (Förderkennzeichen: 19 G-4012 A-F und 19 G-5015) entwickelt. Die Verantwortung für den Inhalt dieser Veröffentlichung liegt bei den Autoren.

Literaturverzeichnis

1. Böse, J.W.; Voß, S.: Informationsmanagement im Kombinierten Verkehr. In: Daduna, J.R.; Voß, S. (Hrsg.): Informationsmanagement im Verkehr. Physica-Verlag, Heidelberg 2000, 269-322.
2. Card, S.K.; Mackinlay, J.; Shneiderman, B.: Readings in Information Visualization. Morgan Kaufmann, San Francisco 1999.
3. Eisenführ, F.; Weber, M.: Rationales Entscheiden. 3., neu bearbeitete und erweiterte Auflage. Springer, Berlin 1999.
4. Elbert, R.: Sprache der Wertsteigerung zur wertbewussten Unternehmensführung. Ergebnisse einer strukturationstheoretischen Analyse und eines qualitativen Experiments in der Logistik. 2005.
5. Hachmeister, D.: Der Discounted Cash Flow als Maß der Unternehmenswertsteigerung. Peter Lang, Frankfurt am Main u.a. 1995.
6. Hahn, D.; Hungenberg, H.: PuK – Planung und Kontrolle. 6., vollständig überarbeitete und erweiterte Auflage. Gabler, Wiesbaden 2001.
7. Hellingrath, B.; Laakmann, F.; Nayabi, K.: Auswahl und Einführung von SCM-Softwaresystemen. In: Beckmann, H.: Supply Chain Management. Springer, Berlin, Heidelberg 2004.

8. Hunkel, M.: Segmentorientierte Preisdifferenzierung für Verkehrsdienstleistungen. Ansätze für optimales Fencing. Deutscher Universitätsverlag, Darmstadt 2001.

9. Klien, W.: Wertsteigerungsanalyse und Messung von Managementleistungen: Technik, Logik und Anwendung. Deutscher Universitätsverlag, Wiesbaden 1995.

10. Kommission der Europäischen Gemeinschaft: Weißbuch . Die europäische Verkehrspolitik bis 2010: Weichenstellungen für die Zukunft. Brüssel 2001.

11. Logistik Heute: Software in der Logistik: Der Softwareführer für Logistiker und logistikorientierte IT-Experten. Huss-Verlag, München 2004.

12. Meyer, J.-A.: Visualisierung von Informationen. Gabler, Wiesbaden 1999.

13. Micic, P.: Das ZukunftsRadar. Die wichtigsten Trends, Technologien und Themen für die Zukunft. Offenbach 2006.

14. Reiterer, H.; Mann, T.M.; Mußler, G.; Bleimann, U.: Visualisierung von entscheidungs-relevanten Daten für das Management. In: HMD - Praxis der Wirtschaftsinformatik 212 (2000), 71-83.

15. Riedel, J.B.: Unternehmungswertorientiertes Performance Measurement. Konzeption eines Performance-Measurement-Systems zur Implementierung einer wertorientierten Unternehmensführung. Wiesbaden 2000.

16. Saaty, T.L.: The analytical hierarchy process. McGraw Hill, New York 1980.

17. Schoemaker, P.J.: Scenario planning: A tool for strategic thinking. In: Sloan Management Review 36 (1995) 2, 25-40.

18. Studiengesellschaft für den Kombinierten Verkehr: Wer forscht was im Kombinierten Verkehr. Nachtrag 30. Frankfurt am Main 2006.

19. Spin-EU (2004): Applications of the SPIN Toolbox, Spin-Projekt, Homepage, Informationsmaterial, http://www.spin-eu.com/publications/PDFs/ Wp%2042_Report.pdf, 2004, (Abruf: 10.12.2005)

Strategien für die Auftragsdisposition in Speditionsunternehmen

Herbert Kopfer[1], Heiko Wieland Kopfer[2] und Ulrich Stache[2]

[1]Universität Bremen, FB 7, Lehrstuhl für Logistik
Wilhelm-Herbst-Straße 5, 28359 Bremen
kopfer@uni-bremen.de
[2]Universität Siegen, FB 11, Institut für Systemtechnik
Paul-Bonatz-Straße 9, 57068 Siegen
heiko-kopfer@web.de, ulrich.stache@uni-siegen.de

Abstract. The focus of this paper consists in the operational transportation planning and especially the integration of the traditional vehicle routing and scheduling of the own vehicle fleet with the resource planning of subcontractors' fleet, paid for fulfillment on the basis of different tariffs. Two planning approaches are proposed for this problem: the common approach used in most freight forwarding companies nowadays, and an alternative, new 'bundle-oriented' approach. The results of first examples show that the new approach generates results of essentially better quality.

Keywords: vehicle routing, operational transportation planning, self-fulfillment, subcontraction

1   Einleitung

Der Strukturwandel im Transportgewerbe und der daraus resultierende verschärfte Wettbewerb im Gütertransportmarkt erfordern eine ständige Effizienzsteigerung bei der Erbringung der gewerblichen Transportdienstleistungen. Ferner verursacht die Aufforderung zur Verkehrsminderung aufgrund infrastruktureller Engpässe und wachsenden ökologischen Bewusstseins zusätzlichen Druck auf die Transportdienstleister [13]. Darüber hinaus steigen mit der zunehmenden Vernetzung der Handelsbeziehungen die Intensität des Warenaustausches sowie die Ansprüche an die Zuverlässigkeit und Flexibilität von Transportleistungen.

Auf europäischer Ebene kann man beobachten, dass der Transportmarkt im Straßengüterverkehr bei steigenden Volumen einem ständig zunehmenden Wettbewerbsdruck unterliegt. Aufgrund der EU-Erweiterung haben sich der Preisdruck und die Wettbewerbssituation nochmals verschärft. Die Frachtraten für den Direktverkehr zwischen den alten und den neuen EU-Ländern sind in dem ersten Jahr nach der Erweiterung um 20% gefallen und haben sich in der Folgezeit auf einem niedrigen Niveau stabilisiert [1]. Dies hat bei den Versendern zu einem gestiegenen Kostenbewusstsein geführt. Die angespannte Wettbewerbssituation, die nicht zuletzt aus dem hohen Grad an Substituierbarkeit resultiert, zwingt zu neuen Maßnahmen, um weitere Kostensenkungspotenziale auszuschöpfen. Die Anforderungen an die Kosteneffizienz, Flexibilität und Zuverlässigkeit von Transportdienstleistungen erfordern eine noch bessere Planung der vorhandenen knappen Transportmittel und die Suche nach zusätzlichen, variabel nutzbaren Ressourcen [6].

Der Markt im Straßengüterverkehr ist sehr empfindlich. Einerseits verursachen große Schwankungen der Transportnachfrage, dass die Auslastung eines einzelnen Spediteurs in kurzer Zeit sehr stark variiert [2]. Andererseits beeinträchtigt die Ablehnung von Aufträgen die Kundenloyalität sowie das Vertrauen in die Kompetenz des Spediteurs. In der Geschäftsbeziehung zu langfristigen guten Kunden wird folglich die Annahme aller eingehenden Aufträge angestrebt. Eine entsprechende Erhöhung der Kapazität des eigenen Fuhrparks stellt keine geeignete Maßnahme dar. Denn das Vorhalten von Transportkapazitäten ist mit sehr hohen Fixkosten (z.B. Kapitalbindung, Steuern, Versicherung für Fahrzeuge, Löhne für Fahrer, etc.) verbunden, während die variablen Kosten trotz erhöhter Kraftstoffpreise und Maut immer noch relativ gering ausfallen. Deshalb haben die meisten Spediteure die Größe ihres Fuhrparks bis auf ein Niveau reduziert, das weit unterhalb der unteren Schranke für die variierende Nachfrage liegt. Auf diese Weise kann die Auslastung des eigenen Fuhrparks sichergestellt werden. Zur Abdeckung des Anteils der Aufträge, die nicht mit eigenen Fahrzeugen ausgeführt werden können, werden zusätzliche Kapazitäten kurzfristig besorgt. Die mit den Ressourcen des eigenen Fuhrparks nicht zu bewältigenden Aufträge werden dabei an externe Frachtführer vergeben, die in Abhängigkeit von individuell vereinbarten Regelungen zu unterschiedlichen Bedingungen entlohnt werden. Um die Möglichkeiten der Kostenreduktion, die die Fremdvergabe eröffnet, effizienzsteigernd zu nutzen, muss im Rahmen der Auftragsdisposition eine integrierte Planung der gesamten Auftragsbewältigung erfolgen. Dies hat eine Erweiterung des üblichen Tourenplanungsproblems auf eine integrierte operative Transportplanung zur Folge, bei der sowohl der eigene Fuhrpark als auch die verschiedenen Formen der Fremdvergabe verplant werden. Obwohl die Tourenplanung seit Jahrzehnten intensiv erforscht wird, gibt es bislang nur wenige Forschungsarbeiten zu Modellen und Verfahren für die erweiterte integrierte Problemstellung.

Das nachfolgende Kapitel 2 liefert eine Einführung in die Problemstellung der Auftragsdisposition in Speditionsunternehmen. Kapitel 3 besteht in der Konkretisierung dieser Planungssituation. Betrachtet wird ein Problem der Tourenplanung, bei dem ein eigener Fuhrpark um zusätzlich einsetzbare Frachtführer mit zuvor vereinbarten Regelungen für die Frachtberechnung ergänzt wird. Für dieses Problem werden in Kapitel 4 eine in der Praxis übliche Planungsstrategie und eine neue, hier vorgeschlagene bündel-orientierte Strategie vorgestellt und miteinander verglichen. Kapitel 5 widmet sich der Erprobung und der Evaluierung der beiden Strategien anhand eines Beispiels. In Kapitel 6 folgen ein Fazit und ein Ausblick auf weitere Forschungsfragen.

2   Das Planungsproblem der integrierten Auftragsdisposition

Im Teil- und Komplettladungsverkehr nehmen Spediteure Transportaufträge von verschiedenen Auftraggebern entgegen, die dann unter Nutzung eigener und fremder Ressourcen konsolidiert, eingeplant und ohne Umschlag durchgeführt werden. Bei den anfallenden Fremdfrachten ist zwischen Frachtführern mit unterschiedlichen Kostenstrukturen und Abrechnungsmodi zu differenzieren. Im Folgenden wird die Planungssituation der Auftragsdisposition näher beschrieben.

Speditionsunternehmen mit eigenem Fuhrpark müssen bei der täglichen Disposition entscheiden, welche der vorliegenden Transportaufträge sie mit eigenen Fahrzeugen durchführen wollen (Selbsteintritt) und welche Aufträge sie an externe Frachtführer möglichst gewinnbringend weitervermitteln (Fremdvergabe) wollen. Der gesamte Planungsprozess wird als integrierte Auftragsdisposition [12] oder speditionelles Dispositionsproblem mit Fremdvergabe [13] bezeichnet. Die Planung erfolgt auf drei Ebenen, auf denen Entscheidungsträger aufgrund unterschiedlicher Kriterien die vorliegenden Transportaufträge einplanen. Sie umfasst die Ebene der Modusplanung (Aufspalten der Menge der Aufträge in Selbsteintritt und der Fremdvergabe), die Ebene der Tourenplanung (Minimierung der Selbstkosten) und die der Frachtkonsolidierung (Minimierung der Fremdfrachten). Abbildung 1 skizziert die Abhängigkeiten zwischen den Teilproblemen der Auftragsdisposition.

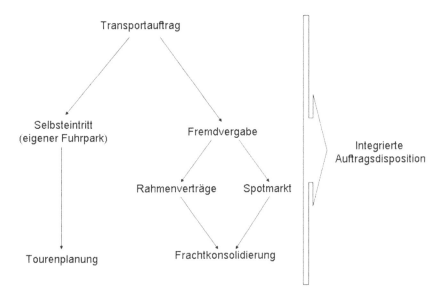

Abb. 1.   Teilprobleme der integrierten Auftragsdisposition (Quelle: [11]).

Für die im Selbsteintritt auszuführenden Aufträge erfolgt eine Tourenplanung, bei der die Fahrzeuge der eigenen Flotte mit der Zielsetzung der Minimierung der anfallenden Selbstkosten verplant werden. Bei der für die Fremdvergabe vorgesehenen Teilmenge der Aufträge können die anfallenden Kosten, die aufgrund der Durchführung der Transporte durch Dritte entstehen, ebenfalls durch geschickte Planung beeinflusst werden. Dies geschieht mittels geeigneter Gestaltungsmaßnahmen bei der Bündelung der an die Frachtführer vergebenen Aufträge zu Auftragspaketen, durch die Ausnutzung der mit den Frachtführern vereinbarten Konditionen für die Frachtberechnung und durch eine günstige Zuordnung von Auftragsbündeln zu Frachtführern.

Mit regelmäßig beschäftigten Frachtführern sind Rahmenverträge vereinbart, die die Frachtberechnung regeln. Darüber hinaus können weitere Frachtführer aus dem Spotmarkt gewonnen werden und beschäftigt werden. Einige der Frachtführer aus dem Spotmarkt werden auf tariflicher Basis entlohnt, andere zu aktuell neu auszuhandelnden Tagespreisen.

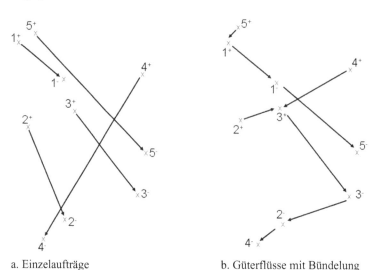

a. Einzelaufträge   b. Güterflüsse mit Bündelung

Abb. 2.   Bündelung bei der Frachtkonsolidierung.

Bei den auf tariflicher Basis gelegentlich beschäftigen Frachtführern handelt es sich um Logistikdienstleister, die die vermittelten Aufträge mit ihren sonstigen Transportdienstleistungen kombinieren. Sie sind in der Lage, Aufträge zu einem vorher vereinbarten Tarif, der zur Frachtkostenberechnung verwendet wird, zu übernehmen. Die Frachtkosten hängen natürlich nicht von dem anfallenden Aufwand (z.B. Länge der gebildeten Touren) ab, da die gebildeten Touren durch Kombination mit Aufträgen anderer Auftraggeber sehr unterschiedlich ausfallen können. Das Entgelt ergibt sich ausschließlich in Abhängigkeit von der erbrachten Transportleistung, die aufgrund der Menge der transportierten Güter und den Entfernungen zwischen Be- und Entladeorten ermittelt wird. Somit werden die Frachtkosten in diesem Fall auf Basis der Güterflüsse bestimmt, die durch die übermittelten Transportaufträge ausgelöst werden. Das Optimierungsproblem, das sich aus der Ermittlung der minimalen Frachtkosten für ein Bündel von Aufträgen ergibt, besteht in der Bestimmung eines kostenminimalen Flusses durch das vorgegebene Transportnetz. Die Frachttarife orientieren sich bezüglich ihres Verlaufs grundsätzlich an dem ehemaligen Güterferntarif (GFT), der bis zum Jahr 1994 gesetzlich vorgeschrieben war und der auch heute noch in Form von Empfehlungen in der Speditionsbranche gebräuchlich ist. Aufgrund des degressiven Kostenverlaufs resultieren die Hauptkosteneinsparungen aus der Konsolidierung der Teilladungen in Vollladungen [5], weil als Parameter im GFT grundsätzlich Entfernung und Lademenge betrachtet werden. Bei den verwendeten Tarifen ist der Kostenanstieg in Abhängigkeit von dem Ladungsgewicht nicht linear.

Die Bündelung der Aufträge führt somit zu einer niedrigeren Fracht als der separate Transport der einzelnen Teilaufträge. Dieses speziell auf die Fremdvergabe bei tariflicher Abrechnung ausgerichtete Optimierungsproblem wird als Frachtoptimierungsproblem (FOP) bezeichnet ([7], [8], [9], [13]). Abbildung 2 zeigt fünf Aufträge (Abb. 2a), die zu zwei Bündeln zusammengefasst werden (Abb. 2b). Jedes Bündel stellt den Güterfluss von den zugehörigen Beladeorten zu den Entladeorten sicher.

Zu Frachtführern aus dem Spotmarkt, die zu wechselnden Tagespreisen entlohnt werden, bestehen nur lockere, gelegentliche Geschäftsbeziehungen. Die Preise für die von ihnen erbrachten Leistungen hängen von der aktuellen Planungssituation der Geschäftspartner ab. Die mit ihnen realisierten Geschäfte basieren nicht auf irgendwelchen weitergehenden partnerschaftlichen Vereinbarungen. Kommuniziert wird hier in der Regel im Internet mit Hilfe elektronischer Datenbanken, vor allem durch Nutzung von elektronischen Fracht- und Laderaumbörsen, in denen einerseits freier Laderaum von Frachtführern und andererseits Transportaufträge von Versendern kurzfristig zur Vermittlung angeboten werden.

Im Rahmen der Modusplanung hat eine Kraftwagenspedition zu entscheiden, ob ein vorliegender Transportauftrag nach §412 HGB im Selbsteintritt oder als fremdvergebener, d.h. weiterverkaufter Auftrag nach §425 HGB ausgeführt werden soll. Die Modusplanung kann nicht unabhängig von der Planung des Selbsteintritts und der Planung der Fremdvergabe betrachtet werden, da die Vorteilhaftigkeit einer Modusplanung wiederum nur in Abhängigkeit von den Ergebnissen der Tourenplanung und der Frachtkonsolidierung beurteilt werden kann. Bei einem ungünstigen Splitten der Aufträge aufgrund falscher Entscheidungen der Modusplanung sind keine guten Gesamtlösungen mehr erreichbar [10].

Die Ausgangsobjekte der integrierten Auftragsdisposition sind:

- die Transportaufträge, die durch Be- und Entladeort, entsprechende Be- und Entladezeitfenster sowie Art und Menge der zu befördernden Güter charakterisiert sind,
- eine Anzahl betriebseigener Fahrzeuge für den Selbsteintritt,
- eine Anzahl selbständiger Frachtführer für die Fremdvergabe mit speziellen, individuellen Regelungen für die Frachtberechnung.

Als ein typisches Problem der kurzfristigen Ressourceneinsatzplanung stellt das speditionelle Dispositionsproblem eine Entscheidung auf operativer Ebene dar, bei der die zuvor durch strategische und taktische Planungsentscheidungen festgelegten Vorgaben einzuhalten sind. Zu solchen Vorgaben gehören unter anderem die Entscheidungen bezüglich der Kapazität des Fuhrparks und die langfristigen Vereinbarungen mit Frachtführern. Bei der Disposition werden die Aufträge ausschließlich auf Basis der variablen Kosten im Selbsteintritt und den anfallenden Fremdfrachten bewertet und eingeplant.

An den Entscheidungsprozessen für die Auftragsdisposition sind Verkäufer und Disponenten einer Spedition beteiligt [7]. Für den direkten Kontakt mit den Kunden und die Annahme von Aufträgen sind die Verkäufer zuständig. Sie unterteilen die ankommenden Aufträge in zwei Gruppen. Zur ersten Gruppe gehören die Aufträge, die nicht zu dem eigenen Leistungsspektrum passen und deshalb von den Verkäufern auf dem Spotmarkt vermittelt werden. Aufträge aus der zweiten Gruppe werden mit den verfügbaren Transportkapazitäten des eigenen Fuhrparks und der Subunternehmer erfüllt. Diese Aufträge werden zur Auftragseinplanung freigegeben, und die Auftragsparameter werden an einen zuständigen Disponenten übermittelt. Für die Einplanung der Aufträge sind ausschließlich die Disponenten verantwortlich. Die Aufträge werden nach geographischen Regionen gruppiert und dem jeweiligen Disponenten zugeordnet. Ein Disponent steht bei jedem Auftrag vor der Wahl, den Auftrag im Selbsteintritt einzuplanen oder einen externen Frachtführer zu beauftragen. Dabei kann der Disponent auf regelmäßig beauftragte Subunternehmer zurückgreifen. Sie werden nach dem Aufwand entlohnt, der durch die ihnen zugeordneten Touren entsteht. Der Aufwand wird entweder auf Tour- oder auf Tagesbasis berechnet. Das auf diese Weise entstehende Planungsproblem eines einzelnen Disponenten stellt eine Ausweitung der üblichen Tourenplanung dar und wird im Folgenden als Tourenplanung unter Einbeziehung von Subunternehmern, oder kurz als integrierte Tourenplanung, bezeichnet.

3   Integrierte Tourenplanung

Nachfolgend wird die Tourenplanung unter Einbeziehung von Subunternehmern präzisiert. Hierzu muss einerseits das vorliegende Tourenplanungsproblem für den Selbsteintritt spezifiziert werden und andererseits müssen die vorkommenden Arten der Fremdvergabe identifiziert und konkretisiert werden. Für alle auftretenden Teilprobleme der integrierten Tourenplanung werden die Zielsetzung und die wichtigsten Restriktionen in Form einer verbalen Beschreibung angegeben. Die Spezifikation des hier betrachteten Planungsproblems basiert auf der Analyse einer konkreten, aber typischen Problemstellung aus der Praxis [11].

3.1   Spezifikation des Selbsteintritts

Für den Selbsteintritt wird im Folgenden die Problemstellung des Pickup- and- Delivery Problems mit Zeitfenstern (PDPTW) zugrunde gelegt, wobei alle Aufträge als Komplettladungen durchgeführt werden müssen. Ferner wird davon ausgegangen, dass der Fuhrpark homogen ist. Die Restriktionen des Problems entsprechen denen des PDPTW (vgl. z.B. [3]). Die Zielfunktion besteht in der Minimierung der Ausführungskosten im Selbsteintritt. Die Kosten für den Selbsteintritt setzen sich aus den Fixkosten pro Tag und den variablen Kosten für den Fahrzeugeinsatz an diesem Tag zusammen (vgl. Abb. 3a). Die Fixkosten bestehen unter anderem aus den Lohnkosten für den Fahrer, der Abschreibung für das Fahrzeug und den dem Fahrzeug angelasteten Gemeinkosten. Die variablen Kosten ergeben sich aus den gefahrenen Gesamtkilometern für Leer- und Vollfahrten, Spesen für die Fahrer und Mautkosten. Da nur die variablen Kosten im Rahmen der Auftragsdisposition beeinflusst werden können, werden lediglich diese in der zu minimierenden Kostenfunktion betrachtet [4]. In dem hier ein wenig vereinfachten Fall sollen nur noch die variablen Kosten für die gefahrene Gesamtstrecke der eingesetzten Fahrzeuge berücksichtigt werden. Sie hängen proportional von der Länge der gefahrenen Strecken ab. Die Kostenminimierung

besteht demzufolge in einer Minimierung der Summe der Länge der bei der Tourenplanung resultierenden Routen. Das bedeutet, dass ein Disponent bei der Abwägung
von Aufwand und Erlös eines Auftrags, der im Selbsteintritt ausgeführt werden soll,
nur zwei Kriterien in Erwägung ziehen muss: erstens die infolge der Einplanung des
Auftrags zusätzlich zu fahrende Strecke und zweitens den Umsatz, den der Auftrag
durch die von dem Verlader geleistete Frachtzahlung erbringt.

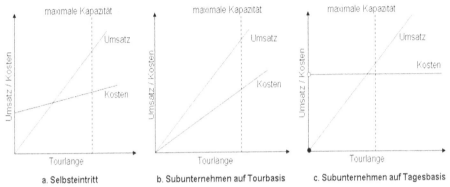

Abb. 3. Kostenverläufe in Abhängigkeit der Länge der Touren.

Der Selbsteintritt hat folgende Vorteile im Vergleich zur Fremdvergabe aufzuwei-
sen. Im Selbsteintritt ist der Spediteur flexibler in der Durchführung, und eine eventuelle Umplanung der vorgesehenen Touren ist möglich. Zudem ist das Risiko man-
gelhafter Qualität der erbrachten Dienstleistungen im Selbsteintritt geringer. Deswegen fordern einige Verlader von ihrem Spediteur explizit, dass ihre Aufträge nicht
fremdvergeben werden.

Bei der Auftragsdisposition ist in der Praxis meist eine Sukzessivplanung anzutreffen. Sowohl bei manueller als auch bei softwaregestützter Vorgehensweise wird die
Planung des Selbsteintritts häufig ohne jegliche Beachtung des Fremdvergabeanteils
vorgenommen; d.h., die vorliegenden Transportaufträge werden isoliert betrachtet,
Stück für Stück dem Selbsteintritt zugeordnet und derart eingeplant, dass sie zu günstigen Rundreisen für den eigenen Fuhrpark führen. Die Auswahl der Aufträge, die für
den Selbsteintritt bestimmt sind, kann aufgrund unterschiedlicher Kriterien geschehen. So ist zum Beispiel die Auswahl der Aufträge nach der Höhe des voraussichtlich
zu erzielenden Deckungsbeitrages eine weit verbreitete Strategie. Dabei werden diejenigen Aufträge für den Selbsteintritt herangezogen, die den höchsten Deckungsbeitrag generieren. Diese Strategie wird gewählt, damit der relativ große Fixkostenblock
des Fuhrparks möglichst rasch abgebaut wird. Die verbleibenden Aufträge, die aufgrund von Kapazitätsengpässen nicht mit dem eigenen Fuhrpark ausgeführt werden
können, werden bei dieser Strategie anschließend in der Fremdvergabe verplant.

3.2   Spezifikation der Fremdvergabe

Wenn keine andere Vereinbarung getroffen wurde, wird einem Verlader nicht mitgeteilt, wer seinen Auftrag ausführt oder wie sein Auftrag ausgeführt wird. Der Verlader

fordert seine Leistung von dem von ihm beauftragten Spediteur und stellt seine Ansprüche gegebenenfalls auch an ihn. Der Planungsspielraum bei der Fremdvergabe ergibt sich aus der Bündelung von Aufträgen, die als Auftragspaket zur Ausführung an externe Frachtführer vermittelt werden, und aus den Gestaltungsmöglichkeiten bei der Beauftragung der Frachtführer.

Mit den regelmäßig beschäftigen Frachtführern besteht eine enge, vertrauensvolle Geschäftsbeziehung, die auch die Form der Entlohnung regelt. Die Fahrzeuge der regelmäßig beschäftigten Frachtführer sind fast ausschließlich für die sie beauftragende Spedition tätig, wobei die Disponenten der Spedition auch die Planung der Ausführung der Aufträge übernehmen. Die Höhe des Frachtentgeltes hängt von dieser Planung ab. Die Disponenten verplanen die angeheuerten Fahrzeuge, ähnlich wie eigene Fahrzeuge, im Rahmen einer Tourenplanung. Für die beauftragende Spedition besteht der wesentliche Unterschied allerdings in den Kosten, die mit der Ausführung der Aufträge verbunden sind, da die Entlohnung für Frachtführer anders kalkuliert wird als die Kosten für die eigene Fahrzeugflotte. Die Frachtführer, deren Fahrzeuge zur Realisierung der Fremdvergabe herangezogen werden, unterscheiden sich hinsichtlich der Art der Entlohnung und können diesbezüglich in zwei Gruppen eingeteilt werden. Die Frachtführer der ersten Gruppe werden auf Tourbasis entlohnt und die Frachtführer der zweiten Gruppe auf Tagesbasis, wobei die auf Tagesbasis entlohnten Unternehmen nur eine kleine Gruppe darstellen und zur Bewältigung von Auftragsspitzen und zur Ausführung unlukrativer Aufträge, die nicht abgelehnt werden konnten, herangezogen werden.

Frachtführer mit Entlohnung auf Tourbasis. Für Fahrzeuge, deren Einsatz auf Tourbasis entlohnt wird, kommen ähnliche Kostenstrukturen zur Anwendung wie bei den Fahrzeugen des eigenen Fuhrparks. Aus Sicht der beauftragenden Spedition gibt es bei den Fremdfahrzeugen allerdings keinen Fixkostenblock. Lediglich die variablen Kosten, die aufgrund eines Kostensatzes pro gefahrenen Kilometer bestimmt werden, stellen die Grundlage für die Frachtermittlung dar. Damit der regelmäßig auf Tourbasis angeheuerte Frachtführer langfristig überleben kann, muss der kilometerabhängige Kostensatz des Frachtführers höher sein als seine variablen kilometerabhängigen Kosten. Denn in dem Kostensatz des Frachtführers sind die fixen Kosten anteilig berücksichtigt. Für den beauftragenden Spediteur sind somit die anfallenden Kosten einer Tour bei Fremdvergabe auf Tourbasis wesentlich höher als die entsprechenden, entscheidungsrelevanten Kosten, die bei der Durchführung der Tour im Selbsteintritt anfallen würden. In Abbildung 3 ist der Kostenverlauf für die Fremdvergabe auf Tourbasis (Abb. 3b) in Abhängigkeit von der Länge einer Tour dargestellt. Für den erzielten Umsatz einer Tour wird vereinfachend unterstellt, dass er ebenfalls linear von der Tourlänge abhängig ist.

Frachtführer mit Entlohnung auf Tagesbasis. Die auf Tagesbasis entlohnten Subunternehmer erhalten einen festen Tagessatz pro Einsatztag; d.h. ihre Dienstleistungen werden pauschal und für jeden einzelnen Einsatztag separat abgerechnet. Ein Tagessatz stellt also eine „flat-rate" dar, deren Höhe aufgrund von Erfahrungswerten festgelegt wurde. Für die auf Tagesbasis entlohnten Subunternehmer gelten dabei folgende

Restriktionen bezüglich ihres Einsatzes: ein maximal 12-stündiger Arbeitstag und eine begrenzte Tageskilometerleistung von 300 km.

Der Zweck, den die beauftragende Spedition mit der Abrechnung auf Tagesbasis verfolgt, besteht darin, dass sie dadurch Aufträge, die wegen hoher variablen Ausführungskosten unrentabel sind, zu einem Fixkostenbetrag durchführen lassen kann. Demzufolge werden in der betrieblichen Praxis an die Subunternehmer auf Tagesbasis diejenigen Aufträge vermittelt, die für die beauftragende Spedition hinsichtlich der Marge unrentabel sind bzw. deren Be- und Entladeorte nicht auf den regelmäßig bedienten Relationen liegen. Die Anzahl der auf Tagesbasis entlohnten Subunternehmer ist relativ gering und der Kostensatz pro Tag ist relativ hoch. Deshalb erzielt die beauftragende Spedition selbst bei maximaler Auslastung der Kapazität eines auf Tagesbasis angeheuerten Fahrzeugs kaum einen Gewinn, sondern es wird bei der Beauftragung auf Tagesbasis lediglich eine Kostenabdeckung angestrebt. Der konstante Kostenverlauf eines auf Tagesbasis engagierten Fahrzeugs ist im Vergleich zu den anderen Kostenverläufen in der Abbildung 3c dargestellt.

4   Planungsstrategien für die integrierte Tourenplanung

Die bei Speditionsunternehmen üblicherweise angewendete Planungsstrategie für die integrierte Tourenplanung soll nun vorgestellt werden. Anschließend soll eine alternative Strategie vorgeschlagen und mit der üblichen Strategie verglichen werden. Im Gegensatz zu der herkömmlichen Vorgehensweise achtet die alternative Strategie in erster Linie auf eine gute Bündelung der Aufträge und wendet sich dann erst der Modusplanung zu.

4.1   Zielsetzung und Vorgehensweise der herkömmlichen Strategie

Die Zielsetzung, die üblicherweise in der Praxis bei der integrierten Tourenplanung verfolgt wird, setzt sich aus folgender Hierarchie von Teilzielen zusammen:

- Erstens soll der eigene Fuhrpark möglichst gut ausgelastet werden, damit hohe Deckungsbeiträge zur Abdeckung der Fixkosten des Fuhrparks erzielt werden.
- Zweitens sollen die Aufträge, die auf Tourbasis vermittelt werden, möglichst effizient ausgeführt werden, da die Frachtkosten in diesem Fall mit dem Aufwand, gemessen in der Länge der Touren, steigen. Deshalb möchte man hier mit möglichst gut geplanten Touren und möglichst attraktiven Aufträgen geringe Kosten im Verhältnis zum Ertrag erzielen.
- Drittens sollen die übrigen, nicht besonders attraktiven Aufträge möglichst geringe Verluste verursachen. Diese Aufträge werden auf Tagesbasis an Frachtführer vermittelt. Hier spielt die Effizienz der entstehenden Touren keine Rolle, da ohnehin pauschal abgerechnet wird.

Zur Umsetzung dieser Ziele dient eine oft angewendete Strategie mit einer Vorstufe und einem nachfolgenden dreistufigen hierarchischen Ablauf. In der Vorstufe werden die vorliegenden Aufträge nach ihrer Attraktivität absteigend sortiert. Bei der Schätzung der Attraktivität wird der Erlös eines Auftrags seinen Ausführungskosten gegenüber gestellt. Dabei wird vernachlässigt, dass in der Regel eine Leerfahrt zu dem Beladeort des Auftrags und eine weitere Leerfahrt vom Entladeort zum nächsten Einsatzort anfallen. Da hier nur Komplettladungen betrachtet werden, können Zusammenfassungen von (Teil-) Ladungen nicht auftreten und brauchen daher nicht beachtet zu werden. Als Maß für die Attraktivität $\triangle$EK eines Auftrags dient die Differenz zwischen dem Erlös des Auftrags und den variablen Kosten für die Fahrt vom Be- zum Entladeort des Auftrags (Lastfahrt des Auftrags). Durch den vorbereitenden Sortiervorgang entsteht eine Liste L($\triangle$EK) von Aufträgen mit abnehmender Attraktivität, die anschließend bei der Disposition in den folgenden drei Schritten von vorne nach hinten abgearbeitet wird.

1. Zuerst werden die besonders attraktiven Aufträge ausgewählt und einer Ausführung durch den eigenen Fuhrpark zugeführt. Dazu werden die „besten" Aufträge zu Beginn der Liste L($\triangle$EK) den Fahrzeugen des eigenen Fuhrparks zugeordnet und im Rahmen einer Tourenplanung eingeplant. Die verplanten Aufträge werden aus der Liste entfernt. Dies wird solange fortgeführt, bis aus Gründen der begrenzten Kapazität des eigenen Fuhrparks keine weiteren Aufträge mehr den eigenen Fahrzeugen zugeordnet und eingeplant werden können.

2. Im Anschluss an die Tourenplanung für die eigenen Transportkapazitäten werden die nun zu Beginn der Liste L($\triangle$EK) stehenden Aufträge den auf Tourbasis entlohnten Frachtführern zugeordnet und eingeplant.

3. Die am wenigsten attraktiven Aufträge am Ende der Liste (Aufträge, die hohe variable Kosten für die Lastfahrt im Vergleich zu den Einnahmen generieren würden) werden dann gebündelt und als Bündel an die auf Tagesbasis entlohnten Frachtführer vermittelt.

Auf der ersten Stufe wird die eigene Fahrzeugflotte vorzugsweise disponiert. Dies entspricht der obigen Zielhierarchie, da der Abbau der Fixkosten vorrangig sein soll. Erst ab einer gewissen Mindestmenge von Aufträgen mit positivem Deckungsbeitrag wird für den Fuhrpark der „break-even-point" erreicht. Da die variablen Kosten der eigenen Fahrzeugflotte im Vergleich zu den entsprechend anfallenden Kosten durch Fremdfrachten relativ niedrig sind, wird hier eine Strategie gewählt, bei der die maximale Auslastung der eigenen Fahrzeugflotte mit guten Aufträgen als primäres Ziel angestrebt wird.

Auf der zweiten Stufe sind aus Sicht des Disponenten keine Fixkosten zu berücksichtigen. Da die an einen Frachtführer für einen Auftrag gezahlte Fremdfracht immer geringer ist als das Entgelt, das der Spediteur von seinem Verlader enthält, nimmt der erzielbare Gewinn mit steigender Anzahl der auf Tourbasis eingeplanten Aufträge zu. Der Anstieg verläuft zwar langsamer als im Falle des Selbsteintritts, aber dennoch ist es sinnvoll, auf der zweiten Stufe eine möglichst hohe Auslastung der auf Tourbasis entlohnten Fahrzeuge in dem Gesamtplanungsprozess anzustreben.

Auf der dritten Planungsstufe werden die verbleibenden Transportaufträge gebündelt, eingeplant und an Frachtführer auf Tagesbasis vermittelt.

Man beachte, dass in jeder der obigen Planungsstufen für die anstehenden Aufträge jeweils eine Tourenplanung durchgeführt werden muss. Auf Stufe 1 sollen die anfallenden Selbstkosten mithilfe einer Tourenplanung für den eigenen Fuhrpark möglichst gering gehalten werden. Auf Stufe 2 hängen die Frachtkosten von dem Ergebnis der Tourenplanung für die eingesetzten Fahrzeuge ab. Auf Stufe 3 hängen die Fracht-kosten lediglich von der Anzahl der eingesetzten Fahrzeuge ab. Hier ist eine Touren-planung erforderlich, um die Anzahl der eingesetzten Fahrzeuge zu minimieren und um festzustellen, ob die auf Tagesbasis an Frachtführer vermittelten Touren die ma-ximal erlaubte Länge nicht überschreiten.

4.2   Zielsetzung und Vorgehensweise der bündel-orientierten Strategie

Die bündel-orientierte Strategie besteht aus zwei Stufen. Die Zielsetzung der ersten Stufe besteht in der Bildung von möglichst guten Touren für den gesamten Auftrags-bestand, um eine effiziente Ausführung aller Aufträge erreichen zu können. Dabei spielt die Moduswahl für die Aufträge zunächst keine Rolle. Erst wenn die auszufüh-renden Touren bereits gebildet sind, wird auf der zweiten Stufe die Moduswahl vor-genommen. Eine kostengünstige Moduswahl auf Basis der gebildeten Touren stellt die dabei zu verfolgende Zielsetzung dar. Sie wird umgesetzt, indem die Touren even-tuell an die speziellen Restriktionen der Modi angepasst werden und möglichst güns-tig den unterschiedlichen Modi zugeordnet werden. Die Moduswahl findet also nicht auf der Ebene der Aufträge, sondern auf der Ebene der Touren statt. Die bündel-orientierte Strategie besteht in der Ausführung der folgenden Schritte.

1. Es wird zunächst eine globale Tourenplanung vorgenommen, die ungeachtet von der Moduswahl alle Aufträge gleichzeitig einbezieht. Auf diese Weise sol-len effizient ausführbare Auftragsbündel entstehen. Hiermit wird eine mög-lichst hohe Gesamteffizienz über alle Aufträge angestrebt.

2. Es wird eine Modusplanung für die zuvor gebildeten Touren vorgenommen; d.h. eine Zuordnung der vorliegenden Bündel zu dem am besten geeigneten Modus (Selbsteintritt, Vermittlung auf Tourbasis, Vermittlung aus Tagesbasis). Die bei der Moduswahl verfolgte Zielsetzung besteht darin, die Touren den unterschiedlichen Modi so zuzuordnen, dass die Gesamtkosten für die Ausfüh-rung aller Aufträge möglichst gering ausfallen. Daher erfolgt bei der Modus-wahl die Einplanung der Aufträge derart, dass die Touren, bei denen die größ-ten Entfernungen zurückzulegen sind, im Selbsteintritt ausgeführt werden, unabhängig von den erzielbaren Deckungsbeiträgen. Die kürzeren Touren wer-den der Fremdvergabe auf Tourbasis zugeordnet, da hier die variablen Kosten entscheidend höher liegen als im Selbsteintritt. Bei der im ersten Schritt vorge-nommenen Tourenplanung ist nicht automatisch sichergestellt, dass es Touren geben wird, die aufgrund ihrer Länge für die Vermittlung auf Tagesbasis geeig-net sind. Deshalb ist es zunächst statthaft, dass auch solche Bündel der Fremd-vergabe auf Tagesbasis zugeordnet werden, deren Tourlänge nur in etwa der vereinbarten Obergrenze für diesen Modus entsprechen. Grundsätzlich werden für die Vermittlung auf Tagesbasis solche Bündel gewählt, deren Tourlänge möglichst wenig von der vereinbarten Obergrenze abweichen.

3. Um die Zulässigkeit der im zweiten Schritt vorgenommenen Modusplanung herzustellen, wird die in Schritt 2 generierte Lösung durch einen Austausch oder das Verschieben von Aufträgen zwischen Bündeln unterschiedlicher Modi überarbeitet. Das Verschieben oder Austauschen von Aufträgen kann notwen-

dig sein, um die Tourlänge für die auf Tagesbasis vermittelten Auftragsbündel an die vereinbarte Obergrenze anzupassen. Der Vorgang des Verschiebens oder Austauschens von Aufträgen von einem Modus in einen anderen kann aber auch dazu dienen, um die Qualität der generierten Lösung zu verbessern. In diesem Fall entspricht dieser Vorgang einem Verbesserungsschritt zur Reduzierung der Gesamtkosten. Beispielsweise wird das Verschieben eines Auftrags von einer Tour, die im Selbsteintritt ausgeführt wird, in eine Tour, die auf Tagesbasis vermittelt wird, dazu führen, dass die Kosten für den eigenen Fuhrpark sinken, wobei die Fremdfrachten unverändert bleiben, da die Frachtkosten auf Tagesbasis pauschal abgerechnet werden. Eine ähnliche Kostenersparnis ergibt sich für das Verschieben eines Auftrags von einer Tour, die auf Tourbasis abgerechnet wird, in eine Tour, die auf Tagesbasis vermittelt wird. Außerdem kann das Verschieben bzw. Vertauschen von Aufträgen zwischen einer selbst ausgeführten Tour und einer auf Tourbasis vermittelten Tour ebenfalls zur Kostenreduktion genutzt werden, da die variablen Kosten im Selbsteintritt geringer sind als die Kosten auf Tourbasis.

Im Anschluss an die in den Schritten 1 bis 3 erfolgte Touren- und Modusplanung muss innerhalb jedes einzelnen Modus dann nur noch die Zuordnung der zu dem Modus gehörigen Touren zu Fahrzeugen vorgenommen werden. In der vorliegenden Situation eines homogenen Fuhrparks ist dieses Entscheidungsproblem aber trivial. Hier genügt es, die bereits geplanten Touren mit Fahrzeugen gleich zu setzen.

4.3 Vergleich der Strategien

Die bei der herkömmlichen Strategie und der bündel-orientierten Strategie vorzunehmende Tourenplanung kann mit einem beliebigen Verfahren bzw. einer beliebigen manuellen Vorgehensweise erfolgen. Selbstverständlich hängt die Qualität der Lösungen, die für das Problem der integrierten Tourenplanung erzeugt werden, bei beiden Strategien wesentlich von der Leistungsfähigkeit des verwendeten Verfahrens für die Tourenplanung ab. Andererseits kann ein Tourenplanungsverfahren seine Leistungsfähigkeit bei der bündel-orientierten Strategie besser entfalten, da in diesem Fall für das Verfahren auf der Gesamtmenge aller Aufträge ein viel größerer Lösungsraum mit einem erweiterten Handlungsspielraum entsteht. Beide Strategien, sowohl die herkömmliche als auch die bündel-orientierte, können in zwei Phasen eingeteilt werden:

- Die herkömmliche Strategie nimmt in der ersten Phase eine Modusplanung für alle vorliegenden Aufträge vor. Dadurch wird die Menge der zu erfüllenden Aufträge in drei Teilmengen für die drei unterschiedlichen Modi separiert. Anschließend wird in der zweiten Phase für jede entstehende Teilmenge von Aufträgen (d.h. für jeden Modus) eine Tourenplanung vorgenommen.

- In der ersten Phase der bündel-orientierten Strategie wird zunächst eine Tourenplanung für alle vorliegenden Aufträge vorgenommen. Danach folgt in der zweiten Phase erst die Modusplanung, in der die Touren zu geeigneten Modi zugeordnet werden und eventuell an sie angepasst werden.

Bei einem Vergleich der Strategien stellt man zunächst fest, dass die Reihenfolgen der Durchführung der Modusplanung und der Tourenplanung bei den beiden Strategien genau entgegengesetzt sind. Außerdem nimmt die herkömmliche Strategie die Modusplanung auf der Ebene der Aufträge für jeden einzelnen Transportauftrag vor, während die bündel-orientierte Strategie die Modusplanung auf der Ebene der Touren für komplette Bündel vornimmt.

Die aus Sicht der Simultanplanung prinzipiell anzustrebende und angemessene Zielsetzung der integrierten Tourenplanung besteht in der Maximierung der Summe der Deckungsbeiträge, die mit den drei Arten der Auftragsdurchführung (Selbsteintritt, Tourbasis und Tagesbasis) insgesamt erzielt werden können. Eine optimale Lösung dieses integrierten Problems kann natürlich nur durch eine simultane Modus- und Tourenplanung gewährleistet werden. Aus praktischer Sicht ist die simultane Optimierung der Teilprobleme der integrierten Tourenplanung schon für mittelgroße Problemstellungen nicht realisierbar. Dies gilt für existierende mathematische Optimierungsmethoden und selbstverständlich erst recht für manuelle Planungsstrategien.

Die frühzeitige Modusplanung, die im Rahmen der sukzessiven Vorgehensweise der herkömmlichen Strategie vorgenommen wird, ist besonders problematisch, da die Entscheidung, welche Aufträge im Selbsteintritt durchgeführt werden und welche Aufträge fremdvergeben werden sollen, ohne Hinblick auf die Zielsetzung des Gesamtproblems erfolgt und nur der kurzsichtigen Verbesserung der Situation in einem ausgezeichneten Teilproblem dient, das ohnehin nachher mit den anderen Teilproblemen vereint wird. Dies hat zur Folge, dass die Qualität der Lösung der zuerst behandelten Teilprobleme zu Lasten der nachfolgenden Teilprobleme geht. Dabei gehen außerdem erhebliche Freiheitsgrade für die Tourenplanung verloren. Dies kann dazu führen, dass bei vorgegebener Modusplanung die nachfolgend für die Teilprobleme vorgenommene Tourenoptimierung aus integrierter Sicht keine guten Lösungen mehr generieren kann.

Die in Kapitel 4.2 vorgeschlagene bündel-orientierte Strategie entspricht der Zielsetzung der Simultanplanung in einem höheren Maße als die in Kapitel 4.1 beschriebene herkömmliche Strategie, da sie sich näher an der Zielsetzung des Gesamtproblems orientiert als die herkömmliche Strategie. Die übergeordnete und auf oberster Ebene verfolgte Zielsetzung des bündel-orientierten Verfahrens besteht darin, die Effizienz der Transportausführung durch gut geplante Touren für alle Aufträge zu steigern. Dies kommt dem Ziel der integrierten Tourenplanung, das im Wesentlichen in der optimalen Bildung und Zuordnung von Auftragsbündeln besteht, recht nahe. Eine Zuordnung zu Modi wird bei der bündel-orientierten Strategie erst dann vorgenommen, wenn die Konsequenzen der Zuordnung hinsichtlich der Auswirkungen auf die Zielfunktion abschätzbar sind. Denn die Auswirkungen auf die Zielfunktion können in diesem Fall durch die Kostenbewertung der gebildeten Touren unter Berücksichtigung des gewählten Modus beurteilt werden.

5   Beispiel für die Anwendung der Strategien

Die Vorteilhaftigkeit der bündel-orientierten Strategie gegenüber der herkömmlichen Strategie soll an dem nachfolgenden Beispiel veranschaulicht werden. Die Ausgangsdaten für die Kosten und Entgelte in diesem Beispiel stammen aus realen Praxisfällen. In dem nachfolgenden Beispiel werden sieben Aufträge (A1 bis A7) betrachtet, die innerhalb eines Tages (0:00 Uhr bis 24:00 Uhr) auszuführen sind. Jeder Auftrag stellt eine Komplettladung dar und wird durch eine entsprechende Lastfahrt ausgeführt. Jede Lastfahrt ist durch einen Be- und Entladeort, das Transportgewicht seines Auftrags sowie die Höhe seines Erlöses gekennzeichnet.

Tab. 1.   Aufträge und potenzielle Leerfahrten des Beispiels.

Auftragsnr.	Beladeort	Entladeort	Entfernung [km]	Gewicht [to.]	Erlöse [GE]
Lastfahrt A1	P1	P2	90	22	170
Lastfahrt A2	P3	P4	110	25	175
Lastfahrt A3	P1	P5	260	19	470
Lastfahrt A4	P6	P9	110	23	275
Lastfahrt A5	P7	P8	190	23	230
Lastfahrt A6	P12	P11	95	24	255
Lastfahrt A7	P11	P10	90	20	145
Leerfahrtnr.	Verbindungsstrecke		Entfernung [km]	Gewicht [to.]	Erlöse [GE]
Leerfahrt L1	P0	P1	40	0	0
Leerfahrt L2	P0	P12	5	0	0
Leerfahrt L3	P2	P3	20	0	0
Leerfahrt L4	P4	P5	30	0	0
Leerfahrt L5	P6	P5	120	0	0
Leerfahrt L6	P7	P4	125	0	0
Leerfahrt L7	P6	P7	20	0	0
Leerfahrt L8	P9	P0	30	0	0
Leerfahrt L9	P8	P0	35	0	0
Leerfahrt L10	P10	P0	110	0	0
Leerfahrt L11	P9	P12	55	0	0
Leerfahrt L12	P8	P11	95	0	0
Leerfahrt L13	P11	P0	105	0	0

Auftragsdaten. Die Aufträge A1 bis A7 sind in Tabelle 1 als erforderliche Lastfahrten dargestellt und in Abbildung 4 visuell veranschaulicht. Der Punkt P_0 beschreibt das Depot von eigenen und Fremdfahrzeugen. Die Punkte P_1 bis P_{12} stellen Be- oder Entladeorte dar. In Abbildung 4 sind die Aufträge durch Pfeile dargestellt, die von Be- zu Entladeorten führen und deren Länge die Entfernungen zwischen den jeweiligen Orten anschaulich wiedergeben. Neben den Auftragsdaten enthält Tabelle 1 die Endorte und Entfernungen aller zusätzlichen Leerfahrten, die bei der späteren Lösung des Beispiels mit der herkömmlichen oder der bündel-orientierten Strategie (vgl. Tabelle 3 und 4) anfallen. Auf die Darstellung weiterer Leerfahrten wird aus Gründen der Übersichtlichkeit verzichtet.

Die verfügbaren Ressourcen bestehen bei diesem kleinen Beispiel aus nur drei Fahrzeugeinheiten, wobei ein Fahrzeug im Selbsteintritt, ein Fahrzeug auf Tourbasis und ein Fahrzeug auf Tagesbasis eingesetzt wird. Alle Fahrzeuge starten und beenden die Touren unbeladen im Depot, so dass zu keinem Auftrag bereits Vorleistungen erbracht wurden. Innerhalb des zur Verfügung stehenden Zeitraums (ein Tag) kann ein Fahrzeug eine Entfernung von maximal 800 Kilometer unabhängig von der Anzahl der Be- und Entladeorte zurücklegen. Die Kapazitätsbeschränkung der Fahrzeuge beträgt 25000 Kilogramm.

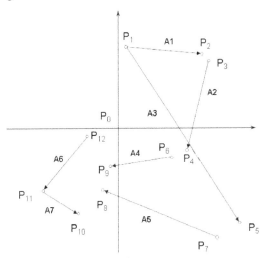

Abb. 4.   Graphische Darstellung der Auftragslage.

Die Ermittlung der variablen Kosten in Abhängigkeit von den zurückzulegenden Entfernungen erfolgt über lineare Kostenfunktionen. Es wird unterstellt, dass für die Leerfahrt eines unbeladenen Fahrzeugs und die Nutzfahrt eines beladenen Fahrzeugs gleich hohe Kostensätze gelten. Zur Berechnung der Kosten werden für die Modi Selbsteintritt (i=a), Tourbasis (i=b) und Tagesbasis (i=c) folgende Bezeichnungen eingeführt:

- $GK_i :=$ Gesamtkosten pro Tag [EUR], $i \in \{a,b,c\}$
- $k_f^i :=$ Fixkosten pro Tag [EUR], $i \in \{a,c\}$
- $k_v^i :=$ variable Kosten pro gefahrenen Kilometer [EUR/km], $i \in \{a,b\}$
- $x^i :=$ Anzahl der gefahrenen Kilometer [km], $i \in \{a,b\}$.

Die in Abhängigkeit von dem gewählten Modus für ein Fahrzeug entstehenden Kostenfunktionen GK_a (Selbsteintritt), GK_b (Fremdvergabe auf Tourbasis), GK_c (Fremdvergabe auf Tagesbasis) sind in den Gleichungen (1) bis (3) dargestellt. Dabei bezeichnet y^c eine binäre Variable, die den Wert 1 annimmt, wenn ein Fahrzeug auf Tagesbasis engagiert wird, und andernfalls den Wert 0 hat.

$$GK_a = k_f^a + k_v^a * x^a, \; k_f^a = 418,60 \text{ EUR und } k_v^a = 0,41 \text{ EUR} \tag{1}$$

$$GK_b = k_v^b * x^b, \; k_v^b = 1,05 \text{ EUR} \tag{2}$$

$$GK_c = k_f^c * y^c, \; k_f^c = 460 \text{ EUR} \tag{3}$$

Mittels dieser Kostenfunktionen können die Kosten der Lastfahrten und die Kosten der mit der Bildung von Rundreisen verbundenen Leerfahrten für jede Fahrt isoliert ermittelt werden. Tabelle 2 enthält die jeweiligen Kosten für jeden Modus.

Entscheidungsbasis für die Moduswahl bei der herkömmlichen Strategie sind die bei isolierter Betrachtung im Selbsteintritt erzielbaren Differenzen $\triangle$EK pro Auftrag. Diese Werte sind in der vorletzten Spalte der Tabelle 2 für jeden Auftrag angegeben. Sie ergeben sich aus dem Erlös des Auftrags (vgl. Tabelle 1) abzüglich der variablen Kosten ($k_v^a * x^a$) des Auftrags. In der letzten Spalte der Tabelle 2 wird die Sortierung der Aufträge nach abnehmendem Werten der vorletzten Spalte dargestellt.

Tab. 2. Fahrtkosten in Abhängigkeit der Ausführungsart.

Auftrags-/ Leerfahrtnr.	Kosten				Entscheidungsregel für die herkömmliche Strategie	
	Selbsteintritt		Fremdvergabe			
	k_f^a	$k_v^a * x^a$	$k_v^b * x^b$	k_f^c	$\triangle$EK bei Selbsteintritt [EUR]	Rang
	[EUR]	[EUR]	[EUR]	[EUR]		
Lastfahrt A1		36,90	94,50		133,10	5
Lastfahrt A2		45,10	115,50		129,90	6
Lastfahrt A3		106,60	273,00		363,40	1
Lastfahrt A4		45,10	115,50		229,90	2
Lastfahrt A5		77,90	199,50		152,10	4
Lastfahrt A6		38,95	99,75		216,05	3
Lastfahrt A7		36,90	94,50		108,10	7
Leerfahrt L1		16,40	42,00		–	–
Leerfahrt L2		2,05	5,25		–	–
Leerfahrt L3		8,20	21,00		–	–
Leerfahrt L4	418,60	12,30	31,50	460,00	–	–
Leerfahrt L5		49,20	126,00		–	–
Leerfahrt L6		51,25	131,25		–	–
Leerfahrt L7		8,20	21,00		–	–
Leerfahrt L8		12,30	31,50		–	–
Leerfahrt L9		14,35	36,75		–	–
Leerfahrt L10		45,10	115,5		–	–
Leerfahrt L11		22,55	57,75		–	–
Leerfahrt L12		38,95	99,75		–	–
Leerfahrt L13		43,05	110,25		–	–

In Tabelle 3 bzw. Tabelle 4 werden die Lösungen dargestellt, die die Einsatzplanung nach der herkömmlichen Strategie bzw. nach der bündel-orientierten Strategie liefern. Die Rundreisen ergeben sich aus den angegebenen Leer- und Lastfahrten, deren Daten in der Tabelle 1 zu finden sind. In beiden Fällen sind die Lösungen manuell unter Anwendung der jeweiligen Strategie erzeugt worden.

Tab. 3. Einsatzplanung nach der herkömmlichen Strategie.

Modus	Rundreise	Tourlänge [km]
Selbsteintritt:	L1; A3; L5; A4; L11; A6; L13	785
Fremdvergabe auf Tourbasis:	L1; A1; L3; A2; L6; A5; L9	610
Fremdvergabe auf Tagesbasis:	L13; A7; L10	295

Tab. 4. Einsatzplanung nach der bündel-orientierten Strategie.

Modus	Rundreise	Tourlänge [km]
Selbsteintritt:	L1; A3; L7; A5; L9	545
Fremdvergabe auf Tourbasis:	L1; A1; L3; A2; L4; A4; L8	430
Fremdvergabe auf Tagesbasis:	L13; A6; A7; L10	300

Kosten- und Gewinnvergleich. Da sowohl nach der herkömmlichen Strategie als auch nach dem bündel-orientierten Verfahren alle Aufträge mit den verfügbaren Ressourcen ausführbar sind, sind die Erlöse in beiden Fällen gleich hoch. Die Kosten und somit der Gewinn hängen demnach von den gebildeten Touren und der für die Aufträge gewählten Ausführungsart ab. Tabelle 5 fasst die Ergebnisse zusammen.

Tab. 5. Kosten- und Gewinnvergleich.

	herkömmliche Strategie	bündel-orientierte Strategie
Kosten im Selbsteintritt [EUR]	740,45	642,05
Gewinn im Selbsteintritt [EUR]	259,55	-22,05
Kosten bei Fremdvergabe auf Tourbasis [EUR]	640,50	451,50
Gewinn bei Fremdvergabe auf Tourbasis [EUR]	-65,50	248,50
Kosten bei Fremdvergabe auf Tagesbasis [EUR]	460,00	460,00
Gewinn bei Fremdvergabe auf Tagesbasis [EUR]	-315,00	-60,00
Erlöse gesamt [EUR]	**1720,00**	**1720,00**
Kosten gesamt [EUR]	**1840,95**	**1553,55**
Gewinn gesamt [EUR]	**-120,95**	**166,45**

In der Realität liegen die Erlöse meistens etwas höher, so dass auch nach der herkömmlichen Methode positive Gewinne realisiert werden, und der Fall, dass ein Auftragsbündel Verluste generiert, eine Ausnahme darstellt. Auch bei höheren Erlösen bleibt der Vorteil des bündel-orientierten Verfahrens gegenüber dem herkömmlichen Verfahren natürlich uneingeschränkt erhalten.

Bereits für dieses kleine Beispiel ist erkennbar, dass die Differenz der Gewinne, die pro Modus erzielt werden, bei der bündel-orientierten Strategie geringer ist als bei der herkömmlichen Strategie. Dies ist eine Folge der gleichmäßigeren Auftragszuweisung zu den verschiedenen Modi und der globalen Sicht auf das Gesamtergebnis. Die globale Herangehensweise hat insbesondere zur Folge, dass die Summe der in allen drei Modi zurückgelegten Entfernungen bei der bündel-orientierten Strategie deutlich geringer ist als bei der herkömmlichen Strategie.

Beim Vergleich der Gewinne beider Verfahren stellt man fest, dass das bündel-orientierte Verfahren trotz Verlust im Selbsteintritt ein besseres Gesamtergebnis erzielt.

6   Fazit und Ausblick

Ein einziges Beispiel ist natürlich nicht ausreichend, um die beiden Strategien empirisch miteinander zu vergleichen. Die Ergebnisse, die bei einer manuellen Berechnung weiterer numerischer Beispiele aus der Praxis im Rahmen einer Studienarbeit an der Universität Siegen erzielt wurden, und der Vergleich der Disposition dieser Beispiele erhärten die These der Überlegenheit der bündel-orientierten Strategie. Bei manueller Planung können umfangreiche Tests zur sorgfältigen Evaluierung der Strategien aus Gründen des Aufwands für die Berechnung nicht durchgeführt werden. Für einen Nachweis der generellen Überlegenheit der bündel-orientierten Strategie ist es notwendig, eine automatisierte Tourenplanung vorzunehmen. In diesem Fall wäre es sinnvoll, beide Strategien unter Nutzung ein und desselben Algorithmus für die Tourenplanung zu implementieren und dann in ausgiebigen Tests zu vergleichen.

Die Stärke der bündel-orientierten Strategie resultiert aus der effizienten Bündelung aller Aufträge. Wenn ein mächtigeres Tourenplanungsverfahren benutzt wird und damit die erzeugten Lösungen qualitativ besser werden, wird dies in besonderem Maße der bündel-orientierten Strategie zu Gute kommen. Es ist zu erwarten, dass bei einem Vergleich der beiden Strategien unter Verwendung leistungsfähiger Tourenplanungsalgorithmen und bei der Betrachtung größerer Beispiele die Überlegenheit der bündel-orientierten Strategie gegenüber der herkömmlichen Strategie stärker zum Tragen kommen wird als bei den bisher manuell berechneten Beispielen.

In weiteren Forschungsvorhaben soll zunächst ein Algorithmus zur Umsetzung der bündel-orientierten Strategie entwickelt und implementiert werden. Auf diese Weise könnte es gelingen, ein Lösungsverfahren für die integrierte Tourenplanung zu realisieren, das die Komplexität der simultanen Optimierung der Teilprobleme umgeht und dennoch sehr leistungsfähig ist.

In darauf aufbauenden Forschungsarbeiten können über die operative Planung hinaus langfristige Fragestellungen analysiert werden. Es sollte z.B. die Ausgewogenheit der Modi und insbesondere die Relation der Fremdfrachten auf Tourbasis und auf Tagesbasis im Vergleich zu den Kosten im Selbsteintritt untersucht werden. Mit geeigneten Simulationsexperimenten können außerdem unter Berücksichtigung der Kostenstrukturen der jeweiligen Modi Analysen zur Bestimmung der optimalen Größe des Fuhrparks empirisch durchgeführt werden.

Danksagung. Dieser Beitrag entstand im Rahmen des SFB 637, gefördert von der Deutschen Forschungsgemeinschaft (DFG).

Literaturverzeichnis

1. Bundesamt für Güterverkehr: Marktbeobachtung Güterverkehr: Jahresbericht 2006. BAG, Köln 2006.
2. Chu, C.: A heuristic algorithm for the truckload and less than truckload problem. In: European Journal of Operational Research 173 (2005), 540-555.
3. Dethloff, J.: Verallgemeinerte Tourenplanungsprobleme. Vandenhoeck und Ruprecht Verlag, Göttingen 1994.

4. Erkens, E.: Kostenbasierte Tourenplanung im Straßengüterverkehr: Ein Modell zur Kalkulation von Transportpreisen und zur Optimierung von Touren mit Genetischen Algorithmen. Universität Bremen, Bremen 1998.

5. Feige, D.; Klaus, P.; Werr, H.: Decision support for designing cooperative distribution networks. In: Speraza, M.; Stähli, P. (Hrsg.): New trends in distribution logistics. Springer, Berlin 1999.

6. ICF: Economic effects on transportation: The freight story. ICF Consulting, Fairfax 2002.

7. Jurczyk, A.; Kopfer, H.; Krajewska, M.: Speditionelle Auftragsdisposition eines mittelständischen Transportunternehmens. In: Internationales Verkehrswesen 6 (2006), 275-280.

8. Kopfer, H.: Der Entwurf und die Realisierung eines A*-Verfahrens zur Lösung des Frachtoptimierungsproblems. In: OR Spektrum 12 (1990), 207-218.

9. Kopfer, H.: Konzepte genetischer Algorithmen und ihre Anwendung auf das Frachtoptimierungsproblem im gewerblichen Güterverkehr. In: OR Spektrum 14 (1992), 137-147.

10. Kopfer, H.; Pankratz, G.: Das Groupageproblem kooperierender Verkehrsträger. In: Kall, P.; Läthi, H.-J. (Hrsg.): Proceedings of Operations Research 1998, Springer, Berlin 1999, 453-462.

11. Kopfer, H.; Krajewska, M.; Jurczyk, A.: Kooperation von Profit Centern im Transportwesen. Endbericht des Forschungsprojekts INAPCE, BIA, Bremen 2006.

12. Kopfer, H.; Krajewska, M.: Inter- und intraspeditionelle Auftragsdisposition. In: Industrie Management 3 (2006), 75-77.

13. Pankratz, G.: Speditionelle Transportdisposition – Modell- und Verfahrensentwicklung unter Berücksichtigung von Dynamik und Fremdvergabe. Deutscher Universitätsverlag, Wiesbaden 2002.

Restrictions for the Operational Transportation Planning by Regulations on Drivers' Working Hours

Christoph Manuel Meyer and Herbert Kopfer

Universität Bremen, FB 7, Lehrstuhl für Logistik
Wilhelm-Herbst-Strasse 5, 28359 Bremen
meyer@wiwi.uni-bremen.de, kopfer@uni-bremen.de

Abstract. In this paper the new EC Regulation No 561/2006 and related regulations on drivers' working hours as well as their influence on vehicle routing will be discussed. Therefore all rules of the regulation affecting vehicle routing are presented and classified according to the different but interconnected time horizons they refer to. Essential consequences of ignoring the regulations during the planning process are discussed and demonstrated using an example. Furthermore general aspects of modelling the restrictions are presented.

Keywords: Road Transportation, Driving Hours, Breaks, Rest Periods

1   Introduction

Since April 2007 the new EC Regulation No 561/2006 concerning driving and working hours of drivers in road transport is effective. This regulation affects the planning of vehicle tours by restricting the maximum driving times. Although compulsory for all member countries of the EC and therefore of high practical importance this regulation has attracted little interest in models for vehicle routing and scheduling so far. Especially the restrictions for the accumulated driving times during several days and weeks and the optional extensions of driving times are widely neglected. In literature there exists neither an accurate analysis of the restrictions' impact on transportation planning or vehicle routing and scheduling nor a comprehensive description and classification of the rules from the perspective of vehicle routing and scheduling. Moreover, the regulations themselves are difficult to read and to interpret. Although reading them thoroughly, it is sometimes necessary to check how some details have to be interpreted. Therefore in this paper the restrictions of the EC Regulation No 561/2006 and related restrictions on working times which are relevant for the planning and execution of road transport are presented. Moreover the associated rules are structured in different planning horizons.

In Section 2 related work is presented. Section 3 describes the rules of the EC Regulation No 561/2006 and additional rules on drivers' working hours. Section 4 gives an example of the consequences of neglecting breaks in the vehicle routing and scheduling planning process. Section 5 discusses global aspects of modelling the restrictions. Some conclusions are collected in Section 6.

2   Literature on Vehicle Routing Including Restrictions on Driving Times

[4] investigates a vehicle routing problem with breaks modelled as fictitious custo-mers with time windows according to the breaks that must be taken and with service times which equal to the minimum duration of the breaks. A similar approach is used by [11]. [13] includes some driving time restrictions specified by the former EC regu-lation. [12] include breaks and daily rest periods into a Pickup and Delivery Problem. [2] suggest the use of a multi-stage network for the inclusion of breaks in a vehicle routing problem. In this approach breaks can be modelled as the transition from one stage of the network to the next stage. [14] present a Pickup and Delivery Problem which includes some restrictions on driving times specified by the US Department of Transportation. [1] modify an insertion heuristic in such a way that it considers maximum shift times for drivers. [5] introduce a Large Neighbourhood Search algo-rithm for a vehicle routing problem which considers maximum driving times accor-ding to the former EC regulation. Two recent works partially considering the current EC regulation No 561/2006 are [6] and [7]. They consider the limitation of driving periods to 4:30 hours and maximum daily and weekly driving times of nine hours and 56 hours respectively. However, the relevant rules are much more complex. For example a weekly driving time of 56 hours is only allowed if the driving time of the weeks before and after the week in consideration remains below 34 hours. [8] give a full description of the EC Regulation's restrictions affecting vehicle routing and scheduling and structure them according to the different time horizons they comprise. Moreover a mathematical formulation of these restrictions is presented. However there is no publication which gives a full model for vehicle routing and scheduling considering all the restrictions of the EC Regulation No 561/2006 affecting several days, several weeks and all exceptional rules. [9] present a comparison of the former regulation and the new EC Regulation which is effective now.

In this paper the relevant restrictions of the EC Regulation No 561/2006 and re-lated acts on working hours are presented, structured and critically analysed. Further-more aspects for modelling the restrictions required by EC Regulation No 561/2006 and future research for including them into vehicle routing models are discussed.

3   The EC Regulation No 561/2006 and Related Rules

The EC Regulation No 561/2006 is compulsory for all drivers in road transportation of goods and passengers in the EC or between the EC, Switzerland and the countries party to the Agreement on the European Economic Area. It applies to drivers of vehi-cles with a total mass of at least 3.5 tonnes or vehicles constructed to carry more than nine persons respectively [10].

The EC Regulation No 561/2006 concerns three different time horizons: single driving periods, daily, and weekly driving times [10]. The relationship between these different horizons is depicted in Figure 1.

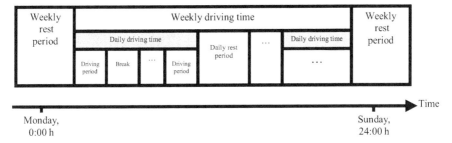

Fig. 1.   Relation of the different time horizons.

The regulation restricts single driving periods to a maximum duration of four and a half hours. Drivers are obliged to take a break of at least 45 minutes after each driving period. Such a break can be divided into two parts. The first part must at least last 15 minutes and the second part at least 30 minutes. A driving period ends, when a break of sufficient length has been taken. Therefore a driving period consists of the complete time interval between two breaks and the total driving time of that period comprehends all particular driving times between these two breaks. However breaks not satisfying the described structure do not lead to the beginning of a new driving period. Yet if a driver takes a break of 45 minutes before driving 4:30 hours he enters a new driving period.

The daily driving time is restricted to nine hours. However twice a week, i.e. twice between Monday 0:00 am and Sunday 24:00 pm, the daily driving time can be extended to ten hours. Daily driving times are defined as the accumulated driving time between two daily or between a daily and a weekly rest period respectively. A daily driving time ends when a daily rest period is taken or a weekly rest period starts. Within 24 hours after the end of a daily or weekly rest period the next daily rest period has to be started. A regular daily rest period is defined as a period of eleven hours or more in which a driver may freely dispose of his time. A reduced daily rest period is a rest period of at least nine hours. The regulation allows drivers to take up to three reduced daily rest periods between two weekly rest periods.

The weekly driving time amounts to 45 hours on average and is limited to maximal 56 hours. Additionally the maximum driving time of any two consecutive weeks must not exceed 90 hours such that the average driving time of 45 hours per week is maintained. In contrast with driving periods and daily driving times the boundaries of the interval for the weekly driving time are not determined by weekly rest periods but the weekly driving time is defined as the accumulated driving time during a week, i.e. between Monday, 0:00 am and Sunday, 24:00 pm. A weekly rest period is a recreation period between two weekly driving times. During this recreation period a driver may freely decide how to spend his time. The regular length of a weekly rest period is at least 45 hours; the reduced duration is at least 24, but less than 45 hours. A driver is allowed to take one reduced weekly rest period in any two consecutive weeks. A reduction has to be compensated by an equal extension of another rest period of at least nine hours. A weekly rest period has to be taken after at most 144 hours after the end of the previous weekly rest period.

The EC Regulation No 561/2006 contains modified restrictions in case of multi-manning. Multi-manning means that in the time interval between two daily or between a daily and a weekly rest period a vehicle is manned by at least two drivers. In this case one driver can take a break while the other is driving. However daily and weekly rest periods may not be taken while the vehicle is en route. Nevertheless, in case of multi-manning the maximum time between two daily rest periods is extended from 24 hours to 30 hours to exploit the additional possible driving time of the different drivers.

The EC Regulation No 561/2006 only comprises restrictions on driving times. As driving times are considered as working times they are also affected by the Directive 2002/15/EC which is effective for persons performing mobile transport activities [3] and which contains restrictions on weekly working times and breaks. Therefore the Directive 2002/15/EC supplements the EC Regulation No 561/2006 in the following respects. In the Directive the working time is defined as the time devoted to all road transport activities, i.e. driving time, time for loading and unloading, for assisting passengers while boarding and disembarking from the vehicle, time spent for cleaning and technical maintenance and the time a driver has to wait at the workstation when the end of the waiting time is not foreseeable [3]. The directive postulates that after a working time of no more than six hours workers have to take a break. The total duration of breaks during working periods of six to nine hours must at least equal 30 minutes. If the daily working time exceeds nine hours the total break time has to amount to 45 minutes or more. These break times can be divided into parts of at least 15 minutes. Consequently a break which meets the requirements of the EC Regulation No 561/2006 also satisfies the Directive 2002/15/EC.

Furthermore the directive restricts the weekly working time to a maximum of 60 hours. Moreover an average working time of 48 hours per week over a period of four months must not be exceeded. Therefore in vehicle routing it has to be assured that both driving time restrictions and working time restrictions for drivers are satisfied.

4   Example of the Negligence of Breaks and Rest Periods in Vehicle Routing

Solving vehicle routing and scheduling problems without simultaneous consideration of the EC regulation will have severe consequences on the feasibility and quality of the outcoming plans.

In the case of vehicle routing problems with time windows the ex post planning of breaks in vehicle tours will fail, since time windows may be violated by including breaks in existing feasible tours [8]. Additionally the length respectively the required driving time of a tour might exceed the maximal working time of a driver. As a consequence the tour cannot be completed during the scheduled time period and must be continued in the next period. Assigning two drivers to a vehicle executing a long tour may help, but this requires the modelling and solution of a combined vehicle routing and crew management problem.

In the case of vehicle routing problems without time windows [4] suggests the ex post planning of breaks into existing vehicle tours. As there are no customer time windows which can be violated the vehicle plan remains feasible. However, the objective of the vehicle routing model including breaks and rest periods should no longer consist in the minimization of the total driving time but rather in the minimization of the total fulfilment time of the tours. Considering this objective the ex post planning of breaks does no longer yield an optimal solution even for problems without time windows. This is illustrated in the following example.

A freight forwarder located at Bremen has planned his vehicle tours without consideration of breaks. He does not have to take into account time windows in his vehicle tours. Multi-manning is not possible since the forwarder cannot spend two drivers on a vehicle. The optimal vehicle plan includes a tour from Bremen to Hannover where the truck picks up a full truck load (+1) which has to be carried to Magdeburg (-1). On his way back the truck goes from Magdeburg to Hamburg to pick up another full load (+2) and deliver it at Bremen (-2). The vehicle tour and the partial driving times are depicted in Figure 2. Additionally, service times (time for loading or unloading respectively) of 30 minutes at each node are assumed.

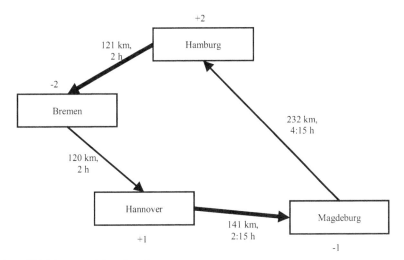

Fig. 2.   Vehicle tour without breaks.

The total driving time of this tour amounts to 10:30 hours and the total working time (sum of driving times and service times) amounts to 12:30 hours.

Therefore breaks and also a daily rest period have to be taken in order to meet the driving and working time restrictions. After a maximum driving time of 4:30 hours a break of at least 45 minutes has to be taken. Thus the driver has to take this break the latest on his way from Magdeburg to Hamburg. This break of 45 minutes also meets the working time regulations. As the total driving time of the tour lies above 10 hours, it is clear that a daily rest period has to be taken. This necessity cannot be prevented by adding another break and extending the daily driving time to 10 hours. Therefore a reduced daily rest period of 9 hours has to be planned after 9 hours of driving time.

After this rest period the driver may continue his way back to Bremen without further breaks. The total fulfilment time of the tour amounts to 10:30 hours of driving time plus 2 hours of service time plus a break of 0:45 hours plus 9 hours for the reduced daily rest period, i.e. 22:15 hours in total.

The vehicle plan with the breaks planned ex post is depicted in Figure 3. Partial routes containing breaks or rest periods are depicted in dashed lines.

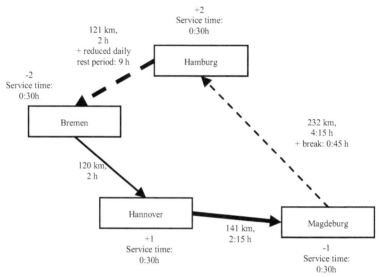

Fig. 3.   Ex post planning of breaks.

It is possible to derive a vehicle plan which has a longer total driving time but does not need a daily rest period. This can be achieved by assigning the two pick-up-and-delivery requests to two different tours. The first tour goes from Bremen to Hannover and then via Magdeburg back to Bremen. The driving time from Magdeburg to Bremen amounts to 4:15 hours, such that the total driving time for this tour is 8:30 hours. This tour can be accomplished with only one break of 45 minutes on the way from Magdeburg to Bremen. The second tour goes from Bremen to Hamburg and then back to Bremen. The total driving time of this tour amounts to 4 hours such that the tour can be completed without any break. The two tours can be carried out either in parallel or consecutively. If they are carried out in parallel, a second driver is needed. In contrast with multi-manning the second driver does not have to be paid for idle time on the vehicle. The total driving time of this vehicle plan is 12:30 hours which lies above the driving time of 10:30 hours of the former tour. However as no daily rest period is required by the driving time regulation the total fulfilment time amounts to 12:30 hours driving time plus 2 hours of service time plus a break of 0:45 hours, in total 15:15 hours which is clearly below 22:15 hours of the former tour. The resulting vehicle routes are shown in Figure 4.

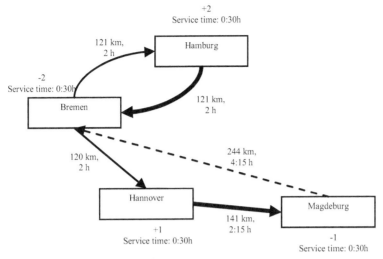

Fig. 4.   Vehicle plan including breaks.

This example shows that the ex post planning of breaks into vehicle tours without time windows results in tours with minimum driving times. However the task of finding tours with minimum fulfilment times cannot be met with this approach.

5   Aspects of Modelling the EC Regulation No 561/2006

As shown in the example above the restrictions of the EC Regulation No 561/2006 affect the planning of vehicle tours. Consequently they should be integrated in the solution process since the ex post adaption to the rules deteriorates the solution quality. Yet the interconnection of the different planning time horizons makes it a difficult task to consider all the restrictions. It is obvious that the fixing of the boundaries of the weekly driving time to Monday 0:00 am and Sunday 24:00 pm gives a frame for the planning of vehicle tours. Especially for problems with time windows this frame is very helpful. Customer requests must be served during a specified week and thus can in a first step be assigned to the week their delivery time is set for. Within the time frame of a week the planning problems on lower time levels, i.e. the predetermination of the daily and weekly driving times, can be planned independently from fixed points in time. However, the relationships between consecutive weeks must be observed.

The assignment of customer requests to weeks can be performed as follows: If a customer time window is known in relation to a specified point in time, as assumed in usual vehicle scheduling models, this relationship can be converted into weekly time windows. For example if the start of the planning horizon is Monday 0:00 am, then the start of the time window a_i and the end of the time window b_i given in relation to Monday 0:00 am can be converted to weekly time windows defined by a_i^w and b_i^w. w is an index for the corresponding week of the assigned request and it is calculated according to equation (1):

$$w = \left\lfloor \frac{a_i}{168} \right\rfloor + 1 \tag{1}$$

The denominator is set to 168 since a week consists of 168 hours. It can be assumed that the start and the end of the time window are in the same week since deliveries are usually not made on Sunday nights. However if the time window crosses the weekly border it can be split into two distinct time windows the first ending at Sunday 24:00 pm and the second starting at Monday 0:00 am. The relative beginning and the end of the weekly time windows can be calculated as $a_i^w = a_i \bmod 168$ and $b_i^w = b_i \bmod 168$ where w is set as described before.

Having thereby obtained an assignment of customer requests to weeks for any vehicle it has to be assured that the weekly driving time does not exceed 56 hours. Using wdt_k^w as the weekly driving time of vehicle k in week w this can be achieved by the following restrictions (2):

$$wdt_k^w = \sum_{(i,j) \in A} x_{ijk}^w * t_{ij} \leq 56 \quad \forall \; vehicles \; k, weeks \; w \tag{2}$$

where $x^w{}_{ijk}$ is a binary variable which equals 1 if vehicle k travels from customer i to customer j in week w, t_{ij} is the driving time from customer i to customer j and A is the arc set of all arcs between any two nodes i and j.

Moreover it has to be assured that the weekly driving times of any two consecutive weeks w, $w+1$ remain below 90 hours. This can now easily be achieved using the following restrictions (3):

$$wdt_k^w + wdt_k^{w+1} \leq 90 \quad \forall \; vehicles \; k, weeks \; w \in \{0,...,W-1\} \tag{3}$$

where wdt_k^0 is the driving time of the last week before the planning horizon which is given exogenously.

Additionally a customer request may only be fulfilled in one week, namely the week it is assigned to, as stated by the equations (4):

$$\sum_{k \in K} \sum_{j \in I} \sum_{w \in W} x_{ijk}^w = 1 \quad \forall \; nodes \; i \tag{4}$$

These restrictions assure that each node i is assigned to exactly one vehicle route in one week. Different customer requests with the same location must be considered as different nodes. Within these weekly frames breaks and daily rest periods must be planned on lower time levels.

To take into account the restrictions on the different time horizons Hierarchical Planning as a means for decomposing a complex problem into interconnected sub problems might be applicable. However, a top-down approach is not promising as the planning of vehicle tours has to start on lower time levels considering the sequence and time windows of requests on small time intervals. For example the insertion of a request into a tour usually leads to a postponement of the delivery of all succeeding requests of this tour. Therefore in a first step the driving periods are concerned. The daily driving time is also affected by the insertion of the request. This suggests using a bottom-up planning approach. Yet restrictions on higher levels have to be met which influence decisions on lower levels. If for instance the insertion of a request into a driving period seems possible as the increased driving time remains below 4:30 hours the insertion might still violate the restriction of the daily or weekly driving time. Moreover the planning algorithms for the tours of one day must keep in mind the workload of the previous day, the previous week, the actual week, and the planned workload of the next week. The workload of a complete week must also be planned in advance, since the extension of the weekly driving time to 56 hours in the next week will only be possible if the driving times of the actual week go below a limit of 34 hours. Consequently the simultaneous planning of vehicle tours on all levels is inevitable.

The fact that the boundaries of daily driving times are defined by daily rest periods allows drivers to take several daily driving times a day. At maximum 3 daily driving times a day can be taken each of a duration of two hours separated by two reduced daily rest periods. Moreover it is possible to take many driving periods a day. Theoretically up to 32 driving periods a day are possible each of them of a duration of one minute. This might be of importance for drivers in local traffic or parcel service which take many stops of different length during a day and thus have a great leeway for positioning the breaks.

6   Conclusions

As shown above the inclusion of breaks and rest periods into vehicle routing models is of high practical importance in order to generate feasible vehicle tours. Therefore the modelling of the restrictions set by the EC Regulation No 561/2006 and related restrictions on working hours is of crucial importance. Neither in practice nor in literature there exist algorithms for vehicle routing and scheduling which are able to guarantee the completion of all restrictions of the EC regulations. The main challenge for developing suitable algorithms consists in the planning of mandatory breaks for driving intervals while the boundaries of the intervals themselves are recursively constituted by the length and position of the involved breaks. The breaks can be modelled as flexible time windows which can be shifted but must obey to a set of complicated restrictions. The second severe difficulty consists in the simultaneous treatment of different time horizons on different levels.

The overview of the regulations on road transport presented in this paper summarises the relevant rules for vehicle routing and scheduling and provides a structuring of the rules according to different planning horizons. The presentation of the rules and the discussion of the relations of the rules of different horizons are a basis and a starting point for future research on methods and algorithms which meet the EC regulations on road transport.

References

1. Campbell, A.M.; Savelsberg, M.: Efficient Insertion Heuristics for Vehicle Routing and Scheduling Problems. In: Transportation Science 38 (2004), 369-378.
2. Cordeau, J.F.; Desaulniers, G.; Desrosiers, J.; Solomon, M.M.; Soumis, F.: VRP with Time Windows. In: Toth, P.; Vigo, D. (Eds.): The Vehicle Routing Problem. SIAM, Philadelphia 2002, 157-193.
3. Directive 2002/15/EC of the European Parliament and of the Council of 11 March 2002 on the organisation of the working time of persons performing mobile road transport activities, Official Journal of the European Communities L 80/35, 23.3.2002.
4. Gietz, M.: Computergestützte Tourenplanung mit zeitkritischen Restriktionen. Physica-Verlag, Heidelberg 1994.
5. Goel, A.; Gruhn, V.: Solving a Dynamic Real-life Vehicle Routing Problem. In: Haasis, H.-D.; Kopfer, H.; Schönberger, J. (Eds.): Operations Research Proceedings 2005. Springer, Berlin, Heidelberg, New York 2006, 367-372.
6. Goel, A.: Fleet Telematics - Real-time management and planning of commercial vehicle operations. Dissertation, Universität Leipzig, Leipzig 2007.
7. Goel, A.; Gruhn, V.: Lenk- und Ruhezeiten in der Tourenplanung. In: Waldmann, K.-H.; Stocker, U.M. (Eds.): Operations Research Proceedings 2006. Springer, Berlin, Heidelberg, New York 2007, 343-348.
8. Kopfer, H.; Meyer, C.M.; Wagenknecht, A.: Die EU-Sozialvorschriften und ihr Einfluss auf die Tourenplanung. In: Logistik Management 9 (2007), 32-47.
9. Meyer, C.M.; Kopfer, H.: Lenk- und Ruhezeiten im Personen- und Güterverkehr: Vergleich der neuen Verordnung (EG) Nr. 561/ 2006 mit der alten Verordnung (EWG) Nr. 3820/ 85. In: Internationales Verkehrswesen, to appear.
10. Regulation (EC) No 561/2006 of the European Parliament and of the Council of 15 March 2006 on the harmonisation of certain social legislation relating to road transport and amending Council Regulations (EEC) No 3821/85 and (EC) No 2135/98 and repealing Council Regulation (EEC) No 3820/85, Official Journal of the European Union L 102/1, 11.4.2006.
11. Rochat, Y.; Semet, F.: A tabu search approach for delivering pet food and flour in Switzerland. In: Journal of the Operational Research Society 45 (1994), 1233-1246.
12. Savelsberg, M.; Sol, M.: DRIVE: Dynamic Routing of Independent Vehicles. In: Operations Research 46 (1998), 474-490.
13. Stumpf, P.: Tourenplanung im speditionellen Güterverkehr. GVB, Nürnberg 1998.
14. Xu, H.; Chen, Z.-L.; Rajagopal, S.; Arunapuram, S.: Solving a practical pickup and delivery problem. In: Transportation Science 37 (2003), 347-364.

A Multi-Objective Genetic Algorithm for the Vehicle Routing with Time Windows and Loading Problem

Ana Moura

University of Aveiro,
Campus Universitário de Santiago, 3810-193 Aveiro, Portugal
INESC Coimbra, Institute for Systems and Computers Engeneering,
Rua Antero de Quental, nº199, 3000-033 Coimbra, Portugal
ana.moura@ua.pt

Abstract. This work presents the Vehicle Routing with Time Windows and Loading Problem (VRTWLP) as a multi-objective optimization problem, implemented within a Genetic Algorithm. Specifically, the three dimensions of the problem to be optimized – the number of vehicles, the total travel distance and volume utilization – are considered to be separated dimensions of a multi-objective space. The quality of the solution obtained using this approach is evaluated and compared with results of other heuristic approaches previously developed by the author. The most significant contribution of this work is our interpretation of VRTWLP as a Multi-objective Optimization Problem.

Keywords: Vehicle Routing Problem with Time Windows, Container Loading Problem, Multi-objective Optimization Problem.

1   Introduction

Managing the distribution of goods is a vital operation for many companies which realize that distribution has a major economic impact. However, clients' satisfaction depends mainly on meeting their demand as effectively as possible. This is commonly described as providing a service to a client. Usually a service is a combination of different distribution characteristics, for example: product availability, delivery time, delivery programming and good conditions after delivery. One of the most important areas in serving clients is said to be the transportation of goods. With an adequate transportation, items arrive on time, undamaged and in the desired quantities. Indeed, those are the three main client's demands to be achieved and for that, the integration of route planning and vehicle packing is essential.

When solving a Vehicle Routing Problem with Time Windows (VRPTW), the solutions ensure that items arrive to the client within the time window. To ensure they do not suffer any damage during transportation, a stable load is necessary which is achieved by solving the Container Loading Problem (CLP). To ensure that all the items of each demand are delivered to a client, one must solve the VRPTW and CLP in an integrated way. Indeed, the classical model of vehicle routing ensures that total client demand, assigned to one vehicle, does not exceed the vehicle capacity restrictions in terms of weight (or other scalar measure). However it is not certain that the cargo can be physically loaded and arranged inside the vehicle/container. So, a cargo, which in terms of weight can be packed in a vehicle, can exceed its volume capacity, or vice versa. To deal with this drawback we propose the resolution of the VRTWLP as a Multi-objective Optimization Problem.

Ideally the client items are packed in the vehicle considering a LIFO (Last-in-First-Out) strategy. Some authors ([10], [25]) present a variation of the travelling salesman problem with pickup and delivery in which the loading and unloading operations are executed in a LIFO order. [10] presents three local search operators embedded within a variable neighbourhood search metaheuristic. [25] introduces the double travelling salesman problem with multiple stacks and presents three metaheuristic approaches where repacking is not allowed. The items are packed in several rows inside the container and each row is considered a LIFO stack.

The container loading problem is a three-dimensional problem that establishes arrangements of items in a container. Usually, the CLP aims to maximize loading efficiency – that is, the container space usage. For instance, [16], [5], [6], [7], [14], [3] and [21] deal with the container loading problem considering specifically the efficiency of the loading arrangements.

The other problem discussed in this paper is the VRPTW. In the VRPTW, clients have to be served within a period of time [27]. In literature there are four goals that are usually considered: (i) minimize the number of vehicles; (ii) minimize the total travel distance; (ii) minimize the total time; and (iii) minimize the vehicles total waiting time at clients. Some approaches use one of these goals and others combine two (or more) of them. [1], [8], [9], [11], [13] and [22] are some examples of recently published work where original algorithms for the VRPTW are presented.

Very few papers approach the vehicle routing problem and the two-dimensional bin packing problem integration, all very recent. [18] presents a special case of the symmetric capacitated vehicle routing problem and proposes an exact approach based on branching algorithms. [15] presents a taboo search heuristic to solve the routing problem with three-dimensional loading constraints. [19] presents a framework to integrate the VRPTW and CLP using two different solution methods. The first one treats the problem in a sequential approach while the second uses a hierarchical approach applying a GRASP algorithm.

In the next sections of this paper, the VRTWLP as a multi-objective optimization problem implemented with Genetic Algorithm (GA) is proposed. [23] applied a hybrid search based on GA and Tabu Search to soft VRPTW where the multi-objective VRPTW is dealt like a single-objective optimization. In a more recent work [24], the same authors present a multi-objective genetic approach to VRPTW in which the two objective dimensions are the number of vehicles and the total distance.

In section 2 a VRTWLP specification and an overview of multi-objective optimization search is provided. A Multi-objective Genetic Algorithm and some experimental details are presented in section 3. Section 4 reports the results and makes comparisons with related works while section 5 concludes the paper with a general discussion.

2   Description of the Vehicle Routing with Time Windows and Loading Problem

Capacity constraints of vehicles in the vehicle routing problem are often improperly used when real-world applications are considered. The capacity constraints are not only related to admissible weight but also to the vehicle's volume dimensions. The routes designed for a given vehicle capacity, in terms of weight limits, can lose their admissibility due to incompatibility of cargo dimensions, and vice versa. To address loading issues in more detail in routing problems, a more complex model is required. Loading constraints may seriously affect the nature of the problem. The integration of routing and loading problem calls for tailored resolution procedures. This integration results in the VRTWLP – The Vehicle Routing with Time Windows and Loading Problem.

Let us consider, for this problem a set of clients defined by their geographical coordinates and a fleet of homogeneous vehicles. There is only one depot from where the vehicles start to visit the clients and return at the end of the delivery. Each client has a demand to be satisfied by a single vehicle and a time window that must be respected. All the clients' demand must be satisfied even if another vehicle has to be used. Preferably the vehicle loading order is the inverse of the clients visit order (LIFO strategy) and the demand of each client should be packed together inside the vehicle in order to increase the efficiency of the unloading operations. Vehicle capacity, defined in terms of weight and width, height and length of the loading volume must not be exceeded. A demand is composed by a set of different box types. This means that for each box type one two or three dimensions are allowed to face upwards. If only one dimension is admissible as height then we have the "This Side Up" constraint. Each client is defined by geographical coordinates, time window, demand (type of boxes and related quantities per type), total weight of demand and service time.

The interdependency between the VRPTW and the CLP is greater when the number of clients visited by each vehicle is small. This means that each client's demand takes an important portion of the container. Therefore, the decision to include or exclude a client in a route has a major impact on the CLP, and may cause the route to become unfeasible. On the other hand, a solution which provides good volume utilization may lead to long and unfeasible routes. When we have many clients per vehicle, the routing aspects dominate the loading aspects, as the choice of clients to visit influences the routes much more than the loading efficiency. Conversely, when one client completely fills a vehicle, the only problem is how to load the cargo and the CLP dominates the VRPTW (that may end up just in one client per container). It is when we have a relatively small number of clients per vehicle, and a weakly heterogeneous cargo, the integrated resolution of the two problems becomes rather important for the final solution quality. The relevance of the integrated resolution of the VRPTW and CLP problems is also dependent on the density of the goods to transport. If the goods are very heavy and of small size, the usual weight constraint will be the active constraint and there is no need to consider the CLP. Considering these assumptions, we consider the following constraints and goals to the problem:

1. Clients and depot time windows. All clients must be visited within a certain period of time and the vehicle has a maximum travel time (time to visit all clients and return to the depot).
2. Homogeneous fleet. Identical vehicle capacity in terms of weight, volume and dimensions (length, width and height). The vehicle's capacity must always be respected.
3. Cargo's orientation. The client's demand consists of parallelepiped boxes that may have to satisfy orientation constraints: for example, the "This side up" sign.
4. Client's demands are heterogeneous and the total demand of each client in terms of volume and weight does not fill a vehicle. Every demand must be satisfied by a single vehicle.
5. The density of the cargo[1] is such that the maximum weight of the container is not a constraint for the problem.
6. Cargo positioning inside the vehicle. Each client's demand should be packed together in order to make unloading easier, even though this is not strictly necessary to ensure compatibility between the routes and the loading pattern. A LIFO policy will be used so that when a client is visited, it must be possible to unload all items of his demand without unloading boxes of other clients (see [15]). The loading order is the reverse order of the client's visits order.
7. Cargo stability. To ensure that the load cannot move significantly during transport, the cargo must be packed in such a way that it remains stable. Also an unstable load can have important safety implications for loading and unloading operations. From a stability point of view, two different measurements are considered. The first one is the full support of each item from below. This measurement does not indicate the potential for lateral movement of a box, though. The second measurement is the average percentage of boxes not surrounded by at least three sides ([4] and [21]).

The VRTWLP goals, as for the VRPTW, are to minimize the number of vehicles and the total travel distance. From the CLP point of view, the objective function is to maximize the container's volume utilization. Considering multiple vehicles for the CLP, this objective function can be seen as packing all the available cargo in the vehicles. Thus, the minimization of the number of needed vehicles is also implicit. So, in short, the VRTWLP's basic idea is trying to serve the greatest possible number of clients with each vehicle and pack their demand in a feasible way while considering also the minimization of the travel distance for each route.

2.1 Multi-objective optimization

This work studies the VRTWLP as a multi-objective optimization problem (MOP). A MOP is a problem in which two or more objectives contribute to the final result. The three dimensions of the VRTWLP to be optimized are: number of vehicles, total tra-

---

[1] Density of a cargo is a measure of mass per unit volume. For example, an object made from a comparatively dense material (such as iron) will have more mass than an equal-sized object made from some less dense substance (such as aluminum).

velled distance and vehicles volume utilization are considered to be separated dimensions of a multi-objective space. As with all MOP's, an immediate advantage is that it is not necessary to use a weighted coefficient for each objective function's component. We do not specify that either the number of vehicles, the travel distance or the vehicles volume utilization take priority. Using the Pareto ranking procedure, each of these problem characteristics is kept separate and there is no attempt to unify them.

The instances of the VRTWLP may have more than one locally optimal solution (multimodal solutions) where some solutions may minimize the number of vehicles and by inherence the vehicles wasted volume at the expense of distance. On the other hand, other solutions minimize the distance while necessarily increasing the vehicles number and the wasted space. Looking to this problem as a MOP the objective components that are mutually exclusive (number of vehicles and wasted volume utilization), contribute to the overall result and these objective components affect one another in nonlinear ways. The challenge is to find a set of values for them and an underlying solution which yield an optimization of the overall problem.

Genetic algorithms are suitable search engines for multi-objective problems because of their population-based approach. A multi-objective evolutionary algorithm (MOEA) is capable of supporting diverse, simultaneous, solutions in the search environment. Considering the success of applying MOEA in finding good solutions to problems and knowing that the GA are suitable search engines for multi-objective problems primarily because of their population-based approach, a Multi-objective Genetic Algorithm (MOGA) is presented in section 3 in order to solve the VRTWLP.

2.2 Multi-objective ranking

In order to evaluate generated VRTWLP solutions they are represented with a vector describing its performance across the set of criteria. This vector must be transformed into a scalar value for the purposes of the GA. This process is achieved by ranking the population of solutions relative to each other, and then assigning fitness based on rank. Individual solutions are compared in terms of Pareto dominance. The MOGA developed in this work uses Pareto-ranking (often used in MOGA, like in [24]) as a means of comparing solutions across the multiple objectives. The Pareto-optimal set or non-dominated set [12] consists of all those vectors for which components cannot be simultaneously improved without having a detrimental effect on at least one of the remaining components.

The Pareto ranking scheme is easily incorporated into the fitness evaluation process within a GA, by replacing the raw fitness scores with Pareto ranks. Each of the problem objectives is kept separated and there is no attempt to unify them. These ranks stratify the population into preference categories and the lower ranks are preferable. The individuals on each rank set represent solutions that are incomparable with one another. The Pareto ranking only differentiates individuals that are superior to others in at least one dimension and not inferior in all other dimensions.

3   Multi-Objective Genetic Algorithm for VRTWLP

A GA is a programming technique that imitates biological evolution as a problem-solving strategy. Given a specific problem to solve, the input to the GA is a set of potential solutions to that problem, encoded in some fashion (chromosomes). Then, a fitness function is defined in order to allow each candidate to be quantitatively evaluated. The algorithm then applies genetic operators such as mutation and crossover to "evolve" the solutions in order to find the best one(s). The promising candidates are kept and allowed to reproduce. These offspring then go on to the next generation, forming a new pool of candidate solutions, and are subjected to a second round of fitness evaluation. Those candidate solutions which were not improved by the changes are not considered for the final solution.

In this section some details of the VRTWLP solutions representation, fitness evaluation, Pareto strategy and other GA features used are described.

3.1   Initial population

In order to generate the initial population for the GA, an approach developed for VRTWLP and presented in [20] is used. In this approach, for each vehicle, a route and the container loading are planned until no more clients and demands to deliver exist.

For the GA, the initial population is composed by a number of individuals (i.e. solutions), each being generated by performing a constructive algorithm. A brief description follows.

The problem data is represented as a list named Sequential Candidate List (SCL). A candidate in a SCL is composed by a client and a single box type of his demand. The number of candidates (n - size of the SCL) is the total number of combinations of clients and box types (Fig. 1). For each solution generation, the candidates are randomly placed in the SCL.

Candidate 1: Client 1; Box Type 1
Candidate 2: Client 1; Box Type 3
Candidate 3: Client 2; Box Type 2
Candidate 4: Client 2; Box Type 5

Candidate n: Client 25; Box Type 2

Fig. 1.   Sequential Candidate List.

In a solution the demand of a client could be physically separated (grouped by box types) in one vehicle or in more than one vehicle. In this case, two of the presented problem constraints (Section 2) could be relaxed. The first one is related to the cargo's position in the vehicle (constraint 6) and the second specifies that every client must be visited only by one vehicle (constraint 4). To build a solution a constructive algorithm is applied to the SCL. The first candidate of SCL is chosen and the related client is inserted in a route and the box type is loaded in a free space of the vehicle. If all the restrictions of VRTWLP are satisfied, the solution is accepted and the algorithm selects the next candidate of the SCL. If one of the problem restrictions is violated the chosen candidate is removed from the solution and inserted at the end of the SCL. When a vehicle is full or the depot time windows exceeded another vehicle must be used. The algorithm stops when the SCL is empty.

As mentioned before, a solution could have one client served by more than one vehicle. For example, client 2 (Fig. 1) could be placed in 3rd, 4th and $(n-2)^{th}$ position in the SCL (could correspond to candidate 3, 4 and n-2) if his demand is composed by three different box types. Candidates 3 and 4 could be assigned to vehicle k and candidate n-2 to a different one. So, in this example, the same client is visited by two different vehicles.

For this same reason, in this approach it is allowed that each client's demand might be spread in the vehicle. When this happens a client could have its demand not directly accessible and in this case one of the two following alternatives must be chosen:

1. the cargo that blocks the access to those boxes must be unloaded and reloaded at the client's location so that the complete demand is unloaded;
2. or, the client could be later revisited by the same vehicle.

The choice between these two alternatives is made by evaluating them in terms of total route time. If the first alternative is chosen the route must be rebuilt because the vehicle does not need to revisit the client that has the demand split up and an additional time for unloading and reloading the blocking cargo is considered. In each case the algorithm computes a cost and the alternative with smaller cost is chosen.

Each time a client is inserted in a route, the boxes of his demand are loaded in the vehicle using a 3D packing algorithm. The constructive algorithm of the approach described in [21] was followed. It is an improvement of the George and Robinson heuristic [16] for solving the Container Loading Problem. This wall-building constructive heuristic packs boxes in a container ensuring cargo stability. All boxes are fully supported and all the columns of boxes have at least three sides supported. For each type of box the free space in the container is filled with the best possible arrangement. The arrangements are found by simulating all choices of possible orientations of the box types, and by computing the corresponding volume utilization. Then the best arrangement is chosen and packed in the vehicle's free space.

3.2 Chromosome representation

Each potentially non-dominated solution (Section 3.3) must be encoded and thus originate a chromosome, in order to apply the GA. The structure of each chromosome (set of genes) is a string of equal length to the SCL that originated the potentially non-dominated solution. A single chromosome comprises all the information of one complete solution to the VRTWLP. A gene of a given chromosome is a candidate (of the SCL) and the sequence of the genes in the chromosome defines the visiting order of each vehicle. An example of a chromosome that represents a potentially non-dominated solution is as follows (Fig. 2):

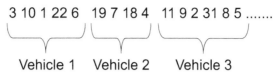

Fig. 2.   Chromosome representation.

In order to select the potentially non-dominated solution to be encoded, the chromosome fitness function is evaluated using a Pareto ranking procedure. The Pareto ranking is incorporated into a GA by replacing the chromosome fitness with Pareto ranks. This procedure and the selection phase are described in the next section.

3.3   Selection phase and Pareto ranking procedure

According to VRTWLP objective function, the three dimensions of the problem: number of vehicles, travel distance and volume waste, must be minimized. When the number of vehicles is minimized the volume waste is also minimized and this affects vehicles and labour costs. Minimizing the travel distance affects the time of each route and the fuel resources. The two objectives components mutually dependent, number of vehicles and distance travelled, are used to evaluate the solutions. Each candidate of the initial population is associated to a vector $\vec{v} = (n, d)$, where n is the number of vehicles and d the total distance. These two dimensions are used by the Pareto ranking procedure (Fig. 3).

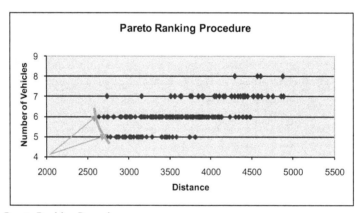

Fig. 3.   Pareto Ranking Procedure.

The Pareto ranking procedure is applied to the vectors of the population and a set of solutions is ranked according to the following procedure. A list of potential non-dominated solutions is built. The size of this list is computed according to the following criteria (Equation 1):

$$MaxVS=Max-\alpha*(Max-Min) \tag{1}$$

Where:

- MaxVS is the maximum admitted size of the solution vector (computed as the size of the vectors in Figure 3).
- Max is the maximum vector of Pareto front
- Min is the minimum vector of Pareto front
- α is a parameter that defines the MaxVS value.

The list of potentially non-dominated solutions (LS) is composed by all solutions with vector size smaller or equal to MaxVS.

The two potentially non-dominated solutions to the crossover procedure are randomly selected from LS. The size of this list is important for the reproduction because the main idea is to select the best individuals of the population in order to guarantee that the best solution (produced by the best chromosome) can never deteriorate from one generation to the next. The value of α is crucial to accomplish this, because if α is equal to 0 all the potentially non-dominated solutions belong to the list. Making a random choice, a bad solution could be selected for reproduction. When α is equal to 1 only the two best potentially non-dominated solutions belong to the list. However, the best results are achieved when α is equal to 0.8.

3.4   Recombination phase and Mutation operator

As the VRTWLP constraints must be always satisfied, the crossover operator must not result in an unfeasible solution. In the recombination phase an approximation of the Best Cost Route Crossover (BCRC) is used. [23] and [24] applied the BCRC to Vehicle Routing Problem with Time Windows and [18] also applied the BCRC to the Dynamic Vehicle Routing Problem. The BCRC aims at minimizing the number of vehicles and distance simultaneously while checking feasibility constraints. In the next example (Fig. 4) the dynamic of BCRC is explained.

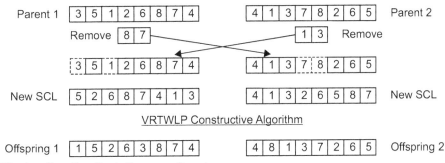

Fig. 4.   Best Cost Route Crossover Operator.

In Fig. 4 the generation of two offspring using an approximation of best cost route crossover operator is presented. From the LS the algorithm two parents are randomly chosen. The two encoded parents correspond to a sequence of genes (candidates). This sequence defines a solution that is the order by each candidate was inserted in the solution and the order by each vehicle visits the clients. So, each parent corresponds to a SCL (Section 3.2) that originates this particular solution. From this solution two contiguous genes are randomly selected and removed from the other parent. The two removed candidates are inserted in the end of the encoded sequence creating a new SCL. With this two new SCL the VRTWLP constructive algorithm is applied and two new offspring are generated. The feasibility of the offspring is always guaranteed by the inherent characteristics of the constructive algorithm.

The mutation procedure aids a genetic algorithm to achieve any point of the search space. Nevertheless, mutation could destruct very good solutions and in this particular problem the existence of time windows and loading constraints could easily lead to an unfeasible solution. Only a few offspring are chosen for mutation with a probability of ten percent. The mutation is a small change of the chromosome (Fig. 5).

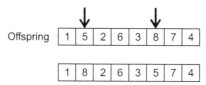

Fig. 5.   Mutation operator.

If an offspring is selected to the mutation procedure, two random candidates of the SCL that originates the solution are selected and swapped. Then with the new SCL the VRTWLP constructive algorithm is applied. When the algorithm tries to insert the swapped candidates in a route and the client demand in the vehicle, if any restriction is violated the solution becomes unfeasible and the new offspring is not considered.

4   Test Problems and Computational Results

This approach was tested using some problem instances early developed by the author in [20] and available on the ESICUP web site (http://paginas.fe.up.pt/~esicup/tiki-index.php). These problems combine the standard test problems characteristics available in the literature for the VRPTW and CLP. The VRPTW test problems used are the R1 and R2 (with 25 clients) from [27] and the BR2 from [4] for the CLP test problems. Two problem classes were tested: I1 (R1 and BR2) and I2 (R2 and BR2). Each problem class has two different groups:

- Group I – Clients' demand varies from 30 to 80 boxes, with 1 to 5 box types per client and an average of 42 boxes per demand. The total number of boxes is 1050;
- Group II – Clients' demand varies from 50 to 100 boxes, with 1 to 5 box types per client and an average of 62 boxes per demand. The total number of boxes is 1550.

In total, there are forty six test problem instances covering the four combinations of classes and groups (around 12 instances per combination). The next tables present the results achieved by the MOGA approach and the best results achieved with other approaches developed by the author to solve VRTWLP and published in [20]. The first one uses a GRASP approach while the second one uses a hierarchical approach. The hierarchical approach first builds the routes and then loads the demands inside the vehicles, this means, the VRPTW dominates the CLP. In the constructive phase the two different approaches uses five different ranking schemes. To evaluate the solutions those approaches use a weighted coefficient for each objective function's component and the sum of these three coefficients is equal to 1. The actual values of these weights will depend on the practical application under consideration and on the importance given by the decision-maker to each component. The best results of these two approaches are achieved with the time windows ranking - clients whose time window is smaller and starts earlier are inserted first [20]. For this reason, such are the results that we compare with those obtained using the MOGA approach.

The MOGA algorithm stops when after ten consecutives runs with no better solution (offspring) is found. In each run, in order to built the initial population the constructive algorithm is performed 100 times and each time with a different SCL. Because of the problem characteristics the LS is usually relatively small (around four potentially non-dominated solutions). Depending on the size of the LS, the following procedure is repeated (number of repetitions is equal to half of the LS size plus one): selection of parents, crossover (with a rate of 0,90), mutation (with a rate of 0,10) and offspring evaluation.

The running time for the Integrated GRASP Heuristic and the Hierarchical Approach is less than one minute. For the MOP Genetic Algorithm the running time is, on average, four minutes. Times were obtained using a Centrino Core2Duo T7100@1.80 GHz.

Tab. 1 and Tab. 2 present the results of problem instances of Class I1. Those problems have a short planning horizon. The depot has a small time window, which implies many vehicles per problem and routes with a small number of clients.

Tab. 1.   Group I Class I1 problem instances.

GI/I1 Instance	Integrated GRASP Heuristic Vehicle / Distance Time windows ordering	Hierarchical Approach Vehicle / Distance Time windows ordering	MOGA Vehicle / Distance
1	10 / 1711.34	9 / 762.59	12/1817.87
2	9 / 1617.70	11 / 944.44	11/986.35
3	6 / 1250.86	8 / 754.27	7/1332.38
4	6 / 1212.51	6 / 804.14	6/1094.40
5	9 / 1562.02	10 / 815.36	11/1750.46
6	7 / 1273.26	7 / 757.08	5/1040.47
7	6 / 1227.40	7 / 901.80	6/1215.17
8	6 / 1158.76	6 / 785.95	6/1277.07
9	7 / 1270.07	7 / 820.17	10/1008.82
10	6 / 1098.71	7 / 753.01	7/1211.96
11	7 / 1198.02	7 / 851.45	8/1559.14
12	6 / 1070.44	6 / 803.62	6/803.62

Tab. 2.   Group II Class I1 problem instances.

GII/I1 Instance	Integrated GRASP Heuristic Vehicle / Distance Time windows ordering	Hierarchical Approach Vehicle / Distance Time windows ordering	MOGA Vehicle / Distance
1	13 / 2089.69	9 / 823.04	13/2089.69
2	9 / 1622.59	11 / 927.17	9/1622.59
3	8 / 1380.53	10 / 970.26	8/1287.10
4	8 / 1405.80	8 / 844.66	7/1201.75
5	10 / 1675.86	12 / 864.48	10/1860.28
6	8 / 1476.54	14 / 1109.74	8/2006.00
7	8 / 1381.41	9 / 944.26	9/913.83
8	7 / 1303.89	9 / 103537	8/1431.84
9	8 / 1359.87	15 / 1202.91	11/1711.96
10	8 / 1298.79	8 / 673.16	8/1135.79
11	8 / 1502.61	10 / 1023.30	7/1431.58
12	8 / 1377.93	8 / 844.40	8/1298.77

Tab. 3 and Tab. 4 include the results of Class I2 problem instances. These instances have a long planning horizon. The depot has a large time window, which implies few vehicles per problem and routes with a big number of clients.

Tab. 3.   Group I Class I2 problem instances

GI/I2 Instance	Integrated GRASP Heuristic Vehicle / Distance Time windows ordering	Hierarchical Approach Vehicle / Distance Time windows ordering	MOGA Vehicle / Distance
1	5 / 2668.55	14 / 1105.19	5/2660.50
2	5 / 2555.26	12 / 987.27	5/2699.64
3	5 / 2526.11	11 / 1038.27	5/2645.46
4	5 / 1953.67	10 / 1091.51	5/2071.06
5	5 / 2647.03	17 / 1129.44	5/2745.34
6	5 / 2394.25	14 / 1128.91	5/3211.54
7	5 / 2187.27	11 / 997.21	5/2604.00
8	5 / 1804.70	9 / 903.80	5/1962.85
9	5 / 2351.13	13 / 1073.35	5/3102.49
10	5 / 3063.39	13 / 1058.32	5/3033.20
11	5 / 2076.89	13 / 1005.83	5/1573.34

One advantage of interpreting the VRTWLP as a MOP using Pareto ranking as opposed to using weighted sum is that we have two or more solutions provided to the decision maker. In every instance of the four different problems, the MOGA never achieves a solution which is better both in vehicle number and total distance. For example, in Tab. 2, instance 7, the Integrated GRASP approach is better than the MOGA in vehicle number, but the total distance achieved by MOGA outperforms the total distance achieved with the other two approaches. Nevertheless some results obtained with the MOGA could be considered good results because the difference in the number of vehicles is considerable, for example Tab. 1 instance 6.

Tab. 4.   Group II Class I2 problem instances.

GII/I2 Instance	Integrated GRASP Heuristic Vehicle / Distance Time windows ordering	Hierarchical Approach Vehicle / Distance Time windows ordering	MOGA Vehicle / Distance
1	7 / 3740.55	17 / 1168.68	7/3816.58
2	7 / 3496.39	15 / 1069.66	8/4001.70
3	7 / 3134.62	10 / 923.09	7/3409.78
4	6 / 3814.29	12 / 1051.02	7/3442.50
5	7 / 3180.35	19 / 1204.52	7/3405.67
6	7 / 3115.18	16 / 1133.04	7/3615.44
7	7 / 2740.03	14 / 1070.33	7/3368.93
8	7 / 2330.75	11 / 953.54	7/2078.06
9	7 / 3076.78	18 / 1189.13	8/3687.12
10	7 / 4081.19	16 / 1108.39	7/4076.12
11	6 / 2631.39	15 / 1055.11	7/2662.07

5   Conclusions

This work presents a Multi-objective Genetic Algorithm approach to the Vehicle Routing with Time Windows and Loading Problem. This problem is an integration of the two well known problems VRPTW and CLP. The solutions obtained with the MOGA are competitive when compared with the other two approaches developed to this problem. However, the constructive algorithm used to generate the initial population is based on an already published algorithm developed by the author and named Integrated GRASP Heuristic, where the two problems (VRPTW and CLP) are dealt at the same level. Due to this fact, the total distances achieved with MOGA approach are very similar to the distances achieved with the Integrated GRASP Heuristic. In the Hierarchical approach, the VRPTW is the main problem and the CLP is the subsidiary problem. For this reason the Hierarchical approach has always presented much better results for total distances.

With MOGA approach, in some instances a reduction of the number of vehicles was achieved. Comparing the total distance achieved by the MOGA approach with the Integrated GRASP heuristic in some instances, the solution was improved. However, with the Hierarchical approach the difference in the number of vehicles is significant.

The choice of the preferable solution must be made by the decision-maker because with these three approaches we have a range of possible feasible solutions. Thus, it is not adequate to state that one particular algorithm provides better results than one other, or even claim one solution outperforms the others.

Admitting that there is no advantage in giving priority to a given objective function component, because from a theoretical point of view neither is more important than the other, we can conclude that the most significant contribution of this paper is the interpretation of VRTWLP as a MOP.

References

1. Bent, R., and Van Hentenryck, P.: A two-stage hybrid local search for the vehicle routing problem with time windows. Transportation Science (2004) 38(4): 515-530.
2. Berger, J., Barkaoui, M., and Bräysy, O.: A route-directed hybrid genetic approach for the vehicle routing problem with time windows. Information Systems and Operations Research (2003) 41: 179-194.
3. Bischoff, E. E.: Three-dimensional packing of items with limited load bearing strength. European Journal of Operational Research (2006) 168 (3): 952-966.
4. Bischoff, E. E. and Ratcliff, M. S. W.: Issues in the development of approaches to container loading. Omega, International Journal of Management Science (1995) 23: 377-390.
5. Bortfeldt, A. and Gehring, H.: A tabu search algorithm for weakly heterogeneous container loading problems. OR Spektrum (1998) 20: 237-250.
6. Bortfeldt, A. and Gehring, H.: A hybrid genetic algorithm for the container loading problem. European Journal of Operational Research (2001) 131: 143-161.
7. Bortfeldt, A. Gehring, H. and Mack, D.: A parallel tabu search algorithm for solving the container loading problem. Working Paper, Diskussionsbeitrage des Fachbereichs Wirtschaftswissenschaft der FerUniversitat Hagen, 2002.
8. Bräysy, O.: A reactive variable neighborhood search algorithm for the vehicle routing problem with time windows. Informs Journal on Computing (2003) 15 n°4: 347-368.
9. Bräysy, O., G. Hasle and W. Dullaert: A multi-start local search algorithm for the vehicle routing problem with time windows. European Journal of Operational Research (2004) 159(3): 586-605.
10. Carrabs, F., Cordeau, J.F., Laporte, G.: Variable Neigborhood Search for the Pickup and Delivery Travelling Salesman Problem with LIFO Loading. INFORMS Journal of computing, (2007, to appear).
11. Czech, Z. J. and Czarnas, P.: A parallel simulated annealing for the vehicle routing problem with time windows. Proc. 10th Euromicro Workshop on Parallel Distributed and Network-based Processing (2002) 376-383.
12. C. M. Fonseca & P. J. Fleming, An Overview of Evolutionary Algorithms in Multiobjective Optimisation, Evolutionary Computing, 3(1):1-16, 1995.
13. Gehring, H. and Homberger, J.: Parallelization of a two phase metaheuristic for routing problems with time windows. Asia-Pacific Journal of Operational Research (2001) 18: 35-47.
14. Gehring, H. and Bortfeldt, A.: A parallel genetic algorithm for solving the container loading problem. International Transactions in Operational Research (2002) 9: 497-511.
15. Gendreau, M., Iori, M., Laporte, G., Martello, S.:A tabu search algorithm for a routing and container loading problem. Transportation Science (2006) 9 n°3: 342-350.
16. George, J. A. and Robinson, D. F.: A heuristic for packing boxes into a container. Computers and Operations Research (1980) 7: 147-156.
17. Goldberg, D.E.: Genetic Algorithms in Search, Optimization and Machine Learning. Addison Wesley (1989).
18. Hansha, F.T. and Ombuki-Berman, B.M.: Dynamic Vehicle Routing using Genetic Algorithms. Applied Intelligence (2007) 27-N°1: 89-99.
19. Iori, M. I., Salazar Gonzalez, J.J., Vigo, D.: An exact approach for the vehicle routing problem with two dimensional loading constraints. Transportation Science 41 (2): 253-264 (2007).
20. Moura, A. and Oliveira, J.F.: An integrated approach to the Vehicle Routing and Container Loading Problem. Working Paper N°2/2007, http://www.inescc.pt/pubinter.php
21. Moura, A. and Oliveira, J. F.: A GRASP approach to the Container Loading Problem. IEEE Intelligent Systems - Special issue on Metaheuristic Methods in Transportation and Logistics July/August (2005), 20-N°4: 50-57.

22. Moura, A. and Oliveira, J. F.: Uma heurística composta para a determinação de rotas para veículos em problemas com janelas temporais e entregas e recolhas. Investigação Operacional (2004) 24-N°1: 45-62.
23. Ombuki, B., Nakamura, M. and Meada, O.: A Hybrid Search based on Genetic Algorithms and Tabu Search for Vehicle Routing. 6th IASTED Intl. Conf. on Artificial Intelligent and Soft Computing (ASC 2002), pp. 176-181. Banff, AB, ed. H Leung, ACTA Press, July 2002.
24. Ombuki, B., Ross, B.J. and Hanshar, F.: Multi-objective Genetic Algorithms for the Vehicle Routing Problem with Time Windows. Technical Report #CS-04-02, Brock University (2004).
25. Petersen, H.L.: Heuristic Solution Approaches to the Double TSP with Multiple Stacks. Technical report, Technical University of Denmark (2006).
26. Toth, P. and Vigo, D.: The Vehicle Routing Problem. Society for Industrial and Applied Mathematics, ISBN 0-89871-579-2 (2002).
27. Solomon, M. M.: Algorithms for the vehicle routing and scheduling problem with time windows constraints", Operations Research (1987) 35: 254-265.

Decision Support in Production

Entscheidungsunterstützung in der Produktion

Betrachtungen zur Optimalität technischer Ineffizienz

Günter Fandel

FernUniversität in Hagen, Fakultät für Wirtschaftswissenschaft,
Lehrstuhl für BWL, insb. Produktions- und Investitionstheorie
Universitätstrasse 41, 58084 Hagen
guenter.fandel@fernuni-hagen.de

Abstract. In this paper two approaches are presented, which explicitly explain the appearance of inefficiencies in production processes by rational decision behavior. The first approach generates inefficiencies by attributing an independent value to them. In the second approach inefficiencies are the result of maximizing the utility in dependence of performance parameters, which lead to an inefficient production of a given output. In addition, this approach represents a new model, which can explain inefficiencies in the production of qualitatively high services of consulting.

Keywords: Rational Inefficiencies, Decision Making, Production of Services, Gutenberg Production-Function.

1 Vorbemerkungen

Ansätze zur Analyse wirtschaftlichen Entscheidungsverhaltens unterstellen im Allgemeinen, dass für die Nutzen- bzw. Gewinnmaximierung in Unternehmungen nur technisch effiziente Alternativen der Leistungserstellung in Betracht kommen. Insofern finden ineffiziente Produktionen als mögliche Ergebnisse optimaler Entscheidungen meist keine Berücksichtigung. Sie können aber durchaus relevant werden, wenn der Entscheidungsträger aufgrund seiner individuellen Nutzenfunktion die Verwirklichung technisch ineffizienter Produktionen präferiert. So haben Bogetoft und Hougaard [3] einen Nutzenmaximierungsansatz formuliert, der die bedeutsamen individuellen und unternehmerischen Entscheidungsvariablen integriert und Rationalität ineffizienter Produktionen dadurch erklärt, dass es – ausgehend von einem effizienten Basiseinsatz der Ressourcen – aus organisatorischen Gründen innerhalb des Unternehmens eine Präferenz für positive Schlüpfe gibt, welche die Verschwendung zum Ausdruck bringen. Eine so geartete Erweiterung der Bewertungsfunktion führt aber in einen um die Anzahl der Schlupfvariablen höher dimensionierten Entscheidungsraum, in dem die Optimallösung sehr wohl technisch effizient ist, sie aber in dem um die Anzahl der Schlupfvariablen reduzierten Unterraum der technischen Produktionsmöglichkeiten als technisch ineffizient dargestellt wird. Dieser Sachverhalt ist aus der Aktivitätsanalyse [7] bereits bekannt. Dadurch, dass der technischen Ineffizienz ein eigenständiger positiver Wert zugemessen wird, kann es also geschehen, dass bei gegebenem Output die Gewinne aufgrund geringerer Faktoreinsätze durch die positive Bewertung von Schlüpfen infolge höherer Inputmengen überkompensiert werden können. Für diese Übertragung des Konzepts der allokativen (Bewertungs-) Effizienz auf die Situation technisch ineffizienter Produktionen haben im Weiteren Bogetoft, Färe und Obel [4] einen allgemeinen formalen Rahmen entwickelt.

Aber auch die eingehendere Betrachtung der Gutenberg-Produktionsfunktion [6] mit ihren unterschiedlichen Anpassungsformen zur Erzeugung bestimmter Produktionsmengen eröffnet die Möglichkeit, Ineffizienzen der Leistungserstellung bei langen Arbeitszeiten von Führungskräften in Beratungsberufen [8] aus ihren entsprechenden Nutzenfunktionen heraus zu erklären.

Im Folgenden wird der Ansatz von Bogetoft und Hougaard [3] kurz skizziert und im Hinblick auf das implizierte Entscheidungsverhalten gewürdigt. Im Anschluss daran wird ein neuer Ansatz auf der Grundlage einer Gutenberg-Produktionsfunktion vorgetragen, aus dem Ineffizienzen in der Erstellung von Dienstleistungen als Ergebnisse rationalen Entscheidungsverhaltens begründet werden können.

2   Rationale Ineffizienzen im Ansatz von Bogetoft und Hougaard

Bogetoft und Hougaard [3] erzeugen technische Ineffizienzen in ihrem Ansatz absichtlich durch nutzenmaximierendes Verhalten des Entscheidungsträgers. Dabei gehen sie so vor, dass die technische Ineffizienz für die an der Produktion beteiligten Faktoren durch (positive) Schlupfvariablen erfasst wird, die explizit aus innerorganisatorischen Gründen des Unternehmens gewollte Verschwendung (z. B. Pufferfunktion des einsetzbaren Personals) als Differenz zwischen dem tatsächlichen Ressourcenverbrauch und der effizienten Kombination zur Herstellung vorgegebener Outputmengen beschreiben. Diese Schlupfvariablen werden neben dem aus der Produktion erzielbaren Gewinn explizit Bestandteile der Nutzenfunktion des Entscheidungsträgers. Damit erhält Verschwendung – ausgedrückt durch die Werte der bei der Produktion auftretenden Schlupfvariablen – einen eigenständigen Nutzen; technische Ineffizienz wird damit zum Ergebnis rationalen Entscheidens.

Weiterhin geht der Ansatz von Bogetoft und Hougaard [3] von den Annahmen aus, dass die Produktionstechnologie bekannt ist und konstante Skalenerträge [5] besitzt. Die Nutzenfunktion des Entscheidungsträgers ist im Hinblick auf alle einbezogenen Argumente streng monoton steigend und die Separabilitätseigenschaft wird erfüllt. Gewinn und Verteilung der Schlupfvariablen sind voneinander unabhängig.

Betrachtet sei nun konkret eine Entscheidungssituation, in der unter Einsatz der Produktionsfaktoren bzw. des Inputvektors $r = (r_1,...,r_I)'$ auf der Grundlage der bekannten Technologie – hier beschrieben durch die entsprechenden Inputkorrespondenzen L – ein Outputvektor $x = (x_1,...,x_J)'$ erzeugt wird, also gilt

$r \in \mathbb{R}^I_+$, $x \in \mathbb{R}^J_+$ und $L(x) = \{r \in \mathbb{R}^I_+ \mid r \text{ produziert } x\}$.

Der effiziente Rand der Inputkorrespondenz lautet formal

$L_{eff} = \{r \in L \mid \tilde{r} \in L \text{ und } \tilde{r} \leq r \Rightarrow \tilde{r} = r\}$.

Definiert sei weiterhin ein Basiseinsatz $\hat{r} \in L$ der Ressourcen, der für die effiziente Produktion des Outputs x benötigt wird. Wählt der Entscheidungsträger dann ein Inputbündel $r \in L$ mit $r \geq \hat{r}$ und $r \neq \hat{r}$, so entsteht eine Menge von Schlupfvariablen $S(r)$ mit

$$S(r) = \left\{ s \in \mathbb{R}_+^l \mid s = r - \hat{r},\ \hat{r} \in L \right\}.$$

Bezeichnet zudem Q den Gewinn des Entscheidungsträgers im Sinne nicht ausgegebener Budgetanteile, b ein vorgegebenes Budget zur Ressourcenbeschaffung und $q \in \mathbb{R}_+^l$ den Vektor der Faktorpreise $(q_1,...,q_l)$, dann möge die streng monoton steigende Nutzenfunktion formal durch

$$U(Q,s)$$

ausgedrückt sein mit $Q = b - q \cdot r$. Das Problem der Nutzenmaximierung des Entscheidungsträgers lässt sich nun wie folgt beschreiben

$$\max U(Q,s)$$

unter den Nebenbedingungen

$$Q \leq b - q \cdot r\ ,$$
$$r - s \in L\ ,$$
$$r, s \geq 0\ .$$

Der Produzent – beispielsweise die Unternehmensleitung – maximiert also seinen Nutzen durch die Auswahl des Gewinnniveaus Q und des Schlupfvektors (Verschwendungsvektor) s, wobei die Produktion x durch den Inputvektor r hergestellt werden können muss.

Im Hinblick auf die angesprochene Separabilitätsannahme zwischen der Bewertung des Gewinns und der Schlupfvariablen kann die Nutzenfunktion auch umgeschrieben werden zu

$$U(Q,s) = V(Q, g(s))\ ,$$

wobei die Funktion $g : \mathbb{R}_+^l \to \mathbb{R}_+$ den Schlupfvektor s in eine skalare Größe transformiert und Nutzenfunktionen der Gestalt

$$U(Q,s) = \alpha \cdot Q + \beta \cdot g(s)$$

mit

$$g(s) = \sum_{i=1}^{l} \alpha_i \cdot s_i \ \text{ oder } \ g(s) = \prod_{i=1}^{l} s_i^{\alpha_i}$$

und

$$0 \leq \alpha_i \leq 1 \text{ sowie } \sum_{i=1}^{l} \alpha_i = 1 \text{ denkbar sind.}$$

Insbesondere im Fall mehrerer Entscheidungsträger sind auch Bewertungsfunktionen der Schlupfvariablen möglich, wie sie aus der Entscheidung bei mehrfacher Zielsetzung bekannt sind. Für den Fall zweier Inputs und die Bewertungsfunktion

$$g(s) = \prod_{i=1}^{I} s_i^{\alpha_i}$$

ist das Entscheidungsproblem in Abb. 1 grafisch dargestellt. Hierbei kann man sich die Bestimmung des Basiseinsatzes $\hat{r}$ so vorstellen, dass zunächst auf der Grundlage des Preisvektors der Ressourcen die Minimalkostenkombination zur Erzeugung des Outputvektors x gesucht wird, wie dies mit $\hat{r}$ in Abb. 1 erfolgt ist. Danach entscheidet der Entscheidungsträger, auf welchen Gewinn er zu verzichten bereit ist, um eine bestimmte Kombination von Schlupfvariablen zu verwirklichen. Dazu würden beispielsweise für das Gewinnniveau Q alle Inputbündel auf der Iso-Gewinn-Geraden zwischen den Inputkombinationen r^1 und r^2 in Frage kommen.

Bogetoft und Hougaard haben Untersuchungen zur Entscheidung rationaler Ineffizienzen in der Praxis anhand eines Effizienzvergleichs von 267 Filialen einer kanadischen Großbank vorgenommen [2] und ihre empirischen Anwendungen ebenfalls auf die Leistungserstellung in der dänischen Fischerei ausgeweitet [1].

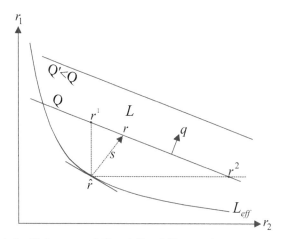

Abb. 1. Rationale Ineffizienzen nach Bogetoft und Hougaard.

Der letzte Untersuchungsfall bezieht sich jedoch konkret auf die überschüssige Ressourcenbereithaltung von Crew, Diesel und Eis, um das Risiko eines unzureichenden Fangs zu minimieren, und gehört insofern eher in den Bereich der stochastischen Produktionstheorie, in der Ineffizienzen weniger aus Rationalität als mehr aus der Natur der Produktionstechnologie heraus gang und gäbe sind. Dagegen wird im Fall der Bankfilialen eine deterministische Data Envelopment Analysis (DEA) durchgeführt, bei der man – was die Ergebnisse betrifft – insofern vorsichtig sein muss, als hier die Ineffizienzen durch die Annahme einer gemeinsamen konvexen Technologie für alle Filialen bedingt sein können, was methodisch keine Rückschlüsse auf rationale Ineffizienzen zulässt.

Die Ergebnisse auf der Grundlage einer DEA offenbaren zudem methodische Defizite. Da die Mittelwerte der Beträge der Schlupfvariablen der Bankfilialen stark von den einfachen Mittelwerten abweichen, treten offensichtlich negative Schlupfgrößen auf, welche die Methodik der rationalen Effizienz nach Bogetoft und Hougaard empfindlich stören. Nur 83 von 267 Bankfilialen weisen keine negativen Schlüpfe auf. Zudem sind Filialen mit ausschließlich positivem Schlupf signifikant ineffizienter, was bereits aufgrund des allgemeinen Dominanzkriteriums unmittelbar einleuchtend ist und doch keineswegs ein Anhaltspunkt für rationale Ineffizienz sein muss. Weiterhin abstrahiert die DEA von der Formulierung einer konkreten Nutzenfunktion und der darin enthaltenen Budgetrestriktion, was einen erheblichen Mangel der Anwendung dieser Analyse auf das Konzept der rationalen Ineffizienz darstellt.

3   Rationale Ineffizienzen in der Dienstleistung durch Anpassungsprozesse

In diesem Abschnitt sollen die konzeptionellen Überlegungen zur Rationalität der Ineffizienz in einem neuen methodischen Rahmen der Dienstleistungsproduktion erörtert werden. Als analytisches Instrument wird die Produktionsfunktion von Gutenberg [6] gewählt. Betrachtet sei eine Führungskraft, die ihren Beitrag b zur Produktion x mit einer bestimmten Leistungsintensität $\lambda = x/t$ erbringt, wobei t für die von der Führungskraft aufgewandte Arbeitszeit steht. Der Einfachheit halber gelte also ohne Beschränkung der Allgemeinheit

$$\lambda \cdot t = b = d \cdot x = x \text{ mit } d = 1$$

als Produktionskoeffizienten. In Abhängigkeit der Leistungsintensität der Führungskraft sind anschließend Nacharbeiten von einem zuarbeitenden Sacharbeiter vorzunehmen, dessen Produktionskoeffizient $a(\lambda)$ in Abhängigkeit der Leistungsintensität λ der Führungskraft u-förmig verläuft und ein Minimum für die Leistungsintensität λ^* annimmt. Der Sachverhalt möge durch die beiden Teilabbildungen in Abbildung 2 veranschaulicht sein. Der u-förmige Verlauf des Produktionskoeffizienten $a(\lambda)$ lässt sich einleuchtend dadurch begründen, dass größere Nacharbeiten pro erzeugter Dienstleistungseinheit durch den Sachbearbeiter vorzunehmen sind, wenn die Führungskraft wegen Unterforderung $(\lambda < \lambda^*)$ oder Überforderung $(\lambda > \lambda^*)$ infolge unzureichender Konzentration oder übergroßen Stresses zunehmend fehlerhafte Leistungen ausführt, die behoben werden müssen. Die Leistungsintensität der Führungskraft kann in den Grenzen λ_{min} und λ_{max} variieren und erreicht im Hinblick auf den erforderlichen Arbeitseinsatz des nacharbeitenden Sachbearbeiters pro Outputeinheit ihr Optimum bei λ^*.

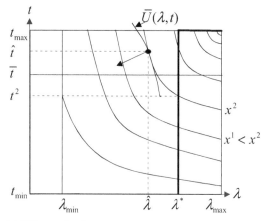

(a) Führungskraft

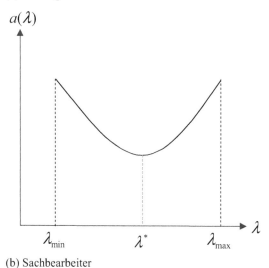

(b) Sachbearbeiter

Abb. 2. Leistungsdiagramme für die Führungskraft und den zuarbeitenden Sachbearbeiter.

Nun weiß man aus entsprechenden Betrachtungen von Anpassungsprozessen auf der Grundlage der Gutenberg-Produktionsfunktion [5], dass die effizienten Erstellungen der Leistungsmengen x bei steigendem Output zunächst durch rein zeitliche Anpassung bei optimaler Leistungsintensität λ^* erreicht werden, also $x = \lambda^* \cdot t$, $t_{min} \leq t \leq t_{max}$, gilt und danach rein intensitätsmäßige Anpassung mit maximaler Einsatzzeit t_{max} stattfindet, also $x = \lambda \cdot t_{max}$ für $\lambda^* \cdot t_{max} < x \leq \lambda_{max} \cdot t_{max}$ erfüllt sein muss. Der Anpassungspfad effizienter Produktionen ist in der Teilabbildung 2(a) fett schwarz eingezeichnet.

Die Frage ist nun, was die Führungskraft veranlassen könnte, von dem Pfad der effizienten Produktionen bzw. Anpassungskombinationen von λ und t abzuweichen. Zur Klärung dieser Frage sei von der Dienstleistungsmenge x^2 ausgegangen, die effizient durch die Kombination (λ^*, t^2), also gemäß $x^2 = \lambda^* \cdot t^2$, hergestellt wird.

Dann wäre zunächst einmal aus ganz praktischer Sicht festzuhalten, dass die Führungskraft diese Kombination im Allgemeinen nur zufällig genau treffen wird. Wählt sie eine andere Kombination (λ, t) zur Herstellung von x, handelt sie technisch ineffizient, wenn auch nicht rational. Zur Untersuchung rationaler Ineffizienz sei nun weiterhin angenommen, dass die Führungskraft aus physischen Gründen nicht imstande ist, die erforderliche optimale Leistungsintensität λ^* über die notwendige Einsatzzeit t^2 zu erbringen. Zudem sei unterstellt, dass aus Imagegründen von der Führungskraft ohnehin gesellschaftlich erwartet wird, eine Arbeitszeit $t > \overline{t}$ zu leisten, bzw. deswegen das Arbeitsleid aufgrund zusätzlicher Arbeitszeit weitaus geringer von der Führungskraft eingeschätzt wird, als sich auf die Dauer mit der Leistungsintensität λ^* zu erschöpfen [8]. Dann könnte die Präferenz der Führungskraft durch eine streng monoton steigende Nutzenfunktion $U(\lambda_{\max} - \lambda, t_{\max} - t)$ zum Ausdruck gebracht werden, wie sie exemplarisch für das Niveau $\overline{U}$ in die Teilabbildung 2(a) eingezeichnet ist. Geringere Arbeitszeiten und geringere Leistungsintensitäten werden also aus Mußegründen ceteris paribus als besser eingeschätzt; die Nutzenniveaus der Führungskraft steigen also in die Richtung nach links unten in der entsprechenden Teilabbildung 2(a). Dies bedeutet aber nun, dass die Führungskraft die aus ihrer Sicht rationale – weil nutzenmaximale – Anpassungskombination $\left(\hat{\lambda}, \hat{t}\right)$ mit $\hat{\lambda} \cdot \hat{t} = x^2$ zur Erzeugung der vorgegebenen Dienstleistungsmenge x^2 auswählen würde. Diese Anpassungskombination ist aber im Vergleich zu (λ^*, t^2) technisch ineffizient. Würde dagegen von der Führungskraft das Arbeitsleid längerer Arbeitszeit höher eingeschätzt als die zu erbringende Leistungsintensität, dann würden sich die Nutzenisoquanten der Nutzenfunktion $U(\lambda, t)$ weiter nach rechts unten drehen, und es könnte dann eine technisch ineffiziente Anpassung an x^2 rational sein, die rechts vom optimalen Anpassungspfad liegt.

Allgemein lautet das Optimierungsproblem der Führungskraft

$$\max U(\lambda, t)$$

unter den Nebenbedingungen

$$b = \lambda \cdot t = d \cdot \overline{x} = \overline{x}, \, d = 1,$$
$$r = a(\lambda) \cdot \overline{x},$$
$$0 \leq \lambda_{\min} \leq \lambda \leq \lambda_{\max},$$
$$0 \leq t_{\min} \leq \overline{t} \leq t \leq t_{\max},$$

mit b und r als den Inputmengen der Führungskraft und des zuarbeitenden Sachbearbeiters. Dieser Ansatz wird im Allgemeinen zu einer Optimallösung führen, die unter den gegebenen Produktionsbedingungen technisch ineffizient ist.

Literaturverzeichnis

1. Anderson, J. L., Bogetoft, P. (2005): Rational Inefficiency in Fisheries, in: Anderson, J. L. (ed.): Production Economics of Fisheries: Vessel and Industry Analysis, Denmark, S. 93-112.
2. Asmild, M., Bogetoft, P., Hougaard, J. L. (2004): Rational Inefficiencies in Canadian bank branches, Working Paper, University of Copenhagen.
3. Bogetoft, P., Hougaard, J. L. (2003): Rational Inefficiencies, in: Journal of Productivity Analysis 20, S. 243-271.
4. Bogetoft, P., Färe, R., Obel, B. (2006): Allocative efficiency of technically inefficient production units, in: European Journal of Operational Research 168, S. 450-462.
5. Fandel, G. (2007): Produktion I: Produktions- und Kostentheorie, Berlin: Springer-Verlag.
6. Gutenberg, E. (1951): Grundlagen der Betriebswirtschaftslehre, Band I: Die Produktion, Berlin: Springer-Verlag.
7. Koopmans, T. C. (1951): Analysis of Production as an Efficient Combination of Activities, in: Koopmans, T. C. (ed.): Activity Analysis of Production and Allocation, New York: John Wiley & Sons.
8. Loll, A. (2007): Wer zuerst geht, der verliert, in: Frankfurter Allgemeine Zeitung 221, C1.

Simulationsbasierte Leistungsbewertung von Planungsverfahren für komplexe Produktionssysteme

Lars Mönch

FernUniversität in Hagen, Fakultät für Mathematik und Informatik,
Lehrgebiet Unternehmensweite Softwaresysteme
Universitätsstraße 1, 58097 Hagen
lars.moench@fernuni-hagen.de

Abstract. Complex manufacturing systems are characterized by a diverse and over time changing product mix, sequence-dependent set-up times, unrelated parallel machines, a mix of different process types, different types of internal and external disturbances, and re-entrant process flows due to very expensive machinery. In this paper, the architecture for the performance assessment of pure production control schemes is extended to the assessment of planning approaches. Starting from the additional requirements for planning problems, the necessary extensions of the production control performance assessment architecture and for the performance assessment methodology are described. The computational results of a case study that uses the suggested performance assessment architecture are presented.

Keywords: Complex Production Systems, Planning, Performance Assessment, Discrete-Event Simulation

1   Einleitung und Motivation

Komplexe Produktionssysteme sind gekennzeichnet durch einen im zeitlichen Verlauf veränderlichen Produktmix, eine hohe Anzahl von Produkten, eine große Anzahl von heterogenen parallelen Maschinen, unterschiedliche Prozesstypen wie z.B. Batchprozesse, bei denen mehrere Lose gleichzeitig auf einer Maschine bearbeitet werden, zyklische Losdurchläufe sowie verschiedene Arten von internen und externen Störungen [15]. In dieser Arbeit werden zunächst ausschließlich einstufige Produktionssysteme angenommen, d.h., es liegt genau eine Fertigungsstufe vor. Diese Annahme bewirkt, dass Produkte eindeutig durch einen Arbeitsplan beschrieben werden können und Stücklisten nicht notwendig sind. In die auf diese Art und Weise eingeführte Klasse komplexer Produktionssysteme fallen unter anderem Halbleiterfabriken (Frontend-Bereich für die Scheibenfertigung). Dort werden integrierte Schaltkreise auf Siliziumwafern hergestellt.

Die simulationsbasierte Leistungsbewertung von Produktionssteuerungsansätzen stellt eine etablierte Methode dar (vergleiche hierzu unter anderem [3], [16]). Eine der wesentlichen Gründe dafür ist darin zu sehen, dass viele Produktionssteuerungsansätze durch Prioritätsregeln gegeben sind. In Werkzeugen zur diskreten ereignisorientierten Simulation von Produktionssystemen findet ein ähnliches Konzept Anwendung, wenn das nächste zu bearbeitende Los für eine Maschine ausgewählt werden muss.

Der Ansatz zur Leistungsbewertung von Prioritätsregeln wurde später auf Ablaufplanungsverfahren ausgedehnt ([7], [18]). Hier erzeugen die Verfahren innerhalb eines rollierenden Ansatzes Ablaufpläne. Diese dienen dazu, Belegungen der Maschinen mit Losen zu bestimmen, die dann an den Simulator zur Ausführung übergeben werden. In beiden Fällen wird davon ausgegangen, dass der Eintritt der Lose in das Produktionssystem bekannt ist.

Produktionsplanungsverfahren legen grob auf Basis von vorhergesagtem oder bereits bekanntem Bedarf fest, welche Mengen für welche Produkte in bestimmten Perioden hergestellt werden sollen. Aufgrund dieser Mengen- und Zeitentscheidungen erfolgt dann eine Losbildung und, stark vereinfacht betrachtet, eine Einsteuerung in das Produktionssystem. Das jeweilige Produktionssteuerungsverfahren ist dann für die Durchsteuerung der Lose durch das Produktionssystem verantwortlich. Es ergibt sich somit eine Interaktion von Produktionsplanungs- und Steuerungsverfahren, die auch bei der Leistungsbewertung Berücksichtigung finden muss.

Bisher werden aber Produktionsplanungs- und Produktionssteuerungsverfahren überwiegend isoliert einer Leistungsbewertung unterzogen. Im Fall von Produktionsplanungsverfahren wird aufgrund des Vorliegens von aggregierten Größen häufig sogar auf eine simulationsbasierte Leistungsbewertung verzichtet. Die Leistungsfähigkeit von Planungsverfahren wird im Wesentlichen auf Basis der Untersuchung einzelner Testinstanzen durchgeführt. Beim Einsatz der Planungsverfahren, die in betriebswirtschaftlicher Standardsoftware wie Enterprise-Resource-Planning-(ERP)-Systemen sowie Advanced-Planning-and-Scheduling-(APS)-Systemen vorhanden sind, wird häufig sogar vollständig auf eine Vorableistungsbewertung der Verfahren verzichtet.

Im Rahmen dieser Arbeit wird nun gezeigt, dass eine simulationsbasierte Leistungsbewertung, die insbesondere auch die für ein Produktionssystem typische Stochastik und Dynamik geeignet abbilden kann, auch für Produktionsplanungsverfahren vorgenommen werden kann. Dazu wird eine für die Leistungsbewertung von Produktionssteuerungsansätzen vorhandene simulationsbasierte Architektur so erweitert, dass sie auch in Situationen angewandt werden kann, in denen Planungsverfahren untersucht werden.

Der Beitrag ist wie folgt aufgebaut. In Kapitel 2 wird das zu lösende Problem beschrieben. Weiterhin werden Vorarbeiten diskutiert. Anforderungen an die Leistungsbewertung von Planungsansätzen werden in Kapitel 3 abgeleitet. Erweiterungen einer vorhandenen Architektur zur Leistungsbewertung von Produktionssteuerungsansätzen werden in Kapitel 4 vorgestellt. In Kapitel 5 des vorliegenden Beitrags wird die Anwendung der Architektur anhand eines einfachen Planungsproblems vorgestellt.

2   Problemstellung

In diesem Kapitel wird zunächst das zu lösende Problem mit den Hilfsmitteln der Systemtheorie beschrieben. Anschließend werden relevante Vorarbeiten diskutiert.

2.1   Systemtheoretische Vorüberlegungen und Problemformulierung

In der Systemtheorie wird zwischen einem Basissystem B und einem Basisprozess PB unterschieden ([6], [15]). Ein Basissystem besteht aus Systemobjekten. Das Basissystem beschreibt im Fall von Produktionssystemen die Ressourcen, d.h. die im Produktionssystem vorhandenen Maschinen sowie Werkzeuge. Die Systemobjekte des Basissystems stellen Kapazität zur Verfügung. Der Basisprozess gibt im Gegensatz dazu an, wie die Ressourcen von den dynamischen Bearbeitungsobjekten genutzt werden. Arbeitspläne legen fest, in welcher Reihenfolge die Ressourcen für die Herstellung eines bestimmten Produkts genutzt werden müssen.

Neben dem Basissystem und –prozess werden ein Steuerungssystem C sowie ein dazugehöriger Steuerungsprozess PC betrachtet. Das Steuerungssystem besteht aus Soft- und Hardware zur Umsetzung von Steuerungsverfahren. Der Steuerungsprozess gibt an, wie die konkreten Verfahren genutzt werden. Ergebnis des Steuerungsprozesses sind Steuerungsvorgaben mc, die den Basisprozess beeinflussen. Daraus folgt insbesondere, dass sich Steuerungsentscheidungen stets nur auf System- und Bearbeitungsobjekte beziehen, die sich bereits im Basissystem befinden.

Neben dem Steuerungssystem und -prozess wird ein Planungssystem P und der zugehörige Planungsprozess PP betrachtet. Im Gegensatz zum Steuerungsprozess bezieht der Planungsprozess auch System- und Bearbeitungsobjekte ein, die sich noch nicht im Basissystem befinden. Da die Schnittstelle zwischen Produktionsplanung und –steuerung durch die Einsteuerung von Bearbeitungsobjekten in das Basissystem gegeben ist, ermittelt ein Produktionsplanungsverfahren insbesondere neben Mengen auch Termine für die Einsteuerung von Bearbeitungsobjekten in das Basissystem.

Der Zusammenhang zwischen Planungs-, Steuerungs- und Basissystem ist in Abbildung 1 dargestellt.

In dieser Arbeit ist die Leistungsfähigkeit eines vorgegebenen Planungsverfahrens PA_0 bei der Nutzung im Rahmen eines Planungsprozesses PP_0 von Interesse. Die Leistungsfähigkeit von PA_0 wird unter Verwendung von Leistungsgrößen des Basissystems und –prozesses gemessen. Dazu wird vorausgesetzt, dass ein fest gewählter Steuerungsalgorithmus CA_0 auf das gegebene Basissystem B_0 wirkt. Im weiteren Verlauf der Ausführungen wird stets angenommen, dass ein Produktionssystem an einem einzigen Standort betrachtet wird. Die Situation von Unternehmensnetzwerken wird somit explizit ausgeschlossen.

Es wird bemerkt, dass der Planungsprozess dafür sorgt, dass PA_0 typischerweise rollierend eingesetzt wird. Die zu PA_0 und PP_0 gehörigen Leistungsmaße werden mit $PM_k(PA_0, PP_0, T)$, $k = 1, \dots, n$ bezeichnet. Die Bezeichnung T wird für den zugrunde gelegten Planungshorizont verwendet.

Diskrete ereignisorientierte Simulation kann selber als Planungsverfahren dienen (vergleiche hierzu zum Beispiel [8]). Dieser Ansatz, der eine verschachtelte Anwendung von Simulation enthält, wird durch die hier vorgeschlagene Architektur zur Leistungsbewertung nicht gut unterstützt, da in diesem Fall zeitgesteuert Simulationsmodelle für das Planungsverfahren erstellt werden müssen.

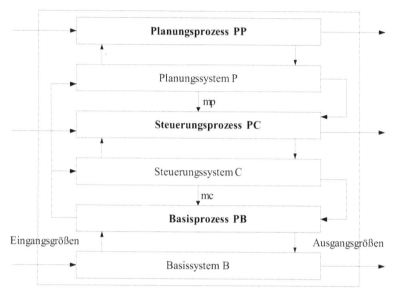

Abb. 1. Zusammenhang zwischen Planungs-, Steuerungs- und Basissystem.

2.2   Diskussion von Vorarbeiten

In diesem Abschnitt werden relevante Vorarbeiten diskutiert. Es wird grob zwischen Vorarbeiten unterschieden, die eine Leistungsbewertung auf Basis einzelner Testinstanzen vornehmen und solchen, die Simulation verwenden, um das jeweilige Planungsverfahren innerhalb eines rollierenden Ansatzes zu verwenden.

Eine Leistungsbewertung von Planungsverfahren auf Basis einzelner Testinstanzen wird zum Beispiel in [23], [1], [2] angewandt. Als Nachteil dieses Vorgehens ist anzusehen, dass die Dynamik und Stochastik des Produktionssystems nicht geeignet abgebildet wird. Außerdem führt eine rollierende Anwendung von Planungsverfahren oft zu anderen Aussagen als eine isolierte Betrachtung einzelner Testinstanzen.

Planungsverfahren werden häufig im Rahmen des Supply Chain Managements (SCM) mit Hilfe von Simulation untersucht. Als Simulationsmethode wird dabei oft System Dynamics eingesetzt, um das zeitabhängige Verhalten einer Lieferkette geeignet zu beschreiben [12]. Unter methodischen Gesichtspunkten fasst System Dynamics Unternehmen als Systeme auf, die sechs verschiedene Arten von Flüssen beinhalten: Material, Güter, Personen, Geld, Aufträge und Informationen. Zusätzlich werden Bestände betrachtet. System Dynamics bildet zwar die Dynamik des Basissystems hinreichend gut ab, eine Integration von Produktionsplanungs- und Steuerungsverfahren wird allerdings nicht umfassend vorgenommen.

Neben System Dynamics spielt auch diskrete ereignisorientierte Simulation eine große Rolle bei der Modellierung von Lieferketten und der Untersuchung der zugehörigen Planungsprobleme. Häufig werden aber lediglich einfache Planungsverfahren beschrieben, die direkt in der Simulationssoftware implementiert werden. Beispiele für diesen Ansatz sind in [4], [11] zu finden.

In [20] wird ein hierarchischer Produktionsplanungsansatz untersucht, der explizit zwischen Produktionsplanungs- und Steuerungsebene unterscheidet. Die Produktionssteuerungsebene wird mit Hilfe von diskreter ereignisorientierter Simulation abgebildet, während auf der Produktionsplanungsebene System Dynamics zur Abbildung der Dynamik des Produktionsplanungsprozesses verwendet wird. Die High-Level-Architecture (HLA) wird zur Kopplung und insbesondere auch Synchronisation der beiden Simulationsmodelle eingesetzt. Wiederum werden Planungs- und Produktionssteuerungsverfahren direkt in der jeweiligen Simulationssoftware implementiert.

In [10] werden modellprädiktive Ansätze als Planungsverfahren für Lieferketten vorgeschlagen, während die Dynamik der Lieferkette durch ein diskretes Ereignismodell abgebildet wird. Die beiden Modelle werden durch einen sogenannnten „Knowledge-Interchange-Broker" miteinander verknüpft. Dieser Vorschlag ist zum Vorgehen in dieser Arbeit ähnlich. Allerdings ist man in starkem Maße auf den modellprädiktiven Ansatz festgelegt.

Die Kopplung von SAP R/3 als Produktionsplanungstool mit einem diskreten ereignisorientierten Simulator wird in [9] beschrieben. Der Ansatz ist proprietär, da Simulationssoftware und R/3-System eng verzahnt sind.

In [16], [17] wird eine Architektur zur simulationsbasierten Leistungsbewertung von Produktionssteuerungsansätzen vorgeschlagen. Kern der Architektur ist eine blackboard-artige Datenschicht zwischen Produktionssteuerungsansatz und Simulationsmodell. Der Status der Objekte der Datenschicht wird ereignisgesteuert durch das Simulationswerkzeug verändert.

Insgesamt ergibt sich die Notwendigkeit, Produktionsplanungs- und Steuerungsansätze simultan zu betrachten und dazu eine entsprechende Architektur zur Leistungsbewertung zur Verfügung zu stellen. Dazu wird die in [16], [17] vorgeschlagene Architektur geeignet erweitert.

3   Anforderungen an die Leistungsbewertung von Produktionsplanungsansätzen

In diesem Kapitel werden Anforderungen, die sich für die Leistungsbewertung von Produktionsplanungsverfahren ergeben, untersucht. Produktionsplanungsansätze werden auf verschiedenen Ebenen verwendet [5]. In Tabelle 1 sind mögliche Produktionsplanungsentscheidungen in der Spalte „Ergebnis" exemplarisch dargestellt.

An die in Tabelle 1 dargestellte detaillierte Losgrößen- und Ressourceneinsatzplanung schließt sich eine segmentspezifische Feinplanung und -steuerung an. Eine Leistungsbewertung für diese Ebene, die der Produktionssteuerung zuzurechnen ist, wird bereits in [16], [17] detailliert untersucht.

Die in dieser Arbeit vorgeschlagene Architektur zur Leistungsbewertung unterstützt die Bewertung von Entscheidungen auf allen drei Planungsebenen.

Tab. 1.   Produktionsplanungsentscheidungen auf verschiedenen Ebenen.

Ebene	Horizont	Ergebnis
aggregierte Gesamtplanung	1–2 Jahre, eingeteilt in Monate oder Quartale	Produktionsstättenbezogene Produktionsvorgaben für Produkttypen
kapazitierte Hauptproduktions-programmplanung	3–12 Monate, eingeteilt in Wochen	Fertigungsaufträge für alle Produktionssegmente, Ecktermine für den Übergang der einzelnen Fertigungsaufträge zwischen den Produktions-segmenten
detaillierte Losgrößen- und Ressourcen-einsatzplanung	4–12 Wochen, eingeteilt in Tages- oder Schicht-perioden	terminierte Fertigungsaufträge und Beschaffungs-mengen für alle Produkte, die auf den Maschinen bzw. Maschinengruppen des jeweiligen Produktionssegments bearbeitet werden

Die nachfolgenden Anforderungen ergeben sich daraus für die Architektur zur Leistungsbewertung:

- Das Verhalten des Basissystems und -prozesses muss geeignet abgebildet werden.
- Es ist notwendig, eine generische Schnittstelle zur Verfügung zu stellen, welche die Einbindung von beliebigen Produktionsplanungs- und Steuerungsverfahren ermöglicht.
- Produktionsplanungsansätze dienen, wie in Tabelle 1 dargestellt, unter anderem dazu, zu produzierende Mengen sowie Termine aufgrund von prognostiziertem bzw. tatsächlichem Bedarf festzulegen. Aus diesem Grund ist Bedarfsvorhersage- und Bedarfserzeugungsfunktionalität in die Architektur aufzunehmen. Insbesondere sind auch historische Daten bezüglich der tatsächlich aufgetretenen Bedarfe vorzuhalten.
- Produktionsplanungsansätze basieren auf der Ebene der aggregierten Gesamtplanung und der kapazitierten Hauptproduktionsprogrammplanung auf aggregierten Daten. Die Aggregation bezieht sich dabei sowohl auf Ressourcen als auch auf Produkte. Umgekehrt können auf der Produktionssteuerungsebene nur detaillierte Daten verarbeitet werden. Aus diesem Grund ist durch die Architektur sicherzustellen, dass geeignete Aggregations- und Disaggregationsfunktionalität zur Verfügung gestellt wird. Außerdem sind Datenstrukturen zu schaffen, welche die aggregierten Daten vorhalten. Die Ergebnisse der Produktionsplanung müssen in geeignete Vorgaben für die Produktionssteuerung umgewandelt werden.
- Neben den für die Produktionssteuerung wichtigen Leistungsmaßen sind auch Werte von Leistungsmaßen für die Produktionsplanung in Form von Statistiken in der Datenschicht vorzuhalten.

4   Architektur zur Leistungsbewertung von Produktionsplanungsverfahren

In diesem Kapitel werden die einzelnen Bestandteile der Architektur zur Leistungsbewertung beschrieben. Außerdem wird skizziert, wie die unterschiedlichen Komponenten softwaretechnisch realisiert werden. Das in [16] vorgeschlagene Vorgehen bei der Leistungsbewertung von Produktionssteuerungsverfahren wird so erweitert, dass es auch für Planungsverfahren anwendbar ist.

4.1 Bestandteile der Architektur

Die Architektur umfasst die nachfolgend aufgelisteten sieben Bestandteile:
1. ein zu untersuchendes Produktionsplanungsverfahren,
2. ein fest gewähltes Produktionssteuerungsverfahren,
3. ein Simulationsmodell für die Abbildung von Basisprozess und -system,
4. eine blackboard-artige Datenschicht zwischen Simulationsmodell und Produktionssteuerungsverfahren,
5. ein Bedarfsprognosemodul,
6. ein Bedarfserzeugungsmodul,
7. ein Auswertungsmodul.

Die einzelnen Bestandteile sind in Abbildung 2 dargestellt. Kern der vorgeschlagenen Architektur ist eine blackboard-artige Datenschicht, die sich zwischen Simulationsmodell und dem Produktionsplanungs- und Steuerungsverfahren befindet.

Die Datenschicht enthält spiegelbildlich die System- und Bearbeitungsobjekte des Basissystems. Sie besteht aus Objekten im Hauptspeicher des Rechners [17]. Der Status dieser Objekte wird ereignisgesteuert entsprechend dem Zustand der Objekte im Simulationsmodell verändert. Dazu dienen Notification-Funktionen des Simulators. Beispielsweise wird der Zustand eines Loses verändert, wenn dieses die Bearbeitung auf einer Maschine abschließt. Die Objekte der Datenschicht werden von den Produktionsplanungs- und Steuerungsalgorithmen zur Ermittlung des aktuellen Systemzustands verwendet.

Die Datenschicht entspricht im Wesentlichen den operativen Informationssystemen innerhalb des Informationssystem eines Unternehmens (vergleiche hierzu [6]). Diese Wahrnehmung impliziert insbesondere, dass die Datenschicht anstelle des Simulators von den operativen Informationssystemen eines Unternehmens versorgt werden kann. Dieser Aspekt wird am Beispiel der operativen Systeme einer Halbleiterfabrik in [14] gezeigt.

In Abbildung 2 werden die einzelnen Bestandteile der Datenschicht genauer angegeben. Neben den spiegelbildlich vorgehaltenen Objekten des Basissystems, diese werden typischerweise im realen Produktionssystem in einem Manufacturing-Execution-System (MES) vorgehalten und deshalb als MES-Daten bezeichnet, werden daraus abgeleitete aggregierte bzw. zusätzliche Daten vorgehalten.

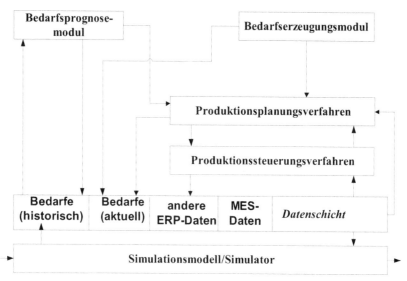

Abb. 2. Architektur zur Leistungsbewertung von Planungs- und Steuerungsverfahren.

Bei diesen Daten handelt es sich im Wesentlichen um Daten, die mit der Abbildung von Kapazitäten sowie Aufträgen verbunden sind. Da diese Daten typischerweise in ERP-Systemen vorgehalten werden, werden sie als ERP-Daten bezeichnet. Als dritte Gruppe von Daten treten Bedarfsdaten auf. Diese unterteilen sich in historische Bedarfe und Bedarfe für aktuelle und zukünftige Perioden.

Produktionsplanungsverfahren erzeugen Mengen- und Terminvorgaben, um Bedarfe zu befriedigen. Aus diesem Grund muss die Architektur ein Bedarfserzeugungsmodul enthalten, das dazu dient, tatsächliche Bedarfe, die als Kunden- oder Lageraufträge vorliegen, zu erzeugen. Häufig basieren Planungsverfahren nicht ausschließlich auf tatsächlichem Bedarf, sondern es werden Bedarfsprognosen verwendet. In der Architektur werden Prognosen zukünftiger Bedarfe durch ein Bedarfsprognosemodul zur Verfügung gestellt. Das Bedarfsprognosemodul basiert auf historischen Bedarfsdaten, die in der Datenschicht vorgehalten werden. Das Bedarfserzeugungsmodul kann umgekehrt die prognostizierten Bedarfe zur Ableitung tatsächlicher Bedarfe verwenden.

Als letzten Bestandteil enthält die Architektur ein Modul, um Auswertungen durchzuführen. Das Modul ist Bestandteil der Datenschicht.

4.2 Umsetzung der Architektur

Verschiedene Erweiterungen der Architektur zur Leistungsbewertung von Produktionssteuerungsansätzen sind notwendig. Das in [17] vorgeschlagene Objektmodell, das der blackboard-artigen Datenschicht zugrunde liegt, muss um Klassen erweitert werden, die für die Abbildung von Produktionsplanungsfragestellungen notwendig sind. Das erweiterte Datenmodell ist in Abbildung 3 gezeigt.

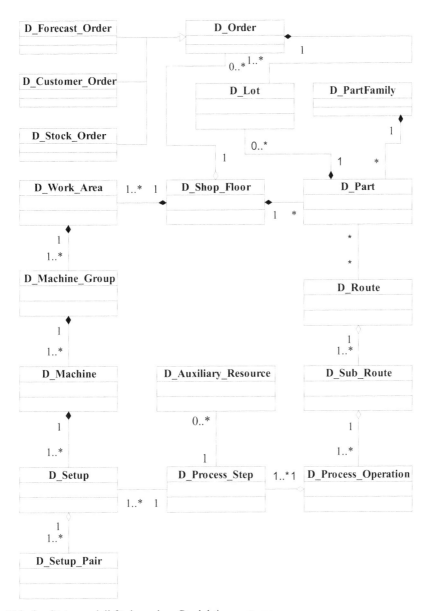

Abb. 3. Datenmodell für komplexe Produktionssysteme.

Aus Abbildung 3 wird deutlich, dass verschiedene Arten von Aufträgen hinzugenommen werden. Von der Klasse „D_Order" werden die Klassen „D_Forecast_ Order", „D_Customer_Order" und „D_Stock_Order" für Aufträge, die Ergebnis der Bedarfsprognose sind, sowie Kunden- und Lageraufträge abgeleitet. Aufträge werden in komplexen Produktionssystemen durch Lose untersetzt, die dann das Produktionssystem durchlaufen. In [17] wurden bisher nur Lose betrachtet.

Neben der Abbildung von Aufträgen können im erweiterten Datenmodell auch Produktaggregationen modelliert werden. Außer der Klasse „D_Part", die bereits in [17] enthalten ist, wird zusätzlich die Klasse „D_PartFamily" betrachtet, welche zur Abbildung von Produktfamilien dient. Unter einer Produktfamilie wird eine Gruppe von Produkten verstanden, die aufgrund ähnlicher Arbeitspläne zu ähnlichen Kapazitätsbedarfen führt.

Das Basissystem wird in [17] durch die Klassen „D_Shop_Floor", „D_Work_ Area", „D_Machine_Group" sowie „D_Machine" abgebildet. Dadurch wird erreicht, dass der Aufbau eines komplexen Produktionssystems aus verschienen Produktionsbereichen („Work areas") modelliert wird. Ein Produktionsbereich besteht aus räumlich nahe beieinander liegenden Maschinengruppen. Eine Maschinengruppe setzt sich wiederum aus funktionsgleichen, d.h. parallelen Maschinen zusammen [15]. Im Gegensatz zu [17] enthalten die Klassen des erweiterten Datenmodells Attribute, die das Kapazitätsangebot der einzelnen Systembestandteile des Basissystems abbilden. Außerdem ist es möglich, durch geeignete Attribute darzustellen, ob es sich jeweils um Engpassressourcen handelt oder nicht.

Im Bedarfsprognosemodul werden unter Verwendung der historischen Bedarfe in der Datenschicht Bedarfsprognosen erstellt. Gleichzeitig werden aktuelle Bedarfe an den Produktionsprozess übermittelt. Diese werden für Leistungsbewertungszwecke entweder aus den Bedarfsprognosen gegebenenfalls unter Verwendungen stochastischer Störungen abgeleitet oder extern unabhängig von den Bedarfsprognosen festgelegt. Nachdem Bedarfsprognosen und aktuelle Bedarfe vorliegen, kann das jeweilige Produktionsplanungsverfahren durchgeführt werden.

Das prinzipielle Zusammenspiel von Simulation und Produktionsplanung wird in Pseudocode-Notation in Algorithmus 1 gezeigt. Aus Gründen der Einfachheit wird an dieser Stelle auf die Darstellung der Anwendung des Produktionssteuerungsverfahrens CA_0 verzichtet. Weiterhin wird angenommen, dass das Produktionsplanungsverfahren PA_0 vergleichsweise kurze Rechenzeiten hat, damit es durch das Anhalten der Simulation zu keinen großen Fehlern kommt.

Algorithmus 1.   Interaktion von Produktionsplanung sowie Simulation.

```
Wiederhole solange bis Simulationszeit beendet
    - Fortschreiten des Produktionsprozesses durch Simulation
    - Erreichen eines bestimmten Zeitpunktes
    - Übergabe der Kontrolle an das Planungsverfahren PA₀
        - Simulation stoppen
        - Bedarfsprognose ausführen
        - tatsächliche Bedarfe ermitteln
        - PA₀ ausführen
        - Aufbereitung der Planungsergebnisse für Simulation
    - Übergabe der Kontrolle an die Simulation
Ende Wiederholung
Abschließende Auswertungen durchführen
```

Ein auf Basis der beschriebenen Architektur konzipierter Prototyp wurde unter Verwendung des Simulators AutoSched AP implementiert [21]. AutoSched AP ist eine in der Programmiersprache C++ realisierte Klassenbibliothek, die einen Simulationskern und eine entsprechende Simulationsinfrastruktur zur Verfügung stellt. Die blackboard-artige Datenschicht wird ebenfalls unter Verwendung der Programmiersprache C++ implementiert.

Bei der Umsetzung der Architekturen ist, wie in Algorithmus 1 dargestellt, sicherzustellen, dass Ergebnisse der Produktionsplanung in die Produktionssteuerung integriert werden. Planungsergebnisse sind im Wesentlichen Lose, die zu bestimmten Zeitpunkten in das Produktionssystem einzulasten sind, sowie Maschinen, die im Rahmen der langfristigen Kapazitätsplanung (als Bestandteil der Gesamtplanung) neu gekauft werden und dann als Bestandteil des Basissystems aufgenommen werden müssen.

Einzuplanende Lose werden zunächst durch ein bestimmtes Attribut als solche gekennzeichnet. Dieses Vorgehen führt dazu, dass einzuplanende Lose in einem virtuellen Lospool vorgehalten werden. Nach der Berechnung eines entsprechenden Einlastungstermins durch das verwendete Planungsverfahren werden die Losobjekte in der Simulation unter Verwendung von Methoden der Simulationsklassenbibliothek und in der Datenschicht erzeugt. Im Rahmen des jeweiligen Simulationslaufes werden die Prozess-Schritte der Lose ausgeführt und der Status der Losobjekte in der Datenschicht entsprechend verändert.

Zusätzliche Maschinen werden im Simulator mit Hilfe von speziellen Wartungskalendern als Ergebnis der Anwendung von Methode der Simulationsklassenbibliothek für die aggregierte Gesamtplanung aktiviert.

4.3   Vorgehen bei der Leistungsbewertung von Planungsverfahren

Das Vorgehen ist ähnlich zum Fall der Produktionssteuerung ([15], [16]). Durch die nachfolgende Schrittfolge wird zunächst ein grober Rahmen für die Leistungsbewertung vorgegeben:

1. Festlegung von geeigneten Vergleichsverfahren für die Produktionsplanung,
2. Festlegung von Leistungsmaßen, die von Interesse sind,
3. Spezifikation des verwendeten Ansatzes zur Leistungsmessung,
4. Beschreibung der verwendeten Hard- und Softwareumgebung.

Im ersten Schritt ist es notwendig, Referenzverfahren festzulegen, um die durch das neue Planungsverfahren erhaltenen Werte der Leistungsmaße mit denen von bereits untersuchten Verfahren (Referenzverfahren) vergleichen zu können.

Der zweite Schritt spezifiziert $PM_k(PA_0, PP_0, T)$, $k = 1, ..., n$. Zwischen direkten und indirekten Leistungsmaßen wird unterschieden. Direkte Leistungsmaße dienen der Ermittlung von charakteristischen Größen des Produktionssystems. Indirekte Leistungsmaße bewerten Eigenschaften des Produktionsplanungsverfahrens [15].

Für die Leistungsmessung wird in der Simulationstechnik zwischen der Untersuchung eines Systems im stationären bzw. im transienten Zustand unterschieden. Im ersten Fall werden die Werte der Leistungsmaße am Ende der Simulationszeit ermittelt, währen im zweiten Fall die Werte der Leistungsmaße zu unterschiedlichen Zeitpunkten gemessen werden, um das Verhalten des Produktionssystems während der Übergangsphase zu einem möglicherweise stabilen Systemzustand zu beobachten.

Die Festlegung der für die Leistungsbewertung verwendeten Hard- und Software-umgebung ist erforderlich, um Aussagen zur Rechenzeit des Produktionsplanungs-verfahrens tätigen zu können.

Nach der Festlegung des groben Rahmens wird dieser wie folgt weiter verfeinert:
1. Abbildung des Basissystems in einem Simulationsmodell,
2. Anwendung des Simulationsmodells zur Emulation des Basissystems und -prozesses,
3. Spezifikation von historischen Bedarfen, geeigneten Bedarfsprognosemethoden sowie aktuellen Bedarfen für das verwendete Basissystem bzw. Basisprozess,
4. Kopplung des zu bewertenden Produktionsplanungsverfahren und der Vergleichsverfahren sowie des festen Produktionssteuerungsverfahrens entsprechend der in Abschnitt 4.1. beschriebenen Architektur,
5. Durchführung von Simulationsstudien entsprechend dem vorgeschlagenen Modell zur Leistungsbewertung.

5   Anwendung der Architektur

In diesem Kapitel wird die vorgeschlagene Architektur zur Leistungsbewertung exemplarisch auf ein einfaches Planungsproblem angewandt. Dazu wird zunächst das untersuchte Planungsproblem sowie das zur Lösung vorgeschlagene Verfahren vorgestellt. Anschließend wird die verwendete Versuchsanordnung beschrieben. Im letzten Abschnitt werden die Ergebnisse von Simulationsexperimenten dargestellt.

5.1   Beschreibung des Planungsproblems

Eine einfache Planungsfragestellung für Halbleiterfabriken wird im Folgenden betrachtet. Ausgehend von den geplanten Fertigstellungsterminen von Kundenaufträgen sollen Einsteuerungszeitpunkte für Lose in die Halbleiterfabrik ermittelt werden. Es wird vereinfachend angenommen, dass jeder Kundenauftrag durch genau ein Los untersetzt wird.

Der geplante Fertigstellungstermin von Los j wird mit d_j bezeichnet. Dann kann der Einsteuertermin r_j für Los j wie folgt durch Rückwärtsterminierung ermittelt werden:

$$r_j := \max\left(t, d_j - (1 + h) * \sum_{k=1}^{n_j} p_{jk}\right). \tag{1}$$

In Gleichung (1) bezeichnet die Größe p_{jk} die Bearbeitungszeit für Prozess-Schritt k von Los j. Insgesamt liegen n_j Prozess-Schritte für Los j vor. Die Größe h, $h \geq 0$ stellt einen Faktor dar, der angibt, welchen Anteil der reinen Bearbeitungszeit das Los warten kann, um sich nicht zu verspäten. Die Größe t stellt die aktuelle Zeit dar. Offensichtlich stellt

$$h * \sum_{k=1}^{n_j} p_{jk} \tag{2}$$

den möglichen Wartezeitanteil von Los j dar. Der Wartezeitanteil ist somit proportional zur Summe der Bearbeitungszeiten der Lose auf den einzelnen Maschinen. Im Falle von heterogenen parallelen Maschinen wird für p_{jk} ein Mittelwert verwendet, da zum Planungszeitpunkt noch nicht feststeht, auf welcher Maschine das Los bearbeitet wird. Das zu untersuchende Planungsproblem ist entsprechend der Einordnung in Tabelle 1 der detaillierten Losgrößen- und Ressourceneinsatzplanung zuzuordnen.

Die Leistungsmaße „mittlere Verspätung (Average Tardiness (AT))", „mittlere Verfrühung (Average Earliness (AE))", die mittlere Durchlaufzeit (Cycle Time (CT)) und die Anzahl fertiggestellter Lose (Throughput (TP)) innerhalb eines bestimmten Zeitraums sind von Interesse. Sowohl niedrige Werten für AT als auch für AE sind von Interesse. Die Verringerung des Wertes von AT ist aber auf Grund der damit verbundenen besseren Erfüllung von Terminwünschen der Kunden bedeutsamer.

Die mittlere Verspätung ist wie folgt definiert:

$$AT := \frac{1}{n} \sum_{j=1}^{n} \max(c_j - d_j, 0), \tag{3}$$

wobei mit c_j der tatsächliche Fertigstellungstermin von Los j bezeichnet wird. Die Größe n gibt die Anzahl der Lose an, die innerhalb eines bestimmten Simulationszeitraums ST fertig gestellt werden. Die mittlere Verfrühung ist wie folgt definiert:

$$AE := \frac{1}{n} \sum_{j=1}^{n} \max(d_j - c_j, 0). \tag{4}$$

Die mittlere Durchlaufzeit ist ergibt sich wie folgt:

$$CT := \frac{1}{n} \sum_{j=1}^{n} (c_j - r_j). \tag{5}$$

Für den Durchsatz erhält man den folgenden Ausdruck:

$$TP := card\{j \mid c_j \leq ST\}. \tag{6}$$

Die Werte der Leistungsmaße werden einmalig nach ST Tagen ermittelt. Somit wird eine Simulation im Gleichgewichtszustand durchgeführt. Das Planungsverfahren wird rollierend alle 12 Stunden Simulationszeit aufgerufen. Es werden diejenigen Lose ermittelt, die innerhalb der nächsten 12 Stunden in das Produktionssystem entsprechend Beziehung (1) einzulasten sind.

5.2 Versuchsplanung

In den Experimenten wird eine reduzierte Variante des MASM-Test-Data-Sets 1 [13] verwendet. Das Modell einer Halbleiterfabrik besteht aus 147 Maschinen, die in 33 Maschinengruppen angeordnet sind. Drei unterschiedliche Produkte werden betrachtet. Der Arbeitspläne umfassen ca. 100 Prozess-Schritte. Jedes Los enthält 48 Wafer. Für die Produktionssteuerung wird die First-In-First-Out-(FIFO)-Prioritätsregel verwendet. 80 Tage werden simuliert, d.h., es gilt $ST = 80$ Tage. Maschinenausfälle werden in den Experimenten nicht betrachtet. Es wird von einem eingeschwungenen System ausgegangen.

Als Vergleichsverfahren wird eine manuelle Einsteuerung von Losen betrachtet, die jeden Tag eine bestimmte feste Anzahl von Losen einlastet. Die Belastung des Produktionssystems wird somit bei der Einsteuerungsentscheidung nicht berücksichtigt. Für die Untersuchung wird ein hoch- und ein mittelmäßig ausgelastetes Produktionssystem verwendet.

Alle Experimente werden auf einem Rechner mit einem Intel-Pentium-4- Prozessor mit 3,4 GHz und 2 GB RAM Hauptspeicher durchgeführt.

5.3   Numerische Ergebnisse

In Tabelle 2 sind die Ergebnisse der Leistungsbewertung dargestellt. Alle Werte der Leistungsmaße sind relativ zu den Werten der Leistungsmaße für die manuelle Einsteuerung angegeben.

Es ist in Tabelle 2 zu erkennen, dass bei geeigneter Wahl der Größe h sowohl die mittlere Verfrühung als auch Verspätung der Lose im Vergleich zur manuellen Einsteuerung durch eine Rückwärtsterminierung reduziert werden kann.

Tab. 2.   Numerische Ergebnisse für die Rückwärtsterminierung (relativ zur manuellen Einsteuerung)

Produktionssystem	AT	AE	CT	TP
hohe Last				
h=0.5	0.82	0.50	0.99	1.00
h=1.0	**0.66**	**0.79**	**0.99**	**1.00**
h=2.0	4.07	1.25	1.09	1.00
mittlere Last				
h=0.5	**0.11**	**0.55**	**0.99**	**1.01**
h=1.0	0.85	0.79	0.99	0.99
h=2.0	6.64	1.30	1.01	0.99

Im Fall einer mittleren Last können durch Einsatz einer Rückwärtsterminierung mit niedrigen Werten für h sowohl Verspätung als auch Verfrühung verringert werden, während im Falle einer hohen Systemlast größere Werte für h vorteilhaft sind.

6   Zusammenfassung und Ausblick auf weitere Forschungsarbeiten

In dieser Arbeit wird eine vorhandene Architektur zur simulationsbasierten Leistungsbewertung für Produktionssteuerungsalgorithmen so erweitert, dass auch Planungsansätze in die Leistungsbewertung einbezogen werden können. Die gewählte Vorgehensweise ermöglicht insbesondere auch ein Studium der Interaktion zwischen Produktionsplanungs- und Steuerungsverfahren.

Anforderungen an eine Architektur zur Leistungsbewertung von Planungsverfahren werden abgeleitet. Die Bestandteile der Architektur werden vorgestellt. Die Umsetzung der einzelnen Bestandteile wird dargestellt. Fragen der Leistungsbewertung von Planungsansätzen unter Verwendung der vorgeschlagenen Architektur werden diskutiert. Die Architektur zur Leistungsbewertung wurde exemplarisch auf einen einfachen Planungsansatz angewandt.

Die in diesem Beitrag beschriebenen Forschungsarbeiten können in verschiedene Richtungen fortgesetzt werden. Zum einen erscheint es notwendig, die Architektur auf kompliziertere Planungsfragestellungen anzuwenden. Gegenwärtig werden Arbeiten zum Master-Planning ([19], [22]) in der Halbleiterindustrie durchgeführt. Eine Leistungsbewertung dieser Verfahren im Rahmen eines rollierenden Ansatzes steht aber noch aus.

Neben der in dieser Arbeit betrachteten einfachen, auf Prioritätsregelansätzen basierenden Produktionssteuerung erscheint es möglich, auch die in [15] betrachteten Ablaufplanungsverfahren zur Produktionssteuerung einzusetzen.

Bisher wurde ausschließlich die Situation betrachtet, dass ein einziges Produktionssystem an einem Standort vorliegt. Es erscheint aber möglich, die vorgeschlagene Architektur auch für SCM-Probleme zu verwenden. In diesem Fall ist es notwendig, neben den eigentlichen Produktionsstätten auch Lager und Distributionszentren zu betrachten.

Danksagung. Der Autor des Beitrags bedankt sich bei Carsten Wagels für die ausgeführten Programmierarbeiten sowie die teilweise Durchführung der in dieser Arbeit beschriebenen Simulationsexperimente.

Literaturverzeichnis

1. Barahona, F.; Bermon, S.; Günlük, O.; Hood, S.: Robust Capacity Planning in Semiconductor Maufacturing. In: Naval Research Logistics 52 (2005), 459-468.
2. Bermon, S.; Hood, S. J.: Capacity Optimization Planning System (CAPS). In: Interfaces 29 (1999), 31-50.
3. Blackstone, J. H.; Phillips, D. T.; Hogg, G.: L. A State-of-the-Art Survey of Dispatching Rules for Manufacturing Job Shop Operations. In: International Journal of Production Research 20 (1982), 27-45.
4. Chong, C. S.; Lendermann, P.; Gan, B. P.; Duarte, B.; Fowler, J. W.; Callarman, T. E.: Development and Analysis of a Customer-demand Driven Semiconductor Supply Chain Model Using the High Level Architecture. In: International Journal of Simulation and Process Modelling 2 (2006), 210-221.
5. Drexl, A.; Fleischmann, B.; Günther, H.-O.; Stadler, H.; Tempelmeier, H.: Konzeptionelle Grundlagen kapazitätsorientierter PPS-Systeme. In: Zeitschrift für betriebswirtschaftliche Forschung 46 (1994), 1022–1045.
6. Ferstl, O. K.; Sinz, E. J.: Grundlagen der Wirtschaftsinformatik, Band 1, 5. Auflage, Oldenbourg Verlag, München, Wien, 2006.
7. Fowler, J. W.; Mönch, L.; Rose, O.: Simulation and Scheduling. In: Hermann, J. (Hrsg.): Handbook of Production Scheduling., Springer, (2006), 109-133.
8. Gehring, H.; Meyer, R.; Hesse, R.: Fertigungslinien im Automobilbau PC-gestützt optimieren, Teil 2: Simulation. In: Zeitschrift für wirtschaftliche Fertigung und Automatisierung 88 (1993), 311-313.
9. Herrmann, F.: SIM-R/3: Softwaresystem zur Simulation der Regelung produktionslogistischer Prozesse durch das R/3-System der SAP AG. In: Wirtschaftsinformatik 49 (2007), 127-133.

10. Huang, D.; Sarjoughian, H.; Wang, W.; Godding, G.; Rivera, D.; Kempf, K.; Mittelmann, H.: Simulation of Supply Chain Systems with DEVS, MPS, and KIP. Eingereicht zur Veröffentlichung bei IEEE Transactions on Semiconductor Manufacturing (2007).

11. Horiguchi, K.; Raghavani, N.; Uzsoy, R., Venkatheswaran, S.: Finite-Capacity Production Planning Algorithms for a Semiconductor Wafer Fabrication Facility. In: International Journal of Production Research 39 (2001), 825-842.

12. Kleijnen, J. P.C.: Supply Chain Simulation Tools and Techniques: a Survey. In: International Journal of Simulation and Process Modelling 1 (2005), 82-89.

13. MASM Test Data Sets. http://www.eas.asu.edu/~masmlab (2008).

14. Mönch, L.: Scheduling-Framework für Jobs auf parallelen Maschinen in komplexen Produktionssystemen. In: WIRTSCHAFTSINFORMATIK 46 (2004), 470-480.

15. Mönch, L.: Agentenbasierte Produktionssteuerung. Gabler, Wiesbaden, 2006.

16. Mönch, L.: Simulation-based Benchmarking of Production Control Schemes for Complex Manufacturing Systems. In: Control Engineering Practice 15 (2007), 1381-1393.

17. Mönch, L.; Rose, O.; Sturm, R.: Simulation Framework for Performance Assessment of Shop Floor Control Systems. In: SIMULATION – Transactions of the Society for Modelling and Simulation International 79 (2003), 60-67.

18. Mönch, L.; Zimmermann, J.: Simulation-based Assessment of Machine Criticality Measures for a Shifting Bottleneck Heuristic in Complex Manufacturing Systems. In: Computers in Industry 58 (2007), 644-655.

19. Vieira, G. E.: Understanding Master Production Scheduling from a Practical Perspective: Fundamentals, Heuristics, and Implementations. In: Hermann, J. (Hrsg.): Handbook of Production Scheduling Springer, (2006), 149-176.

20. Venkateswaran, J.; Son, Y.-J.; Jones, A.: Hierarchical Production Planning Using a Hybrid System Dynamic-Discrete Event Simulation Architecture. Proceedings of the 2004 Winter Simulation Conference, 1094-1102.

21. Wagels, C.: Konzeption und prototypische Realisierung eines Simulationsrahmenwerks für die Leistungsbewertung von Planungsansätzen für komplexe Produktionssysteme. Diplomarbeit FernUniversität Hagen (2007).

22. Xie, J.; Lee, T. S.; Zhao, X.: Impact of Forecasting Errors on the Performance of Capacited Multi-Item Production Systems. In: Computers & Industrial Engineering 46 (2004), 205-219.

23. Zobolas, G. I.; Tarantilis, C. D.; Ioannou, G.: Extending Capacity Planning by Positive Leadtime and Optional Overtime, Earliness and Tardiness for Effective Master Production Scheduling. In: International Journal of Production Research, erscheint (2008).

Decision Support in Finance and Marketing

Entscheidungsunterstützung in Finanzierung und Marketing

Supervised Classification for Decision Support in Customer Relationship Management

Stefan Lessmann and Stefan Voß

University of Hamburg, Institute of Information Systems
Von-Melle-Park 5, D-20146 Hamburg
lessmann@econ.uni-hamburg.de, stefan.voss@uni-hamburg.de

Abstract. Supervised classification embraces theories and algorithms for disclosing patterns within large, heterogeneous data streams. Several empirical experiments in various domains including medical diagnosis, drug design, document and image classification as well as text recognition have proven its effectiveness to solve complex forecasting and identification tasks. This paper considers applications of classification within the scope of customer relationship management (CRM). Representative operational planning tasks are reviewed to describe the potential and limitations of classification analysis. To that end, a survey of the relevant literature is given to summarize the body of knowledge in each field and identify similarities across applications. The discussion provides a general understanding of technical and managerial challenges encountered in typical CRM applications and indicates promising areas for future research.

Keywords: Data Mining, Customer Relationship Management, Classification, Literature Survey

1   Introduction

In times of changing market structures and increasing competition, companies seek novel ways of differentiation to gain competitive advantages. This development gave rise to management philosophies like CRM which emphasize customers as strategic assets whose values have to be evaluated, maintained and escalated. On an operational level, several customer-centric decision problems are considered within the general framework of CRM. Despite task specific particularities, the common denominator embracing many different applications is that they may be approached by means of supervised classification. Consequently, this modelling paradigm is of pivotal importance for corporate data mining.

Classification, also referred to as pattern recognition (see, e.g., [31], [53], [100]), comprises theories and algorithms to disclose patterns from past observations, which, in turn, facilitate predicting future events. In particular, a classification model, or classifier, enables estimating the membership of examples to predefined groups. For example, churn prediction aims at identifying customers who are about to abandon their relationship with a company, so that proactive marketing actions may be taken to prevent customer attrition. A classification algorithm supports this task by processing records of previous churners and non-churners and deriving an input/output mapping between observable customer characteristics (e.g., age, gender, duration of service subscription, service usage patterns, etc.) and a target variable (e.g., whether or not a particular customer with particular attributes has churned in the past). The resulting model may be used subsequently to identify customers who are at the risk of churning, i.e., who exhibit characteristics similar to previous churners.

Although respective decision problems are well established in the literature (see, e.g., [7], [70], [76]), they nowadays attract increasing interest in corporate practice due to the availability of large amounts of data about customers/consumers as well as techniques and tools to build powerful forecasting models in a widely automated manner. Extending operational decision support, the knowledge contained in such models facilitates a deeper understanding of customer behaviour and may consequently enable a refinement and optimization of customer-centric business processes to support the strategic objective of immunizing customers against competitors' offers and gaining competitive advantages in globalized markets.

This environment dictates three major requirements classifiers have to fulfil to support managerial decision making. On the one hand, predictive accuracy is of pivotal importance as even small improvements may induce significant financial gains [16]. On the other hand, considerations with respect to discovering interesting and understandable knowledge in data [37] may enforce the usage of transparent and explainable classifiers while prohibiting the application of opaque (nonlinear) models. Finally, the efficiency of data analysis processes benefits from a high degree of automation and imposes further constraints associated with the usability, flexibility and robustness of forecasting procedures. Obviously, these requirements cannot be satisfied simultaneously to the same degree and a balance between conflicting objectives has to be found. The prevailing approach within the literature is to focus on, e.g., modelling accuracy or the construction of comprehensible classifiers for a given task while paying only moderate attention to other criteria and/or applications. Therefore, the application perspective is emphasized within this paper to review different approaches under a unifying umbrella. While this paper cannot be fully comprehensive in its literature review, we focus on pointing out most important aspects of each decision problem to highlight challenges as well as practical constraints.

The paper is organized as follows: The theory of supervised classification is reviewed in Section 2, together with a brief discussion of algorithmic approaches and performance measurement techniques. Section 3 describes three exemplary applications of classification in customer-centric data mining: namely response modelling for direct marketing, customer churn prediction and fraud detection. These applications are considered well representative for CRM and have been selected because of their popularity within the literature and practical relevance. Conclusions are drawn in Section 4.

2   Supervised Classification

2.1   The basic setting

The task of classification for CRM can be defined as follows: Let S be a dataset of N observations, $S = \{(x_i, y_i)\}_{i=1}^{N}$. The vectors $x_i \in \Re^M$ represent individual customers, each of which is characterized by M attributes, e.g., demographic data or information concerned with past business transactions. The dependent variable is denoted by y_i and represents some behavioural trait, e.g., whether or not the respective customer has abandoned his relationship with the company or has responded to direct mail in the past. In a classification setting, the dependent variable is discrete. That is, y_i consists of nominal values that represent individual classes. This paper considers only the case of binary classification ($y_i \in \{0,1\}$) which is the prevailing modelling approach in CRM.[1] A classification model can be defined as a mapping from examples (customers) x to classes y:

$$f(\mathrm{x}) : \Re^M \mapsto y \tag{1}$$

In other words, the idea is that some functional relationship between the independent variables and the dependent variable exists, which allows predicting y if only x is known. The nature of the relationship (i.e. the function f) is, however, unknown and has to be approximated from past observations (S) in an inductive manner.

The traditional statistical perspective towards this step grounds on the *Bayes theorem* which states that the *a posteriori probability* of x belonging to class 1, $p(y = 1 \,|\, \mathrm{x})$, can be expressed in terms of the *class-conditional probability*, $p(\mathrm{x} \,|\, y = 1)$, and *a priori probabilities* $p(y = 1)$ and $p(\mathrm{x})$ [42]:

$$p(y = 1 \,|\, \mathrm{x}) = \frac{p(\mathrm{x} \,|\, y = 1) \cdot p(y = 1)}{p(\mathrm{x})} \tag{2}$$

A so called *Bayes optimal classifier* is obtained if examples are assigned to the class with maximal a posteriori probability. Hence, to construct a classification model (1), the posteriori probabilities have to be estimated from the S [44].

2.2   Algorithmic approaches

Traditional statistical classifiers like *logistic regression* or *linear/quadratic discriminant* analysis adopt the aforementioned approach. The former strives to model $p(y \,|\, \mathrm{x})$ by means of a logistic function, whereas linear/quadratic discriminant analysis estimates class conditional probabilities, assuming them to be *Gaussian*. Subsequently, a posteriori probabilities can be obtained via (2). A closely related approach is implemented in the so called *Naïve Bayes classifier*. These methods are called parametric since particular functional forms are assumed (e.g., logistic or Gaussian) whose *parameters* are estimated from S, normally by means of maximum likelihood procedures. These basic methods as well as state-of-the-art enhancements are described in detail in statistical textbooks (see, e.g., [31], [44]).

Recursive partitioning methods, also known as decision trees, are particularly popular within the machine learning community. They classify examples by traversing a sequence of questions, or rules, until reaching a leaf node which determines the

---

[1]   Generalizations to multi-class settings are straightforward since a classification problem with multiple classes can always be transformed into multiple binary problems (see, e.g., [2]).

final class. The rules are derived from the data in such a way that each question partitions the examples into *purer* subgroups. That is, the prevalence of one particular class in the subsets is higher than before separating the data. A variety of different paradigms have been suggested in the literature, differing mainly in the splitting criterion which determines the attribute used in a given iteration to separate the data. For example, the popular *C4.5* algorithm induces decision trees based on the information theoretical concept of entropy [86] and assesses the expected reduction in entropy because of splitting on a specific attribute value. The split realizing the maximal reduction is selected. Class predictions are based on the concentration of records of a particular class within a leaf node.

Artificial neural networks are mathematical representations inspired by the functioning of the human brain. Many different types have been suggested in the literature, whereby multilayer perceptrons are probably most popular for classification. These networks are composed of an input layer, one or more hidden layers and an output layer, each consisting of several neurons. Each neuron processes its inputs and generates one output value that is transmitted to the neurons in the subsequent layer. The number of neurons in the input layer equals the dimension of x (i.e. M), whereas the remaining architecture (number of hidden layers as well as number of neurons per hidden layer) has to be determined empirically. The task of building a neural network classifier corresponds to determining the weights of the connections between the neurons, i.e. solving a nonlinear optimization problem. A detailed description of neural networks in classification applications is given by, e.g., [11], [46].

Support vector machines are closely related to neural networks from a mathematical point of view. However, the development of neural networks was predominantly driven by practical considerations (e.g., mimicking the way humans learn), whereas support vector machines originate from statistical learning theory [101]. They implement the idea of structural risk minimization [100] which extends the classical paradigm of inferring relationships (*learn*) from data by optimizing the empirical risk, i.e., the agreement of the classification model $f(x)$ and the empirical observations S. Especially in data mining settings, where the dimensionality of x may be large, for example because customer-centric data is available in abundance, focussing only on empirical risk when building a classifier might lead to poor generalization results when the model is applied to predict the class of unknown examples. Consequently, support vector machines incorporate such considerations directly into the process of classifier building and strive to construct simple but accurate models. Roughly speaking, models with lower complexity are less susceptible to overfitting the empirical data S and thus more likely to produce generalizable results [101].

Finally, meta-learning strategies have received considerable attention in the machine learning and statistical literature. The underlying idea is that predictive accuracy can be improved if the results of several base classifiers are aggregated, so that a final class prediction corresponds to a vote (e.g., majority vote) of several base models. Respective approaches commonly incorporate relatively simple statistical or tree-based methods and implement different strategies to construct individual members of the classifier committee to achieve a desirable degree of diversity. Diversity refers to the property of ensemble members to focus on different idiosyncrasies of the classification task and the data, respectively. In other words, the base classifiers have to complement each other to truly improve accuracy. Therefore, they can be derived from different training samples, i.e. different sub-samples of S, and/or by using different attribute subsets. The *AdaBoost* algorithm [39] as well as the random forest classifier [15] are among the most popular ensemble approaches. These algorithms may represent the most accurate classifiers available today (see, e.g., [40]).

2.3   Assessing classification performance

Assessing the predictive performance of a classification model is a non-trivial endeavour. In particular, one has to select an appropriate accuracy indicator and decide upon a scheme for estimating the model's performance on future data. Reserving a certain part of the available data as hold-out sample, k-fold cross-validation or bootstrap sampling are common choices for the latter task (see, e.g., [61]). On the other hand, which metric is a suitable candidate to measure the performance of a classification model depends on the particular task.

The most intuitive way to asses a classifier is by counting the number of correctly predicted examples over hold-out data. Considering binary classification, this procedure leaves four possible outcomes: If the classified example belongs to class 1 and is classified as such, it is counted as a true positive (TP), and as a false positive (FP) otherwise. If the example is a member of class 0 and classified accordingly it is counted as a true negative (TN), and as a false negative (FN) in the opposite case. Such results can be illustrated by means of a confusion matrix (Fig. 1) which represents the dispositions of the classified examples and constitutes the basis for many common performance metrics.

	True class		
Predicted class	1	0	
1	TP	FP	
0	FN	TN	

$$\text{accuracy} \atop (1 - \text{classification error}) = \frac{TN+TP}{TN+TP+FN+FP}$$

$$\text{sensitivity} \atop (\text{true positive rate}) = \frac{TP}{FN+TP}$$

$$\text{specificity} \atop (\text{true negative rate}) = \frac{TN}{TN+FP}$$

$$\text{false positive rate} \atop (1 - \text{specificity}) = \frac{FP}{TN+FP}$$

Fig. 1.   Confusion matrix of a binary classifier and common performance indicators.

Classification accuracy is a commensurate metric that assigns equal importance to both error types. In other words, the implicit assumption of accuracy-based evaluation is that misclassification costs as well as the number of class 1 and class 0 examples are approximately equal ([82], [83]). As will be shown later in the paper, these assumptions are normally violated in customer-centric applications: Customers who are relevant from a business perspective (e.g., those who respond to direct mail or are about to churn) naturally represent minorities. In addition, it is also more costly to misclassify one of these customers. Hence, accuracy and similarly classification error (i.e., the percentage of misclassified points) are conceptually inappropriate performance measures for CRM applications. One can alleviate this problem to some extend by considering the arithmetic or geometric mean of sensitivity and specificity [63]. Such measures strive to maximize class individual accuracies while keeping them balanced.

However, a better way to evaluate the performance of classifiers for CRM scenarios is known as receiver operating characteristics (ROC) analysis. ROC has a long tradition within the medical decision making community to appraise the performance of diagnostic tests [73]. It became a popular tool in machine learning due to its ability to assess the predictive performance of classification systems when class distributions and/or misclassification costs are imbalanced, unknown and/or subject to change. That is, ROC analysis separates classification performance from class and cost distributions ([82], [83]).

A ROC graph is a 2-dimensional illustration of sensitivity on the Y-axis versus false positive rate on the X-axis (**Fig. 2**). Usually, the output of a classification model is some continuous value representing the confidence of the model that the example is member of a particular class. For example, some classifiers estimate class membership probabilities. These values have to be thresholded to obtain discrete class predictions. To produce a ROC curve, this threshold is varied over all possible values each time producing a different true positive and false positive rate [35]. Each ROC curve passes through the points (0,0) and (1,1). The former represents a classifier which always predicts class 0. This strategy gives TP rate = FP rate = zero. The point (1,1) depicts a situation where all examples are classified as class 1 (lowest possible threshold). The ideal point is the upper-left corner (0,1) since a respective classifier makes no error (TP rate=1, FP rate=0). Hence, points towards the north-west are preferable. They represent high TP rates with low FP rates. A straight line through (0,0) and (1,1) sets the benchmark for any classifier since it represents a strategy of guessing a class at random [84].

To compare different classifiers their respective ROC curves are drawn in ROC space. **Fig. 2** provides an example of three classifiers C_1, C_2 and C_3. The ROC curve of C_1 is always above the competitors' ones. Consequently, C_1 achieves a higher TP rate for all FP rates and dominates its two competitors. ROC curves of different classifiers may however intersect making a performance comparison less obvious (e.g., curves C_2 and C_3). To overcome this problem, one often calculates the area under the ROC curve (AUC) as a single scalar measure for expected performance [14]. A higher AUC indicates that the classifier is on average more to the north-west region of the graph. Furthermore, the AUC has an important statistical property: it represents the probability that a classifier ranks a randomly chosen example of class 1 higher than a randomly chosen example of the opposite class, which is equivalent to the Wilcoxon test of ranks ([35], [43]). In summary, the AUC provides a simple figure-of-merit representing the predictive performance of a classifier.[2]

---

[2] Note that the area under the diagonal is 0.5. Hence, a good classifier should always have an AUC>0.5.

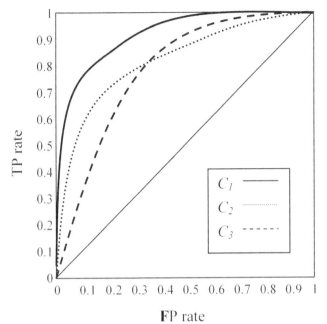

Fig. 2.   The ROC curve of three classifiers C_1, C_2 and C_3.

3   Applications of classification in customer-centric data mining

3.1   Direct marketing

3.1.1 Scope and particularities

Direct marketing is a promotion process which motivates customers to place orders through various channels [72]. As more companies adopt direct marketing as a distribution strategy, spending in this channel has grown in recent years making predictive modelling a top priority for direct marketers to increase sales, reduce costs, and improve profitability [27].

Applications within the mail-order industry are particularly representative for this discipline, whereby novel applications in a web-based setting receive increasing attention. The traditional setting is as follows: a mail-order company strives to generate sales by sending product catalogues to potential buyers. The selection of whom to include in such a mailing campaign rests on an assessment of the individual's propensity to buy (*targeting*). Consequently, prediction in this setting refers to estimating a customer's likelihood of purchasing items from the product catalogue by analysing the results of previous campaigns. It is standard practise to adopt a classification approach and predict purchase incident, i.e., whether or not some product is ordered. The intuition is that selling a single item will normally suffice to recoup the costs of soliciting the customer.

Because of budget constraints and profit considerations, most direct marketers only contact a sub-sample of the customers present in their database. Therefore, the primary objective of classification in direct marketing is to identify customers, who exhibit an elevated likelihood of responding ([5], [19]). In other words, direct marketers ultimately require a *ranking* of customers according to their purchase probability, so that a given budget can be used to solicit the most promising customers. Therefore, the prevailing evaluation metric to assess predictive performance in direct marketing is the *lift measure*. It represents the advantage of using the classifier for selecting campaign members over a random sampling. It is equivalent to AUC [67] and may be computed in different ways (see, e.g., [67], [68], [81], [91]).

3.1.2   Approaches and directions in direct marketing research

The classical model facilitating a classification of customers into prospective buyers and non-buyers is known as the recency, frequency and monetary value (RFM) model. It incorporates information associated with the recency of the last purchase, the frequency of purchases over some historic period and the monetary value of a customer's purchase history ([9], [12]). Whereas operationalization of the classical RFM variables enjoy ongoing popularity, recent approaches include additional customer profiling predictors as well as demographic and psychographic customer information to further enrich forecasting models. An empirical comparison of RFM-only and augmented models as well as a survey concerning the type of variables used in direct marketing studies is given in [4]. Other studies appraise the general suitability of data from past campaigns and investigate which time horizon (i.e. length of the purchasing history) should be considered for modelling response ([48], [92]).

Targeting in direct marketing represents a task which may be fully automated. That is, the customers identified by the classifier may be solicited without additional, human-guided post-processing steps. This reinforces the pivotal importance of predicting – or rather ranking – buying tendency with high accuracy and motivates the evaluation of different algorithms to scrutinize if a particular method excels. Consequently, several classifiers have been benchmarked in direct marketing settings. Earlier studies consider statistical techniques like logistic regression or tree-based methods (see, e.g., [45], [70], [97]), whereas state-of-the-art procedures from the field of multivariate statistics (multivariate adaptive regression splines) are employed in [30]. A machine learning approach is adopted in [67]. The authors construct ensembles of C4.5 and Naïve Bayes classifiers using the AdaBoost algorithm.

Neural networks are a particularly popular classifier within the direct marketing community. A respective software package is evaluated in [78] and empirical benchmarking experiments of neural networks and alternative techniques (CHAID, logistic regression, and evolutionary or fuzzy techniques) can be found in ([32], [69]). Problems and challenges encountered when applying neural networks for direct marketing are discussed in ([113], [114]). Overall, these earlier studies did not cast a very glorious light on neural networks and put their suitability into perspective. In particular, no or only small improvements in terms of accuracy could be observed over, e.g., logistic regression which, on the other hand, is well superior in terms of computational efficiency, interpretability of the resulting model as well as ease of use.

Neural networks are not based on parametric assumptions and have been shown to be universal approximators, i.e., they are capable to approximate any continuous function to any desired degree of accuracy [11]. However, their flexibility may turn out as a disadvantage when being applied to noisy datasets leading to the well known problem of over-fitting [31]. To alleviate this risk of model-misspecification, *Bayesian learning* may be applied to construct neural network classifiers of customer response [4]. This approach is further elaborated in [28]. The authors emphasize the role of accuracy indicators and schemes to estimate the hold-out performance of a classifier. The encouraging results of [4] regarding training neural networks with Bayesian techniques were confirmed in this study.

Bayesian learning of feed-forward neural networks must not be confused with Bayesian networks, a different type of classifier inspired by *Bayesian* probability theory (see, e.g., [41]). This method, in conjunction with an evolutionary programming procedure for constructing the classification model, has been applied to a direct marketing problem in [29] and is shown to compare favourably to alternative methods in terms of predictive accuracy and robustness as well as the comprehensibility of the resulting classification model.

Successful results of support vector machines in marketing applications have also been reported ([8], [27], [95], [104]). Support vector machines are also employed in [26]. However, the primary objective of this study is to assess the effect of different types of data preparation procedures on predictive performance (e.g., encoding of nominal variables and scaling of continuous attributes). It is shown that pre-processing alternatives can have a tremendous impact on the model's accuracy, so that a careful selection of suitable techniques is crucial.

As explained above, the ultimate objective in direct marketing applications is ranking – rather than classifying – customers. Consequently, one may argue that the standard practice to build ordinary classifiers and assess them in terms of their ranking capability (e.g., by means of AUC or lift) misses an important piece of information at the model building stage. That is, the objective considered during classifier construction is predominantly associated with classification error, which is known to be conceptually inappropriate for direct marketing (see above). Following this reasoning, a combination of classifiers is suggested in [24]. It is argued that some algorithms might be well suited for inducing a functional relationship between independent variables (e.g., RFE variables) and class, while others excel at ranking. Therefore, the authors propose a combination of two classifiers, namely the decision tree classifier C.5 and case based reasoning. These two complement each other in the sense that the former provides accurate classifications of buyers versus non-buyers using local information (only the individual customer is considered to produce a confidence), whereas the latter relies on global information concerned with the typicality of a customer for the previously predicted class. It is shown that the combined algorithm exhibits superior ranking capabilities than C.5 or case based reasoning alone.

A direct profit maximization approach is proposed in [10]. This model incorporates information concerned with the depth to which individuals in a score ranked list are solicited (e.g., top 20%) and uses genetic algorithms to optimize the lift within this decile. The general idea of optimizing model accuracy among the highest ranked customers is also adopted in [87]. The superiority of such a *direct approach* which builds models in awareness of practical constraints is also shown in [99]. Further elaborating upon the ideas originally presented in [10], the authors employ logistic regression using weighted maximum likelihood to optimize their response model for a given mailing depth. Overall, the results indicate that this constrained optimization is particularly effective at small mailing depths, i.e., when only a small proportion of customers are to be selected.

Despite the pivotal importance of predictive accuracy, several authors have highlighted the value of simple, easily understandable models and have proposed respective techniques. A common argument is that a model is understandable if it employs only a small number of variables [59]. Consequently, a large body of literature in direct marketing considers feature selection algorithms to identify and discard less informative customer attributes prior to building the classification model. Feature selection algorithms can be distinguished into wrappers, which use the actual classification algorithm repetitively for assessing different feature subsets, and filter methods that operate independently of the target classifier [62]. Representatives of both categories can be found within the direct marketing literature. For example, a wrapper approach using neural networks as base classifier and a backward feature elimination procedure is considered in [103]. The experiment aims at scrutinizing the merit of different types of RFM predictors and confirmed that it is beneficial to combine operationalization of each type into a model. However, a classifier relying only upon frequency variables achieved a satisfactory level of accuracy, indicating that this type of information is most informative. Furthermore, the results indicate that feature selection not only achieves simpler models but may also improve predictive accuracy. A related experiment is conducted in [104] using the least-square support vector machine classifier. This study incorporates additional non-RFM variables and demonstrates their appropriateness.

Genetic algorithms have been considered as more sophisticated techniques for guiding the search for predictive feature subsets. A combination of genetic algorithms for feature selection and neural network classifiers is presented in [59] to balance the conflicting goals of interpretable, yet accurate models. In particular, a respective fitness function is designed, so that the genetic algorithm biases the search towards feature subsets which achieve a desirable balance. The authors observe that the specificity of the decision problem has a major impact on predictive performance. That is, it was possible to construct a highly accurate and parsimonious model for maximizing accuracy under the constraint that only 20% of customers will be solicited, whereas the marginal value of the proposed method over a classical benchmark (logistic regression assisted by principle component analysis) was less exposed when striving to build models that predict well over the whole customer list. This may be seen as further evidence for the reasoning that specific information on the environment the classifier will be deployed to help building more accurate models [10].

Building upon this finding, an extension is proposed in [58]. This method constructs an ensemble of local solutions, i.e., a collection of classification models each of which is optimized for a particular mailing depth (top 10%, top 20%, etc.). Given that information regarding campaign costs and marginal profit per additional actual customer is available, they show that the system not only maximizes the TP rate at fixed target points but also selects a *best* target point, i.e., the point where the expected profit of the mailing is maximized. A related approach is presented in [112]. The authors employ a genetic algorithm as wrapped feature selector to construct an ensemble of support vector machine classifiers, each of which is optimized for a particular feature subset.

Although the mail-order industry may be considered the origin of direct marketing oriented research, and continues to be an important research area, novel applications in web-based settings have emerged. Clearly, the internet is an appealing distribution channel and an exemplary application of classification is to predict whether or not a customer makes a purchase when visiting a webshop [98]. The key objective of such studies is to scrutinize the effect of shop characteristics on buying behaviour to facilitate optimization of the conversion rate, i.e., the number of visitors who purchase an item from the shop (see also [18], [33]).

3.2 Customer churn prediction

3.2.1 Scope and particularities

Customer churn prediction, also referred to as attrition analysis, is based on the implicit assumption that a strong association between customer retention and profitability exists: long-term customers buy more and are less costly to serve [52].[3] In addition, it is sought considerably more profitable to keep and satisfy existing customers than to constantly renew the customer base ([20], [89]). For example, attracting new customers in mature markets usually involves luring them away from competitors (e.g., by making more favourable offers). In addition, these newly acquired customers will usually exhibit a higher tendency to switch the service provider again in the future, further decreasing the prosperity of an acquisition-centric marketing strategy. Therefore, establishing durable and profitable customer relationships is a key point of CRM.

Customer churn management (CCM) is most popular in subscription based businesses, e.g., the newspaper or pay-tv industry ([20], [25]) as well as the financial service and insurance business ([64], [65], [96]) and especially the telecommunication industry ([38], [50], [74], [75], [79], [110]). CCM strategies may be categorized into reactive and proactive approaches: Adopting a reactive approach, a company waits until customers cancel their (service) relationship. The company then offers the customer an incentive (e.g., a rebate) to stay. On the contrary, a proactive CCM strives to prevent customer defection in the first place. This may be accomplished by means of mass marketing activities which emphasize the superiority of the offered product or service. Following this untargeted approach, an increased brand loyalty, engendered through intensive advertisement, is the key to retaining customers. On the other hand, targeted CCM involves identifying likely churners in advance and prevent customer defection by offering some incentive to keep the customer satisfied [20].

---

[3] Note that this assumption is not unquestioned within the literature and that some empirical results challenge its validity for certain industries (see, e.g., [88]).

The identification step requires predictive modelling and is predominantly approached by means of supervised classification. Given that respective churn models are sufficiently accurate, proactive, targeted CCM may be more cost efficient since customers are not prepared to negotiate for better deals when being contacted unexpectedly and thus are likely to accepted cheaper incentives [20]. Considering the standard classification setting, the construction of a churn prediction model requires defining an independent target variable which distinguishes churners and loyal customers. Since most research is conducted in the field of subscription-based businesses,[4] the prevailing modelling paradigm is to define customers as churners if they (actively) cancel or (passively) not renew their subscription within a predefined time-frame ([20], [38], [96], [107]). Similarly, churn in the financial service industry may be represented by the fact that no new product is bought after a previously owned product has expired [65].

3.2.2   Approaches and directions in churn prediction research

The task of classifying customers into the two groups of churners and non-churners exhibits significant similarities with the aforementioned applications in direct marketing. Following the estimation of attrition likelihood, a company will launch proactive marketing activities to prevent customer defection. These are associated with a certain cost (per customer), so that some selection mechanism is required which determines how many customers should be contacted to maximize profit. Clearly, this setting resembles the situation in the mail-order industry and suggests adopting a lift-based evaluation of candidate models.

In fact, several experiments have been undertaken to appraise the predictive accuracy of different classification methods for predicting customer churn. These include logistic regression, decision trees and artificial neural networks ([38], [50], [96]), hazard models [64], support vector machines ([25], [51], [57]) as well as ensemble based approaches ([17], [20], [25], [65], [75], [107]). In summary, all studies demonstrate that data mining and classification in particular is a viable approach to churn prediction and that the obtained accuracies are sufficient to support managerial decision making. The random forest classifier [15] appears to be a particularly promising candidate and excels in any experiment which includes this method ([17], [20], [65]). In addition, it is relatively easy to use, whereas other techniques like support vector machines depend heavily upon a careful parameter tuning [25].

The common practice to assess different classification models in terms of their lift or AUC accounts for the fact that churn prediction is inherently cost-sensitive and involves dealing with imbalanced class distributions. However, some researchers decide to consider these artefacts at an earlier stage within the modelling process. For example, a so called one-class support vector machine is employed in [115]. This method has been developed for the task of novelty detection and facilitates building a predictive model from examples of a single class. The algorithm learns relationships that characterize the examples of the particular class, i.e. estimates the underlying distribution, and subsequently classifies novel examples as either member of the re-

---

[4] Examples of churn prediction in non-contractual settings will be discussed later on p.243.

ference class or outliers, i.e. churners [93]. As an alternative, a classifier ensemble is used in [107] to account for class and cost imbalance. This approach is further elaborated in [79]. In addition to using ensembles, the authors develop a staged framework which includes several data pre-processing actions to account for asymmetric misclassification costs and supports data mining in general.

Besides developing accurate classifiers, gaining insight into customer behaviour and identifying major drivers for customer defection is of pivotal importance in churn modelling ([16], [96]). In fact, understanding the reasons why customers abandon their relationships with a company may be seen as a prerequisite to design more customer-centric and -satisfying business processes to prevent further defection. Consequently, several studies scrutinize the role and effect of customer attributes to shed light on the factors guiding churning behaviour. A general conclusion emerging from such experiments seems to be that different types of variables have to be considered. For example, the authors of [25] demonstrate that RFM-type variables alone do not suffice to explain churning behaviour in their application (newspaper subscription). Even though most important churn predictors belong to the category of variables describing the subscription, the influence of several client/company-interaction variables could not be neglected (see also [16]). Relevant findings regarding customer behaviour are also obtained in [65]. The authors conduct a sophisticated experiment considering a set of independent variables and four different target variables associated with different types of churn as well as profitability using data from a Belgian financial service provider. The empirical results suggest that a highly active customer segment exists, which is buying new products while switching on other financial products, so that purchase as such may be an indicator for defection (at another product). In addition, they have demonstrated that intermediaries (e.g., sales agents) as well as product assortment are powerful predictors of customer churn.

Another aspect of customer behaviour commonly omitted in modelling is the sequence of events, i.e., which type of products a customer has bought and in which order these were purchased. To introduce some notion of event sequence, the authors of [20] derive predictor variables from a customer's product history using a fourth order *Markov chain*. The effectiveness of this approach is confirmed within an empirical experiment using data from a pay-tv provider. Note that earlier results obtained from the mobile telecommunication industry [107] confirm the relevance of sequence and the importance of recent events in particular.

In addition to work studying churn in subscription-based industries, some studies have explored opportunities and limitations of churn modelling in non-contractual settings. In particular, the concept of partial defection which refers to customers who change their buying behaviour was originally introduced in [16]. That is, it is hypothesized that customers staying true to their existing patterns are likely to stay, whereas deviations in transaction patterns may signal (partial) defection [16]. Following this reasoning, a binary target variable is derived (e.g., sales decrease of a certain percentage within a given time frame) using sales data from a grocery retailer, whereby customers are identified by means of a loyalty card.

Taking a business perspective, identifying likely churners is only the first step towards establishing durable and profitable customer relationships. Knowing which customers are at risk of ending their relationship is of undisputable value but does not indicate which actions can be taken to preclude defection. Experiments along this line have been undertaken to appraise the effectiveness of different types of retention actions ([20], [66]) or to explore the influence of product features [64]. The decision making process is further complicated when introducing efficiency consideration to ensure that costly churn prevention procedures are reserved to highly profitable customers. Estimating a customer's profitability, i.e. predicting customer lifetime value, is a relevant and challenging forecasting problem in itself, but beyond the scope of this paper which focuses on supervised classification.[5] The interested reader is referred to [54] for a survey on customer lifetime value oriented research.

3.3   Fraud detection

3.3.1 Scope and particularities

Analytical approaches for detecting fraud have become an imperative as fraudulent business transactions cause significant financial losses in several industries ([13], [49]). Data mining is an appealing technology for this purpose since vast amounts of data may be analysed in a (fairly) autonomous manner. The prevailing business applications include the detection of credit card and telecommunications fraud as well as identifying illegitimate insurance claims (see, e.g., [22], [36], [85], [102], [106], [109]). In addition, novel applications have been reported with respect to detecting fraud and abuse in health-care ([47], [111]) or identifying fraudulent financial statements [60].

From the perspective of supervised classification, fraud detection is maybe the most challenging task. The relevant datasets are massive[6] and require highly efficient algorithms. On the contrary, the marginal class distribution is usually skewed strongly towards legitimate cases, so that the actual number of transactions definitely known to be fraudulent is very small. Similarly as in the aforementioned applications, such circumstances severely complicate the construction of accurate classification models [55]. In addition, considering the inherent challenge of accurately identifying fraud cases, it is likely that several examples within a fraud detection dataset are mislabelled [23]. A detailed analysis of the significance and effect of this problem is yet missing but it can be suspected that the impact on contemporary classification algorithms is substantial. A related limitation of supervised classification originates from the fact that it can only be used to detect fraud of a type which has previously occurred [108]. However, several authors indicate that fraudsters are likely to change their behaviour swiftly and develop novel attack patterns on a regular basis (see, e.g., [13], [34]).

---

[5] Although 'lifetime value' is, by definition, a monetary (i.e. continuous) value, classification analysis can be applied to model some artefacts of lifetime value, e.g., whether a customer increases or decreases his spending [3].

[6] For example, consider the number of daily transactions processed by a major credit card company or the number of daily calls over the network of a leading telecommunication provider.

Finally, organizational obstacles arise from the fact that information concerning fraud is extremely difficult to obtain. Companies fear loosing image and reputation and are thus reluctant to publish fraud statistics. In addition, knowledge on fraudsters' tactics (e.g., how a user's mobile account is hijacked) is (best) kept private to prevent others trying such strategies out of curiosity. As a result, researchers have limited access to real-world fraud-detection data to assess identification strategies and algorithms, which obviously hinders advancement in this important discipline.

3.3.2 Approaches and directions in fraud detection research

Several applications of supervised classification are reported in the literature. Concerning the task of detecting telecommunication fraud, it has been reported that subscription fraud and superimposed fraud are the prevailing types [94]. The former refers to a case where the fraudster obtains a subscription to a service, often with false identity details, with no intention of paying. Thus, all calls from that number will be fraudulent. On the contrary, superimposed fraud is the use of a service without having the necessary authority [13]. Note that this distinction applies to credit card fraud as well, i.e., applying for a card using false identification or gaining access to somebody else's credit card details and using it in, e.g., e-commerce scenarios.

Superimposed fraud is detectable if authorized users have a fairly regular behaviour which is distinguishable from the fraudulent behaviour. Consequently, user profiling is a common approach to counter superimposed fraud. Such approaches employ supervised classification as one component within a multi-stage fraud detection process (see, e.g., [21]). A respective system is proposed in [36]: First, so called local rules, from individual accounts are derived using standard rule learning methods. It is crucial to perform this step on account level because a particular behaviour (e.g., making several long distance calls per day) may be regular for one customer but highly suspicious for another. Subsequently, the rules are assessed with respect to coverage and a subset is selected as fraud indicators. That is, the validity of a rule which is derived from one account for other accounts is appraised and only general rules are maintained. The selected rules are converted into profiling monitors to achieve sensitivity with respect to individual customers. That is, the ordinary usage pattern of an account is monitored and the number of calls satisfying a particular rule is computed. This produces a threshold against which a calling pattern may be compared to. The evidence produced by the monitors is then fed into a standard classifier, i.e. monitors' outputs constitute the features used for classification.[7] The final output is a detector that profiles each user's behaviour based on several indicators and produces an alarm if there is sufficient evidence of unusual, i.e. fraudulent, activity. A similar approach using call data record to learn user signatures is presented in [109].

The task of detecting subscription fraud is even more difficult because no historical data concerning account usage is available, so that behavioural monitors may fail. Therefore, it is crucial to integrate applicant data (e.g., demographic information, commercial antecedents, etc.) with calling data from other accounts [90]. However,

---

[7] Note that feature selection heuristics are applied since some rules do not perform well in some monitors and some monitors overlap in fraud coverage.

this complicates the construction of a classifier because of the hierarchical relation-ship between user and calling data (i.e., one user makes several calls). To alleviate this problem, a modified C.4.5 algorithm is developed in [90], which distinguishes between splitting on user and behavioural attributes and comprises respective splitting criteria. Similar to [36], the overall system incorporates rule selection mechanisms to prune the rules learnt in the first step. Prediction of subscription fraud on the basis of behavioural and customer data is also considered in [34]. The authors devise fuzzy rules to generate a database of fraud/non-fraud cases and employ a multi-layered neural network as classification engine.

A meta-learning framework for credit card fraud detection is designed in ([22], [23]). The authors elaborate on problems associated with imbalanced class distribu-tions in fraud detection. To cope with this difficulty, a partitioning of majority class examples into different sub-datasets is proposed, whereby minority class examples are replicated across all of these sets. Consequently, all examples are considered during classifier building and each sub-dataset exhibits a balanced class distribution. Classi-fiers are built from these subsets and are integrated by means of (meta-) learning. In particular, *stacking* is considered for integrating subset results. That is, a meta-trai-ning set is derived from the base classifiers' predictions on a validation sample and the true class label is used as target. This approach is further elaborated in [80]. The authors employ stacking to identify particularly suitable base classifiers (e.g., Naïve Bayes or neural network classifiers) which predictions' are subsequently integrated by means of Bagging. Similarly, the usage of meta-learning schemes and classifier en-sembles for learning fraud detectors from imbalanced data is reported in ([1], [56]).

4   Conclusions

We have discussed the basic setting of supervised classification as well as the most relevant algorithmic approaches. Three representative applications within the field of customer-centric data mining have been selected to demonstrate the potential as well as limitations of classification within this discipline.

Studying the relevant literature on direct marketing, churn prediction and fraud de-tection, we found that remarkable similarities exist across these applications. In par-ticular, imbalanced class and cost distributions complicate classification in each of these fields and require special treatment. Therefore, approaches and algorithms to overcome these obstacles have been a fruitful area of research. In general, it is rea-sonable to assume that economically relevant groups, e.g., customers responding to a direct mail solicitation, will always represent minorities, so that the relevance of *learning from imbalanced data* [55] as well as *cost-sensitive learning* [105] is ex-pected to continue.

Similarly, the need to construct comprehensible classification models which enable gaining a deeper understanding of customer behaviour is well established in all three settings. It has been shown that a classifier is considered comprehensible if it reveals the influence and relevance of individual attributes for the classification decision. For example, several studies in the direct marketing community have explored the importance of RFM-type variables in comparison to behavioural attributes to identify the most informative predictors. Transparency and accuracy are usually perceived as conflicting goals. On the one hand, nonlinear modelling may be required to improve the accuracy of a classifier if the relationship between customer attributes and the respective independent variables is nonlinear. However, respective methods like neural networks or support vector machines are opaque and do not reveal their internal processing of customer attributes. On the other hand, understandable linear models may lack expressive power in complex CRM settings. One approach to alleviate this trade-off may be seen in the combination of nonlinear models and rule extraction algorithms which derive an understandable representation of the nonlinear classifier (see, e.g., [6], [71], [77]). Despite the value of such approaches it should be noted that the random forest classifier [15] naturally provides an assessment of attribute relevance and is capable of modelling nonlinear relationships. Therefore, this method may be the most promising classifier from a practical point of view and researchers should try to adopt the principles underlying random forests when crafting novel algorithms.

A noteworthy difference between classification tasks in direct marketing, churn prediction and fraud detection is associated with the role of the classifier in the decision making process. Whereas it might be feasible to automate the task of selecting the customers for a mailing campaign to a large extent, classification is only a single step in the complex process of fraud detection. Here, the objective of classification is to support – rather than automate – decision making by computing a *suspicious scores* [13] to reduce the number of final-line fraud investigations. Consequently, an important area of future research is to design integrated analytical systems, which are tailored to real-world decision problems. Nowadays, the principles of learning from data are well understood and powerful algorithms for classification as well as other forecasting tasks have been developed. The next logical step is to proceed into the direction of decision making and focus on the solution of real-world problems.

Literature

1. Akbani, R.; Kwek, S.; Japkowicz, N.: Applying Support Vector Machines to Imbalanced Datasets. In: Boulicaut, J.-F.; Esposito, F.; Giannotti, F.; Pedreschi, D. (eds.): Machine Learning – Proc. of the 15th European Conference on Machine Learning. Springer, Berlin 2004, 39-50.
2. Allwein, E.L.; Schapire, R.E.; Singer, Y.: Reducing multi-class to binary: A unifying approach for margin classifiers. In: Journal of Machine Learning Research 1 (2000), 113-141.
3. Baesens, B.; Verstraeten, G.; Van den Poel, D.; Egmont-Petersen, M.; Van Kenhove, P.; Vanthienen, J.: Bayesian network classifiers for identifying the slope of the customer lifecycle of long-life customers. In: European Journal of Operational Research 156 (2004), 508-523.
4. Baesens, B.; Viaene, S.; Van den Poel, D.; Vanthienen, J.; Dedene, G.: Bayesian neural network learning for repeat purchase modelling in direct marketing. In: European Journal of Operational Research 138 (2002), 191-211.

5.   Banslaben, J.: Predictive Modelling. In: Nash, E.L. (ed.): The Direct Marketing Handbook. McGraw-Hill, New York 1992, 620-636.
6.   Barakat, N.H.; Bradley, A.P.: Rule extraction from support vector machines: A sequential covering approach. In: IEEE Transactions on Knowledge and Data Engineering 19 (2007), 729-741.
7.   Bauer, C.L.: A direct mail customer purchase model. In: Journal of Direct Marketing 2 (1988), 16-24.
8.   Bennett, K.P.; Wu, S.; Auslender, L.: On Support Vector Decision Trees for Database Marketing. In: Proc. of the Intern. Joint Conf. on Neural Networks. IEEE Press, Piscataway 1999, 904-909.
9.   Berger, P.; Magliozzi, T.: The effect of sample size and proportion of buyers in the sample on the performance of list segmentation equations generated by regression analysis. In: Journal of Direct Marketing 6 (1992), 13-22.
10. Bhattacharyya, S.: Direct marketing performance modeling using genetic algorithms. In: INFORMS Journal on Computing 11 (1999), 248-257.
11. Bishop, C.M.: Neural Networks for Pattern Recognition. Oxford University Press, Oxford 1995.
12. Bitran, G.R.; Mondschein, S.V.: Mailing decisions in the catalog sales industry. In: Management Science 59 (1996), 1364-1381.
13. Bolton, R.J.; Hand, D.J.: Statistical fraud detection: A review. In: Statistical Science 17 (2002), 235–255.
14. Bradley, A.P.: The use of the area under the ROC curve in the evaluation of machine learning algorithms. In: Pattern Recognition 30 (1997), 1145-1159.
15. Breiman, L.: Random forests. In: Machine Learning 45 (2001), 5-32.
16. Buckinx, W.; Van den Poel, D.: Customer base analysis: Partial defection of behaviourally loyal clients in a non-contractual FMCG retail setting. In: European Journal of Operational Research 164 (2005), 252-268.
17. Buckinx, W.; Verstraeten, G.; Van den Poel, D.: Predicting customer loyalty using the internal transactional database. In: Expert Systems with Applications 32 (2007), 125-134.
18. Bucklin, R.E.; Lattin, J.M.; Ansari, A.; Gupta, S.; Bell, D.; Coupey, E.; Little, J.D.C.; Mela, C.; Montgomery, A.; Steckel, J.: Choice and the internet: From clickstream to research stream. In: Marketing Letters 13 (2002), 245-258.
19. Bult, J.R.; Wansbeek, T.: Optimal selection for direct mail. In: Marketing Science 14 (1995), 378-394.
20. Burez, J.; Van den Poel, D.: CRM at a pay-TV company: Using analytical models to reduce customer attrition by targeted marketing for subscription services. In: Expert Systems with Applications 32 (2007), 277-288.
21. Burge, P.; Shawe-Taylor, J.; Cooke, C.; Moreau, Y.; Preneel, B.; Stoermann, C.: Fraud Detection and Management in Mobile Telecommunications Networks. In: IEE (ed.): ECOS97 – Proc. of the 2nd European Convention on Security and Detection. IEE, London 1997, 91-96.
22. Chan, P.K.; Fan, W.; Prodromidis, A.L.; Stolfo, S.J.: Distributed data mining in credit card fraud detection. In: IEEE Intelligent Systems 14 (1999), 67-74.
23. Chan, P.K.; Stolfo, S.J.: Toward Scalable Learning with Nonuniform Class and Cost Distributions: A Case Study in Credit Card Fraud Detection. In: Agrawal, R.; Stolorz, P.E.; Piatetsky-Shapiro, G. (eds.): KDD'98 – Proc. of the 4th Intern. Conf. on Knowledge Discovery and Data Mining. AAAI Press, Menlo Park 1998, 164-168.
24. Coenen, F.; Swinnen, G.; Vanhoof, K.; Wets, G.: The improvement of response modeling: Combining rule-induction and case-based reasoning. In: Expert Systems with Applications 18 (2000), 307-313.

25. Coussement, K.; Van den Poel, D.: Churn prediction in subscription services: An application of support vector machines while comparing two parameter-selection techniques. In: Expert Systems with Applications 34 (2008), 313-327.

26. Crone, S.F.; Lessmann, S.; Stahlbock, R.: The impact of preprocessing on data mining: An evaluation of classifier sensitivity in direct marketing. In: European Journal of Operational Research 173 (2006), 781-800.

27. Cui, D.; Curry, D.: Predictions in marketing using the support vector machine. In: Marketing Science 24 (2005), 595-615.

28. Cui, G.; Wong, M.L.: Implementing neural networks for decision support in direct marketing. In: International Journal of Market Research 46 (2004), 235-254.

29. Cui, G.; Wong, M.L.; Lui, H.-K.: Machine learning for direct marketing response models: Bayesian networks with evolutionary programming. In: Management Sciences 52 (2006), 597-612.

30. Deichmann, J.; Eshghi, A.; Haughton, D.; Sayek, S.; Teebagy, N.: Application of multiple adaptive regression splines (MARS) in direct response modeling. In: Journal of Interactive Marketing 16 (2002), 15-27.

31. Duda, R.O.; Hart, P.E.; Stork, D.G.: Pattern Classification. Wiley, New York 2001.

32. Eiben, A.E.; Euverman, T.J.; Kowalczyk, W.; Peelen, E.; Slisser, F.; Wesseling, J.A.M.: Comparing Adaptive and Traditional Techniques for Direct Marketing. In: Zimmermann, H.-J. (ed.): EUFIT'96 – Proc. of the 4th European Congress on Intelligent Techniques and Soft Computing. Verlag Mainz, Aachen 1996, 434-437.

33. Emmanouilides, C.; Hammond, K.: Internet usage: Predictors of active users and frequency use. In: Journal of Interactive Marketing 14 (2000), 17-32.

34. Estevez, P.A.; Held, C.M.; Perez, C.A.: Subscription fraud prevention in telecommunications using fuzzy rules and neural networks. In: Expert Systems with Applications 31 (2006), 337-344.

35. Fawcett, T.: An introduction to ROC analysis. In: Pattern Recognition Letters 27 (2006), 861-874.

36. Fawcett, T.; Provost, F.: Adaptive fraud detection. In: Data Mining and Knowledge Discovery 1 (1997), 291-316.

37. Fayyad, U.; Piatetsky-Shapiro, G.; Smyth, P.: From data mining to knowledge discovery in databases: An overview. In: AI Magazine 17 (1996), 37-54.

38. Ferreira, J.B.; Marley Vellasco: Data Mining Techniques on the Evaluation of Wireless Churn. In: Verleysen, M. (ed.): Trends in Neurocomputing – Proc. of the 12th European Symposium on Artificial Neural Networks. Elsevier, Amsterdam 2004, 483-488.

39. Freund, Y.; Schapire, R.E.: A decision-theoretic generalization of on-line learning and an application to boosting. In: Journal of Computer and System Science 55 (1997), 119-139.

40. Friedman, J.H.: Recent advances in predictive (machine) learning. In: Journal of Classification 23 (2006), 175-197.

41. Friedman, N.; Geiger, D.; Goldszmidt, M.: Bayesian network classifiers. In: Machine Learning 29 (1997), 131-163.

42. Hand, D.J.: Construction and Assessment of Classification Rules. John Wiley, Chichester 1997.

43. Hanley, J.A.; McNeil, B.J.: The meaning and use of the area under the receiver operating characteristic (ROC) curve. In: Radiology 143 (1982), 29-36.

44. Hastie, T.; Tibshirani, R.; Friedman, J.: The Elements of Statistical Learning: Data Mining, Inference, and Prediction. Springer, New York 2002.

45. Haughton, D.; Oulabi, S.: Direct marketing modeling with CART and CHAID. In: Journal of Direct Marketing 11 (1997), 42-52.

46. Haykin, S.S.: Neural Networks: A Comprehensive Foundation. Prentice Hall, Upper Saddle River 1999.

47. He, H.; Wang, J.; Graco, W.; Hawkins, S.: Application of neural networks to detection of medical fraud. In: Expert Systems with Applications 13 (1997), 329-336.

48. Heilman, C.M.; Kaefer, F.; Ramenofsky, S.D.: Determining the appropriate amount of data for classifying consumers for direct marketing purposes. In: Journal of Interactive Marketing 17 (2003), 5-28.

49. Hoath, P.: Telecoms fraud, the gory details. In: Computer Fraud & Security 1998 (1998), 10-14.

50. Hung, S.-Y.; Yen, D.C.; Wang, H.-Y.: Applying data mining to telecom churn management. In: Expert Systems with Applications 31 (2006), 515-524.

51. Hur, Y.; Lim, S.: Customer Churning Prediction Using Support Vector Machines in Online Auto Insurance Service. In: Wang, J.; Liao, X.; Yi, Z. (eds.): Advances in Neural Networks – Proc. of the 2nd Intern. Symposium on Neural Networks. Springer, Berlin 2005, 928-933.

52. Hwang, H.; Jung, T.; Suh, E.: An LTV model and customer segmentation based on customer value: A case study on the wireless telecommunication industry. In: Expert Systems with Applications 26 (2004), 181-188.

53. Jain, A.K.; Duin, R.P.W.; Mao, J.: Statistical pattern recognition: A review In: IEEE Transactions on Pattern Analysis and Machine Intelligence 22 (2000), 4-37.

54. Jain, D.; Singh, S.S.: Customer lifetime value research in marketing: A review and future directions. In: Journal of Interactive Marketing 16 (2002), 34-46.

55. Japkowicz, N.; Stephen, S.: The class imbalance problem: A systematic study. In: Intelligent Data Analysis 6 (2002), 429-450.

56. Kim, H.-C.; Pang, S.; Je, H.-M.; Kim, D.; Yang Bang, S.: Constructing support vector machine ensemble. In: Pattern Recognition 36 (2003), 2757-2767.

57. Kim, S.; Shin, K.-S.; Park, K.: An Application of Support Vector Machines for Customer Churn Analysis: Credit Card Case. In: Wang, L.; Chen, K.; Ong, Y.S. (eds.): Advances in Natural Computation – Proc. of the 1st Intern. Conf. on Advances in Natural Computation. Springer, Berlin 2005, 636-647.

58. Kim, Y.; Street, W.N.: An intelligent system for customer targeting: A data mining approach. In: Decision Support Systems 37 (2003), 215-228.

59. Kim, Y.S.; Street, W.N.; Russell, G.J.; Menczer, F.: Customer targeting: A neural network approach guided by genetic algorithms. In: Management Science 51 (2005), 264-276.

60. Kirkos, E.; Spathis, C.; Manolopoulos, Y.: Data mining techniques for the detection of fraudulent financial statements. In: Expert Systems with Applications 32 (2007), 995-1003.

61. Kohavi, R.: A Study of Cross-Validation and Bootstrap for Accuracy Estimation and Model Selection. In: Mellish, C.S. (ed.): IJCAI'95 – Proc. of the 14th Intern. Joint Conf. on Artificial Intelligence. Morgan Kaufmann, San Fransisco 1995, 1137-1143.

62. Kohavi, R.; John, G.H.: Wrappers for feature subset selection. In: Artificial Intelligence 97 (1997), 273-324.

63. Kubat, M.; Holte, R.C.; Matwin, S.: Machine learning for the detection of oil spills in satellite radar images. In: Machine Learning 30 (1998), 195-215.

64. Lariviere, B.; Van den Poel, D.: Investigating the role of product features in preventing customer churn, by using survival analysis and choice modeling: The case of financial services. In: Expert Systems with Applications 27 (2004), 277-285.

65. Lariviere, B.; Van den Poel, D.: Predicting customer retention and profitability by using random forests and regression forests techniques. In: Expert Systems with Applications 29 (2005), 472-484.

66. Lewis, M.: The influence of loyalty programs and short-term promotions on customer retention. In: Journal of Marketing Research 41 (2004), 281-292.

67. Ling, C.X.; Li, C.: Data Mining for Direct Marketing: Problems and Solutions. In: Agrawal, R.; Stolorz, P. (eds.): KDD'98 – Proc. of the 4th Intern. Conf. on Knowledge Discovery and Data Mining. AAAI Press, Menlo Park 1998, 73-79.

68. Lo, V.S.Y.: The true lift model: A novel data mining approach to response modeling in database marketing. In: ACM SIGKDD Explorations Newsletter 4 (2002), 78-86.

69. Madeira, S.; Sousa, J.M.: Comparison of Target Selection Methods in Direct Marketing. In: Lieven, K. (ed.): EUNITE'02 – Proc. of the European Symposium on Intelligent Technologies, Hybrid Systems and their implementation on Smart Adaptive Systems Elite Foundation, Aachen 2002, 333-338.

70. Magidson, J.: Improved statistical techniques for response modeling: Progression beyond regression. In: Journal of Direct Marketing 2 (1988), 6-18.

71. Martens, D.; Baesens, B.; van Gestel, T.; Vanthienen, J.: Comprehensible credit scoring models using rule extraction from support vector machines. In: European Journal of Operational Research 183 (2007), 1466-1476.

72. McDonald, W.J.: Direct Marketing. McGraw-Hill, Singapore 1998.

73. Metz, C.E.: Basic principles of ROC analysis. In: Seminars in Nuclear Medicine 8 (1978), 283-298.

74. Mozer, M.C.; Dodier, R.; Colagrosso, M.D.; Guerra-Salcedo, C.; Wolniewicz, R.: Prodding the ROC Curve: Constrained Optimization of Classifier Performance. In: Dietterich, T.G.; Becker, S.; Ghahramani, Z. (eds.): Advances in Neural Information Processing Systems 14. MIT Press, Cambridge 2002, 1409-1415.

75. Mozer, M.C.; Wolniewicz, R.; Grimes, D.B.; Johnson, E.; Kaushansky, H.: Predicting subscriber dissatisfaction and improving retention in the wireless telecommunications industry. In: IEEE Transactions on Neural Networks 11 (2000), 690-696.

76. Nash, E.L.: The Direct Marketing Handbook. McGraw-Hill, New York 1992.

77. Navia-Vázquez, A.; Parrado-Hernándeza, E.: Support vector machine interpretation. In: Neurocomputing 69 (2006), 1754-1759.

78. O'Brien, T.V.: Neural nets for direct marketers. In: Marketing Research 6 (1994), 47.

79. Pan, J.; Yang, Q.; Yang, Y.; Li, L.; Li, F.T.; Li, G.W.: Cost-sensitive preprocessing for mining customer relationship management databases. In: IEEE Intelligent Systems 22 (2007), 46-51.

80. Phua, C.; Alahakoon, D.; Lee, V.: Minority report in fraud detection: Classification of skewed data. In: ACM SIGKDD Explorations Newsletter 6 (2004), 50-59.

81. Piatetsky-Shapiro, G.; Masand, B.: Estimating Campaign Benefits and Modeling Lift. In: Chaudhuri, S.; Madigan, D. (eds.): KDD'99 – Proc. of the 5th Intern. Conf. on Knowledge Discovery and Data Mining. ACM Press 1999, 185-193.

82. Provost, F.; Fawcett, T.: Analysis and Visualization of Classifier Performance: Comparison Under Imprecise Class and Cost Distributions. In: Heckerman, D.; Mannila, H.; Pregibon, D.; Uthurusamy, R. (eds.): KDD'97 – Proc. of the 3rd Intern. Conf. on Knowledge Discovery and Data Mining. AAAI Press, Menlo Park 1997, 43-48.

83. Provost, F.; Fawcett, T.: Robust classification for imprecise environments. In: Machine Learning 42 (2001), 203-231.

84. Provost, F.; Fawcett, T.; Kohavi, R.: The Case Against Accuracy Estimation for Comparing Induction Algorithms. In: Shavlik, J.W. (ed.): Machine Learning – Proc. of the 15th Intern. Conf. on Machine Learning. Morgan Kaufmann, San Francisco 1998, 445-453.

85. Quah, J.T.S.; Sriganesh, M.: Real-time credit card fraud detection using computational intelligence. In: Expert Systems with Applications (doi:10.1016/j.eswa.2007.08.093) (2007).

86. Quinlan, J.R.: C4.5: Programs for Machine Learning. Morgan Kaufmann, San Mateo 1993.

87. Ratner, B.: Finding the best variables for direct marketing models. In: Journal of Targeting, Measurement & Analysis for Marketing 9 (2001), 270-296.
88. Reinartz, W.; Kumar, V.: On the profitability of long-life customers in a noncontractual setting: An empirical investigation and implications for marketing. In: Journal of Marketing 64 (2000), 17-35.
89. Reinartz, W.J.; Kumar, V.: The impact of customer relationship characteristics on profitable lifetime duration. In: Journal of Marketing 67 (2003), 77-99.
90. Rosset, S.; Murad, U.; Neumann, E.; Idan, Y.; Pinkas, G.: Discovery of Fraud Rules for Telecommunications—Challenges and Solutions. In: Chaudhuri, S.; Madigan, D. (eds.): Proc. of the 5th Intern. Conf. on Knowledge Discovery and Data Mining. ACM, New York 1999, 409-413.
91. Rosset, S.; Neumann, E.; Eick, U.; Vatnik, N.; Idan, I.: Evaluation of Prediction Models for Marketing Campaigns. In: Provost, F.; Srikant, R. (eds.): KDD'01 – Proc. of the 7th Intern. Conf. on Knowledge Discovery and Data Mining. ACM Press, New York 2001, 456 -461.
92. Rossi, P.E.; McCulloch, R.E.; Allenby, G.M.: The value of purchase history data in target marketing. In: Marketing Science 15 (1996), 321.
93. Schölkopf, B.; Platt, J.C.; Shawe-Taylor, J.; Smola, A.J.; Williamson, R.C.: Estimating the support of a high-dimensional distribution. In: Neural Computation 13 (2001), 1443-1471.
94. Shawe-Taylor, J.; Howker, K.; Gosset, P.; Hyland, M.; Verrelst, H.; Moreau, Y.; Stoermann, C.; Burge, P.: Novel Techniques for Profiling and Fraud Detection in Mobile Telecommunications. In: Lisboa, P.J.G.; B. Edisbury; Vellido, A. (eds.): Business Applications of Neural Networks. World Scientific, Singapore 2000, 113-139.
95. Shin, H.; Cho, S.: Response modeling with support vector machines. In: Expert Systems with Applications 30 (2006), 746-760.
96. Smith, K.A.; Willis, R.J.; Brooks, M.: An analysis of customer retention and insurance claim patterns using data mining: A case study. In: Journal of the Operational Research Society 51 (2000), 532-541.
97. Thrasher, R.P.: CART: A recent advance in tree-structured list segmentation methodology. In: Journal of Direct Marketing 5 (1991), 35-47.
98. Van den Poel, D.; Buckinx, W.: Predicting online-purchasing behaviour. In: European Journal of Operational Research 166 (2005), 557-575.
99. Van den Poel, D.; Prinzie, A.: Constrained optimization of data-mining problems to improve model performance: A direct-marketing application. In: Expert Systems with Applications (doi:10.1016/j.eswa.2005.04.017) (2008).
100. Vapnik, V.; Kotz, S.: Estimation of Dependences Based on Empirical Data. Springer, New York 2006.
101. Vapnik, V.N.: The Nature of Statistical Learning Theory. Springer, New York 1995.
102. Viaene, S.; Ayuso, M.; Guillen, M.; Van Gheel, D.; Dedene, G.: Strategies for detecting fraudulent claims in the automobile insurance industry. In: European Journal of Operational Research 176 (2007), 565-583.
103. Viaene, S.; Baesens, B.; Van den Poel, D.; Dedene, G.; Vanthienen, J.: Wrapped input selection using multilayer perceptrons for repeat-purchase modeling in direct marketing. In: International Journal of Intelligent Systems in Accounting, Finance & Management 10 (2001), 115-126.
104. Viaene, S.; Baesens, B.; Van Gestel, T.; Suykens, J.A.K.; Van den Poel, D.; Vanthienen, J.; De Moor, B.; Dedene, G.: Knowledge discovery in a direct marketing case using least squares support vector machines. In: International Journal of Intelligent Systems 16 (2001), 1023-1036.
105. Viaene, S.; Dedene, G.: Cost-sensitive learning and decision making revisited. In: European Journal of Operational Research 166 (2004), 212-220.

106. Viaene, S.; Derrig, R.A.; Baesens, B.; Dedene, G.: A comparison of state-of-the-art classification techniques for expert automobile insurance claim fraud detection. In: Journal of Risk & Insurance 69 (2002), 373-421.
107. Wei, C.P.; Chiu, I.T.: Turning telecommunications call details to churn prediction: A data mining approach. In: Expert Systems with Applications 23 (2002), 103-112.
108. Wheeler, R.; Aitken, S.: Multiple algorithms for fraud detection. In: Knowledge-Based Systems 13 (2000), 93-99.
109. Xing, D.; Girolami, M.: Employing latent Dirichlet allocation for fraud detection in telecommunications. In: Pattern Recognition Letters 28 (2007), 1727-1734.
110. Yan, L.; Wolniewicz, R.H.; Dodier, R.: Predicting customer behavior in telecommunications. In: IEEE Intelligent Systems 19 (2004), 50-58.
111. Yang, W.-S.; Hwang, S.-Y.: A process-mining framework for the detection of healthcare fraud and abuse. In: Expert Systems with Applications 31 (2006), 56-68.
112. Yu, E.; Cho, S.: Constructing response model using ensemble based on feature subset selection. In: Expert Systems with Applications 30 (2006), 352-360.
113. Zahavi, J.; Levin, N.: Applying neural computing to target marketing. In: Journal of Direct Marketing 11 (1999), 76-93.
114. Zahavi, J.; Levin, N.: Issues and problems in applying neural computing to target marketing. In: Journal of Direct Marketing 11 (1999), 63-75.
115. Zhao, Y.; Li, B.; Li, X.; Liu, W.; Ren, S.: Customer Churn Prediction Using Improved One-Class Support Vector Machine. In: Li, X.; Wang, S.; Dong, Z.Y. (eds.): Advanced Data Mining and Applications – Proc. of the 1st Intern. Conf. on Advanced Data Mining and Applications. Springer, Berlin 2005, 300-306.

Suchmaschinenmarketing und Klickbetrug

Rainer Olbrich und Carsten D. Schultz

FernUniversität in Hagen, Fakultät für Wirtschaftswissenschaft,
Lehrstuhl für BWL, insb. Marketing
Universitätsstraße 11, 58097 Hagen
rainer.olbrich @fernuni-hagen.de, carsten.schultz@fernuni-hagen.de

Abstract. Click fraud endangers the advertising effectiveness of search engine advertising and thus imperils the business model of many search engine providers. Search engine providers need to address click fraud and attest the reliability and accuracy of the pay-per-click accounting system. Advertisers have to factor click fraud in the decision process concerning a search engine advertising campaign. To detect fraudulent clicks, the usage of log file data and different levels of a click fraud detection system are presented. Additionally, the influence of fraudulent click behavior on performance measures is analyzed to qualify the evaluation of advertising effectiveness based on these measures.

Keywords: Click Fraud, Search Engine Marketing, Search Engine Advertising, Advertising Effectiveness.

1 Ein Überblick

1.1 Problemstellung

Die digitale, vernetzte Welt bietet eine Vielzahl an neuen Möglichkeiten zu kommunizieren, zu interagieren und zu lernen. Zu beinahe jedem Thema ist eine Vielzahl an Informationen verfügbar. Um die relevanten Informationen, Neuigkeiten und Angebote im Internet zu finden, sind viele Interessenten auf Suchmaschinen zur Auffindung der Links zu den angebotenen Informationen und Diensten angewiesen ([13], [31]). Seitdem Suchmaschinen zur aktiven Informationssuche genutzt werden [34], sind Entscheidungsträger im Marketing daran interessiert, potenzielle Konsumenten aufgrund des hohen Involvements bereits während des Suchvorganges anzusprechen. Die bezahlte Platzierung von Werbeanzeigen neben den Suchergebnissen hat sich zum vorherrschenden Geschäftsmodell für Suchmaschinen entwickelt ([16], [20]).

Im Vergleich zu traditionellen Medien müssen Werbetreibende nicht für die Anzahl an Werbeeinblendungen (impressions), sondern i.d.R. für die Zahl der angeklickten Anzeigen bezahlen. Das so genannte Pay-per-Klick-Modell ist das dominierende Bezahlsystem im Rahmen der Suchmaschinenwerbung ([12], [32]). Diese Konstellation hat auch die Entwicklung und den Einsatz von Maßnahmen zur Bekämpfung von Suchmaschinenspam vorangetrieben [19]. Unter Suchmaschinenspam wird die Manipulation der Webseitenrelevanz zur Verbesserung des Webseitenranges für bestimmte Suchanfragen verstanden. Einen Überblick über Methoden des Suchmaschinenspammings geben z.B. Gyöngyi and Garcia-Molina [14]. Eine weitere Bedrohung der Suchmaschinen besteht in absichtlichen Klicks auf Anzeigen, ohne Intention, mit dem Werbetreibenden zu interagieren [24]. Dieses Verhalten wird allgemein mit dem Begriff Klickbetrug gekennzeichnet. Klickbetrug stellt eine kritische Bedrohung für das Pay-per-Klick-Geschäftsmodell dar ([19], [25], [33]).

Sollten Suchmaschinenanbieter betrügerisches Klickverhalten nicht einschränken können, müssen Werbetreibende die Allokation des Werbebudgets überdenken. Aus Sicht des Werbetreibenden gefährdet Klickbetrug die Werbeeffektivität des Mediums. Klickbetrug muss sowohl vom Suchmaschinenanbieter als auch vom Werbetreibenden verhindert werden. Suchmaschinenanbieter müssen die Verlässlichkeit und die Richtigkeit der Pay-per-Klick-Modelle unter Beweis stellen, um das Vertrauen der Werbetreibenden zu wahren. Ebenso müssen die Werbetreibenden Klickbetrug bei ihren Entscheidungen über die zukünftige Gestaltung von Werbekampagnen berücksichtigen. Eine Entscheidung über eine Suchmaschinenwerbekampagne muss auf einer Schätzung des zu erwartenden betrügerischen Klickverhaltens basieren.

Der vorliegende Beitrag behandelt die Auswirkungen des Klickbetrugs auf traditionelle Messgrößen im Rahmen der Suchmaschinenwerbung. Die hier präsentierte Diskussion unterstützt die Werbetreibenden bei der Evaluation von Suchmaschinenkampagnen unter Berücksichtigung betrügerischer Klicks. Im Abschnitt 1.2 wird zunächst die entsprechende Literatur vorgestellt. Anschließend wird im zweiten Abschnitt die hier angenommene Perspektive des Suchmaschinenmarketing vorgestellt. Der dritte Teil präsentiert vier unterschiedliche Arten des Klickbetrugs und zeigt basierend auf der Auswertung von Logdateien einige Methoden zur Ermittlung von betrügerischen Klicks auf. Die Auswirkungen von Klickbetrug auf die Ergebnisse einer Suchmaschinenwerbekampagne werden in Abschnitt 4 vorgestellt und diskutiert. Der Beitrag schließt mit einer Zusammenfassung und zeigt einige Richtungen für zukünftige Forschung auf.

1.2 Zum Stand der Literatur

Aus dem Gebiet der Informationsgewinnung begründet sich ein Großteil der Suchmaschinenliteratur. Die online verfügbare große Datenmenge hat eine extensive Forschung initiiert, die sich mit den Algorithmen und den Architekturen von Suchmaschinen beschäftigt ([1], [7], [26]). Im Zentrum der Forschung werden die Suchmaschinenergebnisse über die Zeit und über verschiedene Suchmaschinen (z.B. [2], [3], [29]), die Bietstrategie der Suchmaschinenwerbung (z.B. [8], [10], [23], [27]), die Preisstrategie der Suchmaschinenwerbung ([6], [12], [28]), die Struktur des Suchmaschinenmarktes [35] sowie die sozialen, politischen und moralischen Implikationen von Suchmaschinen [17] behandelt.

Eine weitere Forschungsrichtung beschäftigt sich mit dem Online-Suchverhalten. Jansen und Spink [21] heben drei Kategorien von Online-Suchstudien hervor: Suchstudien basierend auf Transaktionslogdaten, Laborexperimenten und Studien zum Online-Suchverhalten. Neben der allgemeinen Literatur zu Suchmaschinen und Suchmaschinenwerbung haben Forscher vereinzelt Studien zum Thema Klickbetrug präsentiert. Während Kitts et al. [24] und Jansen [19] beispielsweise einige Grundlagen erläutern, haben andere Studien (z.B. [16] und [25]) die Auktionsalgorithmen im Rahmen der Suchmaschinenwerbung unter Berücksichtigung von Klickbetrug diskutiert. Der vorliegende Artikel erweitert die vorhandene Suchmaschinenliteratur durch die Analyse der Konsequenzen des Klickbetrugs auf die Entscheidungen im Rahmen einer Suchmaschinenwerbekampagne. Der Beitrag zeigt einerseits Effekte des Klickbetrugs auf die gebräuchlichen Messgrößen bei der Suchmaschinenwerbung auf und diskutiert andererseits eine Regel zur Entscheidungsunterstützung über die Fortführung einer Suchmaschinenkampagne unter Berücksichtung von Klickbetrug.

2   Instrumente des Suchmaschinenmarketing

Im Rahmen von Suchanfragen werden meist zwei Arten von Suchergebnissen gelistet. Neben den sogenannten ‚organischen' Ergebnissen des Suchalgorithmus zeigen die meisten Suchmaschinen bezahlte Anzeigen ([20], [31]). Diese bezahlten Anzeigen werden in Übereinstimmung vorgegebener Suchworte (keywords) mit der Suchanfrage gelistet. Die vom Werbetreibenden eingetragenen Suchworte stehen üblicherweise in engem Zusammenhang mit dem Inhalt bzw. dem Angebot der beworbenen Webseite. Suchmaschinenmarketing bezieht sich auf beide Arten von Ergebnissen. Das Suchmaschinenmarketing lässt sich als eine Gruppe von Maßnahmen definieren, die die Zahl der Besuche auf einer bestimmten Webseite (Traffic) mithilfe von Suchmaschinen erhöhen sollen.

Die Suchmaschinenoptimierung verfolgt das Ziel, die Platzierung der Webseite in den organischen Listen durch die Anpassung der Struktur, des Inhalts und der Programmierung der Webseite zu verbessern. Diese Optimierung ist aufgrund des hohen Aufwands und technischer Restriktionen meist auf wenige Suchworte beschränkt.

Suchmaschinenwerbung, in der Literatur teilweise synonym auch als keyword advertising [28], sponsored search [12], sponsored links ([18], [20]), paid placement ([6], [31], [33]), paid results [30] und paid search [25] bezeichnet, versucht, den Traffic auf die eigene Webseite durch die gezielte Ansprache von potenziellen Kunden mithilfe von Anzeigen zu erhöhen. Die Suchmaschinenwerbung lässt sich ferner in die Anzeigenwerbung mit Suchworten und die Anzeigenwerbung auf anderen Webseiten einteilen. Die Anzeigenwerbung mit Suchworten bezieht sich auf alle durch Suchanfragen ausgelösten Werbeeinblendungen. Die Anzeigen können auf der Webseite des Suchmaschinenanbieters oder auf einer Partnerseite, die die Suchtechnologie ebenfalls anbietet, angezeigt werden. Im Gegensatz hierzu erscheinen Anzeigen bei der Werbung auf einer anderen Webseite aufgrund des spezifischen Seiteninhalts und nicht aufgrund einer Suchanfrage.

Innerhalb der Suchmaschinenwerbung zeigen die vom Werbetreibenden vorgegebenen Suchworte ein Interesse an einer Zielgruppe sowie eine Verbindung zu den eigenen beworbenen Inhalten und Angeboten an. Werbetreibende weisen regelmäßig Suchworten unterschiedliche Bietbeträge zu. Bieten also mehrere Werbetreibende auf dasselbe Wort ([10], [23], [27]), wird im Rahmen einer automatischen Auktion der Rang der Werbeanzeigen bestimmt ([6], [12], [28]). Die Anzeigen können im Auktionsverfahren ausschließlich nach dem jeweiligen Gebot positioniert werden oder durch weitere Indikatoren, wie zum Beispiel der beworbene Webseiteninhalt oder die Klickrate der Anzeige, ergänzend bewertet werden, um dem Suchenden die relevantesten Ergebnisse zu präsentieren. Das konkrete Auktionsverfahren bleibt für den Werbetreibenden oft intransparent.

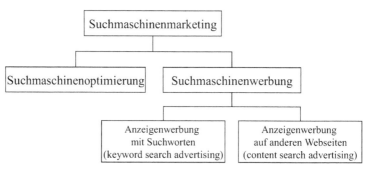

Abb. 1.   Instrumente des Suchmaschinenmarketing.

Drei Bezahlsysteme lassen sich im Rahmen der Suchmaschinenwerbung unterscheiden: Pay-per-Impression, Pay-per-Klick und Pay-per-Konversion ([30], [32]). Im
Fall von Pay-per-Impression muss der Werbetreibende jede Einblendung einer Werbeanzeige bezahlen. Die Abrechnung findet ähnlich zu traditionellen Medien z.B.
mithilfe des Tausenderkontaktpreises statt. Beim Pay-per-Klick-System wird dem
Werbetreibenden jedes Anklicken der Anzeige in Rechnung gestellt. Das Pay-per-
Klick-Modell erlaubt im Vergleich zu traditionellen Medien eine verbesserte Messung
tatsächlicher Werbekontakte. Ein noch stärker an den Zielen des Werbetreibenden
ausgerichtetes Bezahlsystem ist das Pay-per-Konversion-Modell. Für den Begriff
‚Pay-per-Konversion‘ finden sich in der Literatur auch die teilweise synonym verwendeten Bezeichnungen: pay-per-action [19], pay-per-purchase [24] und pay-per-
acquisition [16]. Hierbei zahlt der Werbetreibende, wenn ein Klick auf eine Anzeige
zu einer vordefinierten Aktion führt, z.B. zum Abschluss einer E-Commerce Transaktion. Da Suchmaschinen als Werbeträger nicht verlässlich eine Konversion überwachen können, ohne in die Webseitenprogrammierung des Werbetreibenden einzugreifen, basiert die Mehrzahl der Suchmaschinenabrechnungen auf dem Pay-per-
Klick-Modell ([12], [32]). Diese Modelle sind jedoch anfällig für Klickbetrug.

3   Klickbetrug

3.1   Arten von Klickbetrug

In diesem Artikel bezeichnet Klickbetrug jeglichen Betrug, der Pay-per-Klick-Modelle ausnutzt. Jeder Klick auf eine Pay-per-Klick Anzeige wird als betrügerisch angesehen, sofern keine Absicht zu konvertieren besteht ([19], [24]). Anders ausgedrückt,
der Täter hat kein Interesse an dem Inhalt oder dem Angebot der beworbenen Webseite. Eine Konversion (conversion) bezeichnet allgemein einen Klick auf eine Anzeige,
der zu einem vordefinierten Ergebnis führt. Dieses positive Ergebnis aus Sicht des
Werbetreibenden kann der Besuch einer Webseite, die Anforderung von Informationsmaterial, die Registrierung eines Neukunden oder der Abschluss einer Online-
Transaktion sein. Diese Definition des Klickbetrugs dient im Folgenden als Grundlage zur Klassifikation verschiedener Klickbetrugsarten in Abhängigkeit von der
Motivation und der Form des Klickbetrugs.

Die Motivation des Klickbetrugs lässt sich in Schädigung und Bereicherung differenzieren. Bei der Schädigung verfolgt der Täter das Ziel, über den Klick auf die Werbeanzeige das werbende Unternehmen zu schädigen. Die Bereicherung ist demgegenüber auf den persönlichen Gewinn gerichtet. Ein Beispiel für diesen Fall ist ein Partner der Suchmaschine, der Klickbetrug begeht, um die Vergütung aus den Werbeanzeigen zu erhöhen.

Neben der Motivation lässt sich Klickbetrug auch anhand der Form unterscheiden. Betrügerische Klicks können durch Individuen manuell oder durch Computerprogramme automatisch ausgelöst werden. Abbildung 2 stellt die vier unterschiedlichen Arten des Klickbetrugs dar.

| | | **Motivation des Klickbetrugs** | |
		Schädigung	Bereicherung
Vorgehen des	manuell	①	③
Klickbetrugs	automatisch	②	④

Abb. 2.   Arten des Klickbetrugs.

Die erste Klickbetrugssituation ist durch individuelle, manuelle Aktionen zur Schädigung einer Werbekampagne charakterisiert. In den meisten Fällen wird diese Art von Klickbetrug durch Konkurrenten oder sogar eigene Mitarbeiter verursacht. Der Grad an betrügerischen Klicks kann von einer kleinen Prozentzahl, verursacht durch ein Individuum oder einige wenige Personen, bis hin zu einem erheblichen Ausmaß, verursacht durch sogenannte Klickfarmen [37], reichen. Der Täter verfolgt das Primärziel, das Budget der attackierten Werbekampagne auszuschöpfen. Als ein übergeordnetes Ziel kann die finanzielle Schädigung des Unternehmens aufgrund der erhöhten Werbeausgaben angesehen werden. Ein weiteres Ziel durch Ausschöpfung des Werbebudgets der attackierten Kampagne besteht in der Manipulation der Werbeplatzierung, so dass zum Beispiel die Anzeige eines Konkurrenten eine bessere (höhere) Platzierung zu geringeren Kosten erhält. Ist die Klickrate ein Bestandteil des Relevanzalgorithmus, profitiert die attackierte Anzeige aufgrund der erhöhten Klickrate in der Zukunft von einer höheren Positionierung zu weniger Kosten [11]. Allerdings dürfte der Anteil an Konversionen, die sogenannte Konversionsrate, zurückgehen.

Die zweite Klickbetrugssituation ist ebenso durch die Schädigung einer Kampagne motiviert. Allerdings setzt der Täter automatisierte Tools zur Erzeugung der Klicks ein. Die Nutzung einer Softwareapplikation erlaubt die Generierung einer großen Anzahl an betrügerischen Klicks in einer kurzen Zeitspanne. Klickbetrugserkennungssysteme müssen diesem Umstand Rechnung tragen und möglichst sofort, in sogenannter Echtzeit, Gegenmaßnahmen bereit stellen. Ebenso müssen Suchmaschinenanbieter potenzielle Trends in der Entwicklung von Klickbetrugssoftware antizipieren und in der Weiterentwicklung ihrer Systeme berücksichtigen.

Eine charakteristische Eigenschaft der beiden diskutierten Arten des Klickbetrugs ist die kurzfristige Schädigung des Werbetreibenden. Der Suchmaschinenanbieter gewinnt kurzfristig sogar durch Klickbetrüger. Bleibt der Klickbetrug jedoch bestehen, werden geschädigte Werbetreibende das Werbebudget umverteilen und ein Medium wählen, das die Interessen der Werbetreibenden stärker schützt. Diese Argumentation kann auch für die beiden aus Bereicherung motivierten Arten des Klickbetrugs angeführt werden. Allerdings lässt sich in diesen beiden Situationen ein direkt durch den Klickbetrug Begünstigter feststellen. Im Rahmen des content search advertising profitiert die andere Webseite, auf der die Anzeigen erscheinen, direkt von jedem Klick durch einen Anteil an dem bezahlten Werbepreis.

Innerhalb der dritten Situation verursachen einige Individuen oder eine organisierte Gruppe die betrügerischen Klicks. Zusätzlich zu den bereits beschriebenen Zielen wird hier die Bereicherung als Ziel verfolgt. Da der Suchmaschinenanbieter weder die Aufzeichnungen des Werbetreibenden noch der anderen Webseiten besitzt, stellt die Beweisführung mit Blick auf die Intention und die Quelle des Klickbetrugs eine komplexe Aufgabe dar.

Der vierte Fall vervollständigt die Arten des Klickbetrugs. Dieser Fall ist durch automatisch erzeugte betrügerische Klicks zur Bereicherung gekennzeichnet.

3.2   Erkennung von Klickbetrug

Zur Erkennung von Klickbetrug werden bestimmte Daten benötigt. Dem Werbetreibenden stehen als Datenquelle vor allem sogenannte Logdateien zur Verfügung, die durch Webserver automatisch generiert und bereitgestellt werden. Im Internet protokollieren Logdateien die Anfragen und Zugriffe auf Dateien innerhalb einer Domäne. Üblicherweise werden vier Arten von Logdateien differenziert: ,Access Log', ,Agent Log', ,Error Log' und ,Referrer Log' ([5], [34]).

- Access Logs listen alle eine einzelne Datei betreffenden Anfragen. Diese Liste speichert Angaben zu dem Hostnamen der Anfrage, das Datum und die Uhrzeit der Anfrage, die eigentliche Anfrage, den übermittelten Statuscode sowie die Zahl der transferierten Bytes des übermittelten Dokuments. Der Hostname bezeichnet den Namen des anfragenden Rechners im Netzwerk. Im Internet entspricht der Name in vielen Fällen der dem Rechner zugewiesenen IP-Adresse.
- Agent logs liefern Daten bzgl. des Namens und der Version des anfragenden Browsers.
- Error logs zeichnen während einer Transaktion auftretende Fehler auf.
- Referrer Logs protokollieren in Form einer Internetadresse den Ursprung der Anfrage.

Der genaue Aufbau einer Logdatei hängt vom eingesetzten Serverprotokoll ab. Der NCSA combined log form Standard enthält zum Beispiel Einträge eines Access Log, eines Agent Logs und eines Referrer Logs. Die folgende Abbildung 3 stellt einen beispielhaften Eintrag in diesem Format dar.

Systeme, die Klickbetrug erkennen sollen und auf dieser Datenbasis operieren, lassen sich durch zwei Eigenschaften charakterisieren: Sie sind forensischer Natur und folgen einem regelbasierten Ansatz. Logdateianalysen untersuchen den Datenpool nach ungewöhnlichen Mustern. Ungewöhnliche Muster stellen eine Abweichung von den für die Suchmaschinenkampagne definierten Regeln dar. Diese Regeln können einerseits auf historischen Daten beruhen oder andererseits abhängig von Benchmarks erstellt werden. Eine mögliche Benchmark ist der Vergleich zwischen dem Verhalten eines nicht umworbenen Nutzers mit einem Nutzer, dessen Aufmerksamkeit auf die Webseite gelenkt wurde. Des Weiteren erlaubt die forensische Untersuchung durch die Identifikation betrügerischer Klicks eine verbesserte Beurteilung der Ergebnisse der Suchmaschinenwerbung. Die Entdeckung betrügerischer Klicks kann unter Umständen als Schadenersatzanspruch geltend gemacht werden. Allerdings ist die Aufdeckung der Klickbetrugsquelle ein schwieriges Unterfangen. Eine ebenso komplexe und schwierige Aufgabe ist die Entwicklung und die Gestaltung eines entsprechenden Erkennungssystems. Im folgenden Absatz werden deshalb exemplarisch einige Eigenschaften der Datengrundlage für den Regelsatz eines Erkennungssystems skizziert.

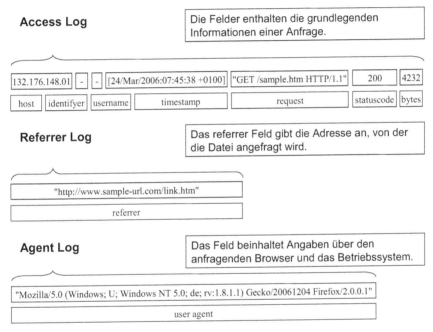

Abb. 3. Beispiel eines NCSA Combined Log File-Eintrages.

Der Hostname liefert einige Informationen zum Ursprung der Anfrage, so kann zum Beispiel das Herkunftsland anhand der IP-Adresse der Anfrage ermittelt werden. Passt das Land nicht zum Angebot oder wird manueller Klickbetrug im Land unterstellt ([15], [37]), könnten die Klicks betrügerisch sein. Auch Klickmuster, die IPs aus der Spanne offener zur Anonymisierung des Anfrageursprungs eingesetzter Proxyserver enthalten, sollten auf betrügerische Klicks untersucht werden. Proxyserver dienen der Weiterleitung von Dateien in Netzwerken. Durch die Verwendung öffentlicher Proxyserver beim Surfen im Internet kann der Webserver die ursprüngliche IP-Adresse des Anfragenden nicht mehr erkennen, sondern allein die IP-Adresse des Proxyservers. Eine ungewöhnliche Klickanzahl innerhalb eines Zeitintervalls von einer einzigen Quelle legt ebenfalls Klickbetrug nahe.

Der Zeitstempel einer Anfrage liefert weitere Indizien zur Entdeckung von Klickbetrug. Mithilfe der Kombination von Datum und Uhrzeit mit weiteren Datenelementen lassen sich zusammenhängende Klickmuster identifizieren. Ein Indiz für eine notwendige nähere Analyse ist die atypische Häufung von Klicks, die von historisch hervorstechenden Wochentagen oder Tageszeiten abweichen. Der Zeitstempel dient zum Beispiel auch der Analyse der Intervalle zwischen konsekutiven Klicks. Nimmt die Klickdichte beispielsweise ohne beachtenswerte Marktveränderungen zu, so sollten diese verdächtigen Muster näher untersucht werden. Hierzu können teilweise die in diesem Beitrag aufgezeigten Analyseschritte dienen.

In einigen Fällen sind die Daten über den benutzten Browser hilfreich. Werden zum Beispiel anomale Muster entdeckt, die aber nicht eindeutig als betrügerisch identifiziert werden, lassen die Browserinformationen unter Umständen eine abschließende Schlussfolgerung zu.

Der Referrer Log ergänzt die Analyse um die Referenzseite. Erreicht eine einzelne Quelle in einer bestimmten Zeit einen bestimmten Grenzwert an Klicks, dann sollten diese Klickmuster als möglicher Klickbetrug markiert werden. Im Rahmen der Suchmaschinenwerbung enthält die Referenzseite meist die eingegebene Suchanfrage. Da die Anzeige abhängig von den Suchbegriffen geschaltet wird, ist ein unerwarteter Anstieg der durch ein Suchwort induzierten Klicks kritisch zu prüfen.

Die aufgeführten Analysemöglichkeiten sind sowohl durch den Suchmaschinenanbieter als auch durch den Werbetreibenden einsetzbar. Diese Schritte beziehen sich üblicherweise auf eine einzelne Anfrage. Weitere Informationen können aus der Abfolge von Anfragen im Rahmen des Suchverhaltens und des Surfverhalten abgeleitet werden. Mithilfe der sogenannten Klickstreamanalyse kann beispielsweise die Verweildauer auf einer Webseite sowie der gesamten Webpräsenz ermittelt werden. Des Weiteren ermöglicht der Klickverlauf die Bestimmung eines Indikators für die Tiefe eines Besuches. Ein Klickbetrugserkennungssystem sollte zum Beispiel analysieren können, ob eine signifikante Klickzahl lediglich die beworbene Seite besucht und dort nur kurz verweilt.

Bisher wurde die Datengrundlage nicht mit weiteren Kontextinformationen in Verbindung gesetzt. Die Integration einer erfolgsorientierten Komponente führt zu einer weiteren Verbesserung von Klickbetrugserkennungssystemen. Die Beobachtung der Konversionsrate ist ein zentraler Aspekt jedes Klickbetrugserkennungssystems, da betrügerische Klicks die Konversionsrate üblicherweise senken. Fällt die Konversionsrate signifikant, während sich die Klickanzahl nur in üblichen Schwankungsbreiten verändert oder bei ausgeschöpftem Budget sogar konstant bleibt, sollten die Daten auf verdächtige Muster untersucht werden.

Eine Erweiterung des regelbasierten Ansatzes stellt die Integration zusätzlicher Mustererkennungsmethoden dar, wie zum Beispiel die automatische Clusteranalyse. Zur Erkennung von wiederkehrenden Mustern werden vor allem Methoden des Data Mining eingesetzt. Einerseits können diese Methoden Klickstreams als gewöhnliches Verhalten bestätigen. Andererseits lassen sich identische oder häufig ähnliche Muster als potenzielle betrügerische Klicks kennzeichnen.

Die folgende Abbildung stellt die aufeinanderfolgenden Ebenen eines Erkennungssystems dar.

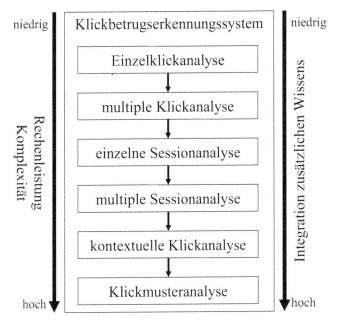

Abb. 4. Ebenen eines Klickbetrugserkennungssystems.

Die verschiedenen Ebenen sind entsprechend der Komplexität angeordnet. Die initiale Ebene eines Klickbetrugserkennungssystems ist durch die wiederholte Ausführung simpler Operationen auf einer kleinen Datengrundlage charakterisiert. Weiterhin müssen Analysten innerhalb dieser Ebene keine zusätzliche Expertise zur Evaluation der verdächtigen Muster einbringen. In den tieferen Ebenen des Klickbetrugserkennungssystems nimmt die Komplexität der Analysen zu, während die Möglichkeit zur zeitnahen Analyse abnimmt. Auch steigt der Bedarf an zusätzlichem Wissen, um die verdächtigen Muster zu beurteilen.

Zur Durchführung der vorgeschlagenen Untersuchungsebenen benötigt der Werbetreibende eine kohärente und komplette Datenbasis. Im Rahmen der Suchmaschinenwerbung ist anzumerken, dass die unterschiedlichen Parteien im Allgemeinen verschiedene Datengrundlagen über die Transaktion besitzen. Der Suchmaschinenanbieter besitzt zum Beispiel Daten über die Suchhistorie eines Individuums, während der Werbetreibende das Verhalten nach dem Klick verfolgen kann.

4 Auswirkungen von Klickbetrug auf die Suchmaschinenwerbung

Auch im Fall von Klickbetrug müssen Entscheidungsträger im Marketing die einzelnen Werbekampagnen evaluieren. Eine mögliche Strategie zur Beurteilung der ökonomischen Relevanz einer Suchmaschinenkampagne besteht darin, die Existenz betrügerischer Klicks in der Datenbasis zu ignorieren. Basierend auf den Kosten der Kampagne c, der Anzahl an Klicks cli und der Zahl an Konversionen con kann über die Fortsetzung oder Einstellung der Werbekampagne entschieden werden. Sofern der

Werbetreibende den Return (also den zusätzlichen Erlös oder auch Rohertrag) einer Konversion r bemessen kann, zum Beispiel anhand des Customer Lifetime Value Konzeptes ([4], [22]), sollten die Kosten c der Werbekampagne die erwarteten zusätzlichen Erlöse $r \cdot con$ nicht übersteigen.

$$c \leq r \cdot con \qquad\qquad (1a)$$

Die folgende Gleichung zeigt die äquivalente Umformung des Ausdrucks (1a) durch Division der Zahl an Konversionen con. Die Formulierung (1b) zeigt die Forderung, dass die Kosten pro Konversion die erwarteten zusätzlichen Erlöse pro Konversion nicht übersteigen sollten.

$$\frac{c}{con} \leq r \qquad\qquad (1b)$$

Wird die Bedingung (1a) mit Blick auf die durchschnittlichen Kosten, die Kosten pro Klick erweitert, so zeigt die Bedingung (2) die Kosten-Erlös-Betrachtung auf Ebene einer einzelnen Transaktion auf. Die Bedingung (2) entspricht der grundlegenden Vorgabe, dass die durchschnittlichen Klickkosten den gesamten finanziellen Überschuss pro Klick nicht übersteigen sollen.

$$\frac{c}{cli} \leq r \cdot \frac{con}{cli} \qquad\qquad (2)$$

Beide Formeln weisen direkt eine entscheidende Messgröße zur allgemeinen Identifikation von Klickbetrug aus. Die Bedingung (1b) beinhaltet die Kosten pro Konversion c/con und die Bedingung (2) vergleicht die Konversionsrate con/cli mit dem zu erwartenden finanziellen Überschuss r einer Konversion. Wie noch gezeigt wird, lassen sich einige Aussagen zum Verlauf der üblichen Messgrößen einer Suchmaschinenwerbekampagne unter dem Einfluss von Klickbetrug machen.

Solange das Werbeziel sich eng an der Konversion orientiert, erscheinen die formulierten Bedingungen anwendbar. Sofern die Kampagne allerdings weitere oder verschiedene Ziele verfolgt, wie zum Beispiel die Generierung von Traffic oder die Etablierung einer Marke, muss der Werbetreibende den Grad an Klickbetrug in seinem Entscheidungsprozeß entsprechend zielgerichtet berücksichtigen. Die folgende Abbildung 5 skizziert den Verlauf der beiden Indikatoren in Abhängigkeit vom Grad des Klickbetrugs.

In der Abbildung wird unterstellt, dass die Werbekampagne zunächst ohne Klickbetrug profitabel ist. In Konsequenz existiert ein Grad an Klickbetrug, der eine profitable Kampagne (Feld 1, mit: $c/con \leq r$) in eine nicht profitable Kampagne (Feld 2, mit: $c/con > r$) überführt. Die konstanten Kosten pro Klick unterstellen ferner das Fehlen von Relevanzfaktoren im Rankingalgorithmus der Suchmaschine. Bei der folgenden Diskussion zu den gebräuchlichsten Messgrößen im Rahmen der Suchmaschinenwerbung wird diese Restriktion teilweise aufgehoben. Ebenso wird auf die Unterscheidung zwischen ausgeschöpften bzw. nicht ausgeschöpften Werbebudgets im Rahmen der folgenden Analyse eingegangen.

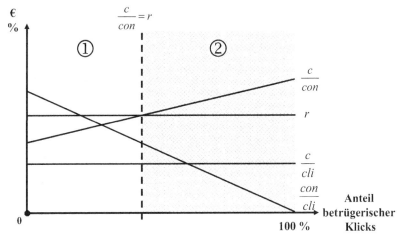

Abb. 5.   Profitabilitätsbetrachtung unter Berücksichtigung betrügerischer Klicks.

Mit Blick auf das Problem Klickbetrug kann die Zahl an Werbeeinblendungen, die für einen betrügerischen Klick nötig sind, zumeist als geringer als die Anzahl der Einblendungen ohne Klickbetrug angenommen werden. Diese Argumentation basiert auf der Intention des Klickbetrugs. Im Fall betrügerischer Klicks führt üblicherweise bereits eine einzelne Werbeeinblendung zu einem Klick, während bei einer beispielhaften Klickrate von zwei Prozent ein einzelner Klick 50 Einblendungen bedarf. Folglich führt Klickbetrug im Vergleich zu normalem Suchverhalten zu einer erhöhten Klickrate und bei konstantem Budget auch zu einem Absinken der Zahl der Werbeeinblendungen.

Allerdings kann mithilfe eines erweiterten Klickbetrugsverfahrens eine spezifische Klickrate reproduziert werden. Dieses Verfahren führt zu weiteren Interaktionen zwischen Täter und Werbemedium, so dass zusätzliche Daten über die Klickbetrugsoperation entstehen. Diese Daten verbessern einerseits die Chance, dass Gegenmaßnahmen wirken und andererseits, dass das Aufspüren des Verursachers erleichtert wird.

Angenommen sei weiterhin ein feststehendes und historisch ausgegebenes Budget. Sofern der Auktionsalgorithmus keine Relevanzfaktoren beinhaltet, wie zum Beispiel die Klickrate einer Anzeige, und der Markt sich konstant verhält, dann kann die Zahl an Klicks zur Ausschöpfung des Budgets als zeitlich stabil angesehen werden. Wird jedoch von einem in der Vergangenheit nicht ausgeschöpften Budget ausgegangen, nimmt die Klickanzahl im Rahmen von Klickbetrug zu. Auch in diesem Fall ist davon auszugehen, dass die Klickrate, wie bereits argumentiert, ansteigt. Sollte der Auktionsalgorithmus jedoch klickbezogene Relevanzfaktoren beinhalten, so kann sich die Klickanzahl sogar aufgrund des Klickbetrugs noch weiter erhöhen, da die Werbeanzeige als zunehmend relevant für die Suchanfrage eingestuft wird. Die Kosten pro Klick können bei der Berücksichtigung eines Relevanzfaktors, wie zum Beispiel der Klickrate, sinken, da für eine identische Positionierung der Anzeige weniger bezahlt werden muss. Sofern die durch den erhöhten Relevanzfaktor eingesparten Kosten höher als die durch Klickbetrug verursachten zusätzlichen Kosten sind, kann ein durch Klickbetrug erhöhter Relevanzfaktor die Kosten einer Kampagne sogar senken.

Unter ausgeschöpftem Werbebudget kann ein erhöhter Relevanzfaktor im Zusammenhang mit betrügerischen Klicks bei gleichen Kosten zu einer erhöhten Klickanzahl führen, wobei der betrügerische Anteil allerdings ohne Wert für den Werbetreibenden ist.

Da Klickbetrüger nicht beabsichtigen, sich auf eine E-Commerce-Transaktion mit dem Werbetreibenden einzulassen, nimmt die Zahl an Konversionen unter Klickbetrug ab. Deshalb ist es für Werbetreibende wichtig, eine Konversion genau zu definieren und mithilfe einer geeigneten Methode sorgfältig die erfolgreichen Werbekontakte zu messen. Dies impliziert beispielsweise die Nachverfolgung eines potenziellen Kunden über mehrere Sitzungen sowie über die verschiedenen Kommunikationskanäle. Ein potenzieller Kunde mag sich zum Beispiel Informationsmaterial zu einem bestimmten Angebot herunterladen oder bestellen. In diesem Fall sollte der potenzielle Kunde vom Klick auf die Anzeige über die Sichtung weiterer Informationsmaterials bis hin zum Vertragsschluss verfolgt werden, um den Erfolg der Werbeanzeige ermitteln zu können. Da die Zahl an Konversionen in Rahmen des Klickbetrugs abnimmt und die Klickanzahl bei freiem Budget eher steigt, nimmt die Konversionsrate deutlich ab und signalisiert sinkende Effizienz der Werbekampagne.

Die folgende Abbildung fasst den Trend der jeweiligen Messgrößen im Fall von Klickbetrug bei ausgeschöpftem Budget zusammen.

Messgröße	Trend im Klickbetrugsfall
Einblendungen	⇩
Klickrate	⇧
Klicks	⇧ / ⇔
Konversionsrate	⇩
Konversionen	⇩

Abb. 6. Trend der Messgrößen im Fall von Klickbetrug.

Abbildung 8 stellt den einjährigen Verlauf einer Suchmaschinenwerbekampagne vom 01. März 2006 zum 28. Februar 2007 dar. Insgesamt wurden im Rahmen dieser Kampagne 2.863.981 Einblendungen, 63.989 Klicks und 3.685 Konversionen registriert. Die Werbeausgaben beliefen sich auf € 153.623,10. Das tägliche Werbebudget wurde nicht regelmäßig ausgeschöpft.

Die Anzahl der Konversionen in Abhängigkeit von der Klickrate bietet einen ersten Anhaltspunkt für eine tiefere Analyse. Die nachstehende Abbildung 7 stellt eine Punktwolke anhand der Zahl der Konversionen und der Klickrate dar.

Die relevanten Abweichungen lassen sich graphisch in der rechten unteren Ecke der Abbildung finden. Diese Punkte repräsentieren Tage der Kampagne mit einer hohen Klickrate und einer niedrigen Zahl an Konversionen. Inwiefern eine ungewöhnliche Abweichung vorliegt, kann durch statistische Testverfahren bestimmt werden. Allerdings sollte der Werbetreibende bei diesem simplen Verfahren die absolute Klickzahl sowie die Konversionsrate nicht vernachlässigen, um zum Beispiel den Einfluss einer Veränderung des Budgets auszuschließen. Die Graphik ist also nur bei konstantem Budget als Indikator für Klickbetrug zu werten.

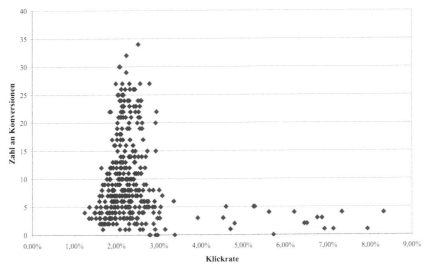

Abb. 7. Anzahl der Konversionen in Abhängigkeit von der Klickrate (Tagesbasis).

Die vorgeschlagene Entscheidungsregel basiert auf dem erwarteten Zahlungsüberschuss einer Konversion r und repräsentiert den akzeptablen Akquisitionspreis für eine Konversion. Zu diesem Zweck ist es zwingend erforderlich, explizit eine Konversion zu definieren und einen sinnvollen Konversionspreis zu bestimmen, der nicht überschritten werden darf. In diesem Zusammenhang stellt die Definition einer Konversion eine komplexe Aufgabe dar, da die Definition einerseits mit den Marketingzielen übereinstimmen muss und andererseits ein messbares Ereignis auf der Webseite zur Nachverfolgung widerspiegeln muss.

Für einige Werbeziele, wie zum Beispiel die Steigerung des Markenbewusstseins, sind einzelne Ereignisse auf der Webseite nicht unmittelbar mit einer Konversion gleichzusetzen. Allerdings können Werbetreibende versuchen, aus den Klickstreamdaten, z.B. aus der Verweildauer oder der Verweiltiefe eines Besuches, im Sinne eines Indikators ein stärkeres Markenbewusstsein abzuleiten ([9], [36]). Der Bepreisung dieses Indikators können jedoch im Fall der Steigerung des Markenbewusstseins keine direkten Erlöse zugerechnet werden.

Im Gegensatz zur Steigerung des Markenbewusstseins ist die Erhöhung der Anzahl an Online-Transaktionen ein Marketingziel, das mithilfe eines einzelnen Webseitenereignisses, wie zum Beispiel die Bestätigung einer Online-Transaktion durch drücken eines „Jetzt Bestellen"-Buttons, nachvollzogen werden kann. In diesem Zusammenhang lässt sich auch der Deckungsbeitrag der ausgelösten Transaktion bestimmen. Im Sinne der angeführten Bedingung sollte der Deckungsbeitrag der induzierten Transaktionen mindestens so hoch sein wie die entsprechenden Werbeausgaben. Hierbei muss der Werbetreibende berücksichtigen, inwiefern der Return einer Konversion r auch Erträge zukünftiger Transaktionen beinhalten soll. Eine Schwierigkeit bei der Bestimmung von r stellt allerdings dessen zeitliche Volatilität dar. So kann r zum Beispiel in Abhängigkeit der Konkurrenzsituation oder von erhöhten Preisen für Roh-, Hilfs- und Betriebsmittel im Zeitablauf Schwankungen unterliegen.

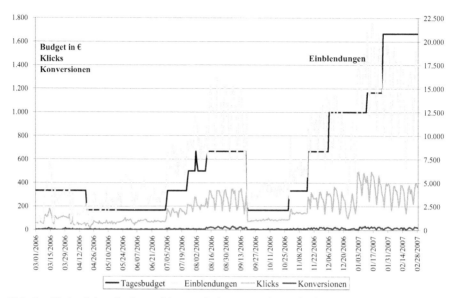

Abb. 8. Verlauf einer Suchmaschinenwerbekampagne (Tagesbasis).

Zwei generelle Entscheidungsrichtungen können letztlich aus Sicht des Werbetreibenden im Fall von Klickbetrug eingeschlagen werden: die Werbekampagne einzustellen oder die Profitabilität der Kampagne durch Aufdeckung des Betrugs zu erhöhen. So werden die Werbetreibenden fordern, dass sich die Suchmaschinenanbieter dem Problem Klickbetrug zum Beispiel durch die Implementation eines proaktiven Klickbetrugserkennungssystems annehmen.

Auch denkbar ist die Abkehr vom Pay-per-Klick-Paradigma zu einem Pay-per-Konversion-Bezahlsystem. Allerdings ist die nachvollziehbare und vor allem verbindliche Messung einer Konversion problematisch und der Paradigmenwechsel stellt keine Lösung für die kurzfristige Entscheidung über die Werbekampagne dar. Insofern ist der Werbetreibende bemüht, die Kosten der Werbekampagne zu senken oder die Einnahmen der Kampagne zu steigern. Eine Überarbeitung der Werbekampagne sowie der eigenen Webseiten mag die Werbeanzeige relevanter für bestimmte Suchanfragen erscheinen lassen.

Eine weitere Handlungsempfehlung für den Werbetreibenden ist die Anpassung der Zahl und der Auswahl der eingesetzten Suchwörter, um zum Beispiel die Reichweite der Kampagne einzuschränken oder gegebenenfalls auszuweiten. Sofern die Suchmaschine weitere Optionen zur Verfügung stellt, können die Werbekampagnen beispielsweise auf spezifische Länder oder auf bestimmte Wochentage sowie Uhrzeiten beschränkt werden. Auch das Absenken des Gebotsbetrags ist eine mögliche Anpassung. Allerdings wirkt ein niedrigeres Gebot nur gegen einen gewissen Grad an Klickbetrug. Dies würde einerseits die kontinuierliche Anpassung der Bietstrategie erfordern und mag andererseits das Ziel des Schädigenden gewesen sein.

5   Zusammenfassung und Ausblick

Der Beitrag behandelt Klickbetrug als Problem im Rahmen des Suchmaschinenmarketing aus der Perspektive eines Werbetreibenden. Zwar konzentriert sich die
Analyse auf die Sicht des Werbetreibenden, die gewonnenen Erkenntnisse lassen sich
jedoch auf das Problem betrügerischer Klicks im Allgemeinen (also z.B. auch auf die
Perspektive des Suchmaschinenanbieters) übertragen.

Klickbetrug, definiert als die Ausnutzung von Pay-per-Klick-Modellen ohne die
Intention, mit dem Werbetreibenden zu interagieren, kann anhand der Motivation und
der Vorgehensweise in vier verschiedene Arten eingeteilt werden. Obwohl diese Arten generell Vorsatz als charakteristisches Merkmal aufweisen, wird eine weitergehende verbrecherische Absicht, wie zum Beispiel Erpressung, nicht explizit berücksichtigt. Weitere Forschung muss in diesem Zusammenhang das Bedrohungspotenzial
extremer verbrecherischer Absichten für das Suchmaschinenmarketing untersuchen.

Des Weiteren beschreibt der Beitrag verschiedene Methoden, Klickbetrug anhand
von Logdaten zu erkennen. Wie im dritten Abschnitt aufgezeigt, muss ein Klickbetrugserkennungssystem abhängig von der Rechenzeit, der Komplexität, der Integration von zusätzlichem Wissen und der zeitnahen Verarbeitung in verschiedene Ebenen unterteilt werden. Zukünftige Forschung sollte sich aufgrund dieser Überlegungen der Analyse riesiger, generierter Datenmengen in Echtzeit widmen. Eine weitere
mögliche Forschungsrichtung betrifft die proaktive Gestaltung von Klickbetrugserkennungssystemen.

Der vierte Abschnitt analysiert den Effekt betrügerischer Klicks auf fünf häufig
verwendete Erfolgsgrößen und präsentiert in diesem Zusammenhang eine Entscheidungsregel über die Fortführung von Suchmaschinenwerbekampagnen. In diesem
Beitrag wurde die Tendenz der Erfolgsgrößen analysiert und sowohl unter ausgeschöpftem als auch unter nicht ausgeschöpftem Budget diskutiert. Zur Identifikation
von Klickbetrug lassen sich vor allem die Kosten pro Konversion und die Konversionsrate heranziehen, da diese Verhältniszahlen unter Klickbetrug in ihren Zählern
und Nennern und auch im Vergleich beider Quotienten jeweils gegenläufige Entwicklungen aufweisen. Als Indikatoren eignen sich diese Zahlen allerdings nur, sofern eine
Konversion sowohl definiert als auch bewertet werden kann. Welche Frühindikatoren
sich bei schwer zu definierenden oder zu bewertenden Konversionen eignen, bedarf
weiterer Forschung.

Eine weitere offene Frage betrifft den Vergleich von online-Werbeträgern und traditionellen (nicht online-) Werbeträgern: Welche konsistenten Datenbasen können
zum Vergleich dieser unterschiedlichen Werbeträger heran gezogen werden?

Die Perspektive des Werbetreibenden stand im Zentrum der vorgestellten Untersuchung. Daher sollte weitere Forschung auch auf die Sicht der Suchmaschinenanbieter gerichtet sein. Eine ebenso interessante und herausfordernde Frage für zukünftige
Studien ist: Wie sollten Suchmaschinenanbieter die Vertrauenswürdigkeit gegenüber
den Suchenden und den Werbetreibenden kommunizieren, etablieren und aufrechter-
halten?

Literaturverzeichnis

1. Arasu, A.; Cho, J.; Garcia-Molina, H.; Paepcke, A. and Raghavan, S. "Searching the Web", ACM Transactions on Internet Technology, Vol. 1, No. 1, 2-43, 2001.
2. Bar-Ilan, J. "Methods for Measuring Search Engine Performance over Time", Journal of the American Society for Information Science and Technology, Vol. 53, No. 4, 308-319, 2002.
3. Bar-Ilan, J.; Mat-Hassan, M. and Levene, M. "Methods for comparing rankings of search engine results", Computer Networks, Vol. 50, No. 10, 1448-1463, 2006.
4. Bauer, H. H. and Hammerschmidt, M. "Customer-Based Corporate Valuation – Integrating the Concepts of Customer Equity and Shareholder Value", Management Decision, Vol. 43, No. 3, 331-348, 2005.
5. Bertot, J. C.; McClure, C. R.; Moen, W. E. and Rubin, J. "Web Usage Statistics: Measurement Issues and Analytical Techniques", Government Information Quarterly, Vol. 14, No. 4:373-395, 1997.
6. Bhargava, H. K. and Feng, J. "Paid Placement Strategies for Internet Search Engines", Proceedings of the 11th International Conference on World Wide Web, WWW '02, Honolulu, Hawaii, USA, 117-123, 2002.
7. Brin, S. and Page, L. "The anatomy of a large-scale hypertextual Web search engine", Computer Networks and ISDN Systems, Vol. 30, No. 1-7, 107-117, 1998.
8. Chakrabarty, D.; Zhou, Y. and Lukose, R. "Budget Constrained Bidding in Keyword Auctions and Online Knapsack Problems", 16th International World Wide Web Conference WWW 2007, Banff, Canada, 2007.
9. Chatterjee, P.; Hoffmann, D. L. and Novak, T. P. "Modeling the Clickstream: Implications for Web-Based Advertising Efforts", Marketing Science, Vol. 22, No. 4, 520-541, 2003.
10. Edelman, B. and Ostrovsky, M. "Strategic bidder behavior in sponsored search auctions", Decision Support Systems, Vol. 43, No. 1, 192-198, 2007.
11. Eroshenko, D. "Click fraud. The state of the industry", Pay per Click Analyst, 10-19-2004, http://www.payperclickanalyst.com/content/templates/article.aspx?articleid=68&zoneid=1, accessed 11-30-2007.
12. Feng, J.; Bhargava, H. K. and Pennock, D. M. "Implementing Sponsored Search in Web Search Engines: Computational Evaluation of Alternative Mechanisms", Informs Journal on Computing, Vol. 19, No. 1, Forthcoming, 2007.
13. Gandal, N. "The dynamics of competition in the Internet search engine market", International Journal of Industrial Organization, Vol. 19, No.7, 1103-1117, 2001.
14. Gyöngyi, Z. and Garcia-Molina, H. "Web Spam Taxonomy", Proceedings of the First Workshop on Adversarial Information Retrieval on the Web, AIRWeb 2005, Chiba, Japan, 39-47, 2005.
15. Grow, B.; Elgin, B. and Herbst, M. "Click Fraud – The dark side of online advertising", BusinessWeek online, 10 02 2006.
16. Immorlica, N.; Jain, K.; Mahdian, M. and Talwar, K. "Click Fraud Resistant Methods for Learning Click-Through Rates", in: Deng, X. and Ye, Y. (eds.): Internet and Network Economics, First International Workshop, WINE 2005, Springer, Hong Kong, China, 2005.
17. Introna, L. D. and Nissenbaum, H. "Shaping the Web: Why the Politics of Search Engines Matter", The Information Society, Vol. 16, No. 3, 169-185, 2000.
18. Jansen, B. J. "The Comparative Effectiveness of Sponsored and Non-Sponsored Links for Web Ecommerce Queries", ACM Transactions on the Web, Vol. 1, No. 1, 2007.
19. Jansen, B. J. "Adversarial Information Retrieval Aspects of Sponsored Search", Proceedings of the Second Workshop on Adversarial Information Retrieval on the Web, AIRWeb 2006, Seattle, Washington, USA, 33-37, 2006.
20. Jansen, B. J. and Resnick, M. "An Examination of Searcher's Perception of Nonsponsored and Sponsored Links during E-Commerce Web Searching", Journal of the American Society for Information Science and Technology, Vol. 57, No. 14, 1949-1961, 2006.

21. Jansen, B. J. and Spink, A. "How are we searching the World Wide Web? A comparison of nine search engine transaction logs", Information Processing and Management, Vol. 42, No. 1, 248-263, 2006.
22. Jonker, J. J.; Piersma, N. and Van den Poel, D. "Joint Optimization of Customer Segmentation and Marketing Policy to Maximize Long-Term Profitability", Expert Systems with Applications, Vol. 27, No. 2, 159-165, 2004.
23. Kitts, B. and LeBlanc, B. "Optimal Bidding on Keyword Auctions", Electronic Markets, Vol. 14, No. 3, 186-201, 2004.
24. Kitts, B.; LeBlanc, B.; Meech, R.; and Laximinarayan, P. "Click Fraud", Bulletin of the American Society of Information Science and Technology, Vol. 32, No. 2, 20 23, 2006.
25. Kitts, B.; Laximinarayan, P.; LeBlanc, B.; and Meech, R. "A Formal Analysis of Search Auctions Including Predictions on Click Fraud and Bidding Tactics", Proceedings of the ACM Conference on E-Commerce, EC 2005, Workshop on Sponsored Search, Vancouver, UK, 2005, http://research.yahoo.com/workshops/ssa2005/papers/kitts-ssa2005.doc, accessed 11-30-2007.
26. Liddy, E. "How a Search Engine Works", Searcher, Vol. 9, No. 5, 38-43, 2001.
27. Lim, W. S. and Tang, C. S. "An auction model arising from an Internet search service provider", European Journal of Operational Research, Vol. 172, No. 3, 956-970, 2006.
28. Liu, D. and Chen, J. "Designing online auctions with past performance information", Decision Support Systems, Vol. 42, No. 3, 1307-1320, 2006.
29. Mettrop, W. and Nieuwnhuysen, P. "Internet Search Engines – Fluctuations in Document Accessibility", Journal of Documentation, Vol. 57, No. 5, 623-651, 2001.
30. Moran, M.; and Hunt, B. "Search Engine Marketing, Inc – Driving Search Traffic to Your Company's Web Site", IBM Press, Upper Sadle River, 2006.
31. Nicholson, S.; Sierra, T.; Eseryel, U. Y.; Park, J.-H.; Barkow, P., Pozo, E. J. and Ward, J. "How Much of It is Real? Analysis of Paid Placement in Web Search Engine Results", Journal of the American Society for Information Science and Technology, Vol. 57, No. 4, 448-461, 2006.
32. Seda, C. "Search Engine Advertising – Buying Your Way to the Top to Increase Sales", New Riders, Indianapolis, 2004.
33. Sen, R. "Optimal Search Engine Marketing Strategy", International Journal of Electronic Commerce, Vol. 10, No. 1, 9-25, 2005
34. Sen, S.; Padmanabhan, B.; Tuzhilin, A.; White, N. and Stein, R. "The identification and satisfaction of consumer analysis-driven information needs of marketers on the WWW", European Journal of Marketing: Special Issue on Marketing in Cyberspace, Vol. 32, No. 7/8, 688-702, 1998.
35. Telang, R.; Rajan, U. and Mukhopdahyay, T. "The Market Structure for Internet Search Engines", Journal of Management Information Systems, Vol. 21, No. 2, 137-160, 2004.
36. Van den Poel, D. and Buckinx, W. "Predicting online-purchasing behavior", European Journal of Operational Research, Vol. 166, No. 2, 557-575, 2005.
37. Vidyasagar, N. "India's secret army of online ad 'clickers'", The Times of India, 05-03-2004.

Entropiegesteuerte Portfolioselektion

Wilhelm Rödder[1], Ivan R. Gartner[2] und Sandra Rudolph[1]

[1]FernUniversität in Hagen, Fakultät für Wirtschaftswissenschaft,
Lehrstuhl für BWL, insb. Operations Research
Profilstr. 8, 58093 Hagen
wilhelm.roedder@fernuni-hagen.de, sandra.rudolph@fernuni-hagen.de
[2]Universidade Metodista de Sao Paulo
ivan.gartner@fernuni-hagen.de

Abstract: The classical approach of determining a portfolio of risky assets is that of Markowitz. Here the investor follows a Return/Risk rationality. I. e. he/she accepts only efficient portfolios in R/R space. The hitherto realized 'maximization' of the expected return and the 'minimization' of its respective variance will be overcome in this contribution by the consideration of shortfall risk and chance of return. The focus of our paper, however, is not the well-known 'shortfall approach' but yes, the use of the expert system shell SPIRIT to identify an appropriate portfolio. This shell works under Maximum Entropy and Minimum Relative Entropy, respectively. So it proposes a cautious combination of the risky assets and risk-free security, also considering the investor's risk attitude. The good performance of the proposed method is demonstrated for a small portfolio of three DAX listed assets using a variant of the classical Capital Asset Pricing Model (CAPM).

Keywords: Portfolio Selection, CAPM, Shortfall, MinREnt Inference, Entropy, SPIRIT

1 Einleitung

Die klassische Aufgabe der Portfolioselektion wird verstanden als die der Zusammenstellung eines Portfolios risikobehafteter Wertpapiere dergestalt, dass die erwartete Periodenrendite „maximal" und das Renditerisiko „minimal" wird. Risiko wird hier verstanden als die Varianz oder Standardabweichung des Gesamtportfolios der Periodenrenditen. Die Imperative „maximiere" und „minimiere" werden umgesetzt durch die Optimierung einer gewichteten Kombination beider Terme oder durch die Berechnung des effizienten Randes aller denkbaren Portfolios im Erwartungswert/Varianz-Raum der Renditen. Ist dieser Ansatz auch Gegenstand jedes Lehrbuchs über Investment- und Risikomanagement (vgl. z. B. [2], [3], [15]), wird doch diese Messung des Risikos durch die Varianz bzw. Standardabweichung in der Literatur kritisiert ([1], [7]). Dieser Kritik schließen wir uns an und streben im vorliegenden Beitrag eine mögliche Vermeidung des Shortfallrisikos für jedes für das Portfolio in Frage kommende Papier an. Damit wird konsequenterweise auch eine große Wahrscheinlichkeit einer nicht schlechten Rendite bei jedem Papier angestrebt. Man stellt also das Portfolio aus solchen Papieren zusammen, die

- sowohl ein geringes Shortfallrisiko haben
- als auch eine gute Renditewahrscheinlichkeit aufweisen.

Dieser Denkansatz wird noch verfeinert durch die Möglichkeit der (rudimentären) Einbeziehung der Risikoeinstellung des Investors: In Funktion seines Alters und seines Familienstandes wird eine abgestufte Risikobereitschaft unterstellt, die dann in die erhöhte oder verminderte Akzeptanz von Shortfallwahrscheinlichkeiten der jeweiligen Papiere mündet. Anders als im klassischen Modell von Markowitz werden die benötigten Informationen nicht über Erwartungswerte der Rendite und Varianzen/ Kovarianzen zwischen den Anlagemöglichkeiten ermittelt, sondern wird dem Ansatz des CAP-Modells gefolgt, wobei der DAX als stochastischer Regressor gewählt wird (vgl. bspw. [13]):

$$R_{Aktie} = \alpha_{Aktie} + \beta_{Aktie} \cdot R_{DAX} + \varepsilon_{Aktie} \tag{1}$$

Hierbei bedeutet R_{DAX} die – z. B. monatliche – stochastische Rendite des Regressors DAX, R_{Aktie} die entsprechende Rendite einer Aktie, ist ε_{Aktie} ihr stochastisches Residuum und sind α_{Aktie} bzw. β_{Aktie} die Regressionskoeffizienten.

Mittels dieses Ansatzes lässt sich dann aus empirischen Daten α_{Aktie} und β_{Aktie} sowie die Verteilung von R_{Aktie} für jede gegebene Prognose der DAX-Rendite r_{DAX} schätzen. Diese bedingten Verteilungen haben bekanntlich den Erwartungswert $\hat{r}_{Aktie} = \hat{\alpha}_{Aktie} + \hat{\beta}_{Aktie} \cdot r_{DAX}$ und die Standardabweichung $\hat{\sigma}(R_{Aktie}) = \hat{\sigma}$, wobei $\hat{\sigma}$ die empirische Standardabweichung des Residuums ε_{Aktie} ist – homoskedastisches Modell.

Die Rendite- und Shortfallwahrscheinlichkeiten aller Aktien steuern somit ihre anteilige Aufnahme in das Portfolio. Der Steuerungsmechanismus ist der der Inferenz unter Maximaler Entropie MaxEnt bzw. Minimaler Relativer Entropie MinREnt, so wie er in der Expertensystemshell SPIRIT realisiert ist [16]. SPIRIT gestattet die Verarbeitung konditional-/probabilistischen Wissens über eine Domäne, erzeugt eine entropiemaximale Verteilung über den die Domäne beschreibenden Attributenraum und leitet damit alles aus den mitgeteilten Fakten inferierbare Wissen ab. Im hiesigen Kontext schlägt es Gewichte für die anteilige Aufnahme von Aktien in das Portfolio vor.

In der letzten Zeit finden sich in der Literatur Ansätze zur Modellierung von Portfolio Risiko-Analysen in Bayes-Netzen ([14], [5], [17]).

In diesen Arbeiten wird zwar die grundsätzliche Struktur der Informationsgewinnung zur Portfolioanalyse erarbeitet, die Beispiele erschöpfen sich jedoch in Andeutungen; eine Steuerung der Portfolioselektion fehlt.

Nach der Einleitung ist der vorliegende Beitrag wie folgt aufgebaut. In Kapitel 2 werden die Grundlagen der MinREnt-Inferenz skizziert. Dazu wird in 2.1 die Symbolik der konditional-/probabilistischen Sprache eingeführt und in 2.2 über die Wissensverarbeitung unter dem MinREnt-Prinzip, d. h. über die Adaptation einer Wissensbasis an bekannte Sachverhalte über eine Domäne berichtet. Abschnitt 2.3 ist der Vorbereitung der Renditeberechnung unter MinREnt (2.3.1) und der Steuerung von Wertpapieranteilen im Portfolio (2.3.2) gewidmet. Gegenstand von Kapitel 3 ist dann der Modellaufbau für die konkrete Berechnung eines Portfolios. Nach der Vorstellung des einfachen CAP-Modells und dem Nachweis der Datenherkunft (3.1) folgt die

Beschreibung des über 400 Konditionale umfassenden Regelwerks zur Portfolioselektion (3.2), und in Abschnitt 3.3 schließen sich einige Portfolioempfehlungen für ausgewählte DAX-Prognosen und Risikoeinstellungen des Investors an. Kapitel 4 fasst zusammen und gibt einen Ausblick auf zukünftige Arbeiten.

2   Logische und mathematische Präliminarien

2.1   Die Syntax

Die Expertensystemshell SPIRIT verlangt für den Aufbau einer Wissensbasis vom Experten die Angabe von Sachverhalten über die Domäne. Sachverhalte sind (ggf. mehrfach) konditionierte Aussagen und eine Einschätzung ihres Wahrseins. Dazu bedarf es einer geeigneten Syntax.

Sei $\mathcal{V} = \{V_1,...,V_L\}$ eine endliche Menge endlichwertiger Variabler mit Ausprägungen oder Attributen v_l von V_l. Wir benutzen Großschrift für Variablenbezeichner und Kleinschrift für die entsprechenden Attribute. Alter = *jung* oder Fstand = *ledig* sind typische Attributzuweisungen zu Variablen. Formeln der Art $V_l = v_l$ sind Literale, die unter einer bestimmten Interpretation wahr oder falsch sein können. Aus solchen Literalen werden Aussagen mittels der Junktoren $\wedge$ (und), $\vee$ (oder), $^-$ (nicht) und entsprechende Klammerung gebildet. Solche Aussagen schreiben wir A, B, C, ... ; auch sie sind je nach Interpretation wahr oder falsch. Die Juxtaposition AB steht für $A \wedge B$. Die Menge aller Aussagen ist die Sprache $\mathcal{L}$.

| ist der (gerichtete) Konditionaloperator; B|A liest man B gegeben A. Die Konditionale B|A bilden die Sprache $\mathcal{L} \mid \mathcal{L}$. B|A ist w(ahr) für A und B wahr, es ist f(alsch) für ein falsches B und ein wahres A, und für ein falsches A ist das Konditional u(nbestimmt). Der Leser findet weitere Details in [4], [9]. Für ein tautologisches A gilt B|A = B. Elemente von $\mathcal{L} \mid \mathcal{L}$ kann man wiederum mittels der Junktoren $\wedge$, $\vee$, $^-$ und | komponieren. Da solche zusammengesetzten Konditionale wieder auf einfache Elemente aus $\mathcal{L} \mid \mathcal{L}$ zurückgeführt werden können, betrachten wir im Folgenden nur Letztere. Liefert der Wissensingenieur die Einschätzung $0 \leq x \leq 1$ für das Wahrsein eines Konditionals B|A in der Domäne, notieren wir das B|A [x]; x = 0 bzw. 1 stehen hier für f bzw. w. Die Syntax besteht also aus Ausdrücken der Form B|A [x], $x \in [0,1]$. Ein Semantik-Modell ist dann ein W.-Maß P auf $\mathcal{L}$. Ein Konditional B|A [x] ist in P gültig genau dann, wenn $P(AB) = x \cdot P(A)$. P ist der epistemische Zustand auf dem Attributenraum.

Es gibt spezielle Nutzenvariable U, deren Attribute reelle Zahlen $u_1,...,u_K$ sind; die Variablen müssen gesondert deklariert werden. Für einen beliebigen epistemischen Zustand P auf dem Attributenraum gestattet die Shell SPIRIT die Berechnung des erwarteten Nutzens $\sum_k u_k \cdot P(u_k)$; dieser Wert ist der erwartete Nutzen unter P.

2.2   Aufbau einer Wissensbasis unter dem Prinzip Minimaler Relativer Entropie MinREnt

Die Hauptschritte zur Wissensakquisition, Anfrage sowie Antwort, sind ausführlich in [12] erläutert und werden hier kurz wiederholt.

1. Definition der Domäne: Spezifizierung aller Variablen und ihrer Ausprägungen, ggf. einer oder mehrerer Nutzenvariablen.
2. Wissensakquisition: Formulierung von Sachverhalten (Regeln) $\mathcal{R} = \{B_i | A_i[x_i], \ i = 1,...,I\}$. Für eine leere Regelmenge ist der Wissenszustand P^0, die Gleichverteilung, ansonsten berechnet man

$$P^* = \arg \min R(Q, P^0), \text{ u.d.N. } Q \text{ erfüllt } \mathcal{R}. \tag{2}$$

P^* ist also der spezielle epistemische Zustand, der allen Sachverhalten Rechnung trägt und dabei den informationstheoretischen Abstand R zu P^0 minimiert. R heißt Relative Entropie oder Kullback-Leibler-Divergenz [6].

3. Anfrage und Antwort: Will man wissen, wie wahrscheinlich das Faktum F unter dem Wissen P^* und einer evidenten Situation S ist, berechnet man

$$P^*(F|S) = z \tag{3}$$

z ist die Antwort auf die Frage: Wie wahrscheinlich ist F unter S bei gegebenem Wissen P^*. SPIRIT erlaubt die komfortable Berechnung von (3) und Verallgemeinerungen davon, die jedoch den Rahmen dieser Schrift sprengen; man vergleiche jedoch wiederum [12].

2.3   Modellvorbereitung

2.3.1 Nutzenerwartung eines Portfolios

Für DAX und Einzelwerte sollen im in Kapitel 3 zu entwickelnden Modell Monatsrenditen betrachtet werden, die wir hier vereinfacht durch die Variable GV mit den Attributen gv_m, $m = 1,...,M$ benennen. Jedem dieser gv_m entspricht ein konkreter Monatsgewinn/verlust u_m der Variablen U. Die Variable W mit den Ausprägungen w_j, $j = 1,...,J$ diene zur Steuerung der Attribute von Papieren im Portfolio: Haben diese Ausprägungen die Wahrscheinlichkeiten $P^*(w_j)$, so bedeutet das eine $P^*(w_j) \cdot 100\%$-ige Investition in Papier j. Die folgenden einfachen Umformungen zeigen, dass die Expertensystemshell SPIRIT die Berechnung erwarteter Renditen nicht nur von Einzelpapieren, sondern auch von Portfolios gestattet.

Wegen $P^*(gv_m) = \sum_j P^*(gv_m | w_j) \cdot P^*(w_j)$ hat man

$$\sum_m u_m \cdot P^*(gv_m) = \sum_m u_m \cdot \sum_j P^*(gv_m | w_j) \cdot P^*(w_j) \tag{4}$$

$$= \sum_j P^*(w_j) \cdot \sum_m u_m \cdot P^*(gv_m | w_j)$$

Die linke Seite in (4) zeigt den erwarteten Nutzen des epistemischen Zustands P^* an, so wie ihn SPIRIT berechnet; die rechte Seite weist diesen Wert als gewichtete Summe der Einzelrenditen aus. Bei entsprechender Modellierung ist der angezeigte Nutzen also gleich der Rendite des Portfolios!

2.3.2 Portfoliosteuerung

Die im letzten Abschnitt eingeführten Ausprägungen w_j der Variablen W sollen die anteiligen Investitionen in die Papiere j steuern: $P^*(w_j) \cdot 100\%$-iger Anteil in Papier j. Damit das geschieht, muss der Aufbau von P* durch vom Modellbauer zu formulierende Prinzipien erfolgen. Etwa dergestalt:

- Wenn ein Papier ertragsschwach ist, kaufe es nicht.
- Wenn der Investor risikoaversiv ist und ein Papier riskant, kaufe es nicht.

In der probabilistischen Konditionallogik dieses Beitrags liest sich das etwa so:

$$\left(\text{W} = \bar{w}_j \,\middle|\, \text{Performance\_Papier } j = niedrig\right) \ [1.] \text{ bzw.} \tag{5}$$

$$\left(\text{W} = \bar{w}_j \,\middle|\, \text{Risiko\_Profil} = scheu \,\wedge\, \text{Risiko\_Papier } j = hoch\right) \ [1.]$$

Der Leser vollziehe nach, dass bei dieser Formulierung ein mit hoher Wahrscheinlichkeit ertragsschwaches Papier nur zu einem geringen Anteil für das Portfolio vorgeschlagen wird. Den zweiten Ausdruck interpretiert man analog.

Im Modell des Kapitels 3 sind die Steuerungsregeln für die w_j komplexer als hier dargestellt, behalten jedoch die hier skizzierte Grundidee bei – mit einer Ausnahme. Dort ersetzt der probabilistische Modus Tollens den Modus Ponens, die Regeln werden also gleichsam „umgedreht":

$$\left(\text{Performance\_Papier } j = hoch \,\middle|\, \text{W} = w_j\right) \ [1.] \text{ bzw.} \tag{6}$$

$$\left(\text{Risiko Profil} = freudig \vee \text{Risiko\_Papier } j = niedrig \,\middle|\, \text{W} = w_j\right) \ [1.]$$

Zwar sind der (sichere) Modus Ponens (5) und Modus Tollens (6) äquivalent, doch führt (6) unter der ja stets geltenden Restriktion $\sum_j \text{P}(\text{W} = w_j) = 1$ zu einer vorsichtigeren Portfolioselektion als (5). Hierzu überlegt man sich, dass (5) wie (6) zwar bei ungewünschter Eigenschaft des Papiers bzw. des Risikoprofils den Kauf ablehnen, aber nur (6) bei *gewünschter* Eigenschaft den Kauf empfiehlt. Die erste Aussage folgt unmittelbar aus den betrachteten (bedingten) Wahrscheinlichkeiten, die zweite erschließt sich erst nach Überlegungen über (bedingte) Wahrscheinlichkeiten unter MinREnt; vgl. jedoch [10] in Verbindung mit [11].

3   Das Modell der Portfolioselektion

3.1   Das CAP-Modell und die Datenherkunft

Wie bereits in der Einleitung erwähnt, sind unter DAX-Prognosen bedingte Periodenrenditeverteilungen Grundlage der Portfolioentscheidung. Dazu werden Preise P_t des DAX und der Aktien von BASF, VW und MAN in den Monaten Januar 02 bis Juli 07 gewählt, mittels der Formel $r_t = \ln\left(P_t/P_{t\text{-}1}\right)$ die jeweiligen zeitstetigen Monatsrenditen errechnet ([2], S. 61) und schließlich jede Aktie mit dem DAX linear regressiert. Mit statistisch großer Signifikanz ergaben sich folgende Regressionsgeraden der %-Renditen:

$$R_{\text{BASF}} = 0,880 + 0,706 \ R_{\text{DAX}} + \varepsilon_{\text{BASF}} \qquad \text{mit } \sigma_{\text{BASF}} = 3,45$$

$$R_{\text{VW}} = 1,230 + 0,853 \ R_{\text{DAX}} + \varepsilon_{\text{VW}} \qquad \text{mit } \sigma_{\text{VW}} = 7,84 \tag{7}$$

$$R_{\text{MAN}} = 1,640 + 1,059 \ R_{\text{DAX}} + \varepsilon_{\text{MAN}} \qquad \text{mit } \sigma_{\text{MAN}} = 6,94$$

Nun werden die DAX-Renditen in die %-Klassen der Tabelle 1 eingeteilt. Gezeigt werden auch die Klassenmitten – die halboffenen Klassen erstrecken sich bis zum äußersten beobachteten Renditewert – und die in den folgenden Bildschirmausdrucken benutzten Bezeichner.

Tab. 1. Klassen von Monatsrenditen des DAX.

Klassen	$r < -9$	$-9 \leq r < -6$	$-6 \leq r < -3$	$-3 \leq r < 0$
Mittelwerte	-22,17	-7,5	-4,5	-1,5
Bezeichner	gmm	gm750	gm450	gm150

Klassen	$0 \leq r < 3$	$3 \leq r < 6$	$6 \leq r < 9$	$r \geq 9$
Mittelwerte	1,5	4,5	7,5	17,19
Bezeichner	gp150	gp450	gp750	gpp

Die Verteilung der unter den DAX-Mittelwerten bedingten Renditen der Aktien haben dann die in Tabelle 2 angegebenen Mittelwerte und Standardabweichungen.

Tab. 2. Parameter bedingter Verteilungen dreier Aktien.

Mittelwerte DAX	-22,17	-7,50	-4,50	-1,50	1,50	4,50	7,50	17,19
Mittelwerte BASF	-14,77	-4,42	-2,30	-0,18	1,93	4,05	6,17	13,01
Standardabw. BASF				3,45				
Mittelwerte VW	-17,67	-5,16	-2,61	-0,05	2,51	5,07	7,83	15,89
Standardabw. VW				7,84				
Mittelwerte MAN	-21,84	-6,31	-3,13	0,05	3,23	6,41	9,58	19,85
Standardabw. MAN				6,94				

Für jede DAX-Prognose in den bereits erwähnten Klassen erhält man also bedingte Normalverteilungen der Monatsrenditen der Papiere. Abbildung 1 verdeutlicht den Zusammenhang.

Zu einer bestimmten DAX-Prognose und bei einem bestimmten Risikoverhalten des Investors wählt die Expertensystemshell SPIRIT ein Portfolio, das die bereits in der Einleitung genannten Ziele anstrebt:

- kleine Shortfallwahrscheinlichkeit bei allen Papieren
- große Renditewahrscheinlichkeit bei allen Papieren

und zusätzlich

- Anlegen des auf 1 normierten Investivkapitals in eine risikofreie Alternative, falls die beiden ersten Ziele nicht erreichbar sind.

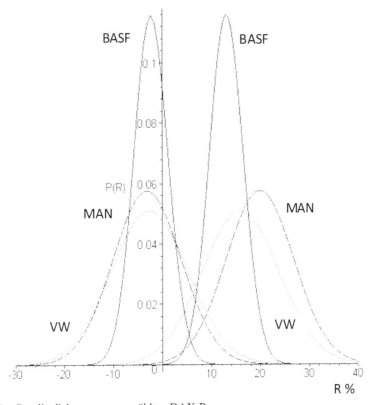

Abb. 1. Renditedichten zu ausgewählten DAX-Prognosen.

3.2 Das Modell zur Portfolioselektion in SPIRIT

Vor die Beschreibung des Modellaufbaus setzen wir die Definition der Variablen und erläutern kurz ihre Bedeutung.

> Alter = *jung, mittel, alt*
> Fstand = *ledig, verheiratet, verwitwet*
> Risiko_Profil = *freudig, neutral, scheu*

Alter und Familienstand beeinflussen in eingängiger Weise das Risikoverhalten des Investors.

> DAX =
> Aktie_1 =
> Aktie_2 =   Attribute wie Bezeichner in Tabelle 1
> Aktie_3 =
> Anlage_or =

Der Index DAX, die für BASF, VW, MAN stehenden Aktien und die Anlage ohne Risiko können in den genannten Renditeklassen realisieren.

$$
\left.\begin{array}{l}
\text{Perform\_1} = \\
\text{Perform\_2} = \\
\text{Perform\_3} =
\end{array}\right\} \quad \textit{hoch, mittel, niedrig}
$$

Die Attribute *hoch, mittel, niedrig* sind Zusammenfassungen von Renditeklassen. Ihre Wahrscheinlichkeiten werden für jede Anlageform von der DAX-Prognose gesteuert: je besser die Rendite, umso besser die Performance.

$$
\left.\begin{array}{l}
\text{Risiko\_1} = \\
\text{Risiko\_2} = \\
\text{Risiko\_3} =
\end{array}\right\} \quad \textit{hoch, mittel, niedrig}
$$

Die Attribute *hoch, mittel, niedrig* sind Zusammenfassungen von Renditeklassen. Ihre Wahrscheinlichkeiten werden für jede Anlageform von der DAX-Prognose gesteuert: je schlechter die Renditen, umso höher das Shortfallrisiko.

$$
U = -22{,}17;\ -7{,}5;\ -4{,}5;\ -1{,}5;\ 1{,}5;\ 4{,}5;\ 7{,}5;\ 17{,}19
$$

Die Wahrscheinlichkeiten der Attribute der Gewinn/Verlust-Variablen gestatten die Berechnung der Gesamtrendite des Portfolios. Dies geschieht mittels der Nutzenvariablen.

$$
W = w_0, w_1, w_2, w_3
$$

Die Wahrscheinlichkeiten dieser Attribute sind die Gewichte der Einzelanlagen des Gesamtinvestivkapitals 1; w_0 bezeichnet dabei die risikolose Alternative zur Investition im Portfolio.

Nachdem nun die Variablen definiert sind, folgt die Erläuterung der Regeln.

In Abhängigkeit der DAX-Prognosen werden den Aktienanlagerenditen ihre über die Regressionen aus Abschnitt 3.1 ermittelten Wahrscheinlichkeiten zugewiesen; für Anlage_or wird eine risikofreie Rendite von 1,5 % angenommen.

Dann werden die Shortfall- und Performanceklassen für alle Einzelanlagen festgelegt. So wird beispielsweise festgelegt, dass eine mit hoher Wahrscheinlichkeit nicht unter eine Rendite von 0 fallende Aktie ein niedriges Shortfallrisiko aufweist, eine unter eine Minusrendite von $\leq$ 6 % fallende jedoch ein hohes.

Außerdem werden zu jeder Einzelanlage für die Ausprägungen ihrer Risiko- und Performanceklassen in Funktion ihrer Renditeerwartungen – und damit indirekt in Funktion der Marktprognose – Wahrscheinlichkeiten errechnet. Diese Berechnung ist eine Prästeuerung und folgt den Überlegungen aus Abschnitt 3.3.2.

Schließlich wird in Abhängigkeit der Risikoeinstellung des Investors sowie der Shortfallrisiken bzw. Ertragserwartungen der Einzelanlagen deren Selektion über die Gewichte aus W vorgenommen.

U berechnet die erwartete Rendite des Portfolios.

Zur Beschreibung dieser Zusammenhänge waren 432 Regeln nötig, ihre Darstellung sprengt den Rahmen dieses Beitrags, der Leser kann die Datei jedoch unter SPIRIT [16], „Portfolio_BASF_VW_MAN.spirit", einsehen. Die beschriebene Abhängigkeitsstruktur wird in Abbildung 2 verdeutlicht.

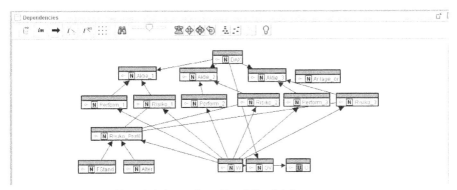

Abb. 2. Gerichteter Abhängigkeitsgraph zur Portfolioselektion.

Der Bildschirmausdruck in Abbildung 3 zeigt alle Variablen mit ihren Attributen und deren Randwahrscheinlichkeiten unter MinREnt im ungerichteten Abhängigkeitsgraphen. Die Knoten und die sie verbindenden Kanten bilden ein Markoff-Netz, für mehr Details sei verwiesen auf [12], [8].

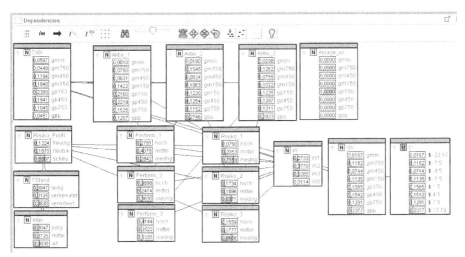

Abb. 3. Randverteilungen im Abhängigkeitsgraphen zur Portfolioselektion.

Diese Wissensbasis ist die Grundlage für die angekündigte Portfolioselektion, wie im nächsten Abschnitt exemplarisch vorgeführt.

3.3 Ausgewählte Anlageempfehlungen

Das Expertensystem ist nun in der Lage, Anlageempfehlungen auszusprechen. Dazu klickt man mit der Maus auf erwartete DAX-Renditen, und falls bekannt, auf Personenangaben des Investors; letztere beeinflussen lediglich in rudimentärer Form sein Risikoverhalten. Der folgende Bildschirmausdruck zeigt die Empfehlung für die recht pessimistische DAX-Prognose *gm450* und einen verwitweten und älteren – und somit risikoscheuen – Investor. Immerhin gelingt es dem System, durch die Verteilung von ca. 25 %, 39 %, 34 % auf Aktien 1, 2, 3 und Halten von nur 2 % der Anlage ohne Risiko den erwarteten Verlust des Portfolios auf -0,31 % zu beschränken, siehe Abbildung 4. Der gleiche konservative Investor würde bei der äußerst pessimistischen DAX-Prognose von *gmm* die Anlage ohne Risiko auf ca. 94 % aufstocken und damit sogar eine positive Monatsrendite von 0,67 % erwarten. Erst bei der äußerst positiven DAX-Prognose *gpp* vermindert dieser Investor sein Engagement in das risikolose Papier wieder auf verschwindende 0,01 % bei Verteilung von ca. 30 %, 42 % und 28 % auf die Aktien und erwartet eine Rendite von 16,17 %.

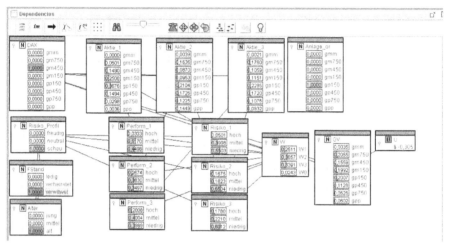

Abb. 4. Eine Portfolioempfehlung.

Die Bildschirmausdrucke zu den im obigen Text angesprochenen Portfoliovorschlägen findet der Leser im Anhang. Die wissenschaftliche Ehrlichkeit gebietet es zu bemerken, dass jegliche negative Monatsrendite durch 100%-ige Haltung des risikofreien Papiers vermieden werden könnte, so auch die -0,31 % bei einer DAX-Prognose von *gm450*. Man bedenke jedoch, dass sich bei dieser Prognose die Wahrscheinlichkeit einer positiven Performance des Portfolios auf über 43 % bemisst. Nicht die erwartete Rendite allein, sondern auch die Chance einer positiven Performance sollte die Investitionsentscheidung beeinflussen.

4   Zusammenfassung und Ausblick

In diesem Beitrag wird eine Portfolioselektion mittels der probabilistischen Expertensystemshell SPIRIT vorgeschlagen. In einer Pilotstudie für die drei Aktien BASF, VW und MAN steuert die Shell bei verschiedenen DAX-Prognosen und unter Berücksichtigung der Risikoeinstellung des Investors die Wahl zwischen diesen Papieren und einer risikofreien Anlage. Die zur Lösung dieser Aufgabe benötigten Daten wurden aus dem CAP-Modell mit dem DAX als stochastischem Regressor und den beobachteten Monatsrenditen der betrachteten Aktien über einen Zeitraum von 5 ½

Jahren gewonnen. Anders als in dem klassischen Markowitzmodell werden als Ziele die Vermeidung von hohen Shortfall- bzw. das Anstreben von hohen Renditewahrscheinlichkeiten verfolgt. Die mit einer Wissensbasis von über 400 Regeln erzeugten Ergebnisse bestätigen die Intuition: Bei sich verschlechternden DAX-Prognosen findet eine wachsende Investition in die risikofreie Anlage statt; diese Tendenz verstärkt sich noch für risikoaversive Investoren.

Die Pilotstudie dieses Beitrags ist natürlich in vielerlei Hinsicht zu ergänzen und zu erweitern. So sollte die Anzahl der Aktien erhöht werden, was mit einem signifikanten Anwachsen der Modellgröße einhergeht: Pro weiterer Aktie wächst die Anzahl der Regeln bei dem aktuellen Ansatz um mehr als 128.

Weiterhin muss die Güte des Modellvorschlages geprüft und mit anderen Vorschlägen verglichen werden. Gedacht ist an eine langjährige Überprüfung der Renditen nach dem SPIRIT-Ansatz und dem Markowitzmodell.

Die Autoren erhoffen sich ein aussagekräftigeres Modell außerdem durch die Einbeziehung weiterer Regressoren, wie z. B. Fundamentaldaten der betrachteten Unternehmen oder andere volkswirtschaftliche Indizes.

Literaturverzeichnis

1. Albrecht, P.: Mathematische Modellierung von Kredit- und Marktrisiken. In: Schierenbeck, H.; Rolfes, B.; Schüller, S. (Hrsg.): Handbuch Bankcontrolling. Gabler, Wiesbaden 2000.
2. Albrecht, P.; Maurer, R.: Investment- und Risikomanagement. Schäffer-Poeschel, Stuttgart 2005.
3. Bitz, M.; Ewert, J.; Terstege, U.: Multimediale Einführung in finanzmathematische Entscheidungskonzepte. Gabler, Wiesbaden 2002.
4. Calabrese, P.: Reduction and Inference Using Conditional Logic and Probability. In: Goodman, I.; Rogers, G.S.; Gupta, M.M.; Nguyen, H.T. (eds.): Conditional Logic in Expert Systems. Elsevier Science Publishers B.V., New York 1991, 71-100.
5. Demirer, R.; Mau, R.R.; Shenoy, C.: Bayesian Networks – A Decision Tool to Improve Portfolio Risk Analyses. In: Journal of Applied Finance, 16/2 (2006), 106-119.
6. Kulback, S.; Leibler, R.A.: On Information and Sufficiency. In: Annals of Math. Stat., 22/1 (1951), 79-86.
7. Liang, B.; Park, H.: Risk Measures for Hedge Funds: a Cross sectional approach. In: European Financial Mgmt, 13/2 (2007), 333-370.
8. Meyer, C.H.: Korrektes Schließen bei unvollständiger Information, Europäische Hochschulschriften, Reihe XLI. Peter Lang, Frankfurt / Main 1998.
9. Rödder, W.; Kern-Isberner, G.: From Information to Probability – An Axiomatic Approach. In: International Journal of Intelligent Systems, 18/4 (2003), 383-403.
10. Rödder, W.: On the measurability of knowledge acquisition and query processing. In: Int. Journal of Approximate Reasoning, 33/2 (2003), 204-218.
11. Rödder, W.: Steuerung durch Konditionale, unveröffentlichtes Arbeitspapier, Lehrstuhl für BWL, insb. OR, FernUniversität in Hagen, 2008.
12. Rödder, W.; Reucher, E.; Kulmann, F.: Features of the Expert-System-Shell SPIRIT. In: Logic Journal of the IGPL, 13/3 (2006), 483-500.
13. Sharpe, W.: Capital Asset Prices: A theory of Market Equilibrium under Conditions of Risk. In: Journal of Finance 19 (1964), 425-442.
14. Shenoy, C.; Shenoy, P.P.: Bayesian Network Models of Portfolio Risk and Return: In: Abu-Mostafa, Y.S.; LeBaron, B.; Lo, A.W.; Weigand, A.S. (eds.): Computational Finance 1999. The MIT Press, Cambridge 2000, 87-106.

15. Sortino, F.; Satchell, S.: Managing Downside Risk in Financial Markets. Butterworth Heinemann, Oxford 2001.
16. SPIRIT – http://www.xspirit.de, 2008.
17. Tseng, C.C.: Comparing Artificial Intelligence Systems for Stock Portfolio Selection. In: Proceedings of the 9th International Conference of Computing in Economics and Finance. Seattle 2003.

Anhang: Bildschirmausdrucke zu Portfolioempfehlungen

Portfolioempfehlung für einen risikoscheuen Investor bei äußerst pessimistischer DAX-Prognose

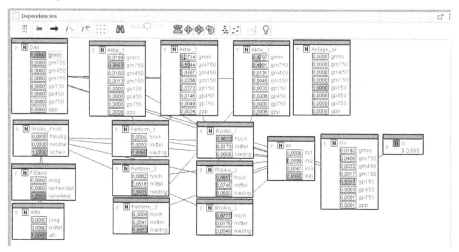

Portfolioempfehlung für einen risikoscheuen Investor bei äußerst optimistischer DAX-Prognose

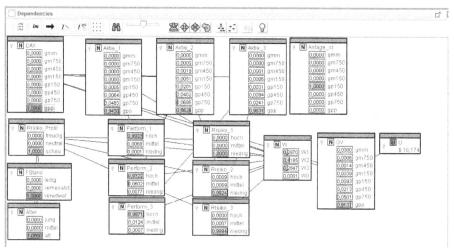

Theoretical Issues of Optimization
Grundfragen der Optimierung

Das Konzept der Fitnesslandschaft als Methode zur Beurteilung der Schwierigkeit von kombinatorischen Optimierungsproblemen

Christian Bierwirth

Martin-Luther-Universität Halle-Wittenberg
Große Steinstr. 73, 06108 Halle/Saale
christian.bierwirth@wiwi.uni-halle.de

Abstract. There is an increasing interest of research in combinatorial optimization to understand the interaction of local search and the structure of fitness landscapes. However, the methods developed to analyze fitness landscapes are not sufficient to explain why or when a problem is difficult to be solved or not. This paper focuses on sequencing problems in order to shed light on the short-coming of some widely used statistical measures in landscape analysis.

Keywords: Fitness Landscape, configuration space, landscape regularity

1   Einleitung

Warum lässt sich eine Instanz eines kombinatorischen Optimierungsproblems leicht lösen und eine andere Instanz mit ähnlicher Größe nicht? Weshalb ist eine Suchstrategie geeignet, um ein bestimmtes Problem zu lösen, nicht jedoch ein anderes, scheinbar ähnliches Problem?

Ein interessanter Ansatz zur Beantwortung derartiger Fragen basiert auf dem Konzept der Fitnesslandschaft. Hierbei wird die von der Zielfunktion eines Optimierungsproblems aufgespannte Oberfläche über dem konfigurierten Raum der zulässigen Lösungen betrachtet. In Anlehnung an die dreidimensionale Wahrnehmung einer natürlichen Landschaft lassen sich damit geometrische Eigenschaften der erzeugten Oberflächenfunktion zum Beispiel als Ebenen, Täler, Gipfel oder gar als Gebirgsmassiv interpretieren. Hieraus können Messgrößen für die „Zugänglichkeit" einer Fitnesslandschaft abgeleitet werden, wobei davon ausgegangen wird, dass diese Größen ebenfalls zur Beurteilung der allgemeinen Leistungsfähigkeit einer Suchstrategie in der betrachteten Problemklasse geeignet sind [10].

Der Begriff „Fitnesslandschaft" hat seinen Ursprung in der theoretischen Biologie, wo er zur Beschreibung von Evolutionsprozessen dient. Inzwischen hat das Konzept auch eine starke Ausstrahlung in die Forschungsbereiche Metaheuristiken und Kombinatorische Optimierung ausgeübt. Zu den am meisten untersuchten Problemen zählen das Handlungsreisendenproblem ([6], [12]), das Quadratische Zuordnungsproblem ([8], [15]), das Bi-Partitionierungsproblem von Graphen ([9], [13]) und Ablaufplanungsprobleme ([7], [11]).

Die genannten Arbeiten zeigen eine Reihe interessanter Strukturen in den Lösungsräumen unterschiedlicher Kombinatorischer Optimierungsprobleme auf. Dennoch ist es bisher nicht gelungen, die bestehenden Kenntnisse über die Strukturen von Such-räumen gewinnbringend beim Lösen spezieller Optimierungsprobleme oder beim Design von Optimierungsverfahren einzusetzen. Die bislang erzielten Ergebnisse sind größtenteils qualitativer Art. Zumeist liefern sie auf Plausibilitätsargumenten basie-rende Erklärungen für die im Einzelfall beobachtete Leistungsfähigkeit von Lösungs-verfahren. Dem Ziel der Messbarkeit der Problemschwere (engl. problem difficulty), z. B. in Form einer relativen Kennzahl, ist man damit jedoch kaum näher gekommen.

Besonders schwierig ist im Konzept der Fitnesslandschaft das Verständnis des komplexen Zusammenspiels zwischen einem Bewegungsoperator, der lokale Nach-barschaften für die möglichen Lösungen definiert, und der Beschaffenheit der hier-durch erzeugten Oberflächenfunktion. Die ideale Fitnesslandschaft ist unimodal, denn hier kann das Optimum von jeder beliebigen Startlösung immer durch einen anstei-genden bzw. absteigenden Weg erreicht werden. Jedes lokale Suchverfahren wäre damit ein exaktes Optimierungsverfahren. Für das Handlungsreisendenproblem erfüllt gerade die n-opt Nachbarschaft die gewünschte Anforderung. Bei hinreichender Prob-lemgröße ist diese Nachbarschaft freilich viel zu mächtig, als dass sie in einem loka-len Suchverfahren explorativ ausgeführt werden könnte. Dies zeigt zweierlei. Erstens gehört zu einem Optimierungsproblem nicht eine Fitnesslandschaft, sondern, je nach Kenntnis über die einsetzbaren Bewegungsoperatoren, eine Vielzahl unterschiedlicher Landschaften. Es gilt also die Regel „One Operator – One Landscape" [3]. Zweitens besteht demzufolge ein zentrales Ziel der Analyse von Fitnesslandschaften darin, einen Bewegungsoperator zu identifizieren, der einen möglichst guten Kompromiss zwischen der Größe der Nachbarschaft und günstigen Oberflächenstrukturen in der Fitnesslandschaft herstellt.

Welche Strukturen vorteilhaft bei der Erforschung einer Fitnesslandschaft sind, darüber herrscht bislang keine vollständige Klarheit. Neben der Anzahl lokaler Opti-ma gelten auch ihre relative Nähe und die Größe ihrer Einzugsgebiete als entschei-dende Faktoren. Weitere Größen zur Vermessung einer Fitnesslandschaft stellen die Fitness-Distanz Korrelation und die Autokorrelation von Zufallswegen dar. Beide Maße geben Auskunft über die „Glätte" einer Fitnesslandschaft. Allgemein wird an-genommen, dass glatte Landschaften leichter zu erforschen sind als raue Landschaf-ten. Die Interpretation solcher Messgrößen erfolgt typischerweise unter der Annahme der statistischen Isotrophie für die betrachtete Fitnesslandschaft.

Der Beitrag stellt einige grundlegende Ideen über Fitnesslandschaften vor und be-leuchtet die zu Grunde liegende Konzeption kritisch. Anhand ausgewählter Beispiele wird gezeigt, dass die große Anschaulichkeit, die der Ansatz bietet, zugleich die Ge-fahr birgt, zu stark zu vereinfachen und wichtige Sachverhalte außer Acht zu lassen. Im nächsten Abschnitt werden Fitnesslandschaften formal definiert und einige ihrer Eigenschaften an Hand des Handlungsreisendenproblems illustriert. Anschließend wird dieses Problem mit einem Problem der Ablaufplanung auf der Basis von Mess-größen ihrer Fitnesslandschaften verglichen. Die Ergebnisse stellen die herrschende Meinung über die Bedeutung einiger Messgrößen in Frage. Die Arbeit schließt mit einem Erklärungsansatz, der interessante und bislang wenig beachtete Rückschlüsse auf die Konfiguration der Suchräume von Reihenfolgeproblemen gestattet.

2   Die Fitnesslandschaft

Fitnesslandschaften setzen sich allgemein aus drei Bestandteilen zusammen:
- Eine Menge X bestehend aus den möglichen Konfigurationen eines Systems,
- eine Topologie auf X, d. h. ein System von Teilmengen $N(x) \subset X$ mit $x \in N(x)$,
- eine reellwertige Abbildung $f: X \to R$.

Wendet man das Konzept auf kombinatorische Optimierungsprobleme an, so stellt X die endliche Menge der zulässigen Lösungen für das betrachtete Problem dar. Die Topologie definiert eine reflexive und symmetrische Näherelation, welche jedem $x \in X$ eine Menge von benachbarten Lösungen $x' \in N(x)$ zuordnet. Hierdurch sind die Bewegungsoperationen $x \to x'$ in der Landschaft beschrieben. Schließlich bezeichnet $f(x)$ eine Fitnessfunktion, die nichtnegativ und zu maximieren ist, und von der angenommen wird, dass sie direkt oder durch eine Lineartransformation aus der Zielfunktion des Optimierungsproblems abgeleitet werden kann.

2.1   Der Konfigurationsraum

Für kombinatorische Optimierungsprobleme lassen sich Fitnesslandschaften formal durch ungerichtete, bewertete Graphen $G=(X,E,f)$ darstellen, wobei X die Knotenmenge des Graphen, E eine Kantenmenge und die Fitnessfunktion $f(x)$ eine Bewertungsfunktion für die Knoten bezeichnet. Die Kantenmenge E setzt sich aus allen Paaren $(x_1,x_2) \in X^2$ zusammen, für die eine zulässige Bewegungsoperation $x_1 \to x_2$ existiert. Der Graph $G_c=(X,E)$ wird der Konfigurationsraum der Fitnesslandschaft genannt. Im Allgemeinen handelt es sich bei G_c um einen endlichen, ungerichteten und zusammenhängenden Graphen.

Nach Stadler [14] kann der Lösungsraum eines Optimierungsproblems auf drei Arten konfiguriert werden, nämlich durch

1. „Genetische Operatoren", die eine oder mehrere Lösungen in andere Lösungen überführen,
2. Übergangswahrscheinlichkeiten, die angeben, wie häufig eine Lösung in eine andere Lösung übergeht, oder
3. eine Metrik und einen Distanzwert, wobei alle Lösungen, deren Abstand unterhalb dieser Distanz liegen, von einer Lösung aus erreicht werden können.

Die Lösungen vieler kombinatorischer Optimierungsprobleme lassen sich durch einfache algebraische Objekte, wie zum Beispiel Permutationen, Permutationen mit Wiederholung oder Strings fester Länge über einem endlichen Alphabet, kodieren. In diesen Fällen ist es besonders einfach, die Schrittweite einer Bewegungsoperation in eine Metrik zu überführen.

Als Beispiel betrachten wir ein Handlungsreisendenproblem. Die möglichen Rundreisen in einem n-Städte Problem sind durch Permutationen der Länge n-1 darstellbar, wobei man davon ausgeht, dass der Startort der Rundreise gegeben ist. Im Falle symmetrischer Distanzen zwischen den Orten existieren (n-1)!/2 Rundreisen, d. h. jede dieser Lösungen wird durch zwei Permutationen vertreten. Für asymmetrische Distanzdaten repräsentiert jede Permutation genau eine Rundreise. Der jeweilige Lösungsraum wird durch die Einführung eines Bewegungsoperators, der eine Permuta-

tion der Orte in eine benachbarte Permutation überführt, zu einem Konfigurationsraum. Hierzu kann prinzipiell jeder denkbare Bewegungsoperator im Permutations-
raum eingesetzt werden, also etwa der „Drop&Insert Operator", der „Pairwise-Exchange Operator" oder ein „k-Edge exchange Operator". Umso mehr Permutationen
durch einen Bewegungsoperator aus einer gegebenen Permutation erzeugt werden
können, umso komplexer ist die Konfiguration des betrachteten Lösungsraumes.

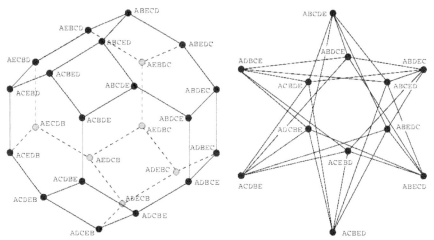

Abb. 1.   Konfigurationsräume für ein Handlungsreisendenproblem mit fünf Städten A bis E.

Abb. 1 zeigt die Konfigurationsräume für ein 5-Städte Problems mit Startort A für
asymmetrische Distanzdaten (links) und für symmetrische Distanzdaten (rechts). Als
Bewegungsoperator ist der „Adjacent-Swap Operator" gewählt, der zwei aufeinander
folgende Orte einer Permutation vertauscht. Im asymmetrischen Fall hat jede Rundreise drei „benachbarte" Rundreisen. Die Anzahl zulässiger Lösungen, d.h. die Größe
bzw. Mächtigkeit des Lösungsraums, ist zugleich die Mächttigkeit des zugehörigen
Konfigurationsraums. Im asymmetrischen Fall gilt $|X|=24$. Die möglichen Rundreisen
können auf einem dreidimensionalen Permutohedron angeordnet werden. Im symmetrischen Fall ergibt sich der Konfigurationsraum aus einer Faltung des Permutohedron, wobei entgegen gesetzte Rundreisen (z. B. ABCDE u. AEDCB) ineinander fal-
len. Es gilt daher $|X|=12$. Obwohl der Konfigurationsraum in diesem Fall nur halb so
groß ist, hat er eine höhere Dimension als der entsprechend konfigurierte Lösungsraum des asymmetrischen Problems. Hierbei ist die Dimension des Konfigurationsraums durch die maximale Anzahl von Nachbarlösungen einer Lösung, d. h. durch
den maximalen Knotengrad im Graph, definiert. Im Beispiel beträgt die Dimension
des Konfigurationsraums im asymmetrischen Fall drei und im symmetrischen Fall
fünf.
Wege werden im Konfigurationsraum durch das mehrfache Anwenden des Bewegungsoperators definiert. Auf diese Weise kann ein Operator unmittelbar zur Definition einer Metrik im Konfigurationsraum herangezogen werden. Der Abstand zwischen direkt benachbarten Lösungen beträgt hierbei „Eins". Der Abstand zwischen
beliebigen Lösungen ist entsprechend als Länge des kürzesten Weges zwischen die-

sen Lösungen im Konfigurationsraum definiert, d. h. durch die kleinstmögliche Anzahl von Bewegungsoperationen, die die Lösungen ineinander überführen. Der
Durchmesser eines Konfigurationsraums bezeichnet den längsten Abstand zwischen
zwei Lösungen. Im Beispiel beträgt der Durchmesser des Konfigurationsraums im
asymmetrischen Fall sechs und im symmetrischen Fall drei. Diese Überlegungen
verdeutlichen, dass bereits die Eigenschaft der Distanzdaten im Handlungsreisendenproblem gravierende Auswirkungen auf die Konfiguration des Lösungsraums hat.

2.2 Binärrepräsentationen

Zahlreiche kombinatorische Optimierungsprobleme sind bereits in natürlicher Weise
durch binäre Entscheidungsvariable repräsentiert. Um eine einheitliche Basis für die
Betrachtung von Fitnesslandschaften kombinatorischer Optimierungsprobleme zu
schaffen, können andere Repräsentationsformen in eine Binärrepräsentation überführt
werden. Für das Handlungsreisendenproblem erfolgt dies, indem die bestehenden
Vorrangbeziehungen zwischen je zwei Städten in einer Rundreise durch Binärvariable
ausgedrückt werden. Für ein n-Städte Problem mit gegebenem Startort werden somit
N=(n-1)(n-2)/2 Binärvariable benötigt. Die Rundreisen werden durch Bitstrings der
Länge N dargestellt, wobei jede Position im Bitstring eine bestimmte Vorrangbeziehung zwischen zwei Städten ausdrückt. Nimmt die Variable an dieser Position den
Wert „1" an, so bedeutet dies, dass die eine Stadt in der Rundreise vor, aber nicht
notwendigerweise unmittelbar vor der anderen Stadt besucht wird.

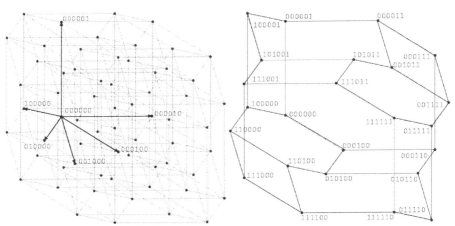

Abb. 2. 6-dimensionaler Hyperwürfel und Projektion auf das dreidimensionale Permutohedron.

Zur Repräsentation von Lösungen im 5-Städte Problem mit gegebenem Startort werden Bitstrings der Länge N=6 benötigt. Das Kodierungsschema spannt einen 6-dimen-
sionalen Hyperwürfel mit 2^6=64 Punkten auf, siehe Abb. 2 (links). Die Darstellung
verdeutlicht den Nachteil der Binärrepräsentation gegenüber der Permutationsreprä-
sentation. Er besteht darin, dass nur eine Teilmenge aller Bitstrings zulässige Rundreisen kodiert. Durch die Umkehrung einer Binärvariablen in einem Bitstring wird die
Vorrangbeziehung zwischen zwei Städten geändert. Dies führt nur dann zu einer

zulässigen Rundreise, wenn die betroffenen Städte in der ursprünglichen Rundreise unmittelbar aufeinander folgend besucht wurden. Bei symmetrischen Distanzdaten können im 5-Städte Problem mit gegebenem Startort demzufolge fünf Direktrelationen umgekehrt werden und bei asymmetrischen Distanzdaten nur drei Direktrelationen. Jede der zulässigen Umkehrungen entspricht einem „Bitflip" in der Binärrepräsentation bzw. einer Bewegung im Konfigurationsraum mit dem „Adjacent-Swap Operator". Abb. 2 (rechts) zeigt, wie durch Elimination der unzulässigen Bitstrings im Hyperwürfel der Konfigurationsraum des Permutohedron (vgl. Abb. 1, links) für das asymmetrische Handlungsreisendenproblem entsteht. In der gewählten Darstellung entspricht die Rundreise ABCDE dem Bitstring „111111".

Die Binärrepräsentation verdeutlicht im betrachteten Fallbeispiel die Vereinheitlichung des Konfigurationsraumansatzes durch einen Bewegungsoperator bzw. eine Metrik. Da ein Bitflip eine elementare Bewegungsoperation im Konfigurationsraum ausdrückt, entspricht der Abstand zweier Lösungen im Lösungsraum gerade der „Hammingdistanz" der zugehörigen Bitstrings. Ebenso entspricht die Länge der Bitstrings gerade dem Durchmesser des Konfigurationsraums.

2.3 Die „Vermessung" der Fitnesslandschaft

Lokale Optima haben aus der konzeptionellen Sicht der Fitnesslandschaft eine besondere Bedeutung, da sie als Hindernisse auf dem Weg zur optimalen Lösung auftreten können. In diesem Zusammenhang ist die Beantwortung folgender Fragen für ein Optimierungsproblem von Interesse:

1. Wie viele lokale Optima besitzt die Fitnesslandschaft?
2. Variiert das Niveau der Fitnesslandschaft stark oder ist die Oberfläche „glatt"?
3. Gibt es „Gegenden" in der Fitnesslandschaft, in denen lokale Optima besonders dicht liegen oder ein überdurchschnittliches Niveau aufweisen?

Antworten auf diese Fragen scheinen auch Antworten auf die Frage nach der Schwere des zugrunde liegenden Optimierungsproblems zu sein. So ist eine Fitnesslandschaft mit wenigen lokalen Optima vermeintlich leichter zu erforschen, ebenso eine vergleichsweise glatte Fitnesslandschaft oder eine, in der lokale Optima in Clustern auftreten oder gar verdichtete, besonders hohe Massive bilden. Im Folgenden stellen wir Berechnungsvorschriften für Maße vor, mit denen Antworten auf die gestellten Fragen gefunden werden sollen.

Bei Binärrepräsentation lässt sich die Anzahl der lokalen Optima in einer Fitnesslandschaft leicht abschätzen. Die Wahrscheinlichkeit, dass ein Bitstring ein lokales Optimum repräsentiert, entspricht der Wahrscheinlichkeit, mit der die Fitness einer Lösung größer ist als die ihrer N Bitflip-Nachbarlösungen. Für zufällig generierte Fitnesslandschaften beträgt diese Wahrscheinlichkeit $1/(N+1)$. Der Erwartungswert für die Anzahl lokaler Optima in einer Fitnesslandschaft, auch Modalität genant, beträgt damit

$$M = |X|/(D+1). \tag{1}$$

Hier bezeichnet $|X|$ die Mächtigkeit des Konfigurationsraums und D seine Dimension. Der Formelausdruck (1) verdeutlicht, dass die Modalität einer Landschaft proportional zu ihrer Größe anwächst, sofern die Fitnesslandschaft unkorreliert ist, also die Fitnesswerte benachbarter Lösungen statistisch unabhängig voneinander sind. Dies ist etwa der Fall, wenn die Fitnesswerte zufällig generiert wurden. Allgemein gibt M eine Abschätzung der maximalen Modalität einer Fitnesslandschaft an.

Im Fall des asymmetrischen Handlungsreisendenproblems mit n=5 Städten ist die Mächtigkeit des Konfigurationsraums wie gesehen |X|=24 und die Dimension D=3. Hieraus ergibt sich eine geschätzte Modalität der Fitnesslandschaft von M=6. Im symmetrischen Problem gleicher Größe gilt |X|=12, D=5 und entsprechend M=2. Tatsächlich liegt die Anzahl der lokalen Optima in Fitnesslandschaften für das Handlungsreisendenproblem im Allgemeinen deutlich unterhalb der geschätzten Modalität. Dies liegt daran, dass die Fitnesswerte benachbarter Lösungen nicht statistisch unabhängig sind. Am Beispiel der Bitflip Nachbarschaft wird dieser Zusammenhang deutlich. Im n-Städte Problem setzt sich die Fitness einer Lösung aus den Distanzdaten der n Kanten einer Rundreise zusammen. Durch eine elementare Bewegung im Konfigurationsraum, wie sie der Bitflip Operator durchführt, ändern sich bei der Berechnung des zugehörigen Fitnesswertes im asymmetrischen Fall genau drei der eingehenden Distanzdaten und im symmetrischen Fall sogar nur zwei. Für große Werte von n muss die Differenz der Fitnesswerte zwischen zwei Lösungen demnach korrelieren, sofern die Lösungen eine geringe Distanz im Konfigurationsraum aufweisen.

Dieser Zusammenhang, der für das Handlungsreisendenproblem aufgrund seiner Struktur offensichtlich ist, wird in der Literatur als „Fitness-Distanz Korrelation" bezeichnet [4]. Sie gibt ein Maß für die Glätte einer Fitnesslandschaft an, welches zur Abschätzung der Schwierigkeit kombinatorischer Optimierungsprobleme herangezogen wird, wenn die Modalität nicht theoretisch geschätzt werden kann (Frage 2). Ein Vorschlag zur experimentellen Bestimmung „der Glätte" einer Fitnesslandschaft stammt von Weinberger [16]. In diesem Ansatz wird, ausgehend von einer beliebigen Lösung, ein zufälliger Weg im Konfigurationsraum durch L äquidistante Schritte generiert. Die ermittelten Fitnesswerte entlang des Weges werden als Zeitreihe f(t) ($1 \leq t \leq L$) mit konstantem Zeitabstand interpretiert. Anschließend werden die Autokorrelationskoeffizienten $\rho(h)$ für Intervalle der Länge 1 bis h<L der Zeitreihe bestimmt. Diejenige Intervalllänge h^*, für die der Autokorrelationskoeffizient $\rho(h^*+1)$ erstmals den Wert 0,5 übersteigt, wird als „Korrelationslänge" der Fitnesslandschaft bezeichnet. Für das Handlungsreisendenproblem lässt sich die Korrelationslänge abschätzen. Im symmetrischen Fall gilt z. B.

$$h^* = n/2. \tag{2}$$

wenn der „Pairwise-Exchange Operator" eingesetzt wird [12].

Umso größer die beobachtete Korrelationslänge einer Fitnesslandschaft ist, umso stärker ist die Fitness-Distanz Korrelation in der Landschaft, d. h. umso „glatter" ist ihre Oberfläche und umso geringer die Modalität. Der empirische Ansatz setzt natürlich voraus, dass die Korrelationslänge statistisch unabhängig vom Startpunkt der Zeitreihe ist. Bildlich gesprochen bedeutet dies, dass die Glätte einer Fitnesslandschaft überall annähernd gleich ist. Wie wir noch sehen werden, ist diese Voraussetzung, die auch als Annahme der statistischen Isotrophie bezeichnet wird, nicht immer gegeben.

Die Aussagekraft der Maßzahl „Korrelationslänge" in Bezug auf die Schwierigkeit von Optimierungsproblemen ist daher beschränkt.

Eine andere Messgröße zielt auf die Verteilung der lokalen Optima ab (Frage 3). Im Modell der Fitnesslandschaft ist die Ähnlichkeit von Lösungen durch ihre Nähe im Konfigurationsraum beschrieben. Eine interessante Frage lautet demnach, ob überdurchschnittlich gute Lösungen für ein Problem, also lokale Optima, näher beieinander liegen als zufällige Lösungen. Lautet die Antwort „ja", so heißt das, dass gute Lösungen relativ ähnlich sind. Aufgrund ihrer Nähe und ihres überdurchschnittliches Fitnessniveaus bilden die lokalen Optima in diesem Fall ein Massiv in der Fitnesslandschaft, was auch als „Himalajastruktur" bezeichnet wird. Es wird angenommen, das Fitnesslandschaften mit einer solchen Struktur leichter zu erforschen sind, da sich die Suche auf den Bereich überdurchschnittlicher Fitness konzentrieren kann. Existieren jedoch mehrere solcher Bereiche, und sind diese durch „Tiefebenen" voneinander getrennt, so wird die Suche ebenso leicht in die Irre geführt. In diesem Zusammenhang wird auch von „täuschenden Problemen" (deceptive problems) gesprochen. Schwerwiegender ist jedoch der Fall, wenn lokale Optima gleichmäßig im Konfigurationsraum verteilt sind. Da die Oberfläche der Fitnesslandschaft keinen verlässlichen Anhaltspunkt zur Steuerung der Suche bietet, gleicht die lokale Suche in diesem Fall dem „Problem von der Nadel im Heuhaufen".

Eine Messgröße zur Beantwortung der Frage basiert auf der Formel

$$E_k = \frac{-1}{\log 2} \sum_{b=0,1} \frac{\omega_k(b)}{\mu} \log \frac{\omega_k(b)}{\mu} \, . \tag{3}$$

Sie berechnet die Entropie des k-ten Bits in einem Pool von μ Bitstrings gleicher Länge. Hierbei gibt $\omega_k(1)$ die Häufigkeit an, mit der das k-te Bit in den Bitstrings des Pools den Wert „1" annimmt. Es gilt entsprechend $\omega_k(0)=\mu- \omega_k(1)$. Die Entropie misst die Ordnung, die im Pool an der k-ten Position herrscht. Der Wert liegt nahe Eins, wenn beide Bitwerte mit ähnlicher Häufigkeit im Pool vorkommen und nahe Null, wenn einer der Bitwerte deutlich dominiert. Mittels $E=1/N \sum_{k=1,...N} E_k$ wird die gesamte Entropie im Pool bestimmt, wobei N die Länge der Bitstrings angibt.

Unter Zuhilfenahme dieser Messgröße kann die Frage nach der Verteilung der lokalen Optima im Konfigurationsraum beantwortet werden. Zunächst wird hierzu ein für die statistische Auswertung hinreichend großer Pool von zufälligen Bitstrings erzeugt, die sämtlich zulässige Lösungen für das betrachte Optimierungsproblem repräsentieren. Anschließend wird jeder Bitstring durch ein Gradientenverfahren in ein lokales Optimum überführt. Für beide Pools wird schließlich die Entropie berechnet. Aus der Änderung der Entropie ΔE, die durch die lokale Optimierung ausgelöst wurde, kann auf die Verteilung der lokalen Optima geschlossen werden. A priori klar ist, dass die Entropie im Zufallspool mindestens so groß ist wie die Entropie im optimierten Pool, denn anderenfalls hätte die lokale Optimierung die Ordnung im Zufallspool reduziert. Hat sich die Entropie nur mäßig verringert, so sind lokale Optima genauso gleichmäßig im Konfigurationsraum verteilt wie die Zufallslösungen. Hat sie sich jedoch reduziert, so weisen lokale Optima gemeinsame Merkmale auf, d. h. sie sind in einem Be-reich des Konfigurationsraums häufiger anzutreffen als anderswo.

Für das symmetrische Handlungsreisendenproblem wurde die Entropieberechnung bereits von Kirkpatrick und Toulouse vor über zwanzig Jahren erstmals durchgeführt [6]. Die Ergebnisse, die in vielen Studien bestätigt wurden, zeigen, dass die Kanten in zufälligen Rundreisen mit gleicher Wahrscheinlichkeit auftreten (E≈1), während etwa zufällige 2-optimale Rundreisen im Durchschnitt zu fast zwei Dritteln aus gleichen Kanten bestehen (E≈0,33). Dies verdeutlicht, dass die Fitnesslandschaft unter dem „Pairwise-Exchange Operator" die besagte „Himalajastruktur" besitzt.

2.4 NK-Landschaften

Wir haben drei Größen zur empirischen Vermessung einer Fitnesslandschaft vorgestellt: Die Modalität, die Korrelationslänge und die Entropie. Einen theoretischen Beitrag zur Analyse von Fitnesslandschaften leistet das Modell der NK-Landschaften von Kauffmann [5]. In diesem Ansatz bezeichnet N die Dimension des Konfigurationsraums eines Optimierungsproblems und K≤N-1 die Anzahl an Dimensionen, die von der Entscheidung in einer Dimension beeinflusst werden. In der theoretischen Biologie wird dieses Prinzip als die epistatische Interaktion zwischen Genorten im Genom bezeichnet. Für K=0 gilt, dass sich eine Entscheidung bzgl. einer Dimension des Optimierungsproblems nicht auf die Kosten bzw. den Fitnessbeitrag anderer Entscheidungen auswirkt. Das bedeutet, dass jede Entscheidung unabhängig von allen anderen Entscheidungen bewertet werden kann. In N0-Landschaften ist die Fitness-Distanz Korrelation daher annähernd vollkommen und die Modalität beträgt Eins. Umso näher K gegen N wächst, umso stärker nimmt die Fitness-Distanz Korrelation der Landschaft ab. Im Extremfall K=N-1 entspricht die durchschnittliche Fitness lokaler Optima annähernd dem mittleren Niveau der Landschaft. Eine systematische lokale Suche ist hier kaum mehr möglich.

Das NK-Modell beschreibt eine Familie von Fitnesslandschaften, deren Modalität und Korrelation systematisch variiert werden kann. Am Beispiel des asymmetrischen Handlungsreisendenproblems wird dies gut illustriert. Hier ist der Kostenbeitrag einer Stadt zu den Gesamtkosten einer Rundreise durch diejenigen beiden Städte eindeutig bestimmt, die unmittelbar vor bzw. nach dieser Stadt besucht werden. Im asymmetrischen n-Städte Problem gilt demnach N=n und K=2. N2-Landschaften weisen ein hohes Maß an Glätte auf. Sie besitzen zudem eine starke Korrelation und eine vergleichsweise niedrige Modalität. Auch lässt sich für N2-Landschaften die Existenz einer „Himalajastruktur" analytisch nachweisen, was zusammengenommen die empirischen Resultate zum Handlungsreisendenproblem bestätigt. Auf die meisten kombinatorischen Optimierungsprobleme lässt sich leider die Struktur des NK-Modells nicht direkt übertragen. Dennoch ist das Modell hilfreich, weil es klar aufzeigt, dass das Handlungsreisendenproblem aus der Sicht der Fitnesslandschaft ein tendenziell „einfaches" Optimierungsproblem darstellt.

3   Ablaufplanungsprobleme

Probleme der Ablaufplanung sind spezielle Reihenfolgeprobleme, bei denen eine gegebene Menge von n Aufträgen zur Bearbeitung auf einer Menge von m Maschinen so einzuplanen ist, dass die Arbeitsgangfolgen der Aufträge auf den Maschinen eingehalten werden. Die Bearbeitungszeiten der Aufträge auf den Maschinen sind bekannt. Es können unterschiedliche Zielsetzungen in der Planung verfolgt werden, jedoch wird die Minimierung der spätesten Fertigstellungszeit eines Auftrags (Zykluszeit) in der wissenschaftlichen Literatur als Standardziel angesehen [11]. Bei identischen Arbeitsgangfolgen der Aufträge spricht man von Ablaufplanung bei Fließfertigung (Flow shop scheduling problem) und bei auftragsspezifischen Arbeitsgangfolgen von Ablaufplanung bei Werkstattfertigung (Job shop scheduling problem). Im Folgenden studieren wir das allgemeine Problem der Ablaufplanung bei Werkstattfertigung mit dem Ziel der Minimierung der Zykluszeit.

3.1   Problemrepräsentation

Probleme der Ablaufplanung besitzen eine Binärrepräsentation, die der vorgestellten Binärrepräsentation des Handlungsreisendenproblems stark ähnelt. Statt über die paarweisen Vorrangbeziehungen von Städten zu entscheiden, sind bei der Ablaufplanung die paarweisen Vorrangbeziehungen der Aufträge auf den Maschinen festzulegen. Anders als beim Handlungsreisendenproblem resultieren hieraus nicht nur eine Reihenfolge, sondern individuelle Auftragsreihenfolgen für jede Maschine. Die binäre Problemrepräsentation kann in einem disjunktiven Graphen dargestellt werden [1].

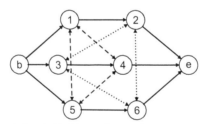

Abb. 3.   Disjunktiver Graph für ein Problem mit 3 Aufträgen und 2 Maschinen.

Es handelt sich hierbei um ein Vorgangsknotennetz mit einem Beginnknoten b und einem Endknoten e, sowie n·m Vorgangsknoten für die Bearbeitung der Aufträge auf den Maschinen. Die Arbeitsgangfolgen der Aufträge sind als durchgezogene Pfeile in Abb. 3 gezeigt. Im Beispiel müssen Vorgang 1 und Vorgang 2, die gemeinsam einen Auftrag bilden, nacheinander auf unterschiedlichen Maschinen bearbeitet werden. Zwischen den Vorgängen, die auf einer Maschine ausgeführt werden, bestehen wechselseitige Vorrangbeziehungen. Sie sind im Graphen durch disjunktive Kanten (gestrichelt gezeigt) berücksichtigt. Im Beispiel werden die Vorgänge 1, 4 und 5 sowie die Vorgänge 2, 3 und 6 jeweils auf derselben Maschine durchgeführt.

Im Rahmen der Ablaufplanung sind Entscheidungen über die Orientierung der disjunktiven Kanten zu treffen. Dies wird durch n·m Binärvariable ausgedrückt. Wie schon beim Handlungsreisendenproblem repräsentieren nicht alle Bitkombinationen eine zulässige Vorgangsreihenfolge. Auf Grund unterschiedlicher Arbeitsgangsfolgen der Aufträge sind darüber hinaus im Allgemeinen auch nicht alle Kombinationen von Vorgangsfolgen auf den Maschinen möglich. Einige führen zu Vorgangsblockierungen, was im Graph durch das Entstehen von Zyklen sichtbar wird.

Ist der Graph nach der Orientierung der disjunktiven Kanten zyklenfrei, so kann ein kürzester Weg vom Beginnknoten b zum Endknoten e bestimmt werden. Hierzu werden die Pfeile mit den Bearbeitungszeiten der Vorgänge der jeweiligen Startknoten gewichtet. Die von Knoten b ausgehenden Pfeile erhalten das Gewicht Null. Die Länge des längsten Weges von b nach e gibt die Zykluszeit der im Graphen repräsentierten Lösung an.

3.2 Die Struktur des Konfigurationsraums

Die möglichen Lösungen für das obige Problembeispiel werden durch Bitstrings der Länge N=6 erfasst. Legt man im Lösungsraum die Bitflip-Nachbarschaft zu Grunde, so wird, wie im Beispiel zum Handlungsreisendenproblem, zunächst ein 6-dimensionaler Hyperwürfel aufgespannt. Von den 64 Bitstrings repräsentieren aber lediglich 36 Bitstrings mögliche Reihenfolgen für die Bearbeitung der Aufträge auf den beiden Maschinen.

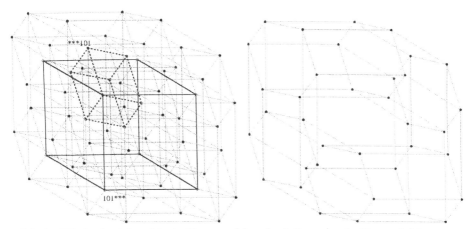

Abb. 4.   Elimination inkonsistenter Vorgangsfolgen im 6-dimensionaler Hyperwürfel.

Abb. 4 zeigt die Projektion von zwei dreidimensionalen Würfeln im Hyperwürfel. Bitstrings die auf den Eckpunkten dieser Würfel liegen gestatten keinen zulässigen Plan. Beispielsweise existieren für das Schema 101*** keine konsistenten Auftragsfolgen, da hierzu Auftrag 1 vor Auftrag 2 (erster Bitwert 1) und nach Auftrag 3 (zweiter Bitwert 0), aber Auftrag 2 vor Auftrag 3 (dritter Bitwert 1) bearbeitet werden müssten. Die Elimination aller unzulässigen Bitstrings führt zum Konfigurationsraum, der auf der rechten Seite der Abbildung gezeigt ist.

Im gezeigten Raum hat jeder Knoten genau vier Bitflip-Nachbarn. Dies rührt daher, dass für jede der beiden Maschinen gerade zwei „Ajacent-Swap Operationen" durchgeführt werden können, durch die die unmittelbar aufeinander folgenden Aufträge auf einer Maschine vertauscht werden. Im Fall, dass die Arbeitsgangfolgen aller Aufträge identisch sind (es handelt sich dann um ein Flow Shop Scheduling Problem), führt eine „Adjacent-Swap Bewegung" im Konfigurationsraum grundsätzlich zu einem zulässigen Knoten. Bei Job Shop Scheduling Problemen ist dies im Allgemeinen nicht der Fall. Hier darf eine Vorrangbeziehung von Aufträgen auf einer Maschine nur dann vertauscht werden, wenn die entsprechende disjunktive Kante im zugehörigen Graphenmodell Bestandteil des kritischen Weges von b nach e ist. Anderenfalls wird ein „Adjacent-Swap" die Zyklenfreiheit des Graphen zerstören, also eine Vorgangsblockierung im Ablaufplan bewirken.

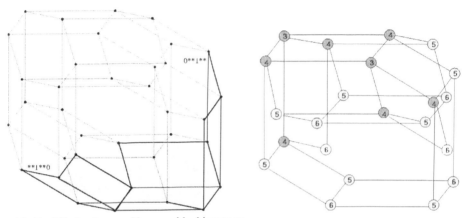

Abb. 5.   Elimination von Vorgangsblockierungen.

Die Eckpunkte der in Abb. 5 grau hinterlegten Flächen repräsentieren alle Bitstrings, die in unserem Beispielproblem den blockierten Ablaufplänen entsprechen. Werden auch sie aus dem Hyperwürfel eliminiert, so entsteht der rechts gezeigte Konfigurationsraum. Er umfasst 22 Bitstrings, von denen jeder in einen zulässigen Ablaufplan transferiert werden kann. Die unterschiedlichen Grautöne der zugehörigen Knoten steht für die Anzahl zulässiger Bitflip Nachbarn, die die Lösungen besitzen. Gut zu erkennen ist, dass es Lösungen mit vier Nachbarn (Dunkelgrau), mit drei Nachbarn (Mittelgrau) und sogar mit nur zwei Nachbarn (Hellgrau) gibt.

Konfigurationsräume, in denen alle Lösungen dieselbe Anzahl von Nachbarn besitzen, heißen regulär [14]. Die Konfigurationsräume des symmetrischen und des asymmetrischen Handlungsreisendenproblems sowie des Ablaufplanungsproblems bei Fließfertigung sind regulär. Der Konfigurationsraum des Ablaufplanungsproblems bei Werkstattfertigung ist demgegenüber offensichtlich nicht-regulär. Er weist in seinen Teilbereichen unterschiedliche Konnektivität auf. In der Abbildung ist z.B. ein „äußerer Ring mittlerer Konnektivität" erkennbar. Es stellt sich die Frage, ob bestimmte Substrukturen in einer Konfiguration Rückschlüsse auf die anzutreffende Fitness erlauben.

3.3 Analyse der Fitnesslandschaft

Exemplarisch stellt Tab. 1 wesentliche Kenngrößen der betrachteten Probleminstanzen zum asymmetrischen Handlungsreisendenproblem (ATSP) und zum Ablaufplanungsproblem bei Werkstattfertigung (JSSP) gegenüber. Bei vergleichbarer Problemgröße gestatten beide Problemklassen eine Binärpräsentation gleicher Länge. Diese Länge N gibt zugleich den Durchmesser des Konfigurationsraums an. Als Bewegungsoperator wird in beiden Fällen der „Adjacent-Swap Operator" eingesetzt, der mit einem zulässigen Bitflip die kleinstmögliche Veränderung einer bestehenden Lösung ausübt. Die Mächtigkeit der Lösungsräume beider Probleme unterscheidet sich nur geringfügig. Der Konfigurationsraum des betrachteten ATSP ist regulär und wegen der reinen Permutationsstruktur noch dreidimensional. Der Konfigurationsraum des JSSP ist hingegen schon vierdimensional (2 Dimensionen pro Maschine) und darüber hinaus nicht regulär. Die Anzahl zulässiger Nachbarn variiert in der gezeigten Konfiguration zwischen zwei und vier.

Tab. 1. Vergleich der Konfigurationsräume von zwei kleinen Probleminstanzen.

Merkmale	ATSP	JSSP
Größe der Probleminstanz	n=5	n=3, m=2
Länge der Binärrepräsentation N	6	6
Bewegungsoperator (Nachbarschaft)	Adjacent Swap	Adjacent Swap
Mächtigkeit des Lösungsraums |X|	24	22
Dimension D	3	4
Anzahl Nachbarn pro Lösung	3	2-4

Die behandelten Methoden zur Vermessung von Fitnesslandschaften basieren maßgeblich auf der Annahme regulärer Konfigurationsräume. Dies soll am Beispiel der Entropieänderung und der Korrelationslänge verdeutlicht werden. Tab. 2 zeigt Messungen der Entropie in Pools zufälliger Lösungen (E_{rand}) und in Pools lokal-optimaler Lösungen (E_{opt}) für unterschiedliche Optimierungsprobleme. Die Untersuchungen, die in verschiedenen Arbeiten veröffentlicht wurden, basieren auf repräsentativen Benchmark-Instanzen. Die Größe der Pools beträgt jeweils 1.000 Lösungen.

Tab. 2. Änderung der Entropie für verschiedene Kombinatorische Optimierungsprobleme.

Problem	E_{rand}	E_{opt}	ΔE	Quelle
Symmetrisches Handlungsreisendenproblem	1.00	0.33	0.67	[6]
Quadratisches Zuordnungsproblem	1.00	0.97	0.03	[7]
Maschinenbelegungsproblem bei Werkstattfertigung	0.678	0.675	0.003	[15]

Beim Handlungsreisendenproblem reduziert sich die Entropie lokal-optimaler Lösungen um annähernd zwei Drittel gegenüber zufälligen Lösungen. Für ein anders Permutationsproblem, das Quadratische Zuordnungsproblem, ändert sich die Entropie demgegenüber nur geringfügig um etwa 3%. Das bedeutet, dass fast alle Teillösungen bei diesem Optimierungsproblem Bestandteil lokal-optimaler Lösungen sein können. Teillösungen beeinflussen die Auswirkungen anderer Entscheidungen in viel höherem

Maße, als es beim Handlungsreisendenproblem der Fall ist. Aus Sicht des NK-Modells besitzt das Zuordnungsproblem eine hohe epistatische Interaktion (K≈n-1).

Beim Problem der Ablaufplanung bei Werkstattfertigung ist die beobachtete Entropieabnahme nochmals deutlich geringer. Dennoch kann hier, anders als beim Quadratischen Zuordnungsproblem, nicht auf die Häufigkeitsverteilung von Merkmalen in lokal-optimalen Lösungen geschlossen werden, da bereits in den Zufallslösungen nur etwa 68% der möglichen Vorrangbeziehungen realisiert sind. Dies bedeutet, dass bereits durch die Erzeugung von Zufallslösungen ein erheblicher Bias auf die lokale Suche ausgeübt wird. Ob dieser die Optimierung unterstützt oder ihr entgegenwirkt kann nicht auf der Grundlage einer Entropiebetrachtung festgestellt werden.

Eine Korrelationsanalyse der Fitnesslandschaft sollte an dieser Stelle weiteren Aufschluss geben. In einer Testreihe wurde gezeigt, dass die Korrelationslänge von Fitnesslandschaften für leichte Probleminstanzen, die bereits durch einfache lokale Suchverfahren nahe-optimal gelöst werden, erheblich geringer ist, als die Korrelationslänge bei schwierigen Probleminstanzen gleicher Größe [7]. Dies führt zu dem paradoxen Ergebnis, dass schwierige Probleme stärker korrelierte Fitnesslandschaften haben als leichte Probleme. Die Validität dieser Aussage ist auf Grund der Nicht-Regularität der betrachteten Fitnesslandschaften jedoch nicht gegeben, denn die Generierung eines Weges in der Fitnesslandschaft, der die möglichen Lösungen mit gleicher Wahrscheinlichkeit passiert, ist nicht möglich.

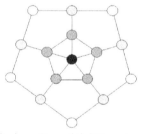

Abb. 6   Konfigurationsraum mit einem Konnektivitätszentrum.

Abb. 6 soll dies verdeutlichen. Ein Weg, der in jedem Knoten mit gleicher Wahrscheinlichkeit zu einem Nachbarn verzweigt, wird wegen der geringen Konnektivität im äußeren Bereich der gezeigten Konfiguration mit großer Wahrscheinlichkeit in den inneren Bereich führen und dort zirkulieren. Nicht-reguläre Konfiguartionsräume besitzen demnach keine statistisch isotrophen Fitnesslandschaften, wie es die Korrelationsanalyse vorsieht.

Abschließend wird der Frage nachgegangen, welchen Einfluss die Nicht-Regularität eines Konfigurationsraums auf die lokale Suche hat. Zu diesem Zweck wird die Entwicklung der Fitnesswerte auf Zufallswegen, die wir im Rahmen der Korrelationsanalyse für Ablaufplanungsprobleme erstellt haben, weiter untersucht. Es zeigt sich, dass die Fitness, ausgehend vom Startniveau, zunächst in mehreren Bewegungsschritten signifikant verbessert wird, ehe sie auf mittlerem Niveau stagniert.

Diese Beobachtung deutet auf eine Korrelation zwischen der Fitness von Lösungen und der Anzahl ihrer Nachbarn hin. Abb. 5 (rechts) unterstützt diese Vermutung. Die gezeigten Werte in den Knoten entsprechen der Zykluszeit der zugehörigen Lösungen bei identischen Bearbeitungszeiten aller Vorgänge. Die beiden optimalen Lösungen (Z=3) besitzen vier Nachbarn, die beiden schlechtesten Lösungen (Z=6) hingegen nur zwei. Bestätigt sich diese Vermutung, so bewirkt der Konfigurationsraum eine Drift in der Fitnesslandschaft, welche die lokale Suche tendenziell unterstützt.

4   Schlussbetrachtung

Die Untersuchung hat Defizite im konzeptionellen Verständnis der Fitnesslandschaft aufgezeigt. Die bestehende Theorie und die entwickelten Analysemethoden berücksichtigen die Struktur des zu Grunde liegenden Konfigurationsraums nur unzureichend. In diesem Sinne halten wir folgende Hauptergebnisse fest:

1. Die möglichen Merkmale der Lösungen eines Optimierungsproblems (bei Reihenfolgeproblemen: Vorrangbeziehungen zwischen Objekten) treten in Zufallslösungen nicht mit gleicher Wahrscheinlichkeit auf. Die Entropie in einem Pool zufälliger Lösungen ist daher nicht maximal. Es ist möglich, dass durch lokale Optimierung zwar bestimmte Merkmale von Ausgangslösungen reduziert werden, zugleich aber auch neue, die nicht oder nur selten in einer Zufallslösung vorkommen, hinzutreten. Aus einer Verringerung der Entropie in lokal optimalen Lösungen kann daher nicht auf die Verdichtung guter Lösungsmerkmale geschlossen werden. Es stellt sich somit die Frage, welche Bedeutung die Entropieänderung in einem nicht-regulären Konfigurationsraum hat.

2. Die Methode der Korrelationsanalyse von Fitnesslandschaften versagt im Falle nicht-regulärer Konfigurationsräume, weil die Voraussetzung der statistischen Isotrophie verletzt ist.

3. Für die untersuchten Ablaufplanungsprobleme bei Werkstattfertigung besteht eine signifikante Korrelation zwischen der Zykluszeit und der Anzahl von Nachbarn, die eine Lösung im Konfigurationsraum besitzt. Dies wird von weiteren Tests bestätigt [2]. Die Struktur der Fitnesslandschaft weist vermutlich einen äußeren Ring mit geringer Konnektivität und Fitness auf, sowie ein Zentrum mit höherer Konnektivität, in dem viele überdurchschnittlich gute Lösungen lokalisiert sind. Dieser Sachverhalt unterstützt die Suche, sofern nicht die besten Lösungen wiedererwartend in Bereichen geringerer Konnektivität liegen. Ob diese Überlegung auch für andere Zielsetzungen der Ablaufplanung Gültigkeit hat, bedarf der weiteren Überprüfung. Aus der Sicht einer Fitnesslandschaft ist es auch denkbar, dass Problemschwere gerade daraus resultiert, dass die besten Lösungen nur wenige Verbindungswege besitzen.

Der gegenwärtige Kenntnisstand über Fitnesslandschaften von kombinatorischen Optimierungsproblemen reicht nicht aus, um „Problemschwere" stichhaltig zu erklären. Jedoch sollte die Aussicht, in Zukunft Optimierungsverfahren entwickeln zu können, die die Struktur einer Fitnesslandschaft bei der Suche analysieren und verwerten, genug Anreiz bieten, um diese Forschung weiter voranzutreiben.

Literaturverzeichnis

1. Adams, J.; Balas, E.; Zawack, D: The Shifting Bottleneck Procedure for Job Shop Scheduling. In: Management Science 34 (1988) 391-401
2. Bierwirth, C.; Mattfeld, D.C.; Watson J.-P.: Landscape Regularity and Random Walks for the Job Shop Scheduling Problem. In: Gottlieb, J.; Raidl, G.R. (Hrsg.): Evolutionary Computation in Combinatorial Optimization. Lecture Notes in Computer Science (2004) 21-30
3. Jones, T: One Operator, One Landscape. Santa Fe Institute, Working Paper No 95-02-025, 1995
4. Jones, T; Forrest, S.: Fitness Distance Correlation as a Measure of Problem Difficulty for Genetic Algorithms. In: Proceedings of the 6th Int. Conference on Genetic Algorithms. Morgan Kaufmann Publishers, 1995, 184-192
5. Kauffmann, S.A.: The Origins of Order. Oxford University Press, 1993
6. Kirkpatrick, S.; Toulouse, G.: Configuration Space Analysis for Travelling Salesman Problems. In: J. de Physique 46 (1985) 1277-1292
7. Mattfeld, D.C.; Bierwirth, C.; Kopfer, H.: A Search Space Analysis of the Job Shop Scheduling Problem. In: Annals of Operations Research 86 (1999) 441-453
8. Merz, P.; Freisleben, B.: Fitness Landscapes, Memetic and Algorithms for the Quadratic Assignment Problem. In: IEEE Transactions on Evolutionary Computation 4 (2000) 337-352
9. Merz, P.; Freisleben, B.: Fitness Landscapes, Memetic Algorithms and Greedy Operators for Graph Bi-Partitioning. In: Evolutionary Computation 8 (2000) 61-91
10. Merz, P.: Advanced Fitness Landscape Analysis and the Performance of Memetic Algorithms. In: Evolutionary Computation 12 (2004) 303-325
11 Nowicki, E.; Smutnicki, C.: Some new Ideas in Tabu Search for Job Shop Scheduling. In: Rego,C.; Alidaee, B. (Hrsg.): Metaheuristic Optimization via Memory and Evolution – Tabu Search and Scatter Search. Kluwer Academic Publishers, Boston 2005, 165-190
12. Stadler, P.F.; Schnabl, W.; The landscape of the Traveling Salesman Problem. In: Physics Letters A 161 (1992) 337-344
13. Stadler, P.F.; Happel, R.: Correlation Structure of the Landscape of the Graph Bi-Partitioning Problem. In: J. Pfysics A 25 (1992) 3103-3110
14. Stadler, P.: Fitness Landscapes. In: Lässig, M.; Vallerian, A. (Hrsg.): Biological Evolution and Statistical Physics. Springer, Berlin 2002, 187-202
15. Taillard, È. D.: Comparison of Iterative Searches for the Quadratic Assignment Problem. In: Location Science 3 (1990) 65-74
16. Weinberger, E: Correlated and Uncorrelated Fitness Landscapes and how to tell the Difference. Biol. Cybernetics 63 (1990) 325-336

Some Aspects of Polytope Degeneracy
in Multicriteria Decision Making

Tomas Gal[1] and Thomas Hanne[2]

[1]FernUniversität in Hagen, Universitätsstraße 41, 58084 Hagen
[2]University of Applied Sciences, Riggenbachstr. 16, 4600 Olten, Schweiz
tomas.gal@fernuni-hagen.de, thomas.hanne@fhnw.ch

Abstract. Various methods used in multicriteria decision making can be deteriorated by the occurring of degeneracy. A concise overview of problems which can be caused by degeneracy is given.

Keywords: Degeneracy, degeneracy graphs, neighborhood problem, efficient solutions, compromise solutions.

1 Introduction and Notation

If in any linear problem, in which one works with a convex polyhedron (if the corresponding solution set described by inequalities is restricted, we have a convex polytope), the task is to determine all neighbours of a vertex then, in case of degeneracy, this task may become quite exerted. The reason is that, in general, all basic solutions associated with a given degenerate vertex should be determined in order to be able to find *all* neighbouring vertices to the degenerate one. To become a feeling how many bases (basic feasible solutions) may be adjoined to a degenerate vertex let n be the number of variables and σ be the number of zeros in the corresponding basic feasible solution. Evidently, the maximal number of (feasible) bases associated with the degenerate vertex is $\binom{n+\sigma}{\sigma}$.

For example, if $n = 50$ and $\sigma = 5$ then the maximal number of (feasible) bases associated with that degenerate vertex is $3{,}48 \times 10^6$.

In order to cope with such kind of situations the so called *neighbourhood problem* has been defined and even solved: Find a subset (if it exists) of all bases (basic feasible solutions) associated with a degenerate vertex of a convex polytope such that, with this subset, all neighbouring vertices of the degenerate one can be determined. Concerning more details to this problem see, e.g., ([5], [6], [7]. [8], [20]).

In order to be able to go into more details let us introduce some notation. Consider the solution sets:

$$X = \{x \in \mathbb{R}^n : Ax \le b, x \ge 0\} \ne \emptyset, \tag{1.1}$$

$$\bar{X} = \{y \in \mathbb{R}^{n+m} : \bar{A}\, y = b, y \ge 0\} \ne \emptyset, \tag{1.2}$$

where $A \in R^{mxn}$ is a constant matrix, $b \in R^m$ is a constant vector, 0 is the nullvector of appropriate dimension, $r(A) = m$, $x \in R^n$ is the vector of variables, $y = [x|s]^T$, $s \in R^m$ are the slack (surplus) variables and $\bar{A} = [A|I_m]$, where I_m is the mxm identity matrix.

Select now from $\bar{A}$ m linearly independent columns and form with these columns the basis-(matrix) B, B^{-1} being the corresponding inverse. Let

$$y_B = B^{-1}b = (y_1, ..., y_m)^T \geq 0 \tag{1.3}$$

(1.3) be a basic feasible solution to (1.2) with $y_{m+1} = ... = y_{m+n} = 0$. Denote by a^1, ..., a^m the m linearly independent columns of $\bar{A}$ forming B. If $y_i > 0$ for all $i = 1, ...,$ m, then the representation

$$b = y_1 a^1 + ... + y_m a^m \tag{1.4}$$

is unique. If $y_i = 0$ for at least one $i \in \{1, ..., m\}$ then (1.4) is evidently not unique. Such a solution is called *degenerate* and it is possible to represent b as a linear combination of several bases. Since, however, y_i, $i = 1, ..., $ m, maintain the same values for all possible representations, these values define one and the same vertex of X, X being a convex polytope (1.1).

From a geometrical point of view, a vertex of X is defined by n hyperplanes. If a vertex lies on the intersection of more than n hyperplanes, the vertex is degenerate.

Consequently, if degeneracy occurs, it is possible to adjoin to one vertex several bases. The number σ of zeros in y_B is called the *degeneracy degree*, $0 \leq \sigma \leq m$, and the corresponding vertex a σ-*degenerate vertex*.

Consider a σ-degenerate vertex $x^o \in R^n$ and denote by

$$B^o = \{B_u^o : u = 1,...,U\}, \quad |B^o| = U \geq 1 \tag{1.5}$$

the set of feasible bases associated with x^o; U is called the *degeneracy power of* x^o. Evidently, if $\sigma = 0$ or $U = 1$ then x^o is nondegenerate. In [20] it has been shown that

$$2^{\min\{\sigma,n\}-1}(|n - \sigma| + 2) = U_{\min} \leq U \leq U_{\max} = \binom{n+\sigma}{\sigma} \tag{1.6}$$

holds.

Using our above numerical example, $n = 50$, $\sigma = 5$, the minimal number of bases associated with such a vertex is $U_{\min} = 752$.

2   The Neighbourhood Problem

The neighbourhood problem is to find a subset of the set of all basic (feasible) solutions associated with a given degenerate vertex such that using this subset all neighbouring vertices of the given one can be determined.

In order to find such a subset (if it exists) a so called (undirected) *degeneracy graph* (DG) has been introduced ([3], [7], [14], [20], [21], [24], [26], [27], [34], [35]):

$$G_+^o(x^o) = G_+^o = (B^o, E_+^o), \tag{2.1}$$

where B^o is given by (1.5) and

$$E_+^o = \{\{B_u^o, B_{u'}^o\} \subseteq B^o : B_u^o \leftarrow + \rightarrow B_{u'}^o\}, u, u' \in \{1,...,U\} \tag{2.2}$$

is the *positive* degeneracy graph, because the operator $\leftarrow + \rightarrow$ means a positive pivot step for a basis-exchange in an associated pivot- (simplex)-tableau.

Given a degenerate vertex x^o, partition the index set $I = \{i: i = 1, ..., m\}$ into

$$I_D = \{i: y_i = 0\}, \tag{2.3}$$

$$I_N = \{i: y_i > 0\}. \tag{2.4}$$

If, in (pivot-, simplex-)tableau T_u^o there exists a nonbasic column "t" such that

$$\forall_{i \in I_D} y_{it} \leq 0 \text{ and } \exists_{i \in I_N} y_{it} > 0 \tag{2.5}$$

then column t is called *transition column* and the corresponding node in the DG *transition node*. If, in T_u^o , there is no transition column, then the corresponding node is called an *internal node*.

Let $B_u^o \in B^o$ associated with the σ-degenerate vertex $x^o \in X$ be given. Denote by

$$B^S = \{B \text{ is feasible basis of } (1.2): \exists_{B_u^o \in B^o} B_u^o \leftarrow + \rightarrow B\} \tag{2.6}$$

the set of all nodes associated with the neighbouring vertices x^s, s = 1, ..., S, of x^o.

From the point of view of the graph theory, the neighbouring problem is to find a subgraph (if it exists) of the set of all nodes of a DG such that using this subgraph all neighbouring vertices can be determined. Various methods have been worked out (see, e.g., the surveys in [15, 20]), the first rudimentary method being that by [3, 4].

Based on the work by Kruse [20], Geue [15] developed quite an efficient method to find such a subgraph called the ***Transition-Node-Pivoting*** rule (TNP-rule for short). Let us introduce a bit more notation.

Transition nodes of a DG that are joined with node(s) assigned to the same neighbouring vertex of x^o are called the *set of transition nodes*.

Any subgraph $\bar{G}_+^0 \subset G_+^0$ that contains at least one node of every set of transition nodes is called *N-correspondence*.

The so called *N-condition* (see [20]) is fulfilled (roughly said) if $\overset{o}{G_u}$ is a connected graph and is connected with all nodes associated with all the neighbours of x^o. If an N-correspondence is connected, then it satisfies the N-condition [20].

Without loss of generality suppose that all neighbours of x^o are nondegenerate.

Passing from B_s of x^s to $B_{s'}$ of $x^{s'}$ using $j \notin B_s$ as pivot column the known feasibility criterion is

$$\Omega_{min}^{(j)} = \min_{i \in I} \{\frac{y_i}{y_{ij}} : y_{ij} > 0\}. \tag{2.7}$$

It is also known that passing from x^s to a σ-degenerate x^o the feasibility criterion (2.7) yields a set of indices

$$I_{min}^{(j)} = \{i : \frac{y_i}{y_{ij}} = \Omega_{min}^{(j)}\} \subset I. \tag{2.8}$$

It is evident that

$$\left|I_{min}^{(j)}\right| = \sigma + 1. \tag{2.9}$$

Based on some more details, Geue ([14], [15]) worked out the TNP rule by which an N-correspondence, i.e., a connected subgraph of the DG is found such that using this subgraph (subset of all possible bases) all the neighbours of a given degenerate vertex can be determined. Note that the TNP-rule serves automatically as an anticycling rule.

3   Determination of an Efficient Hyperplane in an LVMP

Let us introduce a so called linear vectormaximum problem (LVMP):

$$\text{``}\max_{y \in X}\text{''} Z(y) = C^T y, C = (c^1, \dots, c^K) \tag{3.1}$$

with

$$z_k(y) = (c^k)^T y, k = 1, \dots, K, c^k \in R^{n+m}, y \in R^{n+m} \tag{3.2}$$

and

$$Z(y) = (z_1(y), \dots, z_K(y)). \tag{3.3}$$

LVMP means, in general, to find the set of all *efficient solutions*, i.e., the set

$$E = \{\tilde{y} \in \bar{X} : \text{there is no } y \in \bar{X} \text{ such that } CT y \geq CT \tilde{y} \text{ and } CT y \neq CT \tilde{y}\} \tag{3.4}$$

(in the practice, instead of trying to find all the efficient solutions (see e.g. [4], [16]) the intention is to find a so called *compromise solution*, which should be an element of the set of the efficient solutions (see below).

Suppose that, based on negotiations, information, discussion etc., an LVMP (3.1) has been developed. Using some method [32] to determine a first efficient solution, assume that this solution is the vertex x^o of X. Note that any such method can be simplified by dropping so called *nonessential objective functions* ([9], [10], [11], [17], [22]).

The decision maker (DM) who worked with the analyst on setting up the LVMP is, however, not satisfied with x^o and demands to get another (compromise) solution which, from the viewpoint of the analyst, should be a solution (point) at a hyperplane, x^o is one of the vertices on it. Hence, starting with x^o all the *efficient* neighbours of this vertex should be determined and by a convex combination of the corresponding vertices the efficient hyperplane can be defined and by this the set from which a compromise solution can be chosen by the DM.

And again: if x^o is nondegenerate then there is no problem to find all the corresponding (efficient) neighbouring vertices forming the associated efficient hyperplane (see e.g. [7, Ch. IX-3]). The principle of this procedure is based on a transformation of the LVMP into a special *parametric problem* which assures that only efficient neighbours lying on a hyperplane are determined. In case that the hyperplane is not bounded an appropriate procedure is used [7, Ch. IX-2].

Let $t \in R^P$ be a vectorparameter in the multiparametric problem

$$\max_{y \in X} z = (Ct)^T y, t \geq o, \tag{3.5}$$

which is a scalarization of the LVMP (3.1).

The following efficiency theorem holds [13]:

$y^o \in \bar{X}$ *is an efficient solution to (3.1) iff there exists* $t^o > 0$ *such that* y^o *is an optimal solution to (3.5) with respect to* $t = t^o$.

Using this theorem a procedure has been worked out [7, Ch. IX] to determine all the efficient solutions to (3.1), so that starting by x^o all the corresponding efficient hyperplanes are also determined.

Suppose now that x^o is a σ-degenerate vertex. Then, applying the TNP-rule in combination with the parametric procedure solving (3.5) with respect to the efficiency theorem, the set of the efficient solutions of an efficient hyperplane can be determined. The decision maker can then determine his/her compromise solution by setting the coefficients in the convex hull

$$\gamma(x^u) = \{x \in X : x = \sum_{u=1}^{U} \lambda_u x^u, \sum_{u=1}^{U} \lambda_u = 1, \lambda_u \geq 0\}. \tag{3.6}$$

where x^u, $u = 1, ..., U$, are all the vertices of the efficient hyperplane. If the hyperplane is not bounded it is called a face and as described in [4] other possibilities than (3.6) are given to the DM in order to choose his compromise solution.

4   Determination of a Compromise Solution

As a result of the method described above we obtain a representation of the efficient set, thus usually a large number of versatile solutions. As mentioned above, a DM typically desires to select a single (compromise) solution for a decision problem. For this purpose, various approaches have been elaborated to select an alternative from a set of feasible solutions considering multiple criteria (*multiple criteria decision making – MCDM*).

The efficient set (or a subset of it) is a good starting point for that selection process since mostly inefficient solutions may be neglected as their choice would not be rational. However, it should not be kept secret that some authors, e.g., [33, p. 142-148], argue inefficient alternatives may be relevant in the decision process (see [16] for an extensive discussion of these issues). For nonlinear or combinatorial multiobjective optimization problems which frequently do not allow for an exact calculation of the efficient set in a real-life setting (especially because of computational times) a set of approximated efficient solution may serve as input for the subsequent selection process as well.

Mankind had to deal with multiple criteria decision making long before sophisticated mathematical approaches had been available. Hunter-gathers, for instance, had to decide on what prey should be traced if the quantity and enjoyment of consumption should be maximized while the effort of hunt should be minimized. Therefore, it is not astonishing that there is a number of rather simple concepts availed in practice.

One of the simple approaches is, for instance, to sort the objectives according to their priority. Only those alternatives which are best with respect to the most important criterion are considered. If there are several ones being equally good in this respect, the second most important criterion is considered. This process is continued until only a unique solution remains (or several solutions with the same objective values). This approach is also denoted as *lexicographic method*.

Another simple approach is to use *threshold* (or *achievement*) *levels* on the criteria. An acceptable solution needs to show an objective value being better than the threshold level. Usually such threshold values are considered in a conjunctive way, considering a threshold for each criterion to be observed by an alternative. It easily happens that this approach either leads to nonunique solutions (if the thresholds are too low) or that no solution fulfils them (if they are too strict). Therefore, some experimenting with threshold values is a useful approach (e.g. by using interactive software).

One of the mostly used approaches to multicriteria decision making in practice denoted as *Simple Additive Weighting* or *Scoring* is based on calculating a weighted sum of all criteria values and selecting an alternative where this value is maximal:

$$\arg\max_{x \in X} \sum_{k=1}^{K} w_k z_k(x). \tag{4.1}$$

The weights $w_k \in R^K$ allow assigning different importance to the considered criteria and should fulfill $w_k > 0 \ \forall k \in \{1,...,K\}$. Sometimes, weights are preferred in a standardized form which means that $\sum_{k=1}^{K} w_k = 1$.

Despite of the intuitive attractiveness of this approach there are two main objections: First, it is usually not that easy for a decision maker to provide appropriate weights, in particular when the objectives are measured on different scales. Secondly, for solution sets being nonconvex in the objective space, there are efficient solutions which do not correspond to any setting of the weights, i.e. such solutions can never be reached by some additive weighting although they may be preferable from the viewpoint of the DM (see e.g. [25]).

A more advanced idea is to use a so-called reference point $z^* \in R^K$ that is a point in objective space considered as a most desirable combination of objective values. Certainly, this point does not correspond to any feasible solution (otherwise this solution would be the most preferable one). Therefore, it is suggestive to determine a solution being closest to the reference point and to select that solution as a compromise for the decision problem. For calculating the distance, some l_p norm can be employed and an additional weighting of the criteria is possible:

$$\arg\max_{x \in X} \left(\sum_{k=1}^{K} w_k^p (z_k^* - z_k(x))^p \right)^{1/p}. \tag{4.2}$$

Zeleny [32] has introduced this idea calling it *Compromise Programming*. The required reference point z^* can easily be constructed as the vector consisting component-wise of the best criteria evaluations among the feasible solutions. Other distance measures may be employed as well and there are more advanced concepts which also consider undesired solutions (to which the distance should be maximal) or several reference points at the same time or which utilize the approach into some interactive context. Today, most reference point applications are based on using an augmented Chebycheff norm (with α being a small positive number):

$$\arg\max_{x \in X} \left\{ \left(\max_{k \in \{1,\dots,K\}} w_k \left(z_k(x) - z_k^* \right) \right) + \alpha \left(\sum_{k=1}^{K} w_k\, z_k(x) \right) \right\}. \tag{4.3}$$

This approach has two appealing theoretical advantages: The obtained solutions are always efficient (under appropriate assumptions) and each efficient solution can be obtained using this method (see [28], [31]). In these reference point approaches, degeneracy did not attract attention and degenerate solutions can deteriorate the method results.

Another class of approaches to multiple criteria decision making is based on utility theory. Already in the 19th century economists developed the idea of utility functions which serve a consumer to evaluate any combination of goods with respect to a single value, its utility. This value then allows choosing a combination of goods among any set of available alternatives. At that time it was assumed that such a utility function is implicitly formed in the mind of a subject. It took until the 1970s when this idea evolved towards operationalization for multicriteria decision making (see e.g. [2], [19]). The idea in *Multiple Attribute Utility Theory* is to assess a utility function

$$u(x) = u(z_1(x),...,z_K(x)),$$ (4.4)

which corresponds to the preferences of a decision maker. Maximizing that function then leads to the most preferred alternative. Frequently, the concept of an additive utility function is applied which assumes that the utility can be calculated by adding utility functions for the single criteria:

$$u(x) = \sum_{k=1}^{K} u_k(z_k(x)).$$ (4.5)

A method for determining such a utility function directly is suggested by Vincke [30, p. 44]). It is based on the idea to successively divide for each objective k the interval of obtainable outcomes $[z_k^{min}, z_k^{max}]$ into partial intervals while the utility values for the interpolation points are set. The points of "average utility" $\hat{z}_k^l$ are determined such that the intervals $[\hat{z}_k^l, \hat{z}_k^{l+1}]$ for $l \in \{1,...,2^{i-1}\}$ form a partition of $[z_k^{min}, z_k^{max}]$ and $u_k(\hat{z}_k^l) = 1/2(u_k(z_k^l) + u_k(z_k^{l+1}))$. The determined points form additional interval ranges in the next step $i+1$. As many other methods, this one does not respond to the problem of degeneracy and thus possible difficulties of determining points $\hat{z}_k^l$ in the objective space.

Apart from these basic concepts the MCDM research has afforded numerous other methods. From a practical point of view, most preferred are usually not the most sophisticated methods but those which are easy to understand and to use. The latter demands a user-friendly software which provides comfortable means of navigation (in particular, a DM seeks to revise his or her assumptions during the decision process) and a visual representation of the problem under consideration [29].

5   Summary and Conclusions

The so-called MCDM has grown in the last decades to a wide and complex scientific field. One of the main trends concentrates on finding a compromise solution which is the most important result from the viewpoint of the practice. In connection with various methods to find a compromise solution degeneracy may cause different kind of troubles. In this paper some relevant questions concerning degeneracy and nonessential objectives as arise in MCDM are discussed.

Today, MCDM methods are an established feature of many decision support systems and other software tools being used by practitioners. User-friendly graphical interfaces allow solving complex multicriteria problems without expert knowledge of the corresponding methods and theory. For instance, a DM can visualize the set of feasible solutions in various ways, navigate through this set, and reduce the set to those which are relevant according to his or her preferences. Such a decision process can easily be revised and decisions under different assumptions can be studied before a final decision is made (see [29]).

Research in MCDM is increasingly dealing with complex problems which could not be handled 10 or 20 years ago. This, in particular, concerns combinatorial and nonlinear or global optimization problems with multiple objectives (see e.g. [1], [23]). Methodological progress focuses, for instance, on using evolutionary algorithms and metaheuristics for hard-to-solve problems (see e.g. [12], [18]). Despite these advances, many issues in MCDM still impose challenges for future research, especially with respect to properties like degeneracy which are not so obvious when just looking at the problem formulation but which can considerably hamper the application of a method and the interpretation of results.

References

1. Ehrgott, M.: Multicriteria Optimization, 2nd edition, Springer, Berlin 2005.
2. Fishburn, P.C.: Utility Theory for Decision Making. (Research Analysis Corporation), Wiley, New York 1970.
3. Gal, T.: Degenerate Polytopes, Related Graphs and an Algorithm. Working Paper No 77/05, University of Aachen 1977.
4. Gal, T.: A General Method for Determining the Set of all Efficient Solutions to a Linear Vector-Maximum-Problem. European Journal of Operational Research 1 (1977), 307-322.
5. Gal, T. (ed.): Degeneracy in Optimization Problems. Annals of Oper. Res. Vol´s 46/47, Baltzer, Basel 1993.
6. Gal. T.: Degeneracy Graphs: Theory and Application. Annals of Oper. Res. 46/47 (1993), 81-105.
7. Gal, T.: Postoptimal Analyses, Parametric Programming, and Related Topics. 2nd ed., W. deGruyter Berlin, New York 1995.
8. Gal, T.: Linear Programming 2: Degeneracy Graphs. In: Gal, T.; Greenberg, H.J. (eds.): Advances in Sensitivity Analysis and Parametric Programming. Kluwer Boston, Dordrecht, London 1997, 4-1 – 4-36.
9. Gal, T.; Hanne, T.: Consequences of Dropping Nonessential Objectives for the Application of MCDM Methods. European Journal of Operational Research 119 (1999), 373-378.
10. Gal, T.; Hanne, T: Nonessential Objectives and the LOOPS Method in MCDM. European Journal of Operational Research 168 (2006), 584-592.
11. Gal, T.; Leberling, H.: Redundant Objective Functions in Linear Vector Maximum Problems and their Determination. European Journal of Operational Research 1 (1977), 176-184
12. Gandibleux, X., M. Sevaux, K. Sörensen: Metaheuristics for Multiobjective Optimisation. Springer, Berlin 2004.
13. Geoffrion, A. M.: Proper Efficiency and the Theory of Vector Maximization. Journal of Mathematical Analysis and Applications 22 (1968), 618-630.
14. Geue, F.: Eckenabsuchende Verfahren unter Entartung. Theorie, Algorithmen und Vergleichstests. Dr Kova, Hamburg 1994.
15. Geue, F.: An Improved N-Tree-Method to Determine all Neighbors of a Degenerate Vertex. Annals of Oper. Res. 46/47 (1993), 361-392.
16. Hanne, T.: Intelligent Strategies for Meta Multiple Criteria Decision Making. Kluwer, Boston 2001.
17. Hanne, T.: Nonessential Objectives and Network-Based Multicriteria Decision Making. In: Ferreira, M.A.M.; Menezes, R.; Catanas, F. (eds.): Temas em Métodos Quantitativos, Vol. 4, Silabo, Lisboa, 2004, 153-168.
18. Hanne, T.: A Multiobjective Evolutionary Algorithm for Approximating the Efficient Set. European Journal of Operational Research 176 (2007), 1723-1734.
19. Keeney, R.; Raiffa, H.: Decisions with Multiple Objectives. Preferences and Value Trade-Offs. Wiley, Chichester 1976.

20. Kruse, H.-J.: Degeneracy Graphs and the Neighborhood Problem. Lecture Notes in Econ. and Math. Systems No 260, Springer, Berlin, New York 1983.
21. Kruse, H.-J.: On some Properties of o-Degeneracy Graphs. Annals of Oper. Res. 46/47 (1993), 393-408.
22. Malinowska, A.B.: Nonessential Objective Functions in Linear Multiobjective Optimization Problems. Control and Cybernetics 35 (2006), 873-880.
23. Miettinen, K.M.: Nonlinear Multiobjective Optimization, Springer, Berlin 1999.
24. Mrazek, J.; Theorie der Entartungsgraphen: Mengentheoretische Zusammenhänge, innenisolierte Knoten und ein modifiziertes N-Baum-Verfahren. Dr Kova, Hamburg 1994.
25. Nakayama, H.: Some Remarks on Trade-Off Analysis in Multi-Objective Programming. Climaco, J. (ed.): Multicriteria analysis. Proc. of the XIth International Conference on MCDM, 1-6 August 1994, Coimbra, Portugal. Springer, Berlin, 1997, 179-190.
26. Niggemeier, M,: Struktur von Entartungsgraphen und Lösung des Nachbarschaftsproblems bei Transportproblemen. Dissertationsdruck Darmstadt 1994.
27. Piehler, G.; Kruse, H.-J.: Optimum Graphen zur Analyse linearer Optimumprobleme unter Entartung. Oper. Res. Proc. 1988, Springer Berlin, New York 1989, 205-210.
28. Sawaragi, Y.; Nakayama, H.; Tanino, T.: Theory of Multiobjective Optimization. Academic Press, Orlando 1985.
29. Trinkaus, H.L.; Hanne, T.: knowCube: a Visual and Interactive Support for Multicriteria Decision Making. Computers & Operations Research 32 (2005), 1289-1309.
30. Vincke, P.: Multicriteria Decision-Aid. Wiley, Chichester 1992.
31. Wierzbicki, A.P.: On the Completeness and Constructiveness of Parametric Characterizations to Vector Optimization Problems. OR Spektrum 8 (1986), 73-87.
32. Zeleny, M.: Compromise Programming. Cochrane, J. L.; Zeleny, M. (eds.): Multiple Criteria Decision Making. University of South Carolina Press, Columbia 1973, 262-301.
33. Zeleny, M.: Multiple Criteria Decision Making. McGraw-Hill, New York 1982.
34. Zörnig, P.: Degeneracy Graphs and Simplex Cycling. Lecture Notes in Econ. and Math. Systems No 359, Springer Berlin, New York 1991.
35. Zörnig, P.; Gal, T.: On the Connectedness of Optimum-Degeneracy Graphs. European Journal of Operational Research 95 (1996), 155-166.

Business Process Optimization

Prozessoptimierung

Geschäftsprozessoptimierung im Rahmen des E-Government

Torsten Fischer

Fachhochschule für öffentliche Verwaltung NRW
Thürmchenswall 48-54, 50668 Köln
torsten.fischer@fhoev.nrw.de

Abstract. In this paper a concrete e-government approach regarding a business process optimization in a German road traffic licensing department is presented. The focus is on the optimization of the business processes from an organizational point of view and on the efficient use of suitable IT-systems according to an integrated, cross-departmental execution of requests. Therefore, a typical business process from the scope of duties of a large German drivers and vehicles licensing authority is modelled and analyzed via the ARIS Design Platform. In the context of a combined G2C and G2G approach the business process finally undergoes a comprehensive reorganization. The business process resulting from this reorganization is tested via simulation using real process data as well as randomly generated problem instances. Following the results of the simulation, the suggested e-government approach offers a considerable reduction of the process turn-around times as well as a significant reduction of the process costs.

Keywords: Business process engineering; Business process optimization; E-government; Simulation; Road traffic licensing department

1   Einleitung

Die öffentliche Verwaltung befindet sich seit nunmehr mehreren Jahren in einem dynamischen Reformprozess (vgl. [2], [6]), dessen Ziel in erster Linie darin besteht, die Verwaltungsprozesse effizienter, transparenter und somit auch kundenfreundlicher zu gestalten. Darüber hinaus soll zudem die verwaltungsinterne Kommunikation unter den Behörden sowie die externe Kommunikation mit den Kunden deutlich verbessert werden. Als Vorlage dient hierzu das Neue Steuerungsmodell der Kommunalen Gemeinschaftsstelle für Verwaltungsmanagement.

Im Rahmen dieser Reformbemühungen wurden bereits einige wesentliche Kernelemente des Neuen Steuerungsmodells, wie beispielsweise die produktorientierte Budgetierung sowie das Ressourcenverbrauchskonzept, eingeführt. Durch die Verwendung dieser betriebswirtschaftlichen Instrumentarien wurde nunmehr deutlich, welche finanziellen, materiellen und personellen Aufwände die einzelnen Produkterstellungsprozesse einschließlich der dazugehörigen Hilfs- und Steuerungsprozesse tatsächlich verursachen. Darüber hinaus stellen die Kunden der öffentlichen Verwaltung immer höhere Anforderungen an die Qualität und Verfügbarkeit der zu erbringenden Dienstleistungen.

Um dem hieraus resultierenden steigenden Kostendruck sowie den gestiegenen Kundenansprüchen gewachsen zu sein, sieht sich die öffentliche Verwaltung inzwischen vielfach dazu gezwungen, ihre Verwaltungs- bzw. Geschäftsprozesse einer kritischen Überprüfung zu unterziehen. Im Zuge dieser Überprüfung sind die einzelnen Geschäftsprozesse kritisch zu hinterfragen, was in vielen Fällen zu einer Modifikation, in einigen Einzelfällen sogar zu einer kompletten Reorganisation der Geschäftsprozesse führen kann. Das besondere Augenmerk liegt hierbei unter anderem auch auf einem effektiven Einsatz moderner IT-Unterstützungssystem.

Derartige Bestrebungen seitens der Behörden werden gemeinhin unter dem Begriff Electronic Government (E-Government) zusammengefasst. E-Government umfasst demnach alle Prozesse der Entscheidungsfindung und der Leistungserstellung in Politik, Staat und Verwaltung, soweit diese unter weitgehender Nutzung von Informations- und Kommunikationstechnologien stattfinden (vgl. [4]). Die mit Blick auf die Geschäftsprozessgestaltung wesentlichen Ziele des E-Government sind:

- Erhöhung der Dienstleistungsqualität in der Verwaltung sowie
- Erhöhung der Effizienz des öffentlichen Verwaltungshandelns

Dem Einsatz moderner Informationstechnologie (IT) zur Unterstützung der einzelnen Geschäftsprozesse kommt hierbei eine zentrale Bedeutung zu. Dabei reicht die IT-Unterstützung von einem vereinzelten partiellen Einsatz von IT-Fachverfahren bis hin zu einer vollständigen Integration der Geschäftsprozesse in moderne IT-Systeme, wie zum Beispiel das ERP-System SAP.

Der vorliegende Beitrag beschäftigt sich im Rahmen des E-Government mit einer konkreten Geschäftsprozessoptimierung in einer deutschen Straßenverkehrsbehörde und ist wie folgt gegliedert: In Kapitel 2 wird zunächst die dem Beitrag zugrunde liegende betriebswirtschaftliche Problemstellung aus Sicht der öffentlichen Verwaltung durch das so genannte Geschäftsprozessoptimierungsproblems (GPOP) mathematisch modelliert. Auf dieser Grundlage wird in Kapitel 3 eine Geschäftsprozessmodellierung für einen typischen Verwaltungsprozess in einer deutschen Straßenverkehrsbehörde unter Verwendung der ARIS-Methode von Scheer (vgl. [3], [5], [11]) vorgenommen. Ausgehend von diesem Geschäftsprozessmodell werden in Kapitel 4 anschließend unterschiedliche E-Governmentansätze mit Blick auf eine möglichst effiziente, IT-gestützte Prozessorganisation entwickelt. Diese werden schließlich in Kapitel 5 anhand von zufällig erzeugten Antragstestdaten und realen Praxisdaten mit Hilfe einer Geschäftsprozesssimulation evaluiert und mit den bisherigen Prozessen verglichen. Der Beitrag schließt mit der Zusammenfassung der Ergebnisse sowie einem allgemeinen Ausblick.

2   Problemstellung

Die öffentliche Verwaltung befindet sich derzeit im Wandel zu einem modernen Dienstleistungsanbieter. Im Zuge dieses Wandels streben heutzutage auch viele Behörden Maßnahmen zur Reorganisation ihrer Arbeitsabläufe und der unterstützenden Informationssysteme an. Hierzu bedarf es in vielen Fällen zunächst einer kritischen Bewertung der aktuellen Geschäftsprozesse sowie deren anschließender Reorganisation hin zu standardisierten, IT-gestützten Prozessen. Der Einsatz moderner IT-Systeme in Form von geeigneten Unterstützungssystemen kann diesbezüglich maßgeblich zur Steigerung der Leistungsfähigkeit der öffentlichen Verwaltung beitragen. Die Zielsetzung derartiger Reorganisationsmaßnahmen innerhalb der öffentlichen Verwaltung reichen von einer durchgängigen Systemintegration im Rahmen von entsprechenden E-Government Maßnahmen bis hin zu der Realisierung flexibler und transparenter Arbeitsabläufe.

Unabhängig von der im Folgekapitel vorgenommenen expliziten Modellierung der einzelnen Geschäftsprozesse lässt sich die hier zugrunde liegende Problemstellung durch das Geschäftsprozessoptimierungsproblem (GPOP) formulieren:

Gegeben sei eine Menge von unterschiedlichen Geschäftsprozessvarianten GP. Jede einzelne Geschäftsprozessvariante $P \in GP$ setzt sich aus einer endlichen Anzahl von Teilprozessen P_i zusammen, wobei der Index i, mit $1 \leq i \leq n(P)$ deren Ausführungsreihenfolge bezeichnet. Jeder dieser Teilprozesse besteht entweder aus einem Einzelprozess $P_i^{(1)}$, aus $n(k)$ parallel auszuführenden Teilprozessen $P_i^{(k)}$ oder aber aus $n(k)$ alternativ auszuführenden Teilprozessen $P_i^{(k)}$, mit $k = 1...m$. Die sich hieraus ergebenen Teilprozessalternativen sind in der nachfolgenden Abbildung grafisch dargestellt.

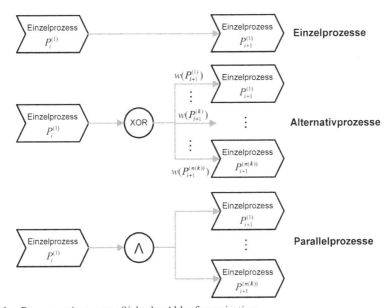

Abb. 1. Prozessvarianten aus Sicht der Ablauforganisation.

Gemäß Abb. 1 ist im Falle einer alternativen Durchführung von Teilprozessen diesen jeweils eine spezifische Durchführungswahrscheinlichkeit $w(P_i^{(k)}) \in [0,1]$ zugeordnet, so dass gilt:

$$\sum_{k \in IN} w(P_i^{(k)}) = 1 \qquad (1)$$

Darüber hinaus zerfallen alle Teilprozesse wiederum in $n(P_i) \in IN$ hintereinander auszuführende Prozessschritte $p_{ij}^{(k)} \in P_i^{(k)}$, mit $1 \leq j \leq n(P_j)$, mit deren Durchführung jeweils eine spezifische Organisationseinheit beauftragt ist.

Im Rahmen dieser Arbeit erfolgt die Optimierung der vorliegenden Geschäftsprozesse im Hinblick auf die beiden Optimierungskriterien:

- Prozessdurchlaufzeit und
- Prozesskosten

Die *Prozessdurchlaufzeit* wird insbesondere im Bereich der öffentlichen Verwaltung als ein wesentlicher Indikator zur Evaluation der Kundenzufriedenheit angesehen. Im Hinblick auf die in der öffentlichen Verwaltung verstärkt propagierte Output- und Kundenorientierung bedingt eine signifikante Reduktion der jeweiligen Prozessdurchlaufzeit in der Regel auch eine unmittelbare Steigerung der Kundenzufriedenheit. Die Prozessdauer der jeweiligen Prozessschritte $d(p_{ij}^{(k)})$ setzt sich additiv aus der Bearbeitungszeit $bz_{ij}^{(k)}$, der Liegezeit $lz_{ij}^{(k)}$ sowie der Transportzeit zur nachfolgenden Organisationseinheit bzw. zum Kunden $tz_{ij}^{(k)}$ zusammen (vgl. [9], [10]). Die Transportzeit entfällt jedoch immer dann, wenn zwei aufeinander folgende Prozessschritte $p_{ij}^{(k)}$ und $p_{ij+1}^{(k)}$ von ein und derselben Organisationseinheit durchgeführt werden. Die Durchlaufzeit $dz(P_i)$ für einen Teilprozess P_i lässt sich in Abhängigkeit von der Prozessstruktur (vgl. Abb. 1) demzufolge wie folgt berechnen:

$$
dz(P_i) = \begin{cases}
\sum_{j=1}^{n(P_i)} d(p_{ij}^{(1)}) & \text{falls } P_i \text{ Einzelprozess} \\[2ex]
\max_{k} \left(\sum_{j=1}^{n(P_i)} d(p_{ij}^{(k)}) \right) & \text{falls } P_i \text{ Parallelprozess} \\[2ex]
\sum_{k=1}^{m} \left(w(P_i^{(k)}) \cdot \sum_{j=1}^{n(P_i)} d(p_{ij}^{(k)}) \right) & \text{falls } P_i \text{ Alternativprozess}
\end{cases}
\tag{2}
$$

Für die einzelnen Geschäftsprozessvarianten $P \in GP$ ergibt sich im Hinblick auf die angestrebte Minimierung der Durchlaufzeiten $DZ(P)$ dann die folgende Zielfunktion:

$$
\min_{P \in GP} \left(DZ(P) \right) = \min_{P \in GP} \left(\sum_{i=1}^{N(P)} dz(P_i) \right)
\tag{3}
$$

Vor dem Hintergrund leerer Staatskassen sowie der allgemein vorherrschenden knappen Haushaltslage, sollen zusätzlich auch die durch die Geschäftsprozessvarianten $P \in GP$ anfallenden Kosten $K(P)$ minimiert werden, soweit hiervon die gesetzliche Pflicht zur Aufgabenerfüllung nicht berührt wird (vgl. beispielsweise §75 (1) und (2) Gemeindeordnung NRW). Hierzu wird jedem Prozessschritt $p_{ij}^{(k)} \in P_i^{(k)}$ ein spezieller Kostensatz $ks_{ij}^{(k)}$ zugeordnet, der alle im Rahmen der Aufgabenerfüllung anfallenden Kosten, wie beispielsweise Personal- und Sachmittelkostensätze umfasst. In Analogie zur Berechnung der Durchlaufzeiten für die Teilprozesse gilt für die Kostensätze der Teilprozesse:

$$
ks(P_i) = \begin{cases} \sum\limits_{j=1}^{n(P_i)} ks_{ij}^{(1)} & \text{falls } P_i \text{ Einzelprozess} \\[2ex] \sum\limits_{k=1}^{m} \sum\limits_{j=1}^{n(P_i)} ks_{ij}^{(k)} & \text{falls } P_i \text{ Parallelprozess} \\[2ex] \sum\limits_{k=1}^{m} \left(w(P_i^{(k)}) \cdot \sum\limits_{j=1}^{n(P_i)} ks_{ij}^{(k)} \right) & \text{falls } P_i \text{ Alternativprozess} \end{cases} \tag{4}
$$

Demzufolge ergibt sich für die angestrebte Minimierung der Prozesskosten $KS(P)$ die folgende Zielfunktion:

$$
\min_{P \in GP} (KS(P)) = \min_{P \in GP} \left(\sum_{i=1}^{N(P)} ks(P_i) \right) \tag{5}
$$

Anzumerken ist, dass sich das zuvor dargestellte GPOP ohne Weiteres auf nahezu jedes beliebige Geschäftsprozesssszenario übertragen lässt. Aus Gründen der Komplexitätsreduktion wird an dieser Stelle auf eine weitergehende mehrstufige Modellierung – z.B. durch eine weitere Aufspaltung der Teilprozesse in weitere Unterprozesse – verzichtet, da dies mit Blick auf das im Folgekapitel beschriebene Anwendungsszenario nicht erforderlich ist.

3   Geschäftsprozessmodellierung für eine Straßenverkehrsbehörde

Die Straßenverkehrsbehörde ist die in Deutschland durch Landesrecht bestimmte und für die Überwachung und Ausführung der Straßenverkehrsordnung zuständige Verwaltungsbehörde (vgl. beispielsweise §44 Straßenverkehrsordnung des Landes Nordrhein-Westfalen (StVO NRW)). Aus organisatorischer Sicht ist die Behörde in die jeweilige Kreisverwaltung eingebettet. In den Zuständigkeitsbereich einer Straßenverkehrsbehörde fallen in erster Linie die folgenden Aufgaben:

- Erteilung und Entziehung der Fahrerlaubnis,
- Zulassung Kraftfahrzeugen,
- Anordnung von Verkehrsbeschränkungen (Umleitungen, Sperrungen, Einbahnstraßen),
- Aufstellung von Verkehrszeichen und Lichtzeichenanlagen sowie
- Erteilung der Erlaubnis zur besonderen Nutzung des Verkehrsgrundes (Sondernutzungserlaubnis).

Eine Straßenverkehrsbehörde übernimmt somit neben den typischen Verwaltungsaufgaben auch ordnungsbehördliche Funktionen und verwaltet ihr Gebiet nach den Grundsätzen der gemeindlichen Selbstverwaltung.

3.1 Organisatorischer Aufbau der vorgestellten Straßenverkehrsbehörde

Die hier betrachtete Straßenverkehrsbehörde ist organisatorisch in die drei Teilbereiche *Verkehrssicherung*, *Fahrzeugzulassung*, sowie *Fahrerlaubnis und Bürgerservice* unterteilt. Jeder der drei Hauptaufgabenfelder beinhaltet eine Vielzahl unterschiedlicher Prozesse, von denen ein Großteil einen unmittelbaren Kunden- bzw. Bürgerbezug aufweist. Aufgrund der Vielzahl der in einer Straßenverkehrsbehörde anfallenden Geschäftsprozesse kann im Rahmen dieses Beitrags jedoch lediglich ein kleiner Ausschnitt betrachtet werden.

Im Aufgabenbereich der Fahrzeugzulassung existieren bereits seit einigen Jahren vielversprechende E-Government-Ansätze, die größtenteils bereits erfolgreich in die Praxis umgesetzt wurden. Im Gegensatz dazu sind entsprechende E-Government Ansätze in den Aufgabengebieten Verkehrssicherung sowie Fahrerlaubnis und Bürgerservice bisher nur sehr selten vorzufinden. Für den Aufgabenbereich der Verkehrssicherung liegt dies in erster Linie in der oftmals sehr komplexen Rechtslage und den häufig sehr aufwendigen juristischen Prüfverfahren begründet. Der Anteil an Standardverfahren ist gerade in diesem Bereich eher gering, so dass die Einführung entscheidungsunterstützender IT-Systeme deutlich erschwert würde. Demzufolge liegt der Fokus des Beitrags der Analyse und Optimierung der Geschäftsprozesse im Teilbereich Fahrerlaubnis.

Eine komplette Modellierung des Teilbereichs Fahrerlaubnis ist mit Blick auf den eingeschränkten Umfang des Beitrags leider ebenfalls nicht zu realisieren. Aus diesem Grund beschränkt sich der vorliegende Beitrag auf die Betrachtung eines typischen Geschäftsprozesses aus dem Aufgabengebiet Fahrerlaubnis. Es handelt sich hierbei um den Geschäftsprozess „Führerscheinersterteilung", welcher einen Anteil von ca. 30% des gesamten Antragvolumens in der betrachteten Straßenverkehrsbehörde einnimmt.

3.2   Modellierung des Geschäftsprozesses „Führerscheinersterteilung"

Bei dem im Rahmen dieses Beitrags verwendeten Modellierungsansatz handelt es sich um die inzwischen sehr weit verbreitete ARIS-Methode von Scheer. (vgl. [3], [7], [11]). Aufgrund der strategischen Partnerschaft mit dem Standardsoftwarehersteller SAP stellt die ARIS-Methode sowohl in Unternehmen, als auch in der öffentlichen Verwaltung eine gängige Methode zur Geschäftsprozessmodellierung und -analyse dar. Die auch in dieser Arbeit zugrunde gelegte allgemeine ARIS-Notation ist der nachfolgenden Abbildung (Abb. 2) zu entnehmen.
Im Gegensatz zum allgemeinen Sprachgebrauch, welcher den Führerschein oftmals mit der Fahrerlaubnis gleichsetzt, handelt es sich rechtlich bei dem Führerschein lediglich um die Urkunde über die Erteilung einer Fahrerlaubnis in Deutschland. Die Fahrerlaubnis selbst stellt dagegen die eigentliche behördliche Genehmigung zum Führen von Kraftfahrzeugen auf öffentlichen Straßen dar. Die Genehmigung zum Führen von Kraftfahrzeugen ist demzufolge nicht an den Besitz des Führerscheins sondern an die entsprechende Fahrerlaubnis gebunden, wobei die Fahrerlaubnis seit jeher an einen bestimmten Fahrzeugtyp, die so genannte Fahrzeugklasse, gebunden. Alle Klassen, für die eine Fahrerlaubnis erworben wurde, sind entsprechend im Führerschein vermerkt.

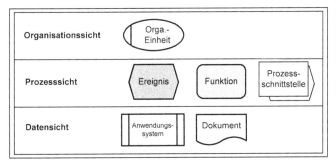

Abb. 2. Notation der Geschäftsprozessmodellierungsmethode eEPK im Rahmen von ARIS.

Gemäß dem Straßenverkehrsgesetz (StVG) und der Fahrerlaubnisverordnung (FeV) wird die Fahrerlaubnis durch die jeweils (regional) zuständige Straßenverkehrsbehörde erteilt. Die Erteilung einer entsprechenden Fahrerlaubnis ist dabei immer an den Nachweis der Eignung und der Befähigung zur Führung eines Kraftfahrzeugs in Form einer schriftlichen und mündlichen Fahrprüfung geknüpft. Mit der Übergabe des Führerscheins durch den Fahrprüfer oder die Behörde gilt die Fahrerlaubnis als erteilt. Der Prozess der Führerscheinersterteilung lässt sich in mehrere Teilprozesse unterteilen:

Abb. 3. Geschäftsprozess „Führerscheinersterteilung".

Der in Abb. 4 dargestellte Geschäftsprozess „Führerscheinersterteilung" umfasst insgesamt fünf aufeinander folgende Teilprozesse. Den Ausgangspunkt bildet die Antragsstellung durch den Bürger. Ausgehend von dem eingereichten Antrag erfolgt in einem zweiten Schritt dann die Antragsprüfung durch die Straßenverkehrsbehörde, die Antragsprüfung durch das Kraftfahrtbundesamt (KBA) in Flensburg sowie die Prüfung durch den Technischen Überwachungs-Verein (TÜV). Nach erfolgreicher behördlicher Antragsprüfung und bestandener Theorie- und Praxisprüfung erfolgt dann letztendlich die Übergabe des EU-Kartenführerscheindokuments. Mit Ausnahme der Antragsstellung lässt sich aus Sicht der Straßenverkehrsbehörde jeder der in Abb. 4 dargestellten Teilprozesse wiederum in mehrere Teilprozesse unterteilen. Diese zerfallen dann analog zur mathematischen Modellierung aus Kapitel 2 jeweils in eine Vielzahl von Prozessschritten. Im Folgenden werden nun die einzelnen Teilprozesse mit Hilfe der ARIS-Methode modelliert.

Der Teilprozess *„Antragstellung"* repräsentiert die Vorbereitung des eigentlichen Beantragungsvorgangs seitens des Bürgers (Antragstellers) bis hin zur persönlichen Vorsprache bei der Straßenverkehrsbehörde. Die Beantragung erfolgt mit Hilfe eines standardisierten Behördenformulars, welches seitens des Antragstellers auszufüllen ist. Dieses kann entweder via Internet von der Homepage der Straßenverkehrsbehörde heruntergeladen und mittels eines Textverarbeitungsprogramms ausgefüllt werden oder aber handschriftlich in der Straßenverkehrsbehörde ausgefüllt werden. Dem ausgefüllten Formular sind zudem zusätzliche Unterlagen in Form eines Fotos, einer Bescheinigung über einen bestandenen Sehtest, einer Bescheinigung über die Einweisung in lebensrettende Sofortmaßnahmen sowie eine Anmeldebestätigung einer Fahrschule beizufügen. Diese sind anschließend komplett bei dem hierfür zuständigen Sachbearbeiter einzureichen.

Die im nachfolgenden Teilprozess abgebildete *„Antragsprüfung"* erfolgt dann im Rahmen der persönlichen Vorsprache des Bürgers in der Straßenverkehrsbehörde durch die zuständigen Sachbearbeiter.

Nach dem Eingang bzw. der Übergabe der Führerscheinunterlagen nimmt der Sachbearbeiter der Führerscheinstelle (F-St.) zunächst die Unterlagen entgegen und überprüft diese sofort vor Ort auf Vollständigkeit und Originalität. Zudem wird in diesem Schritt auch die Korrektheit der persönlichen Daten des Antragstellers durch Vorlage des Personalausweises oder Reisepasses überprüft.

Im Falle eines negativen Prüfergebnisses müssen die fehlenden Unterlagen nachgereicht werden. Der Vorgang wird bis zur Einreichung der vollständigen Unterlagen zurückgestellt, was häufig mit einem erneuten persönlichen Besuch bei der Straßenverkehrsbehörde verbunden ist. Fällt diese Überprüfung dagegen positiv aus, werden die Daten manuell mit Hilfe des IT-Verfahrens namens *SW-Führerscheinwesen* erfasst, welches das unterstützende Fachverfahren zur Abwicklung und Bescheidung der Führerscheinantragsverfahren darstellt. Mit Hilfe des IT-Verfahrens wird dann ein so genanntes Kartenführerscheinformular (KF-Formular) erzeugt, welches durch den Sachbearbeiter ausgedruckt wird und seitens des Antragstellers persönlich unter Aufsicht einer Amtsperson unterschrieben werden muss. Die zu leistende Unterschrift erfolgt auf einem Spezialpapier mit einem Spezialstift, welcher eine hinreichend hohe Auflösung bei der Erstellung des Kartenführerscheins garantiert.

Das KF-Formular wird anschließend an einen anderen leitenden Sachbearbeiter weitergeleitet, der im Rahmen des Teilprozesses *„KBA Prüfung"* eine Anfrage an das Kraftfahrt-Bundesamt in Flensburg (KBA) stellt.

Die Übermittlung der Anfrage an das Kraftfahrtbundesamt erfolgt mittels des IT-Verfahrens *SW Führerschein* auf elektronischem Weg. Die übermittelten Daten werden hierbei gemäß dem Behördenstandard verschlüsselt und zusätzlich mit einer entsprechenden digitalen Signatur versehen, so dass eine eindeutige Authentifizierung der anfragenden Behörde jeder Zeit gewährleistet werden kann. Das Ziel dieser elektronischen Anfrage besteht darin, zu überprüfen, ob starke oder aber häufige Verstöße im Zusammenhang mit dem Straßenverkehr bei dem jeweiligen Antragsteller vorliegen.

Demzufolge überprüft im nächsten Schritt ein Sachbearbeiter des KBA die Daten des Antragstellers im Hinblick auf eventuelle Verstöße im Rahmen einer umfangreichen Datenbankabfrage (KBA Datenbank). Liegen keine Meldungen über etwaige Verstöße vor, so erfolgt eine ebenfalls digitale Rückantwort an die anfragende Behörde. Im IT-Verfahren *SW Führerschein* wird dies mit einer so genannten „N-Meldung" angezeigt. In diesem Fall steht einer Weiterleitung der Unterlagen an den TÜV nichts im Wege. Liegen dagegen Verstöße vor, wird zwischen leichten und schweren Verstößen unterschieden.

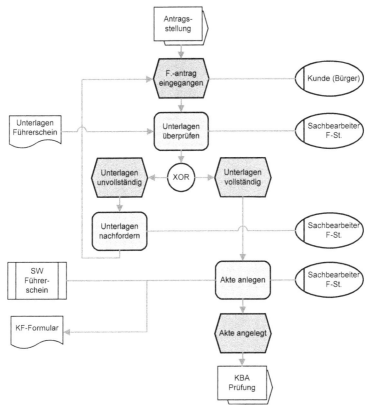

Abb. 4. Teilprozess „Antragsprüfung".

Im Falle leichter Verstöße erfolgt die Rückmeldung des KBA durch eine so genannte „W-Meldung" (einen Verstoß bejahende Meldung) im Rahmen des IT-Verfahrens *SW Führerschein*. In diesem Fall wird der Führerscheinantrag jedoch in der Regel ohne weitere Prüfung positiv beschieden. Im Falle schwerer Verstöße erstellt der Sachbearbeiter im KBA einen so genannten KBA-Bericht, welcher den Punktestand des Probanden sowie die Art und Anzahl der Verstöße beinhaltet. Dieser Bericht wird mit Blick auf eine eventuelle spätere Gerichtsverwendbarkeit des Bescheids auf dem Postweg an die Straßenverkehrsbehörde gesandt. Die Sachbearbeiter in der Straßenverkehrsbehörde entscheiden anschließend über den Antrag anhand der jeweiligen Aktenlage. In Abhängigkeit von der Häufigkeit und Schwere der Verstöße wird eine Medizinisch-Psychologische Untersuchung (MPU) angeordnet. Wird diese seitens des Probanden bestanden, erfolgt eine entsprechende positive Rückmeldung an das KBA und der Führerscheinantrag wird letztendlich positiv beschieden. Im Falle des Nichtbestehens der MPU wird der Antrag dagegen abgelehnt.

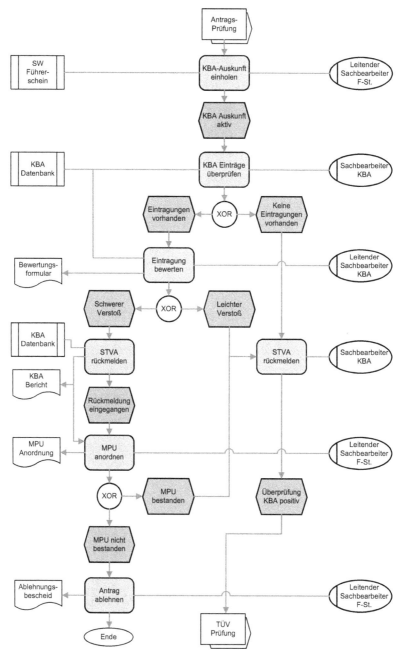

Abb. 5. Teilprozess „KBA Prüfung".

An die endgültige positive Bescheidung eines Führerscheinantrags durch die Straßenverkehrsbehörde schließt sich nun der Teilprozess *„TÜV Prüfung"* an. Zwecks
Erstellung des EU-Kartenführerscheins sendet ein Sachbearbeiter der Führerschein-

stelle (F-St.) zunächst das KF-Formular per Behördenpost an die Bundesdruckerei. Der eigentliche Erstellungsprozess für den Kartenführerschein nimmt derzeit durchschnittlich 8 bis 10 Wochen in Anspruch. Sobald der fertige Kartenführerschein bei der Straßenverkehrsbehörde eingegangen ist, kann die Fahrprüfung seitens des TÜV abgenommen werden. Hierzu wird auf Nachfrage der ausbildenden Fahrschule ein Prüfungstermin vereinbart. Im Vorfeld der Fahrprüfung erhält der TÜV dann auf Anfrage eine Benachrichtigung mittels eines Formbriefs über die Fertigstellung des Führerscheins seitens der Straßenverkehrsbehörde. Die Fahrprüfung wird dann von einem eigens geschulten TÜV-Prüfer abgenommen. Wird die Fahrprüfung nicht bestanden, kann diese in der Regel in einem Zeitraum von 3 Wochen wiederholt werden. Für den Zeitraum des Teilprozesses „TÜV Prüfung" wird der Antrag bei der Straßenverkehrsbehörde zurückgestellt und zur Wiedervorlage verfügt.

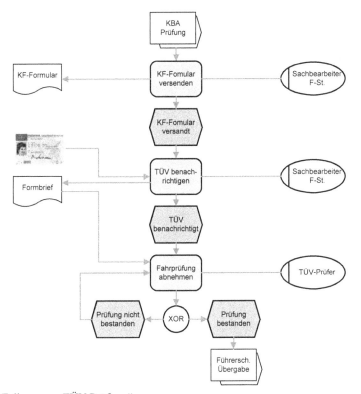

Abb. 6.   Teilprozess „TÜV Prüfung".

Bei einem positiven Votum in Bezug auf die abgelegte Prüfung erfolgt die Übergabe des Führerscheins durch den TÜV-Prüfer falls hierfür die rechtlichen Bedingungen (z.B. Erreichen der entsprechenden Altersgrenze) erfüllt sind. Der Prüfbericht wird in diesem Fall dann anschließend durch einen TÜV-Mitarbeiter per Post an die Straßenverkehrsbehörde gesendet. Waren die rechtlichen Bedingungen für eine Übergabe durch den Prüfer dagegen noch nicht erfüllt, wird der Prüfbericht ebenfalls per Post an die Straßenverkehrsbehörde gesendet und der Kandidat kann den Führerschein dann bei der Straßenverkehrsbehörde nach Erfüllung aller rechtlichen Voraussetzungen abholen.

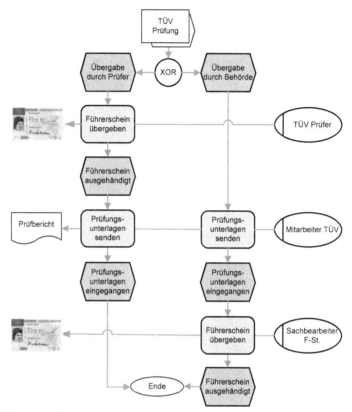

Abb. 7. Teilprozess „Führerscheinübergabe".

4   E-Government Ansätze in der Straßenverkehrsbehörde

Der Einsatz von modernen IT-Verfahren im Rahmen des E-Government ermöglicht häufig eine signifikante Beschleunigung der abzuwickelnden Geschäftsprozesse, was oftmals auch mit einer Reduktion der jeweiligen Prozesskosten einhergeht. Darüber hinaus greifen die meisten E-Government-Ansätze zusätzlich auch die Aspekte Kunden- und Serviceorientierung auf. Für den Kunden bieten sich in diesem Zusammenhang vielfach vollkommen neue Möglichkeiten im Hinblick auf den Zugriff von Verwaltungsinformationen. Analog zur einschlägigen Literatur (vgl. hierzu auch [8], [13], [4]) sind auch in dem hier vorliegenden inhaltlichen Kontext der Straßenverkehrsbehörde die folgenden grundsätzlichen Ansätze zu unterscheiden:

- Government-to-Customer (G2C) Ansätze,
- Government-to-Government (G2G) Ansätze

Im Folgenden wird nun der Geschäftsprozess „*Führerscheinerstantrag*" im Hinblick auf die beiden zuvor genannten E-Governmentansätze analysiert. Auf der

Grundlage dieser Analyseergebnisse werden für beide Ansätze Reorganisationsvor-
schläge formuliert, die zum einen auf eine organisatorische Optimierung der Arbeitsabläufe und zum anderen auf eine verbesserte IT-Unterstützung durch geeignete IT-
Verfahren abzielen.

4.1 Government-to-Customer-Ansätze

Die klassischen G2C-Ansätze verfolgen in der Regel das Ziel, den Bürger als Kunden
der öffentlichen Verwaltung mit Hilfe von IT-Verfahren aktiv in die Verwaltungsprozesse einzubinden (vgl. [12]). Im vorliegenden Fall des Führerscheinerstantrags
erfolgt diese Einbindung aktuell jedoch eher rudimentär durch das Bereitstellen von
Formularen auf der Homepage der Straßenverkehrsbehörde. Der Bürger kann die
hinterlegten Formulare auf seinen Rechner herunterladen und anschließend mit Hilfe
eines Textverarbeitungsprogramms ausfüllen und ausdrucken. Eine Studie ergab, dass
sich diese einfache zusätzliche Servicedienstleistung bereits kurz nach ihrer Einführung einer großen Beliebtheit erfreute. Demnach nutzen zurzeit ca. 70% aller Antragsteller den Service der rechnergestützten Formularerstellung.

Aus Sicht der Straßenverkehrsbehörde ist hiervon lediglich der Teilprozess „*Antragsprüfung*" dahingehend betroffen, dass die im Falle einer positiven Unterlagen-
prüfung manuell durchgeführte Datenaufnahme aufgrund des maschinell erstellten
Antragsformulars erleichtert wird. Die hieraus resultierenden zeitlichen und kosten-
mäßigen Einsparungspotenziale fallen allerdings in der betrieblichen Praxis kaum ins
Gewicht, da der Medienbruch bei der Antragsdatenerfassung nach wie vor besteht.

Durch eine Erweiterung der elektronischen Einbindung des Antragsstellers lässt
sich der Medienbruch innerhalb dieses Prozesses jedoch nahezu komplett eliminieren,
was aller Voraussicht nach zu einem deutlich effizienteren Arbeitsablauf führen dürfte. In Betracht zu ziehen sind diesbezüglich folgende Ansätze:

- Einführung von Online-Antragsformularen inkl. Datenübertragungsfunktion
- Einführung einer vollständigen Online-Abwicklung der Führerscheinanträge.

Im Rahmen der *Einführung von Online-Antragsformularen* inkl. Datenübertragungsfunktion sollen seitens der Straßenverkehrsbehörde online-auszufüllende An-
tragsformulare auf der Behördenhomepage bereitgestellt werden. Der Kunde trägt
seine Daten dann über eine Web-Eingabemaske ein, welche anschließend analog zur
Vorgehensweise in diversen Online-Shops an einen so genannten Antragseingangs-
server bei der Straßenverkehrsbehörde übertragen werden. Zwecks einer einfacheren
Zuordnung der Anträge bei dem Besuch der Straßenverkehrsbehörde erhält der Antragsteller zusätzlich eine Antragsnummer, unter welcher der Antrag seitens des zuständigen Sachbearbeiters in der Straßenverkehrsbehörde aufgerufen und bearbeitet
werden kann. Darüber hinaus könnte eine weitere zusätzliche Servicedienstleistung
dem Bürger gegenüber darin bestehen, den jeweils aktuellen Antragstatus für den
Antragsteller über einen entsprechenden Webzugang zum Abruf bereit zu stellen. So
kann sich der Bürger jederzeit über den aktuellen Antragsstatus informieren. Durch
den Einsatz eines vollständig in den Geschäftsprozess integrierten IT-Systems würde
hieraus auch kein zusätzlicher Aufwand für Mitarbeiter der Straßenverkehrsbehörde
entstehen. IT-Systeme mit derartigen Funktionalitäten sind in der freien Wirtschaft im

Bereich der Sendungs- und Bestellverfolgung bereits erfolgreich im Einsatz. Der mögliche Aufbau eines solchen IT-Systems wird durch die folgende Abbildung visualisiert.

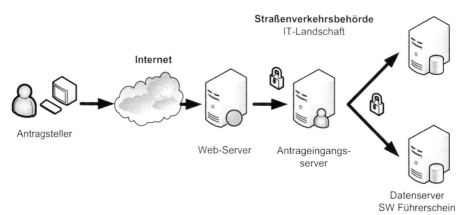

Abb. 8.   IT-Systemaufbau für den G2C Ansatz im Straßenverkehrsamt.

Der persönliche Besuch der Straßenverkehrsbehörde durch den Antragsteller ist trotz der Erweiterung des ursprünglichen E-Government Ansatzes jedoch weiterhin erforderlich, da die Unterschrift für den Führerschein per Gesetz unter Aufsicht einer Amtsperson geleistet werden muss.

Das Hauptziel der Einführung einer *vollständigen elektronischen Abwicklung des Führerscheinantrags* besteht in erster Linie darin, zusätzlich auch noch auf die bisher notwendige persönliche Vorsprache des Bürgers in der Straßenverkehrsbehörde zu verzichten. Ein Verzicht auf die persönliche Vorsprache könnte die Kundenzufriedenheit nachhaltig steigern, da der Bürger hierdurch von einem lästigen Behördengang befreit werden würde. Gleichermaßen würden die Schaltermitarbeiter der Straßenverkehrsbehörde während der Öffnungszeiten signifikant entlastet, wodurch sich die aller Voraussicht nach wiederum die Wartezeiten in der Führerscheinstelle deutlich reduzieren ließen.

Mit Blick auf die Vorgehensweise wäre es in diesem Kontext auch aus rechtlicher und technischer Sicht durchaus denkbar, dass alle einzureichenden Unterlagen durch den Antragsteller eingescannt und dem Antrag in Form von Dateianhängen hinzugefügt werden. Im Gegensatz dazu existieren in Bezug auf die Gültigkeit einer elektronischen Unterschrift sowie deren Versand an eine Behörde deutliche rechtliche Einschränkungen. Die handschriftliche Unterschrift kann in einem solchen Fall lediglich durch eine qualifizierte elektronische Signatur ersetzt werden (vgl. [4]). Diese muss jedoch seitens des Bürgers zunächst einmal bei einer hierfür zuständigen Stelle beantragt werden, was derzeit noch mit einem größeren Aufwand und zusätzlichen Kosten für den Bürger verbunden ist. Aus diesem Grund sehen aktuell viele Behörden von einer vollständigen elektronischen Abwicklung des Verwaltungsaktes ab.

4.2 Government-to-Government-Ansätze

Die G2G-Ansätze beschäftigen sich vor allem mit der Optimierung überbehördlicher Geschäftsprozesse durch den Einsatz adäquater IT-Verfahren. Es kann allgemein davon ausgegangen werden, dass insbesondere im Bereich der G2G-Ansätze nach wie vor sehr große Optimierungspotenziale im Hinblick auf die Ausgestaltung von Geschäftsprozessen sowie deren Unterstützung durch IT-Systeme vorhanden sind.

Im vorliegenden Fall des Führerscheinerstantrags besteht bereits ein erster einfacher G2G-Ansatz insofern, dass die Behörden Straßenverkehrsamt und Kraftfahrzeugbundesamt (KBA) die Statusanfrage bzw. deren Beantwortung per elektronischen Datenverkehr austauschen. Eine vollständige EDV-technische Integration des Anfrageprozesses, beispielsweise mit Hilfe eines Workflowprozesses kann dagegen bisher noch nicht gewährleistet werden. Darüber hinaus erfolgt die Kommunikation zwischen dem Straßenverkehrsamt als Behörde und dem TÜV als amtlich beauftragte Prüfinstanz derzeit vollständig papiergebunden, was ebenfalls als Schwachpunkt innerhalb des Geschäftsprozesses zu bewerten ist. Vorgeschlagen werden in diesem Zusammenhang die folgenden Reorganisationsmaßnahmen

- Integration und Kopplung des IT-Verfahrens SW-Führerschein mit der KBA Datenbanken und
- Elektronische Übermittlung der TÜV-Benachrichtigung bei Eintreffen des Kartenführerscheins.

Eine *Integration und Kopplung des IT-Verfahrens SW-Führerschein mit der KBA Datenbank* hat weitreichende Konsequenzen für die in den Abb. 4 und 5 dargestellten Teilprozesse „Antragsprüfung" und „KBA Prozess".

Zunächst sollte der zwischen den Prozessschritten „Daten aufnehmen und Akte anlegen" und „KBA-Auskunft einholen" liegende Organisationswechsel beseitigt werden und beide Aufgaben dem Sachbearbeiter F-St. zugeordnet werden. Vor dem Hintergrund aktueller Stellenbeschreibungen (vgl. [9], [10]) und den in der Praxis vorherrschenden Verantwortlichkeiten erscheint ein solcher Schritt ohne Weiteres organisatorisch durchsetzbar.

Darüber hinaus sollte eine Kopplung des IT-Verfahrens SW-Führerschein mit der KBA-Datenbank vorgenommen werden, welche den zuständigen Mitarbeitern der Straßenverkehrsbehörde einen lesenden Zugriff auf die Datenbestände des Kraftfahrtbundesamtes gewährt. Hierdurch könnte der Prozessschritt „KBA-Einträge überprüfen" durch einen Sachbearbeiter des Kraftfahrtbundesamtes für den häufigsten Fall einer N-Meldung komplett entfallen. Zusätzlich könnte dieser Prozessschritt in einem Arbeitsschritt parallel zur Aktenanlage erfolgen. Für den Fall einer W-Meldung kann aufgrund der eventuellen Gerichtsverwendbarkeit bisher noch nicht auf die Zusendung eines papiergebundenen KBA-Berichts verzichtet werden.

Darüber hinaus sollte in dem IT-Verfahren SW-Führerschein eine zusätzliche *elektronische Benachrichtigung des TÜV* vorgesehen werden, die unmittelbar nach dem Eingang des Kartenführerscheins in der Straßenverkehrsbehörde erzeugt und versendet wird. Eine derartige Benachrichtigung könnte aus praktischer Sichtweise beispielsweise durch das Setzen eines einfachen Hakens im Rahmen des IT-Verfahrens SW-Führerschein erfolgen. Hierdurch könnte die Benachrichtigungsdauer im Teilprozess „TÜV-Prüfung" wiederum deutlich gesenkt werden.

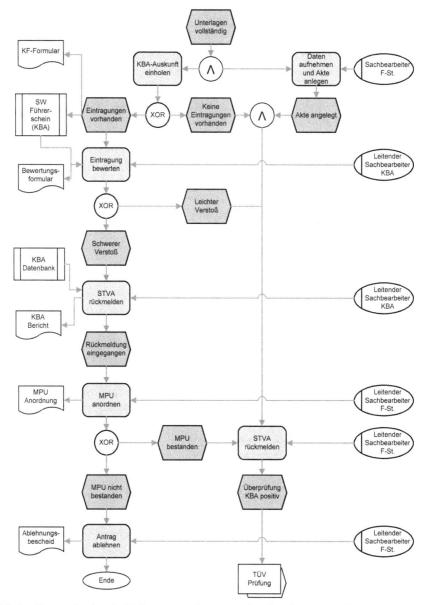

Abb. 9. Reorganisation der Teilprozesse „Antragsprüfung" und „KBA-Prüfung".

5   Evaluation der E-Government-Ansätze

Die im Rahmen des vorherigen Kapitels neu entwickelten bzw. reorganisierten Geschäftsprozesse im Bereich des E-Government wurden rechnergestützt unter Verwendung des ARIS Simulationstools getestet. Das ARIS-Simulationstool ist in die

ARIS Design Plattform integriert und ermöglicht eine dynamische Analyse Geschäftsprozesse unter Verwendung geeigneter Testdatensätze. Das Simulationstool wird demzufolge auch häufig zur Aufdeckung von Ressourcenengpässen oder Prozessschwachstellen eingesetzt. Darüber hinaus liefert das Simulationstool wichtige Informationen hinsichtlich der Auslastung der einzelnen Ressourcen sowie der Durchlaufzeit und der Prozesskosten. Die Konfiguration der Simulationsdurchläufe erfolgt anhand diverser Attribute, welche den einzelnen Funktionen, Organisationseinheiten und Konnektoren im Rahmen der Geschäftsprozessmodellierung hinzugefügt werden können. Die in diesem Kontext zu konfigurierenden Attribute stimmen dabei weitgehend mit denen im GPOP modellierten Parametern überein.

Die im Rahmen der folgenden Evaluation zugrunde gelegte Testbasis besteht aus insgesamt 25 Probleminstanzen. Jeder Probleminstanz liegt ein jährliches Antragsvolumen von insgesamt 12.000 Führerscheinerstanträgen zugrunde, welche im vorliegenden Fall exakt mit der Anzahl der unterschiedlichen Antragsteller korrespondiert. Etwaige Sonderfälle, wie eine mehrfache Beantragung einer Fahrerlaubnis inkl. eines Führerscheins von ein und derselben Person werden hierbei ausgeschlossen. In Anlehnung an die Realität wird ferner angenommen, dass ca. 98% der Antragsteller keinerlei Eintragungen beim Kraftfahrtbundesamt und von den verbleibenden 2% wiederum 90% nur leichte Verstöße aufweisen. Die einzelnen Probleminstanzen lassen sich dann in die folgenden Problemklassen unterteilen:

- Problemklasse „Real" (5 Probleminstanzen),
- Problemklasse „Gleich" (10 Probleminstanzen) und
- Problemklasse „Saison" (10 Probleminstanzen).

Bei der Problemklasse „Real" handelt es sich um Echtdaten, welche für die Evaluation im Rahmen dieses Beitrags aus Datenschutzgründen lediglich leicht abgewandelt wurden. Im Gegensatz dazu handelt es sich bei den Problemklassen „Gleich" und „Saison" um zufällig erzeugte Klassen. Während bei der Problemklasse „Gleich" von einer Gleichverteilung des Antragseingangs über das gesamte Jahr hinweg ausgegangen wird, werden der Problemklasse „Saison" starke saisonale Schwankungen zugrunde gelegt. Die unterschiedlichen Probleminstanzen innerhalb der jeweiligen Problemklasse wurden durch eine Variation des Saatwertes des verwendeten Zufallsgenerators erzeugt.

Die im Folgenden ermittelten Bearbeitungs-, Übergangs- und Durchlaufzeiten werden grundsätzlich in Minuten angegeben. Eine explizite Vorstellung der einzelnen zugrunde gelegten Zeitwerte kann in diesem Fall aufgrund datenschutzrechtlicher Bestimmungen leider nicht vorgenommen werden. Selbiges gilt für die in der Praxis angesetzten Prozesskostensätze, die im Rahmen dieses Beitrags lediglich in Form eines normierten Einheitswertes angegeben werden. Bei dem Einheitswert werden die für einen normalen Sachbearbeiter anfallenden Personalkosten durch die anfallenden Arbeitsminuten repräsentiert. Die Personalkosten für den Einsatz eines höher qualifizierten leitenden Sachbearbeiters werden mit einem Kostenaufschlag von 20% gegenüber dem normalen Sachbearbeiter veranschlagt. Neben den Personalkosten fließen auch spezifische Sachmittelkosten in die Prozesskostensätze ein, die im Rahmen der Ressourcenverbrauchsrechnung ermittelt wurden. Da die Sachmittelkostensätze jedoch größtenteils nur einen Bruchteil der Prozesskostensätze ausmachen, werden diese bei den folgenden Berechnungen vernachlässigt.

5.1   Evaluation des Government-to-Consumer-Ansatzes

Im Folgenden wird der in Abschnitt 4.1 beschriebene G2C-Ansatz evaluiert, welcher die Einführung von Online-Antragsformularen inkl. einer entsprechenden Datenüber-tragungsfunktionalität seitens des Bürgers vorsieht. Bei der Simulation wurde analog zu den Erfahrungswerten aus der Praxis jeweils von einem 70%igen Online-Antrags-anteil ausgegangen. Die Auswertung der Simulation beschränkt sich hierbei auf den unmittelbar von dem Ansatz betroffenen Teilprozess „Antragsprüfung". Die im Rah-men der Simulation ermittelten durchschnittlichen Durchlaufzeiten [Minuten] über alle Probleminstanzen sind der folgenden Tabelle zu entnehmen.

Tab. 1.   Durchschnittliche Bearbeitungs- und Durchlaufzeit des Prozesses „Antragsprüfung".

Problem-klasse	Ist-Zustand			E-Government-Ansatz		
	Bearbeitungs-zeit	Übergangs-zeit	Durchlauf-zeit	Bearbeitungs-zeit	Übergangs-zeit	Durchlauf-zeit
Real	24,43	780,20	796,87	13,87	781,22	795,09
Gleich	15,27	729,00	744,27	11,21	718,66	729,87
Saison	17,13	792,43	809,56	14,26	807,01	821,27

Über alle Probleminstanzen hinweg konnte die durchschnittliche Bearbeitungszeit für den Teilprozess „Antragsprüfung" mit Hilfe des vorgeschlagenen G2C-Ansatzes um durchschnittlich ca. 20% gesenkt werden. Aufgrund der doch recht dominanten Übergangszeit fällt die Durchlaufzeitsenkung in Bezug auf den Teilprozess „Antrags-prüfung" mit gerade einmal 0,2% dagegen sehr gering aus. Dies lässt den Schluss zu, dass eine signifikante Senkung der Durchlaufzeit lediglich durch eine grundlegende Reorganisation der Arbeitsabläufe sowie der hieran beteiligten Organisationseinheiten zu erreichen ist.

Unter Kostengesichtspunkten verbessert sich die Bilanz des entwickelten der G2C-Ansatz dagegen wieder deutlich. Durch die Reduktion der reinen Bearbeitungszeiten fallen zugleich die Personalkostenanteile an den jeweiligen Prozesskosten so deutlich, so dass auch unter Berücksichtigung der ggf. bei einem E-Government Ansatz stei-genden Sachmittelkosten die Kostenbilanz positiv ausfällt. Im vorliegenden Fall kön-nen bei einem Antragsvolumen von 12.000 Anträgen in der untersuchten Straßenver-kehrsbehörde pro Jahr durchschnittlich ca. 648 Arbeitsstunden eingespart werden.

5.2   Evaluation des Government-to-Governement-Ansatzes

In Abschnitt 4.2 wurde ein G2G-Ansatz vorgeschlagen, der die Integration und Kopp-lung des derzeitigen IT-Verfahrens SW-Führerschein mit der KBA-Datenbank vor-sieht. Im Zuge dieser Kopplung wurde zusätzlich eine Reorganisation der Arbeitsab-läufe im Rahmen der Teilprozesse „Antragsprüfung" und „KBA Prüfung" vorge-nommen.

Mit Hilfe des vorgeschlagenen G2G Ansatzes sowie der sich hieraus ergebenden Reorganisation ließ sich die Durchlaufzeit des Teilprozesses „KBA Prüfung" um fast 78% reduzieren werden. Zurückzuführen ist dies in erster Linie auf die deutlichen or-ganisatorischen Veränderungen, welche die im Prozess anstehenden Organisationswechsel auf ein Minimum reduziert haben. Zusätzlich kann durch den Einsatz eines integrierten und gekoppelten IT-Verfahrens die Überprüfung der KBA-Einträge für Standardfälle (ca. 98%) zur anfragenden Straßenverkehrsbehörde verlagert werden. Hierdurch können wiederum zeitintensive Organisationswechsel entfallen.

Tab. 2.   Durchschnittliche Bearbeitungs- und Durchlaufzeit des Prozesses „KBA Prüfung".

Problem-klasse	Ist-Zustand			E-Government-Ansatz		
	Bearbeitungs-zeit	Übergangs-zeit	Durchlauf-zeit	Bearbeitungs-zeit	Übergangs-zeit	Durchlauf-zeit
Real	24,43	1742,86	1767,29	15,45	545,76	561,21
Gleich	22,89	1730,21	1753,10	13,31	540,34	553,65
Saison	28,23	1802,45	1830,68	17,98	549,32	567,30

Darüber hinaus wurden mit Hilfe der ARIS-Simulation die folgenden Prozess-kosten ermittelt:

Tab. 3.   Durchschnittliche Prozesskosten für den Prozess „KBA Prüfung".

Problem-klasse	Ist-Zustand Prozesskosten	E-Government-Ansatz Prozesskosten
Real	26,52	17,51
Gleich	24,72	16,10
Saison	34,79	21,53

Analog zur Bearbeitungszeit wirken sich die organisatorischen Veränderungen im Arbeitsablauf des Standardvorgangs in Kombination mit der Einführung eines inte-grierten behördenübergreifenden IT-Verfahrens auch positiv auf die Kostensituation aus. Bezogen auf den Teilprozess „KBA Prüfung" können in diesem Zusammenhang durchschnittlich bis zu 35% der aktuellen Kosten eingespart werden. Umso höher ist dies unter Berücksichtigung der Tatsache zu bewerten, dass im Rahmen des über-arbeiteten Prozesses zudem verstärkt höhere qualifizierte leitende Sachbearbeiter zum Einsatz kommen.

5.3   Evaluation des Gesamtprozesses „Führerscheinerstantrag"

Neben der Evaluation der einiger wesentlicher Teilprozesse sollen nun abschließend die Auswirkungen der E-Governmentansätze auf den Gesamtprozess gemäß den Ziel-funktionen (3) und (5) untersucht werden. In Bezug auf die Bearbeitungs- und Durch-laufzeiten ergeben sich dann folgende Simulationsergebnisse:

Tab. 4.   Durchschnittliche Prozesskosten und Durchlaufzeiten des Gesamtprozesses.

Problem-klasse	Ist-Zustand		E-Government-Ansatz	
	Prozesskosten	Durchlaufzeit	Prozesskosten	Durchlaufzeit
Real	122,10	13419,54	106,30	12297,06
Gleich	112,33	12505,54	97,79	10825,66
Saison	133,89	15027,02	113,95	14011,42

Hinsichtlich der Zielfunktion „Minimierung Prozesskosten" (5) resultieren aus der Einführung der G2C- und G2G-Ansätze Einsparungspotenziale von ca. 12,9% für die Problemklassen „Real" und „Gleich" bis hin zu 14,9% für die Problemklasse „Saison". Für die Zielfunktion „Minimierung der Durchlaufzeit" (3) lassen sich Optimierungspotenziale von 6,8% („Saison"), 8,4% („Real") und 13,4% („Gleich") identifizieren.

Die neu gestalteten Teilprozesse weisen in Bezug auf die unterschiedlichen Problemklassen stabile Einsparungspotenziale sowohl in Bezug auf die realen, als auch in Bezug auf die zufällig erzeugten Probleminstanzen auf.

6   Fazit und Ausblick

Die öffentliche Verwaltung befindet sich aktuell in einem dynamischen Veränderungsprozess hin zu einem modernen Dienstleistungsunternehmen. Leere Staatskassen und der hieraus resultierende Kostendruck stellen die öffentliche Verwaltung ebenso vor neue Herausforderungen, wie die ständig steigenden Kundenansprüche an die Leistungs- und Servicequalität der zu erbringenden Dienstleistungen. Darüber hinaus geben die in diversen EU-Dienstleistungsrichtlinien festgeschriebenen und in naher Zukunft von den Behörden zwingend umzusetzenden E-Governmentansätze, dem aktuellen Reformprozess neue zusätzliche Impulse.

Gerade im Rahmen des E-Government kommt dem Einsatz von IT-Verfahren und IT-Unterstützungssystemen eine zentrale Bedeutung zu. Der Einsatz isolierter IT-Verfahren reicht jedoch oftmals nicht aus, um den aktuellen Herausforderungen im Hinblick auf ein kundenorientiertes und kosteneffizientes Verwaltungshandeln gerecht zu werden. Es bedarf vielmehr häufig einer Reorganisation der aktuellen Geschäftsprozesse aus organisatorischer, arbeitsablauftechnischer und IT-technischer Sicht zugleich.

Im vorliegenden Beitrag wurde ein typischer Verwaltungsprozess in Form des Führerscheinerstantrags einer solchen kritischen ganzheitlichen Analyse unterworfen. Hierzu wurden einige in der behördlichen Praxis durchaus praktisch umsetzbare E-Governmentansätze entwickelt, die mittels einer Geschäftsprozesssimulation anhand von Praxis- und Zufallsdaten evaluiert wurden. Durch die Einführung der vorgeschlagenen IT-Verfahren in Kombination mit einer Reorganisation der Geschäftsprozesse können zum Teil erhebliche Einsparungspotenziale hinsichtlich der beiden Zielfunktionen Prozesskostenminimierung (5) und Durchlaufzeitminimierung (3) erzielt und letztendlich auch in der Praxis realisiert werden.

Es bleibt an dieser Stelle festzustellen, dass die öffentliche Verwaltung, gerade was die behördenübergreifende, durchgängige Integration der eingesetzten IT-System und IT-Verfahren angeht, erst am Anfang einer in Zukunft sicherlich rasant fortschreitenden Entwicklung steht.

Literaturverzeichnis

1. Asghari, R.: E-Government in der Praxis. Leitfaden für Politik und Verwaltung. Software & Support Verlag. München, 2005.
2. Blanke, B.; von Bandemer, St.; Nullmeier, F.; Wewer, G.: Handbuch zur Verwaltungsreform. VS Verlag für Sozialwissenschaften, 3. Auflage, Wiesbaden 2005.
3. Grief, J.: ARIS in IT-Projekten, Vieweg Verlag, Wiesbaden, 2005.
4. KBSt: SAGA – Standards und Architekturen für E-Government Anwendungen (Version 3.0). Hrsg.: Bundesministerium des Inneren, Bonn/Berlin, 2006.
5. G. Keller, M. Nüttgens, A.-W. Scheer: Semantische Prozeßmodellierung auf der Grundlage Ereignisgesteuerter Prozeßketten (EPK). In: Veröffentlichungen des Instituts für Wirtschaftsinformatik. A.-W. Scheer (Hrsg.). Heft 89, Saarbrücken 1992.
6. Kommunale Gemeinschaftsstelle für Verwaltungsvereinfachung (KGSt): Das Neue Steuerungsmodell. Begründung, Konturen, Umsetzung. KGSt (Hrsg.), Bericht 5/1993, Köln 1993.
7. Lehmann, F.: Integrierte Prozessmodellierung mit ARIS. Dpunkt Verlag, Heidelberg, 2007.
8. Mehlich, H.: Electronic Government. Die elektronische Verwaltungsreform Grundlagen – Entwicklungsstand – Zukunftsperspektiven. Gabler Verlag, Wiesbaden, 2002.
9. Pippke, W.; Gourmelon, A.; Meixner, E.; Mersmann, B.: Organisation. 2. Auflage, Carl-Heymanns Verlag, Köln, 2007.
10. Rau, Th.: Betriebswirtschaftslehre für Städte und Gemeinden. Vahlen Verlag, München, 2007.
11. Scheer, A.W.: Von Prozessmodellen zu lauffähigen Anwendungen. ARIS in der Praxis. Spinger Verlag, Berlin, 2007.
12. Scheer, A.W.; Kruppke, H.; Heib, A.: E-Government. Prozessoptimierung in der öffentlichen Verwaltung. Springer Verlag, Berlin, 2003.
13. Träger, Ch.: E-Government . Grundlagen, Sicherheit, Anforderungen, Strategien. Vdm Verlag Dr. Müller, Saarbrücken, 2005.

Decision Support Systeme im Krankenhaus – Aufbau eines wissensbasierten und prozessorientierten Krankenhausinformationssystems

Roland Gabriel und Thomas Lux

Ruhr-Universität Bochum, Universitätsstr. 150, 44801 Bochum
roland.gabriel@winf.ruhr-uni-bochum.de
thomas.lux@winf.ruhr-uni-bochum.de

Abstract. Rapid changes on the German healthcare market force especially hospitals as one of the important actors to offer high-quality services to low costs. Reengineering business processes by the use of modern information systems to support patients' clinical pathways is a suitable step to more effectiveness and more efficiency. Here we can see big potentials to save costs and to raise also the quality of the achievements, offered in the hospital. Nevertheless, suitable concepts and appropriate information systems to the special requirements in a hospital are absent. The purpose of the article is to present a concept of a knowledge-based and process-oriented information system by suggesting an "intelligent" Decision Support System as future information system in German hospitals.

Keywords: clinical information system, business process reengineering, knowledge-based system, clinical pathways

1   Einleitung

Der deutsche Gesundheitsmarkt befindet sich derzeit in einer Phase des Umbruchs und der Veränderungen. Als ein wesentlicher Auslöser fungieren die sich ändernden rechtlichen Rahmenbedingungen der Akteure. Gleichzeitig wird der ökonomische Druck zu Kosteneinsparungen und effizientem Arbeiten immer größer. Besonders im Krankenhausbereich, wo über lange Zeit hinweg primär die Versorgungssicherheit im Vordergrund stand und erbrachte Leistungen nach dem Grundsatz der Vollkostenrechnung abgerechnet wurden, steht nun die Wirtschaftlichkeit als wesentlicher Erfolgs- und auch Überlebensfaktor im Mittelpunkt des Krankenhausalltages.

Somit sind bestehende Prozessabläufe im Krankenhaus neu zu überdenken und nicht nur nach funktionalen, sondern besonders nach wirtschaftlichen Gesichtspunkten neu zu gestalten. Neben der reinen Prozessverbesserung kann gleichfalls die Messung von Prozessabläufen die Analysemöglichkeiten wesentlich verbessern. Darüber hinaus bestehen Bestrebungen, über den Verwaltungsbereich hinaus auch Diagnose- und Therapieprozesse der Patienten informationstechnisch zu unterstützen und dadurch deren Effizienz und Effektivität zu erhöhen. Hier werden große Potenziale gesehen, Kosten einzusparen und gleichzeitig die Qualität der im Krankenhaus angebotenen Leistungen, insbesondere des Heilungsprozesses der Patienten anzuheben. Es fehlen jedoch bisher geeignete Konzepte, welche den besonderen Anforderungen der Krankenhausbranche gerecht werden. Ziel des Beitrages ist es, ein Konzept eines wissensbasierten und prozessorientierten Informationssystems für das Krankenhaus zu erstellen, d. h. einen Vorschlag für ein „intelligentes" Decision Support System zu erarbeiten.

Der vorliegende Beitrag zeigt zunächst in Kapitel 2 die möglichen Entwicklungsstufen vom „traditionellen" Krankenhaus hin zum prozessorientierten Krankenhaus auf, um darauf aufbauend die Möglichkeiten der Prozessunterstützung durch Informations- und Kommunikationssysteme zu skizzieren. Ausgangspunkt sind die Erfahrungen aus einem langjährigen Projekt mit einer Universitätsklinik, welches die Autoren begleiteten. Kapitel 3 schließlich zeigt das Krankenhaus von morgen mit elektronisch unterstützten Gesundheitspfaden auf und entwickelt ein Architekturmodell, welches insbesondere die Integration der etablierten Krankenhausinformationssysteme und der prozessorientierten Systeme zur Abbildung des gesamten klinischen Pfades in den Mittelpunkt rückt. Dieses Konzept verdeutlicht die Herausforderung, eine Vielzahl schlecht strukturierter und individuell geprägter Prozessabläufe abzudecken. Diese Lücke schließt Kapitel 4 mit dem Modell eines wissensbasierten Systems, dessen Leistungsfähigkeit genau in der Beherrschung dieser Anforderung liegt. Der konzipierte Ansatz stellt mit dem wissensbasierten prozessorientierten klinischen Informationssystem ein Modell in den Mittelpunkt, welches die Stärken der unterschiedlichen Informationssysteme effektiv miteinander verbindet. Kapitel 5 reflektiert abschließend die wesentlichen Erkenntnisse und gibt eine Prognose zukünftiger Entwicklungen.

2   Prozessorientierung im Krankenhaus

Seit Mitte der 1990er Jahre gewinnt die Prozessorientierung unter bekannten Schlagworten wie Business Process (Re-)Engineering in Unternehmung und Verwaltung immer mehr an Bedeutung und ist heute oftmals grundlegende Basis der Leistungserstellung und des -angebotes mit dem Ziel, Verbesserungen in den erfolgswirksamen Variablen *Kosten*, *Zeit* und *Qualität* zu erreichen. Weitere wichtige, oftmals mit der Prozessorientierung verbundene Ziele sind die Transparenz von Unternehmungsabläufen sowie die Berücksichtigung qualitätsorientierter Anforderungen oder Zertifizierungen[1].

Im Gegensatz zu der sonst weiten Verbreitung der Prozessorientierung in Unternehmungen gewinnt die Modellierung, Analyse und Visualisierung der Abläufe im Krankenhaus in den Bereichen Diagnose, Therapie und Pflege erst in den letzten Jahren aus unterschiedlichen Perspektiven heraus an Interesse. Die Vision eines digitalen Gesundheitspfades, d. h. der medizinischen Prozesse, die den Patienten in den Vordergrund stellen, konkretisiert sich.

---

[1]   Beispielsweise entsprechend der ISO 9000 Normengruppe. Vgl. hierzu ausführlicher die Ausführungen in Abschnitt 2.1 und [2].

2.1 Ausprägung und Umsetzung der Prozesse im Krankenhaus

Als Auslöser für die detaillierte Beschäftigung mit den Abläufen im Krankenhaus sind besonders die Einführung der Fallpauschalen und der zunehmende Kostendruck sowie Zertifizierungsbestrebungen der Krankenhäuser, deren Grundlage meist die Analyse der Diagnose-, Therapie- und Pflegepfade[2] bildet, zu nennen. Grob lassen sich die mit der Prozessorientierung einhergehenden Ziele und die Umsetzung des Prozessgedankens in die Bereiche *Modellierung*, *Visualisierung*, *Messung*, *IT-Unterstützung* und *Prozessverbesserung* der Abläufe differenzieren. Die Stufen der Prozessorientierung sind in einem Kosten-Nutzen-Koordinatensystem in der folgenden Abb. 1 dargestellt. Man sieht, dass bei zunehmender Umsetzung des Prozessgedankens die Kosten bzw. der Aufwand zwar steigen, der Nutzen bzw. Erfolg jedoch auch zunimmt. Bei dieser Vorgehensweise ist somit begleitend eine Wirtschaftlichkeitsanalyse bzw. ein gezieltes Controlling durchzuführen, um eine aussagefähige Kosten-Nutzen-Relation zu erhalten.

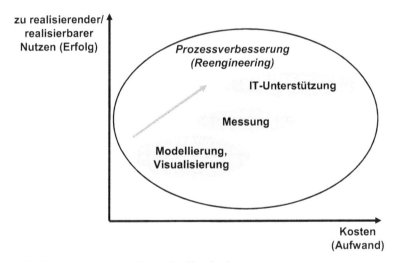

Abb. 1.   Stufen der Prozessorientierung im Krankenhaus.

Transparenz durch Modellierung und Visualisierung der Prozesse. Die gesetzliche Verpflichtung der Krankenhäuser zur Einführung eines *Qualitätsmanagements (QM)*[3] ist oftmals der Auslöser, bestehende Diagnose-, Therapie- und Pflegeprozesse sowie bestehende Organisationsstrukturen in einer Bestandsaufnahme zu erfassen und

---

[2] Bei der Betrachtung der Pfade bzw. Prozesse sollen nicht verwaltungsorientierte Prozesse und deren Analyse bzw. Unterstützung im Mittelpunkt stehen, sondern vielmehr die „produktiven" medizinischen Prozesse wie Diagnose, Therapie und Pflege eines Patienten und somit die klinischen Prozesse, die sich als Gesundheitspfade verstehen.

[3] Die Verpflichtung zur Einführung eines Qualitätsmanagements in Krankenhäusern geht aus §135a, Absatz 2, Satz 1 des Sozialgesetzbuches (SGB) hervor. Dabei ist unter Qualitätsmanagement eine „systematische Vorgehensweise, um hervorragende Dienstleistungen und Produkte herzustellen", zu verstehen (vgl. *American Society of Quality*).

zu modellieren. Unterstützbar ist das QM durch eine Reihe von international validierten Normungsverfahren, sogenannte Qualitätsmanagementsysteme (QMS). Die wichtigsten bzw. populärsten Verfahren bzw. Systeme sind die DIN EN ISO 9000, EFQM, JCAHO und KTQ.[4] Alle genannten Verfahren erfordern die grundlegende Erhebung der Prozess- und Organisationsstrukturen.

Aufgrund der historisch gewachsenen starren Strukturen in vielen Krankenhäusern mit autonom agierenden Abteilungen bzw. Kliniken, welche über entsprechende Bereichshierarchien verfügen, beherbergt schon die reine Visualisierung der bestehenden Geschäftsprozesse, Prozesslandschaften und Prozesse sowie der Organisationsstrukturen erhebliche Potenziale zur Schaffung einer verbesserten Unternehmenstransparenz. Nebeneffekte, welche schon allein aus der Aufnahme und Diskussion der Prozesse resultieren, sind das Überdenken bestehender Strukturen und die Realisierung von Verbesserungspotenzialen.

Je nach Tiefe der Prozessanalyse und Zerlegung in die Teil- bzw. Subprozesse werden oftmals auch *klinische Pfade (Gesundheitspfade)* erfasst, wobei je nach analysierter Fachrichtung die Prozessvielfalt sehr hoch und der mit der Analyse und Visualisierung verbundene Aufwand entsprechend umfassend sein kann.

Prozessmessung zur ökonomischen Analyse. Aus der verpflichtenden Einführung der *Fallpauschalen* für alle vollstationären Krankenhausbehandlungen und der damit verbundenen Änderung von zeitraumbezogenen und einzelleistungsorientierten auf die *pauschalierte Vergütung* der medizinischen Leistungen pro Behandlungsfall resultiert ein großes Interesse der Leistungsanbieter, für den jeweiligen Behandlungsfall die anfallende Kosten detailliert zu erfassen.

Als Basis hierfür dienen die bereits erfassten und visualisierten (modellierten) Prozessabläufe, welche in einer einfachen Lösung – meist für die Einzelfallbetrachtung – um entsprechende Kosten- und Zeitgrößen zu ergänzen sind. Als Resultat lassen sich einfache Simulationen durchführen und entsprechende Prozessdurchlaufzeiten und -kosten ermitteln, um erste Rückschlüsse auf die Wirtschaftlichkeit einzelner Prozesse zu ziehen. Gerade aufgrund der Einbindung unterschiedlicher Abteilungen bzw. Kliniken in einen klinischen Pfad[5] resultieren aus der einfachen Bewertung einzelner

---

4   Die Normreihe *DIN EN ISO 9000ff.* ist das bekannteste QM-Verfahren und wurde für den Dienstleistungs- und Produktionsbereich entworfen. Trotz industrieller Herkunft hat sich das Verfahren als anwendbar und geeignet erwiesen, da eine inhaltliche Überarbeitung durchgeführt wurde. Mit dem *EFQM (European Foundation for Quality Management)* Modell für Exzellenz lässt sich die größte Mitarbeitermotivation erzielen, da das Verfahren als Selbstbewertung konzipiert ist. Auch dieses Modell wird derzeit verbessert. Europaweit konnte es sich im Gesundheitswesen bisher sehr bewähren. Das System der *JCAHO (Joint Commission on Accreditation of Healthcare Organizations)* ist ein Akkreditierungsmodell für die Zulassung als Gesundheitsanbieter in den USA in der deutschen Version. Das Verfahren nach *KTQ (Kooperation für Transparenz und Qualität im Gesundheitswesen)* beinhaltet Elemente aller drei genannten Modelle und wird derzeit erfolgreich in Deutschland eingesetzt.

5   Betriebswirtschaftlich betrachtet ist das Krankenhaus somit funktional strukturiert mit der Einteilung in differente funktionale Einheiten. Der klinische Pfad ist damit nicht auf eine funktionale Einheit begrenzt, sondern kann fallindividuell mehrere Funktionsbereiche durchlaufen bzw. deren Leistung in Anspruch nehmen.

Prozessschritte mit Zeit- und Kostengrößen schon wichtige Erkenntnisse für die Kosten- und Zeitstrukturen einzelner Gesundheitsprozesse. Diese Vorgehensweise bietet damit grundlegende Informationen für den effizienten und effektiven Prozessdurchlauf.

Detaillierte und für betriebswirtschliche Zwecke geeignete Informationen liefert erst die Einführung der *Prozesskostenrechnung*. Ausgangspunkt sind auch hier die bereits erstellten Prozessmodelle, welche an die Anforderungen der Prozesskostenrechnung (PKR) anzupassen bzw. meist weiter zu detaillieren sind. Um diesen Anforderungen grundlegend zu genügen, muss ein Prozess folgende Merkmale aufweisen [10]:

- Eine messbare Leistungsausbringung,
- in einer bestimmten (gleichbleibenden) Qualität (welche meist nicht explizierbar ist),
- mit analysierbaren Durchlauf- und Bearbeitungszeiten,
- deren Erbringung messbare Ressourcen (Kosten) beansprucht und
- sich auf definierte Kosteneinflussgrößen (Cost Driver) zurückführen lässt.

Die genannten (grundlegenden) Prozessmerkmale sind den Objekten eines Prozesses als Attributwerte zuzuordnen. Bei der softwaregestützten Prozesskostenrechnung stellt, neben der Ergänzung um die genannten Attributwerte, das eingesetzte Software-Werkzeug zur Prozesskostenrechnung oftmals noch sehr spezielle Anforderungen an die Modellierungsnotation, welche ebenfalls zu berücksichtigen sind.[6]

Neben den statischen in der Prozessmodellierung gepflegten Informationen sind für die Durchführung der PKR dynamische Informationen notwendig, welche als Instanzen die Durchlaufhäufigkeit protokollieren und die Basis für zeitorientierte Auswertungen bilden. Bei detaillierter Hinterlegung aller prozessrelevanten Variablen ermöglicht die Durchführung der PKR somit die detaillierte Zurechnung aller Einzel- und Gemeinkosten zum klinischen Behandlungspfad eines Patienten.

Im Gegensatz zu den hohen Potenzialen der Nutzung der Prozesskostenrechnung finden sich in der praktischen Umsetzung in der Krankenhauslandschaft Deutschland nur einige wenige prototypische Einrichtungen, denen eine umfassende Umsetzung bisher gelungen ist. Für das Krankenhauscontrolling und somit als Werkzeug zur Unternehmenssteuerung bietet die PKR gerade aufgrund der fallpauschalierten Abrechnung die geeigneten Stellschrauben, bestehende Kompetenzen und Ressourcen besser nach betriebswirtschaftlichen Kriterien zu nutzen und auszubauen und nicht deckungsbeitragskonforme Fälle zu reduzieren.

Vision der IT-Unterstützung klinischer Behandlungspfade. Die Nutzung der Informationstechnologie zur durchgängigen und integrierten Unterstützung von Diagnose-, Therapie- und Pflegeprozessen wird eine der größten Herausforderungen in der deutschen Krankenhauslandschaft in den kommenden Jahren darstellen. Derzeit existieren einige Pilotprojekte, wobei auch hier nur Teilbereiche bzw. Abteilungen

---

[6] Beispielsweise verlangt der Prozess-Kennzahlen-Manager (PKM) der IDS Scheer AG eine Prozessauswahlmatrix (PAM), welche aus den drei Ebenen *Geschäftsprozess*, *Hauptprozess* und *Teilprozess* besteht [17].

durchgängig unterstützt werden. Gesamtlösungen im Sinne von ERP-Lösungen sind derzeit im Krankenhaus noch reine Vision. Die ersten Schritte zur Anbindung von Partnern (Apotheken, Spezialkliniken, Ärzten usw.) im Sinne eines Gesundheitsprozesses des Patienten und somit der ganzheitlichen Perspektive auf den Prozess werden gerade einmal grundlegend diskutiert. Neben einigen standardisierten Lösungen für sehr begrenzte Aufgabenstellungen sind eher Individuallösungen bzw. einzelne modulare Lösungen im Einsatz.

Die prozessorientierte Betrachtung eines Krankenhauses bietet hier die geeignete Grundlage, krankenhausübergreifende Systeme einzuführen. Insbesondere weicht aufgrund der Gesamtperspektive das Abteilungs- bzw. Bereichsdenken dem Denken im prozessorientierten vernetzten System. Entsprechend eignen sich die bereits modellierten Prozessabläufe zur Erstellung eines groben Fachkonzeptes, welches weiter zu analysieren und in Hinblick auf IT-spezifische Fragestellungen (wie beispielsweise Anbindung von Therapiegeräten, Erstellung von Benutzerrollen) zu detaillieren ist.

2.2   Reengineering zur Verbesserung klinischer Prozesse

Als wesentliches Ziel der prozessorientierten Unternehmensbetrachtung in Betriebswirtschaftslehre und Wirtschaftsinformatik gelten die Verbesserungen der Unternehmensabläufe und damit auch die Verbesserungen in den erfolgsrelevanten Größen *Qualität*, *Kosten* und *Zeit*. Ziel ist die effiziente und effektive Leistungserstellung.

Grundlage hierfür liefert das erstellte Prozessmodell des Krankenhauses, welches auf den Ist-Abläufen basiert. Schon bei geringer Detaillierung der Prozessbetrachtung lassen sich oftmals Schwachstellen erkennen wie beispielsweise Rücksprünge innerhalb eines Prozesses oder Brüche in der Prozesskette. Gerade aufgrund der Einbindung mehrerer Abteilungen in einen Diagnose- und Therapieprozess sind Prozessschritte in anderen Bereichen nicht bekannt oder intransparent. Die abteilungsübergreifende prozessorientierte Perspektive bietet hier hohe Potenziale der Prozessverbesserung, da nicht die funktions-(abteilungs-)orientierte Sicht auf den Patienten im Mittelpunkt steht, sondern der gesamte klinische Behandlungspfad des Patienten.

Aus betriebswirtschaftlicher Perspektive bietet darüber hinaus besonders die Messung und Bewertung der Prozesse sowie der eingebundenen Ressourcen umfangreiche Möglichkeiten, die Wirtschaftlichkeit einzelner Prozesse zu ermitteln. Daraus ergibt sich die Möglichkeit der Anpassung des Leistungsangebotes nach wirtschaftlichen Gesichtspunkten. Besonders aus der kombinierten Perspektive der Prozess- und Prozesskosten-Sicht resultiert die detaillierte Zuordnung und Aufschlüsselung von Prozesskosten und Prozesserlösen zu einzelnen Therapie- und Diagnoseprozessen. Durch Einbeziehung der fallpauschalen Entgeltung in das Analysekonzept sind die ertragreichen und wenig ertragreichen klinischen Behandlungspfade schnell sichtbar.

Die prozessbezogene Erfassung und Zuordnung der Kosten der Diagnose- und Therapieleistungen würde die Möglichkeiten zur internen Leistungsverrechnung enorm verbessern. Die umfassendsten Verbesserungspotenziale verspricht der Einsatz prozessunterstützender Informations- und Kommunikationstechnologie, von Workflow Management-Systemen zur Unterstützung von Diagnose-, Therapie- und Pflegeprozessen. Mit zunehmenden rechtlichen und ökonomischen Anforderungen besteht ein hoher Anteil der klinischen Tätigkeiten in verwaltungsorientierten Aufgaben (protokollieren, Diagnosen dokumentieren usw.), und der Einsatz von IuK-Technologie (zur Behandlung usw.) ist gekennzeichnet durch unterschiedliche Systeme, welche wenig integriert sind. Entsprechend lassen sich Abläufe sinnvoll unterstützen, Systembrüche vermeiden, und Informationen sind zur rechten Zeit am rechten Ort verfügbar. Je nach Art des Systems besteht die Möglichkeit, den klinischen Prozess aktiv zu unterstützen beispielsweise durch Medikations- oder Diagnosevorschläge. Wird die IT nicht nur unterstützend, sondern zur aktiven Steuerung des entsprechenden Prozesses mit einbezogen, resultiert daraus – neben rein ablauforientierten Änderungen – die Notwendigkeit zum Reengineering der Prozesse sowie zu organisatorischen Änderungen der Aufgabenzuständigkeit. Vorteilhaft für ärztliche Mitarbeiter wäre bspw. eine mögliche Entlastung von Routineaufgaben und höhere Konzentration auf spezialisierte Aufgaben.

Neben ablauforientierter Verbesserungspotenziale klinischer Workflow Management-Systeme ist ein weiterer großer Vorteil die Nutzung der anfallenden Daten, beispielsweise innerhalb der Prozesskostenrechnung oder auch zur Krankenhaussteuerung durch den Einsatz analyseorientierter Informationssysteme bzw. von Data Warehouse-Systemen.

3   IT-gestützte klinische Behandlungspfade als Zukunftsszenario des Krankenhausalltages

Aufgrund des zunehmenden Kostendruckes wird es für die Zukunft der Krankenhäuser unvermeidbar sein, nicht nur ihr Leistungsportfolio zu verbessern, sondern Leistungen effizienter und effektiver und somit auch kostengünstiger zu erbringen. Dazu bieten derzeit eingesetzte Krankenhausinformationssysteme (KIS) wenig Potenziale. Die Herausforderung zukünftiger Systeme ist nicht nur die Unterstützung einzelner Funktionen und Tätigkeiten, sondern aktiv den gesamten individuellen Gesundheitspfad der Patienten informationstechnisch zu unterstützen.

3.1   Vom informations- zum prozessorientierten Krankenhausanwendungssystem

Reflektiert man den Einsatz prozessorientierter Informationssysteme im Krankenhaus, so ist zunächst der bisherige Einsatz von Informations- und Kommunikationssystemen im Krankenhaus zu untersuchen, um darauf aufbauend die Möglichkeiten der informationstechnischen Einbindung eines Workflow Management-Systems (WMS) zu skizzieren.

Informationssysteme im Krankenhaus. Ein *Krankenhausinformationssystem (KIS)* fungiert als zentrales Informations- und Kommunikationssystem (IuK-System) im Krankenhaus. Es unterstützt möglichst alle Leistungsprozesse innerhalb eines Krankenhauses sowie zu dessen Umwelt. Zur Erfüllung dieser Aufgabe werden im idealtypischen KIS alle Patientendaten wie z.B. Untersuchungsergebnisse, Röntgenaufnahmen, Laborwerte, Operationen usw. verwaltet. Zur Anbindung spezieller Systeme wie beispielsweise Laborinformationssysteme verfügt das KIS über geeignete standardisierte Schnittstellen. Ziel des Systemeinsatzes aus medizinischer Sicht ist es, einen schnellen und detaillierten Überblick aller wesentlichen Patientendaten zu gewährleisten als Grundlage für die weitere Behandlung des Patienten.[15]

Entsprechend lassen sich die grundlegenden Anforderungen an ein KIS in *daten-orientierte* und in *dialog- und auskunftsorientierte* Anforderungen unterteilen. Datenorientierte Anforderungen entsprechen den grundlegenden Anforderungen an ein Datenbanksystem (wie beispielsweise die Speicherung, Verwaltung und Kontrolle der Datenbestände) sowie für die Funktionalität notwendige Anforderung (z.B. Redundanzfreiheit oder Datenintegrität).[7] Dialog- und auskunftsorientierte Anforderungen stellen die Benutzungsschnittstelle in den Mittelpunkt und somit den Zugriff des Mitarbeiters auf das KIS. Die Integration beider Systemarten für den jeweiligen Mitarbeiter bzw. die entsprechende Stelle realisiert das *Klinische Arbeitsplatzsystem (KAS)*, dessen Funktion in der Sammlung, Integration und Darstellung der Daten und Informationen aus unterschiedlichen funktionalen Subsystemen liegt, um für den Mitarbeiter alle zur Erfüllung seiner Aufgaben notwendigen Anwendungen an einer Stelle (z.B. PC-Arbeitsplatz) vorzuhalten.[11, 15] Entsprechend umfasst das KAS an unterschiedlichen Arbeitsplatzstellen differente funktionale Anwendungen zur Unterstützung der Aufgabenstellung. Nach der Art der Anwendungen kann weiterhin unterteilt werden in *Echtzeit-Anwendungen* wie Telemonitoring von Vitalparametern des Patienten oder Telediagnostik und in Anwendungen zum *Informationsaustausch bzw. zur -speicherung* (beispielsweise die elektronische Patientenakte, Labordaten, Verordnungen und Dokumentationen).[20][8]

Aufgrund unterschiedlicher Funktionen der Aufgabenträger in einem Krankenhaus und der damit verbundenen differenten Anforderungen an die Unterstützung der jeweiligen Aufgaben sind entsprechende Benutzer- bzw. Rollenkonzepte eine zentrale Herausforderung, welche auch den Anforderungen der *Datensicherheit* und des *Datenschutzes* genügen. [12]

Eine weitere wichtige Anforderung an eingesetzte KIS besteht in der *Integration* der Daten unterschiedlicher (heterogener) im Krankenhaus eingesetzter Diagnose-, Behandlungs- und Dokumentationssysteme[9]. Aufgrund der informationstechnischen Entwicklung im Krankenhaus finden hier oftmals schon länger eingesetzte, aber aus medizinischer Perspektive heraus durchaus leistungsfähige, nutzbare und dem Stand der Technik entsprechende Systeme Einsatz, welche mit herstellerspezifischen Soft-

---

[7]   Vgl. zur Systematisierung der an ein Datenbanksystem zu stellenden Anforderungen [8] und [9].

[8]   Im Rahmen der genannten e-Health-Anwendungen sind weitere Spezialsysteme denkbar, wie z.B. Online-Sprechstunden oder spezielle Telematik-Anwendungen wie Telerobotik oder Telechirugie. Hierbei handelt es sich aber meist um sehr stark individualisierte Lösungen, welche eher als Hilfsmittel im Sinne des Einsatzes von Arbeitsmaterialien fungieren und deren Integration in die sonstigen KIS aufgrund ihrer besonderen Eigenschaften nicht erfolgt.

[9]   Beispielsweise Laborsysteme oder Röntgensysteme.

waresystemen ausgestattet sind und nur unzureichende oder proprietäre Schnittstellen zur Verfügung stellen.

Seit den 1980er Jahren konnten sich verschiedene unterschiedliche Architekturkonzepte von KIS etablieren. Bei den so genannten *monolithischen* Konzepten bestand das Bestreben in einer *all-in-one*-Lösung, welche alle erforderlichen Funktionalitäten durch den Einsatz eines umfassenden Informationssystems abdeckt. Bei der *verteilten* Architektur finden in den jeweiligen Funktionsbereichen spezielle, besonders geeignete Lösungen Einsatz, welche über Schnittstellen mit einem Kommunikationsserver verbunden sind. Bei der *komponentenbasierten* Architektur erfolgt die Bereitstellung von (standardisierten) Basisfunktionalitäten durch entsprechende Komponenten, welche über standardisierte Schnittstellen mit den funktionalen Spezialsystemen verbunden sind. [15, 22]

Architekturkonzept eines prozessorientierten Krankenhausinformationssystems. Im Gegensatz zu den dargestellten KIS steht beim Einsatz eines prozessorientierten Krankenhausinformationssystems die ganzheitliche *passive* und *aktive* Unterstützung des Diagnose-, Therapie- und Pflegeprozesses eines Patienten (also von der Aufnahme eines Patienten möglichst bis zum Ende seiner Behandlung[10]) im Mittelpunkt. Daraus resultiert die Notwendigkeit zur informationstechnischen Unterstützung aller Aufgaben und Tätigkeiten während der genannten klinischen Prozesse.

Somit steht der jeweilige Prozess bzw. Vorgang und dessen Unterstützung sowie die prozessorientierten Aufgaben der Steuerung und Kontrolle im Vordergrund. *Passive* Systeme bilden den Gesamtprozess ganzheitlich ab und unterstützen alle Tätigkeiten bspw. im Rahmen der Prozessdokumentation. *Aktive* Systeme hingegen greifen darüber hinaus lenkend in das Geschehen mit ein und geben – in Abhängigkeit von der jeweiligen Informationslage – Vorschläge für die weitere Behandlung des Patienten. Während bei passiven Systemen somit die wesentliche Aufgabe in der Nachbildung und Unterstützung der Prozesse liegt, besteht die Herausforderung bei aktiven Systemen darüber hinaus in der Erhebung und Abbildung der zur Steuerung notwendigen Informationen sowie in der Option, vorgeschlagene (alternative) Therapiewege zu bewerten oder zu verändern und somit entsprechende Entscheidungsfreiheiten und die Lern- bzw. Anpassungsfähigkeit des Systems zu ermöglichen.

Die Herausforderung der Gestaltung, Implementierung und Nutzung *passiver* prozessorientierter Systeme liegen somit in der detaillierten Abbildung der zugrunde liegenden Prozesse[11] sowie in der Integration der informationsorientierten und funk-

---

[10]   Dies setzt natürlich entsprechende Informationssysteme auf der Seite der weiterbehandelnden Instanzen voraus sowie eine Vernetzung bzw. die Möglichkeit des Datenaustausches mit diesen. Entsprechend wird sich der Einsatz dieser Systeme von Krankenhausinformationssystemen hin zu Gesundheitsinformationssystemen wandeln, welche nicht auf eine Institution begrenzt sind, sondern alle an der Behandlung eines Patienten beteiligten Instanzen (inklusive des Patienten selbst als Inhaber der Rechte über seine Daten) involviert. Aktuell werden entsprechende Konzepte unter dem Schlagwort der elektronischen Patientenakte (ePA) als zukunftsorientierte Erweiterung der (vielleicht in den kommenden Jahren realisierten) elektronischen Gesundheitskarte (eGK) facettenreich diskutiert (vgl. www.diegesundheitskarte.de).

[11]   Vgl. zur Prozessorientierung auch Kapitel 2 (Prozessorientierung im Krankenhaus).

tionalen Anwendungs- und Informationssysteme im Krankenhaus. Neben der Nutzung der bereits im Krankenhaus vorhandenen Prozessmodelle sowie deren Detaillierung und Anpassung bietet sich zur systemtechnischen Umsetzung die Einbindung bereits vorhandener KAS an.[12] Neben der prozessorientierten elektronischen Unterstützung des klinischen Behandlungspfades und der Integration der daten- und informationsorientierten Anwendungen liegen weitere Herausforderungen in der Konfiguration der Steuerungs- und Kontrollschicht[13] sowie der Erstellung eines geeigneten Benutzer- und Rollenmodells[14]. Für die Benutzersicht wird das Krankenhaus-Workflow Management-System (KWMS) um das Klinische Arbeitsplatzsystem (KAS) erweitert. Im Gegensatz zu der vorherigen Darstellung sind hier allerdings nicht mehr unterschiedliche individuelle Konfigurationen notwendig; vielmehr sind die für den Nutzer zur Erledigung seiner Aufgaben notwendigen Anwendungen direkt mit seiner Benutzerrolle verknüpft und werden ihm über das Workflow-System bereit gestellt. Eine schematische Visualisierung des dargestellten Konzeptes liefert die nachfolgende Abb. 2.

Neben dem „produktiven" Zugriff auf das System durch den Nutzer bietet sich darüber hinaus die Einbindung weiterer Endbenutzer-Werkzeuge an. Insbesondere analyseorientierte Systeme bzw. Abfrage- und Reportingsysteme können detaillierte Informationen zur Krankenhaussteuerung auf Basis der prozessorientierten Informationen liefern. Beispielsweise besteht die Möglichkeit der systematischen Evaluation der verbindlichen Prozessschritte als wichtige Grundlage zur Qualitätssicherung. Ergänzend könnte hier die Einbindung weiterer (externer) Daten- und Informationsquellen erfolgen, beispielsweise in Form einer Data Warehouse-Architektur. Gleichfalls ist die Prozesskostenrechnung mit in die Krankenhaus Workflow-Architektur aufzunehmen, um z.B. neben stets aktuellen Durchlaufhäufigkeiten auch weitere relevante Kostengrößen[15] in die Betrachtung mit einzubeziehen.

---

[12] Voraussetzung hierfür ist der Einsatz geeigneter Systeme, welche die notwendigen Funktionalitäten unterstützen. Vorteilhaft ist hierbei – neben kostenorientierten Überlegungen –, dass Mitarbeiter sich in ähnlichen Systemwelten leichter zurecht finden und diese besser akzeptieren und adaptieren. Nachteilig sind Einschränkungen für eine flexiblere Gestaltung des neuen prozessorientierten Systems aufgrund der Orientierung an aus Altsystemen resultierenden Restriktionen sowie eine weitere langfristige Bindung an bestehende (proprietäre oder ggf. bereits überalterte) Systeme.

[13] Neben der einfachen elektronischen Abbildung eines bestehenden Prozesses liegt die Stärke eines Workflow Management-Systems gerade in der Steuerung und in der Kontrolle des Prozessablaufes. Hier sind anhand von mit dem Prozessablauf verbundener Zeit- und Kostengrößen Kontrollparameter zu hinterlegen, welche in den Prozessablauf eingreifen bzw. Hinweise auf schlecht konfigurierte Prozesse liefern. [16]

[14] Das grundsätzliche Rollenmodell ist aus dem Organisationsmodell der Unternehmung ableitbar. Entsprechend der Anforderungen des Workflow-Systems ist dieses aber um entsprechende Benutzerrollen zu erweitern. Weiterhin sind zusätzlich benutzerorientierte Informationen mit aufzunehmen, wie beispielsweise Vertreterregelungen (wer vertritt wen z.B. bei Abwesenheit) oder Eskalationsstufen (bei Nicht-Reaktion auf Warnungen, welcher Benutzer ist wann zu kontaktieren?). [16]

[15] Beispielsweise wird der Einsatz von Medikamenten und weiteren in der Pflege eingesetzten Materialien meist nur pauschal abgerechnet, da eine genaue Zuordnung zu Patienten nicht erfolgt bzw. gar nicht möglich ist. Auch die für die Pflege eines Patienten aufzubringende

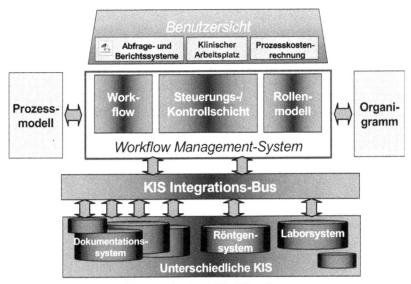

Abb. 2. Architekturkonzept eines Krankenhaus-Workflow-Systems.

Die Integration der Krankenhausinformationssysteme sowie die Kommunikation zwischen den Systemen und dem Krankenhaus Workflow-System erfolgt über eine *Integrationsschicht* bzw. einen *Integrationsbus* (vgl. Abb. 2) als Zwischenschicht. Alle Systeme sind an diesen zentralen Kommunikationsbus anzubinden, welcher die technische Verbindung der Systeme im Sinne des Schnittstellenmanagements realisiert. Weiterhin kommt dem Integrationsbus die Aufgabe der Vereinheitlichung des Datenformates und des Informationsformates zu. Im medizinischen Bereich kann sich zunehmend als Standard Health Level 7 (HL7) zur einheitlichen Kommunikation bzw. zum Datenaustausch zwischen medizinischen Systemen etablieren.[16] Aufgrund der weiten Verbreitung und auch Akzeptanz von HL7 sowie der Integration in medizinische Anwendungen bietet sich diese semantische Beschreibungssprache zur standardisierten Informationsstrukturierung innerhalb des Integrationsbusses an.

Beim Einsatz *aktiver* prozessorientierter klinischer Workflow-Systeme ist grundlegend die gleiche dargestellte Systemarchitektur zu wählen. Darüber hinaus besteht hier die Herausforderung in der Umsetzung der nur gering standardisierten Diagnose-, Therapie und Behandlungsprozesse. [11] Neben der technischen Umsetzung steht hier zunächst die Abbildung der möglichen Prozessabläufe im Vordergrund. Abweichend von der prozessorientierten Perspektive, welche primär den Ablauf in den Mittelpunkt stellt, bietet sich hier eine wissensorientierte Abbildung der notwendigen entscheidungsrelevanten Regeln an. Das Ergebnis der Abarbeitung der Regeln bildet den Ausgangspunkt für die Fortführung des standardisierten Prozessablaufes. Nach der Aufnahme eines Patienten werden z. B. unterschiedliche Untersuchungen (z.B. radio-

---

Zeit kann aufgrund fehlender installierter Verfahren zur Zeiterfassung oftmals nur sehr pauschal in die Prozesskosten mit eingebracht werden.

[16] Vgl. ausführlich zu HL7 www.hl7.org sowie grundlegend zu weiteren Standards in der Medizin auch [22].

logische Diagnostik und Untersuchung/Messung der Vital- und Blutwerte) durchgeführt. Diese Untersuchungen stellen u.a. den Ausgangspunkt für die Erstellung der
Diagnose dar. Nach Durchführung der Untersuchungen erfolgt die (teil-)automatisier-
te Auswertung der Ergebnisse bzw. die Unterstützung des Arztes bei der Auswertung
der Ergebnisse.[17] Nach Auswertung der Teilergebnisse ist die Diagnose abgeschlossen
und der Therapieprozess beginnt. Anhand des abgebildeten Wissens (beispielsweise
in Form von Entscheidungsregeln) werden ein oder mehrere Therapieprozesse vorgeschlagen oder auch die Anwendung weiterer Diagnoseverfahren, wobei die Bewertung der Alternativen mit entsprechenden Wahrscheinlichkeiten sowie Erklärungen
die Informationslage ergänzt. Diese Informationen dienen bzw. unterstützen den Arzt
bei seiner Aufgabe, einen geeigneten klinischen Prozess für die weitere Behandlung
des Patienten zu wählen. Neben der Nutzung und der weiterführenden Unterstützung
des klinischen Prozesses sollte für den Entscheider hier die Möglichkeit bestehen, die
bestehenden Entscheidungsregeln bzw. deren Gewichtung zu modifizieren und damit
zur Verbesserung des Systems beizutragen. Die nachfolgende Abb. 3 zeigt schematisch den beschriebenen Prozessaufbau.

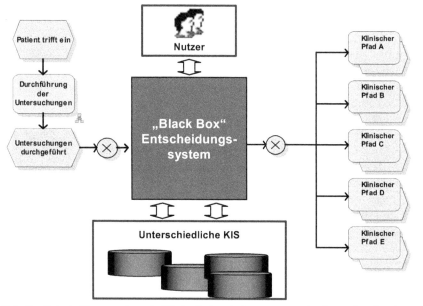

Abb. 3. Entscheidungssystem als Bindeglied zwischen prozessorientierten (strukturierten)
und fallbasierten (eher wenig strukturierten) klinischen Prozessen[18].

[17] Insbesondere beim Einsatz von bildgebenden Verfahren existieren unterschiedliche Systeme, welche anhand der digitalisierten Aufnahme Rückschlüsse auf eine bestimmte Befun-
dung geben bzw. vorschlagen und damit den Arzt in seiner Arbeit unterstützen.
[18] Zur Verbesserung der Darstellung soll das Entscheidungssystem hier nicht weiter detailliert
werden; daher die Bezeichnung als „Black Box" in der Abbildung.

Aufgrund der Vielzahl möglicher Einzelfallentscheidungen wird der Einsatz prozessorientierter Krankenhausinformationssysteme oftmals für nicht möglich bzw. für nicht wirtschaftlich machbar eingeschätzt. Gegenüber der üblichen prozessorientierten Vorgehensweise bietet es sich daher an, weniger die bestehenden Vorgänge im Rahmen der Diagnostik und Therapie zu betrachten, sondern vielmehr standardisierte Prozesse als Basis (Grundausstattung) in das Regelwerk mit aufzunehmen, welche ggf. an die Erfordernisse der jeweiligen Einrichtung anzupassen sind. Neben dem Vorteil, die Erhebung nicht durchführen zu müssen, besteht ein weiterer wichtiger Vorteil in der Möglichkeit der modularen Übertragbarkeit des Systems auf andere Einrichtungen. Beispielsweise liegen im klinischen Bereich mit den „Klinischen Pfaden"[19] bereits standardisierte diagnose- und therapieorientierte Prozesse vor, welche als Basis für die regelbasierte Implementierung nutzbar sind.

3.2 Chancen und Herausforderungen des Einsatzes prozessorientierter Krankenhausinformationssysteme

Der Einsatz von Workflow Management-Systemen im Krankenhaus zur Unterstützung von Diagnose-, Therapie und Pflegeprozessen ist mit unterschiedlichen Vorteilen und Chancen verbunden, wobei auch Nachteile bzw. Risiken und Gefahren des Systemeinsatzes besonders innerhalb des Gestaltungsprozesses zu berücksichtigen sind. Grundlegend sollen hier Vor- und Nachteile aus *Sicht der Mitarbeiter* (insbesondere Pflege- und ärztliches Personal), aus *Patientensicht* und aus *ökonomischer Perspektive* grob skizziert werden.

Mitarbeitersicht. Eine grundlegende Herausforderung bei der Gestaltung und Einführung jedes Informations- und Kommunikationssystems besteht in der Akzeptanz der Mitarbeiter bei der späteren Nutzung, weshalb innerhalb des gesamten Gestaltungsprozesses entsprechende Maßnahmen zur Förderung der Akzeptanz beim Einsatz des Systems einzubinden sind. Besonders im klinischen Bereich ist die Skepsis gegenüber Informationssystemen, welche in den Prozessablauf mit eingreifen, sehr hoch, oftmals mit der Begründung, durch das System bevormundet zu werden. Weiterhin fürchten besonders ärztliche Mitarbeiter ihre Entmachtung aufgrund der möglichen Verlagerung von Kompetenzen oder auch der möglichen Infragestellung ihrer Kompetenzen aufgrund vorhandener klar definierter Entscheidungsregeln, welche der ärztlichen Tätigkeit im Sinne des „medizinischen Kunstbegriffes" gegenüber stehen. Weiterhin birgt die Angst vor der Möglichkeit zur detaillierten Überwachung und Auswertung ärztlicher und pflegerischer Tätigkeiten hohe Ablehnungsrisiken. Entsprechend kann der Systemeinsatz nur erfolgversprechend sein, wenn die Vorteile des Einsatzes überwiegen und für die Mitarbeiter nachvollziehbar sind, so dass sie das prozessorientierte Krankenhausinformationssystem akzeptieren.

---

[19] Klinische Pfade (Clinical Pathways) geben den Vorgang für die Diagnose und Therapie häufiger Krankheiten vor. In diesem Zusammenhang wird oftmals auch die Evidenz-basierte Medizin (welche insbesondere die technische bzw. datenorientierte Entscheidungsunterstützung in den Vordergrund stellt) genannt mit dem Bestreben, „optimale" standardisierte Behandlungspfade zu entwerfen. [19]

Vorteile des Einsatzes bestehen besonders in der Entlastung von *administrativen Routineaufgaben*. Die im Krankenhausbereich oftmals hohen und detaillierten Anforderungen an die *Dokumentation* lassen sich digital und automatisiert (also prozessbegleitend) realisieren. Die *Planung* der Aufgaben ist aufgrund der umfassenden Informationslage besser möglich, insbesondere da aufgrund des z.T. vorhersehbaren Pfadablaufes Art, Reihenfolge und Zeitpunkt zu erledigender Aufgaben planbar sind. Zusätzlich ist eine Unterstützung durch das prozessorientierte System in einfachen *Planungsaufgaben* gut machbar. Weiterhin unterstützt der Systemeinsatz durch die umfassende Bereitstellung patientenorientierter Daten und Informationen die jeweilige *Entscheidungssituation* des Mitarbeiters. [1] Der Mitarbeiter wird durch Vorschlag der weiteren Vorgehensweise sowie der Erläuterung (Erklärung) und Bewertung des Vorschlages unterstützt und ist so sicherer und fundierter in seiner Entscheidung. Die Einbeziehung von Dritten (*Experten-Meinung*) in eine Entscheidung wird aufgrund detaillierter Informationslage sowie der Möglichkeit zur Erstellung ausführlicher papierbasierter oder digitaler Reports gefördert. Neue und auch etablierte Mitarbeiter sind stets in der Lage, die in ihren Aufgabenbereich fallenden Prozesse und Tätigkeiten aufgrund vorhandener detaillierter Prozessdokumentationen nachzuvollziehen.

Patientensicht. Für den Patienten birgt der Gedanke der digitalen Begleitung und (Teil-) Steuerung des Diagnose- und Behandlungsprozesses einerseits eine gewisse Beruhigung, alle für dessen Behandlung notwendigen Daten und Informationen in die jeweilige Entscheidung mit aufzunehmen sowie nicht nur abhängig zu sein von der individuellen Fähigkeit des jeweiligen Mitarbeiters. Aufgrund patientenorientierter Reports verbessert sich die oftmals schlechte Informationslage des Patienten enorm, und sein eigener klinischer Behandlungspfad wird für ihn transparent und nachprüfbar. Die individuelle Mitbestimmung wird gefördert. Auf der anderen Seite entsteht aufgrund der (Teil-)Digitalisierung des klinischen Behandlungspfades aus Patientensicht das Risiko, für ihn wesentliche Faktoren (z.B. soziale oder kulturelle Faktoren) außer Acht zu lassen sowie nicht mehr als Patient, sondern vielmehr als „Datum" im DV-System wahrgenommen zu werden.

Ökonomische Sicht. Aus ökonomischer Perspektive resultiert aus dem Systemeinsatz eine hohe Transparenz, verbunden mit umfassenden Analyse- und Auswertungsmöglichkeiten, welche z.B. innerhalb einer Data Warehouse-Lösung sinnvoll nutzbar sind. Im Rahmen der Prozesskostenrechnung sind detailliert Kosten zu einzelnen Prozessen bzw. Vorgängen zurechenbar, womit umfassende Informationen über Prozesskosten und -erlöse vorliegen. Weiterhin können viele strukturierte administrative Aufgaben automatisiert und digital unterstützt abgewickelt werden, was eine veränderte Verteilung der Aufgaben zu den Mitarbeitern ermöglicht. Darüber hinaus lassen sich Aufgaben besser planen und Mitarbeiter effizienter einsetzen.

Neben den Vorteilen des Systemeinsatzes sind besonders die *Risiken* bzw. Nachteile zu berücksichtigen. Beispielsweise ergeben sich aus den *rechtlichen Rahmenbedingungen* sehr hohe Ansprüche an die Datensicherheit und den Datenschutz. Obgleich die Anforderungen bei der Verarbeitung personenbezogener bzw. personenbeziehbarer Daten allgemein in Betrieb und Verwaltung schon hohe Anforderungen an die IT-Sicherheit der DV-Systeme stellen [12], existieren im Gesundheitsbereich sowie besonders auch für den Krankenhausbereich noch gesonderte Vorschriften über die Verarbeitung der Patientendaten. Darüber hinaus bestehen für die Dokumentation in Diagnose und Therapie besondere rechtliche Anforderungen, was zu Einschränkungen der möglichen digitalen Verarbeitung und Archivierung führen kann. [3, 13]

Abschließend ist – wie bei allen IT-Projekten – zu erwähnen, dass über die Kosten für die Gestaltung und Implementierung von Informations- und Kommunikationssystemen hinaus während der produktiven Nutzung oft erhebliche Aufwendungen für die *Wartung und Pflege* entstehen, welche gerade bei individuell konfigurierten Systemen relativ hoch sein können.

4   Systemtechnisches Konzept eines wissensbasierten prozessorientierten Krankenhaus-Workflow-Systems

Wissensbasierte Systeme (WBS) bzw. Expertensysteme finden insbesondere in der Medizin schon seit längerer Zeit erfolgreich Einsatz.[20] Dabei handelt es sich überwiegend um monolithische Lösungen für einen konkreten abgegrenzten Anwendungsbereich. Oftmals werden in der Medizin Expertensysteme zur Unterstützung der Diagnose eingesetzt und verfügen daher über eine recht hohe Spezialisierung. Aufgrund des bisherigen Einsatzes liegen umfassende Erkenntnisse über die erfolgreiche Nutzung und somit über die mögliche Eignung für die Einbindung in ein prozessorientiertes System vor. [5]

Aufbauend auf der groben Forderung zur Einbindung eines „Entscheidungsunterstützungssystems" in ein prozessorientiertes Krankenhausinformationssystem im dritten Kapitel detailliert dieses Kapitel dies nun mit dem Vorschlag eines wissensbasierten Entscheidungsunterstützungssystems zur Lösung der genannten Herausforderungen.

4.1   Komponenten und Arbeitsweise eines Wissensbasierten Systems

Aus den dargelegten Anforderungen an die Architektur eines prozess- und entscheidungsorientierten KIS resultiert die Notwendigkeit zur Einbindung einer geeigneten Systemkomponente mit den Fähigkeiten, Wissen z.B. in Form von Regeln abzubilden, auf eintreffende Daten anzuwenden, zu einem Ergebnis zu gelangen und den Weg dorthin zu erläutern sowie das vorhandene Wissen aufgrund der verarbeiteten Informationen zu erweitern. Zur Erfüllung dieser Anforderungen eignet sich besonders der Einsatz Wissensbasierter Systeme bzw. von Expertensystemen. Der bisherige Einsatz in der Medizin findet besonders in der Diagnostik in unterschiedlichen meist abgegrenzten Anwendungsbereichen erfolgreich statt, [14] wobei die Architektur

---

[20] Bereits in den 1970er Jahren erfolgte die Entwicklung einiger noch bis heute weiterentwickelter Systeme wie beispielsweise Internist 1, Casnet, Presnet Illness Programs (PIP) oder MYCIN (vgl. hierzu auch [18]).

sowie die eingesetzten Systemkomponenten meist eng auf den dargestellten Anwendungsbereich abgestimmt sind. Zur Umsetzung der hier dargestellten Anforderungen ist ein wesentlich offeneres und universales System notwendig. Die idealtypische Architektur eines Wissensbasierten Systems (WBS) bzw. Expertensystem (XPS) besteht aus den Komponenten Wissensbasis und Inferenzmaschine. Weiterhin ist eine Dialogkomponente, ein Erklärungssystem und eine Wissensakquisitionskomponente notwendig. Wünschenswert ist auch ein Lernsystem.[21]

In Bezug auf die Aufgabe des Systems innerhalb eines prozessorientierten Krankenhausinformationssystems werden die Funktionsweise sowie die einzelnen Komponenten nachfolgend kurz erläutert.

Auslöser ist der klinische Prozess, welcher dazu führt, dass verschiedene Daten, z.B. Laborwerte nach der Durchführung unterschiedlicher Untersuchungen geliefert werden. Hier sind alle notwendigen Informationen, also Laborwerte sowie alle potenziell mit diesen möglicherweise im Zusammenhang stehenden Patientendaten und -informationen an das Wissensbasierte System (WBS) zu übergeben. Dabei verfügt das WBS über eine Systemschnittstelle, welche die standardisierte Kommunikation mit den angeschlossenen Systemen ermöglicht. Nach Übergabe der Informationen werden diese zunächst in der Wissensbasis gespeichert und zwar in Form von dynamischem Wissen, welches sich auf die Lösung des derzeit untersuchten Problems bezieht. Anschließend beginnt die Problemlösungsmaschine mit der Auswertung der Informationen. Dazu nutzt sie das vorhandene dynamische Wissen, zusammen mit dem statischen Wissen sowie dem Wissen darüber, wie der Inferenzprozess durchzuführen ist. Fehlende bzw. für die Lösung des Problems weitere notwendige Informationen werden über die Dialogkomponente vom Benutzer angefragt. Nach erfolgreichem Abarbeiten der Problemstellung schlägt das System ein oder mehrere Ergebnisse wie z.B. weitere Behandlungen vor, möglichst mit geeigneten Gewichtungen. Diese werden dem Nutzer über die Dialogkomponente mitgeteilt. Die Erklärungskomponente erläutert dem Nutzer, wie das System zu dem Ergebnis gekommen ist. Der Nutzer wählt letztendlich die geeignete Alternative aus. Die Lernkomponente wandelt die Ergebnisse des Problemlösungsprozesses sowie die Interaktion mit dem Nutzer vom dynamischen, fallorientierten Wissen in statisches Wissen um und erweitert so die Wissensbasis. Zur Aufnahme nicht-fallbasierten Wissens in Form von Fakten, Erfahrungswerten und Regeln dient die Wissenserwerbskomponente, welche geeignete Hilfsmittel wie z.B. die grafische Modellierung von Entscheidungsregeln umfasst.

4.2   Darstellung des systemtechnischen Architekturmodells

Basierend auf dem dargestellten Konzept ergibt sich bei der Integration des Wissensbasierten Systems in das dargestellte prozessorientierte Architekturmodell (vgl. Abb. 2) nachfolgend visualisiertes Architekturkonzept für ein aktives prozessorientiertes

---

[21] Eine ausführliche Darstellung der Architektur, der Wissensverarbeitung, der möglichen Nutzenpotenziale sowie des Prozesses der Wissenserhebung (Knowledge Engineering-Prozess) Wissensbasierter Systeme findet sich bei [6].

Krankenhausinkformationssystem, das durch ein Wissensbasiertes System unterstützt wird (vgl. Abb. 4).

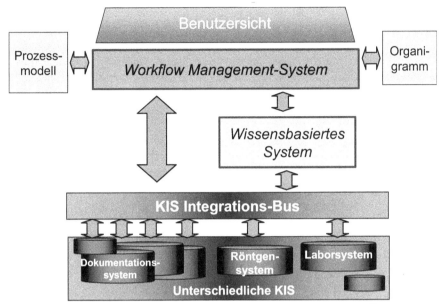

Abb. 4.   Vereinfachtes Architekturmodell des aktiven prozessorientierten KIS[22].

Aus der dargestellten Architektur und Anordnung der Komponenten resultiert die dominierende Rolle des Workflow Management-Systems für das Gesamtkonzept. Aus Benutzersicht heraus greift z.B. der Arzt auf das prozessorientierte System zu und erhält die Darstellung der Ergebnisse. Das Wissensbasierte System stellt darüber hinaus keine zusätzliche Benutzerumgebung bereit; ihm kommt vielmehr die Rolle des Subsystems innerhalb der Gesamtarchitektur zu.[23] Gleiches gilt für den Zugriff auf das Wissensbasierte System im Prozessablauf: das prozessorientierte System ist der Auslöser und bezieht innerhalb des Prozessablaufes das WBS mit in den Prozess ein.

Grundlegend lassen sich drei unterschiedliche Szenarien beschreiben, welche Auslöser für den Start des Problemlösungsprozesses entsprechend des dargestellten Architekturkonzeptes sein können: durch planmäßige Abarbeitung des klinischen Pfades (Prozess als Auslöser), durch das Eintreffen patientenorientierter Daten (z.B. Laborwerte) oder durch den Nutzer (Arzt oder Pfleger), der auf das WBS zugreift.

---

[22]   Zur Bewahrung der Übersichtlichkeit wurde auf die Detaillierung der einzelnen dargestellten Komponenten verzichtet.

[23]   Dies bezieht sich besonders auf die produktive Nutzung des Systems. Für die Konfiguration des Wissensbasierten Systems und somit administrative Tätigkeiten sowie für den Erwerb von Wissen ist es durchaus angebracht, die proprietäre Benutzungsumgebung des Systems einzusetzen.

Prozess als Auslöser. Während der Diagnose, Therapie bzw. Pflege des Patienten entlang des gut strukturierten Pfades tritt häufig eine Situation auf, welche schlecht strukturiert ist und die Auswertung komplexer Information notwendig macht. Entsprechend stößt (*triggert*) das prozessorientierte Krankenhausinformationssystem das WBS an und übergibt alle mit dem Patienten verbundenen entscheidungsrelevanten Daten. Das WBS arbeitet anhand seines vorhandenen (statischen) Wissens sowie mit der Problemlösungsmaschine die Fragestellung ab. Bei Bedarf fragt es weitere notwendige Informationen ab, entweder aus den Krankenhausinformationssystemen oder auch vom Endbenutzer. Alle auf diesen Fall bezogenen Informationen werden (flüchtig) in der dynamischen Wissensbasis zwischengespeichert. Ist der Inferenzprozess abgeschlossen, liefert das WBS das Ergebnis an das prozessorientierte System zurück z.B. in Form einer Handlungsempfehlung über die weitere Therapie und zusammen mit der Erläuterung (Erklärung) des Entscheidungsprozesses. Die Aufgabe des prozessorientierten Systems bzw. des Nutzers besteht nun darin, eine geeignete Alternative zu favorisieren und auszuwählen. Das Ergebnis dieser Auswahl nutzt das WBS, um aus dem vorhandenen dynamischen Wissen sowie der Interaktion mit dem Benutzer und der gewählten Alternative, statisches Wissen (z.B. in Form einer neuen Regel oder als veränderte Gewichtung der Einflussfaktoren) zu generieren und somit die Wissensbasis durch Lernen ständig zu erweitern und anzupassen. Erst danach ist die Aufgabe des WBS abgeschlossen, und der strukturierte klinische Pfad wird weiter verfolgt.

Eintreffen von Laborwerten. Treffen patientenorientierte Untersuchungswerte aus dem Labor ein, so sind diese zunächst als Datum an das prozessorientierte System zu übergeben. Analog zur Abarbeitung der klinischen Pfade triggert das prozessorientierte System auch hier die Konsultation des WBS und übergibt in diesem Fall alle notwendigen Informationen an das WBS. Ein direkter Anstoß des WBS z.B. durch Daten aus dem Labor, welche über den KIS-Integrationsbus den Inferenzprozess anstoßen, ist im Rahmen der strukturierten und konsistenten Modellierung und Abbildung der klinischen Pfade nicht sinnvoll.

Zugriff durch den Nutzer auf das WBS. Neben der Notwendigkeit zur Einbindung des WBS in den prozessorientierten Ablauf sollte auch der direkte Zugriff des Nutzers auf das WBS möglich sein. Insbesondere die Darstellbarkeit des hinterlegten Wissens ist eine grundlegende Anforderung für die Akzeptanz des Systems. Hier bieten sich beispielsweise grafische Notationen an mit geeigneten Mechanismen zur Reduktion der Gesamtkomplexität. [21, 4] Ein weiterer Anwendungsfall wäre die Durchführung von Simulationen durch den Nutzer, indem er (z.B. bezogen auf die Echtdaten eines Patienten) die weitere Entwicklung oder auch eine veränderte Informationslage (z.B. Messwerte) in die Simulation mit einbringt, um so detaillierte Aussagen über den weiteren patientenorientierten Prozess treffen zu können.

Zusammenfassend zeigt sich das dargestellte Architekturkonzept für die Erfüllung der Anforderungen – also der Lösung eines eher schlecht strukturierten Problems innerhalb eines strukturierten Behandlungspfades – als besonders geeignet, da die stärken beider Systemklassen (prozessorientierter und wissensbasierter Systeme) sinnvoll miteinander kombiniert werden. Das WBS fungiert somit als unterstützendes Subsystem, welches über das prozessorientierte System angestoßen (*getriggert*) wird, den Problemlösungsprozess beginnt, weitere Informationen mit einbezieht und letztendlich ein Ergebnis an das prozessorientierte System zurückliefert. Neben der in der Abbildung dargestellten Schnittstellenanbindung des WBS (vgl. Abb. 4) ist darüber hinaus auch die Anbindung externer Datenquellen (z.B. medizinische Fachdatenbanken) denkbar.

5   Zusammenfassung und Ausblick

Der Wettbewerb und der Konkurrenzkampf der Krankenhäuser haben gerade einmal begonnen. Die Entwicklung auf dem Gesundheitsmarkt in Deutschland wird im Wettbewerb dazu führen, dass sich nur effizient und wirtschaftlich arbeitende Krankenhäuser behaupten können. Im Gegensatz zu der sonst sehr weiten Technikdurchdringung im Krankenhaus ist der Gedanke der Prozessorientierung und besonders des Einsatzes prozessorientierter Krankenhausinformationssysteme noch nicht realisiert. Für die kommenden Jahre wird sich die Unterstützung durch prozessorientierte und wissensbasierte Informations- und Kommunikationstechnologie als zentraler Erfolgsfaktor etablieren. Auf der anderen Seite befinden sich geeignete Ansätze der Marktführer in diesem Segment noch in der Entwicklung.[24] Die Autoren wollen mit dem dargestellten Konzept einen geeigneten Beitrag leisten, die bisher mit der Prozessorientierung im Krankenhaus verbundenen Probleme zu überwinden und eine leistungsfähige und für die Lösung der Problemstellung geeignete Architektur vorzustellen.

Allein die Umsetzung der prozessorientierten Denkweise setzt – gegenüber der bereichs- und abteilungsorientierten Ausrichtung – für die Effizienz und Effektivität des Hauses schon enorme Potenziale frei. Gerade aufgrund der Notwendigkeit zur fallbasierten Abrechnung (DRG) kann somit der einzelne Behandlungsfall im Rahmen der Prozesskostenrechnung detailliert anhand der anfallenden Prozesskosten und der erwirtschafteten Prozesserlöse analysiert werden, um darauf basierend ein geeignetes Leistungsangebot zu konfigurieren.

Für das Krankenhaus der Zukunft wird allerdings die weiterführende informationstechnische Unterstützung der klinischen Pfade unerlässlich sein, um insbesondere bei steigendem Kostendruck ein qualitativ hochwertiges Leistungsangebot zu erstellen. Insbesondere aus der Einführung der elektronischen Gesundheitskarte und der zu erwartenden Umsetzung der elektronischen Patientenakte resultiert die Notwendigkeit, diese Entwicklung sinnvoll in die eigene IT-Strategie einzubinden und langfristig den Gesundheitspfad eines Patienten auch über das Krankenhaus hinaus informationstechnisch unterstützen zu können.

Geeignete Technologien, die die entstehenden Anforderungen erfüllen, sind bereits jetzt schon am Markt verfügbar. Aufgrund der fehlenden Standardisierung wirken allerdings die derzeit noch hohen Kosten für ein solches Projekt als Barriere für die

---

[24] Verbreitete Produkte auf dem deutschen Markt sind derzeit ORBIS (GWI AG), i.s.h.med (GSD mbH) und Soarian (Siemens Medical Solutions Health GmbH).

Umsetzung. Das erarbeitete Architekturmodell zeigt gerade hier aufgrund der Standardisierung große Potenziale, langfristig kostengünstige und leistungsfähige Lösungen zur Verfügung zu stellen.

Literaturverzeichnis

1. Bocionek, S.; Brandt, S.; Cseh, J.; Haskell, B.; Rucker, D.; Thomas, D. (2001): Am Erfolg orientiert: Die neuen IT-Lösungen von Health Services für den klinischen und administrativen Bereich. In: Electromedica 69 (2001) 2, S. 76-81.
2. Bohr, Niels (2005): Prozessmanagement als Grundlage für Zertifizierungen nach EFQM und ISO. In: Braun, G.; Güssow, J.; Ott, R. (Hrsg.): Prozessorientiertes Krankenhaus, Stuttgart 2005, S. 181-194.
3. Dierks, Christian (2006): Gesundheits-Telematik – Rechtliche Antworten. In: Datenschutz und Datensicherheit, 30 (2006) 3, S. 142-147.
4. Erler, Thomas; Lux, Thomas (1995): Entwicklung eines Expertensystems zur strategischen Planung, Abschlußbericht zum KI-Praktikum im Sommersemester 1995, Nr. 14/95, Bochum 1995.
5. Fraser, Hamisch S. F.; Long, William J.; Naimi, Shapur (2003): Evaluation of a Cardiac Diagnostic Program in a Typical Clinical Setting, in: Journal of the American Medical Informatics Accociation, Vol. 10, No. 4, 7/8 - 2003, S. 373-381.
6. Gabriel, Roland (1992): Wissensbasierte Systeme in der betrieblichen Praxis, McGraw-Hill, London et al. 1992.
7. Gabriel, Roland; Knittel, Friedrich; Taday, Holger; Reif-Mosel, Ane-Kristin (2002): Computergestützte Informations- und Kommunikationssysteme in der Unternehmung – Technologien, Anwendungen, Gestaltungskonzepte, 2. vollst. überarb. Auflg., Berlin et al. 2002.
8. Gabriel, Roland; Röhrs, Heinz-Peter (1995): Datenbanksysteme: Konzeptionelle Datenmodellierung und Datenbankarchitekturen. 2. verb. Aufl. Springer, Berlin et al. 1995.
9. Gabriel, Roland; Röhrs, Heinz-Peter (2003): Gestaltung und Einsatz von Datenbanksystemen - Data Base Engineering und Datenbankarchitekturen. Springer, Berlin et al. 2003.
10. Horvárth, Peter (2006): Controlling, 10. vollst. überarb. Auflg., Vahlen, München 2006.
11. Ingenerf, Josef; Stausberg, Jürgen (2005): Klinische Arbeitsplatzsysteme. In: Lehmann, T. (Hrsg.): Handbuch der Medizinischen Informatik. 2. vollst. neu bearb. Aufl. Hanser, München 2005, S. 625-647.
12. Lux, Thomas (2005): Intranet Engineering – Einsatzpotenziale und phasenorientierte Gestaltung eine sicheren Intranet in der Unternehmung. Gabler, Wiesbaden 2005.
13. Meyer, Michael; Hönick, Ulf (2006): Sichere Telematikinfrastrukturen im Gesundheitswesen. In: Datensicherheit und Datenschutz, 30 (2006) 3, S. 155-160.
14. Park, Yoon-Joo; Kim, Byung-Chun; Chun, Se-Hak (2006): New knowledge extraction technique using probability for case-based reasoning: application to medical diagnosis. In: Expert Systems, 23 (2006) 1, S. 2-20.
15. Prokosch, Hans Ulrich (2001): KAS, KIS, EKA, EPA, EGA, E-Health: Ein Plädoyer gegen die babylonische Begriffsverwirrung in der Medizinischen Informatik. In: Informatik, Biometrie und Epidemiologie in Medizin und Biologie, 32 (2001) 4, S. 371-382.
16. Reif-Mosel, Ane-Kristin (2002): Die Unternehmung als Informations- und Kommunikationssystem, in: Gabriel et al. (Hrsg): Computergestützte Informations- und Kommunikationssysteme in der Unternehmung: Technologien, Anwendungen, Gestaltungskonzepte. Springer, Berlin et al. 2002, S. 99-154.

17. Scheer, August Wilhelm (2002): ARIS - Vom Geschäftsprozess zum Anwendungssystem. 4. Aufl. Springer, Berlin 2002.

18. Schill, Kerstin (1990): Medizinische Expertensysteme: Methoden und Techniken, München et al. 1990.

19. Schlüchtermann, Jörg; Sibbel, Rainer (2005): Betriebswirtschaftliche Basis des Prozess-managements und der Prozesskostenrechnung – Definition und Darstellung. In: Braun, G.; Güssow, J.; Ott, R. (Hrsg.): Prozessorientiertes Krankenhaus, Stuttgart 2005, S. 28-40.

20. Schüle, Hubert (2006): E-Health – Entwicklungsstand, Kosten und Nutzen. In: Das Wirtschaftsstudium, 35 (2006) 1, S. 91-98.

21. Spreckelsen, Cord; Liem, Steve; Winter, Christof; Spitzer, Klaus (2006): Cognitive Tools for Medical Knowledge Managemenet. In: IT – Information Technology, 48 (2006) 1, S. 33-43.

22. Sunyaev, Ali; Leimeister, Jan Marco; Schweiger, Andreas; Krcmar, Helumt (2006): Integrationsarchitekturen für das Krankenhaus – Status quo und Zukunftsperspektiven. In: Information Management & Consulting, 21 (2006) 1, S. 28-35.

Der Chief Process Officer (CPO) –
Aufgaben und organisatorische Verankerung

Andreas Gadatsch

Fachhochschule Bonn-Rhein-Sieg
Grantham Allee 20, 53757 Sankt Augustin
andreas.gadatsch@fh-bonn-rhein-sieg.de

Abstract. To support complex business processes, information systems are required. Furthermore, to use these information systems efficiently, new process-oriented organisational structures have to be implemented. This paper explores the tasks of a Chief Process Officer (CPO) and a Chief Information Officer (CIO) who both are responsible for realizing these objectives. First a short overview of Business Process Management as a fundamental part of Corporate Management is given. Second this paper discusses different roles which impact the concept of an integrated process management. Third different aspects of both the CIO and CPO role are described.

Keywords: Business Process Management, Chief Process Officer, CPO, Chief Information Officer, CIO.

1 Einleitung

Der Einsatz moderner Informationstechnik (IT) ist für viele Unternehmen zur Grundlage der unternehmerischen Tätigkeit geworden. Informationssysteme unterstützen die Unternehmen entlang der wertschöpfenden Prozesskette und den vertikalen Prozess der Informationsverdichtung und -analyse.

Eine immer stärker werdende Fokussierung der Kundensicht erfordert ein vernetztes Arbeiten aller am Gesamtprozess beteiligten organisatorischen Einheiten eines Unternehmens. Die Zusammenführung und Aufbereitung von entscheidungsunterstützenden Informationen stellt neben den technischen Aufgaben wie Softwareentwicklung und Test auch eine enorme organisatorische Herausforderung dar. „Intelligent Decision Support" ist nur möglich, wenn die Informationstechnik in die Gesamtorganisation sinnvoll eingebunden wird. Die Sicherstellung einer prozessorientierten Unternehmens- und IT-Organisation ist Aufgabe des Chief Process Officers (CPO) dessen Berufsbild sich zunehmend in der Literatur und vor allem aber in der Praxis herausbildet. Der Beitrag untersucht den aktuellen Stand der Diskussion und grenzt das Aufgabenprofil zum Chief Information Officer (CIO) ab, dessen Aufgaben sich teilweise in der Praxis mit denen des CPO überlappen.

2   Prozessmanagement als Führungsaufgabe

2.1   Integriertes Geschäftsprozessmanagement

Prozess-Management ist ein zentraler Bestandteil eines integrierten Konzeptes für das Geschäftsprozess- und Workflow-Management. Es dient dem Abgleich mit der Unternehmensstrategie, der organisatorischen Gestaltung von Prozessen sowie deren technischer Umsetzung mit geeigneten Kommunikations- und Informationssystemen.

Der Gestaltungsrahmen des in Abb. 1 dargestellten Konzeptes umfasst auf mehreren Ebenen die Entwicklung der Unternehmensstrategie (strategische Ebene), das Prozess-Management (fachlich-konzeptionelle Ebene), das Workflow-Management (operative Ebene) sowie die Anwendungssystem- und die Organisationsgestaltung [1].

Auf der *strategischen Ebene* werden die Geschäftsfelder eines Unternehmens einschließlich der hier wirksamen kritischen Erfolgsfaktoren betrachtet. Auf der darunter liegenden fachlich-konzeptionellen Ebene erfolgt die Ableitung der Prozesse im Rahmen des Prozess-Managements. Das Prozess-Management stellt hierbei die Verbindung zur Unternehmensplanung auf der strategischen Ebene dar, während das Workflow-Management aus der Perspektive der darunter liegenden Ebene der operativen Durchführung die Anwendungssystem- und Organisationsgestaltung einbindet.

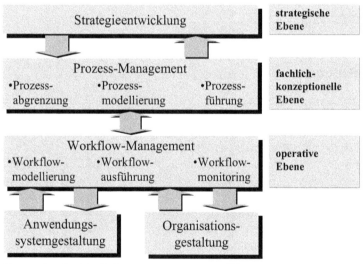

Abb. 1. Konzeption des Geschäftsprozessmanagements [1].

Das **Prozess-Management** umfasst die Phasen der Prozessabgrenzung, der Prozessmodellierung und der Prozessführung im Lebenszyklus von Prozessen:

- Die *Prozessabgrenzung* beschreibt die Prozessentstehung. Ausgehend von den Geschäftsfeldern und strategisch orientierten Spezifikationen wie Produktsortiment, kritische Erfolgsfaktoren usw. sind in einem schrittweisen Vorgehen Prozesskandidaten für jedes Geschäftsfeld abzuleiten, zu bewerten und schließlich die zu modellierenden und zu implementierenden Prozesse auszuwählen.

- In der *Prozessmodellierung* geht es darum, Realitätsausschnitte aus einem Geschäftsfeld unter einer fachlich-konzeptionellen Perspektive in einem Geschäftsprozess abzubilden. Abhängig von den strategischen Zielen eines Unternehmens kann dabei z.B. eine völlige Neugestaltung von Abläufen oder eine weitergehende Automatisierung bestehender Prozesse angestrebt werden. So entwickelt die BMW-Group im Werkzeug- und Anlagenbau spezielle Geschäftsstrategien, welche die gestiegenen Umweltanforderungen hinsichtlich der CO_2-Emmissionsgrenzwerte und der damit verbundenen Verbrauchsreduzierung und Sicherheitsanforderungen explizit berücksichtigen. Diese finden anschließend ihren Niederschlag in überarbeiteten und an diese Erfordernisse angepassten Geschäftsprozessen [2].
- Auf die Phase der Prozessdurchführung bezieht sich die *Prozessführung*. Ihr Ziel ist die Ausrichtung der Prozesse an vorzugebende Messgrößen für den Prozesserfolg, die so genannten Prozess-Führungsgrößen. Die Führungsgrößen der Prozesse sind, gegebenenfalls in mehreren Schritten, aus den kritischen Erfolgsfaktoren der jeweiligen Geschäftsfelder abzuleiten. Je nach dem Umfang ermittelter Erfolgsdefizite, aufgetretener Schwachstellen im Projektablauf usw. kann eine Re-Modellierung bzw. ein erneutes Durchlaufen der Prozessmodellierung erforderlich sein.

Das **Workflow-Management** wird in die Phasen Workflowmodellierung, Workflowausführung und Workflowmonitoring unterteilt. Die Workflowmodellierung folgt der Geschäftsprozess-Modellierung. Hierbei wird der modellierte Geschäftsprozess um technisch geprägte Spezifikationen erweitert, die für eine automatisierte Prozessausführung unter der Kontrolle eines Workflow-Management-Systems notwendig sind. Anschließend erfolgt die Phase der Workflowausführung; sie beinhaltet die Erzeugung von Prozessobjekten und den Durchlauf von Prozessobjekten entlang der vorgesehen Bearbeitungsstationen unter der Kontrolle eines Workflow-Management-Systems. Das anschließende Workflowmonitoring dient der laufenden Überwachung des Prozessverhaltens. Die Gegenüberstellung von Prozess-Führungsgrößen und entsprechenden Prozess-Ist-Größen auf der Detaillierungsebene von Workflows liefert Informationen darüber, ob ein Prozess bereits richtig eingestellt ist oder ob korrigierende Eingriffe vorzunehmen sind.

2.2   Phasenmodelle für das Prozessmanagement

Phasen- bzw. Life-Cycle-Modelle werden zur Strukturierung komplexer Entwicklungsvorhaben eingesetzt (z.B. im Software-Engineering) und auch im Rahmen der Prozessmodellierung vorgeschlagen. Dabei lassen sich ein- und zweistufige Modellansätze unterscheiden. Bei der einstufigen Modellierung wird das Workflow-Modell direkt erstellt, ohne ein Geschäftsprozessmodell vorauszusetzen. Bei der zweistufigen Vorgehensweise wird ein Workflow-Modell aus einem zuvor erstellten Geschäftsprozessmodell abgeleitet.

Die zweistufige Workflowmodellierung trägt der Tatsache Rechnung, dass Geschäftsprozesse und Workflows unterschiedlichen Zwecken dienen, wenn auch eine Abgrenzung nicht in jedem Einzelfall exakt möglich ist. In Abb. 2 wird ein zweistufiger Workflow Life-Cycle dargestellt, der drei teils vermaschte Teilzyklen beinhaltet.

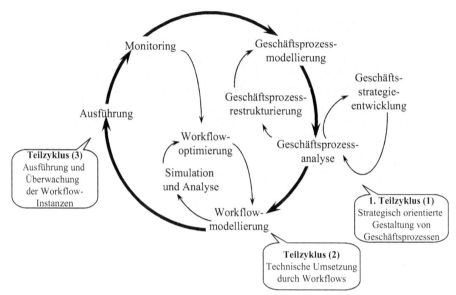

Abb. 2.   Prozessmanagement Life-Cycle-Modell [1].

Der Teilzyklus (1) umfasst die Geschäftsprozessmodellierung, die Geschäftsprozessanalyse und die Geschäftsprozessrestrukturierung sowie die Geschäftsstrategieentwicklung. Er lässt sich in die strategische bzw. fachlich-konzeptionelle Ebene des integrierten Gesamtkonzeptes einordnen. Ausgangspunkt für den Teilzyklus (1) ist die Erhebung und Modellierung der Ist-Geschäftsprozessmodelle. Diese werden anschließend einer Geschäftsprozessanalyse hinsichtlich ihres Beitrages zur Erfüllung der aus der Geschäftsstrategie abgeleiteten Geschäftsprozessziele unterzogen. Hierbei werden unproduktive oder überflüssige Geschäftsprozesse und Organisationsstrukturen identifiziert. Die Geschäftsprozessanalyse kann auch Rückwirkungen auf die zunächst vorgegebene Geschäftsstrategie des Unternehmens haben, was wiederum die nachfolgende Gestaltung und Restrukturierung der Geschäftsprozesse beeinflusst. Die neu gestalteten und hinsichtlich der Zielvorgaben der Geschäftsstrategien restrukturierten Geschäftsprozesse werden als Soll-Geschäftsprozessmodelle formal beschrieben. Eine nachfolgende Analyse kann zu weiteren Restrukturierungszyklen führen, bis die Gestaltung der Geschäftsprozesse mit den vorgegebenen oder ggf. angepassten Geschäftszielen konform ist.

Mit dem Abschluss von Teilzyklus (1) ist die fachlich-konzeptionelle Gestaltung der Geschäftsprozesse abgeschlossen. Im anschließenden Teilzyklus (2) werden die Geschäftsprozessmodelle bis auf die operative Workflow-Ebene verfeinert. Der angestrebte Detaillierungsgrad soll einerseits eine automatische Ausführung und andererseits eine simulationsbasierte Analyse von Workflows gestatten. Die der Analyse folgende Workflowoptimierung vervollständigt den zweiten, gegebenenfalls iterierten Teilzyklus.

Die Ausführung von Workflows und deren laufende Überwachung bilden den Anfang des Teilzyklus (3), der ebenfalls der operativen Ebene zuzuordnen ist. Abhängig vom Grad der bei dem Monitoring festgestellten Abweichungen der Prozessergebnisse von den erwarteten Ergebnissen erfolgt eine Rückkopplung auf den Teilzyklus (1) oder (2). Kleinere Abweichungen führen zu inkrementellen Änderungen in Form des erneuten Durchlaufes von Teilzyklus (2), d.h. zu Optimierungen der Workflow-Modelle. Größere Abweichungen von Referenzwerten deuten auf Modellierungsdefizite hin und können eine Re-Modellierung bzw. einen Rücksprung zu Teilzyklus (1) erforderlich machen. Aktivitätsauslösende Schwellwerte für das Monitoring der Workflow-Instanzen sind im Rahmen der Geschäftsprozessmodellierung als Toleranzbereiche für Prozessführungsgrößen vorzugeben. Die Ergebnisse des Workflow-Monitoring können bei gravierenden Abweichungen auch Auswirkungen auf die Geschäftsstrategie des Unternehmens haben.

Fallbeispiel Performance Monitoring bei der DAK
Die hohe Bedeutung der laufenden Prozessüberwachung wurde von der Deutsche Angestellten-Krankenkasse (DAK) erkannt und in eine entsprechende Lösung umgesetzt [3]. Sie misst hierzu die Antwortzeiten einzelner Prozessschritte und erkennt frühzeitig Performance-Engpässe in ihren IT-Systemen. Nach internen Untersuchungen liegt die Toleranzzeit der Kundenberater bei ca. 5 Sekunden. Dauert eine für die Beratungstätigkeit notwendige Anwendung länger, werden die DAK-Mitarbeiter ungeduldig. Dauern die Beratungsgespräche insgesamt zu lange, fordern Dienststellenleiter mehr Personal an, was zu höheren Kosten führt. Aus diesem Grund erfolgt eine Messung der Prozessschritte mit einem speziellen Software-Werkzeug. Anhand der ausgewerteten Prozessdaten können organisatorische oder technische Änderungen im Prozess oder den beteiligten Informationssystemen ausgeführt werden.

3   Rollen und Akteure im Prozessmanagement

3.1   Zuordnung der Aufgaben zu Rollen

Prozessmanagement ist durch das Zusammenspiel zahlreicher Beteiligter in unterschiedlichen Rollen auf verschiedenen Ebenen des Unternehmens charakterisiert. Die Übersicht in Abb. 3 ordnet die wesentlichen Beteiligten in das zuvor vorgestellte Konzept des Geschäftsprozess- und Workflow-Managements ein.

   Das Prozessmanagement prägt sich im Tagesgeschäft und in Veränderungsprojekten unterschiedlich aus. Im Tagesgeschäft steht die Prozessausführung im Vordergrund. Veränderungsprojekte untersuchen den Istzustand, identifizieren Schwachstellen und führen einen verbesserten Sollzustand herbei. Dementsprechend fallen die Aufgaben und Beteiligten unterschiedlich aus.

Chief Process Officer (CPO). Die starke Etablierung des Prozessmanagements in der Praxis hat zur Forderung nach spezifischen Rollen und insbesondere einem CPO (Chief Process Officer) geführt. Insbesondere erscheint eine klare Abgrenzung vom Tätigkeitsbereich des Chief Information Officers (CIO) erforderlich, der für die mit der Geschäftsstrategie abgestimmten Planung und Gestaltung der Informationstechnik und damit indirekt auch für Geschäftsprozesse verantwortlich ist.

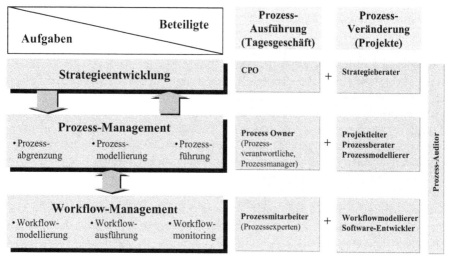

Abb. 3. Beteiligte (Rollen) im Prozessmanagement [4].

Die zentrale Verantwortung des Chief Process Officers besteht in der grundsätzlichen Ausrichtung des Geschäftsprozessmanagements an den Unternehmenszielen sowie die Konzeption und Einführung von Methoden und Werkzeugen [5]. Die Abkürzung CPO wird auch für andere Berufsbezeichnungen, wie z.B. Chief Project Officer (vgl. die Diskussion zwischen IT-Managern im US Magazin CIO www.cio.com, Menüpunkt Advice&Opinion) oder Chief People Officer [6]) verwendet.

Seine Aufgaben ergeben sich unmittelbar aus dem Abb. 1 vorgestellten Rahmenkonzept des Prozessmanagements:

- Prozess-Dokumentation: Identifikation und Beschreibung relevanter Geschäftsprozesse,
- Prozess-Analyse: Betriebswirtschaftlich orientierte Simulation und Schwachstellenanalyse der Geschäftsprozesse,
- Prozess-Optimierung: Identifikation, Definition, Einleitung und Überwachung von Prozessverbesserungen,
- Prozess-Monitoring: Laufende Analyse der Prozess-Kennzahlen im Hinblick auf die Erreichung der Prozessziele,
- Entwurf und Implementierung einer prozessorientierten Unternehmensorganisation einschließlich der Übertragung der Prozessverantwortung an sog. Prozesseigentümer (Process Owner),
- Sicherstellung von prozessorientierten IT-Systemen durch Zusammenarbeit mit dem CIO (Chief Information Officer).

Allerdings verfügen nur wenige Unternehmen über entsprechende Stellen innerhalb ihrer Organisationsstruktur.

Process Owner: Eine weitere zentrale Rolle übernehmen die Process Owner, auch Prozessverantwortliche oder Prozessmanager genannt. Sie sind verantwortlich für die laufende Steuerung und Optimierung der Geschäftsprozesse. Ihre Aufgaben sind vor allem [7]:

- Prozessziele festlegen und Einhaltung überwachen,
- Prozessmitarbeiter führen und disponieren,
- Vertretung des Geschäftsprozesses gegenüber Dritten (z.B. in Projekten, bei Geschäftsabschlüssen).

Prozessmitarbeiter. Prozessmitarbeiter sind Prozessexperten für Teilschritte im Gesamtprozess oder für zusammenhängende Prozessketten. Sie sind in erster Linie verantwortlich für die Aufgabendurchführung im Tagesgeschäft. Die Aufgaben hängen vom Tätigkeitsfeld ab, z.B. Kundenaufträge bearbeiten, Reklamationen abwickeln, Arbeitsverträge formulieren und schließen [7].

Im Rahmen von Projekten zur Veränderung der Unternehmensorganisation sind weitere Beteiligte eingebunden: Projektleiter, Prozessberater, Prozess- und Workflowmodellierer und IT-Experten.

Projektleiter. Der Projektleiter ist verantwortlich für die erstmalige Implementierung des Prozessmanagements und dessen Weiterentwicklung bei größeren Restrukturierungen. Seine Aufgaben sind insbesondere:

- Leitung des Prozessmanagement-Projektes,
- Klärung der Projektziele mit der Unternehmensleitung und Sicherstellung der Zielerreichung,
- Führung der Projektmitarbeiter und Information des Managements.

Prozessberater. Prozessberater sind verantwortlich für die Ausführung von konzeptionellen und ausführenden Projektarbeitspaketen, z.B. Wissenstransfer von Best-Practices für Prozesse, Einsatz von speziellen Methoden und Werkzeugen, Durchführung von Workshops und Schulungen.

Modellierer. Prozess- und Workflowmodellierer beschreiben die Arbeitsabläufe und spezifizieren deren IT-technische Umsetzung in geeigneten Softwaresystemen. Fallweise sind IT-Experten mit speziellem Methoden- oder Werkzeugkenntnissen hinzuzuziehen.

Prozessauditor. Prozessauditoren werden fallweise eingesetzt, um Überprüfungen laufender Prozesse, aber auch von Veränderungsprojekten durchzuführen. Das Ziel besteht darin, Schwachstellen zu identifizieren und den Beteiligten Hilfestellungen für Verbesserungen zu geben.

Neue Berufsbilder in der Praxis (Beispiel SAP AG). Unter der Bezeichnung Business Process Expert (BPX) propagiert die Walldorfer SAP AG in ihrer Kundenzeitschrift bereits ein neues Berufsbild, für das sie unter der URL http://bpx.sap.com bereits eine kostenfreie Internetcommunity eingerichtet hat [8]. Das Profil des *Business Process Experts* umfasst folgende Fähigkeiten und Kenntnisse:

- Fundierte Kenntnisse der Kernabläufe und Funktionen der Geschäftsbereiche,
- Erfahrung im Sammeln von Anforderungen,
- Erfahrung mit Prozessmodellierung,
- Routinemäßiger Umgang mit MS Office.

Der Charakter des Business Process Expert im Sinne der SAP AG unterscheidet sich allerdings von dem zuvor beschriebenen Prozessmitarbeiter bzw. Prozessexperten. Er entspricht eher dem im Projektgeschäft tätigen Prozessberater in Abb. 3.

3.2 Einordnung der Beteiligten im Phasenmodell

In Abb. 3 wurden die wesentlichen Rollen und Akteure des Geschäftsprozess- und Workflow-Managements vorgestellt. Ordnet man diese in das zuvor präsentierte Life-Cycle-Modell ein, so ergibt sich das in Abb. 4 dargestellte Idealbild einer Rollen-Tätigkeitszuordnung.

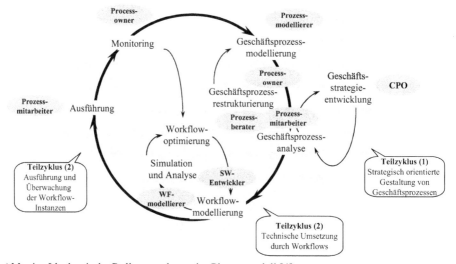

Abb. 4.   Idealtypische Rollenzuordnung im Phasenmodell [4].

Der Chief Process Officer ist für die Mitentwicklung der Unternehmensstrategie in Zusammenarbeit mit der Unternehmensleitung und den Abgleich mit dem Geschäftsprozessmodell verantwortlich.

Prozessmitarbeiter mit besonderer Erfahrung analysieren und überarbeiten die Prozesse. Sie werden hierbei durch interne oder externe Berater unterstützt. Prozessmodellierer überführen die Resultate in ein Prozessmodell. Der Prozessowner hat die Verantwortung für das entwickelte Prozessmodell. Die Rollen können je nach Unternehmensgröße auch in Personalunion wahrgenommen werden.

Die Workflow-Modellierung ist eine Aufgabe von Workflow-Modellierern bzw. oft auch von Softwareentwicklern, sie überführen das betriebswirtschaftliche Geschäftsprozessmodell in ein ausführbares Workflowmodell. Sie führen auch oft die Simulation der Modelle durch, da hierfür meist spezifische Kenntnisse des Workflow-Management-Systems bzw. Modellierungstools notwendig sind.

Die Ausführung der Prozesse liegt in der Verantwortung der Prozessowner. Wahrgenommen wird die Aufgabe von Prozessmitarbeitern im Unternehmen.

3.3 Organisatorische Umsetzung

Die organisatorische Gestaltung des Prozessmanagements entscheidet stark über den Erfolg im Unternehmen. Prozessmanagement kann als klassische Prozessorganisation, als Stabsstelle innerhalb einer Funktionalorganisation oder als Matrixorganisation eingerichtet werden (vgl. Abb. 5).

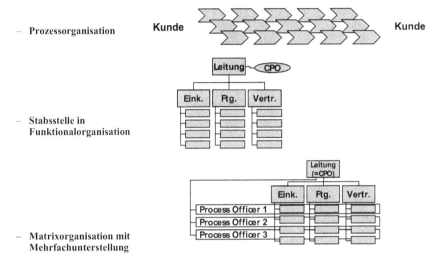

Abb. 5. Organisatorische Gestaltungsmöglichkeiten.

Bei der klassischen *Prozessorganisation* werden die Tätigkeiten so angeordnet, dass sie sich möglichst an den Anforderungen des Kunden ausrichten. Das Ziel besteht darin, die Schrittfolge so anzuordnen, dass der Prozess reibungslos abgewickelt werden kann. Hierbei müssen disjunkte Prozesse organisatorisch voneinander getrennt werden (z.B. Privatkundengeschäft, Geschäftskundengeschäft, Versandhandel). Bereichsübergreifende Aktivitäten (z.B. gemeinsamer Einkauf, Vertrieb) müssen abgestimmt werden, da es keine funktionale Verantwortung gibt. Die Prozessverantwortlichen übernehmen die unternehmerische Verantwortung für den Gesamtprozess. Eine Herauslösung von Gesamtprozessen aus dem Unternehmen ist bei dieser Variante vergleichsweise einfach.

Die *Stabsstelle* innerhalb einer Funktionalorganisation koordiniert die Prozesse innerhalb des Unternehmens. Die funktionale Organisation bleibt jedoch bestehen, d.h. prinzipiell ist die Organisation nach Funktionen ausgerichtet Der Wirkungsgrad dieses Modells gilt daher im Hinblick auf das Prozessmanagement als nicht besonders hoch, kann jedoch bei geeigneten Führungsqualitäten durchaus eine Alternative zur Prozessorganisation sein.

Praxisbeispiel DAK

Die Aufgaben des in Form einer Stabsstelle in der Unternehmensentwicklung eingerichteten CPO der DAK (Deutsche Angestellten Krankenkasse) umfassen die *„Moderation, Dokumentation und Ableitung von konkreten Projekten aus der Strategie"*.

Für die Umsetzung ist nach wie vor der IT-Leiter verantwortlich und damit auch maßgeblich am Prozessmanagement beteiligt [9].

Die **Matrixorganisation** kennt zwei Gliederungsprinzipien: Tätigkeit/Funktion und Objekt/Prozess, nach denen die Tätigkeiten ausgerichtet werden. Hierbei übernehmen Prozessmanager (Process Officer) die Aufgaben, Prozesse entlang der Funktionalorganisation möglichst so auszurichten, dass die Prozesse reibungslos funktionieren. Sie konkurrieren mit denn Leitern der funktionalen Abteilungen um Ressourcen, was gewollt zu permanenten Abstimmungskonflikten führt. Der Erfolg des Prozessmanagements hängt stark von den Führungsfähigkeiten der Prozessmanager ab.

3.4 Zusammenspiel mit dem Chief Information Officer (CIO)

Die Rolle bzw. Position des Chief Information Officers (CIO) wurde in den USA entwickelt und wird seit vielen Jahren auch in Deutschland in der Praxis gelebt.

Die Abgrenzung des CIOs zum klassischen IT-Leiter zeigt die enge Verbindung seiner Aufgaben mit dem CPO. Der IT-Leiter ist Leiter der Datenverarbeitung. Sein Aufgabenbereich besteht in der Softwareentwicklung und dem Betrieb des Rechenzentrums. Er ist schwerpunktmäßig mit der Bereitstellung technischer Lösungen für Geschäftsprozesse betraut und verfügt vorwiegend über technisches Know-how.

Der CIO dagegen ist Leiter des Informationsmanagements. Er konzentriert sich auf das Informations-, Wissens- und Technik-Management, erarbeitet Visionen und Konzepte für zukünftige technische Möglichkeiten, berät die Fachbereiche bei der Gestaltung ihrer Geschäftsprozesse. Sein Berufsbild ist analog dem CPO interdisziplinär strukturiert, erfordert vernetztes fachliches, technisches und Management-Know-how.

Eine Umfrage des CIO-Magazins unter deutschen CIOs ergab, dass unter den Fähigkeiten, die in den kommenden fünf Jahren den meisten Nutzen bringen werden, Prozess- und Projektmanagement-Know-how ganz vorn liegt [10].

	CPO	CIO
Zielsetzung	Ausrichtung der Prozesse an den Unternehmenszielen	Ausrichtung der IT-Unterstützung an den Unternehmenszielen
Verantwortung	Fachliche und organisatorische Prozessgestaltung	Technische Prozessgestaltung und Innovationstreiber
Hauptaufgaben	• Prozessanalyse und -restrukturierung im Hinblick auf inhaltliche Verbesserung • Gestaltung der fachlichen Prozessorganisation	• Prozessanalyse und -restrukturierung im Hinblick auf technische Verbesserung • Gestaltung der technischen Prozessorganisation

Bereitstellung prozessorientierter Informationssysteme

Abb. 6. Abgrenzung der Rollen zwischen CPO und CIO [4].

Es besteht daher die realistische Möglichkeit, dass beide Berufsbilder zusammen-wachsen, zumindest aber die Übergänge fließender werden. In der Abb. 6 wird versucht, die wesentlichen Unterscheidungsmerkmale beider Berufsbilder zu trennen. Die Zielsetzung des CPO besteht darin, die Geschäftsprozesse an den Zielen des Unternehmens auszurichten, seine Aufgaben sind daher vor allem fachlicher Natur.

Der CIO dagegen steuert den IT-Einsatz so, dass er dem Zielsystem des Unternehmens entspricht. Er ist verantwortlich für die technische Prozessgestaltung. Er legt die Technologien und Migrationsschritte fest, mit denen die Prozessziele erreicht werden können.

Der CPO führt Prozessanalysen und Optimierungen im Hinblick auf fachliche Ziele durch, während der CIO die technische Gestaltung und Umsetzung übernimmt. In der Summe sind beide Rollen für die prozessorientierte Gestaltung des Unternehmens einschließlich prozessorientierter Informationssysteme verantwortlich.

4   Ausblick

Die Frage der stärkeren Differenzierung der Rollen CPO bzw. CIO oder des Zusammenwachsens wird sich wohl in der Praxis ausprägen. Die Diskussionen werden noch fortgeführt werden.

Obwohl sich die Rolle des CPO noch nicht vollständig in der Praxis etabliert hat, beobachten Praktiker bereits einen neuen Trend: Der CIO der Düsseldorfer Sick AG, einem Hersteller von Sensoren für industrielle Anlagen, formulierte die These, dass sich bereits ein Wandel vom CPO hin zum *Chief Process- and Innovation Officer* (*CPIO*) vollzieht [11]. Hintergrund dieser naheliegenden Idee ist das Ziel, neue Technologien für innovative Prozesslösungen zur Steigerung des Kundennutzens zu nutzen. Im vorliegenden Fall betreibt das Unternehmen beispielsweise u.a. ein Web-Portal für die Onlineverfolgung von Lieferungen für seine Geschäftspartner und kann hierdurch einen im Vergleich zu seinen Wettbewerbern höheren Service bereitstellen.

Literaturverzeichnis

1. Gehring, H., Gadatsch, A: Ein Rahmenkonzept für die Prozessmodellierung. Information Management & Consulting (1999) 69-74
2. Brunner, H.H., M.; Georges, Th.: Szenariotechnik zur Entwicklung von Geschäftsstrategien am Beispiel des Werkzeug- und Anlagenbaus der BMW Group. Zeitschrift für Organisation 71 (2002) 312-317
3. Röwekamp, R.: Transaction Management bei der DAK, Nach fünf Sekunden beginnt der Ärger. CIO-Magazin (2007)
4. Gadatsch, A.: Grundkurs Geschäftsprozessmanagement. Vieweg, Wiesbaden (2007)
5. Abolhassan, F.: Vom CIO zum Chief Process Officer. In: Kuhling, B.T., H. (ed.): Real Time Enterprise in der Praxis. Springer, Berlin (2005) 371-381
6. Overby, S.: Managing Change Outside the box. CIO-Magazine (2003)
7. Schmelzer, H.J.S., W.: Geschäftsprozessmanagement in der Praxis, Vol. 5. Aufl. , München und Wien (2006)
8. SAP: Brücken bauen. Prozessexperten auf dem Vormarsch. SAPInfo (2007) 8-10

9. Vogel, M.: IT-Chefs müssen sich Geschäftsprozessen widmen. Computer Zeitung 35 (2004) 22
10. Schmitz, A.: Entspannte CIOs, Umfrage „State of the CIO 2007. CIO-Magazin (2007) 56
11. Seegmüller, K.: CIO muss sich im Unternehmen an der Wertschöpfung beteiligen. Computer Zeitung 38 (2007) 20

Prozessoptimierung und Personalvermögen – Die Beiträge der dynamischen Personalwirtschaft zur Optimierung von Geschäftsprozessen

Gerhard E. Ortner

FernUniversität in Hagen, Fakultät für Wirtschaftswissenschaft,
Forschungsgebiet Personalwirtschaft, Personalentwicklung und Bildungsbetriebslehre
Profilstr. 8, 58084 Hagen
gerhard.ortner@fernuni-hagen.de

Abstract. The following article is about aspects of an economic orientated and dynamic human resource management approach and its contribution to business process optimisation. The paper starts with general deliberations about the key objectives of business activities as target points of process optimisation. Then, it focuses on the role of strategic management with respect to business processes of different kind. Within the range of managerial measures human resource strategies are of paramount importance in order to ensure economic access. Dynamic human resource management needs theoretical underpinning as e.g. the author's concept of human assets. Human assets which consist of qualifications and motivations human beings can develop and use must not be mixed up with the notorious notion of human capital. Human assets – be it individual or institutional – are one of the key prerequisites for successful business process optimisation.

Keywords: Business process optimisation, human resource management, human assets concept

1   Einleitung

Wenn man an das „Personal" denkt, das in Unternehmen tätig ist, dann kommen einem Begriffe wie „Schneiden" und „Packen" üblicher Weise nicht in den Sinn. Menschen sollte man als „Aktoren" behandeln und nicht als „Faktoren" (vgl. [21, S. 5]), die man durchaus zurechtstutzen könnte und dann ohne verlustbringende Zwischenräume stapeln dürfte. Wenn man allerdings nicht die Menschen selbst, sondern das, was sie können und wollen, was sie also „vermögen", von diesen abtrennt und dieses bedeutende Etwas, das sie *haben* und keineswegs *sind*, als Produktionsfaktor begreift, kann man getrost schneiden und packen – und sodann im Hinblick auf das Erreichen der Systemziele optimieren.

Davon handelt der folgende Beitrag, der durchaus die Arbeitsbereiche von Hermann Gehring berührt, vielleicht mehr als sich die Mehrzahl der heute in Deutschland lehrenden Personalwirte beiderlei Geschlechts vorstellen kann. Der folgende Beitrag handelt freilich nicht vom Verhalten der Menschen in Unternehmen und deren Ursachen, sondern er handelt von der Optimierung von Geschäftsprozessen durch eine dynamische Personal*wirtschaft*. Wenn es mir gelingt, die in der Themenstellung verwendeten Fachbegriffe, soweit dies beim gegenwärtigen Stand der Diskussion möglich ist, eindeutig und in ihrer Bedeutung für praktisches Handeln im Unternehmen darzustellen, habe ich mein Ziel erreicht. Mehr ist nicht zu leisten, mit weniger sollte man sich nicht zufrieden geben.

2   Die Zielperspektive der unternehmerischen Gestaltung und Steuerung

Was wurde der Unternehmenspraxis in den letzten Jahrzehnten von Unternehmensberatern und Wirtschaftsprofessoren nicht alles zu ihrem Heil vorgeschlagen. Was wurde von Wirtschaftskapitänen, deren stolze Kreuzer im bewegten Meer des Marktes und in den Stürmen der Konkurrenz ins Schlingern gerieten, nicht alles ausprobiert. Es war ein ständiges Hin-und-her, ein Auf-und-ab: Erst mussten die Unternehmen immer weiter wachsen, mit dem Ziel alles und jedes im eigenen Hause machen zu können, dann hat man die Wirtschaftsimperien in einzelne Bestandteile zerlegt, die Unselbständigen verselbständigt, die Verflochtenen getrennt. Heute sucht man wiederum das Heil in Verbindungen, Zukäufen, Insourcing und Megafusionen.

Nicht nur die Größe, auch die Struktur der Unternehmen, die „Organisation der Organisationen", wurde und wird permanent in Frage gestellt und verändert: Das archaische Führungsmodell der reinen Linie wurde durch die aus dem militärischen Bereich übernommene Stab-Linien-Struktur ersetzt, dann zur vielfachen Matrixorganisation verwoben. Als die Vielfachzuordnung die Unternehmen zu lähmen begann, versuchte man es durch Rückkehr zur Einfachheit, zur „schlichten Größe" und benannte diesen, wie sich herausgestellt hat, nicht ungefährlichen Vorgang, politisch wirksam „Abbau von Hierarchien". Die Unternehmen sollten, je nach Konzept und/oder Berater, „lean", also „mager", mobil, flexibel, fraktal werden – neuerdings müssen sie, wie die „jungen Alten", deren Zahl derzeit geradezu beängstigend zunimmt, „agil" sein.

Was war und ist der Sinn, das Ziel, der Kern all dieser vorgeschlagenen Methoden, Verfahren, Wege? Letztlich geht es um den Unternehmenserfolg in einem von Konkurrenz geprägten, allerdings vielfach durchregelten Marktsystem. Es ist primäre Aufgabe der Systemführung, den Ertrag eines Unternehmens, eines Wirtschaftsbetriebes zu sichern, zunächst zu steigern, sodann auf möglichst hohem Niveau zu stabilisieren. Aber diese Aufgabe ist zu global, als dass man dafür konkrete Maßnahmen entwickeln und implementieren könnte. Der Ertrag des Unternehmens hängt ja nicht allein vom Verhalten des Unternehmers ab. Die Unternehmensleitung beherrscht nicht alle Wirkungsfaktoren, hat nicht alle Instrumente in der Hand (zu Rahmenbedingungen wirtschaftlichen Handelns vgl. z. B. [35, S. 24ff.]). Die Unternehmen können ihre Einnahmen nicht alleine und auch nicht unmittelbar, nicht direkt erhöhen. Die Unternehmen können die Quantität und die Leistungen, der Produkte, der Waren und Dienste bzw. Dienstleistungen erhöhen und die Kosten der Leistungserstellung senken, um vom Markt akzeptiert zu werden. Aber die Preise bilden sich auf diesem, und dabei haben die Konkurrenten und – vor allem – die Kunden ein originäres Mitbestimmungsrecht. So sind Kostensenkungen bzw. Inputminimierung und Qualitäts-, Quantitätssteigerungen zwar die notwendigen, aber nicht immer hinreichenden Mittel, um das Ziel der Ertragssteigerung zu erreichen.

Natürlich sind diese Abhängigkeiten und Zusammenhänge Fachleuten bekannt. Ich kann mich freilich des Eindrucks nicht erwehren, dass eine ganze Reihe derselben – und nicht die am wenigsten wichtigen – bei der Entwicklung und Diskussion von Methoden der Sicherung des Unternehmenserfolges gelegentlich außer Sicht gerät. Das Ziel aller angesprochenen Maßnahmen war und ist nämlich nichts anderes als die von so vielen populistisch kritisierte, ja gelegentlich verteufelte Steigerung der „Produktivität", verstanden als „Arbeitsproduktivität", das heißt als Verbesserung des Verhältnis der eingesetzten personalen Arbeit zum erzielten Ergebnis nach Qualität und Qualität – meist und nicht immer glücklich in Währungseinheiten ausgedrückt.

Man kann auf durchaus unterschiedliche Weise versuchen, dieses Ziel zu erreichen. Auch die dahinter liegende Problematik – und das wird häufig übersehen – kann man aus sehr unterschiedlichen Blickwinkeln sehen. An dieser Stelle nur ein erster Hinweis: Es ist ein erheblicher Unterschied, ob ich die Frage der personalen Arbeit in einem Wirtschaftbetrieb unter *betriebswirtschaftlichen* oder unter *beschäftigungspolitischen* Aspekten betrachte. Es ist – in ähnlicher Weise – ein erheblicher Unterschied, ob ich die Motivationen der Mitarbeiterinnen und Mitarbeiter in einem Unternehmen in *personalwirtschaftlicher* oder in *betriebpsychologischer* Hinsicht untersuche.

3   Optimierung von Prozessen als Aufgabe der Unternehmensführung

Nicht nur in der betriebswirtschaftlichen Literatur, auch in den Publikationen arbeitswissenschaftlicher Experten gibt es eine Vielzahl von „Prozess-Begriffen": Arbeitsprozesse, Produktionsprozesse, Betriebsprozesse, Unternehmensprozesse und seit einiger Zeit auch *Geschäftsprozesse*. Nach weitgehendem Konsens besteht ein Prozess in einer zeitlichen und logischen Folge von Aktivitäten und/oder Abläufen mit einem beobachtbaren Beginn bzw. Anstoß und einem festgelegten Ende bzw. Abschluss (vgl. z. B. [3, S. 6]). Üblicherweise liegt am Ende eines Prozesses ein Zustand vor, der sich vom Zustand, der zu Beginn der Prozesse herrscht, unterscheidet: Ein Prozess hat üblicherweise ein Ergebnis (vgl. z. B. [5, S. 115]).

Untersuchen wir diesen Zusammenhang bei drei Prozessen: dem Produktionsprozess, dem Geschäftsprozess und dem Unternehmensprozess (vgl. dazu und im Folgenden [26, S. 35ff.]):

- Bei einem **Produktionsprozess** erfolgt der Anstoß durch den Produktionsauftrag, das Ergebnis ist das in Auftrag gegebene Produkt. Die Optimierung des Produktionsprozesses ist im Wesentlichen eine produktionstechnische, eine technologische Angelegenheit. Unter Ausnutzung aller technischen Möglichkeiten und unter Beachtung der gegebenen Bedingungen sind je nach Auftrag Quantität und/oder Qualität der Produkte zu maximieren.
- Bei einem **Unternehmensprozess** erfolgt der Anstoß durch die Unternehmensgründung. Das Ergebnis ist die Realisierung der Unternehmensidee, also der Er-

füllung einer meist komplexen wirtschaftlichen Aufgabe gegen ausreichendes Entgelt. Die Optimierung des Unternehmensprozesses ist eine umfassende, ein gesamtheitliche wirtschaftliche und teilweise sogar politische d.h. gesellschaftliche Angelegenheit. Unter Beachtung ökonomischer Bedingungen ist eine Position im Markt zu erringen und zu sichern.

- Bei einem **Geschäftsprozess** erfolgt der Anstoß durch eine Bestellung eines oder mehrer Kunden nach Anfrage und/oder nach Angebot. Das Ergebnis ist der Eingang des vereinbarten Entgelts nach Lieferung und/oder Leistung. Die Optimierung des Geschäftsprozesses ist im Wesentlichen eine betriebswirtschaftliche Aufgabe. Unter Berücksichtigung sowohl ökonomischer und politischrechtlicher Bedingungen sind die Kosten der insgesamt erforderlichen Aktivitäten zu minimieren.

Selbstverständlich bedingen und beeinflussen sich die hier kurz beschriebenen Prozesstypen gegenseitig. Es bedarf keiner weiteren Erklärung, dass und warum die Produktionsprozesse in die Geschäftsprozesse „eingekapselt" sind und sich die Geschäftsprozesse in den Unternehmensprozess einfügen müssen.

Die Optimierung von *Produktionsprozessen* hat lange Tradition. Vor allem die Ingenieurwissenschaften und die Arbeitswissenschaften (vgl. zur Zielsetzung der Arbeitswissenschaft [14, S. 59ff.]) haben die Entwicklungen der Praxis begleitet und befruchtet. Ihre Erfolge haben die „Industriegesellschaft", also die Gesellschaft, in der die industrielle „Produktionswirtschaft" dominierte, geprägt.

Wie wurden sie erzielt? Einerseits

- durch eine detaillierte *Analyse* aller Gesamt- und Einzelprozesse, die für die jeweilige Produktion erforderlich sind, andererseits
- durch eine gestaltende *Vorbereitung*, die sich umfassend auf die in der Produktion wirkenden Menschen und Maschinen bezog, schließlich aber – und das ist an dieser Stelle das Entscheidende –
- durch eine weitgehende *Substitution* von personaler Arbeit durch „technische Arbeit", worunter ich Prozesse verstehe, die durch Instrumente (Werkzeuge, Maschinen, Automaten) und dazugehörige Verfahren, die diese miteinander verknüpfen, „verrichtet" werden.

Dieser Vorgang trägt unterschiedliche Namen: Rationalisierung, Mechanisierung, Automatisierung. Es ist weit fortgeschritten, aber noch nicht abgeschlossen. Im Wesentlichen sind aber schon heute nur noch die „Führungsaufgaben" der Produktion bzw. das „Management" der Produktionssysteme, also Gestaltung und Steuerung bzw. Planung, Organisation und Kontrolle Gegenstand personaler Arbeit, wenngleich diese Tätigkeiten in vielfältiger Weise technisch bzw. medial unterstützt werden.

Wie sieht dies bei der Optimierung der *Geschäftsprozesse* aus? Sind die Verfahren der Produktionsprozessoptimierung hier anwendbar? Dies wurde lange Zeit bestritten, vor allem von den Vertretern nichttechnischer Disziplinen und den Interessenvertretern derer, die in der Praxis für die Geschäftsprozesse verantwortlich sind. Die Geschäftsprozesse außerhalb der Produktionsprozesse, so wurde und wird häufig argumentiert, seien so unvorhersehbar, erfordern ein so hohes Maß an Flexibilität und Kreativität, dass die Verfahren der Produktionsprozessoptimierung nicht oder nur in einem äußerst beschränkten Maße anwendbar seien.

Es gelten hier ähnliche Bedingungen und Beschränkungen wie bei den „Dienstleistungen" zu denen man ja die Geschäftprozesse durchaus zählen könnte. Erfolgversprechende Versuche, beispielsweise in der Büroorganisation oder gar im Bildungswesen, das Gegenteil zu beweisen, wurden und werden nach wie vor durchaus kritisch betrachtet, für unmöglich oder für unzulässig erklärt und nicht selten durch allerlei subtile Maßnahmen behindert oder verhindert.

4   Personalwirtschaftliche Strategien zur Optimierung der Geschäftsprozesse

Gleichwohl beschäftigt man sich heute intensiv mit der systematischen Optimierung von Geschäftsprozessen, die häufig immer noch als *kaufmännische* Aufgaben bezeichnet und mehr oder weniger getrennt von den produktionstechnischen Funktionen gesehen und somit eigentlich missverstanden werden. Die Verfahren, die dabei angewendet werden stammen aus oder ähneln denen der klassischen Arbeitsanalyse, werden aber meist nicht der Arbeitswissenschaft zugeordnet, sondern der angewandten Informatik. Bei der gegenwärtigen euphorischen Einstellung der Öffentlichkeit zur neuen Informations- und Kommunikationstechnologie ist dies freilich ein erheblicher Vorteil im gesellschaftlich-politischen Umfeld.

REFA-Arbeitsanalytiker werden bekanntlich trotz ihrer unbestreitbaren Erfolge und der Akzeptanz bei Arbeitgebern und Arbeitnehmern immer noch scheel angesehen und ihre Methoden, vor allem von Soziologen und Pädagogen scharf kritisiert. Systemanalytiker erfreuen sich hingegen allergrößter Wertschätzung, auch und gerade dann, wenn sie glaubhaft versichern, „Workloads", also exakt beschriebene Geschäftsprozesse, unter Nutzung der neuen Informations- und Kommunikationstechnik „optimieren" zu können. Diese willkommenen Experten sollen, weil in Deutschland derzeit Mangelware, durch hochdotierte Bildungsprogramme im Inland und aufwendige Personalakquisition im Ausland massenhaft beschafft werden.

4.1   Personalentwicklung versus Personalsubstitution

Wenn man möglicherweise auch nicht alle Einzelverfahren der Produktionsprozessoptimierung auf die Geschäftsprozessoptimierung übertragen kann, so kann man doch deren generelle Erfahrungen nutzen. Grundsätzlich gibt es auf Ebene der Unternehmensleitung zwei Strategien, Prozesse im hier verstandenen Sinne zu optimieren (vgl. dazu [26, S. 39ff.]):

Variante 1: Der Personalentwicklungs-Ansatz
Man kann alle zuständigen Mitarbeiterinnen und Mitarbeiter durch Personalentwicklung so hoch qualifizieren, dass sie die Prozesse selbst optimieren können und gleichzeitig so hoch motivieren, dass sie dies auch tun wollen. Sodann kann man sie beauftragen, die Optimierung selbstbestimmt und permanent vorzunehmen (vgl. ähnlich [20, S. 18ff.]). Dies ist der Ansatz, den die gesellschafts- und verhaltenswissenschaftlichen Vertreter der *Personalentwicklung* und der *Betriebspädagogik* präferieren.

Variante 2: der Personalsubstitutions-Ansatz

Man kann die Geschäftsprozesse durch (interne oder externe) Experten im Detail analysieren, dokumentieren und „modellieren" und die entwickelten Verfahren, so weit dies möglich ist, auf Informations- und Kommunikationstechnik übertragen (vgl. dazu insbesondere [8] und ausführlicher [7]). Die dann noch erforderliche *personale* Arbeit wird mengenmäßig erheblich reduziert und zudem vereinfacht. Dies ist der Ansatz, den die Wirtschaftsinformatiker und die Vertreter einer „betriebswirtschaftlichen" Personalwirtschaftslehre präferieren. Allerdings ist die Idee nicht neu: Bereits 1973 stellte Albach (vgl. [1, S. 29f.]), fest, dass die beste Alternative zur „Nicht-Ausbildung" oder Beschaffung von „Facharbeitern" der Einsatz von Maschinen sein kann.

Wie die Erfahrung lehrt, haben alternative Varianten jeweils unterschiedliche *Vorteile* und *Nachteile* (vgl. [26, S. 39ff.]).

Variante 1 hat die *Nachteile*,

- dass nicht alle Mitarbeiterinnen und Mitarbeiter zu jedem Zeitpunkt für jedwede anspruchsvolle Aufgabe qualifiziert werden können,
- dass weniger oder gar nicht geeignete Mitarbeiterinnen und Mitarbeiter nicht ohne weiteres gegen geeignete ausgetauscht werden können,
- dass Personalentwicklung erhebliche Quantitäten an Zeit und Geld erfordert und
- dass eine Erhöhung der Qualifikation und Motivation der Mitarbeiterinnen und Mitarbeiter aller bisherigen Erfahrung nach die Personalkosten nach oben treiben.

Der *Vorteil* der Variante besteht

- in der Sicherung der Arbeitsplätze für die Mitarbeiterinnen und Mitarbeiter.

Variante 2 hat (für das Unternehmen) die *Vorteile*

- der Minimierung der Störfaktoren, die im Personalvermögen, also in den Qualifikationen (im Vergleich zu neuen Anforderungen) und Motivationen (aus welchen Gründen auch immer) der Mitarbeiterinnen und Mitarbeiter liegen und
- der Reduktion von Personalkosten für die auf die Informations- und Kommunikationstechnik übertragenen Funktionen.

Die *Nachteile* (für das Unternehmen) bestehen

- in der Abhängigkeit von den entwickelnden und betreuenden Experten,
- in möglichen Umstellungsschwierigkeiten und in den Kosten für die Wartung der Workflow-Managementsysteme.

Diese und andere generelle und spezielle Vor- und Nachteile gilt es abzuwägen. Bei dieser wie auch bei allen anderen betriebwirtschaftlichen Analysen sind alle Leistungsfaktoren, die immer auch Vermögenselemente des Unternehmens repräsentieren, also Personal, Material, Information und Finanzen, zu berücksichtigen. An dieser Stelle möchte ich mich auf die personalwirtschaftlichen Aspekte des Problems konzentrieren.

4.2   Stellenwert personaler Arbeit

Gleichgültig, welche der beiden Varianten gewählt werden, es ist stets auch die Frage nach dem gegenwärtigen und der zukünftigen Stellenwert der personalen Arbeit im

Unternehmen gestellt. Es gibt heute kaum mehr ein ernst zu nehmendes Großunternehmen, welches noch nicht durch seine Sprecher hat verkünden lassen, dass seine Mitarbeiterinnen und Mitarbeiter das größte Kapital seien, das sie besitzen. Wenn das so ist, dann haben diese offensichtlich für alle Unternehmen einen sehr hohen Wert, und folglich müssten sie – der ökonomischen Theorie folgend – eigentlich „knapp" sein. Andererseits werden die meisten Länder dieser Welt – sowohl die noch kaum als auch die schon sehr weit „entwickelten" – nach eigener Einschätzung von der Geißel der Arbeitslosigkeit gepeinigt. Was wiederum darauf schließen lässt, dass die Menschen nicht das knappe Gut sind, das Wirtschaftswachstum und Wohlstand behindert. Ein unauflösbares Paradoxon?

Der Widerspruch hat seine Ursache in der Sichtweise: Sieht man das Problem politisch oder soziologisch, so herrscht Mangel *an* bezahlten Arbeitsplätzen *für* eine große Zahl von Menschen, die auf die Einkünfte aus Arbeit angewiesen sind. Sieht man das Problem ökonomisch, insbesondere personalwirtschaftlich, so herrscht ein Mangel *an* Menschen *für* bestimmte Arbeitsplätze. Das Problem, das hier nicht weiter vertieft werden soll und kann, liegt nun darin, dass derzeit die Menschen ohne Arbeitsplätze nur in geringem Maße für die „Arbeitsplätze ohne Menschen" geeignet sind (vgl. [21, S. 4] und [27, S. 59]).

An der Behauptung, dass Mitarbeiterinnen und Mitarbeiter das größte Kapital seien, das ein Unternehmen haben kann, ist aber noch ein zweiter Aspekt problematisch: Ein Unternehmen kann zwar Grundstücke und Gebäude, Maschinen und Betriebsmittel, Bargeld und Wertpapiere, Lizenzen und Patente „haben", Personal „besitzen" kann es nicht (vgl. [19, S. 12], vgl. auch [9, S. 1086]). Das war in der klassischen Sklavenhaltergesellschaft und in der mittelalterlichen Feudalordnung anders, aber das Eigentum von Menschen an Menschen ist seit einiger Zeit in den meisten Ländern der Welt abgeschafft. Die Formulierung „unser Personal" ist also mit Vorsicht zu gebrauchen.

Andererseits haben die Mitarbeiterinnen und Mitarbeiter üblicherweise auch kein Eigentumsrecht am Unternehmen, es gehört nicht ihnen, sondern den Unternehmern, die mit ihnen zweiseitig verbindliche Verträge abgeschlossen haben. Das ist in sozialistischen Betrieben, die als „Volkseigentum" angesehen werden, anders als in kapitalistischen Unternehmen.

5   Dynamisierung der Personalwirtschaft durch das Konzept des Personalvermögens

Aus all diesen Gründen, die hier nur gestreift werden können, und noch anderen, habe ich einen neuen Ansatz der Theorie der personalen Arbeit, also der Arbeit der Menschen, im Unternehmen entwickelt: Das *Konzept des Personalvermögens* (siehe grundlegend [17] und [19], ausführlich [28]). Der „personale" Produktionsfaktor im Unternehmen ist nicht die einzelne Mitarbeiterin oder der einzelne Mitarbeiter, sondern er ist ein Teil deren „individuellen Personalvermögens", also ihrer Qualifikationen und Motivationen, die sie an bestimmten Orten und zu bestimmten Zeiten dem Unternehmen gegen Entgelt zur Verfügung stellen (vgl. [24, S. 42]). Dazu müssen

Mitarbeiterinnen und Mitarbeiter nicht unbedingt ihren Arbeitsplatz in einem Gebäude haben, über das das Unternehmen verfügt, und sie müssen auch nicht unbedingt ihren Lebensunterhalt ausschließlich durch das zur-Verfügung-Stellen ihrer individuellen Qualifikationen und Motivationen an ein einziges Unternehmen bestreiten.

Das Konzept des Personalvermögens ermöglicht eine „dynamische" Personalwirtschaft, die auch den jeweils neuesten informationstechnologischen und unternehmensorganisatorischen Entwicklungen Rechnung trägt (vgl. auch [34]). Es ist geradezu die unabdingbare Voraussetzung für die Optimierung der Unternehmens- bzw. der Geschäftsprozesse. Es ist auch für virtuelle Unternehmen oder für Mikrounternehmen im Netzwerk offen. Es entspricht zudem unserem heutigen politischen Verständnis von weitgehend mündigen und qualifizierten Bürgern, die sich durch individuelle Vorsorge und soziale Netze so weit absichern können, dass sie ihren Vertragspartnern auf Unternehmensseite nicht schutzlos und ausweglos ausgeliefert sind.

Das Konzept einer Personalwirtschaft auf Basis des Personalvermögensansatzes löst das beschäftigungspolitische Paradoxon auf: Die Sicherung des betrieblichen Personalvermögens ist die vitale Aufgabe der Unternehmensführung, nicht die Hortung von Personal, weder aus ökonomischen, noch aus nichtökonomischen Gründen. Es ist absehbar, dass der Bedarf an qualitativ hohem Personalvermögen aufgrund der technisch-wirtschaftlichen Entwicklung rasant weiter steigen wird, dass aber die Zahl der Menschen, die in die Produktions- und Dienstleistungsprozesse integriert sind, entweder stagniert oder – zumindest relativ zur Gesamtbevölkerung – sinken wird. Auf eine einfache Formel gebracht: zur Optimierung der Geschäftsprozesse bedarf es nicht eines höheren Personalstandes, sondern einen höheren Personalvermögens.

Mit der Entwicklung des Personalvermögenskonzeptes wurden die inhaltlichen und methodischen Voraussetzungen für eine *betriebswirtschaftliche* Theorie der personalen Arbeit im Unternehmen geschaffen. Im Gegensatz zu den bisherigen Theorien, die sich dem Menschen insgesamt, seinen physischen und psychischen, individuellen und sozialen Bedingungen und Befindlichkeiten bei seiner Tätigkeit in Wirtschafts- und Verwaltungsbetrieben widmeten, befasst sich die Personalvermögenstheorie eben nur mit einem Teilaspekt, nämlich mit den Qualifikationen und Motivationen, über die Individuen verfügen und die sie gegen Entgelt für ökonomische und administrative Ziele einsetzen.

Die Sicht auf den Menschen im Unternehmen insgesamt führte zur Herausbildung einer Reihe von wichtigen Spezialdisziplinen wie der *Betriebspsychologie*, der *Industriesoziologie* oder der *Arbeitsmedizin*, zu einer betriebswirtschaftlichen Theorie der personalen Arbeit im Unternehmen führte sie jedoch nicht. Die bisherigen Ansätze makro- und mikroökonomischer Theorien, Menschen als Produktionsfaktor zu betrachten, stießen zu Recht auf politische und anthropologische Bedenken. Aber die Betriebswirtschaftslehre ist nun einmal die Theorie der Faktorkombination in Einzelinstitutionen zur Erfüllung wirtschaftlicher Aufgaben unter ökonomischen Bedingungen. Eine betriebswirtschaftliche Theorie der personalen Arbeit im Unternehmen schien bislang entweder unmöglich oder unzulässig.

Das Konzept des Personalvermögens führt auch aus diesem Dilemma. Produktionsfaktor ist in dieser Betrachtung nicht der Mensch, der für den Produktions- und/oder Dienstleistungsprozess gebraucht und in ihm möglicherweise „verbraucht" wird (vgl. [25, S. 224]) sondern das Personalvermögen, über das der Mensch verfügt und das er dem Leistungserstellungsprozess zur Verfügung stellt (vgl. ähnlich auch [2, S. 43]). Dieses geht durch seine „Arbeit" in das Produkt und/oder die Dienstleistung ein – und nicht er selbst. Der Mensch ist nicht Produktionsfaktor, sondern Vertragspartner, der gegen Entgelt dem Unternehmen etwas, das ihm höchstpersönlich gehört, zur Nutzung überlässt. Er selbst wird auch keineswegs ein Teil des Unternehmens, weder erwirbt er daran Anteile, noch erwirbt das Unternehmen weitergehende Rechte als im jeweiligen Arbeitsvertrag festgelegt (vgl. dazu ausführlicher [16] Kap. 3 und 5). In unserer Vertragsgesellschaft ist – zumindest politisch-rechtlich – schon von daher eine unentgeltliche Aneignung von individuell produziertem Mehrwert ausgeschlossen. Andererseits können Mitarbeiterinnen und Mitarbeiter grundsätzlich auch nur das Einhalten der von ihnen abgeschlossenen Arbeitsverträge und keine weiteren Rechte – beispielsweise auf das Unternehmen und dessen Führung – beanspruchen.

Das Personalvermögen ist – ökonomisch gesprochen – ein „Gut", ein – wie wir in zunehmendem Maße erfahren – sehr knappes Gut (vgl. dazu ausführlich [33] Kap. 3). Ein Gut kann man erwerben oder veräußern, man kann es nutzen oder brach liegen lassen, man kann damit wirtschaften. All das kann man mit Personal in einer aufgeklärten Vertragsgesellschaft wie der, in der wir leben und arbeiten, nicht. Der Mensch ist ein Subjekt, das beispielsweise ein Unternehmen steuert und gestaltet, er ist aber nicht ein Objekt, mit dem gesteuert und gestaltet wird.

Die Konzeption des Personalvermögens nimmt mit der Neudefinition des Produktionsfaktors so etwas wie einen „partiellen Paradigmenwechsel" vor. Darunter versteht man die Veränderung des Grundverständnisses, das einer theoretischen Erklärung oder praktischem Handeln zugrunde liegt. Dieser Paradigmenwechsel ist die Voraussetzung für eine gleichermaßen gesellschaftlich legitimierbare wie praktisch handhabbare Personalwirtschaftslehre.

Das individuell angebotene und institutionell erforderliche Personalvermögen muss nicht nur pauschal beurteilt, sondern gleichsam mikroskopisch untersucht, analysiert und bewertet werden (vgl. zur Identifizierung und Quantifizierung von Personalvermögen insbesondere [30]). Dabei kommt der in der traditionellen Personaltheorie immer wieder heftig kritisierten Arbeitsanalyse eine besondere Bedeutung zu (vgl. [14] Kap. 5.2). Selbstverständlich ist es auch zulässig, wenn auch äußerst schwierig, Personalvermögen in Währungseinheiten zu bewerten. Die Ausführungen über Möglichkeiten und Grenzen einer Dokumentation des Personalvermögens in Bilanzen weisen darauf hin (vgl. [25, S. 228ff.] und [29]). Das ist natürlich noch nicht die Realität, aber erste Versuche wurden schon vor geraumer Zeit unternommen (siehe dazu insbesondere [17] sowie [2] und [31]).

6   Aufgabe der Personalwirtschaft

Aufgabe der Personalwirtschaft ist es, das für die Leistungserstellung des Unternehmens erforderliche Personalvermögen bereit zu stellen. Hierbei gilt das ökonomische Prinzip: Ein bestimmtes Personalvermögen soll möglichst kostengünstig bereitgestellt werden bzw. für einen bestimmten Betrag soll möglichst „viel" Personalvermögen bereitgestellt werden. Das ökonomische Prinzip verpflichtet auch, Personalvermögen „just-in-time" bereit zu stellen. (vgl. [24, S. 19]). Es soll möglichst exakt zu dem Zeitpunkt im Unternehmen vorhanden sein, wenn es für das Erreichen der Unternehmensziele gebraucht wird Das erfordert die Erfüllung einer Reihe von Einzelaufgaben, die hier in Beziehung zum individuellen Personalvermögen der Mitarbeiterinnen und Mitarbeiter sowie dem institutionellen Personalvermögen des Unternehmens gebracht werden (vgl. [24, S. 20], [23, S. 32], [27, S. 63]):

- Personalakquisition: Externe Beschaffung von Personalvermögen
- Personaldequisition: Reduktion des betrieblichen Personalvermögens
- Personalinformation: Ermittlung des Bestandes an Personalvermögen
- Personalentwicklung: Bildung von individuellem Personalvermögen
- Personalsicherung: Verhinderung der Reduktion von Personalvermögen
- Personaldisposition: Zeitlich-räumliche Zuordnung von Personalvermögen

Bei der Beschaffung und Sicherung des erforderlichen Personalvermögens zur Optimierung der Geschäftsprozesse gilt es, erkennbare Trends zu berücksichtigen ([20, S. 24f.], [26, S. 41f.]):

- Der Bedarf an personaler Arbeit in der Produktion wird immer geringer. Das freigesetzte Personal steht für Dienstleistungen zur Verfügung. In beiden Bereichen wächst der Bedarf an hoch- und höchstqualifiziertem Personalvermögen. Nach aller bisherigen Erfahrung entspricht das individuelle Personalvermögen des in der Produktion freigesetzten Personals jedoch nicht den Anforderungen der Dienstleistungsarbeitsplätze
- Auch im Bereich der Dienstleistungen sinkt der Bedarf an Personalvermögen von niedrigem Niveau. Der Verlust von Arbeitsplätzen in der Produktion wird mit hoher Wahrscheinlichkeit nicht durch den Zugewinn an Dienstleistungsarbeitsplätzen ausgeglichen. Wegen der Heterogenität des Bedarfes an Personalvermögen können die verbleibenden bzw. neu geschaffenen Dienstleistungsarbeitsplätze nicht „gleichmäßig" verteilt werden.
- Individuelles Personalvermögen kann durch Personalentwicklung erhöht bzw. erweitert werden. Dies ist jedoch nicht beliebig und grenzenlos möglich. Berufliche und betriebliche Personalentwicklung bedarf einer entsprechenden Bildung vor, außerhalb und zwischen der beruflichen Tätigkeit in einem Unternehmen.
- Personalentwicklung ist nicht ohne aktive Mitwirkung der zu Entwickelnden möglich. Dazu müssen sie auf jede denkbare Weise motiviert sein und/oder werden (vgl. auch [4, S. 231f.]). Die Motivation zur permanenten Personalentwicklung muss im vorberuflichen Bildungssystem angelegt und durch entsprechende Maßnahmen erhalten werden. Eine umfassende materielle Absicherung führt nach bisheriger Erfahrung zum Absinken der Motivation für permanente Personalentwicklung.

Von besonderer Bedeutung ist in diesem Zusammenhang der Umstand, dass die ausführenden Tätigkeiten nicht nur in der Produktion, sondern mit deutlich zunehmender Tendenz auch im Dienstleistungsbereich der Produktionswirtschaft abnehmen, weil personale Arbeit durch technische bzw. mediale Arbeit ersetzt wird. Dies betrifft in besonderem Maße die Geschäftsprozesse, die, wie deutlich gemacht wurde, im Wesentlichen zu den Dienstleistungen gezählt werden müssen.

In der Praxis der betrieblichen Arbeit sind viele der hier vorgestellten Aspekte bereits verwirklicht. In der Theorie und deren Terminologie herrscht weitgehend noch das traditionelle Paradigma. Man spricht vom „Personal", wo es doch eigentlich um das „Personal*vermögen*" geht. „Personalbeschaffung" bedeutet eben nicht (nur) das Rekrutieren von Arbeitnehmern und Arbeitnehmerinnen bzw. die Erhöhung des Personalstandes des Unternehmens, sondern die Akquisition von Personalvermögen – in welcher Form auch immer. Hier kommt die Personalwirtschaft als unternehmerische Aufgabe ins Spiel.

7   Dynamische Personalwirtschaft zwischen Unternehmensführung und Personalführung

Praktische Personalwirtschaft umfasst also eine Vielzahl von unterschiedlichen Aktivitäten, deren gemeinsames Ziel es ist, den Produktionsfaktor „Personalvermögen" unter ökonomischen Bedingungen für den Leistungserstellungsprozess im Unternehmen bereitzustellen. Warum geht es dabei im Einzelnen und in welchem Verhältnis stehen hierbei Personalwirtschaft und Personalführung?

Personalführung wird häufig zur Personal*wirtschaft* gerechnet. Trotz vieler Gemeinsamkeiten und gegenseitigen Abhängigkeiten stimmt dies jedoch nicht. Personalführung besteht in der zielgerichteten Verhaltensbeeinflussung von Menschen durch Menschen. Eine solche gibt es in allen Bereichen der Gesellschaft und keineswegs nur in der Wirtschaft (vgl. auch [36, S. 3]). Natürlich ist Personalführung ein Teil der Unternehmensführung, in der Erkenntnisse der Verhaltenswissenschaft(en) angewendet werden, und natürlich spielt über Personalentwicklung und Unternehmenskultur die Art und Weise der Personalführung in die Personalwirtschaft hinein. Aber zur Aufgabe oder zum Instrument der Personalwirtschaft wird sie dadurch nicht.

Mit der Reduktion der personalen Arbeit in allen Bereichen der Wirtschaft bzw. in allen Bereichen des Unternehmens insgesamt nimmt auch die Menge der Aufgaben der Personalführung ab, während die sonstigen Aufgaben der „Führungskräfte" eher zuzunehmen scheinen, weiter an Bedeutung gewinnen und immer höheren Ansprüchen genügen müssen.

Was bedeutet dies, worin liegen die Unterschiede zwischen Aufgaben der Personalführung und anderen Führungsaufgaben, insbesondere im Hinblick auf die Optimierung von Geschäftsprozessen? Zunächst zu den allgemeinen Begriffen. Bei der Analyse der Führungsaufgaben im Unternehmen aus der Sicht der Personalwirtschaft hat es sich als sinnvoll erwiesen, zwischen *Personalführung* und *Systemführung* zu unterscheiden (vgl. [22, S. 11]).

Personalführung bedeutet die Führung von Mitarbeiterinnen und Mitarbeiter eines Unternehmens und heißt – wie bereits erwähnt – nichts anderes als dieselben zu einem bestimmten Verhalten zu veranlassen, welches sie aus eigenem Antrieb nicht gezeigt hätten (vgl. z. B. [36, S. 28f.]). Führung ist in diesem Sinne Menschenführung.

Was aber ist Systemführung, wie kann man ein System führen? Unternehmen können als „soziotechnische Systeme" mit ökonomischen Zielsetzungen und unter Beachtung ökologischer Randbedingungen aufgefasst werden (vgl. dazu und im Folgenden [24, S. 21f.]).

Sie bestehen aus

- einer „sozialen" Komponente, den Menschen (in unterschiedlichen Funktionen) und
- einer „technischen" Komponente, den „Sachen" (Grundstücke, Gebäude, Einrichtung, Ausstattung, Betriebsmittel, Finanzen, Informationen).

Diese Systeme gilt es, im Hinblick auf die zu erreichenden Ziele bei gegebenen Bedingungen zu „bewegen", also zu gestalten und zu steuern.

Die Gestaltung bezieht sich auf

- die *Struktur* des Unternehmens (die „Organisation der Organisation") und auf
- die *Prozesse* im Unternehmen (die Methoden oder die Verfahren der Geschäftsprozesse).

Für die Führung des Systems „Unternehmen" müssen eine Reihe von Funktionen wahrgenommen werden (vgl. auch [6, S. 19ff.]). In Neuordnung der üblichen Differenzierung unterscheide ich zwischen folgenden Funktionen der Systemführung (vgl. z. B. [24, S. 22])

Dispositive Funktionen (Grundlegende Entscheidungen):

- Zielfestlegung (Definition und Revision)
- Methodenauswahl

Antizipative Funktionen (Vorbereitung der Leistungserstellung):

- Planung
- Organisation

Operative Funktionen (Umsetzung der Vorgaben):

- Personaldisposition („Management")
- Prozesssteuerung („Controlling")

8   Die Optimierung von Geschäftsprozessen als Personal- und als Systemführungsaufgabe

Ist die Optimierung von Geschäftsprozessen eher eine Personalführungsaufgabe oder eine Systemführungsaufgabe? Beim *Personalentwicklungskonzept* geht es darum, die geeigneten Mitarbeiterinnen und Mitarbeiter zu finden, zu qualifizieren und zu motivieren. Die Unternehmensführung muss in diesem Falle in erster Linie für die Bereitstellung des jeweils erforderlichen Personalvermögens sorgen, eine Aufgabe von Sisyphus-Dimensionen, und überlässt den hochqualifizierten und hochmotivierten Mitarbeiterinnen und Mitarbeiter die Geschäftsprozessoptimierung, die sich freilich als eine permanente Innovationsaufgabe darstellt.

Welche Schwierigkeiten dabei alleine schon im motivationalen Bereich zu überwinden sind, verdeutlicht die folgende Liste von Anforderungen, die an Mitarbeiterinnen und Mitarbeiter gestellt werden, die mit Prozessinnovationen – von wem auch immer initiiert und implementiert – konfrontiert werden.

Innovationen bedeuten für die Menschen im Unternehmen [18, S. 207]

- dass sie Dinge tun müssen, die sie bislang (noch) nicht, ja möglicherweise überhaupt noch nie getan haben,
- dass sie Ziele erreichen sollen, die sie bislang (noch) nicht, möglicherweise überhaupt noch nie, angestrebt haben,
- dass sie Methoden gebrauchen sollen, die sie (noch) nicht kennen, aber mit hoher Wahrscheinlichkeit noch nicht beherrschen,
- dass sie Ergebnisse zu verbessern haben, die bislang für zufriedenstellend gehalten wurden,
- dass sie über Barrieren steigen müssen, die sie nicht nur vorgefunden, sondern zum Teil auch selbst errichtet haben und
- dass sie schließlich die Sicherheit des gegenwärtigen Zustandes gegen die Unsicherheit künftiger „Zustände" eintauschen müssen.

Sollen die Menschen mit den innovativen Anforderungen optimierter Geschäftsprozesse zur Erreichung der Ziele des Unternehmen zu Rande kommen, so müssen sie dies nicht nur wollen, sondern natürlich auch können. Motivation und Qualifikation sind multiplikativ miteinander verknüpft (vgl. auch [10, S. 30]). Durch zeit- und kostenaufwendige Personalentwicklung (vgl. zur Optimierung der betrieblichen Personalvermögensbildung [38]), durch Bildung, Beratung und „Belehrung" (also „formale" Fortbildung) müssen die Mitarbeiterinnen und Mitarbeiter das jeweils erforderliche Wissen und die dazu gehörigen Fertigkeiten erwerben (vgl. ausführlich dazu [23]). Das in letzter Zeit so häufig zitierte „Wissensmanagement" (vgl. exemplarisch [12]) besteht zu nächst einmal im „Management" des individuellen Personalvermögens der Mitarbeiterinnen und Mitarbeiter, aus dem sich letztlich das betriebliche Personalvermögen in erster Linie zusammensetzt. Es wird durch das technisch bzw. medial gespeicherte Wissen, das Informationsvermögen, das auch die Betriebsdaten umfasst, ergänzt. Dieses technisch-mediale Wissen und die dazu gehörigen Fertigkeiten sind in den Werkzeugen, Maschinen und Automaten, in den Prozessbeschreibungen und Softwareprogrammen gespeichert und unterschiedlich wirksam (vgl. z. B. [15]). Um es für die Unternehmens-, Geschäfts- und Produktionsprozesse nutzbar zu machen, ist immer weniger personale Intervention erforderlich (vgl. auch [11, S. 328ff.]).

Die Bereitstellung des für die permanente Optimierung der Geschäftsprozesse erforderlichen Wissens stellt keine neue und gesonderte Aufgabe dar, sondern ist Bestandteil der betrieblichen Informationswirtschaft und der betrieblichen Personalwirtschaft im Verständnis des Personalvermögenskonzeptes.

Diese Feststellung erfolgt hier nicht nur aus akademischem Interesse. Sie ist vielmehr ein erster nachdrücklicher Hinweis auf die alternativen Handlungsmöglichkeiten zur Sicherung der Voraussetzungen für die Optimierung von Geschäftsprozessen. Sie verweist wiederum auf die beiden von mir eingeführten Varianten: die Personalentwicklungsvariante und die Personalsubstitutionsvariante.

Zur Beurteilung der beiden Varianten hinsichtlich der Erfordernisse der Geschäftsprozessoptimierung ist es erforderlich, noch etwas mehr ins Detail zu gehen. Zunächst zur *Personalentwicklungsvariante*. Hier geht es wie erwähnt um die permanente Anpassung von Qualifikationen und Motivationen der Mitarbeiterinnen und Mitarbeiter an die jeweiligen Erfordernisse. Mit der Motivation der Mitarbeiterinnen und Mitarbeiter und deren Herstellung haben sich vor allem die Psychologen und die psychologischen Unternehmensberater befasst. Sie haben dabei unter anderem den Eindruck erweckt, dass alleine schon durch die Transparenz der Geschäftsprozesse und die Übertragung von verantwortungsvollen Aufgaben die Motivation der Mitarbeiterinnen und Mitarbeiter steige und – ceteris paribus – auf dem gestiegenen Niveau verbleibe. Dies hat sich freilich als ein frommer Wunsch erwiesen. Alle diesbezüglichen ideellen und strukturellen Maßnahmen unterliegen einem starken „Fading" (vgl. [24, S. 49], ähnlich auch [37, S. 299ff.]), wenn nicht gleichzeitig auch eine robuste materielle Flankierung vorgenommen wird.

Dazu kommen noch folgende Sachverhalte, die in motivationspsychologischen Betrachtungen teils unverständlicherweise, teils naturgemäß außer Ansatz bleiben. Zunächst gilt die Erfahrungstatsache, dass Motivationen alleine noch keine Qualifikationen hervorbringen (vgl. [24, S. 51f.]). Außerdem hat die permanente Motivierung der Mitarbeiterinnen und Mitarbeiter, die als eine der wesentlichen Aufgaben der Unternehmensführung (!) angesehen wird, eine Dynamisierung der Personalkosten bei tendenziell gleich bleibender Arbeitsleistung zur Folge.

Ihr muss, sieht man es betriebswirtschaftlich – mit einer „dynamischen" bzw. „dynamisierten" Personalwirtschaft begegnet werden, die zusätzlich zu den oben genannten Aufgaben und Instrumenten auch die *Personalsubstitution* umfasst. Mit dieser zweiten der beiden Varianten ist an dieser Stelle nicht der Ersatz von Mitarbeiterinnen und Mitarbeitern durch andere gemeint, sondern der Ersatz von personaler Arbeit durch technische und mediale Arbeit. Dies ist, wie sich in der Zwischenzeit herausgestellt hat, in recht vielen Fällen von durchaus komplexen Geschäftsprozessen durchaus möglich und hat den unbestreitbaren Vorteil, dass die schwierige und teure Aufgabe der Motivierung entfällt. Medien und Maschinen erfüllen ihre Funktionen nur in Abhängigkeit von der erforderlichen Energie bzw. den nötigen Betriebsmitteln.

9   Die Zukunft der personalen Arbeit: hohes Personalvermögen bei geringem Personalstand

Natürlich wird auch bei Wahl der Substitutionsvariante die personale Arbeit im Betrieb nicht gänzlich überflüssig. Aber ein Trend ist doch sehr deutlich zu sehen: Zur Optimierung von Unternehmens-, Geschäfts- und Produktions- bzw. Dienstleistungsprozessen bei gleichbleibender Leistung wird zwar ein immer höheres Personalvermögen, ergänzt um technisches bzw. mediales Informationsvermögen, erforderlich – aber immer weniger Personal.

Die Qualifikation der für die Prozessoptimierung im Unternehmen verbleibenden Verantwortlichen wird freilich erheblich sein müssen – und ihre Motivation(en) auch. Für solche hoch- bzw. höchstqualifizierte Menschen, die in den und für die Unternehmen tätig bleiben werden, haben Experten aus Theorie und Praxis jüngst folgende Liste von Wissensgebieten zusammengetragen.

Das Ergebnis einer Delphi-Befragung [32] Ende der neunziger Jahre ist eindrucksvoll, vielleicht sogar einschüchternd (Delphi-Durchschnitts"noten": 1 = Wissensgebiet hat keine Bedeutung, 5 = Wissensgebiet weitgehend unverzichtbar):

- Bevölkerungswachstum, Energie- und Rohstoffreserven - 4,3
- Nachhaltiges Wirtschaften - 4,2
- Gentechnik - 4,2
- Qualifikationsbedarf, Bildung und Ausbildung - 4,0
- Erbinformationen - 4,0
- Neue Techniken, Denkweisen und Lebensformen - 3,9
- Gehirn und Nervensystem - 3,8
- Medienkompetenz - 3,8
- Biotechnologie - 3,7
- Wirkungen der Informations- und Wissensmärkte - 3,7
- Arbeitslosigkeit und Beschäftigungspolitik - 3,7
- Automatisierung, neue Arbeitsformen und Berufe - 3,7

Dazu kommen noch die Motivationen, die Werte und Einstellungen, die in den sogenannten „Schlüsselqualifikationen") verborgen sind [20, S. 21]:

- Leistungswille und Lernbereitschaft
- Disziplin und Strenge im Umgang mit sich selbst
- Bescheidenheit und Nachsicht im Umgang mit anderen
- Durchhaltevermögen bei Schwierigkeiten
- Geduld bei der Durchsetzung eigener Vorstellungen
- Bewältigung von Niederlagen ohne Fremdschuldzuweisung
- Übernahme der Verantwortung für eigenes Handeln und dessen Konsequenzen
- Verantwortungsbewusstsein statt übertriebenes Selbstbewusstsein
- Realistische Beurteilung eigener Ideen und Leistungen
- Übernahme von Risiko ohne vollständige Absicherung

Das alles sind Eigenschaften und Einstellungen, die man (auch) heute (wieder) unternehmerisch denkenden und handelnden Menschen zuschreibt, also Menschen, denen man die permanente Optimierung von Geschäftsprozessen zutrauen und zuordnen kann. Diese Eigenschaften und Einstellungen sind höchstwahrscheinlich nicht angeboren, sie müssen „gebildet" werden. Man bekommt allerdings keine Unternehmer und Unternehmerinnen, indem man öffentlich unter der Bezeichnung „Venture Capital" Spielgeld an selbstbewusste Vertreter der Leben-muss-Spass-machen-Generation verteilt. Es ist vielmehr erforderlich, dass man, wie in Sport und (Unterhaltungs-)kunst nicht nur üblich, sondern massenhaft gefordert und akzeptiert, Leistung und leistungsgerechte Differenzierung fördert. Dies können die einzelnen Unternehmen durch ihre eigene Personalentwicklung im Rahmen einer finanzierbaren betrieblichen Personalwirtschaft nur teilweise leisten. Was Not tut, ist vielmehr eine Rekonstruktion des öffentlichen Bildungswesens. Angesichts des erkennbaren Personalvermögens der hierfür verantwortlichen Pädagogen (vgl. dazu z. B. [13, S. 70ff.]) und Bildungspolitiker scheint die Hoffnung auf kurz- und mittelfristige Veränderung nicht all zu realistisch

Wenn die permanente Optimierung der Unternehmens-, der Geschäfts- sowie der Produktions- und Dienstleistungsprozesse ein unabdingbares Erfordernis für erfolgreiches Wirtschaftens ist – und davon bin ich überzeugt –, dann muss man sich, unabhängig von politischem Zeitgeist und wissenschaftlichem Methodenstreit fragen, wer und was denn hierfür getan und genutzt werden kann. Und da könnte man es vielleicht wieder einmal mit der in der Industriewirtschaft so erfolgreichen Arbeitswissenschaft, ergänzt um eine dynamische Personalwirtschaft im hier kurz skizzierten Sinne, probieren.

Das wird nicht ganz einfach zu erreichen sein. Die Arbeitswissenschaft muss wieder aus der Isolation heraus, in die sie durch die Sozialwissenschaften gedrängt wurde (vgl. zu Hauptausrichtungen der Arbeitswissenschaft zusammenfassend [14, S. 68]) und in der sie sich auch trotzig verschanzt hat. Wir brauchen eine offensive, eine innovative Arbeitswissenschaft bzw. -wirtschaft, die sich nicht länger in der Abwehr von interessengesteuerten Taylorismus-Vorwürfen aufreibt, sondern die sich mit der vorurteilsfreien Analyse von hochqualifizierter personaler, ja auch von kreativer Arbeit innerhalb der umfassenden Unternehmens- und Geschäftsprozesse befasst (vgl. hierzu insbesondere [14]). Hier ist die Partnerschaft der Informations- und Kommunikationstechnologie zu suchen, nicht nur, aber vor allem auch bei der Erforschung der natürlichen und „kultürlichen" Intelligenz. Die Ergonomie muss sich in Zukunft verstärkt um die Arbeit *mit* dem Computer bemühen und nicht nur mit dem Arbeiten *vor* dem Computer. Die Personalwirtschaftslehre, heute noch weitgehend von Betriebspsychologie, Industriesoziologie und Arbeitsrecht dominiert, muss sich auf der Basis des Personalvermögenskonzeptes intensiv mit der Erforschung des Bedarfs an Qualifikationen und Motivation befassen und nicht nur mit der Frage, wie man Mitarbeiter und Mitarbeiterinnen durch Zusatzleistungen motiviert, ihre abgeschlossen Arbeitsverträge zu erfüllen.

Die Blackbox „Arbeit" innerhalb der Geschäftsprozesse muss mit Hilfe der Methoden der Wirtschaftsinformatik aufgehellt werden. Nur dann kann sie zielentsprechend gestaltet und gesteuert werden und erst dann kann man entscheiden, ob die jeweils erforderlichen Aufgaben sinnvollerweise durch personale Arbeit oder durch technisch-mediale Arbeit erfüllt werden sollen.

Die Personalwirtschaft in der Praxis muss sich vom Rekrutierungsmodell weg entwickeln. Es geht nicht um das Aufstellen von betrieblichen Reservearmeen für alle (unvorhergesehen) Geschäftsfälle. Es geht allerdings auch nicht um die Gründung von Ersatz-Familien oder von Staaten im Staate oder zwischen denselben. Es geht letztlich um eine rationale und zielgerichtete Personalvermögenswirtschaft. Ein solcher Paradigmenwechsel ist kein esoterisches Glasperlenspiel, bloßes Wortgeklingel, er hat konkrete Konsequenzen, von denen ich Ihnen zum Abschluss einige kommentarlos (zur Reflexion und Diskussion) zumute.

Dynamische Personalwirtschaft zur Optimierung des Personalvermögens im Hinblick auf Unternehmens- und Geschäftsprozesse umfasst unter anderem

- Einkauf von erkennbar intelligenten Leistungen statt Insourcing von Mitarbeiter und Mitarbeiterinnen mit bloß vermutetem Personalvermögen
- Abschluss von zweiseitig detaillierten Werkverträgen statt Abschluss von unsymmetrisch detaillierten Arbeits- bzw. Dienstverträgen
- Aufbau von betrieblichen Wissensbanken und Entwicklung von handhabbaren Zugriffsmöglichkeiten statt Aufblähung von Stäben bzw. Fachabteilungen

- Zusammenarbeit mit langfristig mit Risikobeteiligung vertraglich gebundenen Experten für alle Unternehmensbereiche
- Entwicklung und permanente Fortschreibung von Personalvermögensprofilen unter Berücksichtigung der Ergebnisse der „neuen" betrieblichen Arbeitsanalysen
- Ständige Marktbeobachtung unter Nutzung der Informations- und Kommunikationsnetze, vor allem auch hinsichtlich des substituierten Personalvermögens, also des Informationsvermögens
- Substitution von personaler durch technisch-mediale Arbeit

Das mag für einen typischen „Personaler" der heutigen Generation alles etwas unterkühlt wirken, sich möglicherweise gar menschenfeindlich anhören, aber dies wäre eine wertgesteuerte Wahrnehmung eines sachorientierten Prozesses im engsten Sinne des Wortes „Sache". In der modernen dynamischen Personalwirtschaft geht es nämlich keineswegs um das Anwerben, Ausnutzen und Aussortieren von *Menschen*, sondern um die Akquisition und Allokation von *Personalvermögen*.

Literaturverzeichnis

1. Albach, H.: Kosten- und Ertragsanalyse der beruflichen Bildung, Vortrag gehalten am 04. Juli 1973 vor der Rheinisch-Westfälischen Akademie der Wissenschaften in Düsseldorf. In: Gelissen, H. C. J. H.: Massnahmen zur Förderung der regionalen Wirtschaft, gesehen im Blickfeld der EWG. Westdeutscher Verlag, Opladen 1974, Beigefügtes Werk.
2. Aschoff, C.: Betriebliches Humanvermögen, Grundlagen einer Humanvermögensrechnung. Betriebswirtschaftlicher Verlag Gabler, Wiesbaden 1978.
3. Becker, J; Kahn, D.: Der Prozess im Fokus. In: Becker, J.; Kugeler, M.; Rosemann, M. (Hrsg.): Prozessmanagement – Ein Leitfaden zur prozessorientierten Organisationsgestaltung, 5., überarbeitete und erweiterte Auflage. Springer, Berlin/Heidelberg/New York 2005, 3-16.
4. Berthel, J.: Personalmanagement, Grundzüge für Konzeptionen betrieblicher Personalarbeit, 6. überarbeite und erweiterte Auflage. Schäffer-Poeschel, Stuttgart 2000.
5. Binner, H. F.: Organisations- und Unternehmensmanagement – von der Funktionsorientierung zur Prozeßorientierung. Hanser, München/Wien 1998.
6. Brandstetter, H.: Wertschöpfung und Werteverzehr als Maßstab zur Produktionsbewertung, Diss. St. Gallen 1993.
7. Gehring, H.: Betriebliche Anwendungssysteme. Studienkurs der FernUniversität in Hagen, Hagen 2002.
8. Gehring, H.; Gadatsch, A.: Ein Rahmenkonzept für die Modellierung von Geschäftsprozessen und Workflows. Fachbereichsbericht Nr. 274 der FernUniversität in Hagen 1999, http.//www.fernuni-hagen.de/WINF/inhalte/hg_p15.htm.
9. Hamel, W.: Personal als Investition? In: Schmalenbachs Zeitschrift für betriebswirtschaftliche Forschung, zfbf 39. Jahrgang 1987, 12, 1079-1087.
10. Hentze, J.: Personalwirtschaftslehre 2, Personalerhaltung und Leistungsstimulation, Personalfreistellung und Personalinformationswirtschaft, 6. überarbeitete Auflage. Haupt, Bern/Stuttgart/Wien 1995.
11. Klimecki, R.; Gmür, M.: Personalmanagement. Funktionen, Strategien, Entwicklungsperspektiven. 2., neu bearbeitete und erweiterte Auflage, Lucius und Lucius, Stuttgart 2001.
12. Krallmann, H.: Wettbewerbsvorteile durch Wissensmanagement. Schäffer-Poeschel, Stuttgart 2000.

13. Kuwan, H./Waschbüsch, E.: Delphi-Befragung 1996/1998 „Potentiale und Dimensionen der Wissensgesellschaft – Auswirkungen auf Bildungsprozesse und Bildungsstrukturen", Abschlußbericht zum Bildungs-Delphi. Bundesministerium für Bildung und Forschung, München/Bonn 1998/99.

14. Langner, M.: Ressourcenorientierte Arbeitswirtschaft, Konzeptionelle Voraussetzungen für einen effizienten Einsatz von Personalvermögen in Unternehmen. Deutscher Universitätsverlag, Gabler Edition Wissenschaft, Wiesbaden 2007.

15. Lehner, F.: Wissensmanagement: Grundlagen, Methoden und technische Unterstützung. Hanser, München/Wien 2006.

16. Mroß, M. D.: Risiken bei Investition in das Personalvermögen und Strategien zu deren Absicherung. Hampp, München 2001.

17. Ortner, G. E.: Personalvermögensrechnung: Zur Übertragung des Humankapital-Konzeptes auf die betriebliche Personalinfrastruktur. In: Schmidt, H. (Hrsg.): Humanvermögensrechnung , Instrumentarium zur Ergänzung der unternehmerischen Rechnungslegung – Konzepte und Erfahrungen. Walter de Gruyter, Berlin/New York 1982, 357-395.

18. Ortner, G. E.: Akzeptanz-Management als Voraussetzung erfolgreicher Innovation. In: Scharfenberg, H. (Hrsg.): Strukturwandel in Management und Organisation – Neue Konzepte sichern die Zukunft. FBO-Fachverlag, Baden-Baden 1993, 201-216.

19. Ortner, G. E.: Die Zukunft der Unternehmen: Humankapital und Personalvermögen: Reden des Symposiums an der Technischen Akademie Schwäbisch Gmünd am 25. April 1997. Hagener Universitätsreden 27, Hagen 2000.

20. Ortner, G. E.: Innovative Personalentwicklung für die moderne Dienstleistungsgesellschaft. Vortrag gehalten auf den Tagen der Forschung 1999 am 03. Mai 1999. Hagener Universitätsreden 37.2, Hagen 2000.

21. Ortner, G. E.: Womit wirtschaftet die Personalwirtschaft? In: Das Personalvermögen – Magazin für Personalwirtschaft und Weiterbildung 1 (2004), 4-5.

22. Ortner, G. E.: Wie steuert man soziale Systeme? Organisationskybernetik und Personalwirtschaft. In: Das Personalvermögen – Magazin für Personalwirtschaft und Weiterbildung 3 (2006), 9-12.

23. Ortner, G. E.: Berte, K.: Personalentwicklung und Bildungsbetriebslehre, Grundlagen und Instrumente der Personalentwicklung, Betriebs- und personalwirtschaftliche Grundlagen der Personalvermögensentwicklung. Studienkurs der FernUniversität in Hagen, Hagen 2007.

24. Ortner, G. E.; Thielmann-Holzmayer, C.: Personalwirtschaft und Personalvermögen, Grundlagen personaler Arbeit im Unternehmen. Studienkurs der FernUniversität in Hagen, Hagen 2002.

25. Ortner, G. E.; Thielmann-Holzmayer, C.: Was ist (uns) unser Personal wert? Die Bewertung des betrieblichen Personalvermögens und die Aktivierung der Personalvermögensbildung in der Bilanz. In: Klinkhammer, H. (Hrsg.): Personalstrategie, Personalmanagement als Business Partner. Luchterhand, Neuwied und Kriftel 2002, 220-244.

26. Ortner, G. E.; Thielmann-Holzmayer, C.: Quantitative Aspekte der Personalwirtschaft: Personaleinsatz und Personalcontrolling. Studienkurs des Hagener Instituts für Managementstudien e.V. an der FernUniversität in Hagen, Hagen 2007.

27. Ortner, G. E.; Thielmann-Holzmayer, C.: Einführung in die dynamische Personalwirtschaft, Einführung in die Theorie des Personalvermögens, Personalwirtschaftslehre als funktionale Betriebswirtschaftslehre. Studienkurs der FernUniversität in Hagen, Hagen 2007.

28. Ortner, G. E.; Thielmann-Holzmayer, C.: Einführung in die dynamische Personalwirtschaft, Einführung in die Theorie des Personalvermögens, Das Konzept des Personalvermögens als Theorie der personalen Arbeit im Unternehmen. Studienkurs der FernUniversität in Hagen, Hagen 2007.

29. Ortner, G. E.; Thielmann-Holzmayer, C.: Gemessen an vier Werten. In: Personal, Zeitschrift für Human Resource Management 11 (2007), 12-13.

30. Reinsch, C.: Quantifizierung von Personalvermögen zur Unterstützung strategischer Entscheidungen, Entwicklung und Anwendungsfelder eines integrativen Ansatzes. Driesen, Taunusstein 2005.

31. Schmidt, H. (Hrsg.): Humanvermögensrechnung, Instrumentarium zur Ergänzung der unternehmerischen Rechnungslegung – Konzepte und Erfahrungen. Walter de Gruyter, Berlin/New York 1982

32. Stock, J.; Wolff, H.; Kuwan, H.; Waschbüsch, E.: Delphi-Befragung 1996/1998. Potentiale und Dimensionen der Wissensgesellschaft – Auswirkungen auf Bildungsprozesse und Bildungsstrukturen. Integrierter Abschlußbericht. Zusammenfassung von Delphi I Wissensdelphi und Delphi II Bildungsdelphi. Durchgeführt im Auftrag des MBBF, München/Basel 1998.

33. Thielmann-Holzmayer, C.: Interne Bildung von Personalvermögen durch integratives Personalentwicklungsmarketing. Deutscher Universitätsverlag, Gabler Edition Wissenschaft, Wiesbaden 2002.

34. Thielmann-Holzmayer, C.: Das Personalvermögenskonzept einer zeitgemäßen und ökonomisch orientierten Personalwirtschaft. In: Zeitgemäßes Personalmanagement, Erfolgreiche Bereitstellung und Nutzung von Personalvermögen, Festschrift für G. E. Ortner zum 65. Geburtstag. Deutscher Universitätsverlag, Gabler Edition Wissenschaft, Wiesbaden 2005, 3-34.

35. Weber, W.: Einführung in die Betriebswirtschaftslehre, 5. aktualisierte und überarbeitete Auflage. Gabler, Wiesbaden 2003.

36. Weibler, J.: Personalführung. Vahlen, München 2001.

37. Weinhold, K.: Personalwirtschaft in Personalentwicklungsunternehmen, Eine gesamtheitliche Betrachtung auf Basis ausgewählter personalwirtschaftlicher Instrumente zur Beschaffung und Sicherung von Personalvermögen. Driesen, Taunussstein 2005.

38. Witten, E.: Ansätze zur Optimierung der betrieblichen Personalvermögensbildung, Optimierungsansätze auf Basis der Ermittlung des personalwirtschaftlichen Erfolgs gesamtheitlicher Weiterbildung. Telos, Münster 2004.

Management Support and Decision Support in Organizations

Management- und Entscheidungsunterstützung in Organisationen

Situative Methodenkonstruktion: Intelligente Entscheidungsunterstützung für das Business/IT-Alignment

Ulrike Baumöl

FernUniversität in Hagen, Fakultät für Wirtschaftswissenschaft,
Lehrstuhl für BWL, insb. Informationsmanagement
Universitätsstraße 41, 58097 Hagen
ulrike.baumoel@fernuni-hagen.de

Abstract. The efficient coordination of business and IT is one of the major challenges for today's companies. The ability to make the right decisions during the business IT alignment process is a key success factor. The support of these decisions requires a dedicated information model and a structured process of supplying the model with information. Since business IT alignment represents a change process comprising people, the organisation and IT, a solution can be found in organizational change management approaches. These must be combined with a methodical approach which reflects the context of the change management process and supports its control. In this paper, a situational method engineering approach is presented which caters for the needs of business IT alignment in an individual context by making use of standardized components. It bases on an empirical study which has been designed to analyze change methodologies in Germany, Switzerland, Austria and California. The resulting change method engineering approach supports the creation of the right information for an efficient decision process during the business IT alignment endeavor.

Keywords: Business/IT-Alignment, Change Management, Method Construction, Situational Method Engineering, Intelligent Decision Support

1 Einleitung

Eine der wichtigsten strategischen Aufgabenstellungen im Unternehmen ist die Abstimmung von Anforderungen aus der Unternehmensstrategie mit der eingesetzten Informationstechnologie (IT). An kaum einer anderen Stelle kann wirksamer Nutzen geschaffen oder können teurere Fehlentscheidungen getroffen werden. Deshalb überrascht es nicht, dass dem so genannten Business/IT-Alignment in Forschung und Praxis eine große Aufmerksamkeit gewidmet wird ([7], [13], [16]).

In vielen Fällen heißt Business/IT-Alignment aber auch heute immer noch, dass ein Projekt zum Kauf einer Applikation oder eine umfassendere IT-Lösung aufgesetzt wird und allein mit dem Kauf der Lösung die Hoffnung verbunden wird, dass alle Probleme der Koordination von „Business" und „IT" behoben sind [13]. Der Koordinationsprozess hat die Umsetzung der Unternehmensstrategie bzw. die Unterstützung der Geschäftsprozesse durch angemessene IT-Lösungen zum Ziel. Deshalb erfordert er fundierte betriebswirtschaftliche Konzepte als Grundlage bevor eine technische Umsetzung erfolgen kann.

Das bedeutet, dass erst, wenn ein fundiertes betriebswirtschaftliches Konzept entwickelt, die Geschäftsprozessarchitektur konsequent aus der Strategie heraus abgeleitet, eine Lösungsvision für die Applikationsarchitektur entworfen und die Anforderungen spezifiziert wurden, eine Beurteilung der passenden IT-Lösung möglich ist [11]. Dabei ist der Ansatz, dass eine innovative IT-Lösung Treiber für eine Neudefinition der Strategie oder Geschäftsprozesse sein kann, nicht ausgeschlossen. Der Fokus des Beitrags liegt aber auf dem Prozess des Business/IT-Alignment, der durch eine fachlich getriebene Abstimmung von Business und IT gekennzeichnet ist.

Ein strukturiertes Vorgehen zur Gewinnung der dazu erforderlichen Informationen ist also von grundlegender Bedeutung für ein erfolgreiches Business/IT-Alignment. Hier entsteht aber bereits die nächste Herausforderung: der Vorteil eines ganzheitlichen und systematischen Vorgehens ist bereits erkannt und hinreichend diskutiert worden [7], es mündet aber in der Regel in starren Methoden bzw. Vorgehensweisen, die der individuellen Situation des Unternehmens und damit des Projekts nicht gerecht werden [4]. Eine intelligente Unterstützung bei der Entscheidung für die „richtige" Methode und deren Einsatz ist also ein wichtiger Beitrag, um das gewünschte Ergebnis „effizienzorientiertes Business/IT-Alignment" zu erzielen. Effizienz bemisst sich in diesem Kontext an einer Umsetzung der fachlichen Anforderungen durch IT-Lösungen, die vom Umfang und Kosten genau auf diese Anforderungen abgestimmt sind. Die Kriterien setzen sich dabei aus quantitativen (z. B. Erfüllung der geforderten Durchlaufzeiten) und qualitativen (z. B. Zufriedenheit der Mitarbeiter) Kriterien zusammen.

Der vorliegende Beitrag verfolgt zwei Thesen:

1. Eine umfassende Berücksichtung der Einflussfaktoren ist erfolgskritisch für das Business/IT-Alignment: Die Entscheidungsgrundlage für ein effizienzorientiertes Business/IT-Alignment erfordert eine umfassende Berücksichtigung der erfolgskritischen Einflussfaktoren, d. h. die Wahl eines ganzheitlichen Ansatzes. Die Untersuchung einiger bekannter Business/IT-Alignment Ansätze hat ergeben, dass in der Regel inhaltliche Schwerpunkte gebildet werden, was dazu führt, dass die Koordination aller relevanter Faktoren oft nur unvollständig erfolgt [3].

2. Das Paradoxon „flexible Standardisierung" ist lösbar: Für die Entscheidungsunterstützung muss das Vorgehen zur Koordination flexibel auf die gegebene Situation anpassbar sein und dabei gleichzeitig Effizienzkriterien genügen. Die meisten verfügbaren Methoden sind entweder zu starr oder durch ihre Flexibilität zu kostenintensiv in der Umsetzung [4].

Aus diesen Thesen ergeben sich die beiden zentralen Fragestellungen für diesen Beitrag: Welche Einflussfaktoren sind für den Entscheidungsprozess zu berücksichtigen, und welches Vorgehen kann den Entscheidungsprozess im Rahmen eines effizienzorientierten Business/IT-Alignment unterstützen? Der Entscheidungsprozess, den es zu unterstützen gilt, umfasst dabei mehrere Typen von Entscheidungen: erstens unternehmerische Entscheidungen über den Veränderungsprozess, dessen Ziele und erwarteten Ergebnisse und zweitens Wahlentscheidungen bei der Konstruktion der Methode.

Um diese Fragestellungen zu beantworten, wird zunächst die begriffliche Basis für das in diesem Kontext verwendete Konzept der Informationsverarbeitung sowie einer intelligenten Entscheidungsunterstützung gelegt. Dazu wird zunächst die Problemstellung in die betriebswirtschaftliche Entscheidungslehre eingeordnet und der Begriff der „Intelligenz" entsprechend kurz definiert. Darauf aufbauend erfolgt eine Diskussion des Bezugsrahmens für einen ganzheitlichen Ansatz eines effizienten Business/IT-Alignment. Im Rahmen der Überlegungen zu einem angemessenen Vorgehen lässt sich die Methodenkonstruktion einbeziehen und hier das so genannte „Method Engineering" als grundlegendes Konzept einführen. Die weitere Basis für die Entwicklung der Lösung ist eine empirische Untersuchung, aus deren Ergebnissen die Elemente der Methodenkonstruktion abgeleitet werden. Der daraus entstehende Lösungsansatz „situative Methodenkonstruktion für das Veränderungsmanagement (Change Method Engineering)" zur intelligenten Entscheidungsunterstützung im Kontext des Business/IT-Alignment wird im dritten Abschnitt vorgestellt und kritisch analysiert, bevor der Beitrag mit einem kurzen Ausblick und Gedanken zum weiteren Forschungsbedarf schließt.

2   Das Fundament eines effizienten Business/IT-Alignments

Die zentralen und erfolgskritischen Entscheidungen in nahezu jedem Projekt werden bereits zu Beginn getroffen. Die Qualität der Entscheidungen hängt maßgeblich davon ab, welche Faktoren in die Entscheidung einfließen und welche Methode auf dieser Basis für das Projektvorgehen ausgewählt wird. Werden hier „falsche" Entscheidungen getroffen, indem z. B. mit der Methode vor allem nicht erfolgskritische Elemente des Problemumfelds adressiert werden, oder eine angemessene Abbildung des Lösungsraums nicht möglich ist, können selbst die besten Mitarbeiter und das strukturierteste Vorgehen nicht mehr zum Erfolg führen. Der Chief Technology Officer einer Versicherung drückte es pointiert wie folgt aus: „Es nutzt nichts, den Zug, der bereits in die falsche Richtung fährt, noch zu beschleunigen".

Das Fundament für ein effizientes Business/IT-Alignment wird auf zwei Grundfragen aufgebaut. Zum einen ist zu überlegen, wie sich die Ermittlung der Informationen zu den relevanten Einflussfaktoren in die Entscheidungslehre integrieren lässt, um zu einer zielorientierten und effizienten Koordination von Business und IT zu gelangen. Zum anderen stellt sich die Frage, wie der Teilausschnitt des betrieblichen Informationssystems gestaltet sein muss, damit sich in dem Entscheidungsprozess die situativen Umfeldfaktoren verarbeiten und gleichzeitig lernend nutzen lassen.

2.1 Informationsverarbeitung als Grundlage der Entscheidungsunterstützung

Die Beobachtung von Entscheidungsprozessen zur Koordination von Business und IT in der Praxis führt schnell zu der Erkenntnis, dass der Entscheidungsträger nicht immer auf der Grundlage eines sach- oder zielorientierten Erkenntnisprozesses entscheidet: Die technische Lösungsvariante ist aufgrund verschiedener Einflussfaktoren bereits gereift, ohne dass vorher ein konkretes fachliches Konzept erarbeitet wurde. In einigen Fällen wird dann die IT-Lösung als „Heilsbringer" gekauft oder entwickelt, in der Hoffnung, dass sich die erkannten Problemstellungen auf diesem Weg beheben lassen. Vernachlässigt wird an dieser Stelle, dass die Gründe für die Probleme in der Regel in den fachlichen Lösungskonzepten für die Aufgabenstellungen liegen. Es ist also wenig verwunderlich, dass ein technologiegetriebenes Vorgehen zum Business/IT-Alignment nur bedingt erfolgversprechend ist. Auf der Suche nach einer Erklärung für diese Vorgehensweise kann möglicherweise eine Ursache in dem hohen Maß an Unsicherheit, der mit dem Prozess des Business/IT-Alignment verbunden ist, gefunden werden. Standardsoftwarelösungen versprechen eine bereits erprobte Grundstruktur für die fachlichen Aufgabenstellungen, die damit als Leitlinie für eine Umsetzung der fachlichen Anforderungen propagiert wird. Dabei entsteht die Gefahr, dass für den Veränderungsprozess das auf diese IT-Lösung abgestimmte Vorgehen zur Integration als treibende Methode eingesetzt wird und die organisatorischen Forderungen und Bedürfnisse vernachlässigt werden.

Diese Erkenntnis führt zu der Fragestellung, wie der Entscheidungsprozess gestaltet sein sollte, damit die Unsicherheit für den Entscheidungsträger reduziert wird und die relevanten fachlichen, also objektiven, und gleichzeitig die subjektiven Einflussfaktoren berücksichtigt werden. In dem vorliegenden Beitrag wird der Entscheidungsprozess gemäß [1] als Interaktionsprozess zwischen dem Objekt- und dem Subjektsystem aufgefasst. In Abb. 1 wird das Schema des oben genannten Ansatzes auf das Business/IT-Alignment angewendet.

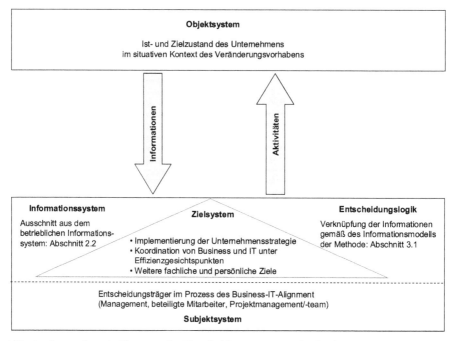

Abb. 1. Interagierende Elemente des Entscheidungsprozesses im Business/IT-Alignment (in Anlehnung an [1]).

Das Subjektsystem wird durch die Entscheidungsträger im Umfeld der Koordination von Business und IT definiert. Deren Zielsystem bestimmt die Eckpunkte für die Informationserhebung und die Informationsverarbeitung. Das Informationssystem, verstanden als die Gesamtheit der informationsverarbeitenden Komponenten der Organisation, definiert die Struktur der Informationsverarbeitung, und die Entscheidungslogik definiert die Verknüpfungen der Informationen. Das Objektsystem wird durch das Unternehmen und das relevante Entscheidungsfeld für das Business/IT-Alignment konstituiert. Der gewünschte Zustand des Objektsystems wird durch die für eine Koordination von Business und IT erforderlichen Informationen und die Ableitung von entsprechenden Aktivitäten hergestellt.

Die auf diesem Ansatz aufbauende Fragestellung ist, welche Informationen zur Verfügung gestellt werden müssen, um den Entscheidungs- bzw. Anpassungsprozess effizient zu gestalten. Darüber hinaus soll das Teilinformationssystem, das für den Anpassungs- und Koordinationsprozess definiert wird, Charakteristika von „Intelligenz" aufweisen. Als Konsequenz stellt sich unmittelbar die Frage, wie „Intelligenz" in diesem Kontext definiert ist.

Der Begriff der „Intelligenz" wird in der Wirtschaftsinformatik – auch mit Bezug zu den beiden eingehenden Disziplinen – vielfältig verwendet. Die „natürliche" Intelligenz findet vor allem in der Betriebswirtschaftlehre Eingang. Sie wird als die Fähigkeit des Individuums definiert, sich bewusst und „selbstgetrieben" auf neue Anforderungen einstellen zu können, also anpassungsfähig zu sein. Dazu muss die Fähigkeit ausgeprägt sein, Informationen in einem komplexen Umfeld verarbeiten zu können ([8], [9], [17]).

In der Teildisziplin Informatik steht hingegen der Begriff der „maschinellen" oder auch der „künstlichen" Intelligenz im Vordergrund. Damit wird in der Regel eine Form der Intelligenz betrachtet, die systemgetrieben durch Berechnungsverfahren erzeugt wird und Prozesse der Schlussfolgerung sowie des anschließenden Handelns erlaubt [19]. Dazu gehören vor allem intelligente Algorithmen zur Lösung verschiedener betriebswirtschaftliche Fragestellungen [12], aber auch die Ansätze zur Agententechnologie [18].

In dem hier vorliegenden Kontext wird der Begriff „Intelligenz" wie folgt in die bestehenden Konzepte eingeordnet und verwendet. Ein Informationssystem ist als intelligent zu bezeichnen, wenn es in einem komplexen Umfeld Informationen so verarbeiten kann, dass eine Anpassung an sich verändernde Umfeldbedingungen bewusst, d. h. aktiv gesteuert, und angemessen, d. h. der Zielsetzung entsprechend, umgesetzt werden kann. Die Informationsverarbeitung und damit die Unterstützung des Entscheidungsprozesses können dabei systemgetrieben erfolgen.

Intelligenz entsteht also primär durch die Fähigkeit, Informationen so zu verarbeiten, dass ein systematischer Adaptionsprozess stattfinden kann. Die Herausforderung für den Veränderungsprozess besteht folglich darin, eine entsprechende Modellierung der Informationen und des Informationssystems vorzunehmen.

Ein Veränderungsprozess stellt einen spezifischen Ausschnitt aus dem betrieblichen Informationssystem dar. Dieser Ausschnitt muss gemäß der zuvor getroffenen Aussagen so modelliert werden, dass die Informationsverarbeitung möglichst effizient, also kontextbezogen und zielführend, erfolgen kann. Für die Aufgabenstellungen im Business/IT-Alignment erfordert das einen ganzheitlichen Bezugsrahmen, der es erlaubt, alle an der Veränderung beteiligten Ebenen der Organisation miteinander in Beziehung zu setzen.

2.2   Ebenen eines Bezugsrahmens zur Entscheidungsunterstützung

Der Bezugsrahmen definiert das Objektsystem im Kontext des Entscheidungsprozesses. Die Elemente müssen den Anforderungen an die Abbildung des angestrebten Veränderungsprozesses gerecht werden. Die Gestaltung des Bezugsrahmens orientiert sich an dem Thema der Veränderung und der Positionierung im Führungsprozess des Unternehmens. Das Business/IT-Alignment ist ein übergreifender Managementprozess, der mit seinen Konsequenzen alle Ebenen im Unternehmen betrifft. Mit einer umfassenden Abbildung ist gewährleistet, dass alle Themenbereiche und die dazu erforderlichen Informationen erfasst werden. Auf dieser Basis kann ein gut fundierter Entscheidungsprozess erzeugt werden.

In der Literatur existieren verschiedene Bezugsrahmen, die das Unternehmen aus einer übergreifenden Managementsicht abbilden ([10], [11], [15], [2]). In diesen Ansätzen werden unterschiedliche Schwerpunkte gesetzt: Während z. B. bei [10] und [15] die generelle Unternehmensführung im Blickpunkt steht, konzentrieren sich [11] auf die systematische und umfassende Veränderung von Unternehmen. Für die vorliegende Problemstellung wird deshalb der Business Engineering-Bezugsrahmen von [15] mit der Erweiterung durch [2] gewählt. Er besteht aus sechs Ebenen, die im Rahmen eines Veränderungsprozesses zu bearbeiten, d. h. zu modellieren und mit den entsprechenden Aktivitäten an die veränderten Anforderungen anzupassen sind. Nachfolgend werden die Ebenen und ihre Zusammenhänge kurz beschrieben:

- *Unternehmensstrategie:* Eine Anpassung der Strategie kann ein Auslöser für das Business/IT-Alignment sein, z. B. die Bearbeitung eines neuen Geschäftsfelds, die Ausrichtung auf Kunden, die hauptsächlich über elektronische Kanäle angesprochen werden, oder der Kauf eines Unternehmens.
- *Geschäftsprozesse:* Die Veränderung der Unternehmensstrategie zieht in der Regel eine Anpassung der Geschäftsprozesse nach sich. Für das Business/ IT-Alignment stellen sich hier zwei wichtige Herausforderungen: Erstens müssen die Soll-Prozesse entsprechend der neuen Anforderungen definiert werden, ohne dass zunächst eine zu starke „Verhaftung" in den Ist-Prozessen stattfindet. Der Abgleich mit den Ist-Prozessen muss zu einem späteren Zeitpunkt zwar erfolgen, aber die Chance des „unbelasteten" Neuentwurfs sollte genutzt werden. Zweitens kann durch den technologischen Fortschritt eine innovative Prozessunterstützung möglich werden. Aus diesem Grund besteht die Option, beim Soll-Prozessentwurf auch die technologischen Möglichkeiten einfließen zu lassen und die Prozesse entsprechend zu modellieren. Eng verzahnt mit dem Prozessentwurf ist auch die Entwicklung der Aufbauorganisation, die deshalb hier nicht als eigene Ebene aufgeführt wird.
- *Informations- und Kommunikationstechnologie (IT):* Die IT nimmt, wie bereits zuvor angedeutet, zwei Funktionen ein. Erstens muss sie die Unterstützung der neu definierten Geschäftsprozesse und damit die technologische Umsetzung der

Unternehmensstrategie gewährleisten. Zweitens sollte sie aber auch eine Innovationsfunktion wahrnehmen, indem sie durch innovative Lösungen neue Geschäftsprozesse ermöglicht, die möglicherweise von denen abweichen, die aus einer rein fachlichen Sicht definiert wurden. An diesem Punkt wird die Herausforderung des Business/IT-Alignment besonders deutlich: Es ist nicht nur ein „top-down" Prozess, der aus der fachlichen Perspektive getrieben wird, sondern zugleich auch ein „bottom-up" Prozess, der durch technologische Innovationen maßgeblich beeinflusst wird.

- *Unternehmenskultur:* Ganz gleich, aus welcher Richtung der Koordinationsprozess getrieben wird, die Ergebnisse werden mit hoher Wahrscheinlichkeit auf die Ausprägungen der Unternehmenskultur wirken. Andere Arbeitsabläufe und möglicherweise andere Verhaltensweisen beeinflussen die Wahrnehmung der Mitarbeiter, die Interpretation ihres Umfelds und damit die Ausführung ihrer Aufgaben.
- *Steuerung:* Das Steuerungssystem des Unternehmens sollte abgeleitet werden aus den Unternehmenszielen sowie den implementierten Prozessen. Gleichzeitig ist es ein Abbild der Unternehmenskultur. Wird eine dieser Komponenten verändert, ist eine Anpassung des Steuerungssystems unabdingbar.
- *Kontext:* Der Kontext gibt den Handlungsrahmen für den Veränderungsprozess vor. Er umfasst alle Einflussfaktoren, die auf das Unternehmen und damit auf das Projekt wirken, aber nicht direkt im Einflussbereich des Projekts sind. Die Kontextfaktoren zeichnen nicht für die Veränderung verantwortlich, sind also keine Auslöser, sondern definieren die Rahmenbedingungen.

Mit diesen sechs Ebenen sind die Hauptthemenfelder des veränderungsrelevanten Ausschnitts des betrieblichen Informationssystems und gleichzeitig das Objektsystem für den Entscheidungsprozess im Kontext des Business/IT-Alignment definiert. Darauf aufbauend kann nun die Methode konstruiert werden, die durch die effiziente Verarbeitung der Informationen und die Umsetzung in Aktivitäten zu einem Alignment von Business und IT führt.

3   Situative Methodenkonstruktion

Das Ziel eines Veränderungsprozesses ist die Transformation von einem Ist-Zustand in einen definierten Soll-Zustand, getrieben durch aufeinander aufbauende bzw. sich ergänzende Entscheidungen. Mit dem Bezugsrahmen ist das dazu zu verwendende Modell, d. h. das Teilinformationssystem im Rahmen des Objektsystems, definiert.

Der nächste Schritt besteht in der Definition der Methode, also des systematischen Vorgehens und der dazu einzusetzenden Bausteine. In der Methode sind gleichzeitig die entsprechenden Entscheidungspunkte verankert.

Obwohl es bereits seit vielen Jahren in der Literatur Ansätze für Veränderungsmethoden gibt und es sich noch immer um ein vieldiskutiertes Thema handelt, zeigen aktuelle Studien, dass die Herausforderungen bei weitem nicht gemeistert sind [4].

Die am häufigsten genannten Gründe für das Scheitern von Veränderungsprojekten, zu denen auch das Business/IT-Alignment gehört, liegen in so genannten „wei-chen" Faktoren: einem fehlenden „commitment" der Führungskräfte, fehlgeschlagener Kommunikation oder fehlenden „Zielbildern", d. h. Visionen von der Zukunft [5]. Dahingegen werden für erfolgreiche Projekte neben dem Einfluss einer rechtzeitigen und umfassenden Kommunikation und der Bedeutung des Sponsorings durch das Top-Management oftmals eher „harte" Faktoren genannt, z. B. effiziente Organisationsstrukturen, Leistungsbewertungsmechanismen oder effiziente Trainingsprogramme. Hier wird deutlich, dass ein effizienter Lösungsansatz zur Veränderung offensichtlich klare Strukturen bereitstellen muss, damit auch die psychologischen und sozialen Komponenten der Veränderung erfolgreich umgesetzt werden können. Darüber hinaus zeigen Studien, dass vorgefertigte und stark standardisierte Methoden in der Regel nicht zum Erfolg führen ([4], [5]).

Bei der Definition einer Veränderungsmethode kommt es also auf zwei wesentliche Komponenten an: einerseits auf eine Balance von klaren Strukturen sowie sozialen und psychologischen Faktoren und andererseits auf eine ausgewogene Kombination von flexiblen und standardisierten Elementen. Nur so kann den Anforderungen eines Veränderungsprozesses in einem situativen Kontext Rechnung getragen werden: Flexibilität für den Kontext und Standardisierung für den Zeit- und Kostendruck [2].

3.1 Methodische Basis für den Konstruktionsprozess

Das Vorgehen zur Methodenkonstruktion basiert auf dem von [6] vorgeschlagenen Ansatz. Er hat ein Metamodell für eine Methode konstruiert, das – aus sechs Komponenten bestehend – die wesentlichen Bestandteile einer Methode und ihre Zusammenhänge definiert. Die von ihm vorgeschlagenen Komponenten lassen sich schematisch, wie in Abb. 2, gezeigt in Zusammenhang bringen. Ausgehend von einer Sequenz von Aktivitäten werden die entsprechenden Rollen definiert, die diese Aktivitäten ausführen bzw. für die ordnungsgemäße Ausführung der Aktivitäten verantwortlich sind. Jede Aktivität erzeugt ein definiertes Ergebnis, das in einem Ergebnisdokument abgelegt wird. Der Zusammenhang der Ergebnisse wird durch ein Informationsmodell beschrieben. Die Ergebnisse werden durch den Einsatz bestimmter Techniken (z. B. Vorgehensweisen zur Prozessmodellierung) erzeugt. Die Anwendung der Techniken wird wiederum durch Werkzeuge (z. B. ARIS) unterstützt.

Dieses Modell ist die Grundlage der Methodenkonstruktion für das Business/IT-Alignment.

Ein weiterer wichtiger Aspekt für die situative Methodenkonstruktion ist das Einbetten der Methode in den individuellen Kontext. Dazu wird der Kontext durch ein Tupel beschrieben, das aus den Elementen „Situation" und „Entscheidung" besteht [2].

Die „Situation" lässt sich durch die folgenden Komponenten operationalisieren:
- *Zieldomäne:* Ein wichtiges Ergebnis einer Studie (vgl. Abschnitt 3.2) war, dass das Ziel des Veränderungsprozesses definiert und dokumentiert sein sollte. Mit dem Schritt der Zieldefinition wird klar, welche Ergebnisse zu realisieren sind und worauf das gesamte Vorhaben ausgerichtet sein muss. Die Analyse und Dokumentation des Ziels erfolgt im Rahmen der Komponente „Zieldomäne" in Form einer kurzen Beschreibung.

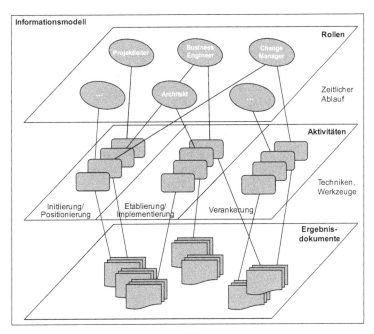

Abb. 2. Schematisches Modell einer Methode [3].

- *Projektdomäne:* Genauso wichtig ist die Beschreibung des Projekts und seines unmittelbaren Umfelds. Hierzu gehören neben der Personalverfügbarkeit auch die Laufzeit und das Budget. Bei Projekten, die auf früheren Ergebnissen aufsetzen, ist hier z. B. auch das Einbeziehen der „lessons learned" von Bedeutung.
- *Problemdomäne:* Sie beschreibt die Aufgabenstellung und den Kontext, der sich durch das Ziel des Veränderungsprozesses (Zieldomäne) und das aufzusetzende Veränderungsprojekt (Projektdomäne) ergeben. Auf Basis der Ausprägungen der beiden Domänen lässt sich die Problemdomäne durch die beiden Parameter „Risiko" und „Komplexität" beschreiben. Das Risiko wird dabei z. B. durch eine Analyse der Dringlichkeit und Wichtigkeit des Projekts und der entsprechenden Einflussgrößen beschrieben. Die Dringlichkeit und Wichtigkeit eines Projekts können das Risiko z. B. durch Zeitdruck und kritische Ressourcenverfügbarkeiten beeinflussen. Die Ausprägungen werden anhand einer Ordinalskala mit den Werten „niedrig", „moderat" und „hoch" dokumentiert. Die Komplexität lässt sich durch Zuhilfenahme des Bezugsrahmens detaillieren. Es werden fünf Bereiche definiert, für die komplexitätsfördernde bzw. komplexitätsreduzierende Faktoren des Kontexts identifiziert werden. Diese fünf Bereiche können z. B. „Organisation" (umfasst Strategie, Struktur und Unternehmenskultur), „Prozesse", „Technologie", „Steuerung" und „Umfeld" sein. Ähnlich wie beim Risiko kann die Komplexität drei ordinale Ausprägungen haben: „niedrig", „moderat" und „komplex". Auch wenn so keine mathematisch exakte Definition des Risikos und der Komplexität möglich ist, kann doch auf Basis einer ausführlichen Analyse eine entsprechende Einschätzung erzeugt werden.

- *Themengebiet:* Zwei Punkte müssen im Rahmen dieser Komponenten geklärt und dokumentiert werden: Erstens, welches konkrete Thema das Veränderungsvorhaben hat, z. B. Entwicklung und Einführung einer neuen Produktlinie. Zweitens muss klar definiert sein, welche Tragweite das Projekt hat. Die Veränderung kann einem evolutionären oder einem revolutionären Pfad folgen. Das bedeutet, dass das Themengebiet der Veränderung lokal begrenzt oder fundamental unternehmensbereichsübergreifend angelegt sein kann.
- *Komplexe/einfache Situation:* Die vorherrschende Situation kann je nach Themengebiet und Problemdomäne „einfach" sein, das heißt, die Situation kann direkt vollständig beschrieben werden, z. B. Erwerb eines neuen Firmengeländes. Häufiger ist die Situation jedoch komplex, das heißt, sie setzt sich aus vielen einfachen Situationen zusammen. In diesem Fall sollte eine Dekomposition der komplexen Situation in einfache Situationen stattfinden, damit der Umfang der Problemstellung analysiert werden kann.

Die „Entscheidung" wird durch die nachfolgenden Komponenten beschrieben:

- *Intention:* Auf Basis der ursprünglichen Absicht, mit der das Vorhaben initiiert worden ist, werden in der Regel zu Projektstart Rahmenbedingungen definiert. Es ist wichtig, diese Ausgangsintention festzuhalten, damit der Projektfortschritt und -erfolg an den richtigen Rahmenparametern gemessen wird. Außerdem werden auf diese Weise Änderungen der Ausgangslage explizit und damit steuerbar.
- *Lösungsansatz:* Das Vorgehen zur Umsetzung des Ziels des Veränderungsvorhabens sollte ebenso dokumentiert werden, damit eine Kommunikationsbasis für das Projektdesign geschaffen wird.
- *Ziel:* Beide zuvor genannten Komponenten sind die Grundlage für die Definition der Zielsetzung des Vorhabens. Das bedeutet, dass mit der expliziten Beschreibung aller drei Komponenten die Konsistenz zwischen Intention, Zielstellung und Aktivitäten hergestellt wird. Das Ziel kann zusätzlich in zwei Kategorien differenziert werden:
  - o *Abstraktes Ziel:* Das Ziel wird nicht quantifiziert bzw. konkret beschrieben, z. B. Verbesserung der Kundenzufriedenheit.
  - o *Konkretes Ziel:* Das Ziel wird in diesem Fall in der Regel quantifiziert, z. B. die Kundenzufriedenheit steigt auf einen Wert von 85%, oder die Umsatzrentabilität steigt auf 12%.

Die methodische Basis für den Konstruktionsprozess wird im nachfolgenden Abschnitt durch die empirische Basis ergänzt. Zusammen ergeben sie die Grundlage für das Vorgehen zur Methodenkonstruktion.

3.2   Empirische Basis für den Konstruktionsprozess

Die Koordination von Business und IT zieht in der Regel umfangreiche Veränderungen nach sich, die bereits durch den in Abschnitt 2.2 beschriebenen Bezugsrahmen systematisiert wurden. Unter der Maßgabe der Wirtschaftlichkeit ist nun zu überlegen, welche Informationen im Idealfall bereitstehen müssen, damit im Veränderungsprozess die richtigen Entscheidungen getroffen werden können. Operationalisieren lässt sich diese Fragestellung, indem die Beschreibungsparameter für Veränderungsprojekte und die daraus abgeleiteten Aktivitäten erhoben werden. Dabei ist einerseits der Bezugsrahmen mit seinen Ebenen zu validieren, und andererseits ist zu erheben, ob es Aktivitäten gibt, die in erfolgreichen Veränderungsprojekten immer wieder vorkommen. Daraus ergibt sich zusätzlich die Frage, ob sich für die wiederkehrenden Aktivitäten thematische Cluster bilden lassen, die ein Referenz-Szenario für das Veränderungsprojekt bereitstellen.

Diese Themen bildeten die grundlegenden Fragestellungen für eine empirische Erhebung im Jahr 2004. Dazu wurden Mitarbeiter von 52 Unternehmen in Deutschland, der Schweiz, Österreich sowie der San Francisco Bay Area und dem Silicon Valley im Rahmen von offenen, einstündigen Interviews befragt. Die Gesprächspartner waren Führungskräfte der mittleren und oberen Führungsebene. Zusätzlich wurden 14 Fallstudien aus der Literatur sowie 23 Veränderungsmethoden/Erklärungsmodelle in Bezug auf das Vorgehen und die gewählten Aktivitäten analysiert. Die genannten Aktivitäten in den Veränderungsprozessen wurden zusammengestellt sowie nach ihrer Vorkommenshäufigkeit ausgewertet. Es war dann möglich, sie zu Themenschwerpunkten mit Referenz auf den Bezugsrahmen zusammenzufassen. Dabei wurden die Ebenen inhaltlich zusammengefasst, so dass vier Klassen entstanden sind, unter die sich die Beschreibungsparameter und Aktivitäten fassen ließen: (1) Fachlichkeit (Ebenen Strategie, Geschäftsprozesse und IT), (2) Kultur und Emotionen (Ebene Unternehmenskultur), (3) Steuerung (Ebene Steuerung), (4) Umfeld (Ebene Kontext). Gemäß der Bezeichnung des Vorgehens zur Methodenkonstruktion „Change Method Engineering (CME)" werden die Klassen „CME-Klassen" genannt.

In Tab. 1 findet sich beispielhaft eine Übersicht über die Klassen und einige der jeweils zugeordneten Beschreibungsparameter. Sie definieren die Informationen, die es zu erheben gilt, damit die Beschreibung der geplanten Veränderung möglichst vollständig gelingt. Eine umfassende Beschreibung der Parameter und das Vorgehen für die Zuordnung der Beschreibungsparameter zu den CME-Klassen finden sich in [2].

Die Orientierung an diesen Parametern ermöglicht eine zielgerichtete Erhebung der für den Veränderungsprozess generell wichtigen Informationen. So kann eine erste Eingrenzung und Filterung der Informationsmenge vorgenommen werden.

Im nächsten Schritt war die Hypothese zu überprüfen, ob es Aktivitätencluster für mögliche Referenz-Szenarien gibt. Die dazu durchgeführte Clusteranalyse ist in drei Schritten erfolgt: Erstens war das Proximitätsmaß auszuwählen, um die Ähnlichkeit der Objekte zu beschreiben. Da die Objekte (Aktivitäten) binär dargestellt wurden sowie auftretende (Ausprägung „1") und nicht-auftretende (Ausprägung „0") Merkmale gleich zu behandeln waren, eignet sich hier das Proximitätsmaß „quadrierte euklidische Distanz". Zweitens war der Algorithmus für die Clusterbildung festzulegen. Die Clusterbildung auf Basis einzelner Objekte bedingte einen Fusionierungsalgorithmus, der stufenweise immer größere Cluster erzeugt. Hier fiel die Wahl auf den so genannten „Average Linkage"-Algorithmus, der keine Tendenzen zu bestimmten Clustergrößen aufweist und als konservativer Algorithmus gilt. Drittens war das Maximalmaß der Distanz bzw. der Nähe zu bestimmen. Das eingesetzte Werkzeug (SPSS in der Version 11.5) stellt die Distanzen auf einer normierten Skala mit Werten zwischen 0 und 25 dar. Es wurde festgelegt, dass nur solche Cluster zu berücksichtigen sind, die eine maximale Distanz von 12.5 aufweisen, also der Hälfte der gesamten Skala. Auf diese Weise sind 38 Analysecluster zur weiteren Untersuchung verblieben. Die Ergebnisse der Analyse zeigen, dass gleiche oder ähnliche Aktivitäten nicht durch die Branchen der Unternehmen bedingt sind, weil eine hohe „Unähnlichkeit" bei den Branchen der beteiligten Unternehmen festzustellen war. Vielmehr konnten thematische, also inhaltliche Ähnlichkeiten in Bezug auf die zugrunde liegenden Projekte festgestellt werden.

Tab. 1. Beschreibungsparameter für einen Veränderungsprozess.

CME-Klasse	Beschreibungsparameter
Fachlichkeit	Geschäftslogik
	Managementsystem
	Entscheidungsprozesse
	Freiheitsgrade
	Prozessarchitektur
	Informationsmanagement
	Fähigkeitenprofile
Kultur&Emotionen	Adressaten der Transformation
	Mentalität/geistige Haltung
	Anschlussfähigkeit
	Mitarbeiterzufriedenheit
	Erwartungen
	Geschichte der Erfolge
	Machtstrukturen
Steuerung	Lenkbarkeiten
	Verfügbare Metriken
	Veränderungsgeschwindigkeit
	Qualitätsmaßnahmen
	Maßnahmen (bei Abweichungen/Widerständen)
	Szenarien
Umfeld	Ökonomische Situation
	Stakeholder-Struktur
	Diskontinuitäten
	Wettbewerbs-Struktur
	Milieu
	Marktstruktur

Die dabei entstandenen Referenz-Szenarien sind aufsteigend vom geringsten Distanzmaß ausgehend sortiert und lassen sich thematisch wie folgt beschreiben:

- *Wachstumsstrategie und kulturelle Aspekte im technologischen Umfeld:* In diesem Referenz-Szenario steht das technologische Umfeld im Mittelpunkt. Das bedeutet, dass hier entweder Technologieunternehmen betrachtet werden, oder aber z.B. die Informatik in einem Unternehmen einer anderen Branche. Die Veränderungsprojekte haben sich vornehmlich mit Ausschöpfung von Wachstumspotenzial beschäftigt und dabei klar kulturelle Veränderungsprozesse adressiert.
- *Prozess Engineering/Prozess Redesign:* Veränderungsprojekte in diesem Umfeld legen einen thematischen Schwerpunkt auf die Neugestaltung oder Optimierung der Prozessarchitektur. Dieses Referenz-Szenario kommt zur Anwen-

dung, wenn das Hauptthema des Projekts die Gestaltung der Prozessarchitektur ist. Wird der Gestaltungsprozess durch eine strategische Neuausrichtung ausgelöst, kommt das entsprechende Szenario zum Einsatz.

- *Kommunikation und Interaktion mit Kunden und dem Geschäftsnetzwerk:* Das Image, die Beurteilung und letztlich der Erfolg eines Unternehmens hängt auch davon ab, wie gut die Kommunikation und Interaktion mit den Stakeholdern ist. Die Verbesserung der Kommunikation und Interaktion mit den Stakeholdern „Kunde" und „Geschäftspartner" bedingt Veränderungsprojekte, die einen relativ engen thematischen Fokus mit spezifischen Aktivitäten haben.
- *Anpassung der Strategie:* Das Unternehmen strebt eine strategische Neuausrichtung an, die in der Konsequenz zu einem umfassenden Veränderungsprojekt führt. In diesem Referenz-Szenario werden z. B. Maßnahmen ergriffen, die zu einer verbesserten Anpassungsfähigkeit des Unternehmens führen oder strategische Maßnahmen in Bezug auf Marktentwicklungen anstoßen. Die Maßnahmen führen zu Projekten, die in der Regel mehrere Ebenen des Bezugsrahmens betreffen, somit mehrere Klassen der Beschreibungsparameter integrieren.

Damit ist die Basis für die Methodenkonstruktion gelegt: mit den Aktivitäten sind die zentralen Fragmente ermittelt, und mit den Referenz-Szenarien ist ein Rahmen geschaffen, der eine gezielte Auswahl der Fragmente erlaubt. Im folgenden Abschnitt wird als letzter Schritt das Methodenkonstruktionsverfahren abgeleitet. Die Methode ist das zentrale Steuerungsinstrument für die intelligente Entscheidungsunterstützung im Prozess des Business/IT-Alignment.

3.3   Ableitung des Methodenkonstruktionsverfahrens

Die Methode entsteht durch die Kombination der ausgewählten Aktivitäten und die Definition der weiteren Methodenfragmente, wie z. B. Rollen, Ergebnisse und Techniken. Außerdem müssen die Aktivitäten in eine an den Themenfeldern und den Projektbedürfnissen orientierte zeitlich-logische Abfolge gebracht werden. Das Vorgehen zur Methodenkonstruktion orientiert sich an so genannten Aktivitätsbäumen ([14], [2]). Es gibt drei verschiedene Aktivitätsbäume, die der Analyse des Veränderungsprozesses, der Definition des Veränderungsprojekts und schließlich der Konstruktion der Methode dienen. Sie geben dem Verantwortlichen eine Leitlinie vor, welche Aktivitäten auszuführen sind. Dabei werden auf der Grundlage von kurz formulierten Problemstellungen Aktivitäten ausgelöst. Diese Aktivitäten verarbeiten Informationen, die auf den Beschreibungsparametern basieren. In Abb. 3 wird das Vorgehen am Beispiel des Aktivitätsbaums „Analyse" gezeigt. Das Ziel der Analyse ist die vollständige Beschreibung des Veränderungsprozesses und Veränderungsprojekts unter Zuhilfenahme des Konstrukts „Kontext" und der Beschreibungsparameter. Diese wurden einerseits durch die oben beschriebene Untersuchung erhoben und werden im Verlauf des Analyseschritts mit weiteren, situativ erforderlichen Parametern ergänzt.

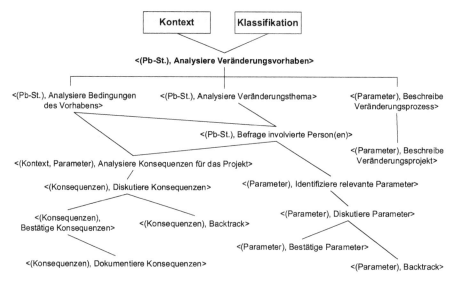

Abb. 3. Aktivitätsbaum „Analyse".

Der Kontext wird, wie oben beschrieben, durch die Definition der individuellen Situation und der Entscheidung definiert. Er dient genauso als Eingangsgröße wie die Beschreibungsparameter der in Tab. 1 aufgeführten Klassen, die aus der Klassifikation der in Veränderungsprozessen identifizierten Aktivitäten entstanden sind. Die Problemstellung, die es zu lösen gilt, wird mit dem Bezeichner (Pb-St.) (problem statement) versehen. Die Eingangsparameter für die Aktivitäten werden ebenfalls in Klammern vor der Aktivität aufgeführt und bestehen in diesem Fall aus den Beschreibungsparametern (Parameter) sowie dem Ergebnis aus der Analyse von Situation und Entscheidung nach dem oben beschriebenen Muster (Kontext). Außerdem können Ergebnisse aus den durchgeführten Aktivitäten wiederum als Eingangsparameter genutzt werden. Das sind in diesem Fall die Erkenntnisse zu den Konsequenzen für die Gestaltung des Projekts, die sich durch die Themenstellung ergeben. Sie gehen in die Schritte ein, die zur Detaillierung und Dokumentation dienen (Konsequenzen). In dem Fall, dass die Konsequenzen nicht bestätigt werden können, weil z. B. keine Einigung im Team erzeugt werden kann, muss der Prozess noch einmal durchlaufen werden (Backtrack).

Nach dem Durchlaufen der drei Aktivitätsbäume ist die vollständige Beschreibung des Veränderungsprojekts erfolgt und die durchzuführenden Aktivitäten mit ihren Rollen, Techniken etc. sind festgelegt. Im letzten Schritt muss nun die zeitliche und logische „Ordnung" der Aktivitäten vorgenommen werden. Für das Business/IT-Alignment wird eine Methode vorgeschlagen, die in die vier Konstruktionshilfsmittel „Referenz-Szenarien", „CME-Klassen", das Tupel <Situation/Entscheidung> und „Aktivitätsbäume" eingebettet ist (vgl. Abb. 4).

- Die Methode wird auf Basis des Referenz-Szenarios „Anpassung der Strategie" definiert. Das Referenz-Szenario wurde auf Grundlage der strategischen Zielsetzungen ausgewählt, die mit dem Business/IT-Alignment verfolgt werden. Das bedeutet, dass die Aktivitäten für dieses Referenz-Szenario in den Bezugs-rahmen integriert werden. Diese Einordnung wird zusätzlich durch die Analyse von Business/IT-Alignment-Projekten in der Praxis [2] gestützt.

- Die CME-Klassen liefern die Aktivitäten für das gewählte Referenz-Szenario.
- Der situative Kontext ergibt sich durch die Beschreibung des Tupels <Situation/ Entscheidung>.
- Das Durchlaufen der Aktivitätsbäume dient als Grundlage für die Konstruktion der konkreten Methode.

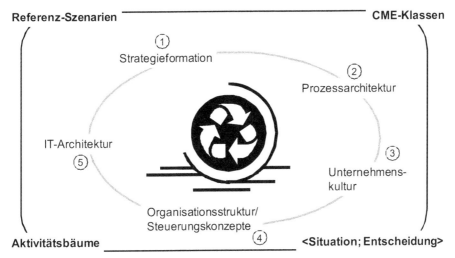

Abb. 4. Inhaltliche Schwerpunkte für die Zusammenfassung der Aktivitäten einer Methode zum Business/IT-Alignment.

Gemäß der Logik des Bezugsrahmens werden als erster inhaltlicher Bereich die Aktivitäten für die Strategieformation zusammengefasst. Das bedeutet, dass die Strategien des Fachbereichs und des Informatikbereichs vernetzt entwickelt werden, also in einem gegenseitigen Rückkopplungsprozess. Der zweite inhaltliche Schwerpunkt wird durch die Aktivitäten zur Überprüfung und Definition der entsprechenden Prozessarchitektur konstituiert. Aufbauend auf den strukturellen Festlegungen ist die Unternehmenskultur auf ihre Kompatibilität hin zu prüfen. In diesen Themenbereich fallen alle Aktivitäten, die auf eine Bestandsaufnahme und eine Entwicklung der Kulturaspekte fokussieren. Der vierte inhaltliche Themenbereich wird durch die Strukturierung und Entwicklung der Organisation gebildet. Dieser Bereich wird in dem Bezugsrahmen (s. Kapitel 2.2) unter die Ebene der Geschäftsprozesse subsumiert, weil sie führend für die Organisationsgestaltung sind. Bei einer zeitlichen Strukturierung muss dieser Punkt aber getrennt aufgeführt werden. Gleichzeitig fallen in diesen Bereich die Aktivitäten zur Analyse und Definition der erforderlichen Steuerungskonzepte. Dabei ist es wichtig, dass die Organisationsstruktur und die Steuerungskonzepte des Fachbereichs und der Informatik gleichzeitig entwickelt werden, damit ein konsistentes Konzept entsteht, das frühzeitig auf Machbarkeit geprüft werden kann.

Als letzter inhaltlicher Schwerpunkt wird die IT-Architektur entwickelt, die neben der Applikationsarchitektur auch die Soft- und Hardwarearchitektur umfassen sollte. Die Applikationsarchitektur ist aber der Dreh- und Angelpunkt zwischen fachlichen Anforderungen aus den Prozessen und der technologischen Umsetzung. Die Themenbereiche stehen nicht losgelöst nebeneinander, sondern die jeweils dazugehörigen Aktivitäten stehen in engen Abhängigkeitsbeziehungen.

Der zeitliche Ablauf ist durch die Entwicklungslogik des Bezugsrahmens von der Strategie (Punkt 1) zur technologischen Lösung (Punkt 5) vorgegeben. Die Planung innerhalb der Themenbereiche hängt von der individuellen Projektplanung ab und muss situativ entschieden werden.

Durch dieses Vorgehen entsteht eine Methode zum Business/IT-Alignment, die als strukturgebendes Steuerungsinstrument den Prozess des Business/IT-Alignment steuert und die im Verlauf zu treffenden Entscheidungen wirksam unterstützt.

4   Fazit und Ausblick

Die richtigen Entscheidungen in einem umfassenden Veränderungsprozess, wie z. B. dem Business/IT-Alignment, zu treffen, ist eine der grundlegenden Herausforderungen für das Management. Das Umfeld in einer solchen Veränderung ist durch eine hohe Komplexität der Einflussfaktoren und die individuelle Situation des Unternehmens gekennzeichnet. Gleichzeitig steht der Veränderungsprozess unter einer sensiblen Beobachtung durch die Mitarbeiter. Eine zu starke Vereinfachung der Situation, eine falsche Kommunikation oder das Vergessen von wichtigen Einflussfaktoren kann zu einem Scheitern des Prozesses führen. Eine intelligente Entscheidungsunterstützung bedeutet in diesem Kontext, dass ein auf den Veränderungsprozess ausgerichteter Ausschnitt des betrieblichen Informationssystems definiert wird. Dieser Ausschnitt muss so gestaltet sein, dass die Struktur eine effiziente Verarbeitung der Informationen unterstützt. Mit dem Change Method Engineering wird eine Grundlage geschaffen, um das Teilsystem angemessen mit Informationen zu versorgen: Die für den Veränderungsprozess relevanten Informationen werden durch die Bearbeitung der Themenfelder und die Auswahl der Aktivitäten systematisch erhoben. Dabei ist, gemäß der durchgeführten Studie, ein ganzheitlicher Ansatz zu wählen, um möglichst umfassend relevante Einflussfaktoren berücksichtigen zu können. Damit wird die erste These des Beitrags durch die Ergebnisse der Untersuchung bestätigt.

Die situative Methode besteht aus standardisierten Aktivitäten, die aber flexibel, je nach Kontext, kombiniert werden. So kann die Informationsversorgung auf diesen standardisierten Parametern aufsetzen und dadurch Lernkurveneffekte nutzen. Die zweite These wird damit auch unterstützt: das Paradoxon ist lösbar, indem durch die Standardisierung der Aktivitäten eine effiziente Informationsversorgung erfolgen kann, die Methode aber durch die situativ angepasste Kombination der Aktivitäten trotzdem flexibel ist.

Durch die Konstruktion der situativen Methode entsteht ein strukturierter Prozess der Informationsverarbeitung, der die Entscheidungen während des Veränderungsprozesses unterstützt.

Für die zukünftige Forschung sind drei Aspekte relevant: erstens die Erweiterung der Aktivitätenbasis, um das Handlungsspektrum zu verbreitern und mögliche zusätzliche Referenz-Szenarien zu ermitteln, zweitens die Entwicklung eines Vorgehens, um die Auswahl der Aktivitäten und Definition der Methode auf Basis der Referenz-Szenarios zu teil-automatisieren und drittens die Definition eines Informationsmodells, um die Modellierungslücken zwischen den Ebenen, vor allem aber im Übergang zwischen der Geschäftsprozess- und der IT-Ebene zu schließen. Hier sind insbesondere die Fragen einer geeigneten Modellierungssprache und -repräsentation zu klären.

Nicht nur für das Business/IT-Alignment, sondern für alle Veränderungsprozesse im Unternehmen müssen den „Architekten der Veränderung" geeignete Methoden zur Verfügung stehen, damit Agilität und Innovationsfähigkeit des Unternehmens optimal unterstützt werden.

Literaturverzeichnis

1. Bamberg G.; Coenenberg A.G.: Betriebswirtschaftliche Entscheidungslehre, 13. Aufl., Vahlen, München 2006.
2. Baumöl, U.: Change Management in Organisationen – Situative Methodenkonstruktion für flexible Veränderungsprozesse, Gabler, Wiesbaden 2008.
3. Baumöl, U.: Methodenkonstruktion für das Business/IT Alignment. In: Wirtschaftsinformatik, 5 (2006) S. 314-322.
4. Claßen, M.; Alex, B.; Arnold, S.: Veränderungen erfolgreich gestalten: Change Management 2003/2008, Bedeutung, Strategien, Trends. Studie des Handelsblatts (Deutschland), des Standards (Österreich), der Handelszeitung (Schweiz) mit Capgemini und Ernst & Young.
5. Claßen, M.; Arnold, S.; Papritz, N.: Veränderungen erfolgreich gestalten – Change Management 2005, Bedeutung, Strategien, Trends. Studie der Capgemini Deutschland GmbH 2005.
6. Gutzwiller, T.: Das CC RIM-Referenzmodell für den Entwurf von betrieblichen, transaktionsorientierten Informationssystemen, Physica, Heidelberg 1994.
7. Henderson, J. C.; Venktraman, N.: Strategic alignment: Leveraging information technology for transforming organizations. In: IBM Systems Journal 32 (1999), S. 472-484.
8. Maturana, H.R., Varela, F.J.: Der Baum der Erkenntnis – Die biologischen Wurzeln menschlichen Erkennens, 11. Aufl., Scherz, Bern und München 1987.
9. Namatame, A; Kurihara, S.; Nakashima, H.: Emergent Intelligence of Networked Agents, Springer, Heidelberg et al. 2007.
10. Kirsch, W.: Die Führung von Unternehmen, Eigenverlag, München 2001.
11. Österle, H.; Winter, R.: Business Engineering. In: Österle H.; Winter, R. (Hrsg.): Business Engineering – Auf dem Weg zum Unternehmen des Informationszeitalters, 2. Aufl., Springer, Berlin et al. 2003, S. 3-19.
12. Papke, T.; Bortfeldt, A.; Gehring, H.: Software Applications to a Real-World Cutting Problem of a German Wood Panel Manufacturer – A Case Study. In: The journal WSEAS TRANSACTIONS on Information Science & Applications,Vol. 4, 5 (2007), S. 932-939.
13. Rathnam, R.G.; Johnesen, J.; Wen, H.J.: Alignment of Business Strategy and IT Strategy: a Case Study of Fortune 50 Financial Services Company. In: Journal of Computer Information Systems 2 (2004), S. 1-5.

14. Rolland, C., Plihon, V.: Using Generic Method Chunks to Generate Process Models Fragments, in: Proceedings of the 2nd International Conference on Requirements Engineering, Colorado Springs 1996, S. 302-311.
15. Rüegg-Stürm, J.: Organisation und Organisationaler Wandel – Eine theoretische Erkundung aus konstruktivistischer Sicht, DUV, Wiesbaden 2001.
16. Slaughter, S.A.; Levine, L.; Ramesh, B.; Pries-Heje, J.; Baskerville, R.: Aligning Software Processes with Strategy. In: MIS Quarterly, 4 (2006), S. 891-918.
17. Stern, W.L.: The Psychological Methods of Intelligence Testing, Baltimore, Warwick & York, 1914.
18. Sugumaran, V.; Dietrich, A.J.; Kirn, St.: Supporting Mass Customization with Agent-Based Coordination. In: Information Systems and eBusiness Management, 1 (2006), S. 83-106.
19. Winston, P.H.: Artificial Intelligence, 3. Aufl., Reading Mass., Addison Wesley 1992.

Unternehmerische Grundfunktionen als Bausteine der Unternehmertheorie

Thomas Hering und Aurelio J. F. Vincenti

FernUniversität in Hagen, Fakultät für Wirtschaftswissenschaft,
Lehrstuhl für BWL, insb. Unternehmensgründung und Unternehmensnachfolge
Universitätsstr. 11, 58084 Hagen
thomas.hering@fernuni-hagen.de, aurelio.vincenti@fernuni-hagen.de

Abstract. This paper deals with the problem of conceptualizing entrepreneurship functionally. At first four basic and general elements of dynamic entrepreneurial theory – assumption of uncertainty – innovation – arbitrage – coordination – are presented. Afterwards the article investigates different ideas of entrepreneurship within economic literature considering the use of these elementary functions. While doing this a twice selection process can be identified, which is consisting of both accentuation and compression as decisive principles of building a functional perspective of entrepreneurship. The result of this process is a new type of taxonomy for entrepreneurial research. Depending on the theoretical basics of each analysed author this taxonomy makes it possible to categorize different functional concepts of entrepreneurship under a general schema of economic classification.

Keywords: Entrepreneur, Entrepreneurial Function, Entrepreneurship, Taxonomy.

1   Funktionale Perspektive unternehmerischen Handelns

Betrachtet man die einschlägige wissenschaftliche Literatur zum *Unternehmertum*, zeigt es sich, daß fast jeder Autor im Grunde ein eigenes, gleichsam persönliches Verständnis des Unternehmerbegriffs verwendet. Zwei Beispiele unterschiedlicher Definitionen mögen diesen Sachverhalt verdeutlichen:

Joseph Schumpeter: „Unternehmer [nennen wir] die Wirtschaftssubjekte, deren Funktion die Durchsetzung neuer Kombinationen ist und die dabei das aktive Element sind" [44].

Erich Gutenberg: „Vereinigen sich Eigentum am Betrieb und Geschäftsführungsfunktion in einer Person, dann werden diese Personen als ‚Unternehmer' bezeichnet" [15].

Es erscheint folglich kaum möglich, anhand der relevanten Literatur von einem universell anerkannten Modell unternehmerischen Handelns zu sprechen ([5], [33]). Werden verschiedene Konzepte, die sich mit dieser Thematik befassen, dennoch analysiert und auf darin getroffene Aussagen hin überprüft, läßt sich erkennen, daß dieser

Ausdruck *Unternehmer* vor allem unter einem wirtschaftswissenschaftlichen Blickwinkel als Sammelbezeichnung für die Ausübung einer Anzahl verschiedener Aufgaben verwendet wird, die eine Person sowohl in einem Unternehmen als auch im allgemeinen Wirtschaftsleben wahrnimmt ([9], [38]). Konstitutives Kennzeichen eines solchen *ökonomischen Unternehmerverständnisses* ist daher die Betonung der verschiedenen *Funktionen* unternehmerischen Handelns, beginnend etwa beim Eigentümer und Koordinator ökonomischer Ressourcen, über die Aufgaben des Innovators und Arbitrageurs bis hin zum Entscheidungs- und Risikoträger. Zugleich offenbart sich jedoch, daß in zahlreichen derartigen Ansätzen zum Unternehmertum im Prinzip immer wieder ähnliche Aufgaben auftauchen, die als zentrale Bestandteile jeder unternehmerischen Tätigkeit angesehen werden.

Für die weitere Vorgehensweise dieses Beitrages bietet es sich deshalb an, in einem ersten Schritt einige ausgewählte Unternehmerfunktionen näher vorzustellen. Bei dieser *funktionalen Analyse* wird in den einschlägigen Quellen in der Regel eine Vorgehensweise gewählt, welche den Unternehmer von allen umweltbedingten, zufälligen und individuellen Umständen abstrahiert und seine wirtschaftliche Tätigkeit mit Anspruch auf allgemeine Gültigkeit sowie im Verbund mit einem systematischen, ökonomischen Theoriegebäude untersucht. Auf diese Weise gelangt man – je nach dem verwendeten theoretischen Modell – dementsprechend zu unterschiedlichen *idealtypischen Grundfunktion* unternehmerischen Handelns als Ergebnis. Anschließend sollen in einem zweiten Schritt Beispiele aufgezeigt werden, wie sich derartige Basiselemente in einen geeigneten klassifizierenden Bezugsrahmen einbinden und miteinander verknüpfen lassen. Innerhalb dieses Ordnungsschemas können verschiedene Unternehmeransätze der ökonomischen Literatur dann jeweils als selektive und spezifische Fokussierung auf einzelne dieser idealtypischen Grundfunktionen interpretiert und eingeordnet werden.

2   Systematik der Unternehmerfunktionen

2.1   Statische versus dynamische Sichtweise

Allgemein läßt sich eine Vielzahl verschiedener ökonomischer Einzelaufgaben finden, die man dem Unternehmer zuweist. Wie nachstehende Tab. 1 zeigt, können diese unterschiedlichen Vorstellungen zum Unternehmertum in Anlehnung etwa an die Vorschläge bei Hébert und Link [16] sowie Schoppe et al. [42] grundsätzlich in statische und dynamische Theoriekonzepte der Unternehmertätigkeit eingeteilt werden. Konkret handelt es sich dabei um folgende wirtschaftliche Hauptfunktionen, die in der zugehörigen wirtschaftswissenschaftlichen Literatur typischerweise als Kennzeichen unternehmerischen Handelns gelten [17]:

Tab. 1. Überblick und Systematik der Unternehmerfunktionen.

Statische Unternehmerfunktionen:	Dynamische Unternehmerfunktionen:
1. Kapitalgeber/Kapitalnutzer.	1. Träger wirtschaftlicher Unsicherheit.
2. Oberaufseher/Kontrolleur.	2. Innovator/ Durchsetzer neuer Faktorkombinationen/ Erzeuger von Marktungleichgewichten.
3. Unternehmenseigentümer/-inhaber.	3. Allokator der ökonomischen Ressourcen auf alternative Verwendungszwecke.
4. Arbeitgeber/Auslaster der Produktionsfaktoren.	4. Vertragsschließender/ Gründer von Institutionen.
5. Empfänger des unternehmerischen Gewinns.	5. Arbitrageur/Informationsverwerter/ Beseitiger von Marktungleichgewichten.
6. Träger religiös bzw. ethisch begründeter Wertvorstellungen.	6. Wirtschaftlicher Entscheidungsträger.
	7. Wirtschaftlicher Führer/ Industrie- bzw. Wirtschaftskapitän.
	8. Organisator, Planer und Koordinator der Produktionsfaktoren.
	9. Transaktionskostenminimierer.

Bei einem Vergleich beider Gruppen fällt auf, daß der dynamische Blickwinkel im Gegensatz zur statischen Perspektive ereignisinduzierte bzw. im Zeitablauf stattfindende Veränderungen berücksichtigt und dadurch von einer Struktur- zur Prozeßausrichtung gelangt. Im Gegensatz dazu besitzen die statischen Unternehmerfunktionen hauptsächlich einen eher rechtlich-juristisch geprägten und weniger einen spezifisch ökonomischen Charakter. Für das moderne betriebswirtschaftliche Verständnis unternehmerischen Handelns kommt ihnen daher bereits aufgrund dieser Gegebenheit eine untergeordnete Bedeutung zu. Zudem gilt, daß in einem statischen Modell des Wirtschaftslebens die Handlungen des Unternehmers im wesentlichen darin bestehen, ökonomische Entscheidungen über die optimale Ressourcenallokation bzw. Faktorkombination zu treffen. Die unternehmerische Tätigkeit entspricht folglich vornehmlich dem Wiederholen bereits bekannter und eingeführter Prozesse und Techniken. In dieser Sichtweise erhält der Unternehmer damit also eine prinzipiell passive und verwaltende Rolle zugewiesen, aufgrund derer eine ausführliche wissenschaftliche Beschäftigung mit ihm nicht zu rechtfertigen ist. Für die weitere Analyse der Unternehmerfunktionen können die statischen Unternehmeraufgaben daher weitgehend vernachlässigt werden. Erst und einzig im Rahmen eines dynamischen Konzeptes, in dem an die Stelle der Strukturorientierung eine prozeßorientierte Perspektive tritt, wird die Figur des Unternehmers für die wirtschaftswissenschaftliche Theorie interessant und gewissermaßen gebrauchsfähig ([17], [49]).

2.2 Allgemeine dynamische Grundfunktionen

Übersicht. Eine Betrachtung der in Abschnitt 2.1 tabellarisch aufgelisteten dynamischen Funktionen macht auf der einen Seite deutlich, daß diese je nach zugehörigem Blickwinkel stets nur gewisse Teilaspekte der unternehmerischen Gesamttätigkeit hervorheben. Auf der anderen Seite werden jedoch gleichzeitig zahlreiche Überschneidungen sichtbar, etwa zwischen den dynamischen Funktionen 2 und 3 sowie zwischen den dynamischen Funktionen 6 bis 8. Aus diesen Gegebenheiten läßt sich als Zielrichtung einer wissenschaftlichen Systematisierung der ökonomischen Unternehmeraufgaben daher hauptsächlich die Notwendigkeit einer Zusammenfassung herleiten, indem die obig dargestellten dynamischen Einzelaufgaben auf möglichst wenige und weitgehend überschneidungsfreie Grundtätigkeiten unternehmerischen Handelns zurückgeführt werden. Im Rahmen einer derartigen Vorgehensweise stößt man im wesentlichen auf folgende vier *allgemeine dynamische Grundfunktionen* des Unternehmers ([35], [37]):

(1) Übernahme von Unsicherheit.

(2) Durchsetzung von Innovationen (am Markt).

(3) Entdeckung und Nutzung von Arbitragechancen.

(4) Koordination ökonomischer Ressourcen.

Diese vier dynamischen Charakteristika der unternehmerischen Tätigkeit bilden gleichsam die immer wiederkehrenden inhaltlichen Grundbausteine zahlreicher wirtschaftswissenschaftlicher Unternehmerkonzepte. Von deren Autoren werden sie in der Regel als die entscheidenden Kernaufgaben unternehmerischen Handelns gesehen, durch deren Ausübung sich ein Unternehmer funktional von anderen Wirtschaftssubjekten abgrenzt und dadurch beschreiben läßt. Aufgrund ihrer hervorgehobenen Bedeutung für die Unternehmertheorie liegt nahe, sie zunächst einzeln zu erläutern. Bei einer solchen Vorgehensweise ist allerdings zu berücksichtigen, daß diese unternehmerischen Elementarfunktionen in der wissenschaftlichen Diskussion nicht selten mit einem ganz bestimmten wirtschaftswissenschaftlichen Forscher verknüpft werden, der sich mit dieser speziellen unternehmerischen Aufgabe in seinen Arbeiten besonders intensiv auseinandergesetzt hat. Um derartige Gegebenheiten angemessen in die Darstellung der Tätigkeiten unternehmerischen Handelns einfließen zu lassen, sollen obig genannte vier Funktionen deshalb nachstehend beispielhaft im Kontext eines geeigneten ökonomischen Ansatzes beschrieben werden, für den die jeweilige spezielle Grundaufgabe im Zentrum des zugehörigen ökonomischen Unternehmerkonzeptes steht.

Unsicherheitsübernahme bei F.H. Knight. Als Ausgangspunkt der Überlegungen Knights [23] zu diesem Thema dient die Unterscheidung zwischen *Risiko* (*risk*) und *Ungewißheit* (*true uncertainty*). Während Situationen der ersteren Art durch die Existenz von Wahrscheinlichkeitsannahmen gekennzeichnet sind und daher prinzipiell berechenbar bleiben, lassen sich die möglichen Ergebnisse von Situationen unter Ungewißheit, in denen eben keine Eintrittswahrscheinlichkeiten für ein Ereignis vorliegen, weder betriebswirtschaftlich kalkulieren noch versichern [1].

Aus einer solchen nicht berechenbaren ökonomischen Ungewißheit heraus rechtfertigt Knight die Existenz des Unternehmers: Unter Ungewißheit kann nämlich keine Güterherstellung für die unmittelbare Befriedigung der jetzt nicht mehr mathematisch vorhersehbaren Verbraucherbedürfnisse stattfinden. Vielmehr müssen die Güter nun für einen anonymen Markt auf der Grundlage einer völlig unpersönlichen und ungewissen Vorhersage möglicher Konsumentenwünsche produziert werden. Die Verantwortung für diese richtige Vorhersage der künftigen Kundenbedürfnisse wird hierbei nicht mehr von den Verbrauchern direkt wahrgenommen. Vielmehr überträgt man diese Aufgabe auf die Produzenten. Ergänzend zu dieser Übernahme der marktbezogenen Ungewißheit muß der Güterhersteller allerdings auch eine zweite Form von Ungewißheit, die aus dem Produktionsprozeß selbst entsteht, in seinen Überlegungen berücksichtigen. Dieses Phänomen der zweifachen, sowohl markt- als auch produktionsbezogenen Ungewißheit verursacht dann eine sozialökonomische Entwicklung, die zur Entstehung von Unternehmern als einer Gruppe besonderer Wirtschaftssubjekte führt. Daher sieht Knight die unternehmerische Hauptfunktion vor allem in der wirtschaftlichen *Verantwortungsübernahme*. Zugleich dient dieses konstitutive Element unternehmerischen Handelns auch zur Abgrenzung des Unternehmers sowohl vom „Manager" als auch dem Kapitalgeber [23].

Durchsetzung von Innovationen bei J.A. Schumpeter. Vom Zustand *statischer Wirtschaft*, in dem es keine endogenen Veränderungen gibt und das ökonomische Leben sich in einer Art gleichgewichtigem Kreislauf bewegt, grenzt Schumpeter [44] das Phänomen der *wirtschaftlichen Entwicklung* ab. Unter diesen Begriff fallen solche Veränderungen, welche die Wirtschaft zum einen *spontan*, d. h. aus sich selbst heraus und ohne äußeren Anstoß, erzeugt, und die zum anderen gleichzeitig auch *diskontinuierlich* auftreten. Durch derartige Mechanismen kommt es zu einer dynamischen Veränderung der Kreislaufbahn selbst bzw. zu einer Verschiebung des bisherigen Gleichgewichtszentrums.

Zentral für das unternehmerische Verständnis Schumpeters ist nun seine Annahme, daß diese spontanen und diskontinuierlichen Veränderungen nicht von den Konsumenten ausgehen, sondern ihre Ursache allein in der Sphäre des industriellen und kommerziellen Lebens haben. Der Wesensinhalt jeder wirtschaftlichen Entwicklung besteht demgemäß aus der (diskontinuierlichen und spontanen) neuartigen Zusammenstellung von Produktionsmitteln. Mit anderen Worten: Sowohl Form als auch Inhalt der wirtschaftlichen Entwicklung werden mit der *Durchsetzung neuer Kombinationen* gleichgesetzt ([44], [17]). Im Zusammenhang mit dieser Definition kann man zwischen folgenden Formen der *Innovation* als den verschiedenen Möglichkeiten einer Neukombination unterscheiden: Produktinnovation – Prozeßinnovation – Marktstrukturinnovation – Organisatorisch-rechtliche Innovation. Im Vordergrund des Unternehmerkonzeptes von Schumpeter stehen also keineswegs nur (technische) Innovationen in Form von Erfindungen. Gerade diesen mißt er für sein Modell der wirtschaftlichen Entwicklung nur eine eher nebensächliche Bedeutung bei ([12], [41]).

Da man bei der Durchführung von Neukombinationen im Normalfall nicht auf bisher ungenutzte und überschüssige Produktionsfaktoren zurückgreifen kann, stehen diese zunächst in einer Art *Substitutionskonkurrenz* mit den bisherigen „alten" Kombinationen. Jede erfolgreiche Neukombination bedingt folglich eine Andersverwendung des volkswirtschaftlichen Produktionsmittelvorrates. Ein geeignetes Steuerungsinstrument für diesen Vorgang bietet nach Ansicht Schumpeters [44] die finanzielle Sphäre der Wirtschaft mit der Funktion des Geldkredites. Wer neue Kombinationen durchsetzen will, muß nicht unbedingt selbst Eigentümer der hierfür notwendigen Produktionsfaktoren sein. Vielmehr können ihm diese Mittel auch alternativ beispielsweise über einen Kredit zur Verfügung gestellt werden. Bei der Kreditaufnahme konkurriert er nun mit den bisherigen Kreislaufproduzenten und kann diese durch die geeignete Wahl der Bedingungen gegebenenfalls am Kapitalmarkt überbieten. Die Folgen einer derartigen wirtschaftlichen Substitutionskonkurrenz um die knappen Produktionsfaktoren lassen sich zweiteilen. Auf der einen Seite kommt es dazu, daß bereits bestehende Kombinationen – dies kann bestimmte Produkte oder Herstellungsverfahren, aber auch ganze Unternehmen und Branchen betreffen – nicht mehr genutzt werden und vom Markt verschwinden. Auf der anderen Seite werden diese quasi alten Faktorkombinationen durch innovative Neukombinationen, die neuere oder bessere Produkte, aber auch wirtschaftlichere Herstellungsverfahren zum Ziel haben, ersetzt. Anhand dieser Überlegungen leuchtet ein, weshalb ein solcher Prozeß der wirtschaftlichen Entwicklung auch als *Prozeß der schöpferischen Zerstörung* bezeichnet wird.

Demgemäß können im Konzept Schumpeters ([43], [44]) alle Wirtschaftssubjekte, deren Tätigkeit aus der Durchsetzung neuer Kombinationen auf wirtschaftlichem Gebiet besteht und die gleichzeitig aktives Element bei einem derartigen Vorgang sind, als *Unternehmer* definiert werden. Auch bezüglich der *Unternehmerfunktion* gilt in diesem Sinne eine entsprechende Begriffsbildung. Wenn ein derartiger *Schumpeter-Unternehmer* häufig als *Innovator* bezeichnet wird, entspricht dies daher einem sehr weit gefaßten Verständnis von Innovation, welches den üblichen technisch geprägten Innovationsbegriff zwar beinhaltet, ihn jedoch zugleich auch wesentlich überschreitet.

Insgesamt wird der *dynamische Unternehmer* im ökonomischen Modell Schumpeters wegen seiner Funktion, neue Produktionsfaktorkombinationen durchzusetzen, zur treibenden Kraft im Wirtschaftsprozeß und damit gleichzeitig auch zur „persona dramatis der sozio-ökonomischen Entwicklung" [28]. In Analogie zu seiner Tätigkeit, die ja oben als Prozeß der schöpferischen Zerstörung bezeichnet worden ist, entspricht er seinem Wesen nach folglich einem *schöpferischen Zerstörer*. Weil in einem stationären Zustand der Wirtschaft hingegen definitionsgemäß solche dynamischen Verschiebungen des Marktgleichgewichts fehlen, gibt es dort demzufolge auch keinen Unternehmer nach diesem Begriffsverständnis. Gleichzeitig zeichnet sich der Ansatz dadurch aus, daß der ökonomische Fortschritt als Wirkung unternehmerischen Handelns aufgefaßt wird. Die Unternehmertätigkeit bildet hier die primäre Kraft der wirtschaftlichen Entwicklung.

Entdeckung und Nutzung von Arbitrage bei I.M. Kirzner. In seinen Überlegungen zum *Marktprozeß*, einer charakteristischen Modellannahme der jüngeren österreichischen Schule ([13], [18], [24], [27], [38]), geht Kirzner [20] davon aus, daß wegen der Unvollkommenheit der Information Märkte sich in der realen Welt im *Ungleichgewicht* befinden. Wichtig ist, daß die Handlungen der dort tätigen Wirtschaftssubjekte auf primär individuelle, von Person zu Person verschiedene Informationszustände und damit auch Entscheidungsprozesse gründen. Indem diese Marktteilnehmer die Erfahrungen aus der Vorperiode, vor allem ihre Erkenntnisse zum Entscheidungsverhalten anderer in ihre Pläne einbeziehen, finden allerdings individuelle Erfahrungs- und Lernprozesse statt. Infolgedessen kommt es zu mehr oder weniger systematischen *Korrekturen der Entscheidungen*: Die wegen unvollkommener Information stets mit Fehlern behafteten Pläne der Vorperiode werden aufgrund des Wissenszuwachses durch jeweils realistischere Pläne für die Folgeperiode ersetzt. Dadurch verbessern sich im Zeitablauf die Marktkenntnisse der einzelnen Marktteilnehmer, vor allem hinsichtlich der anderen am Markt bereitgestellten Gelegenheiten, mit denen man konkurriert. Ihre Pläne passen sich gewissermaßen aneinander an. Das *Marktgleichgewicht* stellt in diesem Ansatz eines solch *wettbewerblichen Marktprozesses* folglich die Richtung, aber auch zugleich einen in unendlicher Ferne liegenden, unerreichbaren Idealzustand dar ([22], [27], [33]).

Wenn man zwischen dem Unternehmer als *Realtypus* einerseits und als *Idealtypus* andererseits trennen möchte, läßt sich der dynamische Ansatz Kirzners dem theoretischen Konstrukt eines idealtypischen Unternehmers zuordnen [17]. Diese imaginäre Figur wird in Gestalt des *reinen Unternehmers* in das Marktprozeßmodell integriert. Er ist ein entdeckender Entscheidungsträger, welcher auch ohne eigene Produktionsressourcen tätig sein kann. Dabei stellt die *Preisarbitrage* für Kirzner die eindeutige *Hauptfunktion* des reinen Unternehmers dar. Durch Nutzung seiner unternehmerischen *Findigkeit*, welche aktives und kreatives anstelle von passivem und mechanischem Verhalten ermöglicht, gelingt es diesem nämlich, Preisdifferenzen, welche von anderen Marktteilnehmern zunächst nicht bemerkt worden sind, zu entdecken und mit Gewinn zu verwerten ([30], [45]). Der hierfür ablaufende Entdeckungsprozeß kann im wesentlichen als eine nicht zielgerichtete Suche nach günstigen Gelegenheiten für derartige Gewinne beschrieben werden. In diesem Zusammenhang werden folgende Formen arbitrierenden unternehmerischen Handelns unterschieden ([20], [21]):

(1) *Räumlich bedingte Arbitrage*: Diese entsteht, wenn für das gleiche Gut zur gleichen Zeit auf getrennten Märkten verschiedene Preise vorhanden sind. Unter derartigen Voraussetzungen kauft der Unternehmer das Gut auf dem einen Regionalmarkt mit dem niedrigeren Marktpreis und verkauft es anschließend teurer auf einem anderen Markt. Für eine solche Form ist es lediglich erforderlich, daß andere Marktteilnehmer im Vorfeld nicht über die notwendigen Informationen zu den Preisdifferenzen verfügen. Durch die Arbitrageausübung selbst werden dann diese Wissensdefizite ebenso wie die Preisdifferenzen abgebaut.

(2) *Zeitlich bedingte Arbitrage*: Kennzeichnend für diese zweite Arbitrageform sind Preisunterschiede, die zwischen gleichen oder auch verschiedenen Märkten entlang der Zeitachse in Erscheinung treten. Im Gegensatz zur räumlichen Arbitrage kann sie nur durchgeführt werden, wenn der Unternehmer bereit ist, die Unsicherheit der Kapitalbindung zu tragen, und gegebenenfalls zusätzlich auch innovative Tätigkeiten vollbringen kann. Demgemäß gibt es zwei Unterformen der zeitlichen Arbitrage:

(2.1) *Spekulation*: Bei dieser Arbitrageart handelt es sich um die Nutzung von Differenzen zwischen gegenwärtigen und zukünftigen Preisen. Ihrem Charakter nach stellen diese entscheidungsrelevanten Preisdifferenzen also Erwartungen unter Unsicherheit dar. Daher ist es erforderlich, daß der Unternehmer die bei einer spekulativen Handlung sich bildende Unsicherheit bezüglich des eingesetzten Kapitals übernimmt.

(2.2) *Innovation*: Diese entsteht beispielsweise durch Schaffung eines neuen Produktes, aber auch bei Verwendung einer neuen Produktionsmethode oder im Rahmen einer organisationalen Neuerung. Da der mögliche künftige Erfolg einer derartigen Tätigkeit am Markt grundsätzlich unsicher ist, muß der Unternehmer als Ergänzung zur innovativen Leistung auch hier die zugehörige Unsicherheit zusätzlich tragen.

Koordination ökonomischer Ressourcen bei M. Casson. Im Unternehmermodell dieses Autors ([6], [35], [49]) rückt die *Koordinationsfunktion* der unternehmerischen Tätigkeit ganz klar in den konzeptionellen Mittelpunkt. Das *Treffen ökonomischer Entscheidungen* ist folglich das spezifische und konstitutive Element unternehmerischen Tuns und damit die zentrale Unternehmerfunktion. Auf diese Weise wird der Unternehmer sozusagen zum zentralen Koordinationsträger. Solche ökonomischen Entscheidungen beziehen sich dabei vor allem auf eine *Koordinationstätigkeit*, welche im volkswirtschaftlichen Sinn zu einer nutzenverbessernden Reallokation der knappen Ressourcen führt. Der unternehmerischen Koordinationsfunktion kommt neben der einzelwirtschaftlichen in diesem Ansatz deshalb stets auch eine gesamtwirtschaftliche Aufgabe zu. Unter inhaltlichen Gesichtspunkten lassen sich in diesem Zusammenhang innovative und arbitragierende Koordination unterscheiden:

(1) *Innovative Koordination*: Ihr Kennzeichen ist eine Entscheidung des Unternehmers zur Allokation knapper Produktionsfaktoren, deren Ziel aus der marktbezogenen Durchsetzung technischer Neuerungen besteht.

(2) *Arbitragierende Koordination*: Darunter versteht man eine Entscheidung des Unternehmers, welche zum Interessensausgleich zwischen verschiedenen Marktteilnehmern auf räumlich oder zeitlich getrennten Märkten führt.

Während eine innovative Koordination folglich tendenziell zur Zerstörung von bestehenden Marktgleichgewichten führt, mindert die Arbitrage hingegen räumliche oder zeitliche Angebots- oder Nachfrageunterschiede und wirkt daher eher marktgleichgewichtsfördernd. Als rationale Handlungsgrundlage für die Koordinationsaktivitäten dient das Streben des Unternehmers nach Maximierung des eigenen Gewinns.

Der bestimmende Einflußfaktor im gesamten Prozeß der Entscheidungsfindung ist der jeweilige *subjektive Informationszustand* des Unternehmers. Diesbezüglich nimmt Casson eine grundsätzliche Informationsasymmetrie zwischen den Wirtschaftssubjekten an. Nach seiner Auffassung geht der Unternehmer davon aus, einen *Informationsvorsprung* gegenüber anderen Marktteilnehmern zu besitzen, indem er sowohl über eine bessere und einzigartige Information als auch über ein Mehr an Informationen verfügt. Informationserwerb ist in diesem Konzept jedoch nicht umsonst, hierbei ergeben sich stets *Transaktionskosten*. Das Erreichen eines subjektiv besseren Informationszustandes resultiert folglich zu nicht unerheblichen Teilen aus den individuell unterschiedlich vorhandenen Möglichkeiten des Unternehmers zur Informationsbeschaffung. Dieser subjektiv empfundene Informationsvorteil veranlaßt den Unternehmer dann dazu, in das Marktgeschehen einzugreifen und ökonomische Ressourcen effizienter als die anderen Individuen zu koordinieren. Wegen des speziellen Charakters eines solchen Informationsvorsprungs – in der Regel handelt es sich um ein eher privates und nicht verifizierbares Informationsgut – ist es betriebwirtschaftlich jedoch meist am sinnvollsten, diese Kenntnisse intern zu verwerten [8]. So kann der Unternehmer etwa Produktionsfaktoren erwerben und sie mit Hilfe seiner zusätzlichen

Informationen besonders gewinnträchtig einsetzen. Das Fehlen von eigenem Kapital und das Problem der Kapitalbeschaffung können folglich ein durchaus relevantes Hindernis für die unternehmerische Tätigkeit darstellen [7].

3   Dynamische Unternehmerfunktionen als Gestaltungsmittel der Unternehmertheorie

3.1   Konzept einer funktionalen Modellbildung

Vorangehende Ausführungen haben schwerpunktmäßig gewisse Einzelaspekte der Unternehmertätigkeit – nämlich Unsicherheit, Innovation, Arbitrage und Koordination – in den Vordergrund der Betrachtung gerückt. Die hierbei erarbeiteten Erkenntnisse eignen sich nun nicht nur für die Konzeptionalisierung einer funktional geprägten Modellbildung, sondern sollen gleichzeitig auch für eine systematisierende Interpretation und Kategorisierung verschiedener Unternehmertheorien der wirtschaftswissenschaftlichen Literatur herangezogen werden.

Im Kontext mit einem generellen ökonomisch-funktionsbezogenen Verständnis kann der Unternehmer prinzipiell als diejenige *Wirtschaftsperson* angesehen werden, *die Unternehmerfunktionen ausübt* (vgl. Abschnitt 1). Eine solche durchaus tautologische Beschreibung des Unternehmers, die ihn lediglich zum Träger von Unternehmerfunktionen ernennt, ist primär auf der Metaebene angesiedelt. Im Anwendungsfall bedarf sie deswegen stets einer näheren Bestimmung. Durch eine entsprechende Konkretisierung der spezifischen Unternehmerfunktionen läßt sich dieser Rahmen daher bei Bedarf nicht nur relativ einfach der jeweiligen wirtschaftswissenschaftlichen Lehrmeinung bzw. Forschungsrichtung anpassen, sondern erlaubt es auch, unterschiedliche Theorien unternehmerischen Handelns unmittelbar miteinander zu vergleichen und innerhalb eines geeigneten funktionalen Kategorisierungsrahmens systematisch einzuordnen.

In Anlehnung an die Gegenüberstellung von statischer und dynamischer Sichtweise (vgl. Abschnitt 2.1) kann man je nach Charakter der zugeordneten Aufgaben zunächst einmal zwischen einerseits *statisch-funktionalen* und andererseits *dynamisch-funktionalen* Theorien von Unternehmertum differenzieren [17]. Wegen der bereits angesprochenen geringen Bedeutung statischer Konzepte für die moderne ökonomische Unternehmerforschung liegt es jedoch nahe, für ein sinnvolles Ordnungsschema allein dynamische Interpretationen der unternehmerischen Tätigkeit heranzuziehen. Unter Einbeziehung der Erkenntnisse aus Abschnitt 2.2 bieten sich deshalb vor allem die dort thematisierten vier allgemeinen dynamischen Unternehmerfunktionen an, als Kategorisierungsrahmen zur Klassifikation einzelner konzeptioneller Ansätze zu dienen. Zwar sind funktionale Unternehmermodelle in der Regel durch eine ganzheitliche Perspektive gekennzeichnet, in der verschiedene dieser dynamischen Grundelemente zu einem integrativen Gesamtverständnis unternehmerischen Handelns verbunden werden. Indes finden im Rahmen einer solchen Konzeptionalisierung zugleich je nach Auffassung und theoretischer Perspektive des Autors immer auch *Selektionsprozesse* statt, die sowohl zu einer Betonung als auch Verdichtung der dynamischen Grundfunktionen führen:

(1) *Betonung* als *qualitativer* Aspekt: Hierbei kommt es zu einer konzeptionellen Fokussierung des entsprechenden Unternehmeransatzes auf (üblicherweise) eine ganz bestimmte dynamische Grundfunktion, welche von dem Autor als das zentrale Element unternehmerischen Handelns interpretiert wird.

(2) *Verdichtung* als *quantitativer* Aspekt: Im Rahmen dieses zweiten Bestandteils des Selektionsprozesses werden aus den oben genannten vier ökonomischen Hauptaufgaben eine oder auch gegebenenfalls mehrere Funktionen als konzeptionell nicht relevant für das entsprechende Unternehmermodell aussortiert.

Nachstehend soll nun eine solche kategorisierende Einordnung verschiedener ökonomisch-funktionaler Unternehmertheorien in ein derartiges Systematisierungsschema, welches sich an dem qualitativen und quantitativen Selektionsaspekt der zuvor beschriebenen dynamischen Elementarfunktionen ausrichtet, beispielhaft aufgezeigt werden. In Abhängigkeit vom Ausmaß des Verdichtungsprozesses, d.h. von der Anzahl der in dem jeweiligen Ansatz unternehmerischen Handelns entsprechend berücksichtigten Grundaufgaben, wird diesbezüglich *primär* eine Einteilung in *ein-*, *zwei-* und *dreidimensionale* (dynamische) Konzepte getroffen. Bei Bedarf läßt sich diese Systematik dann *sekundär* durch Einbeziehung des Betonungsaspektes weiter ergänzen.

3.2   Eindimensionale Unternehmertheorien

Eindeutig die Minderzahl der wissenschaftlich bedeutsamen Unternehmermodelle kommt hinsichtlich ihres Theoriegebäudes mit dem Rückgriff auf nur eine einzige der vier dynamischen Grundfunktionen aus. Hierbei handelt es sich dem Wesen nach um konzeptionelle Ansätze, welche nicht nur unter einem quantitativen Blickwinkel eine besonders starke Verdichtung erfahren haben. Immer damit verbunden findet gleichzeitig stets auch ein besonders starker qualitativer Selektionsprozeß im Unternehmerbild des jeweiligen Verfassers statt, der sich in dieser ausgeprägten konzeptionellen Zentrierung auf eine einzige wirtschaftswissenschaftliche Hauptfunktion manifestiert.

E. Gutenberg. Ein wichtiges Beispiel für eine derartige funktionale Auffassung zum unternehmerischen Handeln liefert Gutenberg [15]: Entsprechend dem bereits in Abschnitt 1 vorgestellten Zitat dieses Autors besteht der eindeutige Mittelpunkt unternehmerischen Handelns für ihn gerade aus der *dispositiven*, planerischen Tätigkeit, die für die Kombination bzw. *Koordination* der Produktionsfaktoren notwendig ist [14]. Dieser Sachverhalt erklärt sich vor allem aus seiner hauptsächlich produktionstheoretisch geprägten betriebswirtschaftlichen Perspektive. Insgesamt kann man daher bei Gutenberg den (funktionalen) Unternehmer mit dem vierten, dem dispositiven Faktor im System der produktiven Faktoren gleichsetzen [11]. Sowohl Unsicherheitsübernahme als auch Innovationsfunktion gelten demgemäß nicht als jeweils eigenständige Aufgaben unternehmerischen Handelns, die Arbitragetätigkeit als solche wird überhaupt nicht thematisiert.[1]

---

[1]   Man beachte, daß diese Feststellungen allein eine funktionale Betrachtung des Gutenbergschen Unternehmerbildes betreffen, also explizit auf sein betriebswirtschaftliches Konzept

R. H. Coase. Ähnliches trifft auf das Unternehmerbild von Coase [10] zu: Auch in diesem Konzept besteht die Funktion unternehmerischen Handelns im wesentlichen allein aus der *Koordination* der Ressourcen. Deren Allokation durch einen Unternehmer wird hier als alternative Gestaltungsform und organisatorischer Gegenpol zur marktlichen Koordination über den Preismechanismus interpretiert ([3], [10]). Die Unsicherheitsübernahme hingegen stellt für Coase [10] ausdrücklich kein zentrales unternehmerisches Merkmal dar, explizit wird in diesem Kontext die Knightsche Deutung von Unternehmertum abgelehnt. Innovations- und Arbitragetätigkeit spielen in diesem Modell ebenfalls keine Rolle.

3.3   Zweidimensionale Unternehmertheorien

Zu dieser Gruppe von wirtschaftswissenschaftlichen Unternehmeransätzen, bei denen nur zwei der vier unternehmerischen Grundfunktionen konzeptionell berücksichtigt werden, gehören etwa die Modelle folgender Autoren:

F. H. Knight [23]. Hier steht klar (vgl. Abschnitt 2.2) die *Übernahme von Unsicherheit*, vor allem in Situationen unter Ungewißheit, im Vordergrund der unternehmerischen Begriffsfassung ([1], [4]). Demzufolge bildet die damit einhergehende Verantwortungsübernahme das eigentliche konstitutive Element unternehmerischen Handelns, durch die sich dieser sowohl vom „Manager" als auch vom Kapitalgeber abgrenzt. Aufgrund der Untrennbarkeit von Verantwortung und Geschäftsführung besitzt er zugleich auch stets die höchste Leitungsbefugnis. Die *Koordination* (und Kontrolle) der Produktionsfaktoren stellt daher die zweite (und untergeordnete) dynamische Funktion dar, die im Ansatz Knights den Unternehmer gegenüber anderen Wirtschaftspersonen abgrenzt. Sowohl Innovations- als auch Arbitragetätigkeiten gelten dagegen nicht als charakteristische Merkmale von Unternehmertum.

J. A. Schumpeter [44]. Der funktionale Schwerpunkt unternehmerischen Handelns (im Sinne einer Betonung) liegt entsprechend der Darstellung in Abschnitt 2.2 bekanntlich eindeutig auf der Durchsetzung von *Innovationen* [29]. Zur Ausübung dieser Aufgabe benötigt der Unternehmer jedoch ergänzend noch die Verfügungsgewalt über gewisse Produktionsmittel. Insofern kann man hier von einer nachgeordneten *Koordinationstätigkeit* sprechen. Der unternehmerischen Unsicherheitsübernahme dagegen wird in diesem Ansatz keine Bedeutung zugewiesen ([4], [33]), gleiches trifft auch auf die gleichgewichtsfördernde Arbitrageausnutzung zu.

---

unternehmerischen Handelns beschränkt sind. Für den Unternehmer als dem eigentlich vorwärtstreibenden Agens betriebswirtschaftlicher Entwicklung [14] bzw. der causa movens volkswirtschaftlichen Aufschwungs [15] reserviert er hingegen einen zweiten, separaten Unternehmeransatz, der sich auf die besondere und einmalige unternehmerische Persönlichkeit bezieht. „Denn die großen Entscheidungen wurzeln in jener Irrationalität, die das Geheimnis individueller Art zu denken und zu handeln bleibt" [15].

3.4 Dreidimensionale Unternehmertheorien

Im Gegensatz zum vorhergehenden Teil sind derartige Unternehmerbilder dadurch gekennzeichnet, daß der jeweilige modellspezifische Verdichtungsprozeß bei der Konzeptionalisierung der unternehmerischen Tätigkeit nur den Ausschluß einer einzigen der allgemeinen Grundfunktionen in der zugehörigen Modellbildung zur Folge hat. Generell lassen sich die meisten Theorien unternehmerischen Handelns in diese Kategorie einordnen. Zweckmäßigerweise bietet sich deshalb gerade in dieser Situation die Nutzung einer weiteren Systematisierungsebene an. Dabei unterscheiden wir einerseits zwischen Ansätzen **(A)**, die ergänzend zur Verdichtung noch im Rahmen eines Betonungsprozesses eine elementare Unternehmerfunktion eindeutig in den konzeptionellen Mittelpunkt rücken, sowie andererseits zwischen Unternehmerbildern **(B)**, bei denen durch Verzicht auf einen solchen zusätzlichen Betonungsvorgang eben keine hierarchische Reihenfolge der thematisierten Grundfunktionen aufgestellt wird:

(A) *Verdichtung und Betonung* **als gemeinsame Gestaltungselemente:**

M. Casson [6]. Wie in Abschnitt 2.2 bereits thematisiert, sieht dieser Ansatz in der unternehmerischen *Koordinationsaufgabe* das entscheidende Charakteristikum unternehmerischen Handelns. *Innovation* und *Arbitrage* mit ihren tendenziell gegenläufigen Auswirkungen auf das Marktgleichgewicht werden hingegen als Teilfunktionen dieses übergeordneten Koordinationsbegriffs beschrieben. Da es sich bei diesem Modell Cassons um ein hauptsächlich der mikroökonomischen Gleichgewichtstheorie zugewandtes Konzept handelt, spielt die Übernahme unkalkulierbarer Unsicherheit hier keine entscheidende Rolle.

I. M. Kirzner [20][2]. Bei Rückgriff auf die Vorstellung dieses Unternehmermodells in Abschnitt 2.2 wird deutlich, daß die Ausübung von *Arbitrage* als Kernelement der Unternehmertätigkeit gilt ([24], [30]). In diesem Kontext wird die *Innovationstätigkeit* dann als spezielle Unterform der zeitlich bedingten Arbitrage aufgefaßt, während das Tragen von *Unsicherheit* eine notwendige und implizite Zusatzaufgabe des Unternehmers bei Durchführung einer solchen zeitlichen Arbitragehandlung darstellt. Eine Thematisierung der Koordinationsfunktion als eines eigenständigen Aspekts unternehmerischen Handelns findet hingegen nicht statt.

W. Röpke ([19], [36]). Dem Unternehmer als dem hauptsächlichen Träger des marktwirtschaftlichen Wirtschaftssystems werden seitens dieses Autors insbesondere drei Aufgaben als wesentliche Elemente seiner Tätigkeit zugewiesen. An erster Stelle steht dabei die *Abstimmungs-* bzw. *Navigationsfunktion* als der eigentliche Kern unternehmerischen Handelns. In ihr ist einerseits sowohl die Übernahme der Ungewißheit

---

[2] Die Unternehmertheorie Kirzners sei hier gleichsam stellvertretend als „typisches" Beispiel für ein Konzept aufgeführt, welches das kennzeichnende Ideengut der (jüngeren) österreichischen Schule – z.B. Subjektivismus, Unsicherheit und unvollständige Information sowie Marktprozeßdenken anstelle einer formalen Gleichgewichtsanalyse – aufweist. Für eine weitergehende Einführung in diese Gedankenwelt sei beispielsweise auf Boettke [2] oder Leube [25, 26] verwiesen.

enthalten, andererseits umfaßt sie gleichzeitig auch die unternehmerische Koordinationsaufgabe im Sinne der planerischen Entscheidungstätigkeit. Die Koordinationsaufgabe speziell in Hinblick auf das Innenverhältnis des Unternehmens wird dagegen durch die *Führungsfunktion* als den zweiten Kernbereich unternehmerischen Handelns wiedergegeben. Ergänzend betont dieses Konzept schließlich drittens noch eine *Pionier-* oder *Initiativfunktion*, die inhaltlich in etwa dem von Schumpeter thematisierten Innovationskonzept entspricht. Von den vier dynamischen Grundfunktionen des Unternehmers finden sich damit drei im funktionalen Unternehmerbild Röpkes wieder, nämlich *Koordination*, *Innovation* und *Übernahme von Unsicherheit*, während die unternehmerische *Arbitragefunktion* in diesem Ansatz keine Bedeutung erlangt.

D. Schneider ([39], [40]). In diesem Modell unternehmerischen Handelns geht der Verfasser von einer grundsätzlichen Aufteilung der ökonomischen Aufgabe des Unternehmers in ebenfalls drei Hauptfunktionen aus. Das Hauptaugenmerk liegt hierbei primär auf der (zeitweiligen) *Übernahme* der *Einkommensunsicherheiten* anderer Menschen, etwa durch Arbeitsverträge, als einer Institutionen-begründenden Funktion. Hinzu kommt ergänzend das *Erzielen* von *Spekulations- bzw. Arbitragegewinnen* als die Institutionen-erhaltende Funktion im Außenverhältnis des Unternehmens, wobei jede Leistungserstellung mit dem Zweck des Absatzes als eine Arbitrage bzw. Spekulation über mehrere Produktionsstufen angesehen wird. Die dritte charakteristische Form von Unternehmertätigkeit sieht Schneider schließlich in der *Koordination* bis hin zur *Durchsetzung von Änderungen* in *wirtschaftlicher Führerschaft* als Institutionen-erhaltende Funktion im Innenverhältnis. Zusätzlich beinhaltet diese Unternehmerfunktion noch als wesentliche Komponente das Erkennen und Durchsetzen von neuen Möglichkeiten und umfaßt damit auch den dynamischen Unternehmer im Sinne Schumpeters [32].

Insgesamt steht die Unsicherheitsübernahme eindeutig in der Rangordnung der Unternehmerfunktionen an erster Stelle [31]. Außerdem weist der von Schneider gewählte Ansatz noch die Besonderheit auf, daß die unternehmerische Innovationsaufgabe hier als eigenständige Elementarfunktion nicht mehr in Erscheinung tritt. Im Rahmen seiner hauptsächlich *betriebswirtschaftlich geprägten Analyse* wird sie vielmehr in die nach innen gerichtete institutionen-erhaltende Aufgabe integriert. Da eine derartige Unternehmeraufgabe sich dann berechtigterweise als typische unternehmerische Organisations- bzw. Führungstätigkeit interpretieren läßt, kann die Innovationsfunktion aus diesem Blickwinkel heraus demzufolge lediglich als Teilaspekt der allgemeinen unternehmerischen Koordinationsfunktion gesehen und dieser zugeordnet werden. Die bewußte Relativierung des innovatorischen Aspektes unternehmerischen Handelns rechtfertigt schließlich auch die Einordnung dieses Konzeptes als dreidimensionales Unternehmerbild.

(B) *Verdichtung* **als alleiniges Gestaltungselement:**

W. Sombart ([46], [47]). Die unternehmerische Tätigkeit wird in diesem idealtypischen Unternehmerkonzept vorwiegend aus einer betriebswirtschaftlich geprägten Perspektive heraus definiert. Zu diesem Zweck weist der Autor dem Unternehmer als konstitutive Elemente vor allem drei gleichberechtigte Funktionen zu, nämlich eine *organisatorische*, eine *händlerische* sowie eine *rechnerisch-haushälterische* Aufgabe. Auf diese Weise wird die *Koordinationsfunktion* im Sinne Cassons hier gleichsam zum zentralen Charakteristikum unternehmerischen Handelns. Da zudem die von Sombart als händlerische Tätigkeit bezeichnete Aufgabe inhaltlich in gewisser Weise dem heutigen Verständnis von *Arbitrage* nahekommt, beinhaltet dieses Modell somit ein weiteres dynamisches Grundelement. Darüber hinaus ergänzt Sombart sein betont leitungsorientiertes Unternehmerbild zusätzlich noch um eine kreativ gestalterische *Innovationsaufgabe* als weitere, gleichberechtigte Elementarfunktion unternehmerischen Handelns [34]. Alles in allem erhält man auf diese Weise erneut eine dreidimensionale Unternehmertheorie. Lediglich die Übernahme von Unsicherheit besitzt – ganz in Einklang mit der wissenschaftlichen Tradition der Deutschen Historischen Schule, in der Sombart hier steht [17] – in diesem Modell keine wichtige Rolle.

D. Storey und N. Sykes [48]. Im Rahmen dieses Modells, welches sich hauptsächlich an den Gegebenheiten kleiner und mittlerer Unternehmen ausrichtet, verzichtet man auf die Arbitragefunktion zur Konzeptionalisierung von Unternehmertum. Demgemäß gelten allein *Unsicherheit*, *Innovation* und *Koordination* als Gegenstände unternehmerischer Grundaufgaben.

J. Windsperger [50]. Aufgrund des Umstandes, daß neben *Koordination* ebenfalls noch *Arbitrage* und *Innovation* als zentrale Unternehmerfunktionen thematisiert sind, weist dieses Konzept zwar gewisse Parallelen zum Modell Cassons auf. Im Unterschied zu dessen Unternehmerbild findet hier jedoch kein zusätzlicher Betonungsprozeß mit Hierarchisierung der unternehmerischen Grundfunktionen statt. So werden die Arbitrage- bzw. alternativ die Innovationsaufgabe als Ausfindigmachen bzw. Aufdeckung einer Gewinnquelle interpretiert, während die Koordinationsaufgabe das nachgeschaltete effiziente Ausnützen dieser bekanntgewordenen Gewinnquelle wiedergibt. Auf diese Weise kommt es zu einer zeitbezogenen Differenzierung in eine anfänglich durch Arbitrage oder Innovation gekennzeichnete Entdeckungsphase sowie eine anschließende durch Koordination charakterisierte Realisationsphase unternehmerischen Handelns. Die Unsicherheit fließt in diesen Ansatz hingegen lediglich als Bestimmungsfaktor der Koordinationsfunktion ein und besitzt damit keinen Stellenwert als eigenständige Unternehmerfunktion [50].

4   Fazit

Zusammenfassend hat sowohl die Vorstellung der dynamischen Grundfunktionen unternehmerischen Handelns als auch die Kategorisierung verschiedener, inhaltlich differierender Gesamtkonzepte zum funktionalen Unternehmerverständnis deutlich aufgezeigt, daß zwar in der Summe zahlreiche durchaus interessante wissenschaftliche Ansätze zu unterschiedlichen Teilaspekten der ökonomisch-funktionalen Theorie des Unternehmers bereits vorliegen. Allerdings wird gleichzeitig ebenso ersichtlich, daß es bisher noch keinem Autor gelungen ist, ein sowohl geschlossenes als auch umfassendes funktionales Gesamtmodell der Unternehmertätigkeit zu entwickeln, welches sich als geeigneter Struktur- und Ordnungsrahmen für eine universelle Darstellung dieser Thematik anbietet.

Dennoch erscheint die Analyse unternehmerischen Handelns, trotz aller nach wie vor bestehenden Forschungsdefizite, mittels der dynamischen Unternehmerfunktionen wohl am besten geeignet, das Abseits des Unternehmers in Teilen einer vor allem neoklassisch geprägten – nicht nur ökonomischen, sondern auch betriebswirtschaftlichen – Theorie aufzuheben und ihn angemessen in die Wirtschaftswissenschaften zu integrieren. Einen ersten Schritt in diese Richtung möchte die vorliegende Arbeit bieten. Mit der Fokussierung auf Betonung und Verdichtung von vier zentralen dynamischen Grundelementen als qualitativem bzw. quantitativem Bestandteil sowie der Unterscheidung zwischen ein- und mehrdimensionalen Modellen von Unternehmertum liefert sie einen wissenschaftlich neuartigen Klassifikationsvorschlag. Dieser läßt sich als Ausdruck eines autorenspezifischen Selektionsprozesses deuten und ermöglicht dadurch die Einordnung der verschiedenen ökonomischen Konzepte unternehmerischen Handelns in ein Systematisierungsschema der funktionalen Unternehmertheorie, welches sich als geeigneter Struktur- und Ordnungsrahmen für eine allgemeine Taxonomie dieser Thematik anbietet.

Literaturverzeichnis

1. Bewley, T.F.: Market Innovation and Entrepreneurship: A Knightian View. In: Debreu, G.; Neuefeind, W.; Trockel, W. (Hrsg.): Economics Essays: A Festschrift for Werner Hildenbrand. Springer, Berlin et al. 2001, 41-58.
2. Boettke, P.J.: The Elgar Companion to Austrian Economics. Edward Elgar, Cheltenham / Northampton 1998.
3. Bössmann, E.: Weshalb gibt es Unternehmungen? Der Erklärungsansatz von Ronald H. Coase. In: Zeitschrift für die gesamte Staatswissenschaft 137 (1981), 675-680.
4. Brouwer, M.T.: Weber, Schumpeter and Knight on Entrepreneurship and Economic Development. In: Journal of Evolutionary Economics 12 (2002), 83-105.
5. Carland, J.W.; Hoy, F.; Carland, J.A.C.: "Who is an Entrepreneur?" Is a Question Worth Asking. In: American Journal of Small Business 12 (1988), 33-39.
6. Casson, M.: The Entrepreneur: An Economic Theory. Martin Robertson, Oxford 1982.
7. Casson, M.: Entrepreneurship and Business Culture. In: Brown, J.; Rose, M.B. (Hrsg.): Entrepreneurship, Networks and Modern Business. Manchester University Press, Manchester / New York 1993, 30-54.
8. Casson, M.: An Entrepreneurial Theory of the Firm. In: Foss, N.; Mahnke, V. (Hrsg.): Competence, Governance, and Entrepreneurship: Advances in Economic Strategy Research. Oxford University Press, Oxford / New York 2000, 116-145.
9. Chell, E.; Haworth, J.; Brearley, S.: The Entrepreneurial Personality: Concepts, Cases and Categories. Routledge, London / New York 1991.
10. Coase, R.H.: The Nature of the Firm. In: Economica 4 New Series (1937), 386-405. Wiederabgedruckt in: Langlois, R.N.; Yu, T.F.-L.; Robertson, P. (Hrsg.): Alternative Theories of the Firm, Vol. I. Edward Elgar, Cheltenham / Northampton 2002, 85-104.
11. Dietz, A.: Reflexionen über die „Grundlagen der Betriebswirtschaftslehre" anläßlich des hundertsten Geburtstages von Erich Gutenberg. In: Schmalenbachs Zeitschrift für betriebswirtschaftliche Forschung 49 (1997), 1066-1083.

12. Fagerberg, J.: Schumpeter and the Revival of Evolutionary Economics: An Appraisal of the Literature. In: Journal of Evolutionary Economics 13 (2003), 125-159.
13. Gronert, A.: Friedrich August von Hayek: Ein Beitrag zur Entwicklung der Marktprozeß-theorie der "Wiener Schule". In: Glombowski, J.; Gronert, A.; Plasmeijer, H.W. (Hrsg.): Zur kontinentalen Geschichte des ökonomischen Denkens. Metropolis, Marburg 1998, 155-184.
14. Gutenberg, E.: Zur Frage des Wachstums und der Entwicklung von Unternehmungen. In: Henzel, Fr. (Hrsg.): Leistungswirtschaft: Festschrift für Fritz Schmidt zum 60. Geburtstag gewidmet von seinen Schülern. Industrieverlag Spaeth & Linde, Berlin / Wien 1942, 148-158.
15. Gutenberg, E.: Grundlagen der Betriebswirtschaftslehre, Band I: Die Produktion. 24. Aufl. Springer, Berlin et al. 1983.
16. Hébert, R.F.; Link, A.N.: The Entrepreneur: Mainstream Views & Radical Critiques. 2. Aufl. Praeger, New York et al. 1988.
17. Hering, Th.; Vincenti, A.J.F.: Unternehmensgründung. Oldenbourg, München / Wien 2005.
18. High, J.: The Market Process: An Austrian View. In: Boettke, P.J.; Prychitko, D.L. (Hrsg.): The Market Process: Essays in Contemporary Austrian Economics. Edward Elgar, Aldershot / Brookfield 1994, 19-28.
19. Hoch, W. (Hrsg.): Wilhelm Röpke: Wort und Wirkung. Martin Hoch, Ludwigsburg 1964.
20. Kirzner, I.M.: Wettbewerb und Unternehmertum. Mohr, Tübingen 1978.
21. Kirzner, I.M.: The Entrepreneurial Process. In: Kent, C.A. (Hrsg.): The Environment for Entrepreneurship: Lexington Books, Lexington / Toronto 1984, 41-58.
22. Kirzner, I.M.: The Meaning of Market Process. In: Bosch, A.; Koslowski, P.; Veit, R. (Hrsg.): General Equilibrium or Market Process: Neoclassical and Austrian Theories of Economics. Mohr, Tübingen 1990, 61-76.
23. Knight, F.H.: Risk, Uncertainty and Profit. University of Chicago Press, Chicago / London 1971.
24. Koppel, R.; Minniti, M.: Market Processes and Entrepreneurial Studies. In: Acs, Z.J.; Audretsch, D.B. (Hrsg.): Handbook of Entrepreneurship Research: An Interdisciplinary Survey and Introduction. Springer, New York 2003, 81-102.
25. Leube, K.R. (Hrsg.): Die Österreichische Schule der Nationalökonomie: Texte-Band 1: von Menger bis Mises. Manz, Wien 1995.
26. Leube, K.R. (Hrsg.): Die Österreichische Schule der Nationalökonomie: Texte-Band 2: von Hayek bis White. Manz, Wien 1996.
27. Loy, C.: Marktsystem und Gleichgewichtstendenz. Mohr, Tübingen 1988.
28. März, E.: Joseph Alois Schumpeter: Forscher, Lehrer und Politiker. Oldenbourg, München 1983.
29. McFarling, B.: Schumpeter's Entrepreneurs and Commons's Sovereign Authority. In: Journal of Economic Issues 34 (2000), 707-721.
30. Norton, W.I.; Moore, W.T.: Entrepreneurial Risk: Have We Been Asking the Wrong Question? In: Small Business Economics 18 (2002), 281-287.
31. Paul, S.: Unternehmerfunktionen und Wettbewerbsfähigkeit: Die zentrale Rolle von Ressourcen und Innovationen. In: Wirtschaftswissenschaftliches Studium 34 (2005), 20-25.
32. Paul, S.; Horsch, A.: Evolutorische Ökonomik und Lehre von den Unternehmerfunktionen. In: Wirtschaftswissenschaftliches Studium 33 (2004), 716-721.
33. Van Praag, C.M.: Some Classic Views on Entrepreneurship. In: De Economist 147 (1999), 311-335.
34. Prisching, M.: Unternehmer und kapitalistischer Geist: Sombarts psychohistorische Studie. In: Backhaus, J. (Hrsg.): Werner Sombart (1863-1941) – Klassiker der Sozialwissenschaften: Eine kritische Bestandsaufnahme. Metropolis, Marburg 2000, 101-149.
35. Ripsas, S.: Entrepreneurship als ökonomischer Prozeß: Perspektiven zur Förderung unternehmerischen Handelns. Deutscher Universitätsverlag, Wiesbaden 1997.

36. Röpke, W.: Jenseits von Angebot und Nachfrage. 5. Aufl. Paul Haupt, Bern / Stuttgart 1979.
37. Schaller, A.: Entrepreneurship oder wie man ein Unternehmen denken muß. In: Blum, U.; Leibbrand, F. (Hrsg.): Entrepreneurship und Unternehmertum. Gabler, Wiesbaden 2001, 3-56.
38. Schneider, D.: Unternehmer und Unternehmung in der heutigen Wirtschaftstheorie und der deutschsprachigen Nationalökonomie der Spätklassik. In: Scherf, H. (Hrsg.): Studien zur Entwicklung der ökonomischen Theorie V. Schriften des Vereins für Socialpolitik, Neue Folge Band 115/V. Duncker & Humblot, Berlin 1986, 29-79.
39. Schneider, D.: Neubegründung der Betriebswirtschaftslehre aus Unternehmerfunktionen. In: The Annals of the School of Business Administration Kobe University 32 (1988), 31-47.
40. Schneider, D.: Betriebswirtschaftslehre, Band 4: Geschichte und Methoden der Wirtschaftswissenschaft. Oldenbourg, München / Wien 2001.
41. Schneider, D.: Der Unternehmer: Eine Leerstelle in der Theorie der Unternehmung. In: Zeitschrift für Betriebswirtschaft, Ergänzungsheft 4/2001, 1-19.
42. Schoppe, S.G.; Graf Wass von Czege, A.; Münchow, M.-M.; Stein, I.; Zimmer, K.: Moderne Theorie der Unternehmung. Oldenbourg, München / Wien 1995.
43. Schumpeter, J.A.: Der Unternehmer. In: Elster, L.; Weber, A.; Wieser, F. (Hrsg.): Handwörterbuch der Staatswissenschaften, Bd. VIII. 4. Aufl. Gustav Fischer, Jena 1928, 476-487.
44. Schumpeter, J.A.: Theorie der wirtschaftlichen Entwicklung. 8. Aufl. Duncker & Humblot, Berlin 1993.
45. Shane, S.; Cable, D.: Network Ties, Reputation, and the Financing of New Ventures. In: Management Science 48 (2002), 364-381.
46. Sombart, W.: Der moderne Kapitalismus, Band I: Die vorkapitalistische Wirtschaft. Erster Halbband. Nachdruck der 2. Aufl. von 1916. Deutscher Taschenbuch Verlag, München 1987.
47. Sombart, W.: Der moderne Kapitalismus, Band I: Die vorkapitalistische Wirtschaft. Zweiter Halbband. Nachdruck der 2. Aufl. von 1916. Deutscher Taschenbuch Verlag, München 1987.
48. Storey, D.; Sykes, N.: Uncertainty, Innovation and Management. In: Burns, P.; Dewhurst, J. (Hrsg.): Small Business and Entrepreneurship. 2. Aufl. MacMillan, Houndmills et al. 1996, 73-93.
49. Welzel, B.: Der Unternehmer in der Nationalökonomie. Institut für Wirtschaftspolitik, Köln 1995.
50. Windsperger, J.: Der Unternehmer als Koordinator: Verringerung von Unsicherheit und Transaktionskosten als Koordinationsfunktion der Unternehmung. In: Zeitschrift für Betriebswirtschaft 61 (1991), 1413-1429.

Management- und Entscheidungsunterstützung in Organisationen: zwischen Technik und Interaktion

Ewald Scherm und Gotthard Pietsch

FernUniversität in Hagen, Fakultät für Wirtschaftswissenschaft,
Lehrstuhl für BWL, insb. Organisation und Planung
Profilstr. 8, 58084 Hagen
ewald.scherm@fernuni-hagen.de, gotthard.pietsch@fernuni-hagen.de

Abstract. Decisions in organizations as well as the possibilities and practices of their support constitute an important and complex topic of research. On the one hand, the research on decision support focuses on the technical perspectives of computer-based information systems or computer-aided modelling; on the other hand, the practices of decision support can be analyzed from the view of organizational theory emphasizing the influences of social interaction processes in organizations. By focusing on those influences, the paper works out some central characteristics of managerial decisions and related practices of their support. Thereby, it becomes obvious that organization theory widely turns away from classical models of rational decision making, thus, opening space for the consideration of more complex and dynamic phenomena of organizational decision support. Finally, clues are given for some similar tendencies in computer-aided modelling.

Keywords: management support, decision support, organization theory.

1   Einleitung

Entscheidungen und ihre Unterstützung in Organisationen erweisen sich als äußerst komplexe Gegenstände der Forschung. Ihrer Analyse kann man sich aus verschiedenen Perspektiven nähern. Organisationen sind soziotechnische Systeme und als solche können Entscheidungen bzw. Entscheidungsprobleme von konkreten Techniken der Informationsverarbeitung her betrachtet, analysiert und unterstützt werden. Zur Charakterisierung der computergestützten Informationsverarbeitung wird meist auf den Begriff der Entscheidungsunterstützung zurückgegriffen; gleichermaßen ist es möglich, das (soziale) Interaktionssystem der Akteure bei der Analyse der Entscheidung bzw. ihrer Unterstützung in den Vordergrund stellen, wobei im Folgenden die Begriffe Management und Managementunterstützung Verwendung finden.

Die Forschergruppe um Hermann Gehring fokussiert auf die informationstechnische Perspektive und ihre Analysen richten sich auf die Entscheidungsunterstützung in Organisationen, die durch das Instrumentarium der computergestützten Informationsverarbeitung geprägt ist. Hierzu lieferte Hermann Gehring weithin beachtete Forschungsarbeiten, insbesondere zur Bewältigung von Logistikproblemen z. B. im Bereich der Touren- und Containerplanung sowie der Simulation von Materialflüssen (vgl. [2], [9], [11], [29]). Die Perspektive der computergestützten Informationsverarbeitung ist geprägt von klaren Zielvorstellungen, bekannten Restriktionen, Optimierungsansätzen oder Heuristiken. Sie stellt sich dabei zunehmend komplexeren Entscheidungsproblemen, für die sich mitunter keine optimalen Lösungen finden lassen.

Gleiches gilt für den theoretischen Blick auf Entscheidungen im Kontext des sozialen Interaktionssystems von Organisationen. Während klassische Organisationstheorien noch stark von den Grundmustern rationaler Entscheidung geprägt waren, rücken viele moderne Organisationstheorien davon ab und versuchen, die hohe Komplexität der Entscheidungen sowie ihrer Unterstützung im Kontext der Vielfalt von Einflüssen des organisationalen Interaktionssystems zu analysieren (z. B. [48]). Dabei kommt es zu einer zunehmenden Dekomposition klassisch-entscheidungslogischer Rationalitätsvorstellungen.

Ziel des Beitrags ist es, unter Rückgriff auf entscheidungsbezogene Aussagen bedeutsamer Organisationstheorien zentrale Merkmale des Managements bzw. der Managementunterstützung in Organisationen herauszuarbeiten. Auf dieser Basis soll schließlich ein Vergleich zwischen Management- und Entscheidungsunterstützung erfolgen, der – trotz des Fortbestehens partiell unterschiedlicher (Problem-)Welten – auf analoge Entwicklungstendenzen hinweist.

Um dies zu verdeutlichen, werden bei Zugrundelegung einer funktionalen Perspektive zunächst die Begriffe „Management" und „Managementunterstützung" skizziert. Im Anschluss sollen Management und Entscheidung aus unterschiedlichen (organisations-)theoretischen Perspektiven betrachtet werden. Im Zuge dessen erfolgt die Skizze besonderer Merkmale und Probleme des Managements bzw. der Managementunterstützung in Organisationen. Ein Vergleich von Management- und Entscheidungsunterstützung schließt den Beitrag ab.

2   Management und Managementunterstützung

Das Management von Unternehmen und anderen Organisationen wird aus vielfältigen organisations- bzw. managementtheoretischen Perspektiven analysiert. Bereits zur Klärung des grundlegenden Managementverständnisses existieren sehr *unterschiedliche Perspektiven*. Üblicherweise differenziert man zwischen einer funktionalen, einer institutionellen sowie einer aktivitätsorientierten Sicht (vgl. z. B. [10], [52], [55]). Die funktionale Sicht stellt die Aufgaben des Managements in den Vordergrund der Betrachtung. Demgegenüber fokussiert die institutionelle Sicht auf die in Organisationen praktizierten Regeln und Verhaltensmuster im Kontext von Managementpositionen. Die aktivitätsorientierte Sicht beschäftigt sich schließlich mit den tatsächlichen Tätigkeiten bzw. Rollen von Managern.

Im Folgenden stellen wir die *funktionale Sicht* vor, weil sich hierdurch ein von spezifischen Managerpositionen und -aktivitäten unabhängiges abstraktes Verständnis des Managements erarbeiten lässt. Dieses erlaubt zudem, den engen Zusammenhang von Management und Entscheidungen in Organisationen sowie Interdependenzen mit der Managementunterstützung herauszuarbeiten. Wenn im Folgenden von Management und Managementunterstützung die Rede ist, wird dies jedoch stets im *Kontext des organisationalen Interaktionssystems* und damit im Rahmen eines (meist) multi-personalen Systems individueller Akteure gedacht. Es geht insoweit nicht um techni-sche Managementsysteme z. B. im Kontext computergestützter Informationsverarbei-tung.

Bei Zugrundelegung einer funktionalen Sicht lassen sich die (abstrakten) Aufgaben sowie Interdependenzen von Management und Managementunterstützung unter Rückgriff auf das sog. *„Handlungsfeld Unternehmen"* prägnant erläutern. Es unter-gliedert sich in drei funktionale Ebenen: Management, Managementunterstützung und Ausführung (vgl. [41], auch Abb. 1).

Management bzw. Unternehmensführung umfasst in funktionaler Sicht die Ge-samtheit der Managementhandlungen, wobei Letztere gerade auf Entscheidungen aus-gerichtet sind. *Management* bedeutet demnach Entscheidungen treffen, durchsetzen, hinterfragen und Verantwortung für getroffene Entscheidungen übernehmen. Es lässt sich durch die Fokussierung auf Entscheidungen charakterisieren (vgl. Abb. 1). Um Entscheidungen treffen und hinterfragen zu können, benötigt das Management aufbe-reitete Informationen. Aufgaben der *Managementunterstützung* sind deshalb die Be-schaffung und Aufbereitung von Informationen; Entscheidungen werden informato-risch vor- bzw. nachbereitet (vgl. Abb. 1). Zur Vervollständigung des Handlungsfelds kommt noch die Ausführungsebene hinzu. *Ausführung* beinhaltet reine Umsetzungs-aufgaben und ist von autonom steuernder Gedankenarbeit befreit. Um allerdings Missverständnisse zu vermeiden, sei hier explizit darauf hingewiesen, dass es sich bei der Trennung der drei funktionalen Ebenen um eine rein gedanklich-analytische Be-trachtungsweise handelt (vgl. auch [42]). Keineswegs verbindet sich damit die Forde-rung nach einer faktisch-institutionellen Trennung von Kopf- und Handarbeit, wie sie in Taylors „Scientific Management" zu finden ist (vgl. [53]).

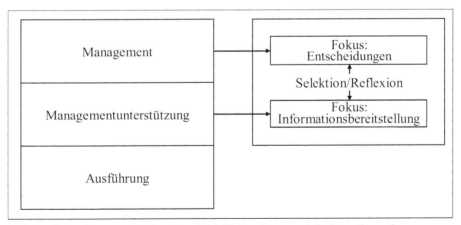

Abb. 1. Fokussierungen des Handlungsfelds Unternehmen und die Operationen der Komplexitätsbewältigung (vgl. [43]).

Das Handlungsfeld Unternehmen ist gekennzeichnet durch die Bewältigung der Komplexität und Dynamik innerhalb und außerhalb des Unternehmens und gleichzei-tig restringiert durch die begrenzte Informationsaufnahme- und -verarbeitungskapazität des Menschen (ähnlich z. B. [22], [51]). Als grundlegende *Operationen der Komplexitätsbewältigung* lassen sich Selektion und Reflexion unterscheiden (vgl. [41]). *Selektion* bedeutet Auswahl aus einer Vielzahl von Möglichkeiten und bewirkt daher eine Reduktion von Komplexität (vgl. [41]). Aufgrund der begrenzten Informationsaufnahme- und -verarbeitungskapazität des Menschen kann eine – im Grunde immer komplexe – Entscheidungssituation nie vollständig, sondern bestenfalls partiell und somit selektiv erfasst werden. In der Unternehmensführung erfolgt Selektion im Zuge des Treffens von Entscheidungen. Sie bezieht sich in entscheidungsorientierter Sicht auf die jeweils betrachteten Ziele, Handlungsmöglichkeiten und Umweltzustände, damit verknüpfte Ergebnisse sowie die resultierende Wahl einer Handlungsoption. So stellt die unternehmerische Entscheidung den Kulminationspunkt einer Vielzahl von – häufig unbewussten – Selektionen dar. Diese können sich jederzeit als falsch erweisen, das eigentlich Entscheidungsrelevante wird ausgeblendet und Unternehmensführung durch inadäquate Selektion zur Fehlsteuerung. Unternehmensführung muss daher offen gehalten werden für die tatsächliche Komplexität und Dynamik des Umfelds.

Die Gefahr falscher Selektion soll durch ihren Gegenpart, die *Reflexion*, verringert werden (vgl. [41]). Während Selektion Resultat sowohl bewusster Überlegungen als auch intuitiver Prozesse sein kann, stellt die Reflexion immer eine distanzierend-kritische und spezielle Gedankenarbeit dar. Im Zuge der Reflexion werden einige Selektionsleistungen vor dem Hintergrund anderer, teilweise konstant gesetzter, teilweise neu hinzu getretener Selektionsleistungen zur Disposition gestellt bzw. kritisch beurteilt. Da jedoch nie alle Selektionsleistungen auf einmal aufgegeben werden können, tritt die Reflexion nie vollständig aus bestehenden, Orientierung stiftenden Zusammenhängen heraus und kann der Komplexität des Handlungsfelds nie vollständig entsprechen. Sie muss zur kritischen Beurteilung z. B. immer auf Ziele und damit auf grundlegende (frühere) Selektionsleistungen Bezug nehmen. Dennoch ist Reflexion die zentrale Voraussetzung für Flexibilität und Lernen, denn sie gibt Anhaltspunkte für erfolgversprechendere Entscheidungen in der Zukunft.

Die Bewältigung der Komplexität unter Rückgriff auf die beiden Grundoperationen erfolgt im Rahmen des Handlungsfelds Unternehmen nur auf den Ebenen des Managements und der Managementunterstützung (vgl. auch Abb. 1). Die Ausführungsebene ist in funktionaler Betrachtung von dem Problem der Komplexitätsbewältigung befreit, da hier (gedanklich-analytisch) reine Umsetzungshandlungen zusammengefasst werden.

Unter Rückgriff auf das skizzierte Handlungsfeld Unternehmen kann man schließlich zwischen verschiedenen Managementfunktionen unterscheiden. Besonders verbreitet ist die auf Koontz/O'Donnell (vgl. [25], auch [24]) und die sog. „Management Process School" zurückgehende Differenzierung von fünf *Managementfunktionen*: Planung, Organisation, Personaleinsatz, Personalführung und Controlling. Im Handlungsfeld Unternehmen wird diese Differenzierung zwischen verschiedenen Managementfunktionen mit den komplexitätsbezogenen Operationen der Selektion und Reflexion verbunden (vgl. Abb. 2). Planung, Organisation, Personaleinsatz und Personalführung basieren auf Selektionen und führen letztlich zu Entscheidungen. Sie sind darauf ausgerichtet, das Handlungsfeld durch Entscheidungen auf eine Handlungsalternative zu reduzieren. Demgegenüber hat das Controlling die Aufgabe der umfassenden Reflexion dieser Entscheidungen, um hierdurch nicht zuletzt eine Öffnung zugrunde liegender Entscheidungsperspektiven zu bewirken (vgl. [41]).

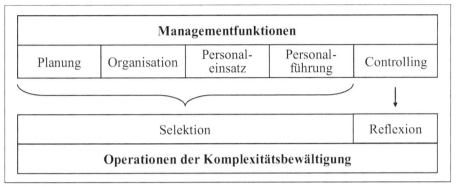

Abb. 2. Managementfunktionen und Operationen der Komplexitätsbewältigung (vgl. [42]).

Ohne im Detail auf die soeben erwähnten Managementfunktionen eingehen zu müssen (vgl. dazu [42]), wird der enge Bezug zwischen Management und Entscheidung deutlich. Die Aufgaben des Managements sind mit den Operationen der Selektion und Reflexion explizit auf Entscheidungen ausgerichtet und weisen zudem eine hohe Interdependenz mit der Managementunterstützung auf, die der informatorischen Vor- und Nachbereitung von Entscheidungen dient.

3 Management und Managementunterstützung im Interaktionssystem von Organisationen

3.1 Management und Entscheidung im Blick der Organisationstheorie

Die Aufgaben des Managements und der Managementunterstützung sind stets in das soziotechnische System und das *Interaktionssystem der Organisation* eingebettet (zur „social embeddedness" [12]). Dabei erweist sich Letzteres als äußerst komplex. Es umfasst neben den Akteuren mit unterschiedlichen Aufgaben bzw. organisational relevanten Ressourcen das gesamte Netz institutionalisierter Regeln, die dem Verhalten dieser Akteure sowie ihren Interaktionen Orientierung stiften. Unter Rückgriff auf unterschiedliche organisationstheoretische Perspektiven sollen im Folgenden Einflüsse des Interaktionssystems auf die Entscheidungen in Organisationen dargelegt werden. Die Referenz auf Organisationstheorien dient vor allem dazu, zentrale Merkmale der Entscheidung und der Managementunterstützung im Kontext des organisationalen Interaktionssystems herauszuarbeiten. Die Reihenfolge der hierbei zu erwähnenden Aspekte folgt den grundlegenden Entwicklungslinien der Organisationstheorie. Während klassische Organisationstheorien noch stark von den Grundmustern rationaler Entscheidung geprägt sind (Maschinenmetapher der Organisation), stellen die meisten modernen Organisationstheorien Entscheidungen explizit in den Kontext des organisationalen Interaktionssystems und thematisieren die daraus resultierende hohe Komplexität:

- Organisation als Maschine (Taylorismus, Bürokratieansatz)
- Organisation als multipersonales Handlungssystem (Human-Relations-Ansatz)
- Prozessorientierung und „Durchwursteln" (Inkrementalismus)
- Emergenz von Entscheidungen (Ansätze der Mikropolitik)
- Lösungen ohne Probleme (Ansatz der organisationalen Anarchie)
- Zurechnung nicht getroffener Entscheidungen (Theorie autopoietischer Organisationssysteme)
- Entkopplungen und Lippenbekenntnisse (soziologischer Neoinstitutionalismus)

Organisation als Maschine. Klassische Theorien der Organisation sind sich der Existenz organisationaler Interaktionsprozesse bewusst, sie berücksichtigen die davon ausgehenden Einflüsse auf das Management jedoch kaum. Vielmehr stellen sie die *Idee einer umfassenden und rationalen Gestaltung* bzw. Gestaltbarkeit von Organisationen in den Vordergrund der Betrachtung. Insbesondere der Taylorismus (auch Scientific Management) folgt diesem Gedanken und behandelt Organisationen als technische Systeme mit kontrollierbarer Komplexität (vgl. [21], [35], [48]); er stellt das Leistungs- und Effizienzdenken in den Mittelpunkt und betrachtet den rationalen Einsatz von Menschen und Maschinen im Produktionsprozess (vgl. [53]). Auch der Bürokratie-Ansatz (vgl. [58]) weist eine deutliche Nähe zu diesen rationalistischen Vorstellungen auf, obwohl er dysfunktionale Effekte einer zunehmenden Rationalisierung thematisiert. Rational strukturierte Organisationen basieren demnach auf formalen Zielen und (Rechts-)Prinzipien. Der bürokratische Verwaltungsstab (mit Amtshierarchie, strikter Amtsdisziplin sowie Aktenmäßigkeit der Aufgabenerfüllung) sichert eine weit gehend friktionsfreie Umsetzung. Im Sinne der rationalistischen Perspektive bezwecken die Entscheidungen des Managements letztlich eine auf die Organisationsziele ausgerichtete, umfassende Integration aller Organisationsbereiche und unterstellen die Möglichkeit einer differenzierten Prognose von Entscheidungswirkungen sowie einer langfristigen Planung. Die Organisation erscheint als ein „monolithisches Handlungsgefüge" analog einem – motivational vollständig integrierten – individuellen Akteur, der rationale (und ggf. sogar optimale) Entscheidungen trifft und dabei über eine sehr weit reichende Kontrolle seiner selbst sowie seiner Umwelt verfügt (Rational-Aktor-Modell; vgl. [49]). In dieser Perspektive werden Manager zu (allmächtigen) Unternehmenslenkern, die mit ihren Entscheidungen die *„Maschine Organisation"* umfassend und friktionsfrei steuern. Viele heroische Geschichten um herausragende Managerpersönlichkeiten sind von solchen Vorstellungen beeinflusst.

Organisation als multipersonales Handlungssystem. Das Rational-Aktor-Modell der Organisation und die Idee rein technokratischer Koordination sowie heroischer Managerpersönlichkeiten sind jedoch bereits früh auf Kritik gestoßen (vgl. z. B. [45]). Heute geht man davon aus, dass sich Organisationen auf dieser Grundlage nicht hinreichend analysieren lassen. Ein Festhalten an der eher technisch geprägten Logik des Rational-Aktor-Modells ruft zudem die Gefahr von Fehlsteuerungen hervor, weil sie die Beziehungsstrukturen der Akteure nicht hinreichend berücksichtigt (vgl. [49], [57]).

So handelt es sich bei Organisationen um multipersonale Handlungssysteme, die aufgrund der Interaktion einer Vielzahl von Stakeholdern kein „monolithisches Handlungsgefüge" bilden (können). Im Zuge der Arbeitsteilung entsteht eine Vielzahl von Stellen und Abteilungen, die bei den Aufgabenträgern differenzierte Wahrnehmungsmuster, Erwartungen, Interessen usw. hervorruft. In diesem ausdifferenzierten Handlungsgefüge ergeben sich *komplexe informelle Beziehungsstrukturen*, deren Gestaltung hohe Anforderungen an Manager stellt. Bereits der Human-Relations-Ansatz (vgl. [31], [45]) verweist auf die große Bedeutung der sich im Zuge der komplexen Interaktionsprozesse bildenden, informellen Beziehungen. Die Berücksichtigung der informellen Strukturen im Management sowie der *Bedürfnisse der Mitarbeiter* gilt dem Human-Relations-Ansatz als eine Voraussetzung für die Erreichung der Organisationsziele.

Dies ruft jedoch eine deutlich höhere Entscheidungskomplexität und Dynamik hervor als die technisch anmutende Perspektive des Rational-Aktor-Modells nahe legt. Organisationen lassen sich demnach nicht analog einer Maschine steuern, sondern es sind vielfältige weiche Faktoren (z. B. die Zufriedenheit und Emotionalität der Mitarbeiter) zu beachten (vgl. [50]). Die Entdeckung der Organisation als multipersonales Handlungssystem und der sich herausbildenden informellen Einflüsse hat Konsequenzen für die Analyse von Entscheidungen. Diese lassen sich nicht problemlos nach den Mustern klassischer Entscheidungslogik strukturieren. So verdeutlichen bereits die Effekte informeller Strukturen das *Fehlen einer „omnipotenten Zentrale"*. Manager verlieren den Charakter „heroischer" Unternehmenslenker und müssen die Einflüsse informeller Strukturen und die davon ausgehenden Friktionen und ggf. Chancen stets (mit-)berücksichtigen (vgl. [48]).

Prozessorientierung und „Durchwursteln". Aufgrund des komplexen und dynamischen Interaktionssystems von Organisationen und der begrenzten menschlichen Informationsverarbeitungskapazität, lassen sich Entscheidungsprobleme nicht vollständig durchdringen und die Konsequenzen getroffener Entscheidungen nicht eindeutig prognostizieren (vgl. [41]). Zudem fehlt in dem multipersonalen Handlungssystem Organisation meist ein eindeutiges, transitiv geordnetes Zielsystem (vgl. [49]). Laufend sind Manager mit unerwarteten Entwicklungen konfrontiert, auf die sie flexibel reagieren müssen.

Der sog. Inkrementalismus (vgl. [4], [27]) sieht vor diesem Hintergrund umfassende Entscheidungskalküle mit dem Versuch einer vollständigen Durchdringung des Entscheidungsfeldes als nicht zielführend an. Demnach ist die Welt in Organisationen viel zu dynamisch, um sie in ein statisches Entscheidungskalkül bannen zu können. Das Denken in systematischen und umfassenden strategischen Entscheidungen sowie einer langfristigen Planung hilft demnach nicht weiter. Vielmehr müsse es durch ein prozessorientiertes Denken abgelöst werden. Manager können zwar Vorstellungen von langfristig anzustrebenden Zielzuständen entwickeln, aber nur der offene Blick für die diversen, teilweise widersprüchlichen Entwicklungen in einer Organisation und ein *flexibles Reagieren* auf problematische Zustände *mit laufenden Korrektur-*

bemühungen ermöglichen umfassende Steuerungsleistungen (vgl. [19]). Management stellt damit weniger ein gesamthaftes, systematisches Gestalten dar, sondern bedeutet eher ein alltägliches „Durchwursteln" durch die vielfältigen und teilweise widersprüchlichen Anforderungen des organisationalen Interaktionssystems, bei dem sich Manager in kleinen Schritten und meist erst unter Problem- und Zeitdruck mittels einer laufenden Folge von *Minimalentscheidungen* („Stückwerktechnologie"; vgl. [49]) ihren übergeordneten Zielen anzunähern versuchen.

Emergenz von Entscheidungen. Bereits die von dem Human-Relations-Ansatz hervorgehobenen informellen Beziehungsstrukturen in Organisationen rufen unerwartete Effekte hervor, die langfristige, strategische und rational strukturierte Entscheidungen sowie ihre zielgerichtete Kontrolle regelmäßig erschweren. Nicht zuletzt die organisationstheoretische Perspektive der mikropolitischen Ansätze verdeutlicht die dabei entstehende ausgeprägte *Eigendynamik*, die Organisationen gegenüber den Steuerungsbemühungen ihrer Manager entfalten (können) (vgl. [3], [6], [36]). Organisationen sind aus dieser Perspektive durchdrungen von einem Netz von Akteursinteressen sowie wechselnden Koalitionen, die mit den unterschiedlichsten Mitteln und Taktiken sowie unter Einsatz von Macht ihre Ziele durchzusetzen versuchen.

Organisationen bestehen insoweit aus einer Menge mikropolitischer Entscheidungsarenen, in denen vielfältige Aushandlungsprozesse zwischen den Akteuren und Koalitionen stattfinden. Meist werden dabei allerdings nur temporäre Lösungen für bestehende (Interessen-)Konflikte erreicht. Die Akteure verhalten sich eigensinnig gegenüber den formalen Strukturen, lösen sich partiell von ihnen und konstituieren im Zuge ihrer Interaktion informelle Beziehungsnetze (vgl. [56]). Im Kontext der mikropolitischen Aushandlungsprozesse bilden sich Entscheidungen häufig spontan heraus, so dass die zugrunde liegenden Kompromisse von keinem der Beteiligten wirklich beabsichtigt waren. In solchen mikropolitischen Prozessen verfolgen die Akteure ggf. durchaus zielorientierte Strategien; die letztlich resultierende organisationale Entscheidung entsteht jedoch häufig emergent aus dem Zusammenwirken der Akteursstrategien und stellt kein Resultat eines klar durchdachten und rational strukturierten Kalküls dar (vgl. [36], [54]).

Lösungen ohne Probleme. Die Dekomposition der klassischen Entscheidungslogik durch die moderne Organisationstheorie bezieht sich nicht nur auf die Logik der gesamten Entscheidung, sondern auch auf die *Folge der Entscheidungselemente.* So wird üblicherweise angenommen, dass Entscheidungen nach einer gewissen Systematik ablaufen und dabei in einer relativ festen Reihenfolge bestimmte Phasen durchlaufen (vgl. [23]). In rational gestalteten und systematischen Entscheidungsprozessen werden zunächst Probleme identifiziert, Ziele definiert, Handlungsalternativen generiert und schließlich Lösungen gewählt sowie konsequent umgesetzt. Die verschiedenen Phasen des Entscheidungsprozesses gelten damit als systematisch miteinander verknüpft.

In dem komplexen Interaktionssystem von Organisationen fehlen diese systematischen Kopplungen jedoch häufig. Vor allem der theoretische Ansatz der organisationalen Anarchie verweist auf diesen Sachverhalt (vgl. [5], [30], [37]). Er bildet ein striktes Gegenmodell zur Vorstellung rationalen Wahlverhaltens in Organisationen. Aus der Perspektive des Ansatzes der organisationalen Anarchie bestehen lediglich in gut-strukturierten Entscheidungssituationen Möglichkeiten für das klassisch-systematische Vorgehen. Häufig sind Organisationen jedoch mit schlecht-strukturierten und schwer zu beurteilenden Entscheidungskontexten konfrontiert. In diesen Situationen stehen die grundlegenden Elemente von Entscheidungsprozessen (Probleme, Lösungen, Teilnehmer, Entscheidungsgelegenheiten) in Organisationen weitaus flexibler miteinander in Kontakt, und in der Regel treffen sie sogar sehr unsystematisch aufeinander.

In einer metaphorischen Argumentation werden Entscheidungsgelegenheiten in *Organisationen als „Mülleimer"* interpretiert, in denen zentrale Elemente von Entscheidungen – Probleme, Ziele, Lösungen und Teilnehmer – unsystematisch hinein- und durcheinander geworfen werden (vgl. [48]). Demnach stellen Lösungen generelle Möglichkeiten der Problembewältigung dar, die in keiner Weise strikt an konkrete Probleme gebunden sind. In Organisationen ist mitunter erst das Vorhandensein einer Lösung die zentrale Voraussetzung dafür, dass überhaupt nach (passenden) Problemen gesucht wird. Zudem tauchen in Organisationen regelmäßig Lösungen bzw. Probleme auf und verschwinden wieder, ohne dass sie genutzt bzw. bewältigt werden, weil sie von den Teilnehmern in organisationalen Entscheidungsprozessen mit wechselnder Aufmerksamkeit eingebracht und (weiter-)verfolgt oder einfach wieder fallen gelassen werden (vgl. [1]).

Zurechnung nicht getroffener Entscheidungen. Entscheidungen entstehen nicht selten spontan aus dem Zusammenspiel der Aktivitäten einer Vielzahl von Akteuren. Ihnen fehlt der intentionale Charakter, und sie sind nicht Ausdruck der systematischen Realisierung des zuvor erklärten Willens eines Entscheidungsträgers. An dieser Stelle setzt die Analyse von Organisationssystemen aus der Perspektive der Theorie autopoietischer Systeme an. Sie versteht soziale Systeme als Kommunikationssysteme und analysiert Organisationen auf dieser Basis als Entscheidungsverbund (vgl. [28]). Organisationen reproduzieren sich demnach laufend, indem sie die Vorstellung aufrecht erhalten, dass in ihnen permanent (auf den formalen Organisationszweck ausgerichtete) Entscheidungen getroffen werden. Deshalb muss in Organisationen immer wieder über Entscheidungen kommuniziert werden (vgl. [60]). Den kommunizierten Entscheidungen liegen häufig jedoch keine oder nur sehr begrenzte intentional-psychische Wahlakte zugrunde, so dass tatsächlich keine Entscheidung stattfand. Da aber erwartet wird, dass in Organisationen allgegenwärtig Entscheidungen fallen, werden organisationale Entscheidungen häufig im Nachhinein und im Zuge der Kommunikation sozial konstruiert. So bemerken Kasper et al. ([20]): „Handlung wird im Lichte des systemspezifischen Erwartungsgeflechts zur Entscheidung umgemodelt." Indem in Organisationen laufend über Entscheidungen kommuniziert wird und ihre Zurechnung auf Manager erfolgt, kleiden die Organisationen sich nicht selten in den Schein mechanistisch-deterministischer Lenkung. Quasi „durch die Hintertür" (der Entscheidungskommunikation) öffnet sich dadurch wieder der Vorhang für heroische Managerpersönlichkeiten.

Entkopplungen und Lippenbekenntnisse. Organisationen agieren in einem komplexen Feld institutionalisierter gesellschaftlicher Erwartungen. Beispielsweise sollen Unternehmen nicht nur ökonomische Ziele verfolgen (z. B. die Steigerung des Unternehmens- bzw. Börsenwerts), sondern auch ökologische Aspekte (z. B. die Verringerung von Umweltemissionen) oder soziale Werte (z. B. die Einhaltung von Sozialstandards in Entwicklungsländern oder die Gleichbehandlung der Geschlechter) berücksichtigen. Nicht zuletzt sollen sie mit ihrem Verhalten zur intergenerationalen Gerechtigkeit beitragen und sich in ihrem regionalen Umfeld engagieren. Die Vielfalt gesellschaftlicher Erwartungen, denen Unternehmen ausgesetzt sind, lässt vielfältige Widersprüche entstehen, die dazu führen, dass eine gleichgewichtige Erfüllung aller Erwartungen nicht möglich ist. Um notwendige Ressourcen aus der Umwelt zu akquirieren, sind Organisationen jedoch darauf angewiesen, mit den *widersprüchlichen Umwelterwartungen* umzugehen.

Im Rahmen der Organisationstheorie beschäftigt sich insbesondere der soziologische Neoinstitutionalismus mit den Wirkungen gesellschaftlicher Erwartungen der institutionellen Umwelt auf Organisationen (vgl. [7], [13], [33]). Er weist darauf hin, dass in Organisationen Entscheidungen und die daraus meist resultierenden formalen Strukturen häufig lediglich zeremoniell vollzogen werden, um Konformität mit relevanten gesellschaftlichen Erwartungen zu demonstrieren. Dies kann z. B. bei der Einrichtung von Ethik-Gremien oder auch der Adaption neuester Managementkonzepte der Fall sein. Nicht selten müssen sich Manager öffentlich zu diesen Erwartungen bekennen, obwohl gleichzeitig auf der Ebene der tatsächlichen Aktivitätsstrukturen in der Organisation gegenläufige Prozesse ablaufen. Solche Lippenbekenntnisse von Managern (z. B. zur generellen Einhaltung ökologischer und sozialer Standards) erfolgen unter dem Druck widersprüchlicher Umwelterwartungen und erweisen sich als Resultat der Entkopplung von Formal- und Aktivitätsstrukturen in Organisationen.

Betrachtet man die unter Rückgriff auf moderne organisationstheoretische Perspektiven vorgenommenen Charakterisierungen von Management und Entscheidung, so verdeutlicht das eine ausgeprägte *Skepsis gegenüber klassischen entscheidungslogischen Modellen*. Organisationale Entscheidungen sind meist nicht die Folge umfassender Entscheidungsentwürfe und einer vollständigen Erfassung des Entscheidungsfeldes. Sie durchbrechen die Systematik klassischer Entscheidungsprozesse und werden mitunter sogar nur kommuniziert, aber nicht getroffen. Dennoch scheint auch bei diesen Argumentationen die Systematik von Entscheidungsprozessen als *idealtypisches Konstrukt* im Hintergrund zu stehen. Aus diesem Grund schließt die Organisationstheorie keineswegs aus, dass sich organisationale Entscheidungen im Einzelfall präskiptiv-normativen Modellen der Entscheidungsfindung annähern (können); gleichwohl wird betont, dass ein ausschließlich rationalistischer Blick auf Entscheidungen in Organisationen sowohl bei ihrer Analyse als auch bei ihrer Gestaltung schnell in die Irre führt. Klassische Modelle sollen daher keineswegs als irrelevant charakterisiert werden, vielmehr gilt es, den Blick für den größeren Facettenreichtum organisationaler Entscheidungen zu öffnen.

3.2 Managementunterstützung und organisationale Interaktion

Managementunterstützung soll Entscheidungen im Kontext des sozialen Interaktionssystems von Organisationen mittels Informationsverarbeitung unterstützen. Als Bezugspunkt für diese informatorische Managementunterstützung fungiert somit nicht primär das technische System, sondern vor allem das komplexe Interaktionssystem einer Organisation. Aus der Berücksichtigung des Interaktionssystems ergaben sich für Management und Entscheidung bereits erhebliche Abweichungen von dem Rationalitätskonzept klassischer Entscheidungslogik.

Managementunterstützung ist mehr als Methodeneinsatz. Um den Anforderungen des organisationalen Interaktionssystems gerecht zu werden, muss Managementunterstützung stets die komplexen Akteurs- und Gruppenstrukturen mit ihren Interessen und variierenden Einflüssen (mit-)bedenken. Managementunterstützung kann sich deshalb nie allein auf den Einsatz von Methoden beschränken. Kosten- und Leistungsrechnung, Personalplanung, Balanced Scorecard, Humankapitalbewertung oder wertorientierte Unternehmensführung basieren auf (teil-)standardisierten Verfahren, deren konkrete Wirkungen im Kontext des sozialen Interaktionssystems der Organisation zunächst ungeklärt bleiben. Der Managementunterstützung kommt daher auch die Aufgabe zu, die Wirkungen der eingesetzten bzw. einzusetzenden Methoden auf die Verhaltensmuster der Beteiligten sowie ihre (in-)formellen Beziehungsstrukturen bereits im Voraus zu prognostizieren sowie laufend zu beobachten (vgl. [19]). Solche Wirkungsanalysen können stets nur bei genauer Kenntnis der Akteurs- und Beziehungsstrukturen in einer Organisation erfolgen, weshalb daran nie allein Methodenspezialisten, sondern gleichermaßen auch Manager unterschiedlicher Hierarchieebenen beteiligt sein sollten (vgl. [39]). Im Folgenden charakterisieren wir zentrale Merkmale der Managementunterstützung im Kontext des organisationalen Interaktionssystems.

Managementunterstützung beeinflusst organisationale Wirklichkeit. Managementunterstützung erweist sich nicht nur als „bloße" Versorgung mit Informationen (vgl. [15], [18]). Sie beruht auf Methoden, die Informationen verdichten und dabei auf erhebliche Probleme stoßen (vgl. [40]). Häufig treten *Messprobleme* auf, weil sich Indikatoren für zu messende Variablen nur schwer finden lassen (z. B. bei der Erfassung immaterieller Werte). *Konzeptionelle Probleme* können auf unklaren Zusammenhängen zwischen betrachteten Variablen beruhen (z. B. Werttreiberhierarchien im Kontext des Shareholder-Value-Managements). *Attributionsprobleme* verweisen auf Schwierigkeiten bei der Zurechnung von Variablenentwicklungen auf einzelne Aufgabenträger, Stellen oder Abteilungen (z. B. im Rahmen des Performance Measurement). Darüber hinaus sind zukunftsgerichtete Methoden nicht selten mit erheblichen *Prognoseproblemen* konfrontiert (z. B. bei der Kalkulation sehr langfristig ausgerichteter Investitionsprojekte). Managementunterstützung basiert damit auf der Interpretation von Daten, die keineswegs immer als gesichert gelten kann.

Mit den implizierten Interpretationen kreiert Managementunterstützung eine Wirklichkeit, die im Extremfall ohne weitere Diskussion bzw. Reflexion in die Entscheidungen des Managements Eingang findet. Aus organisationstheoretischer Sicht hat sich Managementunterstützung dabei zunehmend von dem Verständnis einer reinen Servicefunktion des Managements entfernt. Managementunterstützung hat einen zentralen Einfluss darauf, *was im Management als „Wirklichkeit" gilt*. Sie erfüllt damit nicht nur eine sehr grundlegende Orientierungsfunktion für Manager, sondern modifiziert direkt die Interaktion der Akteure in Organisationen. Der Übergang zwischen Management und Managementunterstützung erweist sich als fließend (vgl. [17]).

Managementunterstützung ist nicht neutral. Häufig beeinflusst Managementunterstützung die *Ressourcenverteilung* in Organisationen (vgl. [15]). Dies wird offensichtlich, wenn es z. B. im Rahmen eines Performance Measurement darum geht, Erfolgsbeiträge auf einzelne Unternehmensbereiche bzw. Aufgabenträger zuzurechnen und mit variablen Lohnsystemen sowie einer daran gekoppelten Budgetierung zu sanktionieren. Die dabei implizierte Modifikation der Ressourcenverteilung kann (und soll) nicht neutral wirken, beeinflusst die Position der Akteure bzw. Gruppen und wirkt damit unmittelbar mikropolitisch. Vor allem deshalb aktivieren z. B. die formalen Methoden des Performance Measurement gleichermaßen das gesamte *informelle System des Beziehungsnetzwerks* und der Koalitionen einer Organisation. Steuerungslücken in der formalen Struktur des Methodeneinsatzes werden von den Akteuren des organisationalen Interaktionssystems nicht zuletzt auf informeller Ebene genutzt, um Ressourcenbestände zu sichern oder sogar zu erweitern.

Managementunterstützung ist auch ex post relevant. Üblicherweise geht man davon aus, dass Managementunterstützung der Entscheidungsvorbereitung dient und Entscheidungen erst mit hinreichend aufbereiteten Informationen angemessen getroffen werden können. Managementunterstützung ist dann ex post nur relevant, um den Erfolg getroffener Entscheidungen zu beurteilen. Dabei liegt ein *Bausteinmodell* der Entscheidung zugrunde (vgl. [61]), das vor allem erst durch zielgerichtet erfasste Informationen mit Leben gefüllt wird. Eine Entscheidung setzt sich demnach aus verschiedenen logischen Bausteinen (z. B. Problemen, Zielen, Wahlalternativen, Umweltsituationen, Ergebnisbeiträgen) zusammen und die Informationen sind es, die diese Bausteine in jedem Einzelfall konkretisieren und miteinander verknüpfen. Aus der Perspektive des Bausteinmodells geht es – auch bei weniger folgenreichen – Entscheidungen stets um einen umfassenden Entwurf des relevanten Entscheidungsfeldes, der eine weit reichende Ausstattung mit Informationen unerlässlich macht.

Die Auseinandersetzung mit den Organisationstheorien verdeutlicht jedoch, dass solche umfassenden Entscheidungsentwürfe in Organisationen vielfach nicht vorliegen, Entscheidungen entstehen häufig emergent aus dem Zusammenwirken der Strategien unterschiedlicher Akteure. Darüber hinaus lässt sich der Alltag von Managern nicht selten als ein Durchwursteln im Kontext der teilweise widersprüchlichen Einflüsse des organisationalen Interaktionssystems kennzeichnen (vgl. [32]); Manager treffen unter Problemdruck intuitive Entscheidungen, für die sie erst ex post eine informatorische Begründung benötigen (vgl. [44], [48]). Aus der Perspektive der Theorie autopoietischer Sozialsysteme wird zudem deutlich, dass Entscheidungen auf Manager zugerechnet werden, obwohl sie diese gar nicht getroffen haben. Angesichts dessen wird Managementunterstützung ex post relevant und dient nicht nur der (Erfolgs-)Kontrolle von Entscheidungen, sondern auch der *Entscheidungslegitimation*. Im Zusammenhang von Emergenzphänomenen hat Managementunterstützung die Aufgabe, zu *entdecken, was die Organisation bereits erfolgreich tut*, um es anschließend konsequent nutzen zu können (vgl. [34]). Die Ex-post-Relevanz prägt insoweit den Kernbereich der Managementunterstützung und darf nicht unterschätzt werden.

Managementunterstützung erschließt sich selbst Probleme und Aufgaben. Neue Methoden der Informationsverarbeitung erhalten nicht selten den Charakter genereller Problemlösungen, die zügig auf vielfältige Problemstellungen angewendet werden. Die *Balanced Scorecard* (vgl. [16]) bietet Beispiele für diese Generalisierung des Anwendungsbereichs von Methoden (z. B. HR Scorecard, Sustainability BSC, Supply Chain BSC, Turnaround BSC, Projekt Scorecard, Communication Scorecard). Managementunterstützung breitet sich zunehmend aus, weil es mit der Generalisierung des Anwendungsbereichs von Standardlösungen neue zu bewältigende Probleme und Aufgaben erschließt. Darüber hinaus existieren gesellschaftliche Vorstellungen darüber, wie Entscheidungen angemessen zu treffen sind, und man erwartet, dass Entscheidungen argumentativ fundiert und intersubjektiv nachvollziehbar erfolgen (vgl. [33]). Folgt man den Gedanken des soziologischen Neoinstitutionalismus, wird Managementunterstützung nicht selten zur *Zeremonie*, die gegenüber einflussreichen Stakeholdern (z. B. Kapitalgeber, Unternehmensberater, Interessenverbänden) auf einer symbolischen Ebene Konformität mit gesellschaftlichen Rationalitätsvorstellungen demonstriert (vgl. [8]).

Managementunterstützung folgt nicht immer der Entscheidungslogik, ist deshalb allerdings keineswegs irrational. Die Auseinandersetzung mit den Theorien der Organisation zeigt, dass sowohl Management als auch Managementunterstützung nicht grundsätzlich entscheidungslogischen Rationalitätskalkülen folgen. Managementunterstützung wirkt keineswegs neutral, sondern erweist sich nicht selten als mikropolitisch relevant und ruft im Fall der Betroffenheit von Akteursinteressen mitunter ungeplante Effekte hervor. Im Kontext des organisationalen Interaktionssystems steht für die beteiligten Manager die Ex-post-Relevanz der Managementunterstützung gegenüber der Entscheidungsvorbereitung häufig im Vordergrund, weil sie die argumentative Basis bildet, um bereits getroffene Entscheidungen nachträglich gegenüber Stakeholdern mit unterschiedlichsten Interessen zu legitimieren und durchzusetzen.

Die Zweckmäßigkeit der Managementunterstützung in Organisationen folgt damit nicht primär aus der Beachtung entscheidungslogischer Kalküle, sondern aus ihrer *Vermittlungsfunktion* zwischen relevanten Akteuren im organisationalen Interaktionssystem (vgl. [47]). Die mit der Managementunterstützung assoziierte Expertise bildet die Basis für ihre vermittelnde Wirkung. Aus der Perspektive der soziologisch-neoinstitutionalistischen Organisationstheorie erfolgt Managementunterstützung dabei symbolisch und ohne Einflüsse auf Entscheidungsprozesse des Managements. Ihre primäre Funktion ist es demnach, Interessen und Ressourcen zugunsten der Organisation zu bündeln, nicht aber die Organisation faktisch mit zu gestalten. Aus dieser Sicht erweist sich Managementunterstützung jenseits entscheidungslogischer Prägung als rational.

4   Management- und Entscheidungsunterstützung: zwei (Problem-)Welten mit ähnlichen Entwicklungstendenzen

In der hier dargestellten Sicht richtet sich die *Unterstützung des Managements* auf die Bewältigung von Steuerungsproblemen im Kontext der Interaktionen zwischen (menschlichen) Akteuren in Organisationen. Natürlich erfolgt auch hierbei der Einsatz von Computern; allerdings können Entscheidungen in diesem Bereich aufgrund fehlender deterministischer Zusammenhänge nicht umfassend in die Form von Algorithmen gebracht werden. Die im Rahmen der Managementunterstützung gelieferten Daten bedürfen insoweit stets einer Interpretation im Kontext organisationaler Kommunikationsprozesse. Diese *Kommunikationsprozesse* erweisen sich als Einfallstor für die *hohe Komplexität und Dynamik*, die sich aus dem Zusammenwirken der Vielzahl Beteiligter des organisationalen Interaktionssystems ergibt. Insbesondere die in diesem Zusammenwirken entstehenden informellen Strukturen führen zu unvorhergesehenen bzw. emergenten Ergebnissen, lassen inkonsistente sowie veränderliche Zielsysteme entstehen und begünstigen Prozesse der Entkopplung formaler Strukturen von den tatsächlich erfolgenden Abläufen. Der Managementunterstützung fällt es daher schwer, Entscheidungen unter dem Einfluss derart variabler und partiell widersprüchlicher Interaktionssysteme in Organisationen mit umfassenden, langfristig ausgerichteten Planungs- bzw. Entscheidungskonzepten angemessen zu erfassen.

Während Managementunterstützung das organisationale Interaktionssystem in den Vordergrund der Betrachtung stellt, fokussiert die *Entscheidungsunterstützung* primär auf die technische Perspektive der computergestützten Informationsverarbeitung. Management- und Entscheidungsunterstützung vollziehen sich insoweit in partiell unterschiedlichen (Problem-)Welten. Bei der Entscheidungsunterstützung stehen Probleme im Vordergrund, die mit einer hohen Komplexität verbunden sind, denen aber dennoch eine beherrschbare Dynamik zugrunde liegt. Diese scheint eine zentrale Voraussetzung für die Modellierung des Entscheidungsfeldes und die Entwicklung von mathematisch-formalen Lösungsstrategien zu bilden, auch wenn hinsichtlich der Dynamisierung von Systemen der Entscheidungsunterstützung erhebliche Fortschritte erzielt wurden (vgl. [26], [38]). Der *Einbruch des völlig Unerwarteten* mit plötzlich unklaren Zielvorstellungen sowie hohem Problem-, Zeit- und Handlungsdruck, wie er in den Interaktionszusammenhängen von Managementprozessen auftritt (vgl. dazu [59]), wird bei den der Entscheidungsunterstützung zugrunde liegenden Problemen eher ausgeschlossen. Gleichwohl bieten sich für die Probleme der Entscheidungsunterstützung vielfältige Anwendungsbezüge (z. B. Krankentransportplanung bei Katastrophen, die Tourenplanung, die Positionierung von Mobilfunkmasten, Verkehrssimulation, Boxenstoppstrategien in der Formel 1). Mit den Methoden der Entscheidungsunterstützung trägt die computergestützte Informationsverarbeitung bei spezifischen Problemen zu einer erheblichen Entlastung des Managements (und nicht zuletzt der Managementunterstützung) bei.

Die organisationstheoretische Analyse hat sich zunehmend der hohen Komplexität organisationaler Entscheidungsprozesse geöffnet. Die gewonnenen Erkenntnisse werden auch auf Probleme der Managementunterstützung übertragen. Die Organisationstheorie gelangt dabei zu recht großen *Abweichungen von klassischen Modellen* entscheidungslogischer Rationalität; es lassen sich aber ähnliche Tendenzen im Bereich der Entscheidungsunterstützung beobachten, im Rahmen derer man sich hinsichtlich der computergestützten Informationsverarbeitung ebenfalls mit zunehmend komplexeren kombinatorischen Optimierungsproblemen auseinandersetzt. Die Vielfalt der möglichen Kombinationen macht es unter Berücksichtigung der Zeitrestriktionen der Praxis häufig unmöglich, globale Optima zu ermitteln. *Heuristiken* sollen den Suchraum in einem Analyseprozess sukzessive verkleinern (vgl. [14]). Metaheuristiken versuchen dabei, ganze Klassen von Problemstellungen einer Lösung zuzuführen, ohne jedoch Sicherheit darüber zu gewinnen, ob tatsächlich die optimale Lösung erreicht wird oder wie weit sie entfernt ist. Metaheuristiken und die damit verbundenen Suchstrategien lassen insoweit Analogien zu dem prozessorientierten Denken und dem – ebenfalls heuristisch geprägten – Durchwursteln in der Alltagsrealität des Managements von Organisationen erkennen.

Nicht nur die Komplexität, auch die Dynamik organisationaler Entscheidungsprozesse finden vermehrt Beachtung. In der Organisationstheorie (insbesondere im Ansatz der organisationalen Anarchie) führt die zunehmende Berücksichtigung der *Dynamik in Organisationen* sogar zur Dekomposition der Systematik von Entscheidungsprozessen: Lösungen tauchen vor den Problemen auf, Probleme finden keine Lösung, weil z. B. die Teilnehmer an organisationalen Entscheidungsprozessen kein Interesse mehr an diesen Problemen haben. Laufend werden neue Entscheidungsarenen eröffnet, die um die Aufmerksamkeit einflussreicher Personen ringen und gegebenenfalls zur völligen Neubewertung von Problemen, Zielen und Lösungen in anderen Entscheidungsarenen führen. Gleichermaßen hat sich die Entscheidungsunterstützung mittels computergestützter Informationsverarbeitung dynamischen Effekten geöffnet. So berücksichtigt z. B. die *Tourenplanung* verstärkt solche dynamischen Effekte, die sich in einer Variation der Inputdaten des Modells (z. B. neue Kunden, Veränderungen der Auftragsmengen, Modifikationen des Anlieferzeitfensters, Kapazitätsschwankungen) niederschlagen und zu wiederholten Berechnungen sowie Plananpassungen führen (vgl. z. B. [26]). Vor Beginn des Planungsprozesses sind dabei nicht alle relevanten Informationen bekannt und parallel zur Durchführung der Touren variieren die Inputdaten des Planungsmodells, so dass eine mehrfache Durchführung der meist rollierenden Planung und kontinuierliche Modifizierung der Ergebnisse erforderlich werden.

Erhebliche Unterschiede zwischen der organisationstheoretischen Betrachtung von Management und Managementunterstützung sowie der technischen Perspektive der Entscheidungsunterstützung bleiben bestehen. Durch den unterschiedlichen Fokus auf das organisationale Interaktionssystem einerseits sowie die computergestützte Informationsverarbeitung andererseits bewegen sich Management- und Entscheidungsunterstützung in partiell unterschiedlichen (Problem-)Welten. Dennoch sind ähnliche Entwicklungstendenzen erkennbar, die ein wechselseitiges – aufgrund unterschiedlichen Expertenwissens zwar nicht barrierefreies – Voneinanderlernen denkbar und wünschenswert erscheinen lassen.

Literaturverzeichnis

1. Bogumil, J.; Schmidt, J.: Politik in Organisationen. Organisationstheoretische Ansätze und praxisbezogene Anwendungsbeispiele, Leske + Budrich, Opladen 2001.
2. Bortfeldt, A.; Gehring, H.; Mack, D.: A parallel tabu search algorithm for solving the container problem. In: Parallel Computing 29 (2003), 641-662.
3. Bosetzky, H.: Machiavellismus, Machtkumulation und Mikropolitik, in: Zeitschrift für Organisation 46 (1977), 121-125.
4. Braybrooke, D.; Lindblom, C. E.: A Strategy of Decision: Policy Evolution as a Social Process, New York 1963.
5. Cohen, M. D.; March, J. G.; Olsen, J. P.: A Garbage Can Model of Organizational Choice. In: Administrative Science Quarterly, 17 (1972), 1-25.
6. Crozier, M.; Friedberg, E.: Die Zwänge des kollektiven Handelns. Über Macht und Organisation, Frankfurt a. M. 1993.
7. DiMaggio, P. J.; Powell, W. W.: The Iron Cage Revisited: Institutional Isomorphism and Collective Rationality in Organizational Fields. In: American Sociological Review 48 (1983), 147-160.
8. Elšik, W.: Controlling aus neoinstitutionalistischer Perspektive. In: Scherm, E.; Pietsch, G. (Hrsg.): Controlling – Theorien und Konzeptionen, Vahlen, München 2004, 801-822.
9. Fischer, T.; Gehring, H.: Planning vehicle transhipment in a seaport automobile terminal using a multi-agent system. In: European Journal of Operational Research 166 (2005), 726-740.
10. Frech, M.; Schmidt, A.; Heimerl-Wagner, P.: Management – drei klassische Konzepte und ihre Befunde. In: Eckardstein, D. v.; Kasper, H.; Mayrhofer, W. (Hrsg.): Management: Theorien – Führung – Veränderung, Schäffer-Poeschel, Stuttgart 1999, 221-255.
11. Gehring, H.; Homberger, J.: Parallelization of a Two-Phase Metaheuristic for Routing Problems with Time Windows. In: Journal of Heuristics 8 (2002), 251-277.
12. Granovetter, M.: Economic Action and Social Structure: The Problem of Embeddedness. In: American Journal of Sociology 91 (1985), 481-510.
13. Hasse, R.; Krücken, G.: Neo-Institutionalismus, Transcript-Verlag, Bielefeld 2005.
14. Homberger, J.; Gehring, H.: Evolutionäre Metaheuristiken als Problemlösungsmethoden für kombinatorische Optimierungsprobleme – dargestellt am Beispiel des Standardproblems der Tourenplanung mit Zeitfensterrestriktionen. Diskussionsbeitrag des Fachbereichs Wirtschaftswissenschaft, Nr. 254, FernUniversität Hagen, Hagen 1998.
15. Jäger, U.: Wertbewusstes Controlling. Harte und weiche Faktoren integrieren, Gabler, Wiesbaden 2003.
16. Kaplan, R. S.; Norton, D. P.: The Balanced Scorecard, McGraw-Hill, Boston 1996.
17. Kappler, E.: Controlling und Ästhetik. In: Kostenrechnungspraxis 46 (2002), 377-386.
18. Kappler, E.: Bild und Realität: Controllingtheorie als kritische Bildtheorie. Ein Ansatz zu einer umfassenden Controllingtheorie, die nicht umklammert. In: Scherm, E.; Pietsch, G. (Hrsg.): Controlling – Theorien und Konzeptionen, Vahlen, München 2004, 581-610.
19. Kappler, E.: Controlling. Eine Einführung für Bildungseinrichtungen und andere Dienstleistungsorganisationen, Waxmann, Münster 2006.
20. Kasper, H.; Mayrhofer, W.; Meyer, M.: Management aus systemtheoretischer Perspektive – eine Standortbestimmung. In: Eckardstein, D. v.; Kasper, H.; Mayrhofer, W. (Hrsg.): Management. Theorien – Führung – Veränderung, Schaeffer-Pöschel, Stuttgart 1999, 161-209.
21. Kieser, A.: Managementlehre und Taylorismus. In: Kieser, A.; Ebers, M. (Hrsg.): Organisationstheorien, Kohlhammer, Stuttgart 2006, 93-132.
22. Kirsch, W.: Betriebswirtschaftslehre. Eine Annäherung aus der Perspektive der Unternehmensführung, B. Kirsch Verlag, München 1997.

23. Kirsch, W.: Die Handhabung von Entscheidungsproblemen. Einführung in die Theorie der Entscheidungsprozesse, B. Kirsch Verlag, München 1998.
24. Koontz, H.: Making Sense of Management Theory. In: Koontz, Harold (Hrsg.): Toward a Unified Theory of Management, McGraw-Hill, New York u. a. 1964, 1-17.
25. Koontz, H.; O'Donnell, C.: Principles of Management. An Analysis of Managerial Functions, McGraw-Hill, New York u. a. 1972.
26. Larsen, A.: The Dynamic Vehicle Problem, Ph. D. Thesis, Institute of Mathematical Modelling, Technical University of Denmark, Lyngby 2001; Onlinedokument: http://www.ctt.dtu.dk/English/Research/Research%20Groups/Logistics%20Optimisation%20Group/Research/The%20dynamic%20vehicle%20routing%20problem.aspx, abgerufen am 04.09.2007.
27. Lindblom, C. E.: The Science of "Muddling Through", in: Public Administration Review 24 (1964), 79-88.
28. Luhmann, N.: Organisation und Entscheidung, Verlag für Sozialwissenschaften, Opladen, Wiesbaden 2000.
29. Mack, D.; Bortfeldt, A.; Gehring, H.: A parallel hybrid local search algorithm for the container loading problem. In: International Transactions in Operational Research 11 (2004), 511-534.
30. March, J. G.; Olsen, J. P.: Organizational Choice under Ambiguity. In: March, J. G.; Olsen, J. P. (Hrsg.): Ambiguity and Choice in Organizations, Universitetsforlaget, Bergen u. a. 1979, 10-23.
31. Mayo, E.: Probleme industrieller Arbeitsbedingungen, Verlag der Frankfurter Hefte, Frankfurt a. M. 1949.
32. Mayrhofer, W.: Manager tun nichts, sie reden nur!? Zur Bedeutung (zukünftiger) Manager aus systemtheoretisch-konstruktivistischer Perspektive. In: Eckardstein, D. v.; Kasper, H.; Mayrhofer, W. (Hrsg.): Management: Theorien – Führung – Veränderung, Schäffer-Poeschel, Stuttgart 1999, 257-269.
33. Meyer, J. W.; Rowan, B.: Institutionalized Organizations: Formal Structure as Myth and Ceremony. In: American Journal of Sociology 83 (1977), 340-363.
34. Mintzberg, H.: Patterns in Strategy Formulation, in: Management Science 24 (1978), 934-948.
35. Morgan, G.: Bilder der Organisation, Klett-Cotta, Stuttgart 2002.
36. Neuberger, O.: Mikropolitik. Der alltägliche Aufbau und Einsatz von Macht in Organisationen, Stuttgart 1995.
37. Olsen, J. P.: Choice in an Organized Anarchy. In: March, James G.; Olsen, J. P. (Hrsg.): Ambiguity and Choice in Organizations, Universitetsforlaget, Bergen u. a. 1979, S. 82-139.
38. Pankratz, G.: Dynamic vehicle routing by means of a genetic algorithm. In: International Journal of Physical Distribution and Logistics Management 35 (2005), 362-383.
39. Pietsch, G.: Reflexionsorientiertes Controlling – Konzeption und Gestaltung, Gabler, Wiesbaden 2003.
40. Pietsch,G.: Human Capital Measurement, Ambiguity, and Opportunism. Actors between Menace and Opportunity. In: Zeitschrift für Personalforschung – German Journal of Human Resource Research 21 (2007), S. 252-273.
41. Pietsch, G.; Scherm, E.: Die Präzisierung des Controlling als Führungs- und Führungs-unterstützungsfunktion. In: Die Unternehmung 54 (2000a), 395-412.
42. Pietsch, G.; Scherm, E.: Managementwissenschaft und Controlling. Zur Rekonstruktion eines theoretischen Gesamtkonzepts. Diskussionsbeiträge des Fachbereichs Wirtschafts-wissenschaft der FernUniversität in Hagen, Nr. 287, Hagen 2000b.
43. Pietsch, G.; Scherm, E.: Neue Controlling-Konzeptionen. In: Das Wirtschaftsstudium, 30 (2001), S. 206-213.
44. Pietsch, G.; Scherm, E.: Legitimation und Controller, Diskussionsbeiträge des Fachbereichs Wirtschaftswissenschaft der Fernuniversität Hagen, Nr. 349, Hagen 2003.

45. Roethlisberger, F. J.; Dickson, W. J. (1939): Management and the Worker, Cambridge 1939.
46. Scherm, E.; Pietsch, G.: Controller bewegen sich in einer „doppelten Realität". In: io new management, 73 (2004), S. 16-22.
47. Scherm, E.; Pietsch, G.: Erfolgsmessung im Personalcontrolling – Reflexionsinput oder Rationalitätsmythos? In: Betriebswirtschaftliche Forschung und Praxis 57 (2005), 43-57.
48. Scherm, E.; Pietsch, G.: Organisation – Theorie, Gestaltung, Wandel, Oldenbourg, München, Wien 2007.
49. Schreyögg, G.: Unternehmensstrategie. Grundfragen einer Theorie strategischer Unternehmensführung, de Gruyter, Berlin, New York 1984.
50. Schreyögg, G.: Organisation. Grundlagen moderner Organisationsgestaltung, Gabler, Wiesbaden 2003.
51. Simon, H. A.: Entscheidungsverhalten in Organisationen. Eine Untersuchung von Entscheidungsprozessen in Management und Verwaltung, Verlag Moderne Industrie, Landsberg am Lech 1981.
52. Steinmann, H./Schreyögg, G.: Management. Grundlagen der Unternehmensführung. Konzepte, Funktionen, Fallstudien, Gabler, Wiesbaden 2005.
53. Taylor, F. W.: Die Grundsätze wissenschaftlicher Betriebsführung, Oldenbourg, München 1983 [engl. Original: The Principles of Scientific Management, New York 1911].
54. Teubner, G.: Die vielköpfige Hydra. Netzwerke als kollektive Akteure höherer Ordnung. In: Krohn, W.; Küppers, G. (Hrsg.): Emergenz: Die Entstehung von Ordnung, Organisation und Bedeutung, Suhrkamp, Frankfurt a. Main 1992, S. 189-216.
55. Thomas, A. B.: Controversies in Management, Routledge, London, New York 2003.
56. Türk, K.: Neuere Entwicklungen in der Organisationsforschung. Ein Trend Report, Stuttgart 1989.
57. Türk, K.: Die Organisation der Welt. Herrschaft durch Organisation in der modernen Gesellschaft, Westdeutscher Verlag, Opladen 1995.
58. Weber, M.: Wirtschaft und Gesellschaft. Grundriss der verstehenden Soziologie, Mohr, Tübingen 1985.
59. Weick, K. E.; Suttcliffe, K. M.: Das Unerwartete Managen. Wie Unternehmen aus Extremsituationen lernen, Klett-Cotta, Stuttgart 2003.
60. Willke, H.: Beobachtung, Beratung und Steuerung von Organisationen in systemtheoretischer Sicht. In: Wimmer, R. (Hrsg.): Organisationsberatung. Neue Wege und Konzepte, Carl-Auer-Systeme-Verlag, Wiesbaden 1992, S. 17-42.
61. Witte, E. (1988): Informationsverhalten. In: Witte, E.; Hauschildt, J.; Grün, O. (Hrsg.): Innovative Entscheidungsprozesse. Die Ergebnisse des Projektes „Columbus", Mohr, Tübingen 1988, S. 227-240.

Was ist Wirtschaftsinformatik? –
Zum Selbstverständnis einer jungen Wissenschaft

Reinhard Strangmeier

FernUniversität in Hagen, Fakultät für Wirtschaftswissenschaft,
Lehrstuhl für Wirtschaftsinformatik
Profilstraße 8, 58084 Hagen
reinhard.strangmeier@fernuni-hagen.de

Abstract. Starting point of this contribution is lack of epistemological reflection of information systems research. It has become virulent since the discussion about behavioral science vs. design science, especially initiated by Hevner et al. (2004). Information systems research is characterized by subject and method. The basic disciplines economics and computer science and their specific subjects and methods are discussed. Some relevant epistemological aspects are pointed out. Information systems research is inquired in light of general characteristics, dimensions and requirements. One important requirement founding the commitment of science is retraceability. In the closing part of the contribution the topic concerning behavioral science vs. design science is characterized and its weight for development of information systems research is reassessed.

Keywords: information systems, design science, economics, computer science, philosophy of science.

1 Einleitung

Fragen nach Identität, Differenz, Methoden, Geltungsanspruch und Relevanz werden in der Wirtschaftsinformatik wie auch in anderen Fächern von Studienanfängern regelmäßig gestellt. So insbesondere: Was ist Wirtschaftsinformatik? Wodurch unterscheidet sie sich von anderen Disziplinen oder Fächern? Mit welchen Methoden erzielt sie ihre Ergebnisse und worauf gründet sie den Anspruch, dass ihre Ergebnisse ernsthaft geprüft und ggf. beachtet werden? Wofür ist die Wirtschaftsinformatik wichtig? Nicht immer gibt es schlüssige, bündige und nachvollziehbare Antworten. Einführende Lehrbücher widmen den grundlegenden Fragen in aller Regel nur wenig Raum. Vieles ist Tacit Knowledge. Man lernt es durch Beobachten und Mitarbeiten.

Der Mangel an expliziter Kommunikation wird jedoch zunehmend erkannt und es gibt im Fach eine lebhafte Diskussion über seine wissenschaftstheoretischen und methodologischen Grundlagen. Nachdem auch in früheren Jahren vereinzelt einschlägige Publikationen zu verzeichnen waren (z. B. [1], [7], [21]), hat offenbar insbesondere eine Untersuchung von vierzehn Jahrgängen der Zeitschrift WIRTSCHAFTS-INFORMATIK durch Heinrich [10], die erhebliche Defizite an forschungsmethodischer Reflexion in den darin publizierten Beiträgen feststellte, die Diskussion beflügelt (z. B. [18], [2], [3]).

Ein weiterer Treiber ist die Kontrastierung von (nordamerikanisch geprägtem) Information System Research (ISR) und (zentraleuropäisch angesiedelter) Wirtschaftsinformatik (WI). Hevner et al. unterscheiden zwei Forschungsansätze oder Paradigmen, Behavioral Science vs. Design Science. Sie seien komplementär, aber verschieden [11].

- Behavioral Science ist theoriegeleitet-empirisch angelegt. Sie *beschreibt*, was ist, und *erklärt* evtl., warum es so ist. Ihr Prüfkriterium ist Wahrheit. Dabei ist die Wahrheit einer Beschreibung noch relativ leicht zu prüfen, aber der Weg zu einer haltbaren Erklärung und ihrer Prüfung kann lang sein.
- Design Science ist ingenieurwissenschaftlich orientiert. Sie *schafft* Artefakte und *bewertet* sie. Ihr erstes Prüfkriterium ist Wirksamkeit, ihr zweites ggf. Effizienz. Wenn ein Artefakt diese Kriterien im Sinne des ihm gesetzten Zwecks erfüllt, wohnt ihm offenbar eine Wahrheit inne, aber es kann sehr lange dauern, bis sie erkannt wird.

Beide Forschungsansätze sind nach Hevner et al. für ISR konstitutiv [11], wobei das relative Gewicht der Design Science allerdings noch als gering zu veranschlagen ist. In der Forschungstradition der WI sind ebenfalls beide Auffassungen vertreten, wenngleich Design Science eindeutig dominiert.

Das Selbstverständnis der Wirtschaftsinformatik sieht sich also in mehrfacher Hinsicht herausgefordert: *Erstens* intern durch ein Reflexionsdefizit seiner Grundlagen, das im Schatten großer Erfolge bei der Umgestaltung betrieblicher Anwendungssystemlandschaften gedeihen und über die Jahre akkumuliert werden konnte. *Zweitens* durch eine große Zahl von Absolventen ISR-geprägter Studiengänge, gegenüber denen sich Wirtschaftsinformatiker im beruflichen Wettbewerb behaupten müssen. *Drittens* durch die Deklaration zweier möglicherweise konfligierender Auffassungen – ob es sich um Paradigmen handelt, wird noch zu prüfen sein –, deren Verhältnis zueinander zumindest ungeklärt ist.

Vor diesem Hintergrund sollen im Folgenden einige Grundbegriffe und -konzepte einer kritischen Betrachtung unterzogen werden.

2   Gegenstand und Methoden der Wirtschaftsinformatik in erster Annäherung

Informations- und Kommunikationssysteme in Wirtschaft und Verwaltung bilden den Gegenstand der Wirtschaftsinformatik ([8, S. 5], [20]). Die Wirtschaftsinformatik untersucht, wie wirtschaftliche Probleme mit Mitteln der Informations- und Kommunikationstechnik gelöst werden (können), und trägt aktiv gestaltend zu diesen Lösungen bei. Dazu werden Methoden eingesetzt, die teilweise aus anderen Disziplinen, namentlich aus der Wirtschaftswissenschaft und aus der Informatik, übernommen und für die Zwecke der Wirtschaftsinformatik weiterentwickelt werden. Damit ist eine klare und kompakte Begriffsbestimmung gegeben.

Eine andere Quelle fasst den Begriff möglicherweise restriktiver. „Die Wirtschaftsinformatik untersucht den Einsatz von Instrumentarien der Informatik zur Lösung wirtschaftlicher Problemstellungen. Dazu werden die Bestandteile von Informations-

und Kommunikationssystemen ... und deren Wechselbeziehungen untereinander betrachtet. ... Darüber hinaus beschäftigt sich die Wirtschaftsinformatik mit der Entwicklung dieser Systeme" [13, S. 3]. Was ist mit der Wendung „Instrumentarien der Informatik" gemeint? Sind dies die Objekte der Informatik, also u. a. die Informations- und Kommunikationssysteme, oder sind es die Methoden der Informatik? Oder lassen sich Gegenstand und Methoden der Informatik nicht ohne weiteres trennen? Diese Fragen machen auf ein Problem aufmerksam. Bei vielen anderen Wissenschaften kann man davon ausgehen, dass Gegenstand und Methode disjunkt sind. Zum Beispiel gehört die Erde und ihre Entwicklung zum Gegenstandsbereich der Geologie, hingegen Beobachten, Messen und Experimentieren zu ihren Methoden. Andere Wissenschaften können ihre Methoden auch auf sich selbst anwenden, aber im konkreten Verwendungszusammenhang bleibt doch unterscheidbar, was jeweils Gegenstand und was Methode ist. So gehört die sprachlich gefasste Überlieferung zum Gegenstand der Literaturwissenschaft, die mit literaturwissenschaftlichen Methoden untersucht wird. Selbstverständlich können auch literaturwissenschaftliche Texte mit literaturwissenschaftlichen Methoden untersucht werden. Dies ist jedoch eine Ausnahme. In der Regel sind Gegenstand und Methode der Literaturwissenschaft klar geschieden. Es geht um (hier sprachliche) Artefakte, aber die Methoden zur Produktion der Artefakte unterscheiden sich von den Methoden zur Untersuchung der Artefakte. Damit einher geht eine klare Rollentrennung: Literaturproduzenten, Literaturwissenschaftler, auch Literaturkritiker. Gelegentlich werden mehrere Rollen in Personalunion wahrgenommen, etwa wenn Literaturwissenschaftler Romane schreiben.

Bei der Wirtschaftsinformatik wie auch bei der Informatik, der Architektur, der Stadtplanung und bei etlichen Ingenieurwissenschaften liegen die Dinge anders. Auch hier geht es um Herstellung und Untersuchung von Artefakten, aber die genannten Disziplinen nehmen für sich in Anspruch, dass sie mit ihren jeweiligen Methoden Wichtiges zur Produktion wie auch zur Analyse der Artefakte beizutragen haben. Zum Teil dienen die Artefakte selbst zur Erkenntnisgewinnung, sind also auch Teil der Methode. Es ist zu fragen, ob in diesen Disziplinen besondere Verhältnisse zwischen Gegenstand und Methode vorliegen, die möglicherweise von der hergebrachten Wissenschaftstheorie nicht hinreichend berücksichtigt werden.

Im Folgenden werden die namensgebenden Bestandteile der Wirtschaftsinformatik betrachtet. Das erscheint geboten, wenn die Aussage, die Wirtschaftsinformatik untersuche und gestalte die Lösung wirtschaftlicher Probleme mit Mitteln der Informations- und Kommunikationstechnik, ernst genommen werden soll.

3   Wirtschaft und ihre Wissenschaft

„Wirtschaft umfasst das Gebiet der Befriedigung menschlicher Bedürfnisse durch Güter und Dienstleistungen" [13, S. 13]. Diese Bestimmung aus einem 2006 erschienenen Lehrbuch und Nachschlagewerk zur Wirtschaftsinformatik bedarf der Präzisierung. In der älteren Literatur wird vorsichtiger formuliert. So beginnt der Artikel „Wirtschaft" im Wörterbuch der Volkswirtschaft 1907: „W. nennen wir die geregelte Tätigkeit und Fürsorge des Menschen *zur* Beschaffung und zweckmäßigen Verwendung der Mittel *zur* Befriedigung seiner Bedürfnisse" [14, S. 1328 – Hervorhebungen durch den Verf.]. Gehört die Bedürfnisbefriedigung zur Wirtschaft? Die Formulierung hält die Frage offen, aber die mehrfach teleologische Satzkonstruktion lässt Zweifel erkennen. Bei G. Cassel ist die Frage entschieden. „Zweck jeder Wirtschaft ist Befriedigung menschlicher Bedürfnisse. Die Wirtschaft ist also eine Tätigkeit, die auf Ermöglichung einer solchen Bedürfnisbefriedigung hinausgeht. Jedoch ist der Akt der Bedürfnisbefriedigung selbst nicht als eine wirtschaftliche Tätigkeit zu rechnen" [5, S. 1]. Er argumentiert, dass Menschen etliche Bedürfnisse durch Aktivitäten befriedigen, die zum Teil keine vorbereitenden wirtschaftlichen Handlungen erfordern (z. B. das Atmen, die Bewegung). Andere bedürfnisbefriedigende Aktivitäten erfordern zwar die vorausgegangene Schaffung der Mittel zur Bedürfnisbefriedigung, sind aber nicht mit letzterer gleichzusetzen. So setzt das Essen die Beschaffung von Nahrungsmitteln voraus, aber es handelt sich offenkundig um verschiedene Tätigkeiten. Cassel bekräftigt also: „Die Gesamtheit der die Bedürfnisbefriedigung ermöglichenden, aber nicht mit ihr zusammenfallenden Tätigkeit bildet die Wirtschaft" [5, S. 1].

Die moderne Wirtschaftswissenschaft hat diese Auffassung weitestgehend übernommen. Die Haushaltstheorie etwa interessiert sich für Haushalte, soweit sie als Nachfrager von Sach- und Dienstleistungen oder als Anbieter von Arbeitskraft in Erscheinung treten. Die internen, mit der Befriedigung von Bedürfnissen verbundenen Vorgänge werden zunächst als Black Box behandelt. Es gibt jedoch gewisse Ausnahmen. So wird im Marketing auch der Akt der Bedürfnisbefriedigung selbst in den Blick genommen, da vom Erlebnis dieses Aktes erhebliche Wirkungen auf die Bereitschaft, das eine oder andere Mittel zur Bedürfnisbefriedigung zu beschaffen, ausgehen können. Weiter sind Dienstleistungen zu nennen. Dienstleistungen sind nicht lagerbar, Herstellung und Verbrauch müssen daher synchron erfolgen. Das ist bei personenbezogenen Dienstleistungen besonders virulent, denn der Konsument ist unmittelbar involviert. Die Handlungsketten des Bedürfnis befriedigenden Aktes sind mit Handlungsketten des herstellenden Aktes verwoben und die günstige Gestaltung dieser Verflechtung kann sich nachhaltig auf den Erfolg des Geschäftsmodells auswirken. Im Bereich der Wirtschaftsinformatik wäre z. B. auch E-Education unter diesem Gesichtspunkt zu untersuchen.

Es ist also festzuhalten, dass die Bedürfnisbefriedigung *erstens* zwar Leitmotiv allen Wirtschaftens ist, dass sie selbst *zweitens* im Allgemeinen jedoch nicht zur Wirtschaft – und mithin nicht zum Gegenstand der Wirtschaftswissenschaft – gerechnet wird und dass *drittens* dieser Grundsatz in einigen Fällen aus wohlerwogenen Gründen durchbrochen wird und durchbrochen werden muss. Den weitreichenden Konsequenzen des Befundes soll hier nicht nachgegangen werden. Wirtschaftsinformatik Betreibende sollten aber im Bewusstsein behalten, dass es die aufgezeigte Demarkationslinie gibt, und sollten wissen, was sie tun, wenn sie sie überschreiten.

Damit ist Wirtschaft jedoch noch nicht hinreichend bestimmt. Es besteht allgemeiner Konsens darüber, dass relative Knappheit konstitutiv für Wirtschaft ist [vgl. auch 5, S. 3]. *Knappheit* ist eine Eigenschaft bestimmter Situationen, die dadurch geprägt werden, dass die Beteiligten nicht alles erhalten können, was sie wollen könnten. Die Bedürfnisse übersteigen die Mittel, die zu ihrer Befriedigung in Anspruch genommen werden können. Diese Situationen verlangen *Entscheidungen*: Auswahl von Zielen

(Realisierung des einen und Verzicht auf das andere), Auswahl von Mitteln (Verwendung des einen und Schonung des anderen) sowie Priorisierung (das eine jetzt, das andere später oder eine gewisse quantitative Verteilung in der Zeit). Die meisten Entscheidungen erfolgen – unter dem Primat der Knappheit an Zeit und anderen Entscheidungsressourcen – habituell oder spontan. Andere werden mit Bedacht getroffen. Was besonders knapp ist und Reflexion erfordert, unterliegt historischem Wandel und situativen Abhängigkeiten. Nicht immer ist Geld das Substrat und Ausdrucksmittel der Knappheit. Auch Lebensmittel, Macht, Wissen, Rohstoffe, Liebe, Aufmerksamkeit und andere Entitäten können tatsächlich Gegenstand des reflektierten Umgangs mit relativer Knappheit sein und waren oder sind es auch: Zu verschiedenen Zeiten, an verschiedenen Orten, manchmal auch synchron und ubiquitär. Zudem sind Komplementaritäts- und Substitutionsbeziehungen in die Überlegungen einzubeziehen.

Unter Wirtschaften kann also der *reflektierte Umgang mit relativer Knappheit* verstanden werden. Wirtschaft (Ökonomie) bezeichnet den Prozess und das Ergebnis dieses Umgangs, Wirtschaftswissenschaft (Ökonomik) ist die wissenschaftliche Disziplin, die sich damit befasst.

Warum *relative* Knappheit? Von absoluter Knappheit sprechen wir, wenn es keine Alternativen gibt. Wenn zum Beispiel in einer Reisegruppe nicht genug Trinkwasser für alle vorhanden ist, kein weiteres beschafft werden kann und keine anderen Alternativen zur Verfügung stehen, liegt absolute Knappheit vor. In diesem Fall werden einige Teilnehmer sterben und der reflektierte Umgang mit Knappheit, das Wirtschaften, stößt an seine Grenzen.

Warum *reflektiert*? Auch der Laubfrosch geht mit Knappheit um, aber er denkt vermutlich nicht darüber nach. Knappheit ist ubiquitär, aber nicht überall wird sie zum Thema. Jede Theateraufführung findet in einer Welt knapper Ressourcen statt, aber sie handelt (in der Regel) nicht davon. Eben deshalb wird sie zur Kunst gezählt, nicht zur Wirtschaft. In dem, was in einer Gesellschaft Wirtschaft genannt wird, wird Knappheit zum Thema. In funktional ausdifferenzierten Gesellschaften bildet sich ein separiertes System „Wirtschaft", in dem Knappheit Anschlussfähigkeit gewährleistet.

Man könnte auch sagen: Die wirtschaftliche ist eine von mehreren möglichen Sichten der Dinge. Ob sie für eine bestimmte Gegebenheit bedeutsam ist, ist unter dem Gesichtspunkt der Knappheit von Aufmerksamkeit wiederum eine wirtschaftliche Frage. Wer – das erwähnte Theaterereignis konsumierend – über die Kosten für Bühnenbild und Kostüme nachsinnt, dem entgeht möglicherweise der intendierte Theatergenuss.

4   Informatik und ihr Gegenstand

Die Gesellschaft für Informatik (GI) bietet in ihrem Positionspapier folgende Selbstbeschreibung: „Die Wissenschaft Informatik befasst sich mit der Darstellung, Speicherung, Übertragung und Verarbeitung von Information. Dabei untersucht sie die unterschiedlichsten Aspekte: elementare Strukturen und Prozesse, Prinzipien und Architekturen von Systemen, Interaktionen in kleinen, mittleren und weltumspannenden Netzen, die Konzeption, Entwicklung und Implementierung von Hardware und

Software bis hin zu hochkomplexen Anwendungssystemen und der Reflexion über ihren Einsatz und die Auswirkungen" [9, S. 7].

Gegenstand der Informatik ist Information. „Sie bezieht sich auf Fakten, Wissen, Können, Austausch, Überwachen und Bewirken; sie will erzeugt, dargestellt, abgelegt, aufgespürt, weitergegeben und verwendet werden; sie ist meist komplex und undurchschaubar mit anderen Informationen vernetzt. In der Regel hat die Information sich selbst als Bearbeitungsobjekt: Um Information zu nutzen, werden konkrete Gegebenheiten und Vorgänge, aber auch abstrakte Bereiche – mit Hilfe von Information – in geeigneter Weise modelliert und simuliert" [9, S. 6]. Die Begriffsbestimmung ist schwierig, erfolgt indirekt umschreibend und vermittelt wichtige Begriffskomponenten durch Enumeration.

Enumeration, also die Bestimmung einer Entität durch Aufzählung von Elementen, kennzeichnet eine eher pragmatische Strategie der Begriffsbildung. Sie liefert schnell eine Anschauung, lässt aber zunächst offen, ob die Aufzählung vollständig ist, zumal ein Prüfkriterium auf Vollständigkeit fehlt oder zumindest nicht mitgeteilt wird. In einer Definition wird die Vollständigkeit der verwendeten Enumerationen gesetzt. Der Begriff lässt sich formal einfach – durch Hinzufügen oder Wegnehmen – an veränderte Verhältnisse oder gewachsene Erkenntnisse anpassen. Dadurch werden Ausnahme- oder Öffnungsklauseln vermieden, die bei anderen, stärker analytisch ausgerichteten Begriffsbildungsstrategien erforderlich sein können, wie im vorangegangenen Abschnitt bei der Präzisierung des Begriffs Wirtschaft deutlich wurde. Aber auch die mit diesen Strategien verbundenen Möglichkeiten, Korrekturpotentiale und Entwicklungschancen aufzudecken, entfallen. Schließlich kann sich auch die Flexibilität der Enumerierungsstrategie nachteilig auswirken. Bekanntlich ist der Einkommensbegriff im deutschen Einkommensteuerrecht im Wesentlichen enumerativ gefasst. Er setzt den regelmäßigen und mit erheblichem politischem und wirtschaftlichem Nachdruck vorgetragenen Änderungswünschen kaum Widerstand entgegen. Es sei allerdings zugestanden, dass die Ursachen für diesen Missstand im Kern woanders liegen.

Die Einordnung der Informatik als Wissenschaft ist klar und ausgreifend: „Die Informatik ist sowohl eine Grundlagenwissenschaft als auch eine Ingenieurwissenschaft. Darüber hinaus besitzt sie Aspekte einer Experimentalwissenschaft. Ihre Produkte sind zwar überwiegend abstrakt, haben aber sehr konkrete Auswirkungen. Ihre Denkweisen dringen in alle anderen Wissenschaften ein, führen zu neuen Modellen und Darstellungsweisen und lassen neuartige Hard- und Softwaresysteme entstehen" [9, S. 7].

Wenn die in der Einleitung angeführte Unterscheidung von theoriegeleitet-empirischen Forschungsansätzen (so genannter Behavioral Science) und ingenieurwissenschaftlich angelegten Forschungsansätzen (Design Science) akzeptiert wird, müsste sie insbesondere auch in der Informatik auffindbar sein. Möglicherweise gehen die zitierten Begriffe *Grundlagenwissenschaft* einerseits vs. *Ingenieurwissenschaft* und *Experimentalwissenschaft* andererseits in diese Richtung. Ggf. könnte es lohnend sein zu untersuchen, ob und wie in der Informatik mit diesem Kontrast umgegangen wird und was die Wirtschaftsinformatik daraus u. U. lernen könnte.

5   Wirtschaftsinformatik als Wissenschaft

Konstituierende Dimensionen bzw. Merkmale von Wissenschaft sind Gegenstand und Methode sowie Akteursgemeinschaft (Scientific Community, weiteres Publikum) und peer-kontrollierte Rekrutierung ihres Personals (systematische Nachwuchsgewinnung, Kooptation), vgl. [6], [12]. Wissenschaft umfasst die

- methodisch kontrollierte Generierung und
- Begründung (Validierung), die
- systematisierend reflektierte Darstellung und Weitergabe (Lehren/Lernen) von Wissen sowie weiter die
- Gestaltung von Produkten geistiger, technischer und systemischer Art und die
- Untersuchung dieser selbst geschaffenen, also kulturellen Artefakte.

Im Folgenden werden einige der genannten Eigenschaften oder Dimensionen näher beleuchtet. Insbesondere geht es um die Merkmale, die Wissenschaft von anderen Aktivitätsfeldern unterscheidet. Weniger geht es um die innere Organisation von Wissenschaft, etwa die Aufteilung in und Abgrenzung von Disziplinen. Dahinter steht die Vorstellung, dass die Abgrenzung von Disziplinen wie auch die gelegentliche Überschreitung disziplinärer Grenzen – die vielfach als Qualitätsmerkmal ausgestellte und auch für die Wirtschaftsinformatik zutreffend beanspruchte Interdisziplinarität – überwiegend von Zweckmäßigkeitsgesichtspunkten regiert wird. Hingegen hat die Antwort auf die Frage, ob eine Aussage auf wissenschaftlicher Grundlage gewonnen, evtl. sogar „wissenschaftlich gesichert" sei, weitreichende Auswirkungen auf ihren inner- und außerwissenschaftlichen Geltungsanspruch.

Warum systematisierend? Auch im Journalismus wird Wissen gesammelt, geschaffen, provoziert („investigativer Journalismus") oder zumindest vermittelt und auch hier besteht der Anspruch einer methodischen Kontrolle. Aber es geschieht nicht systematisierend. Typische Auswahlkriterien sind eine an bestimmte Zeithorizonte gebundene Aktualität und die marktliche Verwertbarkeit des journalistischen Outputs. Systematisierungsversuche machen – neben anderen Funktionen – Wissenslücken sichtbar. Die Schließung einer solchen Wissenslücke wäre aber kein hinreichendes Motiv für journalistische Arbeit.

Warum methodisch (dokumentiert und) kontrolliert? Wissenschaftliche Wahrheit bezieht ihren Anspruch auf Geltung nicht aus ihren Inhalten (z. B. Selbstevidenz, Naturrecht) und auch nicht aus anderen Quellen wie z. B. Macht oder Offenbarung – das wäre Doktrin. Der Anspruch auf Geltung ergibt sich daraus, dass prinzipiell jeder vernünftige Mensch die einzelnen Schritte der Erkenntnis *nachvollziehen* kann und die Chance hat, zu einem abweichenden Ergebnis zu gelangen – daraus ergibt sich die Notwendigkeit der Dokumentation und Publikation –, und dass weiter dieser in skeptischer Haltung durchgeführte kritische Nachvollzug mit der Chance zur Widerlegung auch regelmäßig (nicht unbedingt in jedem Fall), möglicherweise institutionell gestützt (wenn auch ohne Monopolanspruch der Kritik) stattfindet.

Der Geltungsanspruch wissenschaftlicher Wahrheit stützt sich also allein auf die Methode ihrer Entdeckung und Begründung. Soziologisch gesehen liegt hier eine besondere Ausprägung von Legitimation durch Verfahren vor [15]. Der Geltungsanspruch ist gleichzeitig ubiquitär (gilt für alle und überall) und jederzeit widerlegbar [17].

Die Ubiquität des Geltungsanspruchs bezieht sich auf alle vernünftigen Hörer der Wahrheit und wird von Angehörigen anderer Kulturen deshalb möglicherweise gelegentlich als Übergriff empfunden. Sie bezieht sich hingegen nicht auf die Gegenstände der Erkenntnis, etwa in dem Sinne, dass nur All-Aussagen wissenschaftsfähig seien.

Im Lichte der Aufklärung kann Wissenschaft Geltung beanspruchen, insoweit sie darlegen kann, dass alle vernünftigen Menschen guten Willens mit hinreichender Fachausbildung zu demselben Ergebnis kommen würden bzw. gekommen wären, wenn sie dem angegebenen Weg gefolgt wären. Damit ist auch eine gewisse Verbindlichkeit erreichbar, im Sinne des Anspruchs, dass besagte vernünftige Menschen das als wahr Erkannte in die Grundlagen ihres Handelns einbeziehen.

Die als Kriterium für Wissenschaftlichkeit zu betonende Nachvollziehbarkeit kann sich auf den methodischen Weg wie auch auf das Ergebnis beziehen. Allerdings ist bei der Operationalisierung Vorsicht geboten. Die Reproduzierbarkeit des Ergebnisses ist eine mögliche Operationalisierung der Nachvollziehbarkeit, aber nicht die einzige und nicht immer anwendbar. So kann im Falle von Existenzaussagen der Nachweis eines Exemplars (beispielsweise des Erregers einer seltenen Krankheit) gelingen, ohne dass das Ergebnis ohne weiteres beliebig reproduzierbar wäre. Bei informationstechnischen Artefakten, wie sie etwa in der Wirtschaftsinformatik üblich sind, wird man hingegen erwarten, dass die Testsysteme bei entsprechender Dokumentation nachbaubar sind und reproduzierbare Ergebnisse erzielen. Formalisierung kann ebenfalls eine Möglichkeit sein, um den Nachvollzug komplexer Wege zur Erkenntnis zu erleichtern. Insoweit kann sie auch als Operationalisierung der Nachvollziehbarkeit aufgefasst werden.

Es dürfte unstrittig sein, dass die Wirtschaftsinformatik in den o. g. Dimensionen (Gegenstand, Methode, Akteursgemeinschaft, Peer-Kontrolle, Nachvollziehbarkeit) als Wissenschaft anzusprechen ist. Deshalb soll im Folgenden auf den postulierten Gegensatz Behavioral vs. Design Science fokussiert werden.

Das so genannte Behavioral Science Paradigma ist nicht mit dem zu verwechseln, was im deutschen Sprachgebrauch unter Behaviorismus verstanden wird. Das Behavioral Science Paradigma dient Hevner et al. [11] als Kontrastfolie, vor der die Autoren ihre eigenen Vorstellungen zur Design Science entwickeln. Über den Gehalt des ersteren geben sie nur vage Auskunft. Es ziele auf die Entwicklung und Begründung von Theorien, die organisationale und menschliche Phänomene im Umfeld von Analyse, Entwurf, Implementierung, Management und Betrieb von Informationssystemen erklären oder vorhersagen. Die Publikation fußt jedoch massiv und explizit auf March und Smith [16]. Darin wird, weiter auf H. A. Simon [19] zurückgehend, Design Science von Natural Science abgesetzt, und Natural Science wird hier außerordentlich weit gefasst. „Natural science includes traditional research in physical, biological, social, and behavioral domains" [16, S. 253]. Man kann daher annehmen, dass Behavioral Science hier als Label steht für die Vielfalt der natur- und sozialwissenschaftlichen Disziplinen, soweit sie *nicht* gestaltend tätig sind.

Auch der Begriff Paradigma ist zumindest missverständlich. Er wurde von T. S. Kuhn zwar nicht geprägt, aber durch den Erfolg seines Buches „The Structure of Scientific Revolutions" [12] weltweit bekannt. Eine Kernthese war bereits zuvor von L. Fleck [6] ausgearbeitet und mittels des Begriffs Denkstil gefasst worden. Sie beinhaltet – in rigoros verkürzter Darstellung –, dass Wissenschaftlergemeinschaften („Denkkollektive") durch Kommunikations- und Sozialisationsprozesse veranlasst werden, die zentralen Fragen, Probleme, Begriffe und Vorgehensweisen ihres Fachs einheitlich zu sehen („Denkstil") und dass sich diese Sichtweisen im Mainstream (bei Kuhn „Normalwissenschaft") nur wenig ändern, dass es aber Zeiten beschleunigten Wandels gibt, in denen der alte Denkstil relativ schnell durch einen neuen ersetzt wird (bei Kuhn die Titel gebende wissenschaftliche Revolution).

Dieses Konzept passt auf Behavioral vs. Design Science jedoch nur sehr bedingt. Beide stehen erklärtermaßen in einem komplementären Verhältnis zueinander. Sie konkurrieren vielleicht um knappe Ressourcen, aber nicht um die richtige Sicht der Dinge. Sie stellen unterschiedliche Fragen bzw. lösen unterschiedliche Probleme und verwenden dabei unterschiedliche Methoden und Vorgehensweisen, sind aber nicht inkommensurabel.

Becker und Pfeiffer [4] gelangen auf anderem Wege zu einer ähnlichen Beurteilung und schlagen sogar eine Art Rollentrennung vor, sodass beide „Paradigmen" in einem Forschungsprojekt und auch mittels einer Forschungsperson zum Zuge kommen können sollen.

Soweit muss man vielleicht nicht gehen. Jedoch ist zu betonen, dass beide Auffassungen der Wirtschaftsinformatik einander ergänzen und im Sinne eines methodischen und epistemologischen Pluralismus mit gleicher wissenschaftlicher Dignität nebeneinander bestehen können.

Dessen ungeachtet sollte die Herausforderung aber als Anlass zu nachhaltigen Anstrengungen in der Erforschung und Weiterentwicklung der wissenschaftstheoretischen Grundlagen des Faches genutzt werden. Hier gibt es noch viel zu tun und zu entdecken.

6   Zusammenfassung

Der Beitrag geht von einem Defizit an wissenschaftstheoretischer Reflexion des Faches Wirtschaftsinformatik aus. Dieses wird insbesondere durch die von Hevner et al. [11] angestoßene Diskussion über Behavioral Science vs. Design Science virulent. Die Wirtschaftsinformatik wird nach Gegenstand und Methode charakterisiert. Auf die beiden Basisdisziplinen, Wirtschaftswissenschaft und Informatik, und ihre jeweiligen Gegenstandsbereiche und Methoden wird eingegangen. Dabei werden einige unter wissenschaftstheoretischen Gesichtspunkten relevante Eigenarten herausgearbeitet. Die Wirtschaftsinformatik wird im Lichte der allgemein mit Wissenschaft verbundenen Eigenschaften, Dimensionen und Anforderungen genauer untersucht. Als wichtige Eigenschaft in der Begründung des Geltungsanspruchs von Wissenschaft erweist sich die Nachvollziehbarkeit. Der Beitrag schließt mit einer Charakterisierung der Diskussion von Behavioral Science vs. Design Science und einer begründeten Einschätzung ihrer Bedeutung für die Entwicklung des Faches.

Literaturverzeichnis

1. Becker, J.; König, W.; Schütte, R.; Wendt, O.; Zelewski, S. (Hrsg.): Wirtschaftsinformatik und Wissenschaftstheorie. Bestandsaufnahme und Perspektiven, Gabler, Wiesbaden 1999.
2. Becker, J.; Krcmar, H.; Niehaves, B. (Hrsg.): Wissenschaftstheorie und gestaltungs-orientierte Wirtschaftsinformatik, Arbeitsbericht Nr. 120 des Instituts für Wirtschafts-informatik, Münster, Februar 2008.
3. Becker, J.; Niehaves, B.; Olbrich, S.; Pfeiffer, D.: Forschungsmethodik einer Integrations-disziplin – Eine Fortführung und Ergänzung zu Lutz Heinrichs „Beitrag zur Geschichte der Wirtschaftsinformatik" aus gestaltungsorientierter Perspektive. In: Becker, J.; Krcmar, H.; Niehaves, B. (Hrsg.): Wissenschaftstheorie und gestaltungsorientierte Wirtschaftsinformatik, Arbeitsbericht Nr. 120 des Instituts für Wirtschaftsinformatik, Münster, Februar 2008, 5–26.
4. Becker, J.; Pfeiffer, D.: Beziehungen zwischen behavioristischer und konstruktions-orientierter Forschung in der Wirtschaftsinformatik. In: Zelewski, S.; Akca, N. (Hrsg.) Fortschritt in den Wirtschaftswissenschaften. Gabler, Wiesbaden 2006, 1–17.
5. Cassel, G.: Theoretische Sozialökonomie, 5. Aufl., Deichertsche Verlagsbuchhandlung, Leipzig 1932.
6. Fleck, L.: Entstehung und Entwicklung einer wissenschaftlichen Tatsache, Suhrkamp, Frankfurt a. M. 1980.
7. Frank, U. (Hrsg.): Wissenschaftstheorie in Ökonomie und Wirtschaftsinformatik, DUV, Wiesbaden 2004.
8. Gehring, H.; Pankratz, G.: Grundzüge der Wirtschaftsinformatik, Kurseinheit 1, FernUniversität in Hagen, Hagen 2006.
9. Gesellschaft für Informatik e. V. (GI): Was ist Informatik? Unser Positionspapier, Bonn 2006.
10. Heinrich, L. J.: Forschungsmethodik einer Integrationsdisziplin: Ein Beitrag zur Geschichte der Wirtschaftsinformatik. In: N.T.M. Internationale Zeitschrift für Geschichte und Ethik der Naturwissenschaften, Technik und Medizin 2005, 104–117.
11. Hevner, A. R.; March, S. T.; Park, J.; Ram, S.: Design Science in Information Systems Research. In: MIS Quarterly, 28 (2004) 1, 75–105.
12. Kuhn, T. S.: The Structure of Scientific Revolutions, 2. Aufl., University of Chicago Press, Chicago 1970.
13. Lassmann, W.: Wirtschaftsinformatik. Nachschlagewerk für Studium und Praxis, Gabler, Wiesbaden 2006.
14. Lexis, W.: Artikel „Wirtschaft". In: Elster, L. (Hrsg.): Wörterbuch der Volkswirtschaft, 2. Bd., Gustav Fischer, Jena 1907, 1328–1330.
15. Luhmann, N.: Legitimation durch Verfahren, Suhrkamp, Frankfurt a. M. 1983.
16. March, S. T.; Smith, G. F.: Design and natural science research on information technology. In: Decision Support Systems 15 (1995) 251–266.
17. Popper, K. R.: Logik der Forschung, 9. Aufl., J.C.B. Mohr (Paul Siebeck), Tübingen 1989.
18. Schauer, C.: Rekonstruktion der historischen Entwicklung der Wirtschaftsinformatik – Schritte der Institutionalisierung, Diskussionen zum Status, Rahmenempfehlungen zur Lehre, ICB Research Report Nr. 18, Essen 2007.
19. Simon, H. A.: The sciences of the artificial, 2. Aufl., MIT Press, Cambridge/Mass. 1981.
20. Wissenschaftliche Kommission Wirtschaftsinformatik im Verband der Hochschullehrer für Betriebswirtschaft e.V. (Hrsg.): Rahmenempfehlung für die Universitätsausbildung in Wirtschaftsinformatik (Stand: 01.03.2007).
21. Wyssusek, B.: Methodologische Aspekte der Organisationsmodellierung in der Wirtschaftsinformatik. Ein soziopragmatisch-konstruktivistischer Ansatz, Diss. Berlin 2004.

Intelligente Entscheidungen in Organisationen – Zum Verhältnis von Kognition, Emotion und Intuition

Jürgen Weibler und Wendelin Küpers

FernUniversität in Hagen, Fakultät für Wirtschaftswissenschaft,
Lehrstuhl für BWL, insbes. Personalführung und Organisation
Profilstr. 8, 58084 Hagen
juergen.weibler@fernuni-hagen.de, wendelin.kuepers@fernuni-hagen.de

Abstract: Decisions follow rational patterns to a limited extent only. However, conventional business studies in particular find it difficult to formulate and examine a decision-making process oriented to real situations in a way that is adequate to the problem. The paper therefore pursues the goal of conceiving the decision-making process from a comprehensive aspect. Along with the reference influences supported by cognitions, this includes an in-depth examination and appreciation of the significance of emotion and intuition. After outlining the problem, in a first step we will describe the importance and influencing relationships of the emotional for decision-making processes. In a second step we examine the relevance and characteristics of intuition for decision making. After this, selected insights of neuroscientific research will be correlated with this. In conclusion, further research demand will be shown.

Keywords: emotions, intuition, decisions, rationality, neurosciences

1   Einleitung – Entscheidungen spielen eine entscheidende Rolle

Entscheidungen bestimmen den betrieblichen Alltag in Organisationen. Täglich und fortlaufend wird entschieden: welche Strategie eingeschlagen wird, wie die neue Akquisition zu finanzieren ist, ob eine neue Technologie in der Produktion eingesetzt oder ob der neue Marketingleiter befördert wird. Die Betriebswirtschaftslehre formuliert diese Entscheidungen als Problem, möchte sie umfassend beschreiben und erklären und beschäftigt sich in normativer Ausrichtung dann damit, wie Entscheidungen effektiv und effizient ablaufen können. Es fällt leicht, ein Unternehmen als System und Ergebnis aufeinander folgender Entscheidungen zu verstehen und Entwicklungen im Unternehmen pfadabhängig zu interpretieren. In diesem Verständnis besitzt jede Entscheidung eine vorgelagerte und provoziert eine neue und wenn es die ist, für den Moment nicht weiter zu entscheiden oder keinen Entscheidungsbedarf zu sehen [18].

Es ist offensichtlich, dass in Organisationen Entscheidungen und ihren Verläufen eine sehr hohe Relevanz zuerkannt werden muss. Entsprechend wurde das Entscheiden als eine zentrale Managementaufgabe angesehen und Organisationen wurden als Orte und Medien von Entscheidungen interpretiert. Deshalb überrascht die diesbezüglich intensive Auseinandersetzung in der deutschen Betriebswirtschaftslehre nicht. Das alles hat ja im Übrigen sogar dazu geführt, ihr eines der auffälligsten paradigmatischen Gesichter zu verleihen ([53], [54]). Zwei verschiedene Wege haben sich hierbei herauskristallisiert, Organisationen entscheidungstheoretisch zu fassen: ein entscheidungslogischer und ein entscheidungsprozessorientierter [9, S. 123ff.]. Gemeinsam ist ihnen, Entscheidungen als ein rational zu bewältigendes Problem zu sehen, wenngleich in unterschiedlicher Strenge.

Der *entscheidungslogische* Ansatz ([52], [73], [74]) interpretiert die Organisation als ein System, in dem laufend Entscheidungen getroffen werden. Das Ziel des Ansatzes besteht darin, diese Entscheidungen bzw. die ihnen zugrunde liegenden Prozesse zu optimieren, womit dem Ansatz ein eindeutig präskriptiver (bzw. normativer) Charakter zukommt [73, Sp. 1735]. Als Voraussetzungen für eine optimale Entscheidung gelten im entscheidungslogischen Ansatz, dass (a) die Organisationsmitglieder bei ihren Entscheidungen das Organisationsziel – und nicht möglicherweise damit konfligierende Individualziele – verfolgen, (b) bei ihren Entscheidungen ein problemadäquates Entscheidungsmodell zugrunde legen, (c) ihre Entscheidungen auf Basis einer guten Informationsstruktur treffen, (d) von zutreffenden Prognosen über die zukünftige Umweltentwicklung ausgehen und (e) schließlich eine hinreichende Menge von Entscheidungsalternativen entwickeln und berücksichtigen [9, S. 128f.]. Um all dies zu erreichen, muss die „Organisation" (als abstrakte Größe) bzw. der „Organisator" (v.a. das Management) das konkrete Entscheidungsverhalten der Organisationsmitglieder entsprechend steuern, also Sorge dafür tragen, dass die Organisationsmitglieder zum Entscheiden im Sinne der Organisationsziele, aber auch zur Entwicklung von hinreichend Entscheidungsalternativen motiviert und zur Beschaffung und Anwendung problemadäquater (komplexer) Entscheidungsmodelle qualifiziert sind. Es sind ihnen in diesem Zusammenhang jene Informationstechniken an die Hand zu gegeben, die eine gute Informationsstruktur überhaupt erst ermöglichen. Hierfür kommen verschiedene führungs- und organisationsrelevante Maßnahmen in Betracht ([9, S. 131f.], [73, Sp. 1735ff.]). In der Quintessenz geht es im Rahmen des entscheidungslogischen Ansatzes also darum, mittels organisatorischer Gestaltung das Entscheidungsverhalten – und damit letztlich die konkreten Entscheidungen – der Organisationsmitglieder so zu steuern, dass das formale Organisationsziel optimal verwirklicht wird.

Der *entscheidungsprozessorientierte Ansatz* ([26], [82], [83], [94], [129]) interpretiert die Organisation ebenfalls als ein System, in dem fortwährend Entscheidungen getroffen werden. Der wesentliche Unterschied besteht aber darin, dass der entscheidungsprozessorientierte Ansatz – wie der Name verdeutlicht – die Entscheidungsprozesse so zu beschreiben versucht, wie sie tatsächlich in Organisationen ablaufen. In seiner Grundanlage ist dieser Ansatz mithin nicht normativ, sondern empirisch. Danach fallen Entscheidungen in Organisationen in aller Regel weit weniger rational aus, als gemeinhin angenommen bzw. als vom entscheidungslogischen Ansatz gefordert wird. Die Spezifika dieses Ansatzes lassen sich wie folgt zusammenfassen ([9, S. 134ff.], [26], [123, Sp. 1748ff.]): (a) Zunächst einmal widerspricht der entscheidungsprozessorientierte Ansatz der These, dass es in Organisationen ein (formal) gültiges Ziel bzw. ein klares Zielsystem gäbe, dem alle Entscheidungen dienlich sein sollen. Vielmehr wird davon ausgegangen, dass die organisationalen Entscheidungen durch eine Vielzahl unterschiedlicher – und zum Teil auch deutlich widerstreitender – Interessen geprägt sind. Die Organisationsmitglieder bzw. (Interessen-)Koalitionen versuchen also in allen Entscheidungsprozessen, an denen sie teilhaben, ihre spezifischen Ziele machtvoll und/oder taktisch klug zur Geltung zu bringen.

Im Ergebnis führen Entscheidungsprozesse dabei immer nur zu Quasi-Konflikt-lösungen, sprich: zu Kompromissen, die nur vorübergehenden Bestand haben bzw. unter veränderten Umständen vermutlich wieder aufgekündigt werden. (b) Die Not-wendigkeit einer Entscheidung ist ebenfalls kein objektives Datum, sondern vielmehr ein Wahrnehmungsproblem, das durchaus umstritten sein kann: So kann der eine ein Problem sehen und eine Entscheidung darüber für notwendig erachten, während ein anderer überhaupt kein Problem zu erkennen vermag. (c) Als ebenfalls wenig rational gilt die Alternativensuche, die für gewöhnlich nur angestrengt wird, wenn besondere Ereignisse (Störungen) auftreten, die aus dem bekannten Rahmen herausfallen. In diesem Falle werden gleichwohl nur Alternativen erwogen und ausgewählt, die nahe am bereits Bekannten liegen – was beinhaltet, dass radikal neue Alternativen zumeist nicht in Betracht kommen. Dabei wird von den Entscheidungsbeteiligten auch kein optimaler, sondern lediglich ein zufriedenstellender Zustand angestrebt (beispiels-weise bestünde eine optimale Lösung bei der Suche nach einer Nadel in einem Heu-haufen darin, die spitzeste Nadel aufzufinden, während dessen ein zufriedenstellender Zustand schon darin bestünde überhaupt, eine Nadel zu finden, mit der man nähen könnte [12, S. 178ff.]. (d) Entscheidungen werden zudem weniger im Sinne langfris-tiger Zielsetzungen oder Strategien getroffen, sondern eher mit kurzfristigem und teilweise auch kurzsichtigem Blick auf den eigenen (Detail-)Bereich.

Es ist leicht zu erkennen, dass jede Sichtweise typische Probleme aufwirft und spe-zifische Fragen provoziert. Wenn wir uns hier fragen, wie Entscheidungen in Organi-sationen *empirisch* zustande kommen, wird der Blick auf den entscheidungsprozess-orientierten Ansatz gelenkt. Hier besteht allerdings u. E. die Notwendigkeit einer Erweiterung, da das Augenmerk bislang zu einseitig auf die analytische Form der individuellen Entscheidungsfindung, gelegentlich angereichert durch gruppenbezoge-ne oder mikropolitische Einflussfaktoren, gelegt wurde. Langley u.a. [72] haben hier bereits vor einem Jahrzehnt für einen offenen, dem Gegenstand angepassten inhalt-lichen Zugang plädiert, der weit über eine Durchdringung des Entscheidungsproblems mittels rationaler Kategorien hinausgeht. Empirische Befunde legen nämlich eindeu-tig dar [131], dass neben der bewusst getätigten Entscheidung, die sich des kognitiven Instrumentariums bedient, immer auch Emotionen und Intuition ihren Platz beanspru-chen, die ihre eigene Qualität besitzen ([20], [70]).

In der Ökonomie und in der Betriebswirtschaftslehre wurden die Bedeutung und der Einfluss des Emotionalen und des Intuitiven für Entscheidungen jedoch lange Zeit ignoriert oder unterschätzt. Dass z.B. Führungskräfte als Entscheider immer auch auf Basis vorhandener Emotionen urteilen und ihre Intuition mit einbeziehen, passte nicht in das tradierte ökonomische Menschen- und Weltbild bzw. Selbstverständnis her-kömmlicher Entscheidungstheorie sowie der Wirtschaftswissenschaften und des Wirt-schaftslebens überhaupt [70, S. 22ff.]. Nippa führt hier ebenfalls die Kritik an den Überlegenheitsansprüchen des zugrundeliegenden Rationalmodells und die damit einhergehende Diskreditierung von Emotionen und Intuition spezifisch auf [95, S. 218ff.].

Wenn aber weiterhin davon ausgegangen werden kann, dass die Selektion und Anwendung selbst mechanischer Entscheidungsverfahren emotionaler Wahrnehmungs- und Interpretationsfähigkeiten bedürfen ([97, S. 299], [98]) sowie Entscheidungen auch intuitionsabhängig sind, entsteht das Bedürfnis abzuklären, welche spezifische Bedeutung das Emotionale und das Intuitive für intelligente Entscheidungen bzw. die ihr vorauslaufenden Prozesse im Detail haben.

Intelligent (lat.: intelligentia „Einsicht, Erkenntnisvermögen") ist eine Entscheidung dann, wenn sie all das zu ihrer Ausformung einbezieht, was die Adaptionsfähigkeit des Entscheiders antizipativ oder reaktiv optimiert, unabhängig von der Quelle der Erkenntnis. Es wird zu zeigen sein, dass hier über ein reines kognitives Verständnis hinauszugehen ist. Vielmehr sind emotionale, z.B. [42] und intuitive [23] Dimensionen für dieses in multipler Form auftretende Konstrukt [39] von a priori gleichem Rang. Offen muss deren Gewichtung systematisch und im Einzelfall bleiben, da Entscheidungssituation und Entscheidungsinhalt ihre je spezifischen Anforderungen an die Entscheidungsfindung stellen.

Um die Basis intelligenter Entscheidungen besser zu verstehen, strukturieren wir unsere Ausführungen wie folgt: In einem ersten Schritt stellen wir einige grundlegende Überlegungen zu den Einflussbeziehungen und Funktionen von Gefühlen und Emotionen auf Entscheidungen vor. In einem zweiten Schritt betrachten wir dann ausführlich die Relevanz und Funktionen sowie Wirkungszusammenhänge der Intuition für Entscheidungsprozesse. Anschließend gehen wir auf neuere neurowissenschaftliche Erkenntnisse ein, welche die entscheidende Bedeutung des Emotionalen und Intuitiven plausibilisieren. Abschließend diskutieren wir weitere, notwendige Anstrengungen auf dem Gebiet der Entscheidungs- und Organisationsforschung zur Integration emotionaler und intuitiver Prozesse.

2   Emotionen und Entscheidungen

In Organisationen ist nur eine kleine Teilmenge der anstehenden Entscheidungen rein rational zu bewältigen, denn in Organisationen gibt es selten ein widerspruchsfreies, stabiles und eindeutig formuliertes Zielsystem. Dies hat mehrere Gründe. Zum einen sind Informationen über Handlungsmöglichkeiten und situative Bedingungen in vielen Fällen unvollständig, mehrdeutig, nicht aktuell, nicht kostenfrei verfügbar und es gibt widersprüchliche oder variable Entscheidungsregeln. Eine Koordination der Handlungen in Organisationen mittels rationaler Entscheidungen wäre so in den meisten Fällen ineffizient, nicht zuletzt, weil letztlich jeder einzelne Entscheidende Kenntnisse haben müsste von den Entscheidungen der Anderen, um seine eigene Wahl konsequent daran anschließen zu können ([91], [92, S. 149]). Was uns hier aber bewegt, ist folgendes: Entscheidungsträger haben für ihre Entscheidungen unterschiedlichste, immer auch emotional mitbestimmte Kontexte, Beziehungen und Folgen zu beachten. Wir denken hier nicht an bereits ausformulierte Ansätze, die eher neorationalistisch daherkommen [25, S. 197] wie die „organisierte Anarchie" [22, S. 331], die „vernünftige Torheit" [82], oder die „Augenblicksrationalität" [34, S. 204] oder die „irrationale Organisation" [19]. Denn diese halten im Kern am klassischen

Rationalitätsbegriff fest, modellieren ihn lediglich anders. Im Spannungsfeld von *gefühlvollen Entscheidungen und entscheidenden Gefühle* wurde beispielsweise versucht, Emotionen systematisch in rationale Wahl-Theorien zu integrieren ([120], [121]). Hier geht es hingegen darum, den Eigenwert des Emotionalen herauszustreichen.

Emotionen, also erlebte Empfindungen, die aus der Interaktion von Personen resultieren, wirken aus zwei Gründen auf Entscheidungen ein: erstens, weil Personen immer in einer bestimmten emotionalen Verfasstheit sind und in dieser Gefühlsverfasstheit u.a. Entscheidungen treffen; zweitens, weil zunehmend häufiger Kollektive – insbesondere Gruppen – Entscheidungen produzieren und treffen und dabei auftretende Emotionen durch „Ansteckung" schnell weitertragen [5]. Neben vielfältigen anderen Funktionen [70] erfüllen Emotionen dabei spezifische *Bewertungsfunktionen* auch und gerade bei Entscheidungsprozessen. So indizieren Gefühle „subjektintern", wann eine Informationsgüte erreicht ist, die als zufriedenstellend betrachtet wird. Emotionen dienen auch dazu, die für Entscheidungsprozesse notwendige *Gewichtung* von Faktoren und Einflüssen nach ihrer Bedeutung und situativen Relevanz vorzunehmen. Sie sind damit nicht nur Auslöser und Impetus für Entscheidungen, sondern emotionale Wahrnehmungs- und Interpretationsfähigkeiten stellen grundlegende Voraussetzung für Entscheidungsprozesse überhaupt dar.

Gefühle informieren so in solchen Entscheidungssituationen darüber, ob überhaupt bzw. inwiefern eine Annäherung an verfolgte Ziele stattgefunden hat. Zudem helfen sie, die zur Zielerreichung notwendigen Anstrengungen einzuschätzen und zu regulieren. Nach Frijda [38] dienen Emotionen damit auch der *„Bewusstwerdung" von veränderten Handlungsbereitschaften.* Denn neben der Aktivierung bestimmter Formen von Handlungsbereitschaft „beobachtet" das Gefühlssystem alle Prozesse innerhalb und außerhalb der Organisation, die dieses Vorhaben beeinflussen können, um entsprechend steuernd einzugreifen. Neben der Auswahl, Regulation und Umsetzung von Handlungsabsichten spielen Gefühle damit auch beim Lernen von neuen (Entscheidungs-) und Verhaltensweisen eine wichtige Rolle [70, S. 152ff.].

Viele *Bewertungsprozesse* im Organisationsalltag werden so über emotionale Aspekte vollzogen. Gefühle sagen Organisationsmitgliedern dabei nicht nur, was für sie gut oder schlecht ist, sondern helfen auch, Ursache und Wirkungen bestimmter Ereignisse einzuschätzen. Als ein „Emotionswissen" bestimmen sie dabei mit, welche Motive für die Situation hinderlich oder förderlich sind und welche Handlungsmuster am besten in Frage kommen [126]. Das (Entscheidungs-)Handeln wird dabei über Selektion und Priorisierung von Zielen, Plänen und Vorhaben ausgerichtet und energetisiert. Damit dienen Gefühle im Organisationszusammenhang z.B. dazu, bei Entscheidungen in Arbeitsprozessen eine günstige (Voraus-)Wahl zu treffen bzw. die Vor- oder Nachteile gegenwärtiger und zukünftiger Ereignisse *intuitiv* abzuschätzen („Bauchwissen"; vgl. 3. Intuition und Entscheidungen).

Gefühle können so verstanden werden als Erleben einer spontanen, unwillkürlichen, ganzheitlichen Bewertung von Ereignissen, also als eine „zusammenfassende Situationsbewertung" [115]. Diese Evaluation verläuft dabei schnell und unbewusst sowie verarbeitet mehr Informationen als der bewussten Wahrnehmung zugänglich sind. Gefühle fokussieren die Aufmerksamkeit und führen zu sehr starken Handlungs-

impulsen. Dabei kann das Erleben oder Vermeiden von Gefühlen selber Handlungsziel werden, z.B. werden Entscheidungen verzögert, um die Unlustgefühle eines erwarteten Misserfolgs zu vermeiden. Insbesondere in Situationen, in denen die individuellen kognitiven Ressourcen überlastet sind, schalten Menschen auf eine emotionale Verarbeitung um. Dabei wird die Problemsicht vereinfacht und Lösungen danach
beurteilt, ob sie „emotional stimmig" sind. Dies kann allerdings auch zu sachlich
inadäquaten Entscheidungen führen, wenn das Handlungsziel (unbewusst) vor allem
die Aufrechterhaltung des eigenen Kompetenzgefühls darstellt oder der Vermeidung
weiterer negativer Emotionen dient. Damit sind bereits ambivalente Seiten und Einflüsse des Emotionalen auf Entscheidungen angesprochen, auf die wir nun kurz näher
eingehen. Ohne Gefühle würden viele Entscheidungen erst gar nicht getroffen, die
sich im Nachhinein als richtig erweisen. Insofern ist beispielsweise eine durch Emotionen generierte Zuversicht ein wichtiges – allerdings zugleich auch ambivalentes –
Element klugen Entscheidens [10]. Wie die Psychologie der Entscheidung (vgl. [60])
sowie experimentellen Studien gezeigt haben (für eine Übersicht vgl. [80]), gibt es
zahlreiche Einflüsse von Emotionen auf Entscheidungen

Dabei zeigen die verschiedenen Einflussrichtungen die *Ambivalenz des Emotionalen für Entscheidungen*. So können interessanterweise positive Gefühle und Stimmungen (wie z.B. Euphorie, übermäßiger Stolz) zu einem unrealistischen Optimismus
führen oder einer selbstzufriedene Einstellung beitragen, während ein negatives
Stimmungsklima zu eher realistischen Wahrnehmungen oder analytischen Problem-
behandlungen führt [124]; weitere Details und Modifikationen [102]. Auch wirkt sich
eine emotional wahrgenommene Unfairness beeinträchtigend auf Entscheidungsprozesse aus (vgl. [13]), selbst wenn dies mit hohen Kosten für den Entscheider verbunden ist [36]. Grundlegend schränkt ein emotional belastendes (Angst-)Klima, in dem
z.B. kreative Fehler sanktioniert werden oder das von Diskrepanzen zwischen be-
haupteter und gegebener Wirklichkeit der Unternehmenskultur geprägt ist, Prozesse
der Entscheidungsfindung ein. Demgegenüber fördern ein emotional positives Klima
und das Vorkommen positiver Emotionen (wie Sympathie, Freude) Erwartungen
hinsichtlich vertrauensvoller Beziehungen in Organisationen. Dies wiederum macht
Entscheidungen akzeptabler und effektiver. Gerade emotionsrelevante atmosphärische
Dimensionen tragen über eine Verbesserung der Interaktionsumwelt zur organisationalen Effizienz und auch der von Entscheidungen bei.

Wie eingehend untersucht wurde (vgl. [57], [75], [128]), erhöhen gerade spezifische positive Gefühle wie z.B. Stolz und Freude die Qualität und Konsistenz von
Entscheidungsprozessen. Andererseits kann es Zweifel oder Angst vor falschen Entscheidungen geben (z.B. Investitionsentscheidungen), ebenso Scham oder Schuld-
gefühle durch Entscheidungen, die andere belasten (z.B. Entlassungsentscheidungen).
Es gibt allerdings auch zahlreiche Befunde ([78], [79], [80]), die den *negativen Einfluss von Emotionen auf Entscheidungen* belegen. Über durch Emotionen evozierte
physiologische Unregelmäßigkeiten können Denk- und Entscheidungsprozesse nachteilig beeinflusst werden. Des Weiteren werden Entscheidungen emotionsbedingt
kontrafaktisch vorgenommen, z.B. [145] oder Entscheidungsprozesse mit ungewis-
sem Ergebnis werden zum Selbstschutz durch unrealistische emotionale Am-
plifikationen verzerrt ([40], [59]).

Im sozialen Kontext werden Entscheidungen auch sehr durch emotionale Imitations- und Ansteckungsdynamiken beeinträchtig [50]. Emotionen können dazu führen, dass anstehende Entscheidungen aufgeschoben, vermieden oder umgangen werden [3], z.B. durch antizipiertes Bedauern des nach der Entscheidung vermuteten Ergebnisses/Ereignisses [151]. Man denke hier für einen Moment an unliebsame Personalentscheide. Andererseits können solche emotionsorientierten Entscheidungsstrategien, z.B. für Karriereentscheidungen, auch eine eigene Art von „intelligentem" Verhalten sein [48]. Über die ambivalenten Seiten des Emotionalen beim Einzelnen hinaus, stellen Emotionen ebenfalls eine Basis für die Entwicklung und Aktualisierung von Werten in sozialen Interaktionen dar. So gibt es spezifische emotionale Cluster, z.B. für das Erleben von Freude, Verzweifelung, Scham oder Furcht (z.B. [136]), die auch in Entscheidungsprozesse einfließen. Emotionen beziehen sich somit als Zustände der Wertung von Beziehungen und Werten nicht nur auf das eigene Selbst und dessen bedürfnisrelevante Bewertungsmaßstäbe, sondern auch auf *soziale Bedürfnisse und Dimensionen*. Als Bewertungsinstrument ermöglichen Gefühle nicht nur individuelle Verhaltens- bzw. Handlungsstrategien einzuschätzen [133], sondern verbinden diese auch mit dem sozialen (Entscheidungs-)Kontext. Emotionen zu haben heißt also, bereits ein Werturteil abzugeben über die Situation, in die der Empfindende eingebettet ist [132, S. 258]. Fühlen ist also eine Form des Wertens. Dabei richten sich bewertende Gefühle zwar auf den Fühlenden, sind aber in Intensität und Ausrichtung auf die Gemeinschaft bezogen, in der sich beide befinden und tragen dadurch zur Entwicklung und Aktualisierung von Werten in einer Organisationsgemeinschaft bei [113]. „Emotionen und Werte stehen so in einem engem Zusammenhang miteinander: Emotionen haben immer einen wertenden Charakter und Werte bzw. Wertungen sind immer emotional gefärbt" [119, S. 357].

Hieran zeigt sich erneut, wie sehr emotionale Erfahrungen mit kognitiven und symbolisierenden Prozessen zusammenhängen. So sind selbst vermeintlich rein rationale Beurteilungsprozesse emotional „durchtränkt". Emotionen „füllen" dabei durch eine interpretative Neuausrichtung bzw. -bewertung von Wahrnehmungen und Aufmerksamkeiten „Lücken", die die reine Rationalität in der Bestimmung von Handlungen und Glaubensvorstellungen offen lässt. Emotionen bewahren uns so auch vor einer Lähmung, die durch eine ständige rationale Kontrolle der Wahrnehmung und Aufmerksamkeit erfolgen würde. „Sie beseitigen das Patt bei der rationalen Festlegung von Urteil und Begehren, indem sie unter den Objekten der Aufmerksamkeit, unter verschiedenen Fragerichtungen und bevorzugten Schlussfolgerungsmustern die Vordringlichkeit festsetzen" [134, S. 331]. Nur wenn man eingedenk dieses Zusammenspiels von einer verflochtenen *Ko-Evolution von Emotionalität und Kognition* ausgeht, kann deren oft postulierter Dualismus überwunden (vgl. [106]) und ein integrativeres Verständnis gewonnen werden [43]. Schließlich hat eine solche Integration auch lebenspraktische Folgen, denn „das Ideal emotionaler Rationalität ist die angemessene Gefühlsreaktion" [134, S. 526].

3   Intuition und Entscheidungen

Ähnlich wie Emotionen wurde auch die Intuition aufgrund des Glaubens an die Überlegenheit logisch-analytischer und bewusster kognitiver Prozesse (Rationalitätsparadigma) und die Determinierung technischer und organisatorischer Strukturen und Abläufe in Unternehmen diskreditiert [95, S. 218]. „Konsequenterweise" wurde sie auch für die Ausbildung von Führungskräften vernachlässigt [56] – dies alles, obwohl Kenntnisse zu ihrer Bedeutung in den verschiedensten Disziplinen, auch innerhalb der Managementforschung, bereits vorlagen ([86], [130]). So hat Mintzberg die Bedeutung der Intuition im Management hervorgehoben, denn die Bewältigung der dortigen „chaotischen" Bedingungen erfolge mit Gespür, Ahnungen, Fingerspitzengefühl etc. ([85], [87]). Diese Relevanz wächst umso mehr im aktuellen Umweltkontext mit seiner zunehmenden Ungewissheit, in dem reflektierende Praktiker [122] unter Druck [96] oder mit unzureichender Informationsgrundlage ([1], [44], [144]) entscheiden müssen. Die Praktiker stehen oft vor vielfältigen Alternativen in noch nicht gekannten Situationen, die rasche Entscheidungen erfordern [32]. Auch kommt die Anwendung von Intuition, besonders bei ambiguosen Problemen [99], zum Tragen. In Ergänzung zu analytischen Prozessen rücken daher intuitive Herangehensweisen, gerade auch für die Führung und deren Entscheidungs- und Problemlösungspraxis, ins Zentrum der Betrachtung [2].

Wie tritt die Intuition aber in Erscheinung? Intuitives *Erleben* äußert sich nicht selten in leiblichen Manifestationen (z.B. ein Kribbeln im Nacken, ein komisches Gefühl im Bauch [31, S. 524]. Daneben oftmals in einem spontanen Einfall oder einer Imagination (z.B. in Bildform), begleitet von einem aufflackernden Gedanken- bzw. Gefühlsstrom (z.B. Erregung, [1], [148]). Aber auch in Form einer wahrgenommenen Kompetenz, z.B. als Improvisationsfähigkeit in Leistungssituationen ([21, S. 15ff.], [24, S. 593]). Intuition tritt aber auch als ein *Ergebnis* auf, was sich in der einfachen Redewendung „Eine Intuition haben" ausdrückt. Sie erscheint dann als eine unmittelbar gewonnene Erkenntnis oder als ein sicheres, nicht bezweifelbares, unmittelbar gewonnenes Wissen" [146, S. 213]. Intuition ist so ein *multidimensionales, kontextgebundenes Phänomen,* das durch einen Bezug zu unterschiedlichen Bewusstseinsebenen gekennzeichnet ist [99, S. 25].

Etymologisch stammt der Begriff Intuition von dem lateinischen Verb „*intuieri*" ab, und wird übersetzt mit „genau hineinsehen" oder als Substantiv mit „Schau" und „Anschauung". Der Worthintergrund verweist damit bereits auf einen *leiblich-sinnlichen Ursprungszusammenhang* intuitiven Erlebens. Interessanterweise kennt die deutsche Sprache keine Verbform von Intuition. Historisch betrachtet wurde seit der Antike Intuition von verschiedenen Philosophen als Bezeichnung für eine Grundform menschlichen Erkennens im Rahmen einer metaphysischen Weltauffassung gebraucht. Plato sieht Intuition in Verbindung mit der Fähigkeit zur „Ideenschau" und einem weitgefassten Vernunftbegriff (Noesis), bei Aristoteles ist sie die Erkenntnis grundlegender Tatsachen, etwa der Axiome der Geometrie und Mathematik. In verschiedenen griechischen Schulen (z.B. bei Plotin, Philon, Themistius, Proklos) ist Intuition eine reine geistige Schau und bezeichnet das „schlagartige Erfassen des ganzen Erkenntnisgegenstandes im Unterschied zur nur ‚partiellen' Erkenntnis" [88, S. 285].

Intuition beruht hier meist auf der Wahrnehmung eines „höheren oder göttlichen Prinzips". Damit wird Intuition ein Inbegriff für die Fähigkeit des Menschen zur „*transzendenten Wahrnehmung*" jenseits des Materiellen und Weltlichen. Diese Möglichkeit zur Einsicht in eine dahinterliegende, andere Wirklichkeit deutet auf die Verbindung des Intuitionsbegriffs mit einer *metaphysischen Weltsicht* hin. Diese Betrachtung reicht von den Denkern des Mittelalters, z.B. Thomas von Aquin und Duns Scotus bis hin zu Denkern der Neuzeit wie Descartes, Spinoza, Kant und Husserl [135]. Im 19. und 20. Jahrhundert wurde Intuition dann zunehmend ein Gegenstand psychologischer Forschung [30], die in empirischen Untersuchungen Intuition mit den Feldern Problemlösung und Kreativität verband oder gar deren Relevanz für therapeutische Prozesse erforschte [89]. Inzwischen beschäftigen sich verschiedene Fachdisziplinen mit Intuition als Teil eines komplexen Prozesses der Wahrnehmung, Informationsverarbeitung, Entscheidungen und Handlung [127].

Die Definitionen, Funktions- und Prozessbeschreibungen des Phänomens Intuition sind dabei allerdings äußerst *heterogen* und werden oft eng in Beziehung gesetzt zu Kreativität und unbewussten Prozessen der Informationsverarbeitung und Urteilsbildung [31]. Der Begriff Intuition umfasst eine Vielzahl von teilweise in Widerspruch stehenden Definitionen [14], womöglich den Schwierigkeiten in der sprachlichen Fassung dieses multidimensionalen Intuitionsphänomens geschuldet [100].

Eine gute Annäherung scheint uns darin zu liegen, unter Intuition das Vermögen zu verstehen, Sinnes- und Sinnzusammenhänge, Ereignisse und Sachverhalte unmittelbar und damit ohne Beteiligung bewusst analytischer Prozesse (Ableitungen, Schlüsse, Begründungen) zu begreifen, oftmals von intensiven körperlichen und/oder gefühlsbetonten Erlebnissen begleitet. Intuition wird so als eine in sich stimmige, nondiskursive Eingebung erfahren, die Einsichten in Form von Evidenzerlebnissen vermittelt (siehe ähnlich die Metastudie [8]). Intuition und Emotion sind also, um diese häufig gestellte Frage anläßlich der obigen Begriffsbestimmung aufzugreifen, miteinander verbunden, aber differenziert zu betrachten: Sie besitzen einerseits eine moderierende Rolle [125], während andererseits der Gebrauch von Intuition von emotionalen Zuständen bzw. Stimmungen abhängig ist ([33], [100]). So können beispielsweise Ängste, Furcht oder Begehren intuitive Wahrnehmung beeinträchtigen ([107], [147]). Versucht man, die Funktion von Intuitionen eingehender zu würdigen, können mit Goldberg [41] folgende, recht allgemeine Funktionen unterschieden werden:

- explorative-transzendierende Funktion (z.B. Entdeckungen und Innovationen jenseits bisheriger Logik und Wissen)
- kreative Funktion (z.B. schöpferische Entwicklung von Alternativen)
- operative Funktion (z.B. richtungsweisende Handlungsgestaltung)
- prognostische Funktion (z.B. Zukunftsahnungen oder Sinn für das Mögliche)
- evaluative Funktion (z.B. emotionale Bewertung von Entscheidungsalternativen)
- illuminative Funktion (z.B. non-duales Gewahrsein bzw. Erleuchtung).

Für Goldberg ist die letzte Form der „Erleuchtung" der Prototyp der Intuition überhaupt, da er alle anderen Formen als Vorstufen impliziert (verkörpert) und zugleich übersteigt. Kennzeichnend für diese ist die Erfahrung eines Bewusstseinszustands, in dem die Subjekt/Objekt-Dualität aufgehoben ist und in dem Nondualität, also das Einseins mit Allem, direkt erlebt wird. Nach einer Vorbereitungs- und Inkubationsphase kommt es demnach zu einem einfallsartigen Impuls, der in der Beschäftigung mit einem Thema oder zu der Lösung eines Problems i. S. einer Zusammenschau einen wesentlichen Fortschritt ergibt, der dann anhand gewählter Ziel- und Erfolgskriterien in einer Handlung überprüft werden kann.

Aus verschiedenen didaktischen Ansätzen wurden *spezifische Funktionen der Intuition* herausgearbeitet, die einen wesentlichen Einfluss auf Realitätsurteile jeglicher Art haben [55]:

- Intuition formt den inneren Dialog und damit das Ich-Bild
- Sie vermittelt das Gefühl der Evidenz, das Handlungen absichert
- Sie lässt Visionen des Zukünftigen und eine ahnende, gefühlsmäßige Sicherheit des Möglichen entstehen.
- Intuition bewertet unmittelbar zwischen Richtig und Falsch und schafft damit ein Zugang zu ethischem Verhalten
- Sie ermöglicht empathisches Einfühlen in Beziehungen.

Mit den beiden letzten Punkten ist Intuition damit – neben dem subjektiven Bezug – auch als *soziale Kompetenz* interpretierbar, die durch Begegnungen und Zusammenarbeit gerade auch im Arbeitskontext mitbestimmt wird und vielfältige Einschätzungs- Kommunikations- und Abstimmungsprozesse in der Organisation moderiert [45, S. 209]. Sie ist damit nicht nur eine Personen-, sondern auch eine „*Systemleistung*" bzw. „Systemkompetenz" [65], die im Umgang mit systemtypischen Aufgaben der Komplexität und Dynamik von Bedeutung und Nutzen ist.

Viel Arbeit wurde auf die Frage verwandt, wann die Intuition der bewusst rationalen Abwägung und Urteilsbildung überlegen sein könnte. Es verwundert nach dem Gesagten nicht, dass sie sich besonders dort als produktiv erweist, wo die herkömmlichen Verfahren ihre immanenten Schwachpunkte besitzen. Interessanterweise charakterisieren diese Punkte aber Entscheidungssituationen, die nun ausgesprochen typisch für viele, vor allem hochrangige Entscheider sind ([61], [127]):

- Es existiert eine hohe (Umwelt-)Unsicherheit hinsichtlich der Wahl der Alternativen
- Es ist wenig oder keine Vorerfahrung mit der Situation vorhanden
- Die relevanten Variablen sind nicht bekannt oder wenig voraussagbar
- Es gibt wenig zugängliche Fakten
- Es gibt zu viele Fakten, um sie in einem expliziten Verfahren prüfen zu können
- Die Fakten bezüglich einer Problemlösung widersprechen sich
- Es gibt mehrere, gleich plausible Alternativen der Lösung
- Es bestehen Zeitknappheit und Ergebnisdruck.

So verwundert es wiederum nicht, dass nach einer internationalen Vergleichsstudie von Parikh [99], an der 1312 Manager in 9 Ländern teilnahmen, fast 80% der dort befragten Führungskräfte den Stellenwert von Intuition für eigene Entscheidungen bestätigten. Die befragten Manager interpretierten Intuition v.a. als „non-logical thinking, decisions without reason, decisions based on few clues or data points, a feeling from within, subconscious analysis derived from information stored in memory, a good feeling, a sixth sense, and spontaneous knowing." Die Manager glaubten zudem, dass die Intuition zum Geschäftserfolg beitrage, wobei je nach Landeskultur unterschiedliche Grade der Ausprägung der Intuition festgestellt werden konnte. Weiterhin werden anscheinend intuitive Fähigkeiten in höheren Hierarchiepositionen und bei wichtigen Entscheidungen stärker eingesetzt. Zudem waren 70% der Auffassung, dass Intuition für Anstrengungen im F&E-Bereich wichtig sei und 60% gaben kund, dass Intuition (fort)entwickelt werden kann [45, S. 214, 217ff.]. Auch wenn Topmanager den Einsatz der Intuition gegenüber ihren Kollegen nur selten zugeben, spielt sie für folgende Punkte eine Rolle [58]:

1. Problembestimmung
2. zur Performance von gelernten Verhalten
3. zur Synthese verteilter Daten
4. als „reality check"
5. Finden von Lösungen, die außerhalb analytischer Verfahren liegen.

Intuition wurde auch anderenorts als kritischer Erfolgsfaktor zur Navigation von Unternehmen erkannt [108]. Wie bereits erwähnt, haben *intuitive Entscheidsprozesse* u.a. zur Lösung organisationspraktischer Probleme vielfältige Vorteile gerade in instabilen Umwelten ([11], [61]) und unter permanentem Problem- und Handlungsdruck, der nur wenig Raum für systematische, strategische Planungsprozesse lässt. Einerseits können intuitiv agierende Experten irrelevante Wissensinhalte oder Muster ignorieren und sich auf kritische Aspekte konzentrieren ([49], [105]). Andererseits ermöglicht sie die Berücksichtigung von mehr strategischen Alternativen und rational nur schwer integrierbaren Informationen. Ohne eine Bereitschaft, sich hierauf einzulassen sowie den Mut, unangenehme Einfälle zu akzeptieren, kann sich das Innovationspotenzial der Intuition allerdings nicht entfalten.

Intuition leistet daneben einen Beitrag zur Strategieentwicklung (vgl. Fallbeispiel Unilever [81]) für die Führungspraxis (i. S. Konstruktion möglicher Zukunftsszenarien). Ihre visionäre Kraft wird immer wieder herausgestrichen [51]. Mit dem Gespür für das „richtige" Timing unterstützt sie Entscheidungen zur Umsetzung von Projekten oder die Durchführung von Wandelprozessen, bevor ein rational bewusster Zugang vorgenommen wird ([29], [110]). Nicht nur hier ist sie Zugang und Katalysator für *implizites* Wissen [93]. Gerade implizites Wissen kann nicht nur zur Generierung von Innovationspotenzialen und Kreativität in Organisationen beitragen, sondern ist auch ein Schlüsselfaktor zur Erhöhung der Qualität strategischer Entscheidungen ([15], [16]). Intuition stellt so eine *unverzichtbare Führungsqualifikation* und wichtige Ergänzung (Unterstützungssystem [66]) beispielsweise für die strategischen Planung ([112], [117]).

Intuitive Prozesse werden i. S. einer „Gastgeberschaft" am besten durch geeignete Rahmenbedingungen gefördert, ohne sich jedoch dadurch einseitig erzwingen oder kontrollieren zu lassen ([45, S. 216], [152]). Hierzu sind integrative Verfahren und körperorientierte und kreativitätsorientierte Schulungsmaßnahmen notwendig, die heute in Managemententwicklungsprogrammen eher selten anzutreffen sind (vgl. zu dieser Diskussion ([111], [117, S. 93]). Mit der Schulung intuitiver Kompetenzen geht auch die Möglichkeit einher, unbewussten Wirklichkeitskonstruktionen, Urteilsgewohnheiten und Reaktionsmuster bewusst zu machen und ihre Nützlichkeit im

Führungsalltag und in vielfältigen beruflichen Entscheidungssituationen zu reflektieren. So besteht proaktiv eine Möglichkeit, die Organisation intuitiver zu gestalten, indem beispielsweise stärker bei der Auswahl von Führungskräften oder bei der Zusammenstellung von Teams geachtet wird. Natürlich sind gegenwärtig vorhandene *methodische Schwierigkeiten* einer Erfassung oder Messung von Intuition und ihres zurechenbaren Erfolgs nicht zu übersehen ([6], [46]). So erweist sich die Erfasung des Stellenwertes von Intuition für Gruppenentscheidungsprozesse als besonders schwierig (vgl. [143]; zur sozialen Intuition vgl. [90, S. 31ff.]). Dies umso mehr, als die Intuition in der populärwissenschaftliche Lebenshilfeliteratur bereits in das Fahrwasser esoterischer Popularisierung geraten ist und dadurch leichter zur Seite geschoben werden kann.

Es bestehen darüber hinaus aber auch inhaltliche *Grenzen* hinsichtlich der *Anwendbarkeit und Bedingungen von intuitiven Prozessen* [103]. So stellt Intuition nicht immer die korrekten Antworten zur Problemlösung zur Verfügung und ist nicht gleichermaßen anwendbar für alle Problemstellungen [109]. Ferner kann es zu Konflikten zwischen verschiedenen (scheinbar gleichwertigen) intuitiven Gewissheiten kommen oder intuitive Einsichten führen zu Dilemmata und Entscheidungsaporien. Zudem sind Intuitionen nicht einfach instrumentell verfügbar und natürlich, wie Analyseprozesse auch, *fehler- und irrtumsanfällig*. Gerade bei Aufgabe des kritischen Denkens können Intuitionen stark selektiv sein oder zu falschen Einschätzungen verleiten sowie verschiedene Einseitigkeiten und Probleme mit sich bringen (z.B. „hindsight bias", „self-serving bias", oder „overconfidence bias" sowie Zuschreibungsfehler, illusionäre Korrelationen, Glaubenshaltungen und heuristische Gewohnheiten i. S. von „mental shortcuts" [90]). Grundlegend setzt Intuition ein tiefes Verstehen der Situation voraus. Die Realisation eines erfolgreichen, intuitiven Prozessierens erfordert oft jahrelange Erfahrungen und Expertise ([47], [58], [63]). Vermeintlich intuitive Prozesse können sich allerdings auch mit gewohnheitsmäßigen Automatismen, Projektionen und Vorurteilen vermischen [118]. Ebenso besteht die Gefahr einer Selbstüberschätzung und Verdrängung notwendiger Analysen [95, S. 235]. Damit kann es zu falschen oder suboptimalen Entscheidungen kommen [20].

Erst eine ergänzende *Kombination von logisch-analytischen und intuitiven Vorgehensweisen führt daher zu besten Entscheidungsergebnissen* ([64], [150]). So ist, z.B. um der Gefahr von fehlsteuernden Intuitionen zu begegnen, eine differenzierte Bewertung hinsichtlich der Plausibilität und Nütztlichkeit bzw. Bewusstheit eigenener Annnahmen wichtig. Das starke Evidenzempfinden, das mit Intuitionen einhergeht, macht es aber oft schwierig, eine relativierende Haltung gegenüber eigenen Wahrnehmungen und Urteilen einzunehmen. Wirklichkeitsbezug und Plausibilität von intuitiver Wahrnehmung und Urteilsbildung muss sich daher auch durch Kommunikation und Verhaltenskoordination erweisen. Bei der Anwendung der Intuition als kreative Interpretationspraxis ist immer auch die Beziehung zwischen den Domänen, in denen Entscheidungen situiert sind, und der Expertise von Entscheidungsträgern erfolgskritisch [37]. Intuition basiert also auf Erfahrungsprozessen, die besonders in spezifischen Bereichen und unter spezifischen Bedingungen (z.B. mehrdeutige Problemstrukturen oder Zeitdruck) zur Anwendung kommen ([62], [125]). Sie sind also immer auch kontextabhängig [28]. Dies schließt auch ein, dass sie eine Beurteilung über die Angemessenheit und Wirksamkeit ihrer Anwendung in einem gegebenen Kontext erfordert. Eine Faustregel besagt, dass fest strukturierte Entscheidungssituationen mit berechenbarer Komplexität eher durch analytische Verfahren, lose strukturierte Entscheidungskontexte hingegen eher durch Intuition zu bewältigen sind [111]. Neben den Schwierigkeiten eines kontextangepassten Umgangs mit Intuition besteht die offene Frage, inwiefern intuitive Expertise auf andere Kontexte übertragbar ist.

Trotz der genannten Grenzen sollen abschließend noch einmal zusammenfassend der Nutzen der Intuition für Entscheidungen und die sie treffenden Führungskräfte betont werden. Wie sich zeigte, stellt Intuition eine wichtige *Kompetenz* gerade für die Führung und für Entscheidungsprozesse dar. Mit ihr verbessert sich für die Führungspraxis die Möglichkeit zum Erfassen vernetzter Zusammenhänge und umfassender situativer Konstellationen. Diese wiederum ermöglicht eine bessere Entscheidungsfindung insbesondere bei knapper oder vieldeutiger Wissensgrundlage. Zudem kann ein intuitives Vorgehen zur Entscheidungs- und Lösungsentwicklung bei komplexen Problemlagen beitragen. Auch für die Planung und Prognosebildung in stark dynamischen und verflochtenen Umwelten leistet die Intuition vieles. Verbunden mit emotionaler Intelligenz [71] vermag Intuition auch als indirekte soziale Kompetenz bei der Kommunikation in Führungsbeziehungen zu Mitarbeitern und Teams eine wichtige Rolle zu spielen.

Als ganzheitliche und gestalthafte Wahrnehmung dynamischer Vernetzung fungiert Intuition für Führungskräfte und ihre Entscheidungen als eine Art *„innerer Kompass"*, der die Aufmerksamkeit in komplexen dynamischen Entscheidungs- und Handlungssituationen insbesondere auch bei einem Überangebot von Entscheidungsmöglichkeiten oder zu beachtenden Variablen in eine viable Richtung lenkt. Intuition stellt damit eine wichtige *responsive Form des Verstehens und des Vollzugs des organisationalen Lebens* und der Führung dar.

4   Entscheiden im Blick der Neurowissenschaften

Viele der zuvor dargelegten Einflüsse von Emotion und Intuition sind belegt oder zumindest als plausible Arbeitshypothese anzusehen. Dennoch bleibt die Frage ihrer Wirkungsmächtigkeit zurzeit immer noch nicht hinreichend beantwortet. Dies liegt daran, dass sich Emotion wie Intuition einer einfachen objektiven Erfassung versperren und damit auch ihr prozessuales Einwirken weitgehend im Dunkeln bleibt. Ein aussichtsreicher Ansatzpunkt, um das Verstehen zu befördern und kausale Erklärungszusammenhänge zu gewinnen, liegt in den Neurowissenschaften, in denen v.a. spezialisierte Mediziner, Biologen, Physiologen und Psychologen Aufbau und Funktionsweise unseres Nervensystems und Gehirns analysieren. Nachfolgend wird ein Einblick in neuere Erkenntnisse dieses Forschungszweiges gewährt, um aufzuzeigen, in welche Richtung hier gedacht werden kann.

In den Neurowissenschaften lassen sich Bestätigungen finden, die die von uns postulierte Bedeutung des Emotionalen und der Intuition für das Verhalten und damit natürlich auch für Entscheidungsprozesse plausibilisieren. Gefühle beruhen demnach weitgehend auf (angeborenen aber plastischen) Gehirnfunktionen, die einer langen, evolutionären Entwicklung entstammen. Individuelle Lernprozesse und kulturelle Einflüsse verändern jedoch die Gefühle hinsichtlich ihrer Auslöser und ihres Ausdrucks. Von diesen emotionalen Veränderungen des Körpers und der Gehirnfunktionen entstehen im Gehirn wiederum Repräsentationen, die im Bewusstsein wahrgenommen werden können. Gefühle treten als bewusste Empfindungen erst dadurch auf, dass das Gehirn „Körperbilder" hinterlegt. Solche Körperbilder nennt Damasio [27, S. 237] *„somatische Marker"*, welche die Grundlage menschlicher Entscheidungen darstellen (kritisch: [102, S. 166ff.]). Bauer [7] spricht hier vergleichbar von Spiegelneuronen, die Erfahrungswissen speichern und in Handlungsprogramme, die teilweise unbewusst ablaufen, überführen; dies schneller als jeder Denkprozess es vermag. *Somatisch* werden sie genannt, da die Empfindungen von dem Körper ausgehen bzw. ihn betreffen. Als *Marker* werden sie bezeichnet, weil diese Empfindungen ein Vorstellungsbild kennzeichnen bzw. markieren. Die somatischen Marker entstehen durch Erfahrungen im Laufe der Erziehung und Sozialisation und werden im Körperinneren oder an der Körperoberfläche (z.B. Muskelspannungen oder andere körperliche Empfindungen) sowie über Körpersignale prozessiert.

Somatische Marker stellen eine Art biologisches Bewertungssystem dar, das das Annäherungs- und das Vermeidungsverhalten steuert – ähnlich den artikulationsfähigen Wertüberzeugungen auf der kognitiven Ebene. Jedes Objekt oder jede Situation, mit denen ein Organismus Erfahrungen gesammelt hat, hinterlassen einen somatischen Marker, der eine Bewertung dieser Begegnung speichert. Die Bewertung findet nach dem dualen System Lust/Unlust bzw. „Gut gewesen, wieder aufsuchen" oder „Schlecht gewesen, das nächste Mal lieber meiden" statt. Die somatischen Marker erfüllen zwei Grundfunktionen: Ein positiver Marker deutet auf positive Handlungsoptionen hin und wirkt als Startsignal zur Ausführung dieser Handlung. Ein negativer Marker signalisiert negativ besetzte Handlungsweisen. Das bekannte „Gefühl im Bauch", das bei Entscheidungen oftmals auftritt, ist eine sehr exakte Alltagsbeschreibung dieses Prozesses ([27, S. 239], [76, S. 71]). Auf diese Weise können sich Menschen auch in komplexen Situationen ohne aufwendige „Kosten-/Nutzen-Analysen" oder logische Überlegungen zur Lösung des Problems nach Maßgabe persönlicher Relevanz adäquat zu ihrer individuellen Lerngeschichte „richtig" entscheiden.

Mit dem Körper als Sensorium, stellen somatische Marker einen „Tendenzapparat" dar, der das bewusste Denken (und rationale Abwägen) zwar nicht ersetzt, aber unabdingbare Hilfestellungen leistet. Sie alleine reichen für die meisten menschlichen Entscheidungsprozesse selbstredend nicht aus. Im Anschluss an diese lenkende Vorauswahl, die von diesem „biologischen Bewertungssystem" getroffen wird, schließen sich in vielen, wenn auch nicht in allen Fällen, logische Denkprozesse an und es findet eine abschließende Selektion statt.

Grundlegend vollzieht sich der Zusammenhang von Bewusstsein, Gefühl und Körper in ganzheitlicher und wechselwirksamer Weise. Das Gehirn registriert körperliche Vorgänge und repräsentiert sie in neuronalen Mustern. Diese werden wiederum von anderen Hirnzentren interpretiert und wirken als neuronales Muster auf den Körper zurück. Bewusstsein entsteht also, wenn das Gehirn die Entwicklung des Wechselspiels zwischen Kopf und Körper bzw. Geist und Gefühl dokumentiert und beginnt eine Geschichte ohne Worte zu erzählen, die dann auch vom bewussten Selbst mit

Gedanken und Worten zum Ausdruck gebracht werden kann. Das menschliche Gehirn und der restliche Körper bilden einen unauflöslichen Organismus, integriert durch wechselseitig aufeinander einwirkende biochemische und neuronale Regelkreise. Der Organismus befindet sich als Ganzes in Wechselwirkung mit seiner Umwelt, in einem Prozess, den weder der Körper noch das Gehirn allein bestimmt. So ist auch der Vernunftbegriff nicht rein rational zu fassen. Scherer [114] spricht folgerichtig von einer „Vernünftigkeit der Emotionen" bzw. Meier-Seethaler [84] von einer „emotionalen Vernunft". Beide bringen dadurch zum Ausdruck, dass Denken und Fühlen unaufhebbar zusammengehören. Einerseits sind komplexe emotionale Erfahrungszustände nur aufgrund einer Vielzahl neurologischer und kognitiver Prozesse möglich; andererseits bilden Gefühle und Emotionen die vorentscheidende Basis rationaler Erkenntnisse und Entscheidungen sowie des vernünftigen Handelns [134].

Eine der entscheidenden Einsichten der neurowissenschaftlichen Forschung ist die, dass die Absenz oder willentliche Unterdrückung von Emotionen die Entscheidungs-*fähigkeit* von Individuen schwer beeinträchtigen [27]. Gezeigt hat sie dies an einem extremen Sachverhalt: Menschen, die – infolge neurologischer Schädigungen – eine bestimmte Kategorie von Emotionen verloren haben, verlieren damit parallel dazu auch die Fähigkeit, soziale Entscheidungen zu treffen (obgleich sie die Logik des Problems weiterhin zweifelsfrei erkennen können). Neurowissenschaftlich zeigt sich zudem, dass Emotionen die Qualität von Entscheidungen auf zwei Weisen *verbessern*: Einerseits verhindern sie Verzögerungen, und sorgen dafür, eine Entscheidung zu treffen, statt auf die optimale Entscheidung zu warten; andererseits helfen sie uns in manchen Fällen auch, die „bessere" Entscheidung zu treffen.

Fazit

Wie in diesem Beitrag zu zeigen versucht wurde, sind Emotionen und Intuition (im Zusammenspiel mit der Kognition) notwendig, um ein effizientes und effektives und damit intelligenteres Entscheiden und Funktionieren einer Organisation zu gewährleisten. Hier hat die betriebswirtschaftliche Entscheidungstheorie ihren blinden Fleck, die diese „soft facts" ausblendete, weil sie sie nicht so wichtig nahm oder nicht mit ihnen umzugehen wusste. Dies wiegt schwer, da herkömmliche Prozesse (neo-)rationaler Entscheidungsorientierung nicht (immer und alleine) realitätstauglich sind. Sie leistete damit der Illusion Vorschub, dass zur Verwirklichung von Zielen rationale Entscheidungen, Pläne und Strategien von der oberen Führung entwickelt und dann operativ umgesetzt werden. Diese klassische Vorstellung einer solchermaßen rationalen Entscheidung und Steuerung war nie angemessen und ist es gegenwärtig schon gar nicht. Vielmehr nähern sich oftmals Entscheidungskontexte Bedingungen an, die Emotionen und Intuition wichtig erscheinen lassen. Erinnert sei nur an die Vielzahl von Entscheidungen, die von Kollektiven getroffen werden, die sich in diesem Moment einer singulär subjektorientierten Rationalitätsannahme entziehen. Dabei sind die positiven und die problematischen Seiten des Emotionalen oder Intuition bei Entscheidungen nicht zu vergessen [90]. Im Konkreten ist dies beispielsweise für Teamentscheide unter angebbaren Bedingungen schon gezeigt worden [4]. Man wird so das Eine, d.h. die Potenziale zur Erhöhung der Qualität von Entscheidungen durch Emotion und Intuition, nicht ohne das Andere, d.h. deren Einsatzprobleme in einem hierfür nicht geeigneten Kontext, haben können. Dies innerhalb der betriebswirtschaftlichen Ausbildung zu vermitteln, ist angesichts der fatalen Neigung, die Wirtschaftseliten durch uniforme, ideologisch und curricular doch eher einseitig ausgerichtete Business Schools mit unklarem Leistungsausweis für das Einsatzfeld zu schicken (vgl. [85], [101]), zukünftig eine der vornehmsten Aufgaben von Universitäten.

In welche Richtung sollte die Forschung gehen? Wir haben ausgewiesen, dass intelligente Entscheidungen eine *Integration* von Kognition und Emotion bzw. Intuition erfordern. Wenn gerade das Zusammenspiel von Rationalität und Emotionalität bzw. Intuition [104] grundlegend ist für das Entscheiden und Handeln in der Führungspraxis, kommt einer weiteren Erforschung der Voraussetzungen und des prozessualem Wirkens von Gefühlen bzw. Emotionen und der Intuition eine überragende Rolle zu. Auch der Bezug zwischen emotionalen und intuitiven Prozessen für Improvisation [77], Kreativität [17], Gerechtigkeit [102] sowie individuelles und soziales Wohlergehen in Organisationen [68] eröffnen wichtige Forschungsfelder. Grundlegend verlangen weitere Forschungen zu klugen Entscheidungen – neben vertieften disziplinären Grundlagen – auch interdisziplinäre Verknüpfungen [116].

In einem weiterführenden Sinn können intelligente Entscheidungen als *Teil einer praktischer Intelligenz und Weisheit* verstanden werden [149]. Eine solche Intelligenz strebt dabei – als Teil einer umfassenden Weisheit, die im Übrigen in jüngster Zeit stärker mit Organisations- und Führungsfragen verbunden wird ([67], [69]), – einen Ausgleich von personalen, interpersonellen und „transpersonalen" Interessen in einem ausgewogenen Verhältnis (Selektion und Anpassung) und in einem balancierten Umgang (Gestaltung) mit der Umwelt an (vgl. [141, S. 637f.]). Weise Entscheidungen solcher praktischen Intelligenz involvieren dabei – wie Intuitionen – auch ein erfahrungsbasiertes implizites Wissen [142], was möglicherweise auf eine wenig erforschte psychosomatische Intelligenz verweist [35]. In seiner Gleichgewichtstheorie der Weisheit werden von Sternberg ([137], [138]) Weisheit, Intelligenz und Kreativität in einen Zusammenhang gebracht ([139], [140]). Interessanterweise ist dabei nicht die Qualität der einzelnen Intelligenzen, sondern nur das ausgewogene Zusammenwirken ausschlaggebend für das Ergebnis [138]. Durch Kenntnis des Zusammenspiels der verschiedenen Einfluss- und Wirkfaktoren in einer solchen praktischen Weisheitsintelligenz verbessert sich so nicht nur Entscheidungsqualität und -praxis. Vielmehr trägt dies dann auch zu einer integralen Verantwortung in Organisationen und Führung bei [67].

Durch das Gesagte wird deutlich, dass eine Orientierung, die die Bedeutung, Einflussweisen und Wirkungen des Emotionalen und des Intuitiven in der Entwicklung und im Vollzug von Entscheidungen ausklammert, wesentliche Dimensionen menschlicher Entscheidungs- und Lebenswirklichkeit verkennt. Intelligente Entscheidungsprozesse und deren Umsetzung, die jedoch das Wechselspiel kognitiver, emotionaler und intuitiver Prozesse integrieren, tragen zur Entwicklung einer intelligenteren Praxis von Organisation und ihrer Führung sowie damit der Wertschöpfung von Unternehmen bei. Werden rationale Gründe mit emotionalen Erfahrungswissen und intuitiven Prozessen in Einklang gebracht, wird also die Wahrung eines kühlen Kopf mit dem Zugang zum „Bauch" verbunden, führt dies zu einem zeitgemäß intelligenteren Entscheiden und Handeln in Organisationen und damit darüber hinaus.

Literaturverzeichnis

1. Agor, W.H.: Intuition in organizations. Newbury 1990.
2. Andersen, J.A.: Intuition in managers: Are intuitive managers more effective? In: Journal of Managerial Psychology 15 (2000), 46-56.
3. Anderson, C.: The psychology of doing nothing: Forms of decision avoidance result from reason and emotion. In: Psychological Bulletin 129 (2003), 139-167.
4. Auer-Rizzi, W.: Entscheidungsprozesse in Gruppen. Wiesbaden 1998.
5. Barsade S.G.: The Ripple Effect: Emotional Contagion and Its Influence on Group Behavior. Administrative Science Quarterly 47 (2002), 644-675.
6. Bastick, T.: Intuition: How we think and act. Chichester 1982.
7. Bauer, J.: Warum ich fühle, was du fühlst: Intuitive Kommunikation und das Geheimnis der. Spiegelneuronen. Hamburg 2005.
8. Baylor, A.L.: A three-component conception of intuition: Immediacy, sensing relationships, and reason. In: New Ideas in Psychology 15 (1997), 185-194.
9. Bea, F.X.; Göbel, E.: Organisation. Theorie und Gestaltung, 3. Aufl., Stuttgart 2006.
10. Beckert, J.: Was tun? Die emotionale Konstruktion von Zuversicht bei Entscheidungen unter Ungewissheit. In: Scherzberg, A. (Hrsg.): Kluges Entscheiden: Disziplinäre Grundlagen und interdisziplinäre Verknüpfungen. Tübingen 2006, 123-141.
11. Behling, O.; Eckel, N.L.: Making sense out of intuition. In: Academy of Management Executive 5 (1991), 46-54.
12. Berger, U.; Bernhard-Mehlich, I.: Die Verhaltenswissenschaftliche Entscheidungstheorie. In: Kieser, A.; Ebers, M. (Hrsg.): Organisationstheorien, 6. Aufl., Stuttgart u.a. 2006, 169-214.
13. Boiney, L.G.: When efficient is insufficient: Fairness in decisions affecting a group. In: Management Science 41 (1995), 1523-1537.
14. Boucouvalas, M.: Intuition: The concept and the experience. In: Floyd, R.D.; Arvidson, P.S. (Eds.): Intuition: The inside story. Routledge, New York 1997, 39-56.
15. Brockmann, E.; Anthony, W.P.: Tacit Knowledge and Strategic. In: Decision Making Group & Organization Management 27 (2002), 436-455.
16. Brockmann, E.N.; Simmonds, P.G.: Strategic decision making: the influence of CEO experience and use of tacit knowledge. In: Journal of Managerial Issues 9 (1997), 454-467.
17. Brodbeck, K.-H.: Entscheidung zur Kreativität, schöpferische Tätigkeit durch „Achtsamkeit". Darmstadt 2007.
18. Bronner, R.: Entscheidungsverhalten. In: Hauschildt, J.; Grün, O. (Hrsg.): Ergebnisse empirischer betiebswirtschaftlicher Forschung. Stuttgart 1993, 713-745.
19. Brunsson, N.: The Irrational Organization: Irrationality as a Basis for Organizational Action and Change. Wiley, Chicester 1985.
20. Burke, L.A.; Miller, M.K.: Taking the mystery out of intuitive decision making. In: Academy of Management Executive 13 (1999), 91-99.
21. Cappon, D.: Intuition and Management. Westport 1994.
22. Cohen, M.D.; March, J.G.; Olsen, J.P.: Ein Papierkorb-Modell für organisatorisches Wahlverhalten. In: March, J. G. (Hrsg.): Entscheidung und Organisation, Wiesbaden 1990, 229-361.
23. Contino, R.: Intuitive Intelligenz. Wien 1996.

24. Crossan, M.: Improvisation in Action. In: Organization Science 9 (1998), 593-599.
25. Crozier, M.; Friedberg, E.: Macht und Organisation. Die Zwänge kollektiven Handelns. Königstein, Ts. 1979.
26. Cyert, R.M.; March, J.G.: A behavioral theory of the firm. Englewood Cliffs, N.J. 1963.
27. Damasio, A: Descartes' Irrtum. Fühlen, Denken und das menschliche Gehirn, München (engl. Damasio, A.R. (1994): Descartes' Error. New York 1994.
28. Dane, E.; Pratt, M.G.: Exploring intuition and its role in. managerial decision-making. Forthcoming. In: Academy of. Management Review 32 (2007), 33-54.
29. Davis, S.H.; Davis, P.B.: The intuitive dimensions of administrative decision-making. Lanham, Scarecrow 2003.
30. Dorfman, J.; Shames, V.A.; Kilhstrom, J.F.: Intuition, incubation, and insight: Implicit cognition in problem solving. In: Underwood, G. (Eds.): Implicit cognition. Oxford University Press, Oxford 1996, 257-296.
31. Eggenberger, D.: Grundlagen und Aspekte einer pädagogischen Intuitionstheorie. Haupt, Bern 1998.
32. Eisenhardt, K.M.: Making fast strategic decisions in high-velocity environments. In: Academy of Management 32 (1989), 543-576.
33. Elsbach, K.D.; Barr, P.S.: The effects of mood on individual's use of structured. Decision protocols. In: Organization Science 10 (1999), 181-198.
34. Elster, J.: Subversion der Rationalität. Frankfurt/M. 1987.
35. Fazekas, C.: Intelligenz: Der Körper als Basis, Psychosomatische Intelligenz – Spüren und Denken – ein Doppelleben, Berlin 2006.
36. Fehr, E.; Gächter, S.: Altruistic punishment in humans. In: Nature 415 (2002), 137-140.
37. Ford, C.M.; Gioia, D.A.: Factors influencing creativity in the domain of managerial decision making. In: Journal of Management 26 (2000), 705-732.
38. Frijda, N.H.: Emotion, cognitive structure, and action tendencies. In: Cognition and Emotion 1 (1987), 115-143.
39. Gardner, H.: Intelligenzen. Die Vielfalt des menschlichen Geistes. Stuttgart 2002.
40. Gilovich, T.; Medvec, V.H.: The Experience of Regret: What, When, and. Why. In: Psychological Review 102 (1995), 379-395.
41. Goldberg, P.: Die Kraft der Intuition. Bindlach 1995.
42. Goleman, D.: Emotionale Intelligenz. München 2004.
43. Goller, H.: Emotionspsychologie und Leib-Seele-Problem. Stuttgart 1992.
44. Goodman, S.K.: Information needs for management decision-making. In: Records Management Quarterly 27 (1993), 12-23.
45. Hänsel, M.: Intuition als Beratungskompetenz in Organisationen. Dissertationsschrift an der med. Fakultät der Universität Heidelberg 2002.
46. Harbort, B.: Thought, Action, and Intuition in Practice-Orientated Disciplines. In: David-Floyd, R.; Arvidson, P. (Eds.): Intuition. The inside story. Interdisciplinary perspectives. Routledge, New York 1997, 129-144.
47. Härtel, C.E.J.; Härtel, G.F.: Making decision making training work. In: Training Research Journal: The Science and Practice of Training 2 (1996), 69-84.
48. Hartung, P.; Bluestein, D.: Reason, intuition, and social justice: Elaborating on Parson's career decision-making model. In: Journal of Counseling and Development 80 (2002), 41-47.
49. Harung, H.S.: More effective decisions through synergy of objective and subjective. In: Approaches. Management Decision 31 (1993), 38-45.
50. Hatfield E.; Cacioppo J.T.; Rapson R.L.: Emotional contagion. Cambridge University Press, Cambridge 1994.
51. Hauser, Th.: Intuition und Innovation: Bedeutung für das Innovationsmanagement. Wiesbaden 1991.
52. Hax, H.: Die Koordination von Entscheidungen. Köln 1965.

53. Heinen, E. (Hrsg.): Industriebetriebswirtschaftslehre – Entscheidungen im Industriebetrieb, 9.Aufl.. Wiesbaden 1991.

54. Heinen, E.: Grundfragen der entscheidungsorientierten Betriebswirtschaftslehre. München 1976.

55. Heitkämper, P.: Die Kunst erfolgreichen Lernens. Handbuch für kreative Lehr- und Lernformen. Ein Didaktiken-Lexikon. Junfermann Verlag, Paderborn 2000.

56. Isaack, T.S.: Intuition: An Ignored Dimension of Management. In: Academy of Management Review 3 (1978), 917-922.

57. Isen, A.M.: Positive affect and decision making. In: Lewis, M.; Haviland-Jones, J.M. (Hrsg.): Handbook of Emotions, 2. Aufl. London 2003, 417-435.

58. Isenberg, D.J.: How senior managers think. In: Harvard Business Review, November-December (1984), 81-90.

59. Josephs, R.; Larrick, R.; Steele, C.; Nisbett, R.: Protecting the self from the negative consequences of risky decisions. In: Journal of Personality & Social Psychology, 62 (1992), 26-37.

60. Jungermann, H.; Pfister, H.-R.; Fischer, K.: Die Psychologie der Entscheidung. Eine Einführung (2. Auflage). Berlin 2005.

61. Khatri, N.; Ng, H.A.: The role of intuition in strategic decision making. In: Human Relations 53 (2000), 57-86.

62. Klein, G.: Intuition at Work. Bantam Dell, New York 2003.

63. Klein, G.: Sources of power: how people make decisions. The MIT Press, Cambridge, MA. 1998.

64. Korthagen, F.A.J: The organization in balance: reflection and intuition as complementary processes. In: Management Learning 36 (2005), 371-387.

65. Kriz, W.C.: Lernziel: Systemkompetenz. Göttingen 2000.

66. Kuo, F.-Y.: Managerial intuition and the development of executive support systems. In: Decision Support Systems 24 (1998), 89-103.

67. Küpers, W.: Perspektiven responsiver und integraler Ver-Antwortung in Organisationen und der Wirtschaft. In: Heidbrink, L. (Hrsg.): (2007), Verantwortung in der Marktwirtschaft. Frankfurt 2008 (im Erscheinen).

68. Küpers, W.: Phenomenology and Integral Pheno-Practice of Embodied Well-Be(com)ing in Organizations. In: Culture and Organization 11 (2005), 221-232.

69. Küpers, W.; Statler, M.: Practical Wisdom – Toward an Integral Model of Practically Wise Leadership. In: Culture and Organisation 2008 (forthcoming).

70. Küpers, W.; Weibler, J.: Emotionen in Organisationen. Stuttgart 2005.

71. Küpers, W.; Weibler, J.: How emotional is Transformational Leadership really? Some suggestions for a necessary extension. In: Leadership and Organization Development Journal 27 (2006), 368-383.

72. Langley, A.; Mintzberg, H.; Pitcher, P.; Posada, E.; Saint-Macary. J.: Opening up decision making: The view from the black stool. In: Organization Science 6 (1995), 260-279.

73. Laux, H.: Organisationstheorie, entscheidungslogisch orientierte. In: Frese, E. (Hrsg.): Handwörterbuch der Organisation, 3. Aufl., Stuttgart 1992, 1733-1745.

74. Laux, H.; liermann, F.: Grundlagen der Organisation: Die Steuerung von Entscheidungen als Grundproblem der Betriebswirtschaftslehre. 6. Aufl., Berlin u.a. 2005.

75. Lea, S.E.G.; Webley, P.: Pride in economic psychology. In: Journal of Economic Psychology 18 (1997), 323-340.

76. LeDoux, J.: Das Netz der Gefühle. Wie Emotionen entstehen. Wien 1998. (engl. 1996 The Emotional Brain. The Mysterious Underpinnings of Emotional life. New York).

77. Leybourne, S.A.; Sadler-Smith, E.: The Role of Intuition and Improvisation in Project Management In: International Journal of Project Management 24 (2006), 483-492.

78. Loewenstein, G.: Emotions in Economic Theory and Economic Behavior. In: Preferences, Behavior, and Welfare. In: AEA Papers and Proceedings 90 (2000), 426-432.

79. Loewenstein, G.: Out of Control: Visceral Influences on Behavior. In: Organisational Behavior and Human. In: Decision Processes 65 (1996), 272-292.
80. Loewenstein, G.; Lerner, J.S.: The Role of Affect in Decision Making, paper to appear. In: Davidson, R.D.; Goldsmith, H.H.; Scherer, K.R. (Hrsg.): The Handbook of Affective Science. Oxford 2001.
81. Maljers, F.: Strategic planning and intuition in Unilever. In: Long Range Planning 23 (1990), 63-68.
82. March, J.G.: Die Technologie der Torheit. In: March, J. (Hrsg.): Organisation und Entscheidung. Wiesbaden 1990, 281-295.
83. March, J.G.; Simon, H.A.: Organizations. New York u.a. 1958.
84. Meier-Seethaler, C.: Gefühl und Urteilskraft. Ein Plädoyer für die emotionale Vernunft. München 1998.
85. Mintzberg, H.: Managers not MBAs: A hard look at the soft practice of managing and management development. San Francisco 2004.
86. Mintzberg, H.: The Manager`s Job: Folklore and Facts. In: Harvard Business Review on Leadership. 5. Edition, Boston 1989.
87. Mintzberg, H.: The Nature of Managerial Work. New York 1973.
88. Mittelstraß, J. (Eds.): Enzyklopädie Philosophie und Wissenschaftstheorie. Mannheim 1984.
89. Morgenthaler, H.: Zur Psychologie der Intuition. Dissertation an der. Universität Zürich 1979.
90. Myers, D.: Intuition: Its Powers and Perils Yale University Press 2002.
91. Neuberger, O.: Dilemmata und Paradoxa im Managementprozess – Grenzen der Entscheidungsrationalität. In: Schreyögg, G. (Hrsg.): Funktionswandel im Management: Wege jenseits der Ordnung. Berlin 2000, 173-220.
92. Neuberger, O.: Mikropolitik und Moral in Organisationen. Herausforderung der Ordnung. 2. Aufl., Stuttgart 2006.
93. Neuweg, G.H.: Könnerschaft und implizites Wissen. Münster 1999.
94. Newell, A.; Simon, H.A.: Human problem solving. Englewood Cliffs, N.J. 1972.
95. Nippa, M.: Intuition und Emotion in der Entscheidungsforschung – State-of-the-Art und aktuelle Forschungsrichtungen. In: Managementforschung – Band 11, Schreyögg, G; Sydow, J. (Hrsg.): Emotionen und Management. Wiesbaden 2001, 213-248.
96. Nutt, P.C.: Surprising but true: Half the decisions in organizations fail. In: Academy of Management Executive 13 (1999), 75-89.
97. Ortmann, G.: Emotion und Entscheidung. In: Schreyögg, G.; Sydow, J. (Hrsg.): Emotionen und Management. Wiesbaden 2001, 277-323.
98. Ortmann, G.: Kür und Willkür. Jenseits der Unentscheidbarkeit. In: Scherzberg, A. (Hrsg.): Kluges Entscheiden: Disziplinäre Grundlagen und interdisziplinäre Verknüpfungen. Tübingen 2006, 267-194.
99. Parikh, J.: Intuition: The New Frontier in Management. London 1994.
100. Petitmengin-Peugeot, C.: The intuitive experience. In: Journal of Consciousness 6 (1999), 43-77.
101. Pfeffer, J.; Fong, C.: The end of business schools? Less success than meets the eye. In: Academy of Management Learning & Education 1 (2002), 78-95.
102. Pham, M.T.: Emotion and rationality: A critical review and interpretation of empirical evidence. In: Review of General Psychology 11 (2007), 155-178.
103. Plessner, H.: Die Klugheit der Intuitionen und ihre Grenzen. In: Scherzberg, A. (Hrsg.): Kluges Entscheiden: Disziplinäre Grundlagen und interdisziplinäre Verknüpfungen. Tübingen 2006, 109-120.
104. Pondy, L.: Union of rationality and intuition in management action. In: Srivastva, S.; Associates (Eds.): The executive mind. San Francisco, CA 1983, 169-191.

105. Prietula, M.; Simon, H.: The experts in your midst. In: Harvard Business Review 89 (1989), 120-124.
106. Ratner, C.: A social constructionist critique of the naturalistic theory of emotion. In: Journal of Mind and Behavior 10 (1989), 211-230.
107. Ray, M.; Myers, R.: Practical Intuition. In: Agor,W. (Hrsg.): Intuition in Organizations: leading and managing productively. Sage, Newbury Park, CA 1990.
108. Rowan, R.: The intuitive manager. New York 1986.
109. Rowe, A.J.; Boulgarides, J.D.: Managerial Decision Making. New York 1992.
110. Sadler-Smith, E.; Shefy, E.: The intuitive executive: understanding and applying 'gut feel' in decision-making. In: Academy of Management Executive 18 (2004), 76-91.
111. Sadler-Smith, E.; Sparrow; P.R.: Intuition in Organisational Decision Making. In: The Oxford Handbook of Organizational Decision Making. Hodgkinson, G.P.; Starbuck, W.H. (Eds.): Oxford University Press, Oxford 2007.
112. Schanz, G.: Intuition als Managementkompetenz. In: Die Betriebswirtschaft 57 (1997), 640-654.
113. Scheele, B.: Emotionen als bedürfnisrelevante Bewertungszustände: Grundriss einer epistemologischen Emotionstheorie. Tübingen 1990.
114. Scherer, K.R.: Zur Rationalität der Emotionen, On the rationality of the emotions. In: Rössner, H. (Hrsg.): Der ganze Mensch. München 1986, 181-192.
115. Scherer, K.R.; Ekman, P. (Eds.): Approaches to emotion. Hillsdale, NJ 1984.
116. Scherzberg, A. et al. (Hrsg.): Kluges Entscheiden. Disziplinäre Grundlagen und interdisziplinäre Verknüpfungen. Tübingen 2006.
117. Schettgen, P.: Intuition: Führen mit Kalkül oder Gefühl. In: Zeitschrift für Führung und Organisation 66 (1997), 89-93.
118. Schmid, B.; Hipp, J.; Caspari, S.: Intuition in der professionellen Begegnung. In: Zeitschrift für systemische Therapie 17 (1999), 101-111.
119. Schmitz, B.: Werte und Emotionen. In: Otto, J.H.; Euler, H.A.; Mandl, H. (Hrsg.): Emotionspsychologie: Ein Handbuch. Weinheim 2000, 349-359.
120. Schnabel, A.: Die Rationalität der Emotionen. Westdeutscher Verlag, Wiesbaden 2003.
121. Schnabel, A.: Gefühlvolle Entscheidungen und entscheidende Gefühle. In: Kölner Zeitschrift für Soziologie und Sozialpsychologie 57 (2005), 278-308.
122. Schon, D.: The Reflective Practitioner. How professionals think in action. London 1983.
123. Schreyögg, G.: Organisationstheorie, entscheidungsprozessorientierte. In: Frese, E. (Hrsg.): Handwörterbuch der Organisation 3. Aufl., Stuttgart 1992, 1746-1757.
124. Schwarz, N.; Bohner, G.: Feelings and their motivational implications: Moods and the action sequence. In: Gollwitzer, P.M.; Bargh, J.A. (Eds.): The psychology of action: - linking cognition and motivation to behaviour. Guilford, New York 1996, 119-145.
125. Shapiro, S.; Spencer, M.: Managerial Intuition: A Conceptual and Operational Framework. In: Business Horizons 40 (1997), 63-68.
126. Shaver, P.; Schwartz, J.; Kirson, D.; O'Connor, C.: Emotion knowledge: further exploration of a prototype approach. In: Journal of Personality and Social Psychology 52 (1987), 1061-1087.
127. Shirley, D.A.; Langan-Fox, J.: Intuition: A review of the literature. In: Psychological Reports 79 (1996), 563-584.
128. Simon, H.: Making management decisions: The role of intuition and emotion. In: Agor, W.H. (Hrsg.): Intuition in Organizations. Newbury Park, CA 1989, 23-39.
129. Simon, H.A.: Administrative behavior: A study of decision-making processes in administrative organizations 3. Aufl., New York/London 1976.
130. Simon, H.A.: Making management decisions: the role of intuition and emotion. In: Academy of Management Executive 1 (1987), 57-64.
131. Sinclair, M.; Ashkanasy, N.M.: Intuition: Myth or a decision-making tool? In: Management Learning 36 (2005), 353-370.

132. Solomon, R.C.: Emotions and choice. In: Rorty, A. (Hrsg.): Explaining emotions. Berkeley 1980, 251-281.
133. Solomon, R.C.; Calhoun, C.: What is an emotion. New York 1984.
134. Sousa, R. de: Die Rationalität des Gefühls. Frankfurt/M. 1997.
135. Speck, J.: Handbuch wissenschaftstheoretischer Begriffe. Göttingen 1980.
136. St. Aubin, E de.: Personal ideology polarity: Its emotional foundation and its manifestation in individual value systems, religiosity, political orientation, and assumptions concerning human nature. In: Journal of Personality and Social Psychology 71 (1996), 152-165.
137. Sternberg, R.J. (Hrsg.): Wisdom: Its nature, origins, and development. New York 1990.
138. Sternberg, R.J.: Erfolgsintelligenz. Warum wir mehr brauchen als EQ und IQ. München 1998.
139. Sternberg, R.J.: WICS: A model of leadership in organizations. In: Academy of Management Learning and Education 2 (2003a), 386-401.
140. Sternberg, R.J.: *Wisdom, intelligence, and creativity, synthesized.* Cambridge University Press, New York 2003.
141. Sternberg, R.J.; Forsythe, G.B.; Hedlund, J.; Horvath, J.A.; Wagner, R.K.; Williams, W.M.; Snook, S.A.; Grigorenko, E.L.: Practical intelligence in everyday life. New York 2000.
142. Sternberg, R.J.; Vroom, V.H.: The person versus the situation in leadership. In: Leadership Quarterly 13 (2002), 301-323.
143. Tavana, M.: CROSS: a multi-criteria group-decision making model for evaluating and prioritizing advanced-technology projects at NASA. In: Interfaces 33 (2003), 40-56.
144. Taylor, E.: The Experience of Intuition in Management Decision Making: A Phenomenological Inquiry and Consolidation of a Model. The Union for Experimenting Colleges and Universities. Doctoral dissertation. UMI Dissertation Services, Union Graduate School, MI, Ann Arbor 1998.
145. Tykocinski, O.; Pittman, T.: The consequences of doing nothing: Inaction inertia as avoidance of anticipated counterfactual regret. In: Journal of Personality and Social Psychology 75 (1998), 607-616.
146. Ufig, A.: Lexikon der philosophischen Begriffe. Eltville 1993.
147. Vaughan, F.E.: Varieties of intuitive experience. In: Agor, W.H. (Eds.): Intuition in organizations. Sage Publications, Newbury Park, CA 1990, 40-61.
148. Vaughan, F.E: Awakening intuition. New York 1979.
149. Wagner, R.K.; Sternberg R.J.: Practical intelligence in real-world pursuits: The role of tacit knowledge. In: Journal of Personality and Social Psychology 48 (1985), 436-458.
150. Whitecotton, S.M.; Sanders, D.E.; Norris, K.B.: Improving predictive accuracy with a combination of human intuition and mechanical decision aids. In: Organizational Behavior and Human Decision Processes 76 (1998), 325-348.
151. Zeelenberg, M.: Anticipated regret, expected feedback and behavioral decision-making. In: Journal of Behavioral Decision Making 12 (1999), 93-106.
152. Zeuch, A.: Training professioneller intuitiver Selbstregulation. Theorie, Empirie und Praxis. Hamburg 2004.

Macroeconomic Aspects of Decision Support

Gesamtwirtschaftliche Perspektive der Entscheidungsunterstützung

Internalization of Externalities as a Means to Support Decisions Intelligently

Alfred Endres

FernUniversität in Hagen, Fakultät für Wirtschaftswissenschaft,
Lehrstuhl für VWL, insb. Wirtschaftstheorie
Profilstraße 8, 58084 Hagen
alfred.endres@fernuni-hagen.de

Abstract. In *general equilibrium theory*, it has been shown that market equilibria are socially optimal under certain conditions. However, if the society under consideration does not meet these conditions, *market failure* prevails. One of the causes for market failure, most prominent in the literature, is *externality*. Real world examples for the theoretical concept of externality are environmental problems. In this paper it is shown how policy makers can intelligently support individual decisions in order to harmonize individual utility maximization and social welfare maximization, even if externalities exist. Alternative means to *internalize externalities* are assessed.

Key Words: Externalities, Internalization, Environmental Policy, Liability Law.

1   Intelligent Decision Support: Policy Maker's and Individual Agents' Needs

This paper takes an "exotic view" on intelligent decision support:

Consider the fundamental model of neoclassical economic theory.[1] In this model rational decision makers strive to maximize their utilities under physical and economic constraints. Firms supply goods and demand productive inputs, households provide these inputs and demand goods. These individual decision makers are coordinated by a system of *ideal markets*. Markets are ideal in the sense that they are perfectly competitive and complete. Completeness means that they comprise all economically relevant activities. Moreover, it is assumed that the economic agents operate under full information. It has been shown (even if with considerable effort) that in such a system a *general equilibrium* exists that is unique and stable. Moreover, and

---

[1] This model goes back to the work of the economic founding fathers Adam Smith (1723-1790), Leon Walras (1834-1919) and Francis Y. Edgeworth (1845-1926). In its present form, known as *general equilibrium theory*, it has been designed by Kenneth Arrow, Gerard Debreu, and others. Arrow and Debreu have been awarded the Nobel price in economics, 1972 and 1983, respectively, for their path breaking contributions to the model. Today the model is the core of microeconomic theory and part of the folklore in the advanced chapters of microeconomics textbooks. See, e.g., Endres/Martiensen [8], Perloff [11].

surprising to some, it has been shown that in this equilibrium aggregate welfare of the society is maximized.[2]

In this world there is absolutely no need for *Intelligent Decision Support*: All of the agents in the system exactly know what they are striving for (technically: which objective functions to maximize). They also know what kind of means they have to achieve those goals and what kind of obstacles to observe (technically speaking: they know the constraints of their optimization). Moreover, they can use efficient social institutions (i.e., perfect markets) to coordinate the numerous individual decisions. So each individual is just fine regarding intelligence and the *invisible hand* provides support bundling individual intelligence into societal wisdom.

However, it is obvious that the real world does not look like this model, and even economic theorists are aware of that. The most prominent features of reality which are overlooked in the model briefly described above are *market power*, *incomplete* (particularly: asymmetric) *information* and *externalities*.

Given these complications the results of individual intelligent optimization and market coordination fail to lead to a socially optimal result. In the economic literature this phenomenon is called "market failure".[3]

Consider the assumption of markets being complete in the sense that they comprise all economically relevant activities. A very important example for deviations from this assumption are all environmental problems. Environmental problems constitute a case of market failure due to negative externalities. A negative externality is a consequence of an economic activity of one agent decreasing the welfare of another agent if this connexion between the two individuals is not mediated by the market mechanism. So this is the point where the market system is not complete in the sense explained above. The emissions of air borne pollutants generated by a production process and reducing the air quality in the neighborhood of the plant are among the many examples. Externalities destroy the ability of markets to provide for optimal allocation of scarce resources. The reason is that environmental resources are used free of charge by the generator of the externality. Thereby, rational agents do not appropriately take resource scarcity into account when deciding on the quantity and quality of their economic activities. Compared to optimal resource use, too many environmental resources are used if they are free goods.

In the traditional model there is not much room for governmental intervention into the economy. Since equilibria are socially optimal anyway, what could the policy maker do except for making things worse? Obviously, this picture changes dramatically once externalities are introduced into the model. It is an evident task for the political decision maker to come up with means to improve the equilibria of failing markets according to the criterion of social welfare maximization. The question is: what can the decision maker do in order to reestablish the social optimality of market

---

[2] In most of the literature the *Pareto criterion* is used to operationalize the concept of social welfare.

[3] Again, we can refer to the advanced chapters of microeconomics textbooks, like the two mentioned in footnote 1.

equilibria in a world where externalities exist?[4] So in a state of market failure the policy maker must design some schemes that change the *incentive structure* under which the individual decision makers operate, appropriately. Of course, it is not obvious at all what a scheme serving this ambitious goal should look like. In a democratic system the government would hesitate to force individual decision makers to behave in order to achieve the social goal. Instead it would provide society with a system of signals designed to support individual decisions in a way that individual goals and social goals do not run into conflict with each other. The design of such a system and developing criteria for political choice to be applied in case that several alternative systems are suggested is an enormous challenge for intelligent decision support: The policy makers must provide the economic agents with that kind of support. Moreover, the economist in his/her role as public policy advisor must provide intelligent decision support by making the implications of alternative systems clear to the policy maker. These implications are the effects of alternative policies on the market equilibria and the social welfare properties of these equilibria.

When it comes to make amends regarding market failure due to externalities there are some proposals which share the common idea of *internalizing* these externalities. The idea of internalizing externalities is to make the polluters pay for the environmental resources they use. Ideally, the level of the prices paid should reflect the social scarcity of these resources. An example for a possible strategy of internalization is environmental liability law. If polluters must fully compensate any environmental damage they cause, they are induced to take the value of environmental resources used in their economic activities into account, just as they do with any scarce resource which has to be bought within the market system. With full internalization the ability of perfect markets to provide for optimal resource allocation is restored.[5]

Below, the potential as well as the problems of environmental policy to serve as an internalization strategy are discussed in more detail. We first give an overview, in section 2., and then deal with environmental liability law as an internalization strategy in a somewhat more detailed manner (section 3.). In section 4. we follow a more modest approach: Very often the information requirements for the design of a socially optimal policy are prohibitive. Then, one has to be content to strive for cost effectiveness without social optimality. In section 5. we discuss some special topics which have received particular attention in the recent literature. We conclude in section 6.

---

[4]   A more modest approach which results from a pessimistic attitude regarding the possibilities to realize social optimality would strive for political means to *improve* the equilibria according to the criterion of social welfare without claiming that the results of the effort are optimal.

[5]   See, e.g., Endres [6], Perman et al. [12].

2   Environmental Policy to Internalize Externalities

2.1   Pigouvian Taxes

The idea of market failure due to externalities and possible strategies for their internalization goes back to the work of the British economist Arthur C. Pigou (1877-1959). In his work on "The Economics of Welfare", published in 1920, he developed the concept of making polluters pay by taxing their emissions. The appropriate form of taxation, called the *Pigouvian tax* in the subsequent literature, is one with a constant tax rate per unit of pollution. The correct level of the tax rate is equal to the *marginal damage* caused by this kind of pollution in the socially optimal situation. The marginal damage is the damage done by one additional unit of the pollutant under consideration. The socially optimal situation is characterized by pollution being reduced to a level where the difference between the environmental damage reduction and the cost of pollution control is maximized.

The introduction of the Pigouvian tax has been a milestone in economic theory. However, applying it to real environmental problems is difficult. This is so because it presupposes that the governmental agency deciding upon the tax rate possesses a high degree of information which is hard to get in practice. Particularly, the government must know the socially optimal level of emissions and the marginal damage caused in this situation.

2.2   Coasian Bargains

A competing idea to internalize externalities goes back to the seminal paper of Ronald Coase on "The Problem of Social Cost" published in 1960.[6] Coase developed the idea of the polluter and the pollutee negotiating on the level of pollution. Opposed to the idea of Pigou the state does not intervene by fixing a "price for pollution". Instead, the state designs the framework within which private parties negotiate by defining and assigning property rights for environmental resources. If property rights are with the pollutees, polluters must buy permission to pollute from them. Under competitive conditions and if there are no *transaction costs* the externality is internalized via the payments polluters have to transfer to pollutees. Alternatively, if property rights are with the polluters, pollutees must compensate the polluters for any emission reduction. In this setting, externalities are also internalized under the conditions mentioned above. The reason is that by deciding to generate a certain amount of emissions, polluters forsake the chance to receive compensation payments for *not* generating this amount. Compensation payments forsaken constitute an *opportunity cost* of pollution. It has been shown by R. Coase that the final amount of pollution generated in the equilibrium of these negotiations is socially optimal and does not depend upon how the state has assigned the property rights. This fundamental result has been labeled the *Coase Theorem* in the subsequent literature.

Even though the Coasian approach is of fundamental importance for *law and economics* as well as *environmental economics* theory, Coasian bargains do not play a

---

[6]   Ronald Coase has been awarded the Nobel price in economics in the year 1991.

very important role in practical environmental policy. The reason is that the assumption of zero transaction cost is not met in reality.

2.3 Environmental Liability Law

A third possibility to make polluters pay for environmental damages is environmental liability law. Let us have a closer look at this strategy to internalize externalities.

3   The Economics of Environmental Liability Law

3.1 Introduction

To assess the degree to which environmental liability law is able to internalize externalities, first, a situation with full internalization must be characterized. The properties of this situation serve as a measuring rod.

Consider a certain production process which might generate an environmental risk. E.g., in the case of an accident, toxic substances are released into the environment. From the point of view of society there are two types of cost associated to this risk. The first one is damage cost. Since the occurrence of an accident is not certain, perceived ex ante, these cost take the form of *expected damage*. Expected damage is the product of the probability with which the accident occurs and the amount of damage cost given the accident. The second kind of cost is *cost of care*. To understand this concept it must be acknowledged that the probability of an accident to occur and the amount of the damage in the case of an accident are not exogenously determined. In most cases there are measures of prevention which might reduce one of the two components of expected damage, or both. These activities range from the kinds of technical installations used, monitoring these installations, using specially trained staff and motivate employees to activate their skills on the job etc. In many cases, these kinds of precautionary possibilities do not only exist for the generator of the risky activity but also for the potential victim. A setting of analysis, where the latter possibility is ignored is said to deal with *unilateral accidents*, one where both types of precaution are considered, with *bilateral accidents*. In the literature all the possibilities of taking precautionary measures are summarized in the term "care". Of course, taking care uses scarce resources, the value of these resources determines the cost of care.

According to the criterion of social welfare maximization a risk neutral society would want to exercise care at a level which minimizes the sum of expected damages and cost of care. In this situation the external risk generated by the production process under consideration would be fully internalized.

Below, this allocation is used as a norm to assess the internalization performance of environmental liability law.[7]

---

[7]   See, e.g., Endres [6], Cooter/Ulen [5].

3.2   The "Textbook-Model" of Strict Liability

Consider the case of unilateral accidents. Under *strict liability* the injurer is required to fully compensate the damage caused in the case of an accident. The obligation to compensate is not conditional on the level of care. Therefore, rational and risk neutral potential injurers can be expected to take cost of care and expected damages into account when deciding upon the level and quality of their care activities. If the goal of the decision makers is profit maximization they will strive to exercise care minimizing the sum of expected damages and cost of care.[8] Therefore, the decision problem of the generator of the external risk under strict liability law is identical to the decision problem of the society striving for the optimal level of care: find the amount of care which minimizes the sum of damage and care costs. Since the decision problems of the individual agent under strict liability and society are identical, so is the level of care solving this decision problem. Accordingly, strict liability is able to perfectly internalize the external risk in the "textbook- model" of strict liability considered here.

This assessment is not true in the case of bilateral accidents. In the "textbook case" of strict liability the victim is fully compensated for the damage. Even though this might be welcomed conforming to a popular concept of *justice* it is detrimental on allocative grounds. In the case of bilateral accidents optimal levels of care taken by the potential injurer and the potential victim, respectively, are defined by the sum of expected damages and the costs of these two kinds of care being minimized. However, being fully compensated for any damage under strict liability, there is no incentive for the rational and risk neutral potential victim to exercise any care.

3.3   Incomplete Internalization by Strict Liability in the Case of Unilaterial Accidents

Even if we confine the analysis to unilateral accidents internalization by strict liability is incomplete in a setting which is modelled closer to reality than the one considered in section 3.2, above.

In the "textbook setting" it has been assumed that compensation is complete. This means that the sum to be paid by the injurer to the victim in the case of an accident is identical to the monetary value of the damage. Below, some of the reasons why this is quite a heroic assumption are listed. It is fundamental to understand that deviations between the value of the damage and the amount of compensation payment seriously hamper the ability of environmental liability law to perform as an internalization strategy. If expected compensation payments are lower than expected damages cost minimizing agents only partially acknowledge external costs when deciding upon the level of their care activities. Therefore, in equilibrium the amount of care is lower than required in the socially optimal situation achieved by the full internalization. Then, strict liability only leads to partial internalization subjecting society to a level of risk which is too high compared to the optimal level. If, on the other hand, expected compensation is above expected damage, the equilibrium level of care is too high

---

[8]   Cost minimization is a necessary (but not sufficient) prerequisite for profit maximization.

compared with the socially optimal level. Then, scarce resources are allocated to the care activity which would have been more beneficial to the society if allocated to alternative uses.

Below, we concentrate on reasons for compensation payments being lower than damages, a phenomenon labelled "damage discounting" in the *law and economics* literature.

- **Incomplete monetization.** The idea of compensating the victim for the damage by a payment from the injurer implies that damages can be monetized. It has been disputed in the literature whether this is possible in the case of severe illness or even death as a consequence of an environmental catastrophe.

  It must be mentioned, however, that this problem is not specific to environmental liability law as a means to internalize externalities but to the concept of internalization as such. Monetization is a prerequisite for any internalization independent of the specific instrument which is used, be it liability law, a Pigouvian tax or any other scheme.

- **Uncertain causation.** It has been tacitly assumed above that there is no doubt about the economic activity under consideration being the cause for the external damage. However, in realistic settings, causation is often hard to establish. This is particularly the case if there are long distances between the presumed cause and the effect, in space and/or time, and if several potential causes might have been working together to generate the detrimental effect.

  If causation is not obvious the application of environmental liability often depends upon whether the burden of proof has to be carried by the potential injurer or the potential victim. In cases where it is very hard to establish causation liability law is practically unapplicable if the burden of proof rests with the potential victim. On the other hand, if the burden of proof is on the injurer, "liability for suspicion" might be the detrimental consequence.

- **Lacking personal attributability and rational disinterest.** It has been tacitly assumed, above, that damages occur at the expense of certain persons who are entitled for compensation under strict liability. In a more realistic setting this assumption is not always warranted. Damages might reduce the value of resources for which private property rights are not specified. In the case of these "eco damages" it is difficult to establish a claim for compensation or restitution on the basis of liability law.[9]

  A similar problem to make a liability case generated at the side of potential victims occurs when aggregate damage is high but distributed among many individuals. Transaction costs for each individual may be too high to exercise the claims to be compensated. The damaged individuals are "rationally disinterested" in the procedure. In the literature class action is discussed as a means to lower transaction costs and thereby to overcome the problem of rational disinterest.

---

[9] The recent *Environmental Liability Directive* of the European Union tries to deal with this problem.

- **Limitations of liability.** An important deviation from the principle of full compensation, assumed to be met in the textbook model of liability law, exists if liability is limited to a certain amount of money. There are many empirical liability laws which contain a limit. Another kind of limitation exists as far as the assets of a potential injurer which can be used to satisfy claims are limited. It has been argued that firms strive to outsource dangerous activities to companies with specifically limited assets.[10]

3.4 Standard Oriented Liability Rules

The constitutional property of strict liability is that the potential injurer is liable independent of the amount of care taken. This is different under the *negligence rule*.

For simplicity, consider the case of unilateral accidents. Under negligence injurers are liable for the damages cost if the actual care they have taken is less than *due care*. To be operational, the norm of due care has to be specified. In the textbook model of negligence the due care standard is assumed to require the injurer to take optimal care.

Economic analysis suggests that injurers will take optimal care under these conditions for the following reasons: If injurers choose a level of care which renders them exempt from liability the only cost they have to consider is the cost of care. Damages generated are irrelevant for the injurer's decision. Since exemption from liability holds for levels of care equal or above the due care level the cost minimizing decision is to exactly keep due care standard (instead of exercising "excessive" care). On the other hand, it is not in the interest of the injurer to exercise less than due care under the negligence rule as specified here. In this case not only the cost of care but, additionally, expected damages would have to be calculated by the decision maker. The sum of care and damage costs is always higher than the cost of care only when optimal care is exercised. Therefore, equilibrium care is identical to optimal care as realized by full internalization.

This result of the textbook analysis of negligence also holds for the bilateral case. Given the injurer exercises optimal care the victim is not entitled to compensation. Therefore, victims have an incentive to minimize the sum of expected damages and their own cost of care. This minimization incentive is exactly what is required in the socially optimal situation.

In the case of bilateral accidents a mixed form of strict liability and negligence is feasible, *strict liability with a defense of contributory negligence*. Here, injurers are liable for the damage independent of their own level of care given the victims have observed their own due care standard. In the textbook version of this liability rule victims' due care standard is defined by their socially optimal care. If victims violate this standard injurers are exempt from liability. It follows from reasoning analogous to the one above that the equilibrium care levels of injurers and victims will be identical to the optimal levels: Given the due care standard addressed to the victim is set at its socially optimal level any victim striving for cost minimization will decide to exactly observe this level. Given that injurers are liable. Being liable any rational

---

[10] See, e.g., Segerson [14].

injurer strives to exercise care in order to minimize the sum of care and damage costs. Thereby, optimality is obtained and compensation is paid.

In the "textbook-version" of the standard oriented liability rules, presented above, standards are set at socially optimal levels of care. This requires, first, that the standard setting institution strives for social optimality in the sense of economic theory and if so that it, second, is informed well enough to be able to do so. The standard setting institution must know all the relevant damage and cost of care functions with the care levels as independent variables. Of course, these assumptions are heroic. It is plausible that suboptimal standards attenuate the ability of standard oriented liability rules to induce economic agents to exercise optimal care. Economic modeling confirms this intuition.

A similar distortion in the ability of environmental liability law to achieve full internalization is incomplete standards. Standard oriented liability rules can constitute incentives to take optimal care only for those care activities for which a standard is established. There are some possibilities to reduce expected damages for which it is hard to establish a norm. The most prominent example is the *level of the economic activity* generating the external risk. If the due care standard addressed to the injurer under the negligence rule in the case of unilateral accidents does not contain a norm for the level of the externality generating activity, this level is not likely to be optimal in equilibrium. The same holds for the victims activity level under a rule of strict liability with a defence of contributory negligence in the case of bilateral accidents.

3.5 Liability and Insurance

The most prominent role of insurance is to pool the risks of the insured. Above, it has been assumed for simplicity that economic agents are *risk neutral*. Risk neutral individuals do not benefit from risk pooling and therefore do not demand insurance. In order to analyze the effect of insurance on equilibrium precaution under liability law individuals analyzed in the economic model are assumed to be *risk averse*, below. For simplicity the analysis is confined to the case of unilateral accidents and strict liability.

Ideally, the premium paid by the insured decision maker for full coverage is identical to the expected damage ("fair premium"). Since expected damage is determined by the level of care exercised by the decision maker, as explained above, the insurance premium is determined by this level also. Therefore, the equilibrium care level of the risk averse decision maker who is insured by a contract implying a fair premium is identical to the equilibrium care level of the risk neutral decision maker without insurance. It follows that this equilibrium level of care is socially optimal under the conditions of the "textbook-model" of section 3.2, above. In this setting insurance is beneficial in terms of social welfare in that the burden of risk is shifted from the risk averse decision maker to the insuring institution (which is taken to be risk neutral). Moreover, insurance is also allocatively beneficial. This is so because the equilibrium care level of a risk averse decision maker without insurance is higher than the equilibrium care level of a risk neutral agent. Since the equilibrium care level of the risk neutral agent is socially optimal under the conditions considered here the equilibrium care level of the risk averse decision maker is socially excessive. As soon as insurance takes the burden of risk from risk averse agents they behave just like risk neutral agents do and this is socially optimal in the given context.

A prerequisite for the feasibility of a fair premium is that the level of care exercised by the insured decision maker is fully observable by the insurance company. This is highly unrealistic. Insurance contracts often suffer from asymmetric information between the insured party and the insurance company. This is the cause for the problem of *moral hazard* well known from the literature on insurance economics. The allocative consequences of moral hazard for equilibrium care are most visible in the extreme case where the insurance company cannot observe the level of care exercised by the insured agent at all. In this case the insurance premium cannot be related to the level of care but is a fixed amount. Given the premium is predetermined, there is no incentive for the decision maker to take any care. Any care taken would increase the cost of the decision maker without being able to lower the insurance premium and thereby conflict with the goal of profit maximization. In a more realistic setting, the degree to which the care level is observable for the insurance companies will be between the two extreme cases considered above, full observability and no observability at all. The difference between the equilibrium care level to optimal care will be the higher the worse observability is.

In the insurance literature several strategies have been proposed to cope with the problem of moral hazard and they have also been used in practice. The most common feature is that insurance contracts do not provide full coverage. Decision makers who have to pay a certain part of the compensations to the victims themselves, in the case of an accident, are subject to higher incentives to take care than fully insured agents. Of course, the allocative benefits of partial insurance can only be realized by forsaking a part of the beneficial effect of insurance in terms of risk distribution. If the risk averse decision maker carries a part of the burden of risk, the potential of insurance to provide optimal risk shifting cannot be fully realized.

Other forms of risk management might strive to increase the observability of care activities. The insurance contract might determine certain precautionary activities by the insured agent and might specify reporting duties of this agent and monitoring rights of the insurance company. The contract might exempt the insurance company from the duties to cover damage in case of the insured decision maker not having complied to these elements of the contract. It is an interesting side issue that by these contractual provisions, the limits between strict liability and negligence are blurred considering the economic incentives of these two liability rules. Regarding the incentives to take care the duties specified in an insurance contract under strict liability are very similar to the due care standards the decision maker is expected to observe under the negligence rule.

4   The Design of Pragmatic Environmental Policy

4.1   From Internalization to Standard Oriented Environmental Policy

In addition to the specific problems mentioned above for each individual internalization strategy, they all suffer from one difficulty: The concept of internalization presupposes that environmental damages can be monetized. It has been doubted in the literature that this is possible. Even though a large part of environmental economics is devoted to the development of monetization methods, an important strand of the literature assumes that monetization is outright impossible. Then, the measuring rod for the evaluation of environmental policies cannot be whether they are able to induce the socially optimal level of pollution, as has been the case in the internalization literature. The goal of environmental law without monetization is much more modest. It is assumed that environmental law is to reduce pollution to a certain amount. This amount is not economically optimized but predetermined. In this context, from the perspective of economics, the role of environmental law is to achieve the target level with minimal abatement cost. This approach goes back to the seminal article by William J. Baumol and Wallace E. Oates (1971).[11]

4.2   Command and Control

Assume that the environmental policy target is to reduce pollution of a certain type in a certain region to half of the prepolicy level. An environmental policy instrument is called "efficient" if it brings about this target pollution reduction at minimum abatement cost.

The dominating approach of environmental law has been direct regulation of polluters. This policy can take the form of source specific emission standards, abatement technology fixes, constraints on the quality or quantity of inputs, etc. The efficiency properties of these kinds of command and control (CAC) approaches may vary according to their specific designs.

Consider a particularly simple command and control law aiming at the 50 % reduction target mentioned above by making each polluting firm halve its emissions. This policy misses the efficient allocation of pollution reduction loads among the polluting firms. This is so because efficiency requires that firms which are able to abate pollution cheaper than other firms abate more pollutants compared to firms which abate with higher costs, *ceteris paribus*. Technically speaking, an efficient allocation requires the firms to share the overall pollution reduction in a way equalizing their marginal abatement costs. Of course, policy makers might try to overcome the obvious efficiency deficit of the simple CAC approach considered here by setting differentiated emission standards for the firms. However, the administrative agency does not know the marginal abatement cost functions of individual firms and proxies like the size of a firm are often misleading. Moreover, the attempt to tailor efficient emission standards according to the marginal abatement cost of individual firms would result in a disincentive for the firms to keep this cost down.

---

[11]   Recent expositions of this approach are in Endres [6], Tietenberg [15].

4.3   Effluent Charges

Consider a law requiring each polluter to pay a fixed charge for each unit of pollutant emitted. This is similar to the Pigouvian tax mentioned above but not identical. For the Pigouvian tax the amount to be paid per unit of pollution is equal to the marginal damage caused in the socially optimal situation. For the effluent charge the rate must be set at a level inducing the firms to make the adjustments necessary to reduce aggregate pollution to the target amount.

Given the charge rate is identical across firms, the aggregate pollution reduction achieved by the firms' adjustments to the charge is distributed efficiently among the polluters. This is so because each cost minimizing firm reduces its emissions up to the point where its marginal abatement cost equals the charge rate. Since this rate is the same for all polluters, in the charge adjusted equilibrium their marginal abatement cost are all equal to each other as required by the cost minimum condition.

To find the level of the charge rate which is appropriate given the predetermined target level, the charge setting institution must estimate the marginal abatement costs of the involved firms. If the actual marginal costs are higher than the ones calculated by the agency, emission reductions in the charge adjusted equilibrium fall short of the target level. Accordingly, the rate has to be raised. It is an important draw back of the effluent charge approach that these kinds of *trial and error* processes are needed to arrive at the target level.

4.4   Transferable Discharge Permits

In this framework firms receive certified rights to pollute. The extent to which they may legally generate emissions is limited to the amount of those permits they hold. The quantity of permits provided, allowing to pollute one unit each, adds up to the regional target level. Permits may be given to the firms free of charge or auctioned of. The former distributional method is of particular importance if the law changes from command and control to a permit system. It is the most important feature of any form of this system that permits are freely transferable across polluters. Under competitive conditions the market price for permits will play the same role as the charge rate in an effluent charge policy. Polluting firms compare the market price for a permit with their own marginal abatement cost. A cost minimizing firm demands permits up to the point where its marginal abatement cost are equal to the permit price. Since this price is equal for all polluters, marginal abatement costs of the polluting firms are equal to each other in the equilibrium. Therefore, the requirement for the cost minimal allocation is met.

An advantage of the transferable discharge permit policy compared to effluent charges is that no trial and error process is needed to achieve the predetermined environmental policy goal. Given the permit policy is strictly enforced equilibrium pollution is limited to the target level by the number of permits issued. This property is one of the reasons why the European Union has decided to meet the obligations in terms of CO_2-reduction it has accepted under the Kyoto Protocol by installing a system of emission trading.[12]

4.5   Empirical Evidence

The theoretical analyses sketched above have been confirmed by numerous empirical studies. E.g., *Resources for the Future*, a Washington D.C. based research institute, has conducted a major study comparing economic incentive policies like effluent charges and transferable discharge permits to command and control as analyzed in twelve case studies referring to six environmental problems. The result is that cost effectiveness of market based instruments is dramatically higher than of command and control. Particularly, estimates regarding US SO_2 policy suggest that the environmental goal has been achieved by tradable emission permits at about one quarter of the cost of various command and control policies.[13]

5   Special Topics in the Economics of Environmental Policy

5.1   Dynamics

The comparison of different designs of environmental law has been carried in a static setting above and in most of the literature. However, over time, environmental law might constitute incentives to change damage costs of economic activities and the costs to abate pollution. There is a growing literature on the dynamic incentive effects of alternative environmental policy instruments. Most of these studies confirm that the result of market based instruments being often superior to command and control instruments can be transferred from the static to the dynamic setting.[14]

5.2   Environmental Policy in an Imperfect World

It has been tacitly assumed above and in most of the literature that environmental problems are the only reason which prevent markets from being perfect. However, in a more sophisticated setting, it must be acknowledged that there are other imperfections, like market power and asymmetric information. These might interact with externality problems, complicating the analysis of the allocative properties of environmental law. Moreover, in reality different designs of environmental law are very often not treated to be alternatives as they are above and in most the theoretical literature. The problem of regulatory interaction arises whenever different policy designs are combined.[15]

---

[12] See Endres/Ohl [9] for an economic evaluation of this system.
[13] See Harrington et al. [10].
[14] See Endres/Bertram/Rundshagen [7], Requate [13].
[15] See, e.g., Bovenberg/Cnossen [3], Endres [6].

5.3 International Environmental Policy

It has been assumed above that there is a central agency ("the State") to design and enforce environmental law. This assumption is doubtful in an international setting. Particularly, *global environmental policy* cannot be decided upon using a "top down approach" but must be agreed upon by sovereign countries. There is an increasing literature dealing with the problem to internalize transboundary externalities in the absence of a central policy making agency. The aim of these studies is to find out how international environmental conventions must be designed to make it attractive for individual countries to join and to comply with what has been agreed upon. This is a very interesting and advanced topic in the context of intelligent decision support![16]

5.4 A Public Choice Approach

Above, the economic analysis of environmental law has been explained using a *welfare economic perspective*. Insights provided may be used designing environmental policy instruments that are effective and efficient. A completely different economic approach is to explain why actual environmental law looks like it does instead of explaining what it should look like. This approach is taken by the *public choice* literature on environmental law. Here, environmental law is explained to be the result of the struggle among interested parties. Polluting industry, consumers, environmentalists, politicians and bureaucrats are the main players in this game.[17]

6 Conclusion

Putting it somewhat ironically, one might say that an economist, relying upon the traditional neoclassical model and trying to give *intelligent decision support* to the politician would suggest: "The most intelligent thing you can do is to refrain from any intervention into the free play of market forces. All you have to do is to guarantee the property rights. Particularly, make sure that all private contracts are honored." Taking a more modern perspective, the life of the economic theorist in the role of a policy advisor is much more complicated (but also more interesting). It is the task of the economist as an advisor to suggest political strategies to the policy makers serving the goal to harmonize individual optimization of the decision makers and aggregate social welfare maximization. These strategies must be *intelligent* in that they do not bluntly order individuals to serve the common goal. It has been known from history that individuals do not tend to follow orders just like that but seek their own ways to get around. Put into the terms of economic theory, orders are not just followed but are regarded as changes of the incentive structure under which individual optimization takes place. If individuals adjust their equilibria in the light of changing constraints influenced by political decision makers, the results are very often completely different from what the policy maker intended and expected. It follows that political instru-

---

[16] See, e.g., Böhringer/Finus/Vogt [2], Endres [6].
[17] See, e.g., Böhringer/Finus/Vogt [2].

ments must be designed on the basis of a theory of individual adjustment behavior and a theory of this behavior being coordinated by alternative institutions. The present paper has attempted to show how economists try to come up with intelligent decision support by developing such a theory. The framework within which this kind of a theory has been sketched above is one allowing for externality problems with a special reference to environmental pollution.

References

1. Baumol, W.J.; Oates, W.E.: The Use of Standards and Prices for Protection of the Environment, Swedish Journal of Economics 73 (1971), 42-54.
2. Böhringer, C.; Finus, M.; Vogt, C. (Hrsg.): Controlling Global Warming – Perspectives from Economics, Game Theory and Public Choice. Edward Elgar, Cheltenham 2002.
3. Bovenberg, L.; Cnossen, S. (Hrsg.): Public Economics and the Environment in an Imperfect World. Kluwer, Dordrecht 1995.
4. Coase, R.: The Problem of Social Cost, Journal of Law and Economics 3 (1960), 1-44.
5. Cooter, R.; Ulen, T.: Law and Economics. Pearson/Addison Wesley, Boston 2004.
6. Endres, A.: Umweltökonomie. Kohlhammer, Stuttgart 2007.
7. Endres, A.; Bertram, R.; Rundshagen, B.: Environmental Liability Law and Induced Technical Change – The Role of Discounting, Environmental and Resource Economics 36 (2007), 341-366.
8. Endres, A.; Martiensen, J.: Mikroökonomik – Eine integrierte Darstellung traditioneller und moderner Konzepte in Theorie und Praxis. Kohlhammer, Stuttgart 2007.
9. Endres, A.; Ohl, C.: Kyoto Europe? – An Economic Evaluation of the European Emission Trading Directive, European Journal of Law and Economics 19 (2005), 17-39.
10. Harrington, W. et al. (Hrg.): Choosing Environmental Policy. RfF, Washington D.C. 2004.
11. Perloff, J.M.: Microeconomics. Pearson/Addison Wesley, Boston 2007.
12. Perman, R. et al.: Natural Resource and Environmental Economics. Pearson/Addison Wesley, Harlow 2003.
13. Requate, T.: Dynamic Incentives by Environmental Policy Instruments – A Survey, Ecological Economics 54 (2005), 175-195.
14. Segerson, K.: Liability for Environmental Damages, in: Folmer, H.; Gabel, H.L. (Hrsg.): Principles of Environmental and Resource Economics. Edward Elgar, Cheltenham, 420-444.
15. Tietenberg, T.H.: Environmental and Natural Resource Economics. Pearson/Addison Wesley, Boston 2006.

Wirtschaftspolitische Entscheidungsfindung unter Modellunsicherheit

Helmut Wagner

FernUniversität in Hagen, Fakultät für Wirtschaftswissenschaft,
Lehrstuhl für VWL, insb. Makroökonomik
Universitätsstraße 41, 58084 Hagen
helmut.wagner@fernuni-hagen.de

Abstract: Economic agents and organizations have to decide and act under uncertainty. This paper examines how economic policy can support private individuals' choices even under very uncertain or ambiguous conditions. I discuss various approaches, in particular the new macroeconomic approach of robust control. Considering the role of information and coordination problems in general as well as the model uncertainty of politicians in particular, this approach is here considered as a variant of "Post Walrasian economics".

Keywords: Ambiguity, economic policy, robust control, Post Walrasian macroeconomics.

1 Einleitung

Wie organisiert sich eine Gesellschaft oder eine Ökonomie? Welche systemimmanenten Kräfte werden dabei wirksam und inwieweit ist eine Unterstützung von außen in Form eines „Intelligent Decision Support"[1] notwendig und möglich? Worin unterscheidet sich dabei die Organisation einer Gesellschaft oder Wirtschaft[2] von der der Natur? Diese Fragen gehören zu den grundlegendsten Überlegungen der Sozial- und Wirtschaftswissenschaften. Auf den ersten Blick kann man eine Ökonomie durchaus mit dem in der Natur zu findenden Phänomen eines Ameisenhaufens vergleichen [19, S. 347]. Hier wie dort werden individuelle Aktivitäten (Inputs) in Muster (Outputs) organisiert, die so komplex sind, dass die individuellen Akteure (Inputlieferanten) sie in ihrer Gänze und in ihrem Entstehungsprozess nicht vollständig verstehen. Es werden kollektive Aufgaben durchgeführt, die den individuellen Akteuren kaum bewusst sind, und es finden Anpassungen an exogene Schocks statt, deren tatsächliche Konsequenzen keines der Individuen zum Zeitpunkt der Durchführung der Anpassungs-

---

[1] „Intelligent Decision Support" wird hier in einem weiteren und weniger technischen Sinne als beispielsweise in der Informatik verstanden. Er meint hier die Wirtschaftpolitik als Entscheidungsunterstützung für die Akteure am Markt mit dem Ziel einer Beeinflussung der Individuen in Richtung (zur Erreichung) eines wohlfahrtsökonomischen beziehungsweise sozialen Optimums.

[2] Wirtschaft wird hier als Teil der (beziehungsweise als Subsystem des Systems) „Gesellschaft" verstanden.

maßnahmen vorhersehen kann. Man kann auch sagen, dass das zustande kommende Ganze zu einem nicht geringen Teil das Ergebnis „nichtintendierter Handlungen" ist, die einem dem einzelnen Individuum unbekannten „systemimmanenten" Antriebs- und Organisationsprinzip folgen. Zwar gelten wir Menschen gemeinhin als intelligenter als Ameisen, jedoch ist das Wirtschaftssystem, in dem wir uns bewegen müssen, auch komplexer als ein Ameisenhaufen. Entscheidend ist letztendlich, dass auch wir Menschen, und selbst die Experten unter uns, eine Ökonomie als Ganzes mit all den ihr inhärenten Zusammenhängen nur sehr unvollständig verstehen. Und doch scheint sie einigermaßen zu funktionieren.

Solche Überlegungen waren vermutlich auch einer der Ausgangspunkte für die Entstehung der Wirtschaftswissenschaft als eigenständige (ernst zu nehmende) Wissenschaft. Eine der entscheidenden Fragen war damals und ist auch heute noch: Gibt es – wie augenscheinlich in der Natur – auch in der Ökonomie einen systemimmanenten Mechanismus, der in der Lage ist, ein nicht von außen gesteuertes, also ausschließlich selbstorganisiertes System im Gleichgewicht zu halten und dieses nicht nach Kurzem wieder zusammenbrechen oder ins Chaos stürzen zu lassen? Beziehungsweise, wenn ein derartiger selbständig funktionierender Mechanismus nicht existiert, welche Minimalanforderungen müssen von außen zu setzende Rahmenbedingungen dann erfüllen, um Stabilität zu gewährleisten? Die Behauptung, dass es auch in der Wirtschaft einen systemimmanenten Organisations- und Gleichgewichtsmechanismus gibt, der in Verbindung mit nur einem Minimum an von außen gesetzten ordnungspolitischen Rahmenbedingungen in der Lage ist, eine Ökonomie langfristig im Gleichgewicht zu halten, wird in der Theorie der Marktwirtschaft aufgestellt.

Die erste wohlausgearbeitete (wenn auch damals noch unformale) Theorie oder Philosophie einer sich selbstorganisierenden Marktwirtschaft stammt von dem schottischen Moralphilosophen und Nationalökonomen Adam Smith (1723-1790). In einer freien Marktwirtschaft beschränkt sich laut Smith die Aufgabe des Staates auf die Rolle eines „Nachtwächters"; der Staat ist nur für die Aufrechterhaltung der Rechts- und Wirtschaftsordnung und damit für die Gewährleistung der notwendigen Rahmenbedingungen funktionsfähiger Märkte zuständig. Die Märkte können unter diesen Voraussetzungen den Egoismus des Einzelnen so transformieren, dass durch die individuellen Handlungen für die Gesellschaft insgesamt ein positiver Wohlfahrtseffekt entsteht. Dabei wird unterstellt, dass die Märkte eine Vielzahl von Informationen in optimaler Weise verarbeiten. Da diese Koordinations- und Informationsfunktion der Märkte von den Handelnden in der Regel nicht bewusst wahrgenommen oder beeinflusst werden kann, spricht man häufig in Anlehnung an Adam Smith auch von der „unsichtbaren Hand" des Marktes. Hierin sieht Smith die wichtigste ethische Begründung der Marktwirtschaft.[3]

Smith' Vorstellung von der „unsichtbaren Hand" erhielt ihre entscheidende wissenschaftliche Fundierung durch ihre Formalisierung von Leon Walras (1834-1910).

[3.] *„Nicht vom Wohlwollen des Metzgers, Brauers und Bäckers erwarten wir das, was wir zum Essen brauchen, sondern davon, daß sie ihre eigenen Interessen wahrnehmen. Wir wenden uns nicht an ihre Menschen- sondern an ihre Eigenliebe, und wir erwähnen nicht die eigenen Bedürfnisse, sondern sprechen von ihrem Vorteil."* [37, S. 17]

Walras entwickelte 1874 erstmalig ein mikroökonomisches Totalmodell und konzipierte aufgrund der Smith'schen Idee den nach ihm benannten „Walrasianischen Auktionator" [41]. Wissenschaftliche Fundierung verlangt in der modernen Wirtschaftswissenschaft – ähnlich wie in den Naturwissenschaften – einen solchen Nachweis der Formalisierbarkeit. Dies unterscheidet seit einiger Zeit die Wirtschafts- von den übrigen Gesellschaftswissenschaften. Nicht formal gefasste (mathematisch bewiesene) Überlegungen und Darstellungen werden heute in der theoretischen Volkswirtschaftslehre in der Regel nicht allzu ernst genommen oder sogar als Außenseiter- oder „Voodoo"-Ökonomie bezeichnet.[4]

Walras versuchte, eine mathematische Struktur einer aggregierten Wirtschaft zu entwickeln, wobei er diese Wirtschaft als eine Menge unabhängiger Gleichungen, die die Handlungen rational optimierender Handlungsagenten abbilden, darstellte. Dabei musste er allerdings auf extrem starke Informationsannahmen zurückgreifen. So gründen der Walrasianische Ansatz und mit ihm das Konzept des Walrasianischen Auktionators, die beide bis heute die Grundlagen der Mainstream-Wirtschaftstheorie bilden, auf der unrealistischen Annahme (annähernd) vollkommener Information und Voraussicht der Handlungsagenten. Heute weiß man jedoch, dass, sobald „realistischere" Informations- und Verhaltensannahmen zugrunde gelegt werden, viele der lange Zeit gültigen Glaubenssätze der Walrasianischen Wirtschaftswissenschaft nicht mehr haltbar sind. Dies ist auch die Botschaft der sogenannten *Post-Walrasianischen* Theorie, die gerade die aus einer Aufgabe dieser Annahmen resultierenden Informations- und Koordinationsprobleme ins Zentrum ihrer Betrachtungen stellt.[5]

Das Problem der Abhängigkeit der Walrasianischen Marktwirtschaftstheorie von sehr rigiden Annahmen drang jedoch erst seit den 1930er Jahren allmählich in das Bewusstsein einer breiteren (ökonomischen) Öffentlichkeit. Durch den praktischen (Stress-)Test in der sogenannten „Großen Depression" oder „Weltwirtschaftskrise", die 1929 einsetzte, erhielt die Mainstream-Vorstellung eines wohlfunktionierenden Marktmechanismus plötzlich einen Dämpfer. Es kam damals zu einem schweren, jahrelang anhaltenden wirtschaftlichen Einbruch in allen Industrienationen mit Unternehmenszusammenbrüchen, massiver Arbeitslosigkeit und Deflation. Diese Erscheinungen waren in keiner Weise vereinbar mit den Vorhersagen der klassischen und neoklassischen Marktwirtschaftstheorie von Smith und Walras. Zur Überraschung und Enttäuschung ihrer damaligen Anhänger versagte der Walrasianische Auktionator beziehungsweise die „unsichtbare Hand" als systemendogener Stabilisator nahezu völlig. Von diesem Schlag hat sich die Walrasianische, (neo)klassische Marktwirt-

---

4   Eine Ausnahme bilden vereinzelte überzeugend klingende Plausibilitätserklärungen, die mithilfe ökonometrischer oder experimenteller Methoden empirisch fundiert werden konnten. Diese sogenannten „stylized facts" finden mitunter eine gewisse Beachtung und bilden den Ausgangspunkt für neue wissenschaftliche Erklärungen. Insbesondere im Zusammenhang mit einer Mikrofundierung der Makroökonomie wird dieser Weg in zunehmendem Maße beschritten.

5   Unter dieser Bezeichnung sind heutzutage nicht nur die „Neue Informationsökonomie" der Nobelpreisträger George A. Akerlof und Joseph E. Stiglitz subsumierbar, sondern auch eine ganze Reihe anderer unterschiedlicher theoretischer und empirischer Herangehensweisen an das Problem der Informationsbeschränktheit. (Vgl. zum Beispiel [9].)

schaftstheorie bis heute nicht erholt – auch wenn sie aufgrund fehlender wissenschaftlich fundierter und durchgehend formalisierter Alternativansätze immer noch die Mainstream-Variante der Marktwirtschaftstheorie darstellt.

Die Zeit nach der Großen Depression war jedoch trotzdem der Beginn eines Umdenkens und auch der Anfang eben dessen, was heute als Post-Walrasianische Theorie bezeichnet wird. Ihr zentraler Inhalt, die verstärkte Betrachtung von Informations- und Koordinationsproblemen in einer Gesellschaft oder Wirtschaft, ist auch mit einer Rückbesinnung darauf verbunden, dass es fundamentale Unterschiede zwischen dem System „Gesellschaft" beziehungsweise „Wirtschaft" und dem System „Natur" gibt. Schon Karl Marx hat Mitte des 19. Jahrhunderts als Kritiker der Markttheorie der Klassischen Politischen Ökonomie darauf hingewiesen, dass wir es bei Menschen im Gegensatz zu Bienen und Ameisen mit „sozialen Wesen" mit „Bewusstsein" zu tun haben und wir folglich auch soziale, interessengeleitete Interaktionen, strategisches Verhalten sowie die Wirkung von Ideologien etc. einbeziehen und die Möglichkeit der Instabilität beziehungsweise gar eine Selbstzerstörungstendenz des Marktwirtschaftssystems in Betracht ziehen müssen [25].

Daran knüpfte in der Zeit der großen Verunsicherung nach der Großen Depression mit John Maynard Keynes ein damals international renommierter Vertreter des marktwirtschaftstheoretischen Establishments an. Keynes' Schlussfolgerung aus der Weltwirtschaftskrise nach 1929 war, dass auch wenn die Marktwirtschaft weiterhin das beste aller denkbaren Wirtschaftssysteme darstelle, davon auszugehen sei, dass ihr systemgefährdende Instabilitätstendenzen innewohnen. Von daher verstand er es als Aufgabe der Ökonomen, nach einem optimalen wirtschaftspolitischen Risiko- und Krisenmanagement zu suchen.[6]

Was Keynes fortan als dominierende Herausforderung für eine Marktwirtschaft ansah, war die Unsicherheit, der die privaten Entscheidungsträger, insbesondere die Unternehmer und Investoren, gegenüberständen. Diese Unsicherheit und ihre Handlungsfolgen machten seiner Meinung nach aggregierte Investitionen mehr von „animal spirits" als von rationalen Kalkülen abhängig.

Keynes' Lösungsvorschlag lief auf eine Ergänzung des Handelns der privaten Entscheidungsträger beziehungsweise des Marktsystems durch stabilisierende staatliche Eingriffe in den Wirtschaftsprozess und dabei insbesondere auf den Einsatz von Geld- und Fiskalpolitik hinaus. Kollektive Interventionen sollten beispielsweise die Investitionsnachfrage wieder anheizen, wenn die Stimmung in der Wirtschaft (die „animal spirits") schlecht ist.

Ein Problem ergab sich jedoch auch bei Keynes: Wie schon Smith' Werk war Keynes' revolutionäres Hauptwerk ebenfalls ein unformales, für viele nicht leicht zu lesendes Buch, das teilweise einen großen Interpretationsspielraum bot. Es setzte daher (wie in der Wirtschaftstheorie üblich) der Ruf nach einer Formalisierung im Sinne einer wissenschaftlichen Fundierung ein.

---

[6] Mankiw bezeichnet die Sichtweise von Keynes und seinen Anhängern auch als die von stärker praxisorientierten „Ingenieuren" im Gegensatz zu der eher theoretischen Sichtweise ihrer Vorgänger [24]. Auch Colander unterscheidet allgemein zwischen rein theoretischer und eher praxisorientierter Makroökonomie [8, S. 1].

Eine Formalisierung allerdings war (damals) wiederum nur unter ähnlich „rigiden" Informationsannahmen wie schon bei Walras möglich. So wurde in der Keynesianischen IS-LM-Theorie zwar die Annahme der Informationsvollkommenheit bezüglich der privaten Entscheidungsträger aufgegeben, bezüglich der staatlichen Entscheidungsträger blieb sie jedoch bestehen. Es wurde nunmehr (oder weiterhin) ein allwissender und allmächtiger Staat unterstellt, dem die Umsetzung der Keynesianischen Stabilisierungspolitik obliegen sollte.

Dies löste verständlicherweise bald Kritik aus: Sehr stich- und nachhaltige Kritikpunkte lieferten Friedrich August von Hayek und Milton Friedman. Für beide stellten staatliche Interventionen auf dem freien Markt, wie Keynes sie forderte, nicht die Lösung, sondern die Ursache von Wirtschaftskrisen im Allgemeinen und der Weltwirtschaftskrise nach 1929 im Speziellen dar. Während von Hayek [18] generell die Existenz von Unsicherheit in Märkten hervorhob und die Anmaßung von Wissen bei Politikern oder Herrschern anprangerte (wie Smith sah er die wirtschaftliche Ordnung als das unintendierte Resultat menschlichen Handelns an), betonte Friedman [13] dezidiert die Modellunsicherheit der Wirtschaftspolitiker. Insbesondere die Unsicherheit durch lange und variable Zeitverzögerungen zwischen der Implementierung und der Wirkung von Fiskal- und Geldpolitik trägt seiner Meinung nach dazu bei, dass diskretionäre Politik eher schädlich als nützlich sein kann. Seine Lösung für dieses Problem war die Einführung einer Regelpolitik und insbesondere einer konstanten Geldmengenangebotsregel.

Friedmans Einwand und sein Lösungsvorschlag wurden im Monetarismus-Keynesianismus-Streit der 1970er Jahre umfassend diskutiert, um dann aber für längere Zeit aus dem Blickfeld der wissenschaftlichen Diskussion zu verschwinden.[7] Erst in den letzten Jahren wurde sein Argument der Modellunsicherheit der Politiker erneut aufgegriffen: Fand es zunächst wieder Beachtung in der Theorie der Geldpolitik, so wird es derzeit in einem neuen als „Neue Makroökonomie der Modellunsicherheit" bezeichneten Forschungszweig auch modellmäßig weiterentwickelt (zur Einführung siehe zum Beispiel [4]). Auf die dabei entwickelten Erkenntnisse möchte ich im Folgenden etwas näher eingehen.

2   Wirtschaftspolitische Entscheidungsfindung unter Unsicherheit

2.1   Bayesianische versus Robust Control-Ansätze der Modellunsicherheit

Unter Modellunsicherheit wird verstanden, dass ein Entscheidungsträger *kein* vollständiges Vertrauen in sein Modell hat.[8] Ihm ist die Tatsache bewusst, dass er nur

---

7 Stattdessen wandte sich die Wirtschaftstheorie erneut Keynes' Ansatz der Unsicherheit der Privaten zu und versuchte verstärkt, den Umgang mit der Unsicherheit privater Entscheidungsträger u.a. durch die Einführung von Aspekten strategischer Unsicherheit sinnvoll zu modellieren, wobei die Spieltheorie als Analysemethodik ins Zentrum rückte.

8 Eine etwas schwächere Form der Unsicherheit ist die Parameterunsicherheit. Liegt sie vor, vertraut der Entscheidungsträger zwar seinem Modell, ist sich aber hinsichtlich der Ausprägung der einzelnen Parameter unsicher. Eine Möglichkeit, dieser Form der Unsicherheit zu begegnen, ist die Erstellung sogenannter „fan charts", bei denen mehrere Berechnungen an-

begrenztes, unvollständiges und möglicherweise auch falsches Wissen hinsichtlich der Zusammenhänge, die für sein Handeln entscheidend sind, hat. Nun erfordert aber diese Erkenntnis eines unvollkommenen Verstehens der Modellzusammenhänge ein Politikdesign, das alternativen Beschreibungen (Modellen) der Wirtschaft gleichermaßen gut Rechnung trägt. Hieran haben Bennet McCallum und andere Mitte der 1990er Jahre angeknüpft, als sie ein Forschungsprogramm initiierten, das die Robustheit geldpolitischer Regeln über eine Menge von alternativen Modellen hinweg evaluieren sollte. McCallum [26, S. 355] betonte: „*I have favored a research strategy centering around a rule's robustness, in the following sense: Because there is a great deal of professional disagreements as to the proper specification of a structural macroeconomic model, it seems likely to be more fruitful to strive to design a policy rule that works reasonably well in a variety of plausible quantitative models, rather than to derive a rule that is optimal in any one particular model.*" Inzwischen stimmen auch die meisten geldpolitischen Entscheidungsträger dieser Sichtweise zu, dass Entscheidungen besser nicht Prognosen zugrunde gelegt werden sollten, die nur auf einem einzigen Modell basieren. Dementsprechend versuchen sie seit einigen (wenigen) Jahren, die zur Entscheidungsfindung durchgeführten Vorausberechnungen vor ihrer endgültigen Verwendung mit Prognosen, die auf alternativen Modellen basieren, und mit Informationen, die durch andere Verfahren gewonnen wurden, zu vergleichen. Dadurch soll die Geldpolitik in die Lage gebracht werden, Strategien zu wählen, die bei einer Vielzahl alternativer Szenarien ähnlich gute Ergebnisse liefern.

Auch bei diesem Vorgehen treten allerdings bestimmte Probleme auf: Zum einen handelt es sich bei der Auswahl der einbezogenen Modelle und der benutzten Methoden letztendlich unvermeidbar um willkürliche Entscheidungen. Zum anderen gibt es eine wesentliche Rückwirkung der Modellwahl auf die Zielfunktion. Die Zielfunktion hinsichtlich der Modellwahl ist endogen, was bedeutet, dass die Zielfunktion, die für ein Modell geeignet ist, nicht direkt verwendet werden kann, um Ergebnisse in einem anderen Modell abzuschätzen und diese mit denen des ersten Modells zu vergleichen. Mithin impliziert Unsicherheit über strukturelle Parameter auch Unsicherheit über die korrekte Verlustfunktion (siehe zum Beispiel [42]).[9] Dies wurde allerdings in den vielen Robustheitsuntersuchungen der letzten Jahre nicht hinreichend berücksichtigt.

Vor allem stellt sich aber die Frage, ob den alternativen Modellen überhaupt bestimmte Eintrittswahrscheinlichkeiten zugeordnet werden können. Ist dies nicht möglich, ist zu überlegen, ob die traditionell bei solchen Untersuchungen verwendete Bayesianische Analysemethode überhaupt geeignet ist, das obige Problem zu umschreiben. Zweifel an einer entsprechenden Eignung der Methode führten in den letzten Jahren zunehmend zur Anwendung eines anderen Ansatzes, nämlich der Theorie robuster Kontrolle.

---

hand desselben Verfahrens beziehungsweise anhand desselben Modells durchgeführt werden, wobei die als unsicher betrachteten Parameter jeweils variiert werden. (Vgl. [40, S. 57 ff.].)

[9] Siehe auch schon Woodford [45]. Die Verlustfunktion, die ein Geldpolitiker zu minimieren versucht, bildet in der Regel die Verluste ab, die bei Zielabweichungen der Inflation und der Arbeitslosigkeit für die Gesellschaft (vermutlich) entstehen.

2.2 Ansätze robuster Kontrolle

Von der klassischen Kontrolltheorie unterscheidet sich die Theorie robuster Kontrolle vor allem durch die Annahme, dass die Entscheidungsträger unsicher hinsichtlich ihres Modells sind.[10] Die Anwender der Techniken robuster Kontrolle in der Makroökonomie bemühen sich darum, ein Politikdesign, also ein Design von Entscheidungs- oder Kontrollregeln, zu entwerfen, das in dem Sinne robust ist, dass es die Volkswirtschaft vor den denkbar schlimmsten Folgen schützt, falls das Modell des politischen Entscheidungsträgers einer Fehlspezifikation unterliegt. Dabei gehen sie davon aus, dass das von dem politischen Entscheidungsträger zu lösende Problem so komplex ist, dass den denkbaren Szenarien und damit den verschiedenen Modellen keine Eintrittswahrscheinlichkeiten mehr zugeordnet werden können. Modellunsicherheit ist dann verknüpft mit der Existenz einer Reihe nicht weiter spezifizierter Alternativen für ein bestimmtes Referenzmodell, das als Annäherung an das wahre, aber unbekannte Modell der Volkswirtschaft angesehen wird. In der Makroökonomie wurde dieser Ansatz durch Lars Hansen und Thomas Sargent eingeführt und bekannt gemacht, die sich dabei explizit auf Milton Friedman (siehe oben) bezogen haben, der, wie sie schreiben, „[...] *expressed an enduring concern when he recommended that designers of macroeconomic policy rules acknowledge model uncertainty. His style of analysis revealed that he meant a kind of model uncertainty that could not be formalized in terms of objective or subjective probability distributions over models."* [16, S. 582]

Aus wirtschaftspolitischer Sicht ist dabei interessant, dass die Anwendung des Robust Control-Ansatzes in der Regel zeigt, dass in Fällen extremer Unsicherheit ein Abwarten nicht angebracht sein kann und stattdessen sofort diejenige Politik gewählt werden sollte, die den schlimmsten denkbaren Entwicklungspfad (den sogenannten „Worst Case") vermeidet.[11] Eine solche Politik kann dann als Versicherung gegen diesen Fall verstanden werden.

Bei ihrer Vorgehensweise unterscheiden sich die Robust Control-Theoretiker von den Bayesianern: Während McCallum und seine Mitstreiter sowie eine zunehmende Zahl von Zentralbanken, die den Bayesianischen Ansatz anwenden, eine kleine Anzahl von besonderen Modellen nehmen, von denen zumindest einige rationale Erwar-

---

[10] Der Robust Control-Ansatz, der auf die Implikationen von Modellunsicherheit für Entscheidungen fokussiert ist, wurde in den 1980er Jahren in dem kontrolltheoretischen Zweig der Ingenieur- und angewandten Mathematik-Literatur begründet. In die Ökonomie hat er jedoch erst Ende der 1990er Jahre Eingang gefunden [44]. Ein „Modell" wird dabei als eine Spezifikation einer Wahrscheinlichkeitsverteilung über Ergebnisse, die den Entscheidungsträger interessieren, verstanden. Modellunsicherheit bedeutet dann, dass der Entscheidungsträger einer subjektiven Unsicherheit über die konkrete Spezifikation dieser Wahrscheinlichkeitsverteilung unterliegt.

[11] Hansen und Sargent betonen: „*Robust control theory instructs decision makers to investigate the fragility of decision rules by conducting worst-case analyses. When both types of agent prefer robustness, the approximating model for each agent must include a description of the robust decision rules of the other type of agent, and of how they respond to his own actions. Though they share a common approximating model, because their preferences may differ, the different types of agent may not share the same worst-case model."* [16, S. 582]

tungsmodelle sind, und die Performance einer (!) gegebenen Regel über diese Modelle hinweg evaluieren, gehen Robust Control-Theoretiker wie Sargent und seine Mitstreiter davon aus, dass die Entscheidungsträger nicht in der Lage oder nicht willens sind, einen „Prior", eine a priori-Wahrscheinlichkeitsverteilung, über die einzelnen Modelle (die Arten der Modellspezifikationen) zu bilden, was als Anzeichen „echter" Unsicherheit oder Ungewissheit zu verstehen ist. Sie unterstellen weiterhin, dass politische Entscheidungsträger und private Individuen ein Modell teilen, welches sie – da sie annahmegemäß unter Modellunsicherheit agieren – lediglich als Approximationsmodell des wahren, aber unbekannten Modells verstehen. Allerdings ist es möglich, dass die beiden Gruppen unterschiedliche Präferenzen bezüglich der Fehlspezifikation haben, was bis zu einem gewissen Grad Heterogenität abbildet. Das heißt, es wird – wie bei rationalen Erwartungen – ein Gleichgewichtskonzept unterstellt, „[…] *in which the private sector and the government share the same approximating model of the stochastic variables shaking the economy. But both types of agent have doubts about that model in the form of possibly different penumbras of alternative models that surround the approximating models."* [16, S. 584][12] Dieser Ansatz wird als eine Weiterentwicklung beziehungsweise Alternative zu der herrschenden Literatur der „Neuen Neoklassischen Synthese" gesehen, die Robustheit nicht berücksichtigt.[13]

Technisch wird Robustheit hier als markovperfektes[14] Gleichgewicht eines 2-Spieler-Nullsummenspiels verstanden. Das Spiel weist nur eine Wertefunktion auf und lässt sich mit den Methoden der robusten Kontrolle in eine Bellman-Gleichung in linear quadratischem Kontext transformieren und dann in eine einfachere Riccati-Gleichung in Matrixform umformulieren. Hansen und Sargent grenzen die robuste von der traditionellen Kontrolltheorie wie folgt ab: „*Standard control theory tells a decision maker how to make optimal decisions when his model is correct. Robust control theory tells him how to make good enough decisions when his model only approximates the correct model."* [15, S. 13]

---

[12] Dabei wird zunehmend anerkannt, dass rationale Erwartungsmodelle, die in der Makroökonomie in den letzten drei Jahrzehnten dominiert haben, „[…] *impute much more knowledge to the agents within the model […] than is possessed by an econometrician, who faces estimation and inference problems that the agents in the model have somehow solved."* [30, S. 3] Das impliziert nicht, dass die Wirtschaftssubjekte irrational sind. Stattdessen wird davon ausgegangen, dass „rationale Erwartungsbildung" ein „Zuviel" an Rationalität impliziert. So betont zum Beispiel Sims [35], dass sich optimale Informationsverarbeitung auf der Grundlage einer begrenzten kognitiven Kapazität in Prozessen der Erwartungsbildung niederschlägt, die fundamental verschieden von denen sind, die in rationalen Erwartungsmodellen unterstellt werden. Um dies zu berücksichtigen, hatte Simon [34] vorgeschlagen, Muth' [27] Konzept der Erwartungsbildung nicht als „rational", sondern als „modellkonsistent" zu bezeichnen. Verschiedene Modellstudien haben in diesem Zusammenhang herausgefunden, dass Politiken, die unter „rationalen" Erwartungen effizient sind, sehr schlecht abschneiden, wenn das Wissen der Akteure unvollkommen ist (zum Beispiel [28]).

[13] „*The equilibrium concept […] will allow us to compute robust Ramsey plans for macroeconomic models with forward-looking agents, like the 'new synthesis' models of Clarida, Gali, Gertler (1999), King and Wolman (1999), Rotemberg and Woodford (1997) and others."* [16, S. 601 f.]

[14] Ein markovperfektes Gleichgewicht führt in jedem Teilspiel mit Markov-Strategien zu einem Nash-Gleichgewicht.

Der Politiker hat mithin ein Modell der Wirtschaft, das seiner Meinung nach eine vernünftige Approximation des wahren Modells darstellt, jedoch fehlspezifiziert sein kann. In solch einer Umgebung zielt optimale Politik darauf, mögliche Verluste im Falle des Eintretens des Worst Case zu minimieren.[15]

Dies lässt sich folgendermaßen illustrieren: Nehmen wir an, das Referenzmodell der Politik(er) sei

$$y_{t+1} = A y_t + B U_t + \varepsilon_{t+1}, \tag{1}$$

während das wahre (aber unbekannte) Modell

$$y_{t+1} = A y_t + B U_t + C \left(\varepsilon_{t+1} + w_{t+1} \right) \tag{2}$$

ist.

Dabei setzt sich y_t aus den natürlichen Zustandsvariablen und den endogenen Variablen zusammen. Der Vektor U_t fasst die Kontrollvariablen zusammen. ε_t ist ein normalverteilter Zufallsprozess mit Erwartungswert 0 und der Identität als Varianz-Kovarianz-Matrix. w_t drückt die nichtlinearen und zeitabhängigen Reaktionen auf vergangene Zustände von y^t aus und kann deshalb eine größere Menge von möglichen Fehlspezifikationen umfassen. A, B und C sind wohldefinierte und geeignet dimensionierte Matrizen. Nehmen wir weiter an, dass der Politiker das Modell (1) als eine gute Approximation des wahren Modells betrachtet. Er legt im Robust Controll-Ansatz von Hansen und Sargent seiner Politik ein verzerrtes Modell, das den Worst Case-Prozess für w_{t+1} enthält, zugrunde, handelt dann aber so, als ob nicht länger Modellunsicherheit bestehen würde.

Um die Modellunsicherheitsmenge zu kalibrieren, wird im Hansen-Sargent-Ansatz die Entropie als Entfernungsmaß benutzt. Die Menge besteht aus jenen Modellen, deren relative Entropie oder Kullback-Leibler-Distanz vom Referenzmodell durch einen spezifischen Wert gebunden ist. Dies beschränkt die alternativen Modelle auf jene, die schwer statistisch vom Referenzmodell zu unterscheiden sind (siehe auch [44]).[16]

Wenn wir von einem neukeynesianischen Modell mit Parameterunsicherheit ausgehen, kann dies möglicherweise dazu führen, dass die Verfolgung einer aggressiveren Politik als optimal angesehen wird.[17] Das bedeutet zum Beispiel, dass eine Zen-

---

[15] In gewissem Sinne ein Wunschbild für den Robust Control-Ansatz ist, dass das System angesichts von Störungen stabil bleibt und, da Instabilität mit unendlichem Verlust gleichgesetzt werden kann, die Minimierung des Worst Case Stabilität sicherstellt [44, S. 2].

[16] Eine weitergehende Übersicht über die Modellierung robuster Kontrolle ist im Anhang C von Wagner [40] zu finden; eine umfassende Darstellung bietet das Buch von Hansen und Sargent [15].

[17] Dies gilt allerdings, wie neuere Studien zeigen, nicht immer. So kommen zum Beispiel Leitemo und Söderström [23] zu dem Ergebnis, dass eine optimale robuste Politik zumindest in einer offenen Volkswirtschaft entweder aggressiver oder vorsichtiger sein kann, je nachdem aus welcher Quelle die Fehlspezifikation hervorgeht und welche Art der Störung die Wirtschaft trifft. (Vgl. auch [46].)

tralbank als Antwort auf einen Inflationsschock die Zinsen stärker erhöht, so dass die Outputlücke zunächst stärker zurückgeht als bei einer standardoptimalen Commitment-Politik eines Erwartungsnutzenmaximierers[18] (siehe zum Beispiel [43]).

Daneben gibt es aber auch noch eine andere, ebenfalls von Hansen und Sargent vertretene Interpretation der robusten Kontrolle [15]. Sie argumentieren in diesem Fall, dass staatliche Entscheidungsträger die gleiche aggressive Politik wählen, wenn sie ihre Approximation (1) als das wahre Modell nehmen, aber eine Zielfunktion maximieren, die eine zusätzliche Risikosensitivität widerspiegelt. Damit versuchen die Politiker, mögliche Zukunftskosten zu vermeiden, die sich dadurch ergeben können, dass sich Schocks im Worst Case-Szenarium als persistenter erweisen als im Approximationsmodell. Hier dient die Erhöhung der Risikosensitivität wie zuvor die Fehlspezifizierung des Modells dazu, sicherzustellen, dass das Politikdesign Vorkehrungen gegen persistente Schocks trifft.

Allerdings bringen Robustheitsansätze auch Probleme mit sich. Ein Hauptproblem bei der Verwendung eines verzerrten Modells ist, dass es für staatliche Entscheidungsträger schwieriger werden kann, die logische Grundlage ihrer Politikhandlungen nach außen zu kommunizieren. Zudem verschwimmt die Trennung zwischen den Vorhersagern und den Entscheidungsträgern. Der Vorhersager muss hier nämlich die Präferenzen des Entscheidungsträgers in seine Prognosebildung miteinbeziehen, da sie das Worst Case-Ergebnis mitbestimmen. Svensson [39] hat in diesem Zusammenhang eingewandt, dass die Worst Case-Ergebnisse wahrscheinlich Ereignisse mit einer geringen Eintrittswahrscheinlichkeit sind. Dies impliziert, dass aus Bayesianischer Sicht eine robuste Politik von solchen Ereignissen zu stark beeinflusst wird.[19] Weiterhin bedeutet es, dass eine robuste Politik gegenüber Annahmen über die größten und kleinsten möglichen Werte, die ein Parameter einnehmen kann, empfindlich ist.

Außerdem ergibt sich bei der zuletzt angesprochenen Variante des Robustheitsansatzes, die auf einer verzerrten Zielfunktion aufbaut, das Problem der Wahl der zusätzlichen Risikosensitivität in der Zielfunktion. Folglich bezeichnet Sims [36] solche verzerrten Präferenzen bezogen auf Politiker als „subrational".[20]

---

[18] Letztere baut üblicherweise auf Brainards Prinzip [3] auf und favorisiert eine vorsichtige Politik bei Parameterunsicherheit.

[19] „ 'Robust control' consists of selecting the policy that results in the best outcome for the worst possible model" wobei „the assumptions about the feasible set of models are crucial for the outcome. Robust control has been proposed as a non-Bayesian alternative that utilizes less prior assumptions about the model. [...] Furthermore, if a Bayesian prior probability measure were to be assigned to the feasible set of models, one might find that the probability assigned to the models on the boundary are exceedingly small. Thus, highly unlikely models can come to dominate the outcome of robust control." [39, S. 6 f.]

[20] Sims argumentiert bezogen auf geldpolitische Entscheidungsträger, dass „[...] the criteria for acceptable shortcuts in decision-making by a central bank should generally be much stricter than those applying to, say, a consumer buying a new washing machine." [36, S. 51]

2.3   Eine Art Zwischenlösung

Gegen den Maximin-Ansatz der Theorie der robusten Kontrolle wird unter anderem der Einwand erhoben, dass er oft unsinnige Priors (a priori-Wahrscheinlichkeitsverteilungen) impliziere (vgl. [36]). Diese Kritik hat dazu geführt, dass neuerdings verstärkt eine Art Kompromissvariante diskutiert wird, die als Grenzfälle den Bayesianischen und den Maximin-Ansatz beinhaltet (siehe zum Beispiel [5], [22]). Diese allgemeinere „Zwischenlösung", die sich auf die entscheidungstheoretische Fundierung des sogenannten Ellsberg-Paradoxons durch Gilboa und Schmeidler [14] und Epstein und Wang [12] zurückführen lässt, lautet:[21]

Maximiere die folgende Nutzenfunktion:

$$U(x) = \gamma u\big(x(t)\big) + (1 - \gamma)\Big[\min_{s \in \underline{s}, \bar{s}} u\big(x(s)\big)\Big].   \tag{3}$$

Hierbei stellt (1-γ) den Grad der erwünschten Versicherung gegenüber dem Worst Case dar. Die in dieser Nutzenfunktion formulierten Präferenzen werden auch als „ambiguity averse" bezeichnet [5], weil der Entscheidungsträger dem unsicheren Worst Case besondere Beachtung beimisst. Wenn γ = 1 ist, entspricht dies einer Maximierung des erwarteten Nutzens aus Bayesianischer Perspektive. Dagegen erhalten wir bei γ = 0 den Maximin-Fall (analog zum Minimax-Fall bei einer Verlustminimierung). Die Präferenzen können damit als Vertrauensparameter in die eigene Schätzung interpretiert werden.[22]

Insgesamt kann diese Kompromissvariante auch als eine „Verknüpfung" zwischen den beiden entscheidungstheoretischen Konzepten von „Risiko" und „Unsicherheit" verstanden werden.

Risiko versus Ungewissheit (Knight'sche Unsicherheit)

„Risiko" ist nach Frank Knight dadurch gekennzeichnet, dass den verschiedenen möglichen Umweltzuständen objektive Wahrscheinlichkeiten, die dem Entscheidungsträger bekannt sind, zugeordnet werden können [21]. „Unsicherheit" im Knight'schen Sinne bezeichnet hingegen eine Situation, in der dem Entscheidungsträger keinerlei Wahrscheinlichkeiten bekannt sind. Es wird in diesem zweiten Fall auch von „unkalkulierbarem" Risiko oder *Ungewissheit* gesprochen. Aus zwei Gründen kann Risiko hier unkalkulierbar sein: Zum einen kann es nicht möglich sein, verschiedenen Zukunftsszenarien eine eindeutige (subjektive) Wahrscheinlichkeitsverteilung zuzuordnen. Zum anderen kann es aber auch schwierig sein, jedem Szenarium ein eindeutiges Resultat zuzuweisen. In beiden Fällen besteht das, was man Ungewissheit (im Englischen: *ambiguity*) nennt.

Während der traditionelle Bayesianische Ansatz der Unsicherheitsanalyse unterstellt, dass die Zentralbank die gemeinsame Wahrscheinlichkeitsverteilung über alle

---

[21] Siehe hierzu weiter unten sowie Wagner [40], Anhang A.

[22] Etwas ausführlichere Anmerkungen zum theoretischen Hintergrund dieses Kompromissansatzes sind wiederum in Wagner [40], Anhang A zu finden.

Szenarien beziehungsweise Resultate einschätzt und dann den Erwartungsnutzen ihrer Zielfunktion maximiert, ist im Ungewissheitsfall die Wahrscheinlichkeitsverteilung weder bekannt noch abschätzbar.

Ausgangspunkt ist dabei die These, dass sich der Ungewissheitsfall (der Fall Knight'scher Unsicherheit) nicht durch das Zulassen subjektiver Wahrscheinlichkeiten auf den Risikofall zurückführen lässt. Entsprechende Versuche, Ungewissheit restlos mittels subjektiver Wahrscheinlichkeiten in Risiko zu überführen (vgl. zum Beispiel [31]), wurden schon von Daniel Ellsberg [11] aufgrund eines eindrucksvollen Experiments als zweifelhaft hingestellt. Ellsberg zeigte, dass Personen, die zwei im Wesentlichen gleichartigen Unsicherheitssituationen, die sich nur darin unterscheiden, dass bei der einen objektive Wahrscheinlichkeiten gegeben sind und bei der anderen nicht, gegenüberstehen, in der Regel eine deutliche Vorliebe für die Risikosituation aufweisen und die Ungewissheitssituation scheuen. Dieses als „Ellsberg-Paradoxon" bezeichnete Verhalten veranlasste viele Entscheidungstheoretiker, nach Unsicherheitsmaßen zu suchen, die sich nicht auf Wahrscheinlichkeiten zurückführen lassen. Doch erst Schmeidler ([33], [32]) gelang es, die Unterscheidung zwischen Risiko und Ungewissheit auf ein solides axiomatisches Fundament zu stellen, welches der subjektiven Erwartungsnutzentheorie ebenbürtig war. Durch die von ihm gefundene Axiomatisierung von Präferenzen, die zu dem von Ellsberg behandelten Verhalten führte, fand auch die von Ellsberg vorgeschlagene theoretische Lösung (wieder) Beachtung, zum Beispiel in Form der von Eichberger und Kelsey [10] eingeführten E(llsberg)-Kapazitäten (siehe als Überblick auch [38, Kap. 8]).

Der „Maximin-Erwartungsnutzenansatz", bei dem das Minimum des Erwartungsnutzens über die Menge der nicht ausgeschlossenen Wahrscheinlichkeitsverteilungen als Entscheidungskriterium genommen wird ([14], [1]) und der auf einem Spezialfall der von Ellsberg vorgeschlagenen Lösung beruht, findet auch bei den Robust Control-Anhängern Beachtung [17]. Hansen et al. [17] haben beispielsweise gezeigt, dass die Menge an alternativen Modellen, die das Approximationsmodell im Robust Control-Ansatz umgeben, als die Priors, die in der Maximin-Erwartungsnutzentheorie von Gilboa und Schmeidler [14] auftauchen, betrachtet werden können.[23] Den wesentlichen Unterschied zwischen der Robust Control-Theorie von Hansen und Sargent und der Maximin-Erwartungsnutzentheorie von Gilboa und Schmeidler kann man jedoch darin sehen, dass Letztere – in stärkerer Abweichung von der Theorie rationaler Erwartungen – bewusst auf die heroische Annahme eines gemeinsamen Approximationsmodells verzichten und stattdessen „echte" Ungewissheit (*ambiguity*) unterstellen.[24]

---

[23] Hansen et al. [17] interpretieren dabei robuste Kontrolle in Form einer rekursiven Version der Maximin-Erwartungsnutzentheorie.

[24] Die Verwendung von sogenannten „Gilboa-Schmeidler-Präferenzen" stellt nur eine Möglichkeit dar, Entscheidungsregeln bei Knight'scher Unsicherheit zu modellieren. Eine andere Möglichkeit gründet auf sogenannten „Bewley-Präferenzen" [2], die sich nicht nur auf den Worst Case konzentrieren. Zu möglichen unterschiedlichen geldpolitischen (Zins-) Entscheidungsimplikationen siehe zum Beispiel Cagliarini und Heath [6].

2.4 Zusammenfassung

Ich habe hier kurz drei Varianten von Modellunsicherheit behandelt, die derzeit in der Theorie des wirtschaftspolitischen Designs diskutiert werden.

Die erste (Bayesianische) Variante betont vor allem den Unterschied zwischen modellspezifisch optimalen und durchschnittlich optimalen Politikvarianten. Hier wird Robustheit der Politik im Wesentlichen als eine Eigenschaft verstanden, die dafür sorgt, dass die Wirtschaftspolitik im „Durchschnitt" alternativer Szenarien (Modelle) für gute Ergebnisse sorgt. Einige Ökonomen wie John B. Taylor oder Bennett McCallum interpretieren die Ergebnisse dieser Variante als eine Begründung für die Verfolgung einfacher Instrumentenregeln, während andere Ökonomen wie Lars E. O. Svensson oder Michael Woodford aus ihnen eine Empfehlung für optimale Zielregeln ableiten, bei denen das geldpolitische Instrumentarium nicht notwendigerweise einfachen Regeln folgt. Berücksichtigt man zudem das Phänomen der Parameter- beziehungsweise Modellunsicherheit, so finden sich Gründe, das Sicherheitsäquivalenzprinzip um einen Vorsichtsaspekt im Sinne von Brainard [3] zu erweitern: Staatliche Entscheidungsträger sollten bei Parameterunsicherheit politische Instrumente vorsichtiger dosieren.

Eine Besonderheit der zweiten Variante (Maximin-Ansatz oder Robust Control) ist, dass man aus Gründen wirtschaftspolitischer Vorsicht zu völlig anderen Schlüssen hinsichtlich der Dosierung des Instrumenteneinsatzes kommen kann. Hier ist Robustheit der Politik eine Eigenschaft, die dafür sorgt, dass die Wirtschaftspolitik auch gegen das denkbar ungünstigste Szenario gewappnet ist. Wirtschaftspolitische Vorsicht kommt also gerade darin zum Ausdruck, dass auch völlig unwahrscheinliche, aber katastrophal wirkende Ereignisse einkalkuliert werden. Dies impliziert jedoch nicht zwingend, dass die Dosierung des geldpolitischen Instrumentes vergleichsweise vorsichtig erfolgen sollte. Stattdessen kann die Berücksichtigung ungünstigster Entwicklungen sogar zur Empfehlung einer relativ aggressiven Wirtschaftspolitik führen.

Die dritte Variante ist eine Kompromissvariante oder „Zwischenlösung". Es ist bislang noch nicht abzusehen, welche konkreten wirtschaftspolitischen Implikationen sich hieraus zukünftig ableiten lassen werden. Es gibt aber erste Hinweise darauf, dass auch hier mit drastischen Auswirkungen zu rechnen ist [40, Abschnitt 3.2.2].

3 Schluss

Wie oben erläutert wurde, hat Keynes seinerzeit als Hauptursache für mögliche Wirtschaftskrisen in Marktwirtschaften die Unsicherheit der privaten Entscheidungsträger ausgemacht und staatliche Stabilisierungspolitik als Lösung empfohlen. Allerdings beruhte die darauf aufbauende Lösungskonzeption Keynesianischer Wirtschaftspolitik, die sich in der Literatur durchsetzte, auf der Annahme eines allmächtigen, allwissenden und am Gemeinwohl orientierten Staates.

Ein berechtigter Einwand der Kritiker Keynesianischer Stabilisierungspolitik ist das schon von Friedman und von Hayek geäußerte Argument, dass wirtschaftspolitische Entscheidungsträger in gleicher Weise wie private Wirtschaftssubjekte sowohl der Unsicherheit als auch der Eigennutzorientierung unterliegen. Bezüglich der Unsicherheit lassen sich vor allem drei Arten von Unsicherheit unterscheiden: Erstens besteht Unsicherheit über die aktuelle Wirtschaftslage, da zum Beispiel die Mehrzahl der Wirtschafts- und Finanzdaten nur mit zeitlicher Verzögerung verfügbar ist und auch nach ihrer Erstveröffentlichung teilweise mehrfachen Revisionen unterzogen wird. Zweitens liegt in den meisten Fällen Unsicherheit über die Struktur und Funktionsweise einer Volkswirtschaft vor, die als Modellunsicherheit sowie als Parameterunsicherheit, also als Unsicherheit über die Stärke der strukturellen Beziehungen im Rahmen eines spezifischen Modells, auftritt. Drittens besteht strategische Unsicherheit, die sich auf das Zusammenwirken zwischen politischen Entscheidungsträgern, zum Beispiel Zentralbanken, und privaten Akteuren bezieht und insbesondere die Rolle der Erwartungen betrifft, die die wirtschaftspolitische Transmission entscheidend beeinflussen können. Die Unsicherheitsfaktoren, denen die wirtschaftspolitischen Entscheidungsträger gegenüberstehen, sind nicht nur vielfältig, sondern auch interdependent. Ich habe mich in diesem Beitrag mit Entscheidungen bei Modellunsicherheit beschäftigt. Dabei stellt sich die Frage, was genau optimale Wirtschaftspolitik unter Modellunsicherheit ist, oder allgemeiner formuliert, ob beziehungsweise wann Wirtschaftspolitik als „Intelligent Decision Support" des Marktsystems fungieren kann und sollte. Ich habe gezeigt, dass bei Modellunsicherheit unter Umständen neue politische Lösungskonzepte erforderlich sind. Doch auch die hierbei vorgestellten Ergebnisse sind wiederum modellabhängig.

Ich habe hier exemplarisch den Robust Control-Ansatz herausgegriffen, der derzeit in der angewandten Makroökonomie stark diskutiert wird, und einen kurzen Einblick in einige Diskussionspunkte gegeben. Dieser Ansatz kann in eine neue Theorierichtung eingeordnet werden, die derzeit auch unter dem Label „Post-Walrasianische Analyse" firmiert. Dieser Post-Walrasianische Ansatz, der das Informations- und Koordinierungsproblem als sehr viel komplexer ansieht als die Walrasianische Sichtweise, wird heute allmählich hoffähig, nachdem er lange Zeit ein kaum beachtetes Außenseiterdasein im Schatten des Keynesianismus als langjährigem Gegenspieler des Monetarismus und der Neoklassik geführt hat.

Die Post-Walrasianische Sichtweise betrachtet die Marktwirtschaft als ein System mit einer starken Tendenz hin zu chaotischem Verhalten, das nur von Institutionen unter Kontrolle gehalten werden kann. Die Hauptfrage ist hier also nicht, wieso es zu Krisen kommt. Vielmehr muss zunächst gefragt werden, wie es überhaupt sein kann, dass solch ein System über längere Zeit hinweg funktioniert – und welche Rolle dabei diverse Institutionen (inklusive nominaler Rigiditäten) als stabilisierende Elemente spielen.

Die derzeitige Mainstream-Ökonomie der Neuen Neoklassischen Synthese Walrasianischer Prägung sieht makroökonomische Probleme als dynamische Kontrollprobleme allgemeiner Gleichgewichtskonstellationen an. Auch die Post-Walrasianische Theorie benutzt stochastische dynamische Kontrollansätze. Allerdings sind ihre Modelle in der Regel noch komplizierter als die der Mainstream-Ökonomie und lassen folglich meist keine klaren analytischen Lösungen zu. Die Lösungen sind dort institutionen- und kontextspezifisch. Post-Walrasianer nehmen an, dass weder die privaten oder staatlichen Wirtschaftssubjekte noch die Wirtschaftswissenschaftler wissen, welches der verfügbaren Modelle das tatsächlich richtige ist, und dass unter Umständen ein solches richtiges Modell auch gar nicht existiert. Fragen der Modellwahl und des Lernens treten in der Post-Walrasianischen Theorie mithin ebenso ins Zentrum wie auch Probleme multipler Gleichgewichte und entsprechender Gleichgewichtsselektionsmechanismen. Mit Modellunsicherheit heben Post-Walrasianer weiterhin Aspekte wie Agentenheterogenität und –interdependenz sowie Agentenlernen hervor und beziehen auch die Folgen von Nichtlinearitäten, Knight'scher Unsicherheit, Koordinationsfehlern etc. ein.

Neuere Post-Walrasianische Literatur zur Makropolitik nimmt radikale (Knight'sche) Unsicherheit ernst, und sie selbst wird auch allmählich ernst genommen, nachdem in den letzten Jahren Methoden entwickelt worden sind, die es erlauben, vieles von dem formal zu fundieren, was früher auch schon von Post-Walrasianern behauptet, aber nicht formal bewiesen werden konnte und *deshalb* als Spekulation oder eben gar als „Voodoo-Ökonomie" angesehen wurde (und daher schnell in Vergessenheit geriet). Wichtige Ideen, die ursprünglich auf nicht-mikrofundierten ad hoc-Annahmen beruhten, und von Größen des Faches wie Alfred Marshall, John Gustav Knut Wicksell, Irving Fisher, John Maynard Keynes, James Tobin, Roy Forbes Harrod, Frank H. Hahn und von anderen (meist weniger bekannten) Kritikern des Walrasianischen Ansatzes stammten, werden neuerdings wieder in der „Post-Walrasianischen Makroökonomie" aufgegriffen (vgl. zum Beispiel [9]).

Hierbei betonen Post-Walrasianer der Gegenwart wie William Brock, Steven Durlauf, Peter Howitt, Russell Cooper, Lars Hansen, Thomas Sargent oder David Schmeidler – wenn auch unterschiedlich stark – die Rolle sozialer Interaktionen in aggregierten Phänomenen, strategische Verhaltenskomplementaritäten, die Auswirkungen von Self-Selection, Phasenübergängen, sozialen Normen, Handelsnetzwerken und Informationsspillovers, die Bedeutung von Lernen und von Handeln im Ungleichgewicht. Dies alles wird manchmal auch unter dem Begriff „Neue Makroökonomie der Modellunsicherheit" [4] gefasst.

Abschließend sei angemerkt, dass diese Diskussion nicht nur die Wirtschaftspolitik betrifft, sondern die gesamte Ökonomie umfasst: Sie hat in der Mikrotheorie angefangen und greift nun auf die komplexere Materie der Makrotheorie über. In diesem Beitrag konnten jedoch wie gesagt nur einige (wenige) Aspekte, die sich auf die wirtschaftspolitische Entscheidungsfindung beziehen, thematisiert werden.

Literaturverzeichnis

1. Arrow, K.; Hurwicz, L.: An Optimality Criterion for Decision Making under Ignorance. In: Carter, C.; Ford, J. (Hrsg.): Uncertainty and Expectations in Economics. Blackwell, Oxford 1972, 1-11.
2. Bewley, T.F.: Knightian Decision Theory: Part I. Cowles Foundation Discussion Paper Nr. 807. New Haven 1986.
3. Brainard, W.: Uncertainty and the Effectiveness of Policy. In: American Economic Review 57(2) (1967), 411-425.
4. Brock, W.A.; Durlauf, S.N.: Social Interactions and Macroeconomics. In: Colander, D. (Hrsg.): Post Walrasian Macroeconomics. Beyond the Dynamic Stochastic General Equilibrium Model. Cambridge University Press, Cambridge et al. 2006, 97-115.

5. Brock, W.A.; Durlauf, S.N.; West, K.D.: Model Uncertainty and Policy Evaluation: Some Theory and Empirics. NBER Working Paper Nr. 10916. National Bureau of Economic Research, Cambridge, Mass. 2004.
6. Cagliarini, A.; Heath, A.: Monetary Policy-making in the Presence of Knightian Uncertainty. Reserve Bank of Australia Research Discussion Paper 2000-10. Sydney 2000.
7. Clarida, R.; Gali, J.J.; Gertler, M.: The Science of Monetary Policy: A New Keynesian Perspective. In: Journal of Economic Literature 37 (1999), 1661-1707.
8. Colander, D.: Introduction. In: Colander, D. (Hrsg.): Post Walrasian Macroeconomics. Beyond the Dynamic Stochastic General Equilibrium Model. Cambridge University Press, Cambridge et al. 2006, 1-23.
9. Colander, D. (Hrsg.): Post Walrasian Macroeconomics. Beyond the Dynamic Stochastic General Equilibrium Model. Cambridge University Press, Cambridge et al. 2006.
10. Eichberger, J.; Kelsey, D.: E-Capacities and the Ellsberg Paradox. In: Theory and Decision 46 (1998), 107-138.
11. Ellsberg, D.: Risk, Ambiguity and the Savage Axioms. In: Quarterly Journal of Economics 75 (1961), 643-669.
12. Epstein, L.G.; Wang, T.: Intertemporal Asset Pricing and Knightian Uncertainty. In: Econometrica 62(2) (1994), 283-322.
13. Friedman, M.: The Lag in Effect of Monetary Policy. In: Journal of Political Economy 58 (1968), 1-17.
14. Gilboa, I.; Schmeidler, D.: Maxmin Expected Utility with a Non-unique Prior. In: Journal of Mathematical Economics 18 (1989), 142-153.
15. Hansen, L.P.; Sargent, T.: Robustness. Princeton University Press, Princeton und Oxford 2008.
16. Hansen, L.P.; Sargent, T.: Robust Control of Forward-looking Models. In: Journal of Monetary Economics 50(3) (2003), 581-604.
17. Hansen, L.P.; Sargent, T.J.; Turmuhambetova, G.A.; Williams, N.: Robust Control and Model Misspecification. In: Journal of Economic Theory 128(1) (2006), 45 – 90.
18. Hayek, F.A. von: Die Anmaßung von Wissen. In: ORDO 26 (1975), 12-21.
19. Howitt, P.: Monetary Policy and the Limitations of Economic Knowledge. In: Colander, D. (Hrsg.): Post Walrasian Macroeconomics. Beyond the Dynamic Stochastic General Equilibrium Model. Cambridge University Press, Cambridge et al. 2006, 347-367.
20. King, R.G.; Wolman, A.L.: What Should the Monetary Authority Do When Prices are Sticky? In: Taylor, J.B. (Hrsg.): Monetary Policy Rules. University of Chicago Press, Chicago 1999, 349-398.
21. Knight, F: Risk, Uncertainty and Profit. Houghton Mifflin, Boston 1921.
22. Kuester, K.; Wieland, V.: Insurance Policies for Monetary Policy in the Euro Area. CFS Working Paper No. 2005/13. Center for Financial Studies, Frankfurt 2005.
23 Leitemo, K; Söderström, U.: Robust Monetary Policy in an Small Open Economy. CEPR Working Paper Nr. 5071. Centre for Economic Policy Research, London 2005.
24. Mankiw, N.G.: The Macroeconomist as Scientist and Engineer. In: Journal of Economic Perspectives 20(4) (2006), 29-46.
25. Marx, K.: Das Kapital, Band 1-3. MEW-Band 23-25. Berlin 1973.
26. McCallum, B.: Comment to Rotemberg, J.J. and Woodford, M.: An Optimizing-Econometric Model for the Evaluation of Monetary Policy. In: Bernanke, B.S.; Rotemberg, J. (Hrsg.): NBER Macroeconomics Annual 1997. MIT Press, Cambridge, Mass. 1997, 355-360.
27. Muth, J.F.: Rational Expectations and the Theory of Price Movements. In: Econometrica 29 (1961), 315-335.
28. Orphanides, A.; Williams, J.C.: Inflation Scares and Forecast-Based Monetary Policy. In: Review of Economic Dynamics 8(2) (2005), 498-527.

29. Rotemberg, J.J.; Woodford, M.: An Optimizing- Econometric Model for the Evaluation of Monetary Policy. In: Bernanke, B.S.; Rotemberg, J. (Hrsg.): NBER Macroeconomics Annual 1997. MIT Press, Cambridge, Mass. 1997, 297-346.

30. Sargent, T.J.: Bounded Rationality in Macroeconomics. Oxford University Press, Oxford und New York 1993.

31. Savage, L.: The Foundations of Statistics. Wiley, New York 1954.

32. Schmeidler, D.: Subjective Probability and Expected Utility without Additivity. In: Econometrica 57 (1989), 571 – 587.

33. Schmeidler, D.: Subjective Probability without Additivity (temporary title). Working Paper Nr. 36 and 43. Foerder Institute for Economic Research, Tel Aviv 1982.

34. Simon, H.A.: Rationality as Process and as Product of Thought. In: American Economic Review 68(2) (1978), 1-16.

35. Sims, C.A.: Implications of Rational Inattention. In: Journal of Monetary Economics 50(3) (2003), 497-720.

36. Sims, C.A.: Pitfalls of a Minimax Approach to Model Uncertainty. In: American Economic Review Papers and Proceedings 91(2) (2001), 51-54.

37. Smith, A.: Der Wohlstand der Nationen. Eine Untersuchung seiner Natur und seiner Ursachen. C.H. Beck, München 1974.

38. Spanjers, W: Liquiditätsversorgung bei Knight'scher Unsicherheit: Ein theoretischer Vergleich von Banken und Märkten. Habilitationsschrift. Universität des Saarlandes, Saarbrücken 1999.

39. Svensson, L.E.O.: Robust Control Made Simple. Mimeo. Princeton University, Princeton 2000.

40. Wagner, H.: Information and Uncertainty in the Theory of Monetary Policy. SUERF Studies 2007/1. Société Universitaire Européenne de Recherches Financières, Wien 2007.

41. Walras, L.: Elements of Pure Economics or the Theory of Social Wealth. August M. Kelley Publishers, Fairfield 1977.

42. Walsh, C.E.: Parameter Misspecification and Robust Monetary Policy Rules. Working Paper Series Nr. 477. European Central Bank, Frankfurt am Main 2005.

43. Walsh, C.E.: Implications of a Changing Economic Structure for the Strategy of Monetary Policy. In: Federal Reserve Bank of Kansas City: Monetary Policy and Uncertainty: Adapting to a Changing Economy. Proceedings of the 2003 Jackson Hole Symposium (2004), 297-348.

44. Williams, N.: Robust Control. An Entry for the New Palgrave, 2nd Edition. Princeton University, Princeton 2007.

45. Woodford, M.: Interest and Prices. Princeton University Press, Princeton 2003.

46. Zakovic, S.; Rustem, B.; Wieland, V.: Stochastic Optimization and Worst-Case Analysis in Monetary Policy Design. CEPR Discussion Paper Nr. 5019. Centre for Economic Policy Research, London 2005.

Index of authors

Autorenverzeichnis

Dr. Cláudio Alves

Universidade do Minho, Braga, Portugal
Departamento de Produção e Sistemas
claudio@dps.uminho.pt

Prof. Marcos N. Arenales

Universidade de São Paulo, São Carlos, SP, Brazil
Departamento de Matemática Aplicada e Estatística
arenales@icmc.sc.usp.br

Prof. Ulrike Baumöl

FernUniversität in Hagen, Hagen, Deutschland
Lehrstuhl für Betriebswirtschaftslehre, insb. Informationsmanagement
ulrike.baumoel@fernuni-hagen.de

Dr. Gleb Belov

Technische Universität Dresden, Dresden, Deutschland
Institut für Numerische Mathematik
gleb.belov@tu-dresden.de

Prof. Christian Bierwirth

Martin-Luther-Universität Halle-Wittenberg, Halle/Saale, Deutschland
Lehrstuhl für Produktion und Logistik
christian.bierwirth@wiwi.uni-halle.de

Dr. Andreas Bortfeldt

FernUniversität in Hagen, Hagen, Deutschland
Lehrstuhl für Wirtschaftsinformatik
andreas.bortfeldt@fernuni-hagen.de

Dipl.-Kfm., Dipl.-Volksw. Tobias Buer

FernUniversität in Hagen, Hagen, Deutschland
Lehrstuhl für Wirtschaftsinformatik
tobias.buer@fernuni-hagen.de

Prof. Ralf Elbert

Technische Universität Darmstadt, Darmstadt, Deutschland
Institut für Betriebswirtschaftslehre
elbert_ralf@bwl.tu-darmstadt.de

Prof. Alfred Endres

FernUniversität in Hagen, Hagen, Deutschland
Lehrstuhl für Volkswirtschaftslehre, insb. Wirtschaftstheorie
alfred.endres@fernuni-hagen.de

Prof. Günter Fandel

FernUniversität in Hagen, Hagen, Deutschland
Lehrstuhl für Betriebswirtschaftslehre, insb. Produktions- und Investitionstheorie
guenter.fandel@fernuni-hagen.de

Dr. Torsten Fischer

Fachhochschule für öffentliche Verwaltung NRW, Köln, Deutschland
Fachbereich Kommunaler Verwaltungsdienst
torsten.fischer@fhoev.nrw.de

Prof. Roland Gabriel

Ruhr-Universität Bochum, Bochum, Deutschland
Lehrstuhl für Wirtschaftsinformatik
roland.gabriel@winf.ruhr-uni-bochum.de

Prof. Andreas Gadatsch

Fachhochschule Bonn-Rhein-Sieg, Sankt Augustin, Deutschland
Lehrstuhl für Betriebswirtschaftslehre, insb. Wirtschaftsinformatik
andreas.gadatsch@fh-bonn-rhein-sieg.de

Prof. Tomas Gal

FernUniversität in Hagen, Hagen, Deutschland
Forschungsbereich Operations Research
tomas.gal@fernuni-hagen.de

Dipl.-Wirtsch.-Ing. Philipp Gallus

Technische Universität Darmstadt, Darmstadt, Deutschland
Institut für Betriebswirtschaftslehre
gallus@bwl.tu-darmstadt.de

Prof. Ivan R. Gartner

Universidade Metodista de Sao Paulo
Administração Programa de Pós-Gradução
ivan.gartner@fernuni-hagen.de

Prof. Thomas Hanne

Fachhochschule Nordwestschweiz, Hochschule für Wirtschaft
Institut für Wirtschaftsinformatik
thomas.hanne@fhnw.ch

Prof. Matthias Hemmje

FernUniversität in Hagen, Hagen, Deutschland
Lehrgebiet Multimedia und Internetanwendungen
matthias.hemmje@fernuni-hagen.de

Prof. Thomas Hering

FernUniversität in Hagen, Hagen, Deutschland
Lehrstuhl für Betriebswirtschaftslehre,
insb. Unternehmensgründung und Unternehmensnachfolge
thomas.hering@fernuni-hagen.de

Prof. Jörg Homberger

Hochschule für Technik Stuttgart, Stuttgart, Deutschland
Fachgebiet Informatik
joerg.homberger@hft-stuttgart.de

Dipl.-Inf. Gerald Jäschke

FernUniversität in Hagen, Hagen, Deutschland
Lehrgebiet Multimedia und Internetanwendungen
gerald.jaeschke@fernuni-hagen.de

Dipl.-Wirtsch.-Ing. Sören Koch

Otto-von-Guericke-Universität Magdeburg, Magdeburg, Deutschland
Lehrstuhl für Betriebswirtschaftslehre, insb. für Management Science
soeren.koch@www.uni-magdeburg.de

cand. Dipl.-Wirt.-Inform. Sebastian König

Otto-von-Guericke-Universität Magdeburg, Magdeburg, Deutschland
Lehrstuhl für Betriebswirtschaftslehre, insb. für Management Science
sebastiankoenig@gmx.de

cand. Dipl.-Wirt.-Ing. Heiko W. Kopfer

Universität Siegen, Siegen, Deutschland
Institut für Systemtechnik
heiko-kopfer@web.de

Prof. Herbert Kopfer

Universität Bremen, Bremen, Deutschland
Lehrstuhl für Logistik
kopfer@uni-bremen.de

Dr. Wendelin Küpers

FernUniversität in Hagen, Hagen, Deutschland
Lehrstuhl für Betriebswirtschaftslehre, insb. Personalführung und Organisation
wendelin.kuepers@fernuni-hagen.de

Dipl.-Kfm. Stefan Lessmann

University of Hamburg, Hamburg, Germany
Institute of Information Systems
lessmann@econ.uni-hamburg.de

Dr. Thomas Lux

Ruhr-Universität Bochum, Bochum, Deutschland
Lehrstuhl für Wirtschaftsinformatik
thomas.lux@winf.ruhr-uni-bochum.de

Prof. Ana Moura

University of Aveiro, Aveiro, Portugal
INESC Coimbra, Institute for Systems and Computers Engineering,
ana.moura@ua.pt

Dipl.-Kfm. Christoph M. Meyer

Universität Bremen, Bremen, Deutschland
Lehrstuhl für Logistik
meyer@wiwi.uni-bremen.de

Prof. Lars Mönch

FernUniversität in Hagen, Hagen, Deutschland
Lehrgebiet Unternehmensweite Softwaresysteme
lars.moench@fernuni-hagen.de

Prof. Reinaldo Morabito

Universidade Federal de São Carlos, Brazil
Departamento de Engenharia de Produção
morabito@ufscar.br

Prof. Rainer Olbrich

FernUniversität in Hagen, Hagen, Deutschland
Lehrstuhl für Betriebswirtschaftslehre, insb. Marketing
rainer.olbrich@fernuni-hagen.de

Prof. José F. Oliveira

University of Porto, Porto, Portugal
INESC Porto – Instituto de Engenharia de Sistemas e Computadores do Porto,
FEUP – Faculdade de Engenharia da Universidade do Porto
jfo@fe.up.pt

Prof. Gerhard E. Ortner

FernUniversität in Hagen, Hagen, Deutschland
Forschungsgebiet Personalwirtschaft, Personalentwicklung und
Bildungsbetriebslehre
gerhard.ortner@fernuni-hagen.de

Dr. Giselher Pankratz

FernUniversität in Hagen, Hagen, Deutschland
Lehrstuhl für Wirtschaftsinformatik
giselher.pankratz@fernuni-hagen.de

Dr. Gotthard Pietsch

Fern Universität in Hagen, Hagen, Deutschland
Lehrstuhl für Betriebswirtschaftslehre, insb. Organisation und Planung
gotthard.pietsch@fernuni-hagen.de

Dr. Eduarda Pinto Ferreira

ISEP – Instituto Superior de Engenharia do Porto, Porto, Portugal
eduadapf@gmail.com

Prof. Wilhelm Rödder

FernUniversität in Hagen, Hagen, Deutschland
Lehrstuhl für Betriebswirtschaftslehre, insb. Operations Research
wilhelm.roedder@fernuni-hagen.de

Dipl.-Ök. Sandra Rudolph, M.A.

FernUniversität in Hagen, Hagen, Deutschland
Lehrstuhl für Betriebswirtschaftslehre, insb. Operations Research
sandra.rudolph@fernuni-hagen.de

Dr. Guntram Scheithauer

Technische Universität Dresden, Dresden, Deutschland
Institut für Numerische Mathematik
guntram.scheithauer@tu-dresden.de

Prof. Ewald Scherm

FernUniversität in Hagen, Hagen, Deutschland
Lehrstuhl für Betriebswirtschaftslehre, insb. Organisation und Planung
ewald.scherm@fernuni-hagen.de

Dipl.-Wirt.-Inf. Carsten D. Schultz, MSc

FernUniversität in Hagen, Hagen, Deutschland
Lehrstuhl für Betriebswirtschaftslehre, insb. Marketing
carsten.schultz@fernuni-hagen.de

Prof. Ulrich Stache

Universität Siegen, Siegen, Deutschland
Institut für Systemtechnik
ulrich.stache@uni-siegen.de

Prof. Yuriy Stoyan

National Academy of Sciences of Ukraine, Kharkov, Ukraine
A.M. Pidgorny Institute for Mechanical Engineering Problems
stoyan@ipmach.kharkov.ua

Dr. Reinhard Strangmeier

FernUniversität in Hagen, Hagen, Deutschland
Lehrstuhl für Wirtschaftsinformatik
reinhard.strangmeier@fernuni-hagen.de

Prof. José M. Valério de Carvalho

Universidade do Minho, Braga, Portugal
Departamento de Produção e Sistemas
vc@dps.uminho.pt

Dr. Aurelio J. F. Vincenti

FernUniversität in Hagen, Hagen, Deutschland
Lehrstuhl für Betriebswirtschaftslehre,
insb. Unternehmensgründung und Unternehmensnachfolge
aurelio.vincenti@fernuni-hagen.de

Prof. Stefan Voss

University of Hamburg, Hamburg, Germany
Institute of Information Systems
stefan.voss@uni-hamburg.de

Prof. Helmut Wagner

FernUniversität in Hagen, Hagen, Deutschland
Lehrstuhl für Volkswirtschaftslehre, insb. Makroökonomik
helmut.wagner@fernuni-hagen.de

Prof. Gerhard Wäscher

Otto-von-Guericke-Universität Magdeburg, Magdeburg, Deutschland
Lehrstuhl für Betriebswirtschaftslehre, insb. Management Science
gerhard.waescher@ww.uni-magdeburg.de

Prof. Jürgen Weibler

FernUniversität in Hagen, Hagen, Deutschland
Lehrstuhl für Betriebswirtschaftslehre, insb. Personalführung und Organisation
juergen.weibler@fernuni-hagen.de

Prof. Horacio H. Yanasse

Laboratório Associado de Computação e Matemática Aplicada
Instituto Nacional de Pesquisas Espaciais
horacio@lac.inpe.br

Dr. Georgiy Yaskov

National Academy of Sciences of Ukraine, Kharkov, Ukraine
A.M. Pidgorny Institute for Mechanical Engineering Problems
yaskov@ipmach.kharkov.ua

GPSR Compliance
The European Union's (EU) General Product Safety Regulation (GPSR) is a set
of rules that requires consumer products to be safe and our obligations to
ensure this.

If you have any concerns about our products, you can contact us on

ProductSafety@springernature.com

In case Publisher is established outside the EU, the EU authorized
representative is:

Springer Nature Customer Service Center GmbH
Europaplatz 3
69115 Heidelberg, Germany